Wagner, Das eucharistische Herz Jesu

Druck:
Verlagsdruckerei Josef Kral,
D-93326 Abensberg
ISBN 3-9804016-4-2

Pfarrer Hermann Wagner

Das eucharistische Herz Jesu

Das eucharistische Herz Jesu - 1. Teil

Inhaltsübersicht:

1.	„Damit sie das Leben haben!"	7
2.	Wandlung in das Leben Jesu	21
3.	„Mein Fleisch für das Leben der Welt"	37
4.	Eine trostlose Verlassenheit	52
5.	Ich will leben!	66
6.	Hilflose und verborgene Liebe.	77
7.	Höchste Hochzeit	89
8.	Kein halbes Leben, keine halbe Liebe.	100
9.	In der Liebe reifen!	112
10.	Opferliebe	125
11.	Jesus, ich liebe dich!	138
12.	In die Lebensmitte Gottes	152
13.	Herz Jesu, eucharistisches Herz	166
14.	Licht des Lebens	180
15.	„Ich bin gekommen, Feuer auf die Erde zu werfen!"	191
16.	„Wer dürstet, der komme zu mir und trinke!"	203
17.	„Ich bin demütig und sanftmütig von Herzen!"	214
18.	Neuschöpfung in der Eucharistie	229
19.	Die größte Torheit und höchste Weisheit	241
20.	Geheimnis des Glaubens	251
21.	„Regina dell'Amore"	264
22.	„Vater unser im Himmel..."	276
23.	Unser Herz von Liebe getroffen	287
24.	Weinstock und Reben	301
25.	„Ihr werdet mich wiedersehen!"	314
26.	Das Feuer muß brennen!	325
27.	„Sorget nicht ängstlich!"	338
28.	„Durch seine Wunden seid ihr geheilt worden"	353
29.	„Sein Schweiß wurde wie Blutstropfen"	366
30.	„Er wird unseren armseligen Leib umgestalten"	379
31.	„Ich bin das Brot des Lebens!"	392
32.	Das äußerste Wagnis der Liebe Gottes	405
33.	„Damit sie meine Herrlichkeit sehen!"	419
34.	„Ich und der Vater sind eins"	434

Das eucharistische Herz Jesu.

Zur Einführung möchte ich einige Auszüge vom 6. Kapitel aus dem Evangelium des Apostels Johannes bringen:
„Ihr sucht mich, weil ihr von den Broten gegessen habt und satt geworden seid (bei der Brotvermehrung). Mühet euch nicht um vergängliche Speise, sondern um die Speise, die euch nährt zum ewigen Leben, die der Menschensohn euch geben wird.
Die Juden fragten: „Welches Wunder wirkst du, daß wir dir glauben können? Unsere Väter haben das Manna in der Wüste gegessen. Brot vom Himmel, wie geschrieben steht."
Jesus antwortete ihnen:
„Wahrlich, ich sage euch: Nicht Moses hatte euch das Brot vom Himmel gegeben, sondern mein Vater gibt euch das wahre Brot vom Himmel. Denn das Brot Gottes ist das, welches vom Himmel herabkommt und der Welt das Leben gibt."
Die Juden forderten, daß ihnen Jesus dieses Brot gebe, da sagte er ihnen:
„Ich bin das Brot des Lebens! Wer zu mir kommt, den wird nicht mehr hungern. Wer an mich glaubt, den wird nicht mehr dürsten."
„Ich bin vom Himmel herabgekommen, nicht um meinen Willen zu tun, sondern den Willen dessen, der mich gesandt hat."
„Das ist der Wille meines Vaters, daß jeder, der den Sohn sieht und an ihn glaubt, das ewige Leben hat und ich ihn auferwecke am Jüngsten Tage."
„Wahrlich, ich sage euch: Wer an mich glaubt, der hat das ewige Leben!"
„Ich bin das lebendige Brot, das vom Himmel herabgekommen ist. Wer von diesem Brot ißt, der wird ewig leben. Das Brot aber, das ich euch geben werde, ist mein Fleisch für das Leben der Welt."
„Wahrlich, ich sage euch: Wenn ihr das Fleisch des Menschensohnes nicht essen und sein Blut nicht trinken werdet, habt ihr kein Leben in euch. Wer mein Fleisch ißt und mein Blut trinkt, der hat das ewige Leben. Den werde ich auferwecken am Jüngsten Tage. Wer mein Fleisch ißt und mein Blut trinkt, der bleibt in mir und ich bleibe in ihm."

„Damit sie das Leben haben!"

Wir dürfen das Wort nie vergessen, das uns Jesus sagte im Gleichnis vom guten Hirten: „Ich bin dazu gekommen, damit die Menschen das Leben haben, und damit sie es in Fülle haben!" (Joh 10,10).
Jesus erklärt das schon früher mit anderen Worten: „Es kommt die Stunde und sie ist schon da (so sicher!), in der die Toten die Stimme des Sohnes Gottes hören. Die sie hören, die werden leben. Denn wie der Vater das Leben in sich selber hat, so hat er auch dem Sohne verliehen, das Leben in sich selber zu haben" (Joh 5,25).
Es geht Jesus in seiner Verkündigung und in seinem Erlöserleben, besonders in seinem Erlösungsopfer nur darum, uns wieder das wahre Leben zu bringen, das uns durch die Sünde verloren gegangen ist.
Dafür hat Jesus alles getan. Er hat sein Leben für uns hingeopfert, um mit seinem Blute uns das wahre Leben zu erkaufen. Das forderte die Gerechtigkeit und Heiligkeit der Liebe Gottes. Jesus sagt uns: „Eine größere Liebe hat niemand als wer sein Leben hingibt für die Seinen."
Weil Jesus als der Sohn Gottes allmächtig ist und weil in Gott alles ewig bewahrt werden kann, schenkt uns Jesus weiterhin sein Leben im Erlösungsopfer, in der heiligen Messe, das jeder Priester vergegenwärtigen darf. Vor allem schenkt sich uns Jesus dabei in wunderbarster und liebevollster Weise im heiligen Opfermahl, durch die heilige Kommunion. Er schenkt sich uns dabei einem jeden von uns als Gott und Mensch, damit wir in ihm wieder das wahre Leben haben. Das unsterbliche Leben! Das versichert uns Jesus mit den Worten:
„Wer mein Fleisch ißt und mein Blut trinkt, der bleibt in mir und ich bleibe in ihm. Der hat das ewige Leben!"
Klarer hätte es Jesus nicht sagen können: Der hat das ewige Leben!
Freilich haben wir dann das ewige Leben nicht so, daß wir auch auf dieser Welt nicht mehr sterben brauchen.

Lebenshunger ohnegleichen
ständig unser Herz durchwühlt.
Keine Schätze und Gelüste
diesen Lebenshunger stillet.

Darum stieg vom Himmel nieder
Jesus durch des Vaters Wille,
daß er in sein göttlich Leben
alle liebevoll uns hülle.

Alle Menschen aller Zeiten
können nun das Leben finden,
wenn sie nicht durch Weltensorgen
Jesus alle Liebe künden.

Bräuchten wir auf dieser Welt nicht mehr sterben, wenn wir am Mahle Jesu teilhaben, dann würden alle kommen, auch wenn sie Jesus nicht liebten. Darum kann das verheißene Leben erst dort Erfüllung werden, wo das weltliche Auge es nicht sieht. Aber Erfüllung wird es in herrlichster Weise. Gottes Wort gilt ewig. Wo bliebe sonst die Prüfung des Glaubens und der Liebe, in der wir uns bewähren müssen. So müssen wir in der Erdenzeit noch den sterblichen Leib zu Grabe tragen. Es scheint nun freilich, daß jeder Mensch in gleicher Weise stirbt, für ewig stirbt, ob er an Jesus glaubt oder nicht.
Wir aber, die wir an Jesus glauben und in Liebe ihm vertrauen, wir werden nach dem leiblichen Ableben aus dieser Erdenzeit erfahren, daß wir mit Jesus auferstehen in einem unsterblichen Leibe, wie es uns Jesus verheißen hat: „Wer an mich glaubt, der wird leben, auch wenn er gestorben ist!"
Die liebevollste Versicherung Jesu, die er uns dafür gegeben hat, sind die Worte:
„Wer mein Fleisch ißt und mein Blut trinkt, der hat das ewige Leben! Ich werde ihn auferwecken am Jüngsten Tage" (Joh 6,54).
Ich hatte vor Jahrzehnten einmal mit einer Dame aus besseren Kreisen eine erschöpfende Aussprache. Sie war die Frau eines verstorbenen Hochschulprofessors. Er hatte in der Richtung des berühmten Rudolf Steiner Anthroposophie doziert. Das ist eine menschliche Geisteswissenschaft, die den Menschen durch seine tiefere Erkenntnis zum wahren Leben führen soll. Diese Lehre ist auch verwandt mit der Theosophie, die sich Gottesweisheit nennt, aber mit Gottes Wahrheit und Erlösung nichts zu tun hat. Beide Bestre-

bungen wollen durch eigene Erkenntnisse die Geheimnisse des Lebens erforschen. Sie glauben an die Seelenwanderung und Wiederverkörperung. Auf alle Fälle, sagen sie, gehe der Mensch nach seinem zeitlichen Ableben irgendwie in das tiefere Weltleben ein.
Diese Frau nun, Zenta durfte ich sie nennen, war nach dem Tode ihres Mannes wegen seiner Lehre in bittere Unsicherheit geraten. Da sie nervlich zusammengebrochen war, traf ich sie im Krankenhaus. Sie bat mich, da sie aus dem Krankenhaus entlassen wurde, ich möchte mich um sie annehmen. Sie war noch katholisch. Ihr Mann war das längst nicht mehr. Er war als Freigeist gestorben und beerdigt worden.
Die Frau Zenta erzählte mir:
„Wir hatten drei Söhne. Der älteste ist völlig in der Lehre seines Vaters untergegangen. Er ist heute Professor in Paris. Er hat eine reizende Pariserin geheiratet und ist ganz Franzose geworden. Er hat für mich keine Zeit mehr. Er sagte mir: Ach Mama, ich bin so glücklich, weil ich das wahre Leben gefunden habe!
Der zweite Sohn, der Richard, ist nach England gegangen. Er doziert auch die Lehre des Vaters und ist berühmt geworden. Er arbeitet zur Zeit an Forschungen in Indien. Er hat eine Engländerin geheiratet. Er schwärmt für England. Er sagt: England hat den Geist, der die Welt beherrscht.
Der dritte Sohn, der Alfred, mein Liebling, der doziert in Deutschland. Der ist auch fanatisch nur Lehrer des Rudolf Steiner. Er ist nicht verheiratet. Er hat eine Freundin, er sagt, er kann ohne Heirat glücklicher sein. Da ist er nicht gebunden.
„Sehen Sie, Herr Pfarrer", sagte nun die Frau Zenta, „mein Mann und meine drei Söhne sind mir im Glauben entfremdet. Alfred, mit dem ich noch Verbindung suchte, hat mir geschrieben: Ach Mama, schade, daß du mich nicht verstehst. Die katholische Lehre, in der du mich erzogen hast, war nur ein Durchgang. Jetzt bin ich viel weiter, jetzt habe ich die Lehre des wahren Lebens gefunden. Davon kann mich nichts mehr trennen.
Sehen Sie, Herr Pfarrer, meine Buben meinen, ich sei in einem unglücklichen Zustand zurückgeblieben, weil ich katholisch bin. Aber wenn ich in der Hl. Schrift lese, und das tu ich öfter, dann erkenne ich, Jesus steht über allem. Und wenn ich bete und in die Kirche gehe und auch zur hl. Kommunion, dann weiß ich ganz sicher, Jesus allein ist das Leben.

Das war das Übel bei meinen Buben, daß sie alle vom Vater geschwärmt haben, bald nicht mehr gebetet haben und sich um Gottes Gebote nicht mehr gekümmert haben. Da ist alles Licht des Glaubens bei ihnen ausgelöscht. Ich habe ihnen das gesagt. Da haben sie mich ausgelacht. Und der Vater hat mich getadelt, sogar geschimpft, man müsse jedem Menschen die Freiheit in seiner Lebensüberzeugung lassen!

Ein Wort, das mir mein Mann noch kurz vor seinem Tode gesagt hat, weil ich meinte, er soll doch katholisch werden und auch katholisch sterben, das hat mir sehr weh getan. Er hat gesagt: Die christliche Religion, ob katholisch oder evangelisch, ist nur für das primitive Volk. Er weiß nun mehr, er kann höhere Welten besteigen, wenn er von hier Abschied nimmt. In dieser Überzeugung ist er gestorben. Ich saß hilflos an seinem Sterbebett.

Herr Pfarrer, ich stand lange im Leichenhaus vor seinem Sarg. Ich habe ihn gefragt: Papa, sag es mir, laß es mich erkennen, wie es dir geht, was ich für dich tun kann, was ich unseren Buben sagen soll, die alle in deiner Lehre leben? Kann ich ihnen sagen, daß du sie irregeführt hast? - Papa, ich weiß, daß du nicht mehr reden kannst. Dein Mund ist verstummt für immer. Aber deine Seele, dein Geist, in dem du dich so sicher gefühlt hast, könnte mir eingeben, was ich tun soll!

Ich bekam keine Antwort. Wie betrunken wankte ich aus dem Leichenhaus. Da war es mir als ginge mein Mann neben mir her. Er drängte mich in eine Kirche. Ich stand in der Kirche und wußte zuerst nicht, wie ich da hineingekommen bin. Ich kniete mich in eine Bank. Ich wußte nicht, wie und was ich beten soll. Aber da war es mir als sage mein Mann zu mir: Schau auf Jesus, folge ihm! Wie ich dann heimging, war es mir als stöhne jemand neben mir: Folge Jesus! Folge Jesus! Ich kann es nicht behaupten, aber es war mir auf dem ganzen Heimweg als höre ich die Stimme meines Mannes, die immer wieder seufzte: „Folge Jesus!"

Ich mußte mich für diesmal von der Frau Zenta verabschieden. Sie dankte mir sehr, daß ich sie so lange angehört habe. Ich mußte ihr versprechen, daß ich wieder komme.

Beim Heimweg in der Elektrischen wußte ich, dieser Frau kann ich nur priesterlich helfen, indem ich sie anhöre. Sie mußte sich das alles von der Seele reden. Dann nur kann sie frei werden von dem seelischen Druck. Freilich mußte ich dafür Ohr und ein Herz haben.

Sonst hätte sie nicht geredet und wäre innerlich erstickt und sehr sonderlich geworden, halt wieder reif für eine Nervenklinik. Erst nach einer Woche konnte ich wieder kommen. Ich mußte mir einen Tag wählen, an dem ich Zeit hatte.
Die Frau Zenta fing gleich an mit der Frage: „Herr Pfarrer, ich glaube nicht, daß mein Mann verloren ist, daß er in der Hölle ist. Er wird im Fegfeuer sein, vielleicht in einem hart reinigenden Fegfeuer. Das Wort, das wahrscheinlich mein Mann mir zuseufzen durfte: Folge Jesus! Das kann ich nie vergessen. Das war kein schlechtes Zeichen. Das konnte nur aus dem Fegfeuer kommen. Ein Verdammter hätte das nie gesagt."
Da mußte ich einwenden: „Frau Zenta, Verdammte dürfen sich nie melden. Die sind für ewig von uns verbannt. Die können uns im Dienste Satans höchstens schleichend in böse Schwermut und Verzweiflung niederdrücken, wenn wir nicht unter dem Schutz des Himmels stehen, weil wir nicht beten. Aber nun reden Sie weiter!"
Zenta sagte: „Mein Mann hat viel Gutes getan. Das wird ihm Gott anrechnen. Er hat armen Studenten geholfen, wenn sie in finanzieller Not waren. Ich habe auf alle Fälle viel für ihn gebetet. Mein Mann ist nicht verloren, er ist im Fegfeuer. Ich bete und opfere viel für ihn. Ich tu das mit großer Opferfreude.
Aber meine drei Söhne. Die lassen nichts mehr hören. Die sind so erhaben in ihrer Gescheitheit. Die werden von den Leuten verhimmelt. Die Leute, die Menschen unserer Zeit, die vom wahren Erlöser nichts mehr wissen wollen, die eine neue Religion brauchen, eine gottlose Religion, die jubeln ihnen zu. Sie sind so dumm, meine Buben. Die glauben das, was die Gottlosen ihnen sagen. Ich habe ihnen das, soweit ich sie erreichen konnte, geschrieben. Es kam keine Antwort. Sie sind wohl verärgert über die dumme Mutter, mit der man nicht mehr reden kann. Gut, sie sollen schweigen! Umso mehr rede ich! Nicht mehr mit ihnen, sondern ich rede mit Jesus über sie! Jetzt bin ich Mutter wie noch nie! Ganz Mutter!"
Ich sagte der Frau Zenta:
„Da Sie eine solche mütterliche Einstellung und Treue haben, darf ich Ihnen eine Versicherung geben: Als Mutter haben Sie eine heilige Macht über ihre Kinder. Solange Sie für ihre Kinder so beten und Jesus vertrauen, daß er sich ihrer Kinder erbarmt, können sie nicht verloren gehen. Das Band der Liebe, das Sie als Mutter immer noch mit ihren Kindern verbindet, ist ein Band des Lebens Gottes.

Damit können sie von Jesus für ihre Kinder erreichen, daß sie einmal wenigstens durch das Fegfeuer gerettet werden. Jesus ist in diese Welt gekommen mit der Liebessehnsucht, daß die Menschen das Leben haben.
Wie sie mir sagten, Frau Zenta, Sie gehen jeden Tag zur heiligen Kommunion und bitten dann Jesus, damit auch Ihre Kinder das Leben haben. Solche Bitten kann Jesus nie überhören! Nur halten Sie durch, liebe Frau Zenta! Ihre Liebe zu Ihren Kindern muß immer mehr reifen in der Liebe Jesu, die mit Ihrem Mutterherzen eins ist und will, daß Ihre Kinder das Leben haben!"
Die Mutter Zenta sagte:
„Ich habe das noch nie so gespürt wie jetzt, seit ich das Wort meines Mannes in meinem Herzen trage: Folge Jesus! Ich folge Jesus. Ich sage Jesus nach der hl. Kommunion: Ich bin nun eins mit dir, wie du eins bist mit mir. Ich bin aber als Mutter immer noch eins mit meinen Söhnen. Jesus, so mußt du mit mir auch meinen Söhnen die Hand reichen, wo immer sie sind und was immer sie tun. Ich kann meinen Söhnen nicht mehr helfen. Ich kann ihnen auch nichts sagen. Sie hören nicht mehr auf mich. Du aber, Jesus, du kannst es ihnen sagen. Du kannst ihre Gedanken lenken, daß sie deine Wahrheit finden. Du kannst ihre Herzen bewegen, daß sie Sehnsucht bekommen nach dem wahren Leben, das du allein bist. Ich kann das nicht. Darum, o Herr, verlasse ich mich auf dich!"
Die Frau Zenta schaute mich fragend an. Ich konnte ihr sagen: „Gute Mutter, was Sie da tun an ihren Söhnen, ist bewundernswert. Bleiben Sie weiterhin ihren Söhnen so mütterlich verbunden durch die Liebe Jesu, der Sie vertrauen! Ich sage Ihnen, Söhne, die eine solche Mutter haben, können nicht verloren gehen. Hinter Ihrer Mutterliebe steht die allmächtige Liebe Jesu."
Danach habe ich die Frau Zenta nicht mehr getroffen. Ich habe einmal noch einen Brief von ihr bekommen. Dann nichts mehr. Wahrscheinlich war sie verstorben. Von ihren Söhnen, mit denen ich nie Verbindung hatte, habe ich nie mehr etwas gehört. Aber ich bin überzeugt, daß Kinder einer solchen Mutter, die Jesus so vertrauen konnte, nicht verloren gehen.
Freilich kann und will auch Jesus niemanden ins Himmelreich zwingen, aber er kann die Wege der Menschen so lenken, vielleicht über Kreuzwege, daß sie trotzdem zu ihm finden. Denken wir an den Apostel Paulus, den Jesus vor den Toren von Damaskus aus sei-

nem bösen Wahn aufgelesen hat. Allerdings sprach Jesus zum Jünger Ananias: „Ich will ihm (dem Saulus) zeigen, wie viel er um meines Namens willen leiden muß."
„Damit sie das Leben haben!"
Dafür schenkt uns Jesus alles, was er für uns hingeopfert hat, seinen Leib und sein Blut. Dieser Jesus ist Gott und Mensch. Er ist Mensch geworden für uns, um als Mensch sich ganz für uns hinzuopfern, damit wir das Leben haben. Das wahre, unsterbliche Leben, das kann uns Jesus geben als Gott. Er will uns in seine Gottheit erheben. „Damit wir das Leben haben und es in Fülle haben!"
Hören wir dazu auch wieder das Wort aus dem Beginn des Johannes-Evangeliums:
„Allen aber, die ihn (Jesus) aufnahmen, gab er Macht, Kinder Gottes zu werden, die nicht aus dem Geblüte, nicht aus dem Willen des Fleisches, nicht aus dem Willen des Mannes, sondern aus Gott geboren sind."
So ist Jesus in seiner unauslöschlichen Liebessehnsucht, uns alle zu erheben in die Fülle und Herrlichkeit seines göttlichen Lebens. Freilich können wir sein göttliches Leben nicht wesenhaft empfangen. Wir können nur als Geschöpfe daran in dem Maße teilhaben, wie es uns möglich ist. Wir werden in die Ausstrahlungen der Liebes- und Lebensfülle Gottes hineingehoben. Das ist schon das Leben Gottes. Es gibt keine Worte, um das zu schildern. Nur wenn wir Jesus am Kreuze sehen, dann können wir ahnen, welcher Preis dafür bezahlt werden mußte, um uns diese Herrlichkeit zu sichern. Wie nun Jesus in unstillbarer Liebessehnsucht sich uns allen zur Speise gibt, um uns dafür zu erheben und zu formen, das ist ein Wagnis ohnegleichen. Lauter Liebe, lauter Liebe in göttlicher Lebensfülle schenkt sich uns da, auch auf die Gefahr, daß nur wenige, ganz wenige ihn in Glaube und Liebe aufnehmen. Aber die Liebessehnsucht läßt Jesus keine Ruhe, immer wieder und trotz allem seine ganze Hingabe zu wagen an die eiskalten Menschenherzen. Er hat es gewagt am Kreuze, obgleich fast alle ihn verleugneten oder verhöhnten. Er wagt es, sich in alle Priesterherzen und Priesterhände preiszugeben, obgleich viele ihn ganz vergessen oder gar verachten. Er wagt es, sich in unzählige Menschenherzen immer wieder zu verschenken in unendlicher Liebessehnsucht, sie vielleicht doch zu gewinnen, daß sie das Leben haben und es in Fülle haben! Denn ohne sein Leben gehen sie verloren in ewige Todesqual.

Oh, diese Liebessehnsucht Jesu! Ich stand schon oft in einem verlassenen böhmischen Friedhof ehemaliger Böhmerwäldler. Da ich zwei Jahre im Böhmerwald war und die Menschen dort lieben gelernt habe, weil sie so echt und froh das Leben gewagt haben, geht es mir jedesmal sehr zu Herzen, wenn ich in diesem alten Friedhof stehe. Die Leiber dieser Menschen sind in der Erde zerfallen, sind selber wieder Erde geworden.

Wo aber sind sie, die wie wir alle von Jesus aufgehoben, geliebt, mit seinem unsterblichen Leibe genährt wurden, damit sie auch in seinem unsterblichen Leibe auferstehen zum ewigen Leben? In brennender Sehnsucht hat Jesus seine ganze Liebe mit ihnen gewagt, damit sie das Leben haben und es in Fülle haben!

Wo sind sie jetzt, die lieben Böhmerwäldler? Deren Nachkommen sind weit zerstreut in alle deutschen Lande, weil sie nach dem unseligen Krieg aus ihrer schönen Heimat für immer verjagt worden sind.

Sind ihre lieben Eltern und Großeltern, deren Gräber sie nicht mehr sehen und betreuen durften, auch verjagt? Ich habe es gesehen in dem Dorf, in dem ich zwei Jahre als Priester wirken durfte, da ist der Friedhof eingeebnet worden. Ausgerottet wurden die Toten für immer.

Sind sie auch bei uns ausgerottet für immer? Wenn nicht, wenn wir ihrer noch gedenken, vielleicht in Liebe gedenken, dann dürfen wir nie vergessen:

Die Liebe, in die Jesus uns aufnimmt und auch sie aufgenommen hat, indem er sich uns und ihnen zur Speise gegeben hat, ist unsterbliche Liebe! Damit sie das Leben haben, hat er sich ihnen und uns zu Speise gegeben. Damit sie das Leben haben! Und es in Fülle haben! Sie und wir!

Jesus kann nicht anders als nur lieben. Er ist Gottes Sohn. Gott ist Liebe, heiligste, herrlichste, gerechteste, reinste und auch barmherzigste Liebe. Darum kann Jesus nur lieben. Weil er sich am Kreuze aus Liebe nur hinopfern konnte, um uns zu retten für das Leben, so muß er sich in Liebe auch den Seinen zur Speise hingeben, damit sie nicht verhungern auf dem Weg zum Leben. So ist Jesus, so ist Gott. Lauter Liebe.

Wir aber, wie sollen wir diese Liebe erwidern? So wie Jesus uns liebt, so können wir ihn niemals lieben. Das verlangt Jesus auch nicht. Nur müssen wir Jesus in seiner Liebe achten! Ihn ernst nehmen! Vor allem in dem heiligsten Geheimnis seiner Liebe, in der Eucharistie! Wer darin Jesus nicht achtet oder gar verachtet, dem wird diese Liebe zum Gericht. Die Liebe Gottes, die das Äußerste für uns gewagt hat und immer wagt, darf nicht wie Nebensache oder Abfall behandelt werden. Jesus sagt uns darüber ein ernstes Wort: „Gebt das Heilige nicht den Hunden preis und werft euere Perlen nicht den Schweinen vor, damit sie nicht etwa von ihren Füßen zertreten werden, und sich dann umdrehen und euch zerreißen!" (Mt 7,6).

Wir dürfen nie übersehen, wie sehr Jesus uns liebt in dieser heiligsten Speise. Wenn wir Jesus nicht lieben können, dann müssen wir wegbleiben von diesem Mahle der Liebe. Wie weh schon Menschen einander tun können, wenn sie die Liebe verschmähen, darüber kann ich ein Erlebnis erzählen.

Ich war noch junger Priester, da mußte ich in einer Pfarrei aushelfen, weil der Herr Pfarrer erkrankt war. Eine Frau lud mich ein, mit ihr zu kommen, um ihrer Tochter den Segen zu erteilen. Ihre Tochter, das einzige Kind, die Berta, sagte kaum ein Wort, als ich in die Stube kam. Sie schaute mich verstört an und sagte: „Gelobt sei Jesus Christus! Ja, ja, gelobt sei Jesus! Gelobt sei Jesus Christus!" Dann stand die Berta auf, verneigte sich und ging in ihr Stübchen. Die Mutter sagte: „Jetzt wird sie wieder weinen. Reden kann man mit ihr nicht. Sie nimmt nichts an. Die Ärzte wollten sie in eine Nervenklinik einweisen. Das habe ich nicht zugelassen. Die Berta ist bei mir gut aufgehoben. Ich bin jetzt allein. Mein Mann ist vor einem Jahr als Holzhauer tödlich verunglückt.

Meine Tochter war früher das froheste Leben. Wo sie hinkam, machte sie Freude. Da kam ihr eines Tages der einzige Sohn des reichen Sägewerkbesitzers in den Weg. Johannes hieß er. In den Johannes hat sie sich verliebt. Und er in sie.

Der Vater warnte sie: „Mädl, sei gscheit. Der Johannes ist nicht schlecht, aber er ist reich. Seine Eltern werden gegen dich sein. Vor allem seine Mutter, die immer hoch hinaus will."

Aber die beiden waren so ineinander verliebt, daß alle Warnung nichts half. Sie machten schon Pläne für die Hochzeit. Mein Mann sagte:

„Ich habe gehört, die Mutter des Johannes wird alles daran setzen, um die Hochzeit zu verhindern. Und die wird es tun, so weit ich sie

kenne. Berta, ich fürchte, du rennst in ein großes Unglück. Bitte, laß den Johannes!"
Aber es half nichts. Die beiden waren ineinander so verliebt, eine Trennung war unmöglich.
Da trug die Berta, wie so oft, dem Vater das Essen in den Wald hinauf. Wie immer und jetzt erst recht als die kommende Braut, sprühte sie vor Freude. Ein junger Holzhauer nahm der Berta die Tragtasche mit dem Essen ab und umarmte sie aus Spaß mit den Worten: „Mädl, wenn du gscheit wärst und mich heiraten tätst, den Himmel auf Erden tät ich dir schenken!"
Die Berta drängte den Jungen zurück und sagte: „Dafür ist ein anderer da, mir den Himmel zu schenken."
Die Holzhauer, die das sahen und hörten, lachten, und die Sache war damit erledigt. Aber im Wirtshaus hat einer davon erzählt und hat alles ein bißchen übertrieben.
Die Geschichte machte die Runde und kam der Mutter des Johannes zu Ohren. Da rief sie ihren Sohn zu sich und schrie: „Jetzt weiß ich, was deine Berta für eine ist! Die hat viele, mit denen sie herumschmust. Von dir will sie nur das Geld. Darum mach endlich Schluß mit ihr!"
Johannes glaubte alles und machte radikal Schluß mit der Berta! Er wich ihr aus und sprach kein Wort mehr mit ihr. Für den Herbst wurde die große Hochzeit mit der Tochter eines Bankdirektors aus der Stadt geplant, wie es die Mutter schon lange gewünscht hatte.
Für die Berta brach eine Welt zusammen. Eine solche Liebe, wie sie ihn liebt mit ganzem Herzen, kann nicht aufhören. Kann nicht Lüge und Trug sein. Berta ging hinunter zum Sägewerk und wollte mit der Frau, mit der „Schwiegermutter" reden. Die hat sie an der Türe abgewiesen mit den Worten: „Du hast hier nichts zu suchen und zu hoffen! Mein Sohn heiratet eine solche nicht, wie du eine bist! Verschwinde!" Die Türe schlug zu.
Die Berta brach vor Schmerz zusammen. Ein Arbeiter hat sie aufgehoben und nach Hause geführt.
Die Mutter empfing sie und fragte, was passiert sei. Die Tochter brachte stückweise weinend zum Ausdruck: „Der Johannes hat mir das Herz zerrissen. Ich kann nicht mehr leben!" Damit fiel sie der Mutter in die Arme.
Als der Vater abends heimkam, sagte er: „Kind sei ruhig! Du wirst das überwinden. Mit Johannes wärst du nicht glücklich geworden."

Aber die Berta hat es nicht überwunden. Sie konnte nie begreifen, daß eine solche Liebe Betrug war. Sie wurde trübsinnig. Kein Arzt konnte ihr helfen.
Dann geschah das Unglück mit meinem Mann. Damit wäre ich beinahe zusammengebrochen. Aber meine Tochter brauchte mich. Oft saß sie da und sagte immer wieder: „Johannes, ich liebe dich! Ich liebe dich!" Ich durfte nichts dagegen sagen. Ich mußte sie gehen lassen. „Ihr Schmerz muß von selber heilen", hatte der Arzt mir gesagt.
Da kam die Berta unerwartet in die Stube herein. Ich hatte, während die Mutter mir alles erzählte, still für sie gebetet. Sie setzte sich mir gegenüber und schaute mich an. Sie sagte plötzlich zu mir: „Herr Pfarrer, erzählen Sie mir von Jesus! Der liebt uns doch so sehr!" Ich antwortete erfreut: „Ja, Jesus liebt uns sehr! Viel mehr als Menschen uns lieben. Seine Liebe kann jeden Liebesschmerz heilen."
Ich dachte, damit wird Berta zur Einsicht kommen. Aber sie stand auf und rief vorwurfsvoll:
„Warum hat mir dann Jesus den liebsten Menschen genommen? Warum läßt er mich allein? Warum muß ich ohne Liebe leben?"
Ich wollte ihr erklären, daß Jesus uns liebt. Aber die Mutter winkte ab, ich soll sie gehen lassen.
Sie verschwand wieder in ihre Kammer. Die Mutter meinte und da hatte sie wohl recht:
„Sie muß sich einmal richtig ausweinen, damit sich der Schmerz in ihr löst."
Ich betete still für sie. Ich bat die himmlische Mutter, sie möge das Herz dieses Kindes in ihre Mutterhände nehmen!
Die Berta kam wieder in die Stube, setzte sich mir gegenüber, schaute mich an und fragte dann:
„Ist das richtig, daß Jesus uns mehr liebt als die Menschen?"
„Ja, das ist richtig!"
Sie wieder: „Kann ich mich auf Jesus verlassen?"
„Ja, auf Jesus können wir uns immer verlassen!"
Sie fragte weiter: „Wie spüren wir das, daß Jesus uns liebt?"
„Das spüren wir, indem er uns seinen Frieden schenkt, wenn wir ihm vertrauen."
Sie fragte weiter: „Seinen Frieden? Spüren wir seinen Frieden auch in unserem Herzen, daß wir nicht mehr frieren?"

„Gerade in unserem Herzen spüren wir das. Sein Friede in unserem Herzen ist wunderbar, da spüren wir, wie uns Jesus umarmt."
Da wurde die Berta plötzlich energisch und fragte: „Sie sind doch Primiziant?"
Ich: „Nicht mehr."
Sie: „Aber den Primizsegen können Sie mir doch geben?"
Ich: „Ja, das kann ich."
Sie kniete nieder und bat: „Geben sie mir den Primizsegen!"
Ich gab ihr den Primizsegen in ausführlicher Form. Dann stand sie auf und verschwand in ihre Kammer.
Am nächsten Morgen sagte mir die Mutter nach der hl. Messe: „Sie hat die ganze Nacht geweint. Aber heute morgen war sie ruhig und sie sagte mir: Mama, ich will wieder ins Geschäft gehen! Sie war nämlich Verkäuferin im größten Laden des Dorfes. Man hatte sie gern, weil sie mit den Kunden so gut umgehen konnte. Aber als sie immer die Weinkrämpfe bekam, mußte sie aufhören. Jetzt glaub ich, wird alles gut. Ich mein, der Primizsegen hat ihr geholfen."
Später habe ich gehört, daß die Berta wieder in Ordnung ist. Aber wenn jemand von Verliebtheit spricht, dann wendet sie sich ab.
Der Johannes ist sehr unglücklich geworden und mit ihm seine ganze Familie. Die Bankierstochter war sehr verschwenderisch. Von Arbeit wollte sie nichts wissen, sie wollte nur genießen.
„Daß die Menschen das Leben haben!", sagt Jesus. Zum Leben aber gehört die Liebe. Leben ohne Liebe ist ein Todesweg. Verratene oder untreue Liebe ist ein Todesstoß ins Herz.
Jesus weiß das besser als wir, daß es kein wahres Leben ohne Liebe gibt. Darum ist Jesus nicht nur gekommen, um uns das Leben zu bringen, sondern uns auch die Liebe zu schenken, Liebe im vollsten Maße.
Vergessen wir nie sein Wort: „Wie mich der Vater geliebt hat, so habe ich euch geliebt. Bleibt in meiner Liebe!"
Wie tadelt Jesus die ungläubigen Juden, daß sie ihn nicht verstehen können, „weil ihr die Liebe Gottes nicht in euch habt!"
Wie betet Jesus so flehend zu seinem himmlischen Vater: „Ich habe ihnen deinen Namen geoffenbart und werde ihn weiter offenbaren, damit die Liebe, mit der du mich geliebt hast, in ihnen sei und ich in ihnen!"
Wie zählt uns der Völkerapostel im Hohen Lied der Liebe auf, was er alles könnte, „hätte ich aber die Liebe nicht, so wäre ich nichts!

Die Liebe ist gütig, sie ist nicht eifersüchtig, sie sucht nicht das ihrige, sie läßt sich nicht erbittern, sie trägt das Böse nicht nach . . ." (1. Kor 13.1).

Der Apostel Johannes sagt es mit dem einfachen Wort in seinem ersten Brief: „Wer nicht liebt, der kennt Gott nicht. Denn Gott ist die Liebe!"
Daraus wird uns vieles verständlich. Wer ohne Liebe lebt, der kennt Gott nicht. Wer Gott nicht kennt, der lebt ohne Liebe ein lebloses Leben.
Darum zerbricht jede Ehe, weil sie ohne Liebe nicht das Leben hat. Sie können Gott darüber anklagen, wie sie wollen, weil er sie so elend macht. Sie machen sich selber so elend, weil sie Gott nicht wollen, indem sie die Liebe verbannen. Was sie Liebe nennen, ist nur Begierde. Begierde aber zerstört die Liebe.
So drängen die Menschen hinaus in die leblose und lieblose Wüste ohne Gott. Ohne daß sie es wissen wollen, stehen sie damit im Bunde mit dem Lügner und Mörder von Anbeginn, wie Jesus den Teufel nennt.
Trotzdem steht Jesus immer noch mitten unter uns in unserem Elend und ist allzeit bereit, uns das Leben, aber das Leben in Liebe zu schenken. Kann es denn eine höhere Liebe geben als die, indem sich jemand ganz für uns hinschenkt. So hat sich Jesus für uns hingeschenkt bis zum grausamsten Tode am Kreuze, um unsere Sünden wegzubüßen. So schenkt sich Jesus weiter für uns hin in jedem hl. Erlösungsopfer, in der hl. Messe. Und in der hl. Kommunion gibt er sich uns zur Speise, damit wir das Leben haben, sein unsterbliches Leben.
Muß ich daran immer wieder erinnern? Dann bitte, wieder einige Worte, die uns Jesus darüber sagt:
„Ich bin das lebendige Brot, das vom Himmel herabgekommen ist. Wer von diesem Brot ißt, der wird ewig leben."
„Wahrlich, wahrlich, ich sage euch: Wenn ihr das Fleisch des Menschensohnes nicht essen und sein Blut nicht trinken werdet, dann werdet ihr kein Leben in euch haben!"
Gezwungen wird niemand, das wahre Leben zu haben. Gott will keine Knechte. Gott erwartet von uns freie Liebesentscheidung. Denn die Liebe Gottes und die Liebe aller Kinder Gottes ist unendliche Freiheit. Da wird niemand gezwungen. Aber Jesus steht in seiner Liebe immer für alle bereit, ihnen das Leben und die Liebe zu

schenken. Das Leben Gottes, das ewig und unsterblich ist. Und die Liebe Gottes, die in ewiger Glückseligkeit jubeln wird.

Das müssen wir aber auch wissen:
Die Lebens- und Liebesfülle, die uns Jesus schenkt, erhebt uns schon für diese Lebenszeit auf Erden zu freien, frohen und glücklichen Kindern Gottes. Freilich müssen wir hier auf Erden die Gebote Gottes halten und mit Jesus auch immer wieder ein Stücklein den Kreuzweg gehen. Je mehr wir da mit dem Liebesopfer Jesu verbunden bleiben, umso mehr werden wir auch an der vollendeten Herrlichkeit Jesu teilhaben.

Keine Sorge, zu jedem Opfer schenkt uns Jesus auch die Gnade, die liebende Kraft.

Wandlung in das Leben Jesu:

Daß uns Jesus in sein Leben hineinwandeln will durch die Vereinigung mit ihm in der hl. Kommunion, das dürfen wir nicht übersehen. Freilich müssen wir andächtig kommunizieren, andächtig darandenken heißt das, was da vor sich geht, was da Jesus will, wenn er sich uns ganz und gar schenkt in einer Preisgabe, die alle irdischen Begriffe weit übersteigt. Denn Gott ist anders als wir. Gott ist unendlich auch in seiner Liebeshingabe.
Bedenken wir wieder das Wort Jesu:
„Wer mein Fleisch ißt und mein Blut trinkt, der bleibt in mir und ich bleibe in ihm" (Joh 6,56).
Hätte es Jesus besser sagen können, was er will in dieser wunderbarsten Vereinigung mit uns?
Dem hl. Augustinus offenbart Jesus einmal:
„Du sollst mich und du kannst mich in diesem heiligen Opfermahl, in dem du mich ißt, nicht in dich umwandeln. Das kannst du durch gewöhnliche Speise, wenn du sie ißt. Die Speise wandelst du in deinen Leib um. Die Speise aber, die ich dir gebe in meinem Leib und in meinem Blut, darf dir nicht Speise sein für deinen Leib, indem du mich in dich umwandelst. Ich will mit dieser Speise, die ich dir gebe, dich umwandeln in mich und in mein Leben. In der Kraft dieser Speise sollst du mein Leben weiterführen, nicht dein Leben. Mein Leben sollst du wagen. Du in mir und ich in dir. Aber das geht nur, wenn wir in Liebe eins werden. Die Kraft dazu gebe ich dir in meiner Speise."
Was da der hl. Augustinus von Jesus erfahren hat, das hat er sehr ernst genommen. Dadurch ist er ein großer Heiliger geworden. Ein Heiliger, der das Leben Jesu verwirklicht und es ausgestrahlt hat auf alle, die mit ihm zusammen waren.
Das Leben Jesu strahlt vom hl. Augustinus heute noch aus seinen Schriften, aus seinen Satzungen, die er für die Priester und für das Ordensleben grundgelegt hat.
Ich habe letztes Jahr in Westdeutschland einen jungen Ordenspriester, einen französischen Augustiner-Mönch, getroffen, den ich bewundert habe wegen seines tiefen Priesterlebens. Da war nichts vom Modernismus, da stand ein Priester vor mir. Er konnte gut deutsch, weil er aus dem Elsaß stammte. Er erklärte:
„Wir verwirklichen die Regel des hl. Augustinus wieder vollstän-

dig in einer jungen Ordensgemeinschaft. Der hl. Augustinus ist der Vater aller, die in das Priestertum Jesu heimfinden wollen." Da können wir auch bedenken, was der Völkerapostel schreibt, der sicher ganz in das Priestertum Jesu eingegangen ist:
„Nicht mehr ich lebe, sondern Christus lebt in mir" (Gal 2,20).
Wir wollen das Wort des Apostels ausführlicher hören, damit wir ihn besser verstehen:
„Mit Christus bin ich gekreuzigt. Nicht mehr ich lebe, sondern Christus lebt in mir. Sofern ich noch im Fleische lebe, lebe ich im Glauben an den Sohn Gottes, der mich geliebt hat und sich für mich hingegeben hat. Ich schiebe die Gnade Gottes nicht zur Seite. Denn wenn die Gerechtigkeit durch das Gesetz zustande käme, wäre Christus umsonst gestorben."
Paulus hat Jesus sehr ernst genommen. Er hat das Leben, das Opfer Christi in sich hineingenommen. Nur darum, daß er ganz in Christus lebte, konnte er der Völkerapostel sein, der von niemanden übertroffen wurde.
„Nicht mehr ich lebe, sondern Christus lebt in mir."
Wenn ich also zulasse, daß Jesus mich in der hl. Kommunion in sich hineinwandelt, dann darf ich ihn nicht mehr zur Seite schieben durch mein egoistisches Eigenleben. Ich muß auf Jesus achten.
Vor allem muß ich seine Gebote halten und in seiner Liebe bleiben, mit seiner Liebe eins werden, wie er dem hl. Augustinus gesagt hat.
Und ich muß immer an sein Wort denken:
„Wer mein Fleisch ißt und mein Blut trinkt, der bleibt in mir und ich bleibe in ihm."
Das kann Jesus nur, wenn wir sein Leben annehmen wollen. Dann kann Jesus uns immer mehr in sich hineinwandeln, daß nicht mehr wir leben, sondern Christus in uns lebt. Das alles aber kann nur in freier Liebe geschehen. Zwingen tut uns Jesus nicht, trotz seiner ständigen Liebesbereitschaft für uns.
Wenn wir uns nicht in freier Liebeshingabe durch Jesus formen lassen würden, wäre unser Leben vor Gott wertlos. Auch unsere Umwandlung. Denn wir müssen Gott das einzige Geschenk, das wir Gott überhaupt geben können, unsere Liebe, in freier Hingabe vollziehen, weil die wahre Liebe unbedingte Freiheit ist. Hören wir darum nie auf, Gott in freier Liebeshingabe zu dienen. Jesus hat uns dafür in seinem Leben das vollkommenste Beispiel gegeben. Er sagt:
„Meine Speise ist, den Willen dessen zu tun, der mich gesandt hat!"

Weil Gott den Menschen die unbedingte Freiheit läßt, daß er sich in freier Liebe bewähren kann, gibt es unter der Menschheit das ewig alte und ewig neue Problem:
Menschen können viel Unheil anrichten in dieser Welt, und Gott greift nicht ein. Wenn Gott eingreifen würde, wäre der Mensch nicht mehr frei. Gott greift erst ein, wenn die Prüfungszeit vorüber ist, wenn jeder Mensch sich frei für oder gegen Gottes heiligen Willen entschieden hat. Dann wird der Weizen in die Scheune Gottes gebracht, das Unkraut aber wird verbrannt in einem Feuer, das nie mehr erlischt.
Denen, die guten Willens sind, schenkt sich Jesus in seiner ganzen Liebe, indem er selbst ihnen Brot des Lebens wird. Brot des Lebens, damit sie das Leben haben. Die andern jedoch, die nicht guten Willens sein wollen, nähren sich vom Genuß des eigenen Fleisches, das sie in Süchtigkeit fressen oder vernichten, wenn sie es nicht mehr fressen können, dann Kindsmord.
Daß Gott solchen Menschen sich nicht zur Speise geben kann und keine Rettung mehr für sie hat, müssen wir verstehen.
Wenn wir zur hl. Kommunion gehen und Jesus uns in sein Leben hineinwandeln soll, müssen wir in vertrauender Liebeshingabe mit ihm verbunden bleiben. In seiner Liebe und in seinem Willen.
Bei einer Hochzeitsfeier, in der gute und fromme Brautleute ihr Fest feierten, kam unerwartet einer daher, ein verkommener Mann, der zum Brauttisch hinging und behauptete, er sei verwandt mit ihnen. Alles schaute erschrocken auf.
Der „Prokrater" ging hin, packte den Kerl und wollte ihn hinauswerfen. Der wehrte sich. Da kamen einige Männer und machten Ordnung. Draußen wartete schon die Polizei, die ihn gesucht hatte.
So ähnlich ergeht es jedem, der in die Hochzeit der innigsten Vereinigung mit Jesus eindringen will, aber „kein hochzeitliches Kleid trägt". Er wird hinausgeworfen. Aber bei Gott ist das nicht so eilig. Gott hat Zeit.
Ich denke oft an das Gericht, das über Jerusalem kommen mußte, weil sie den einzigen göttlichen Retter nicht nur abgewiesen, sondern ans Kreuz geschlagen haben.
Noch nicht gleich nach der Kreuzigung Jesu kam das Gericht. Es kam erst vierzig Jahre später. Aber es kam. Und es kam grausam. Wie eben die dämonischen Mächte, denen sie sich übergeben hatten, immer voller Haß sich austoben.

Die herrliche Stadt Jerusalem und der heilige Tempel Jahwes, ein Heiligtum ohnegleichen, das nie mehr zugrunde gehen kann, wie alle Juden überzeugt waren, wurde im Jahre siebzig unter dem Feldherrn Titus vollständig zerstört.
Jesus hat alles vorausgesehen. Er wollte Jerusalem retten, denn er liebte die Stadt, die ihm selber so viel bedeutet hat. Er weinte über Jerusalem, wenn er vom Ölberg aus hinüberschaute. Er sagte: „Jerusalem, Jerusalem! Wie oft wollte ich deine Kinder sammeln, wie eine Henne ihre Küchlein unter ihre Flügel sammelt! Aber du hast nicht gewollt! Nun wird euer Haus zur Wüste werden" (Mt 23,37).
Jesus weist darauf hin, wie es kommen wird und erklärt: „Wenn ihr Jerusalem von Heeren umlagert seht, dann wisset, daß seine Verwüstung nahe ist . . . Das sind die Tage der Rache, an denen sich alles erfüllen wird, was geschrieben steht . . . Es wird eine große Drangsal im Lande herrschen, ein Zorngericht wird dieses Volk treffen. Sie werden unter dem Schwert fallen und werden als Gefangene in alle Welt verschleppt werden. Jerusalem wird von den Heiden zertreten werden, bis die Zeiten der Heiden abgelaufen sind" (Lk 21,20).
Erschütternd ist die Begegnung Jesu auf seinem schmerzlichen Kreuzweg mit den weinenden Frauen von Jerusalem. Jesus sagt ihnen:
„Weinet nicht über mich, sondern über euch und eure Kinder!"
Von dem herrlichen und heiligen Tempel Jahwes sind nur noch Schutt und unten eine Mauer übrig. Die Klagemauer, an der die Juden seit vielen Jahrhunderten ihr Schicksal beklagen, Jahwe anrufen, daß er sie erhöre und ihnen das größte Heiligtum wieder aufbauen lasse. Aber Jahwe kann sie nicht erhören, weil sie ihn nicht erhören wollten als er ihnen seinen Sohn als Opferlamm zur Sühne geschenkt hatte. So lange sie Jahwe immer noch nicht in seinem Sohne erhören wollen, der als der wahre Messias gekommen ist und sich genügend dafür ausgewiesen hatte, kann auch er sie nicht erhören.
Es hat mir weh getan, die Israeliten an der Klagemauer jammern zu hören und sehen zu müssen, wie sie ihr Haupt an die Mauer schlagen als könnten sie damit Jahwe zwingen, sie zu erhören.
Aber noch weher tut es, sehen zu müssen, wie der Islam über den Trümmern des Tempels die größte Moschee erbaut hat und darin

die Mohammedaner mit Inbrunst beten. Unter anderm immer wieder das Wort: „Allah ist Gott und Mohammed ist sein Prophet!"
Da müssen wir uns an die Weissagung Jesu erinnern:
„Jerusalem wird von den Heiden zertreten werden, bis die Zeiten der Heiden abgelaufen sind."
Aus all dem, was mit Jerusalem geschehen ist und geschehen mußte, weil sie den Erlöser nicht erkennen wollten, der ihnen zum Heile ist, müssen wir lernen, mit Gott kann man nicht Schindluder treiben.

Gott schenkt sich uns aus Liebe in seinem Sohne ganz hin, damit wir in ihm und durch ihn wahre Kinder Gottes werden und zu einer unaussprechlichen Seligkeit heranreifen. Wir aber haben dafür keine Zeit und kein Interesse. Wir begnügen uns selbst in unserer Süchtigkeit. Da müssen wir uns nicht wundern, wenn wir dem verfallen, der uns für Zeit und Ewigkeit verderben will.

Wir Menschen alle, wir haben nur ein Leben und zwar innerlich in der Seele ein unsterbliches Leben. Wir können dieses Leben Jesus anvertrauen, daß er es hineinwandelt in sein unsterbliches Leben und wir darin für die Ewigkeit unendlich glücklich werden. Auch in einem durch Jesus erneuerten unsterblichen Leib.

Oder wir können dieses unser einziges Leben, wie der Apostel sagt, in Fleischeslust, Augenlust und Hoffahrt des Lebens vergeuden. Das ist bald vorüber, weil das Erdenleben, das uns Gott zur Prüfung geschenkt hat, nicht gar lange dauert.

Dann, ja dann ist die Ernte: Der Apostel sagt darüber:
„Gott läßt seiner nicht spotten. Was der Mensch sät, das wird er ernten. Wer auf sein Fleisch sät, wird vom Fleische Verderben ernten. Wer aber auf den Geist sät, wird vom Geiste das Leben ernten" (Gal 6,7).

Ich glaube, darüber brauchen wir weiter nichts erklären, wie wir unser einziges und einmaliges Leben ausnützen, um richtig zu ernten, wenn die Stunde der Ernte gekommen ist. Diese Stunde kommt oft sehr schnell und unerwartet.

Ich habe einmal in Wien etwas Sonderbares erlebt. Da war ein Mann in einer bedeutenden Weltfirma in leitender Stellung. Hubert, meine ich, hieß er mit seinem Vornamen. Er hatte ein vorzügliches Einkommen und konnte sich alles leisten. Er war verheiratet und hatte vier Kinder im Schulalter.

Es war bekannt, daß er mit seiner Sekretärin, mit der er öfters weite

Geschäftsreisen machen mußte, in einem Hotel nur im Zweibettzimmer nächtigte. Er hatte auch noch andere Frauen, mit denen er zusammen schlief. Er hatte das nicht verheimlicht. Er sagte, als Supermann brauche er das.
Ich hatte diesen Mann kennengelernt bei einer Beerdigung. Da mußte er am Grabe eines ehemaligen Angestellten der Firma eine Rede halten. Das konnte er.
Hernach saß ich im Gasthaus neben dem Herrn. Als die Gäste fast alle gegangen waren, sagte ich zu dem Herrn, daß ich gerne mit ihm sprechen möchte. Er spottete: „Ein Herr Hochwürden will mich sprechen. Welche Ehre!"
Ich antwortete ernst und sagte: „Es ist schade um Sie! Auch um Ihre Familie! Sie stehen als Supermann vor der Öffentlichkeit. Was Sie aber in Wirklichkeit sind, ich meine vor Gott, das ist - ich kann das Wort nicht sagen."
Er meinte: „Sagen Sie es ruhig, wenn Sie es erleichtert. Ich bin vieles gewohnt." Dann packte er meinen Arm und sagte: „Wissen Sie was, wir gehen in ein anderes Lokal! Da sind wir ungestört."
Er führte mich in ein abgelegenes Gasthaus. Dort sagte er dem Ober: „Bring eine Flasche Wein in das Zimmer und zwei Gläser! Du weißt schon. Ich will mit dem Hochwürden allein sein!"
Als wir drinn waren sagte er: „Jetzt red! Sags nur, daß ich ein Schweinekerl bin! Sags nur! Das willst du mir ja sagen."
Ich fing vorsichtig an: „Schweinekerl, das wollte ich nicht sagen. Ich wollte dir nur sagen, daß es ewig schade ist um dich. Wenn du nicht bald kehrt machst, dann gehst du vor die Hunde. Und deine Familie mit. Die können vor dir keine Achtung haben. Kinder, die vor dem eigenen Vater ausspucken möchten, sind arm. Und deine Frau, wie die darunter leidet, das ist ein Martyrium."
Er wurde unruhig und klagte: „Ja, ja, das brauchst mir nicht sagen. Recht hast, meine Rosi ist eine Martyrerin, und sie erträgt das schweigend, schon jahrelang. Red weiter!"
„Du hast heut in der Grabrede gesagt über deinen verstorbenen Kollegen: Deine Seele ruhe im Frieden des Himmelreiches! Weißt du, was du da gesagt hast? Und weißt du, wo du einmal ruhen wirst? In der grausigsten Unruhe der Hölle! Wo es dir ewig vor dir selber grausen wird, wenn du so weiter machst.
Und noch etwas, was ich dir doch nicht zugetraut hätte. Du - jetzt muß ich es sagen - du Schweinekerl bist, du bist heute sogar zur

hl. Kommunion gegangen. Weißt du, was du da getan hast? Damit hast du Jesus an die Geißelsäule geschleppt! Daß du vorher noch vollkommene Reue erweckt hast und Jesus gesagt hast, daß dir alles leid tut aus Liebe zu ihm, das kann ich mir nicht denken. Du hast gedacht, du gehst auch zur Kommunion, das freut die Leute. Daß du aber Jesus damit an die Geißelsäule schleppst, das wolltest du nicht denken. Und doch hättest du es wissen sollen, wenn du noch ein bißchen in deiner Christenseele herumgewühlt hättest. Ich meine, unter all dem Höllendreck, der alles verdeckt hatte."
Ich schaute auf, wunderte mich über mich selbst, daß ich das alles so gesagt hatte und wollte gehen. Hubert hielt mich fest: „Nein, so gehst du nicht! Red weiter! Du willst mir und du mußt noch weiter sagen, was ich für ein Schweinekerl bin und wie es in mir innerlich aussieht. Red, bitte, Hermann, so heißt du doch, red weiter! Wenn man ein Haus reinigt, dann muß es ordentlich gereinigt werden!"
Langsam fing ich wieder an:
„Hubert, auf deinen Wunsch hin red ich weiter. Sonst würd ich jetzt schweigen. Ich hab dir ohnehin schon genug gesagt. Wie es in dir innerlich aussieht, willst du wissen. Häßlich sieht es da aus. Jeder würde weit wegrennen, der das sehen müßte. So häßlich sieht es da aus, daß alle Häßlichkeit dieser Welt nichts dagegen ist.
Gott ist in seiner Liebe höchste Reinheit und Heiligkeit. Der kann sich niemals mit solcher Häßlichkeit vereinen in der hl. Kommunion, wie du es heute getan hast. Darum muß Jesus diese Häßlichkeit, mit der du ihn beschmutzt hast, wieder an der Geißelsäule wegwaschen mit seinem Blute."
Hubert sprang auf und rief: „Nein, das wollte ich nicht! Das wußte ich nicht! Was kann ich da tun?"
Ich antwortete ruhig: „Beichten kannst du! Beichten sollst du! Und dich bessern!"
Hubert kniete nieder und bat: „Ich will beichten! Hilf mir!" -
Es wurde eine vollkommene Beichte in Reue und mit gutem Vorsatz. Ich war darüber verwundert.
Wir beteten noch miteinander drei Vaterunser zur Buße. Dann setzten wir uns zum Tisch. Die Flasche Wein war noch unberührt. Wir tranken ein Gläschen miteinander. Mehr nicht. Dann sagte Hubert: „Jetzt muß ich zu meiner Frau heimgehen und ihr sagen, daß ich gebeichtet habe und daß es mir sehr ernst ist und ich fürderhin ihr

ein guter und getreuer Ehemann sein werde."
Auf meinem Heimweg habe ich mich sehr gewundert, daß dieser Hubert sich so schnell und scheinbar vollkommen bekehrt hat.
Vierzehn Tage später traf ich die Frau des Hubert. Sie sagte mir: „Herr Pfarrer, an meinem Mann ist ein Wunder geschehen. Er ist ganz anders. Er ist wieder der beste Ehemann und Familienvater. Ich kann Jesus nicht genug dafür danken, daß er mich endlich erhört hat."
Etwas betrübt fügte sie dann hinzu:
„Ich habe viel für ihn gebetet, oft halbe Nächte lang. Ich habe Jesus sogar mein Leben angeboten, wenn es nötig ist, um meinen Mann zu retten."
Da wußte ich, wie über Hubert eine so vollkommene Bekehrung siegen konnte.
Es waren mehrere Jahre vergangen. Ich war nicht mehr in Wien. Eine Schwester der Frau des Hubert, die ein frommes Leben führte, sie war pensionierte Lehrerin und nicht verheiratet, schrieb mir: „Gott hat das Opfer meiner Schwester für ihren Mann angenommen. Sie hatte bei einer Grippe sich eine unheilbare, ständig eiternde Rippenfellentzündung zugezogen. Die Ärzte sagten, das ist ein Virus, den sie nicht bekämpfen können. Meine Schwester war auf dem Weg des Todes. Ihr Mann hatte sie mit treuester Liebe umsorgt. Da habe ich dem Herrn Jesus gesagt, er möge meine Schwester gesund werden lassen für ihre heranwachsenden Kinder, die heute die Mutter so notwendig brauchen. Jesus möge mir dafür ihr Kreuz aufladen.
Jesus hat mich erhört. Meine Schwester ist gesund geworden. Ich aber trage seither ein schweres Beinleiden. Ich trage es gerne in Liebe.
Das, Herr Pfarrer, wollte ich Ihnen schreiben, weil Sie sich damals so um meinen Schwager angenommen hatten.
Möchte Ihnen auch noch mitteilen: Im Rollstuhl kann ich jeden Tag in die Kirche zur hl. Messe fahren. Der Herr Pfarrer bringt mir jedesmal die hl. Kommunion. Da kann ich nicht anders beten als immer wieder Jesus sagen: Ich danke dir, mein Jesus, daß ich an deinem Kreuze teilhaben darf. Du willst ja, daß ich ganz mit dir eins werde. So willst du mich auch in dein Opfer hineinwandeln. Jesus, wenn du mir die Kraft dafür gibst, will ich gerne mit dir das Kreuz tragen, daß viele Seelen gerettet werden können."

Das waren ungefähr die Worte im Brief dieser frommen Frau. Solche fromme Opfer-Seelen gibt es wenig. Wir sollen uns das doch öfter überlegen bei der hl. Kommunion, wie ernst uns Jesus nimmt in seiner Liebe. Wie er uns tatsächlich hineinwandeln will in sein Leben und, wenn wir dazu bereit sind, auch in sein Erlösungsopfer. Oft geschieht es auch, daß Jesus uns in sein Opfer hineinwandeln will, ohne daß wir es wollen. Das wird dann eine Tragik und wir sträuben uns mit ganzem Herzen dagegen. Wir beten und bitten und machen Versprechungen, daß Jesus doch dies Kreuz wieder von uns abwende. Oft erhört uns Jesus, viel öfter aber erhört er uns nicht. Warum uns Jesus nicht erhört, das können wir kaum ergründen. Aber Jesus hat seine Gründe, die wir selten erkennen. Hin und wieder erleben wir solche Fügungen, die uns aufhorchen lassen. Die meisten Fügungen Jesu werden wir nie begreifen.

Da waren auf einem Hof zwei Brüder, der Hans und der Jakob. Die einzige Tochter war bereits in einen großen Hof weggeheiratet. Der Elternhof war vom Großvater, der längst verstorben ist, heruntergewirtschaftet. Nun tat der Vater alles, den Hof mit seinen beiden Söhnen wieder auf die Höhe zu bringen. Das ging gut voran. Der Vater war zufrieden.

Der Jakob, der jüngere Sohn, wollte in ein Kloster eintreten, sobald er auf dem Hof nicht mehr gebraucht wurde. Da kam der ältere Sohn in eine fanatische Verbindung mit einer gottwidrigen Sekte. Alles Zureden des Bruders und des Vaters half nichts. Er blieb oft tagelang fort und sagte einmal: „Ihr wißt ja nicht, was Leben ist. Ich weiß es jetzt. Das laß ich mir nicht mehr nehmen, nicht um alles in der Welt!"

Der Vater sagte zum Jakob: „Wenn der Hans nicht mehr heimkommt, dann mußt du auf dem Hof bleiben, allein kann ich ihn nicht erhalten. Dein Bruder Hans will scheinbar überhaupt nicht mehr heimfinden. Er ist der verlorene Sohn. Ihm müßte der liebe Herrgott ein besonderes Kreuz schicken, daß er wieder heimfindet. Ich meine nicht nur zu uns, sondern auch zu unserm Herrgott.

Monate vergingen. Da kam an einem Abend ein Auto. Sturm läuteten sie an der Haustür. Der Jakob und der Vater waren im Stall. Sie kamen und fragten, was los sei. Der Fahrer schrie aus dem Auto: „Da habt ihr eueren Sohn! Verräter dulden wir nicht in unserer heiligen Gemeinschaft!"

Sie holten den Hans aus dem Auto. Arg zugerichtet war er, blut-

überströmt sein Gesicht, stöhnend kam es aus seiner Brust: „Vater, Vater! Verzeih! Helft mir!"
Sie schleppten ihn in die Stube, legten ihn auf eine Bank, er konnte nicht stehen. Der Jakob wollte nach dem Auto schauen. Es war schon weg.
Sie holten sofort den Arzt. Der stellte fest: Mehrere Rippen sind gebrochen, die Schulter und der rechte Arm scheinbar auch, sonst mehrere Schlagwunden. Muß eine grausame Rauferei gewesen sein. Er muß sofort ins Krankenhaus.
Das geschah. Nach einiger Zeit war der Hans soweit hergestellt, daß er nach Hause gebracht werden konnte. Er brauchte gute häusliche Pflege, dann kann er nach zwei Monaten wieder normal arbeitsfähig sein, hieß es.
Der Jakob meinte, man müsse Anzeige machen. Der Hans sagte: „Um Gottes willen. Die zünden uns den Hof an. Und erreichen werden wir nichts. Die kann man nie erfassen. Als ich merkte, auf welchem Betrug die „fromme Gemeinschaft" aufgebaut ist, habe ich dagegen protestiert. Dann haben sie mich Verräter genannt und so zugerichtet. Und nun darüber schweigen, schweigen! Ich will nicht mehr darüber reden. Hinter dieser Gemeinschaft stehen mächtige Verbrecher, die vor nichts zurückschrecken und die von niemandem gefaßt werden können. Darum schweigen! schweigen!"
Der Hans war verwundet, wurde aber geheilt und wurde durch dieses Kreuz vor allem geheilt vor diesem verderblichen Irrweg, der ihm zum ewigen Verderben geworden wäre. So muß Jesus manches Kreuz zulassen, um uns zu heilen vor zeitlichem und ewigem Verderben.
Das ist ein Beispiel, wie Jesus oft eingreift durch ein Kreuz, das wir nicht wollen, das aber notwendig ist zur Heilung. Wie die einzelnen Kreuze sein müssen, um zu retten, darüber gibt uns Jesus keine greifbare Auskunft. Aber einmal, wenn wir weiterschauen können, werden wir staunen, dankbar staunen über die sorgende Liebe, mit der Jesus uns auf Erden nachgegangen ist und uns oft eben mit seinem Kreuz geheilt und gerettet hat.
Die wunderbarste und mildeste Heilung schenkt uns Jesus in dem tiefsten Geheimnis seiner Liebe, in der heiligsten Eucharistie.
Mit welcher Zartheit uns da Jesus an sich zieht, um uns ja nicht weh zu tun, dafür gibt es keine Worte. Wir können es nur ermessen,

wenn wir bedenken: Gott ist die Liebe! Jesus ist die Liebe! Lauter Liebe! Daß er uns ewig glücklich machen will in seiner Liebe, das dürfen wir ihm nicht übel nehmen, auch nicht wenn er uns deswegen manches Scheinglück dieser Welt aus den Händen, ja, aus dem Herzen reißen muß. Das tut weh! So empfinden wir es in unserer Kurzsichtigkeit. Weil wir nicht weitersehen, nicht sehen wollen, welche Glückseligkeit hinter all diesen zeitlichen Prüfungen uns erwartet. Jesus hat es uns ja gesagt!

Warum wollen wir ihm immer wieder nicht glauben, wenn wir gerade so ein Scheinglück, vielleicht so eine Fleischeslust, die uns erwürgen will, nicht loslassen können.

Wir müßten wieder Zeit haben, vor dem Geheimnis der heiligsten Eucharistie zu verweilen. Nicht unbedingt mit Worten beten, sondern davor horchen! Auf die wirkliche Gegenwart Jesu horchen! Auf die Liebe Jesu horchen! Auf die Liebe Jesu horchen, die nirgends zarter und sanftmütiger ist als in seiner eucharistischen Gegenwart.

Und erst recht, wenn er sich uns darin zur Speise hingibt! Welche Liebe! Lauter Liebe! Reinste Liebe! Heilende, helfende und erhebende Liebe! Jesus will uns zu sich erheben, wenn er sich uns zur Speise gibt!

Er will uns zu sich erheben, uns hineinwandeln in sein Leben. Er will uns nicht gleich hineinwandeln in sein Opfer. Oh nein! Da ist Jesus so zart, so rücksichtsvoll! Da ist er so demütig und sanftmütig! Nur wenn uns die grausame Gefahr droht, daß wir in unserer Blindheit ins Verderben rennen, dann muß er hart zugreifen. Hart zugreifen, das tut Jesus nur bei solchen, die noch seine rettende Liebe verdienen.

Bei solchen, die kein Herz mehr haben, die alle Liebe und damit auch Gott ablehnen, kann und will Jesus nichts mehr retten. Die muß Jesus ihrem zeitlichen Scheinglück überlassen, bis sie dann erfahren müssen, die Macht des Bösen, der sie gedient haben, reißt sie ewig an sich.

Diese Verdammten wollen nicht gerettet werden. Die wollen Gott nicht, Jesus schon gar nicht, die wollen die Hölle, die sie als ihre Seligkeit erhoffen und ein Leben lang gesucht haben.

Bedenken wir wieder, was Jesus den hl. Augustinus erkennen hat lassen: „Ich bin dir nicht Speise geworden, damit du mich in dich umwandelst, wie es bei gewöhnlicher Speise geschieht. Ich bin dir

Speise geworden, damit du durch meine Liebe und Gnade in mein Leben gewandelt wirst."

Ich mußte einmal als Priester eine kranke Ordensschwester in einem strengen Kloster aufsuchen. Die Schwester lag nervlich sehr danieder. Sie hatte als Oberin ihr Amt abgelegt, weil es von den Modernen verlangt wurde. Die neue Oberin hat alles erlaubt, auch wenn es gegen die hl. Regel war. Die meisten Schwestern gingen zivil, lebten zivil. Es waren ohnehin nicht mehr viele. Das Kloster war in Gefahr, daß es aussterben wird. Ich versuchte, mit der neuen Oberin zu sprechen. Die ehemalige Oberin bat mich darum. Die neue Oberin war gutmütig. Die wollte alles retten. Sie sagte: „Wenn wir streng sind, laufen auch die letzten noch davon."

Ich fragte, wie es mit dem Chorgebet steht und mit der Anbetung, die doch in der Regel vorgeschrieben sind.

Die Antwort war: „Dafür ist kein Verständnis mehr. Der Tabernakel und das Allerheiligste sind für die Modernen eine tote Sache."

Ich mußte zur Antwort geben: „Dann ist alles tot in den Herzen der Schwestern. Dann ist ihr Ordensleben und wohl auch ihr Christentum tot."

Die Schwester meinte: „Das können wir denken, dürfen wir aber nicht sagen!"

Der Tabernakel und das Allerheiligste sind für die Modernen eine tote Sache.

Das mußte mir nicht nur damals eine Oberin sagen, das höre ich heute fast überall. Auch wenn sie es nicht sagen, die meisten Christen leben danach. Das Allerheiligste ist ihnen fremd geworden, ist ihnen eine tote Sache. Auch wenn sie zur Kommunion vorgehen, das tun sie automatisch und gedankenlos. Wenn sie ein wenig nur bedenken würden, was da geschieht, dann müßten ihnen Herz und Verstand aufgehen für das Unbegreifliche:

Unser Herr und Gott, der als Menschensohn in diese Welt gekommen ist, der sich für uns zur Erlösung in den grausamsten Tod hingeopfert hat, dieser Gottmensch Jesus schenkt sich uns in der verborgenen Gestalt des Brotes ganz und gar zur Speise.

Wenn wir das ein wenig nur erfassen, dann müssen wir in unserem ganzen Wesen erschaudern. Dann müssen wir innehalten mit allen unseren Sorgen und Wichtigkeiten des Alltags und müssen uns fragen, warum tut Gott das mit uns. Was will Gott? Was sind wir in den Augen Gottes für Geschöpfe, daß er sich so zu uns niederbeugt? Sich so für uns hinschenkt in einfachster Speise? Gott kann das nicht zufällig oder nebenbei machen, wie in der Natur draußen Regen vom Himmel fällt oder die Sonne scheint. Gott muß doch eine Absicht haben, wenn er das tut, daß er sich uns wahrhaftig als Speise schenkt.

Oder soll ich denken, weil das niemand verstehen kann, daß Gott sich uns als Speise schenkt, brauche ich das nicht so wortwörtlich nehmen, wie es in der Bibel heißt, wie Jesus angeblich sagt: „Ich bin das lebendige Brot, das vom Himmel herabgekommen ist. Wer von diesem Brot ißt, der wird ewig leben." Und wie es weiter heißt: „Das Brot aber, das ich euch geben werde, ist mein Fleisch für das Leben der Welt" (Joh 6,51).

Beim Abendmahl in Jerusalem ist es geschehen: Da nahm Jesus Brot in seine Hände, reichte es den Jüngern und sprach: „Nehmet alle hin und esset davon, das ist mein Leib, der für euch hingegeben wird!" Das gleiche tat Jesus mit dem Kelch des Weines: „Das ist mein Blut, das für euch und für viele vergossen wird zur Vergebung der Sünden. Tut dies zu meinem Gedächtnis!"

Nun entweder oder. Entweder nehmen wir das ernst, was Jesus gesagt und getan hat, oder wir halten ihn für einen Lügner. Verzeihung, für einen der sich getäuscht hat, der nicht wußte, nicht berechnen konnte, was er sagte und tat. Der es halt so gemeint hat, aber der nicht gewußt hat, daß das unmöglich ist.

Daß das unmöglich ist!

Nach unserem Verstand, nach unserem menschlichen Begreifen, ist das tatsächlich unmöglich, daß Gottes Sohn Jesus Christus sich uns in der Gestalt von Brot und Wein zur Speise gibt. Wenn das möglich wäre, dann wäre das jedesmal ein außergewöhnliches Wunder bei jeder Kommunion. Schon in der Darstellung von Brot und Wein als Opferleib Jesu bei der Eucharistiefeier, bei der hl. Messe, ist das jedesmal ein außergewöhnliches Wunder. Daß uns aber Jesus ständig mit solchen Wundern überlastet, das ist für vernünftige menschliche Auffassungen untragbar.

Da müßte man jedesmal zusammenzucken schon bei dem Wort des Priesters, wenn er spricht im Auftrag Jesu: Das ist mein Leib! Das ist mein Blut! Und die tatsächlich den Leib und das Blut Jesu bei der Kommunion empfangen, die müßten gleichsam vergehen unter

der Größe und Gewalt des allmächtigen Gottes.
Aber wie man sieht, Gott sei Dank sieht, geschieht nichts, passiert nichts bei der Messe noch bei der Kommunion. Die Menschen, die da feiern, die da essen, bleiben ganz normal. Wenn ich zu einem Menschen, der kommuniziert hat, sagen würde: Jetzt bist du anders, jetzt lebst du anders, jetzt lebst du in Jesus, und Jesus lebt in dir! Jetzt gehörst du dir nicht mehr selbst, jetzt gehörst du Jesus. Jetzt mußt du tun, was Jesus will, sonst verleugnest du Jesus, verlierst du Jesus und du gehst selbst verloren.
Wenn ich das einem Menschen sagen würde, der würde mich für verrückt halten. Eben weil es ein solches Wunder nicht gibt und nicht geben kann. Darum ist es undenkbar, daß Messe und Kommunion ein solch außergewöhnliches Wunder ist. Ein Wunder, das für normale Menschen untragbar ist.
Verzeihung, daß ich nun gewagt habe, das alles so darzustellen, wie es unter vernünftigen Menschen empfunden, oder besser gesagt, abgelehnt wird. Weil eben solch außergewöhnliche Wunder für uns untragbar sind.
Wenn ich jedoch wieder in stiller Besinnung die Verheißungen Jesu über dieses größte Geheimnis seiner liebenden Hingabe durchlese, dann darf ich eines nicht übersehen, Jesus mahnt uns dabei besonders zum Glauben:
„Das ist das Werk Gottes, daß ihr an den glaubt, den er gesandt hat!" (Joh 6,29).
Und wieder mahnt Jesus bei dieser Ankündigung:
„Das ist der Wille meines Vaters, der mich gesandt hat, daß jeder, der den Sohn sieht und an ihn glaubt, das ewige Leben hat und ich ihn auferwecke am Jüngsten Tage" (Joh 6,40).
Wie die Juden die Verheißung ablehnen, weil sie das nicht begreifen können, daß Jesus sich ihnen zur Speise gibt, da sagt Jesus wiederum diesmal sehr entschieden:
„Wahrlich, wahrlich, ich sage euch: Wer an mich glaubt, der hat das ewige Leben!"
Und für ganz sicher verheißt er ihnen trotz allem wiederum:
„Ich bin das Brot des Lebens! Ich bin das lebendige Brot, das vom Himmel herabgekommen ist. Wer von diesem Brote ißt, der wird ewig leben. Das Brot aber, das ich euch geben werde, ist mein Fleisch für das Leben der Welt" (Joh 6,48).
Dazu gibt Jesus eine wichtige Erklärung, weil sie seine Verheißung

immer noch ablehnen:
„Der Geist ist es, der lebendig macht. Das Fleisch nützt nichts! Die Worte, die ich zu euch geredet habe, sind Geist und Leben!" (Joh 6,63). Daraufhin haben die meisten Jesus verlassen, auch viele Jünger. Und heute? Es ist immer noch das gleiche. - Es wäre gut, wenn viele ihn auch heute verlassen würden, bevor ihnen diese tiefste Liebesverheißung Gottes zum Gericht wird. Besonders wenn sie an diesem Mahle teilnehmen, ohne an Jesus zu glauben.
„Der Geist ist es, der lebendig macht! Das Fleisch nützt nichts!" Der Geist, das Leben aus Gott ist es, das lebendig macht. Das Fleisch, die menschliche Ratio, die nur materiell denken und auffassen kann, nützt nichts.
Der Glaube ist es, der lebendig macht! „Wer an mich glaubt, der hat das ewige Leben", sagt Jesus.
Wer nicht glauben kann oder nicht glauben will, weil er nur materiell an das Irdische glaubt, der darf niemals zu diesem heiligsten Mahle hinzutreten. Es würde ihm zum Gericht.
Wir aber sollen es wissen aus dem unbedingten Glauben: Jesus, der Mensch gewordene Sohn Gottes, schenkt sich uns wirklich ganz und gar als Gott und Mensch, damit wir in ihm das wahre, unsterbliche Leben haben.
Wir brauchen nicht erschrecken vor diesem unfaßbaren Wunder der Liebe Gottes. Jesus ist für uns so demütig und sanftmütig geworden, daß wir nie vor ihm zu erschrecken brauchen. Trotzdem aber bleibt er der unendliche und unbegreifliche Herr und Gott, der sich zu uns erniedrigt, um uns aufzuheben in seine göttliche und unsterbliche Herrlichkeit.
Wie das geschieht, das können wir nicht begreifen. Das müssen wir glauben. Glauben, wie Jesus es uns verheißen hat. „Wer mein Fleisch ißt und mein Blut trinkt, der hat das ewige Leben. Den werde ich auferwecken am Jüngsten Tage."
Wir dürfen auch nicht meinen, daß Jesus uns unser Eigensein, unsere Persönlichkeit nimmt, wenn er mit uns ganz eins wird. Im Gegenteil, durch Jesu Leben werden wir erst ganz das, was wir ewig sein dürfen und sein sollen: Wahre Kinder Gottes in höchster Freiheit und Vollkommenheit.
Der uns in Liebe erschaffen und erlöst hat, hat seine größte Freude, uns auch ganz zu vollenden nach dem Plan seiner ewigen Liebe.

Freuen wir uns darum allezeit, in diesem heiligsten Mahle mit Jesus eins zu werden, damit er uns hineinwandeln kann in sein Leben, um durch ihn ganz vollkommen zu werden als Kinder Gottes zur ewigen Glückseligkeit.

„Mein Fleisch für das Leben der Welt"

Ja, so sagt es Jesus wortwörtlich:
„Das Brot aber, das ich euch geben werde, ist mein Fleisch für das Leben der Welt" (Joh 6,51).
Weil mich über die Sicherheit dieses Textes eine Unruhe plagte, habe ich in der Vulgata den lateinischen Text nachgelesen. Da heißt es auch: „Caro mea est pro mundi Vita."
„Mein Fleisch ist für das Leben der Welt." Wir können es nicht anders übersetzen.
Nun müssen wir uns damit auseinandersetzen und zu verstehen suchen, was uns Jesus damit sagen will. Weil es mich so bewegt hat, habe ich ein Verslein darüber geschrieben.

Ein Verslein, das wohl wenig sagt,
jedoch vom Herzen spricht und wagt,
das Leid zu sehn in dieser Welt,
das uns doch alle drückt und plagt.

Der Tod das größte Übel ist,
der uns durch Krankheit sicher frißt.
Und nichts uns hilft, und nichts uns heilt.
Wir sind vom Tode eingekeilt.

Erkrankt sind wir vom Geist der Welt,
der noch uns hier gefangen hält.
Wer macht von dieser Welt uns frei,
daß unser Leben Gottes sei?

Denn Kinder Gottes heißen wir,
die wir doch leben auch nur hier
als Menschenkinder Tag und Nacht
und uns so arm und müde macht.

Mit welchem Recht wir Gottes sind
und heißen uns gar Gotteskind?
Weil Gott mit Himmelsbrot uns nährt,
das Leben gibt und ewig währt.

Das Fleisch des Sohnes ist das Brot,
das von uns nimmt des Fleisches Tod.
Denn Gott will hier uns siegreich sehn
als Kinder, die nicht untergehn.

Gleich zu Anfang seiner Verkündigung über das größte Wunder seiner Opferliebe, mit der er sich uns zur Speise gibt, sagt Jesus: „Nicht Moses hat euch das Brot vom Himmel gegeben, sondern mein Vater gibt euch das wahre Brot vom Himmel. Das Brot Gottes ist das, welches vom Himmel herabkommt und der Welt das Leben gibt" (Joh 6,32).

Deutlicher hätte es uns Jesus nicht sagen können, was er damit will, daß er sich uns zur Speise gibt als Brot des Lebens. Aber nicht überhören, was Jesus da sagt: „Mein Vater gibt euch das wahre Brot vom Himmel!"

Der Vater ist es also, der vom Sohne wünscht, daß er sich uns zur Speise gibt als Brot des Lebens. Der Vater ist es. Vom Herzen des Vaters geht die Liebessehnsucht für uns aus, daß sein Sohn sich nicht nur als Lamm Gottes am Kreuze für uns hinopfert, sondern daß er sich uns auch zur Speise gibt in seinem Fleisch und Blut, damit wir wieder das Leben haben als Kinder Gottes.

Wenn wir das wissen und nicht mehr vergessen, wie der Vater uns so sehr liebt, daß er seinen eigenen eingeborenen Sohn nicht schonen kann, sondern ihn ganz für uns hinopfert, dann müssen wir in Zukunft das hohe Gebet des „Vaterunser" nicht mehr nur heruntersagen. Vielleicht auch fromm beten, wie es sich gehört.

Wir müssen dabei darandenken, wie das Herz des Vaters im Himmel blutet aus lauter Liebe zu uns, die wir durch das Opfer seines Sohnes wieder seine wahren Kinder werden sollen.

Ich erinnere mich an einen frommen Ordensbruder, der oft zu mir kam und klagte, er könne die fünfzig Vaterunser, die er jeden Tag beten soll, nicht fertig bringen, weil er oft mit einem Vaterunser kaum fertig werden könne.

Ich wunderte mich über seine Schwierigkeit. Er erklärte mir: „Wenn ich anfange: Vater unser, dann tut mir das Herz so weh, dann möchte ich mich in meine Zelle zurückziehen und weinen vor Freude und Weh, weil der Vater im Himmel mich so liebt. Dann muß ich immer wieder sagen oder denken Vater! Vater unser! Vater im Himmel! Der Vater, der mich, der uns alle so liebt! Wie könnte ich mich davon trennen, indem ich weiterbete, ich muß beim Vater bleiben!"

„Mein Vater gibt euch das wahre Brot vom Himmel!"
Wir haben gewagt zu sagen, daß das Herz des Vaters im Himmel blutet aus lauter Liebe zu uns, indem er seinen Sohn nicht schonen konnte und ihn auch heute noch nicht schonen kann, der sich immer noch für einen jeden von uns hinopfert, damit wir das Leben als Kinder Gottes haben.

Wie werden wir einmal dem Vater im Himmel begegnen, wenn wir uns sagen müssen, eigentlich haben wir nie darangedacht, wie sehr uns der Vater liebt und geliebt hat. Wie sein Herz für uns geblutet hat aus lauter Liebe zu uns.

„So sehr hat Gott die Welt geliebt, daß er seinen eingeborenen Sohn für sie dahingab, damit jeder, der an ihn glaubt, nicht verloren geht, sondern das ewige Leben hat!"
Gilt das nicht, was uns der Heilige Geist durch den Evangelisten sagen läßt? - Wenn es gilt, dann ist es höchste Zeit, daß wir Gott danken. Daß wir dem Vater vor allem Dank sagen, der uns im Fleische und Blute seines Sohnes das Brot des Lebens gibt. Immer wieder und immer noch, damit wir das Leben haben. Immer noch und immer wieder sollen wir dabei denken, das Herz des Vaters blutet dabei vor lauter Liebe zu uns.

Das Herz des Vaters blutet, das ist ein Ausdruck, den kein Exeget hören will. Denn Gott kann nicht leiden. Hat der Vater nicht gelitten, war sein Herz lieblos und leblos als sein Sohn am Kreuz verblutet ist? - Wie Gott, vor allem Gott Vater aus Liebe leiden kann, das ist ein Geheimnis eben der Liebe Gottes. Aber opfernde Liebe des Vaters ist es immer noch, wenn sein Sohn sich uns zur Speise hingibt.

Als ich noch Bäckergeselle war, bin ich abends öfter zu einem alten Nachbarn gegangen, der meist auf der Hausbank den Rosenkranz betete. Er stand immer wieder auf und verneigte sich tief. Knien konnte er nicht mehr, weil er einen Knieschaden hatte. Wenn er aufstand und sich verneigte, dauerte das oft länger, bis er wieder mit dem Rosenkranz weiter betete.

Er hat es mir einmal erklärt, warum er immer wieder aufsteht. Er sagte:
Ein Pater Missionar hat hingewiesen, dem Vater im Himmel müssen wir besonders danken und ihn lieben. Der Vater liebt uns am

meisten. Darum müssen wir, wenn wir Vater unser zu beten anfangen, aufstehen und in tiefer Ehrfurcht aus ganzem Herzen bedenken, wie sehr der Vater im Himmel uns liebt! Dafür sollen wir uns Zeit nehmen und in dankbarer Liebe verweilen.
Einmal im Himmel, hat der Pater gesagt, wird unsere größte Freude und Liebe sein, dem Vater vor allem immer wieder zu danken. In Dankbarkeit zum Vater werden wir als seine Kinder mit den hl. Engeln draußen in der ganzen Schöpfung alles wieder so ordnen, wie es der Vater will. Den Willen des Vaters erfüllen, das wird unsere Seligkeit sein.
Daß wir dem Vater im Himmel vor allem in Liebe zu danken haben, das sagt uns Jesus mit dem Hinweis: „Mein Vater gibt euch das wahre Brot vom Himmel!"
Darum haben wir auch bei jeder hl. Kommunion dem Vater zu danken, der uns aus seinem Vaterherzen den Sohn zur Speise schenkt. Die Kinder dieser Welt haben das wahre Leben verloren, sind sterbliche Menschen geworden, leben nur kurze Zeit. Dann ist es aus auf dieser Welt.
Der Vater aber schenkt uns in seinem Sohne wieder das unsterbliche Leben. Aber, wie schon öfter erwähnt, auch in dieser Speise zwingt uns Gott nicht, seine Kinder zu sein. Je mehr wir dabei Jesus in Liebe vertrauen, umso mehr kann er in uns Wunder der Erneuerung wirken. Jesus will uns ganz in sich hineinnehmen und uns in sein Leben umwandeln, wenn wir ihm vertrauen. Die hl. Kommunion kann unsere Herzen, unseren Verstand, unser ganzes Leben neu formen zu einem Leben der Liebeskraft Gottes.
Nur müssen wir uns selbst verleugnen und erkennen, Jesus ist unser wahres Leben, das alle niederen Begierden in uns auslöscht und dafür wunderbare Lebenskräfte und auch Erkenntnisse in uns reifen läßt.
Das alles geschieht nicht mit Gewalt, sondern in einer zarten, rücksichtsvollen und unserer Natur angepaßten Weise. Denn Jesus will in jedem Menschen die Anlagen, die er selber bei der Erschaffung jedes einzelnen grundgelegt hat, weiter formen zur Vollendung der Kindschaft Gottes.
„Das Brot aber, das ich euch geben werde, ist mein Fleisch für das Leben der Welt."
Dieses Wort Jesu könnte uns ein wenig schockieren. „Mein Fleisch für das Leben der Welt." „Caro mea est pro mundi vita."

„Für das Leben der Welt." Das könnte auch heißen, eine Stärkung, damit wir uns in der Welt alles erlauben können. Damit wir als Supermenschen tun können, was wir wollen.
Ich habe gehört, manche moderne Christen legen das so aus und leben danach. Sie kommunizieren darum, damit sie gesunde Lebenskraft haben zum Leben in dieser Welt. Leben in einer ewigen Welt, das kommt ja nicht in Frage.
Der Mensch lebt nur einmal und dann ist es aus. Darum das Leben auf dieser Welt ausnützen!
Ich könnte darüber vieles erzählen. Schauderbare Lebensauffassungen! Sogar von einem Jugendseelsorger habe ich gehört, der den jungen Burschen und Mädchen sagte:
„Gott verlangt, daß wir einander lieben. Das wollt ihr doch alle, ihr Burschen und Mädchen, einander lieben. Und das sollt ihr auch! Dazu braucht ihr eine Lebenskraft. Die will euch Jesus geben in der Speise, von der er ausdrücklich gesagt hat: „Das Brot, das ich euch geben werde, ist mein Fleisch für das Leben der Welt." Also macht davon Gebrauch!
Ich meine, darüber können wir nicht reden. Denn hier dirigiert nicht mehr der Heilige Geist, sondern der Geist der Finsternis.
Aber ein anderes Beispiel kann ich euch erzählen:
Das war noch im Böhmerwald. Damals und dort war die Weltanschauung des Nazismus fast allein maßgebend.
Eine nette Schar Kinder habe ich mit Freude und Eifer für die hl. Erstkommunion vorbereitet. Und ich darf sagen, die Kinder waren alle dafür sehr aufgeschlossen, wie ich ihnen erklärte, Jesus, der Sohn Gottes, will ihnen das wahre Leben schenken, damit sie wirkliche Kinder Gottes sein können.
Leider sind beim Unterricht, den ich in einem Saal halten mußte, weil die Kinder zur letzten Vorbereitung aus verschiedenen Schulen zusammengeholt wurden, auch Erwachsene dazugekommen.
Sogar ein SA-Mann stand in voller Uniform im Raum. Nun ja, er war der Vater eines braven Ministranten.
Ich erklärte den Kindern weiter, daß sie nun mit Jesus vereinigt, treue, frohe und sieghafte Kinder Gottes sein können.
Der SA-Mann räusperte sich auffallend.
Ich erklärte den Kindern weiter, wer kommuniziert, auf den muß sich Jesus künftig verlassen können.
Der SA-Mann rief laut: „Auch der Führer muß sich auf ihn verlas-

sen können!"
Das tat mir weh, aber ich mußte schweigen.
Nachdem die Kinder entlassen waren, sagte der SA-Mann zu mir:
„Herr Pfarrer, die Kinder sind für Sie begeistert. Könnten Sie nicht öfter ein Wort sagen, daß die Kinder auch für den Führer begeistert werden? Das würde man Ihnen hoch anrechnen. Sie reden nur von Jesus. Das ist gut, ich bin auch katholisch. Aber wir müssen zusammenhelfen für Heimat und Leben. Das kann uns nur der Führer geben."
Ich ließ den Mann reden und dachte natürlich ganz anders. Er lud mich ein, zu seinem Hof mitzugehen. Er hatte einen Musterhof. Er sagte:
„Meine Familie wird sich freuen, wenn Sie kommen."
Als wir hinkamen, klagte gleich seine Mutter ihrem Sohn:
„Jogi (Joschi), daß du zur Hitlerpartei gegangen bist, ist eine Schande! Das sind doch lauter Leute, die nichts glauben."
Da antwortete der Sohn aufgeregt:
„Du weißt doch, Mutter, wenn ich nicht zur SA gegangen wäre, hätte ich nach Rußland müssen."
Mir erklärte er:
„Wissen Sie, Herr Pfarrer, bei der SA zum Heimatschutz bin ich sicher, daß ich nicht einrücken muß."
Es war als wollte er sich aufs Maul schlagen, weil er das gesagt hatte. Damit hatte er sich verraten.
Ich sagte nichts. Aber als dann seine Frau und seine Eltern mich fragten, was ich von Hitler und von dem Krieg halte, schaute ich zuerst Jogi (Joschi) an. Er nickte mit dem Kopf. Das sollte heißen, ich kann offen reden!
So sagte ich offen:
„Hitler ist eine Prüfung Gottes. Und der Krieg ist ein Strafgericht Gottes. Unmöglich können wir den Krieg gewinnen. In Rußland werden unsere Armeen verbluten. So sehr ich euch wünschen möchte, daß ihr euere Heimat retten könnt, das wird nicht möglich sein."
Der Jogi hatte seinen Kopf tief gesenkt als wollte er sagen, das darf ich nicht hören. Dann aber sagte er:
„Herr Pfarrer, mit diesen Worten sind Sie des Todes schuldig."
Ich antwortete:
„Das weiß ich. Aber Deine Eltern sind der gleichen Meinung. Und

Du bist genauso des Todes, weil Du Dich verraten hast, daß Du nur zur Partei gegangen bist, damit Du nicht zum Militär mußt. Ich habe darum gewagt, offen zu reden. Es bleibt uns allen nichts anderes übrig, als zu schweigen."
Nach einer Weile sagte mir Jogi:
„Ja, wir müssen und wir können schweigen. Wir sind alle Ihrer Meinung. Ich darf Ihnen auch sagen, ich mußte im Auftrag der Partei zu Ihrem Unterricht gehen und mußte die Bemerkungen machen, damit meine Leute sehen, ich tue meine Pflicht als SA-Mann. Es war einer aus der Partei in Zivil dort."
„Aber nun etwas anderes, Herr Pfarrer! Etwas sehr Peinliches für mich! Man hat uns SA-Männer verboten, in die Kirche oder gar zur hl. Kommunion zu gehen. Ich habe durch meine Kinder, die Sie unterrichten, gehört, was Sie ihnen sagen über die hl. Kommunion. Herr Pfarrer, Sie dürfen mir glauben, das brennt in meinem Herzen wie Feuer. Ich möchte auch kommunizieren! Wie kann ich das machen?"
Mir kam ein Einfall und ich sagte:
„Deinem kranken Großvater bring ich öfter die hl. Kommunion. Da kann ich auch dir die hl. Kommunion reichen. Das braucht niemand wissen!"
Schon wenige Wochen später brachte ich seinem Großvater die hl. Kommunion. Damit natürlich heimlich auch dem Jogi. Ich darf verraten, das war jedesmal eine so andächtige Kommunion, daß auch ich dabei zu Tränen gerührt war.
Jogi sagte mir danach einmal:
„Herr Pfarrer, ich bete jedesmal, bevor Sie mir die hl. Kommunion bringen, so wie Sie es den Erstkommunion-Kindern gelernt haben, die haben es mir gesagt, so innig wie noch nie im Leben bete ich: Jesus, ich schenke mich dir, nimm du mich ganz in dein Leben, nur bitte ich dich, schütze unsere Familie! Unseren Hof werden wir opfern müssen. Aber unser Leben, Jesus, Sohn Gottes, unser Leben behüte!
Das, Herr Pfarrer, ist immer mein Gebet. Wenn ich dann kommuniziert habe, ist es mir als wollte mir Jesus sagen: Sei ruhig, ich werde für alles sorgen! Meine Leute wundern sich oft, daß ich so ruhig bin. Ich sage nur, was sollen wir uns sorgen, Jesus wird für uns sorgen."
Ich weiß nicht, wie es der Familie später ergangen ist. Ich wurde

bald von der Gestapo gauverwiesen. Die Böhmerwäldler wurden grausam aus der Heimat verjagt.
Aber eines habe ich erfahren:
Wenn wir Jesus in der hl. Kommunion ganz vertrauen, wird er uns nie enttäuschen. Jesus kommt in dieser heiligsten Vereinigung mit solch herzlicher Liebe zu uns, die uns alles gewährt, was uns leiblich und seelisch zum Heile ist. Nur müssen wir ihm ganz vertrauen, das heißt, wir müssen uns ihm ganz schenken, wie er sich uns ganz schenkt.
„Das ist mein Fleisch für das Leben der Welt!"
Daß wir als Kinder Gottes im Leben dieser Welt bestehen können!
Daß wir nicht vom Weltgeist verschlungen werden!
Daß wir zwar auf dieser Welt leben, auch für das alltägliche Leben auf dieser Welt sorgen, aber nicht darin untergehen, als wäre das allein alles.
Damit würden wir verarmen, jämmerlich verarmen wie Erdenwürmer. Wir sind Kinder Gottes, Kinder unermeßlicher Reichtümer, auf die wir zugehen, die wir erben, sobald unser Pilgerweg auf Erden zu Ende ist. Der Völker-Apostel sagt ausdrücklich:
„Alles ist euer, ihr aber seid Christi!"
„Sie werden herrschen (die Kinder Gottes) von Ewigkeit zu Ewigkei" (Off 22,5).
Das alles wird sein, wenn wir die Prüfungszeit auf Erden vollendet haben. Das hat uns Jesus zur Genüge erklärt. Wir können jedoch auf dieser Welt vieles nicht verstehen. Darum müssen wir glauben. Das hat Jesus streng verlangt. Noch vor der Himmelfahrt sagte er zu seinen Jüngern:
„Gehet hin in alle Welt und verkündet die Frohbotschaft (von der Auferstehung und vom Leben) allen Geschöpfen! Wer glaubt und sich taufen läßt, der wird selig werden. Wer aber nicht glaubt, der wird verdammt werden" (Mk 16,15).
Da wir noch in dieser Weltzeit leben und so viel Sinnloses und Grausames erleben müssen, wird es uns schwer, alles zu glauben. Da fragen wir oft, wo ist denn der allgütige und allmächtige Gott, der da Ordnung schaffen müßte?
Ich hielt 1943 mit einer Jugendgruppe versteckt auf einer Almhütte Exerzitien. Von der Gestapo waren solche Versammlungen streng verboten. Es waren fast nur Mädchen, weil die Burschen alle im Krieg waren. Ein Urlauber, ein junger Leutnant, der gut katholisch

war, konnte auch mitmachen.
Bei einer allgemeinen Aussprache stellte der junge Offizier die Frage:
„Wie kann Gott das zulassen, daß wir in diesem grausamen Vernichtungskrieg zu Tausenden und Abertausenden zerfetzt werden? Daß Hitler ein Wahnsinniger ist, das weiß ein jeder, der noch ein bißchen Hirn hat. Nur darf es keiner sagen. Aber daß der allmächtige Gott da schweigend zuschaut, das verstehen wir nicht."
Ich mußte antworten:
„Mein lieber Willi, der Mensch ist frei. Die Menschen, die Deutschen vor allem haben den Krieg gewollt. Sie haben alle 'Heil Hitler' gerufen. Und wie fanatisch sie gerufen haben! Sie wußten alle, daß Hitler einen Krieg will. Daß der Krieg ein grausames Morden ist, hätten sie auch wissen können. Aber sie waren alle mit Blindheit geschlagen. Gott hätte den Menschen den freien Willen nehmen müssen, um das zu verhindern. Ohne Freiheit wäre er nicht mehr Mensch. Nun müssen die Menschen das selber erleiden, was sie gewollt haben.
Erst wenn das Maß voll ist, wird Gott eingreifen. Zuerst müssen die Menschen wieder einsehen, wohin sie gekommen sind mit 'Heil Hitler' und ohne Gott."
Der Offizier mußte mir recht geben:
„Ich habe auch mit Begeisterung 'Heil Hitler' gerufen. Als ich dann eingesehen hab, wo das hinführt, war es zu spät. Ich mußte in den Krieg und mußte schweigen. So ergeht es heute den meisten."
Wir haben bei den Exerzitien auch eingehend über das Geheimnis der heiligsten Eucharistie betrachtet. Auch über die Verheißung Jesu:
„Das Brot aber, das ich euch geben werde, ist mein Fleisch für das Leben der Welt."
Ich wagte zu erklären:
„Durch dieses Geheimnis will uns Jesus aus seiner göttlichen Lebensfülle vor allem seine Liebe und auch seinen Frieden schenken für das Leben in der Welt. Auch in dieser friedlosen Welt."
Das Wort war schwierig zu verstehen.
Es meldete sich eine Stimme aus der Jugendschar:
„Warum duldet dann Jesus weiter solchen mörderischen Unfrieden?"
Ich mußte antworten:

„Den Frieden, den uns Jesus schenken will, sollen wir im Herzen tragen. Was hatten die Martyrer aller Zeiten oft äußerlich für einen vernichtenden Unfrieden erleiden müssen, innerlich aber trugen sie den Frieden Christi, der sie stark machte gegen allen äußeren Unfrieden. Sie erlitten den Martertod mit Jesus, weil sie wußten, damit erlangen sie den ewigen Frieden im Reiche Gottes. Schaut doch Jesus an in seinem Opfer! Alles schien friedlose Vernichtung. Und doch wurde sein Opfer der Sieg gegen Tod und Hölle. Wenn wir mit Jesus den Kreuzweg gehen, so scheint es Vernichtung. Und doch wird der Kreuzweg mit Jesus der Sieg des Lebens. Wenn nun Jesus im heiligsten Opferleib sich mit uns vereinigt, kann er uns nicht immer auch den äußeren Frieden schenken, solange die Menschen noch nicht erlöst sind von der Macht des Todes und der Hölle. Er erhofft immer wieder von uns, daß wir ihn auch in seiner Erlöserliebe verstehen und ihm dabei helfen."

Ein Mädchen erzählte am Abend bei der Aussprache:
„Wir sind von unseren Eltern alle fromm erzogen worden. Wir beten daheim jeden Abend den Rosenkranz und haben uns alle der Mutter Gottes geweiht, wie sie es in Fatima wünschte. Und doch haben mein Vater und meine beiden Brüder einrücken müssen und sind alle drei gefallen. Sie haben alle drei gesagt, bevor sie fortmußten:
„Unsere Fahne ist nicht das Hakenkreuz, sondern das Kreuz Christi. Wenn es Jesus will, daß wir uns mit ihm opfern, wollen wir bereit sein!"
„Nun hat Jesus von allen dreien das Opfer angenommen. Als vor einem Monat die Todesnachricht auch vom Vater kam, war die Mutter vor Kummer fast dem Tode nahe. Dann aber hat sie sich aufgerafft und hat nach dem abendlichen Rosenkranz zu uns drei Schwestern gesagt:
„Kinder, wir haben ja gesagt zu Jesus. Jesus hat unser Opfer angenommen. Tragen wir es weiter in Liebe zu Jesus! Ich darf euch verraten, was Papa zu mir gesagt hat zum Abschied beim letzten Urlaub:
„Mama, wenn Jesus mein Lebensopfer braucht, dann sollst du nicht lange weinen. Du sollst wissen, ich durfte mit Jesus an seinem Kreuze siegen! Siegen, daß der Hitlerwahn vernichtet wird und unser Volk wieder in Jesus gesund werden kann. Mama, ich erwar-

te dich und euch alle dann als Sieger Christi im Himmel!"
Nach diesem Bericht wagte niemand mehr, über Jesus zu klagen, daß er diesen mörderischen Krieg zugelassen hat. Ich mußte noch erklären:
„Es ist viel gesündigt worden in der Hitlerzeit und wird noch gesündigt. Sie wollen den christlichen Glauben ausrotten nach dem Endsieg, heißt es. Jesus muß darum so viele unschuldige Opfer verlangen, um den christlichen Glauben in unserem Volke zu retten und zu erneuern. Auch von hier aus sollen wir richtig verstehen, was Jesus uns sagt mit dem Wort:
„Ich bin das lebendige Brot, das vom Himmel herabgekommen ist. Wer von diesem Brot ißt, der wird ewig leben. Das Brot aber, das ich euch geben werde, ist mein Fleisch für das Leben der Welt."
„Wer von diesem Brot ißt, der wird ewig leben!"
Das müssen wir zuerst wissen:
Jesus geht es vordringlich darum, daß wir das ewige Leben haben! Was nützt uns für die Erdenzeit alles Glück, wenn wir ewig zugrunde gehen. Darum dürfen wir an Jesus nicht irre werden, wenn er oft das zeitliche Leben fordern muß, um das ewige zu retten.
„Mein Fleisch für das Leben der Welt!"
Ganz mit seinem Leib und seinem Blut will Jesus uns durchleben für unsere Weltenzeit! Denn allein können wir in der Welt, im Weltgeist nicht bestehen, ohne davon aufgesogen zu werden, wie eben die Kinder dieser Welt, die nur die Erdenzeit allein als Sinn und Zweck des menschlichen Lebens sehen. Darum werden sie so erdsüchtig und wollen alles Erdhafte an sich reißen, damit sie das Leben haben. Da kommt aber über alle immer wieder plötzlich der Tod. Und dann?
Wir dürfen eins sein mit Jesus in diesem wunderbaren Sakrament seiner Liebe. Was kann uns da noch passieren?
Daß uns Jesus einladet, mit ihm das Kreuz zu tragen, damit auch wir an seiner Liebe teilhaben und so erst richtig seine Jünger werden. Ihr kennt alle sein Wort:
„Wer mir nachfolgen will, der verleugne sich selbst, der nehme sein Kreuz auf sich und folge mir! Denn wer sein Leben retten will, der wird es verlieren. Wer aber sein Leben um meinetwillen verliert, der wird es gewinnen. Was nützt es dem Menschen, wenn er die ganze Welt gewinnt, aber an seiner Seele Schaden leidet?" (Mt 16,24).

Der Völkerapostel schreibt einmal: „Mit Christus bin ich gekreuzigt. Nicht mehr ich lebe, sondern Christus lebt in mir. Sofern ich noch im Fleische lebe, lebe ich im Glauben an den Sohn Gottes, der mich geliebt hat und sich für mich hingegeben hat" (Gal 2,20). Wie ist dann Jesus einzuschätzen, wenn er sich aus lauter Liebe uns zur Speise gibt in seinem Leibe und in seinem Blut? Wenn er sich uns tatsächlich als Gott und Mensch dahinschenkt aus lauter Liebessehnsucht, uns für seinen himmlischen Vater zu gewinnen als seine wahren Kinder? Ich habe ein Verslein darüber zu schreiben gewagt, weil wir es mit nüchternen Worten kaum ausdrücken können, was hier geschieht:

Er ist doch das Gotteslamm,
das verharrt am Kreuzesstamm!
Darum auch als Himmelsbrot
er noch leidet bittre Not.

Gottessohn und Menschensohn,
das ist er wahrhaftig schon!
Nur als kleines Brot der Welt
hier er uns umfangen hält!

Er trägt immer noch das Leid,
ist als Gotteslamm bereit,
zu erlösen uns vom Tod
und aus aller Höllennot.

Er kehrt liebend bei uns ein,
will uns Sieg und Leben sein.
Doch sein Herz, das möchte sehn,
daß am Kreuz wir bei ihm stehn!

Hoffend er uns da umarmt,
daß sich unser Herz erbarmt
und mit ihm wir sind bereit,
opfernd gehn durch diese Zeit.

Umso mehr wir werden reich
gnadenvoll fürs Himmelreich,
wenn uns Jesus hier kann sehn,
treu mit ihm den Kreuzweg gehn.

Wenn wir Jesus bleiben treu,
wird das Leben rein und neu.
Mit ihm eins im Liebesmahl,
fliehen unsre Feinde all.

„Als ich noch Gymnasiast war, hatte ich unter den Studenten einen besonders guten Freund. Eines Tages sagte er zu mir: „Ich kann nicht Priester werden. Ich glaube Jesus zu wenig." Ich erwiderte ihm: „Bei dir ist das undenkbar, daß du Jesus zu wenig glaubst. Du bist doch fromm und betest gern."
Er antwortete:
„Ja, das schon. Aber daß Jesus, der doch der Sohn des allheiligen Gottes ist, sich so erniedrigt, sich gleichsam wegwirft, wenn er sich den Menschen zur Speise gibt, das kann ich nicht verstehen. Ich habe zuhause in den Ferien gesehen, wie schlechte Menschen auch zur Kommunion gehen, die Jesus überhaupt nicht lieben, weil sie nicht einmal ihre Nächsten lieben. Das müßte doch Jesus wissen, daß er sich solchen nicht preisgeben kann, als wäre er nur Abfall. Darum müßte er sich in diesem Sakrament mehr zurückhalten, indem er durch seine Kirche gebietet, nur fromme Christen, die Jesus wirklich lieben, dürfen ihn empfangen."
Ich überlegte und dachte, mein Freund hat nicht unrecht. Aber ich sagte ihm:
„Schau, Josef, Jesus ist lauter opfernde Liebe. Wie hat er sich bei der Kreuzigung von den Henkersknechten mißhandeln lassen. So wird es auch geschehen, daß er in seinem Opfermahl, in dem er sich den Menschen hinschenkt, öfter schändlich mißbraucht wird. Jesus hält das aus. Jede Liebe ist ein Wagnis. Die höchste Liebe Gottes aber ist das größte Wagnis.So groß, daß wir es nicht verstehen können. Das können wir nur glauben.
In unserem künftigen Priesterleben werden wir das größte Wagnis der Liebe Jesu jeden Tag erleben. Immer wieder stehen wir vor der Frage, ob dieser oder jener würdig ist zur hl. Kommunion. Wir kön-

nen nur mahnen, daß die Sünder immer wieder beichten. Aber ob sie im Herzen sich bekehrt haben und Jesus wirklich lieben wollen, das können wir nicht feststellen. Das weiß nur Jesus. Das ist immer wieder sein großes Wagnis, das größte Wagnis seiner Liebe. Wir können nur beten und opfern, daß Jesus diesen gnädig sei, die da kommen und ihn nicht lieben. Und uns selber muß das eine ständige Mahnung sein als Priester, und jetzt schon, daß wir ihn umso mehr lieben, indem wir seinen Willen erfüllen."
Josef ist ein guter Priester geworden. Ein besserer als ich. Sicherlich, ich halte die Gebote, die Gebote und Verpflichtungen als Priester, ich liebe Jesus aus ganzem Herzen, aber ich bringe noch zu wenig Opfer aus Liebe zu Jesus.

Was ich heute immer mehr hören muß über Auflösung des Zölibates, das tut mir bitterlich weh in meinem Priesterherzen. Als Priester gehöre ich nicht mir selber, gehöre ich dem Hohenpriester Jesus Christus. Jesus sagt ausdrücklich:

„Wie mich der Vater gesandt hat, so sende ich euch!"
Ist das nicht deutlich genug? Die Sendung vom Vater an seinen Sohn, der Priester ist nach der Ordnung des Melchisedeck. So heißt es im Hebräerbrief, wie da Gott Vater zu seinem Sohn sagt: „Du bist Priester ewiglich nach der Ordnung des Melchisedek!" (Hebr 5,6).
Hören wir noch weiter, was Gott erwartete von seinem Hohenpriester:
„Obwohl Gottes Sohn, hat er doch den Gehorsam gelernt aus dem, was er gelitten. Und so vollendet, ward er allen, die ihm gehorchen, Urheber ewiger Erlösung wie er denn von Gott als Hoherpriester nach der Ordnung des Melchisedek angesprochen worden ist. (Hebr 5,7).
Es wäre gut, den ganzen Hebräerbrief über das Priestertum langsam zu lesen. Dann wissen wir wieder, was Priestertum ist. Da gilt auch das Wort, das Gott spricht: „Ich werde meine Gesetze in ihr Inneres legen und sie in ihre Herzen schreiben!"
Hören wir noch einmal die Weisung Jesu: „Wie mich der Vater gesandt hat, so sende ich euch!" Nicht anders sendet Jesus seine Priester, sondern so, wie ihn der Vater gesandt hat. Da gibt es keine Ausrede und kein Ausweichen.
Das Herz des Priesters ist mit dem Herzen seines Hohenpriesters Jesus Christus eins. Sonst könnte er nicht sprechen über das Brot: Das ist mein Leib und über den Wein: Das ist mein Blut, wenn er

nicht ganz eins wäre mit dem Hohenpriester Jesus Christus. Wenn aber sein Herz nicht mehr eins ist mit Jesus, sondern geteilt ist mit weltlicher Liebe oder gar zerrissen ist durch Fleischeslust, welche Qual wird das für Jesus. Wenn ein solcher Priester über das Brot spricht: Das ist mein Leib! Das ist wirklich der Leib Jesu, weil Jesus als Gott in seinem Wort getreu ist. Aber wie sieht ein solcher Leib aus? Gezeugt aus dem Leibe eines fleischeslüstigen Priesters. Muß nicht dieser gegenwärtig gerufene lebendige Leib Jesu wieder zuerst an die Geißelsäule, um mit seinem Blute rein gewaschen zu werden, damit er wirklich der allerreinste und heiligste Leib Jesu ist?

Auch von hier aus gesehen muß der Priester in wahrster Reinheit eins bleiben mit Jesus.

Aus sich selber kann er das nicht. Darum schenkt Jesus vor allem seinen Priestern sich als Brot des Lebens: „Das Brot aber, das ich euch geben werde, ist mein Fleisch für das Leben der Welt!"

Daß vor allem der Priester, der ganz in der Sendung und Gleichheit des Hohenpriesters Jesus in der Welt stehen soll, die Kraft hat, die innere Freudigkeit und Liebe zu seiner hohen Berufung zu bewahren, ist ihm Jesus, ihm vor allem Fleisch für das Leben der Welt!

Ja, Jesus ist das Lebensfleisch für den Priester! Damit er nicht gierig abirrt in niedere Fleischeslust! Hätte es Jesus noch deutlicher sagen können und tun können? Vorrangig für seine Priester, die ja allen Christen auf dem Weg ewiger Erlösung vorangehen müssen!

Freilich braucht der Priester auch als Mann nicht allein stehn, ohne das gütige, tröstende Frauenherz. Schon den Aposteln hat Jesus seine Mutter, welche die immerwährende reinste und schönste Jungfrau ist, als Mutter gegeben. „Königin der Apostel".

Bevor Jesus in den Himmel aufgefahren ist, hat er seine seligste Mutter gebeten, noch jahrelang bei seinen ersten Priestern zu bleiben, um sie jungfräulich und mütterlich zu betreuen.

Alle Priester können und sollen sich dieser jungfräulichsten und schönsten Mutter verloben. Dann sind sie glückliche, sehr glückliche Priester, die nie in Fleischeslust abirren. Aber sie müssen der Verlobung mit Maria treu sein!

Eine trostlose Verlassenheit:

Es ist unbeschreiblich und für uns Menschen unfaßbar, was Jesus am Kreuze gelitten hat, als er vor seinem grausamen Tod ausrief: „Mein Gott, mein Gott, warum hast du mich verlassen!"
Schon auf dem Ölberg hat Jesus eine Verlassenheit erlitten, die alle menschlichen Maße sprengt. Wir wollen lesen, was uns der Evangelist Lukas darüber schreibt:
„Darauf ging Jesus hinaus und begab sich nach seiner Gewohnheit auf den Ölberg. Die Jünger folgten ihm. Als er dort ankam, sprach er zu ihnen:
„Betet, damit ihr nicht in Versuchung fallet!"
Dann entfernte er sich von ihnen einen Steinwurf weit und betete auf den Knien:
„Vater, wenn du willst, dann nimm diesen Kelch von mir! Doch nicht mein Wille geschehe, sondern der deine!"
Da erschien ihm ein Engel vom Himmel und stärkte ihn. Als ihn Todesangst überfiel, betete er noch inständiger. Sein Schweiß wurde wie Blutstropfen, die auf die Erde rannen."
Das dürfen für uns nicht Worte sein, die man nur hört. Allein daß Jesus Blut geschwitzt hat, das ist nicht nur ergreifend, sondern das muß uns aufrütteln. Denn hier geschah etwas, was das Herz Jesu bis ins Tiefste zerquält hat. Es muß eine solche Angst und Verlassenheit das Herz Jesu ergriffen haben, daß es ihm das Blut durch die Haut gepreßt hat.
Wir müssen bedenken, was uns der Apostel Johannes schreibt in Kap. 3,16:
„So sehr hat Gott die Welt geliebt, daß er seinen eingeborenen Sohn dahingab, damit jeder, der an ihn glaubt, nicht verloren gehe, sondern das ewige Leben habe. Denn Gott hat seinen Sohn nicht in die Welt gesandt, damit er die Welt richte, sondern daß die Welt durch ihn gerettet werde."
Nun beginnt Jesus nach dem liebenden Auftrag des Vaters, sich für die Welt hinzuopfern. Er soll möglichst alle Menschenkinder durch sein Opfer retten. Aber da sieht Jesus, daß die allermeisten Menschen nicht durch ihn gerettet werden wollen. So meinte Jesus, er müsse sich noch tiefer in sein Opfer versenken, um nach dem Liebesauftrag des Vaters mehr Menschen retten zu können. Dabei preßte ihm seine Herzenssehnsucht das Blut durch die Hautporen.

Bei all dieser Qual war Jesus allein und verlassen. Die Jünger waren eingeschlafen. Sie konnten ihren Meister nicht verstehen. Jesus war verlassen während seines ganzen Leidens. Nur seine Mutter hat alles mit ihm gelitten, hat alles mit ihm geteilt.
Der Verlassenheit Jesu begegnen wir immer und überall, wo er in seiner Liebe sich hinopfert. Meist wird er dabei nicht geliebt, oft nicht einmal beachtet.
Das passiert Jesus besonders schmerzlich im tiefsten Geheimnis seiner Liebe, in der heiligsten Eucharistie. Er sagt uns zwar so zartfühlend:
„Ich bin das Brot des Lebens! Wer zu mir kommt, der wird nicht mehr hungern. Wer an mich glaubt, der wird nicht mehr dürsten" (Joh 6,35).
Jesus meint: Der wird nicht mehr hungern und dürsten nach dem frohen und wahren Leben. Der wird nicht mehr allein sein. Der wird getröstet im Frieden des alliebenden Gottes.
Wie hat Jesus einmal in Jerusalem beim Laubhüttenfest aus seiner Herzenssehnsucht gerufen:
„Wen dürstet, der komme zu mir und trinke! Wer an mich glaubt, aus dem werden, wie die Schrift sagt, Ströme lebendigen Wassers fließen!" (Joh 7,37).
„Ströme lebendigen Wassers!" Wer an Jesus glaubt, wer ihn annimmt, in dem wird alles licht und froh aus der Lebensfülle Gottes. Da gibt es keine Traurigkeit mehr, keine Schwermut und Verlassenheit. Denn in Gott haben wir die ganze Fülle des Lebens und der Liebe. Diese Fülle will uns Jesus schenken, immer wieder schenken im Brot des Lebens, in seinem lebendigen Leib.
Wie viele Menschen verzweifeln in grauenhafter Einsamkeit und Verlassenheit, weil sie Jesus nicht kennen in seinem Lebensbrot. Aber Leben kann man nur lebendig empfangen!
Das muß ich noch einmal wiederholen: Leben kann man nur lebendig empfangen! Und wenn es um das höchste und herrlichste Leben geht, um das Leben Gottes, wie lebendig müssen wir das empfangen!
Es wäre nicht nur unandächtig und taktlos, wenn wir gedankenlos und rein mechanisch zur hl. Kommunion gingen, es wäre tödliches Begehen für uns. Weil das Leben, und erst recht das höchste göttliche Leben, nicht leblos empfangen werden kann.
Wie oft muß ich erfahren, daß Christen, die jeden Sonntag und

auch oft werktags zur hl. Kommunion gehen, noch gar nicht christlich leben. Denn sie sind lieblos zum Nächsten, sind habgierig, rücksichtslos und boshaft. Sie sind also wirklich nicht Christen trotz der häufigen Kommunion. Das kann nur sein, wenn sie die höchste Lebensfülle und Liebesfülle, Jesus Christus in seinem Opferleib, leblos empfangen.
Das aber heißt: Sie stoßen jedesmal in der Kommunion Jesu Leben und Liebe grob zurück. Sie geben dem demütigen und sanftmütigen Herzen Jesu jedesmal einen Stoß. Sie sagen ohne ausgesprochene Worte: Was willst denn du bei mir! Weg mit dir! Ich brauche dich nicht! Ich genüge mir selbst! Ich lebe mein Leben! Ich weiß selber, was ich zu tun habe!
Könnt ihr euch vorstellen, was sich da jedesmal im Herzen Jesu tut? Jesus steht in trostloser Verlassenheit vor dieser Menschenseele. Schon jahrelang. Er kann nicht eingreifen. Er kann und darf niemanden gegen seinen Willen erlösen und heilen. Er muß warten. Er darf einen solchen Lümmel, der ihm schon tausendmal einen grausamen Stoß direkt ins Herz versetzt hat, nicht richten. „Denn Gott hat seinen Sohn nicht in die Welt gesandt, damit er die Welt richte, sondern daß die Welt durch ihn gerettet werde."
So muß Jesus weiterhin in trostloser Verlassenheit vor dieser Menschenseele stehen. Und das nicht nur vor diesem einen Menschen. Es sind Tausend und Abertausende, die da kommen und die Hand nach ihm ausstrecken, aber ihr Herz krampfhaft und hart voller Bosheit vor ihm verschlossen halten und damit ihm mitten ins Herz stoßen, weil sie ihn ja doch in sich aufgenommen haben, aber ihn nicht wollen!
Armer, verlassener, verstoßener Jesus! Hilf mir, bitte, daß ich dich nicht auch verstoße, wenn du bei mir einkehrst!
So steht Jesus in seiner eucharistischen Erlöserliebe oft allein in trostloser Verlassenheit, weil die Menschen ihn nicht wollen, ihn nicht brauchen können in ihrem ichverkrampften oder gar sexversumpften Eigenleben.
Wie aber diese Menschen in ihrer Ichsucht sich selbst in trostlose Verlassenheit stürzen, darüber könnte ich zahllose Beispiele erzählen.
Das war einmal in einer Hl. Nacht in Wien. Wir kamen müde aus der Mitternachtsmesse in den Pfarrhof. Der Pfarrsekretär hielt uns einen Zettel vor die Nase: Eine Frau, die Selbstmord begehen woll-

te, braucht priesterliche Hilfe! Polizeistation N.N.!
Keiner wollte gehen. So ging halt ich. Der Inspektor erzählte mir: „Die Frau wollte sich vom 6. Stock auf die Straße stürzen. Wir konnten noch die Feuerwehr alarmieren. Sie spannten ein Tuch auf und konnten sie retten. Nun ist sie bei uns. Der Arzt war schon da, wollte ihr eine Spritze geben. Da hat sie gerufen: „Ich werd mich trotzdem umbringen. Ich kann, ich will nicht mehr leben! Es ist aus! Es ist aus!"
Der Arzt hat uns geraten, einen Priester zu rufen. Berta Rieder heißt sie. Katholisch. Verheiratet. Scheinbar sehr unglücklich. Ihr Mann verfällt öfter einem Säuferwahn. Das dürfte das Übel sein, warum sie nicht mehr leben will."
Ich wurde zu der Frau geführt. Sie war noch jung und eigentlich hübsch. Aber ganz vergrämt. Sie saß am Tisch und starrte vor sich hin. Ich setzte mich zu ihr und sagte zuerst nichts. Ich hab sie nur begrüßt. Keine Antwort. Endlich sah sie, daß ich ein Priester bin. Da meinte sie:
„Ein Pfarrer! Was wollen Sie denn hier? Sie können mir auch nicht helfen. Da müßten Sie meinen Mann bekehren. Das ist unmöglich. Drei Jahre hab ichs ausgehalten. Jetzt kann ich nicht mehr. Ich bin am Ende. Es ist aus! Es ist aus!"
Ich wartete. Sie sollte weiterreden, dachte ich. Sie soll sich zuerst alles vom Herzen reden. Aber sie sagte nichts mehr. Sie starrte nur wieder stumpf und verzweifelt vor sich hin. Nur das eine Wort preßte sie wieder heraus: „Es ist aus! Es ist aus!"
Da wagte die Frau die gefährliche Frage:
„Herr Pfarrer, ist das eine Sünde, wenn ich mir aus Verzweiflung das Leben nehmen muß, weil ich nicht mehr leben kann? Weil alles aus ist!"
Ich antwortete bedächtig:
„Was für eine dumme Frage! Wirst einmal darüber lachen oder dich ärgern, weil du so fragen kannst. Natürlich wärs eine Sünde. Und du müßtest schwer im Fegfeuer dafür büßen. Eigentlich nicht, weil du dir das Leben nimmst, sondern weil du Jesus nicht vertraust, der mit solcher Liebe immer für dich da ist und dir sicher helfen kann und helfen will. Aber du mußt ihm vertrauen, Berta!"
Berta schaute auf und sagte:
„Jesus, ja da haben Sie vielleicht recht, der könnte helfen. Aber warum hilft er mir nicht? Ich kenne Jesus. Ich bin in die Kloster-

schule gegangen. Da haben der Katechet und noch mehr die Schwestern viel von Jesus erzählt. Aber die haben Jesus auch nicht so geliebt. Nicht alle. Einige schon."
Die Klosterschule, das war für mich der Wink. Ich kannte das Kloster, war dort Seelsorger. Sie haben auch eine Caritasabteilung.
Ich sagte:
„Berta, weißt was? Da gehn wir miteinander zu den Klosterschwestern. Ich kenne die gut. Die wissen Rat und die können dir helfen! Die werden dir helfen, weil sie im Dienste Jesu stehen. Denn Jesus wartet schon lange auf dich, daß du zu ihm kommst in deiner schrecklichen Not, die dich in Verzweiflung sogar zum Selbstmord getrieben hätte."
Ich drückte ihr tröstend die Hand und sagte:
„Berta, jetzt wird alles gut! Es wird ohnehin bald Tag. Wir gehen zu den Schwestern. Die werden sich freuen über das „patscherte Christkindl", das da kommt, weil es sich so verirrt hat. Ich werde den Schwestern das schon erklären."
Der Polizeiinspektor kam herein und freute sich, weil die Berta wieder ein helleres Gesicht zeigte. Er bot uns ein Frühstück an.
Dabei erzählte der Inspektor:
„Ihren Mann, Frau Rieder, haben wir in eine Zelle eingelocht. Der hat heute nacht in seinem Stockrausch überall die Leute angefallen und beschimpft, wenn sie ihm nicht eine Flasche Wein spendieren wollten. Wir kennen ihn. Er ist sonst ein tüchtiger Arbeiter in den Stadtwerken. Aber wenn er seinen Säuferwahn hat, ist er unerträglich."
Die Berta sagte ihm, daß sie ins Kloster gehe und dort in der Caritas mithilft, bis der Mann wieder vernünftig werde.
Der Inspektor lachte und sagte:
„Das ist sehr gut. Da soll Ihr Mann schmoren, wenn er Sie nicht mehr findet. Wir werden ihm nicht sagen, wo Sie sind. Wir werden ihm sagen, die wird vielleicht nicht mehr kommen, wenn er sein Saufen nicht aufgibt."
Die Berta erzählte:
„Das war schrecklich dieser Tage. Tag und Nacht hat er gelärmt. Er hat geschrien: Weihnachten ist nur einmal im Jahr. Das muß gefeiert werden! Alles in der Wohnung hat er krumm und klein geschlagen, auch mir hat er Hiebe versetzt, weil ich nicht mitgesoffen habe. Da hat er sich von der Straße ein paar Saufbrüder geholt.

Dann wurde es die Hölle, was die aufgeführt haben. Da konnte ich nicht mehr. Mir sind die Nerven durchgegangen. Ich hab gemeint, jetzt ist alles aus!
Ich hab leider keine Eltern mehr, auch keine Geschwister, außer einer Halbschwester, die ist ärger als mein Mann. Die schimpft und schreit und flucht. Da kann ich nicht hin. So war ich ganz allein und verlassen. Noch dazu in der Hl. Nacht. Darum meinte ich, ich kann nicht mehr! Jetzt ist alles aus!"
Drei Tage lang hat ihr Mann seine Berta gesucht. Die Leute haben ihm gesagt, die sei vom Fenster gesprungen. Die Polizei gab ihm auch keine Auskunft, die sagten, vielleicht ist sie in die Donau gegangen. Da ist er dann zu uns in den Pfarrhof gekommen. Man hat ihn gleich mir übergeben. Ich hab ihn ordentlich durchgehobelt, bis er mir geschworen hat, er will nie mehr trinken.
Ich habe ihm dann die Hand gereicht und gesagt:
„Ich will dich zu deiner Frau führen! Aber wenn du dich wieder so benimmst, dann bist du verantwortlich, wenn sie verzweifelt!"
Im Kloster hatte die Berta tüchtig in der Caritas mitgeholfen. Die Schwester, welche die Caritas leitet, hat der Berta gute Ratschläge gegeben. Sie soll ja nicht schimpfen mit ihrem Mann. Er ist kein Gewohnheitstrinker. Aber wenn er wieder in Gefahr ist, den Säuferwahn zu kriegen, soll sie das nicht übersehen. Wenn er sehr unruhig wird, dann soll sie besonders lieb sein zu ihm und womöglich mit ihm einen Ausflug machen oder sonst ihm eine Freude bereiten.
Ich glaube, das hat die Berta fertig gebracht. Genau weiß ich das nicht mehr. Auf alle Fälle hat sie für ihren Mann viel gebetet und ihn auch in die Kirche mitgenommen.
Aber alles mit viel Liebe und Geduld, wie es ihr die Schwester gesagt hatte. Die hatte ihr gesagt:
„Weißt du, die Männer sind große Kinder! Wir Frauen müssen sie so behandeln!"
Bei allem müssen wir lernen, Jesus wieder ganz zu vertrauen, das ernst zu nehmen, was er sagt:
„Ich bin das Brot des Lebens! Wer mein Fleisch ißt und mein Blut trinkt, der bleibt in mir und ich bleibe in ihm!"
Das ist die beste Versicherung! Das ist als würde uns Jesus mit Worten sagen, so wie wir es ausdrücken möchten:
„Ich bin ganz bei dir! Du kannst dich auf mich verlassen! Ich laß

dich nie allein! Wenn du mich brauchst, du darfst es mir nur sagen! Ich bin ja für dich da! Darum habe ich mich dir geschenkt in diesem großen Geheimnis meiner Liebe. Aber eines erwarte ich von dir, daß du mir ganz vertraust! Denn ich bin kein Automat. Ich bin lebendigste Liebe. Nur in Liebe kann ich dir helfen, dir sogar dienen. Darum mußt du mich in Liebe anrufen. Deine Liebe zeigst du mir im Vertrauen."
Wenn wir da Jesus nicht vertrauen, obwohl er sich uns ganz anvertraut hat in diesem wunderbaren Sakrament, dann tut das Jesus sehr weh. Dann ist es als würden wir denken:
Nun ja, nun ja, ist ganz schön und gut, Jesus ist lieb zu uns. Aber wenn ich etwas Schwieriges zu machen habe, dann verlaß ich mich doch lieber auf mich selber. Denn Jesus ist so ferne und ist doch ganz anders. Er ist im Himmel, und ich bin halt auf Erden. Wer weiß, ob er da helfen will oder kann.
Wenn ich so denke, dann tu ich Jesus sehr weh. Dann lasse ich ihn doch wieder draußen stehen in trostloser Verlassenheit. Denn er möchte in seiner unendlichen Liebe mir überall helfen, mich schützen, mich weiter und sicher aufbauen zum herrlichsten Leben, zu seinem Leben.
Oder meinst du, du kannst ohnehin fast alles allein, weil du so tüchtig bist. Bedenkst du denn nicht, wie tausende böse Gefahren dein Leben umlauern und dich zugrunde richten können, Gefahren, gegen die du völlig machtlos bist. Vor allem Gefahren gegen dein wahres, inneres Leben. Die kann nur Jesus von dir abwehren und dich bewahren im sicheren Lebensglück. Wenn du da meinst, du brauchst Jesus nicht, dann stößt du ihn weg von deinem wahren Glück. Dann stehst du allein, und auch Jesus steht allein. Er steht in trostloser Verlassenheit außerhalb der Türe deines Herzens. Denn er darf dich zu nichts zwingen, er darf dir nicht helfen, weil du ihn nicht brauchst, ihn nicht einladest, ihn nicht willst. Obwohl er sieht, daß dein Leben in größter Gefahr schwebt.
Ich muß dir etwas erzählen, was heute an Tausenden geschieht, die auch so tüchtig und gescheit sind, die allein alles können.
Ein junger Mann, nennen wir ihn Albert, hat sein großes Examen bestanden, ist sehr glücklich verheiratet und beginnt nun eine Laufbahn in vollen Zügen seines Lebens.
Er ist katholisch und auch seine hübsche und wundervolle Frau. Aber zum Beten kommt er bald nicht mehr, er hat nicht mehr Zeit,

auch nicht mehr zur hl. Messe. Er hat ja ständig Verpflichtungen, die er erfüllen muß in seiner Firma. Man braucht ihn. Ohne ihn geht es nicht.
So laufen die Jahre dahin. Kinder waren gekommen. Auch dafür wird alles getan. Es gibt ja vorzügliche Ausbildungsmöglichkeiten. Es soll ihnen nichts fehlen. Und die Ehefrau, die muß sich sehen lassen als Dame, muß auftreten können. Schließlich hilft sie mit in der Firma. Sie hat ja auch die Ausbildung. Und Geld kann nie schaden.
Eines Tages kommen sie zusammen, Eltern und Kinder zu einer besonderen Familienfeier. Sie reden und freuen sich an ihren Erfolgen.
Fast alle Kinder werden auch bald in der gleichen Firma ihre sichere Zukunft aufbauen. Dann taucht eine sonderbare Frage auf. Der Hansi, der Jüngste wagt zu sagen:
„Mama, Papa, wir könnten euer 25jähriges Hochzeitsjubiläum auch in der Kirche feiern. Wär das nicht fein?"
Zuerst ist verlegenes Schweigen. Dann beginnt eine Tochter zu kichern:
„Kirche, wozu Kirche? Brauchen wir denn das noch?"
Die andern zwei, außer dem Hansi sind der gleichen Meinung.
Die eine Tochter, die mit einem Moslem verlobt ist, spottet gegen den Hansi. Die Eltern sagen nichts. Sie denken nur. Sie denken, Kirche können wir nicht mehr brauchen. Denn die Mutter hat einen Freund. Der Vater hat Freundinnen. Freilich mit Anstand, ohne Skandal. Aber das Leben ist heute so. Schließlich geht es uns allen gut. Wir haben alles, auch ohne Kirche.
Einige Jahre später. Die Firma, auf die alle ihre Lebenshoffnungen gebaut hatten, mußte sich total umstellen, um noch bestehen zu können. Die meisten Angestellten wurden entlassen. Auch alle aus jener Familie.
Es sind schlechte Aussichten. Der Vater ist schon zu alt, bekommt eine geringe Frühpension. Die Kinder suchen irgendwo Arbeit. Nicht immer in sauberen Stellungen. Aber wo es keine Gebote mehr gibt, ist alles möglich und erlaubt.
Die Mutter wird hoffnungslos krank. Auch eine Tochter siecht an einer bösen Krankheit dahin. Der Vater versucht in einem Lokal beim Spiel sein Glück zu finden.
Als er endlich einsieht, daß alles Betrug ist, wird er lebensmüde.

Seine kranke Frau kann ihn noch soweit aufrecht halten, daß er sein Leben nicht wegwirft.
Da kommt eines Tages der Hansi, der brave Jüngste. Der ist gut verheiratet und hat als katholischer Arzt eine Praxis. Er sagt den Eltern:
„Papa, Mama, wenn Jesus ein Kreuz schickt, meint er es gut. Jesus hat uns am Kreuze erlöst zum ewigen Leben. Im Kreuz sollen auch wir wieder den Weg zum ewigen Leben finden."
Der Hansi wurde für die Eltern wieder der Wegweiser aufwärts zum wahren Lebensglück. Sie hatten vergessen, daß Jesus so viel Jahre in trostloser Verlassenheit vor ihrer Herzenstüre warten mußte.
Ja, trostlos muß Jesus bei den meisten Menschen warten, wenn er sehen muß, die kann er nicht retten, weil sie ihn nicht annehmen, obwohl er sich ihnen ganz und gar hinschenken will. Er fügt es, er läßt es zu, daß sie ihn in der hl. Kommunion empfangen, aber sie weisen ihm die Tür durch ihre Herzenskälte. Oder sie verachten ihn wie ein Nichts.
Durch ein Kreuz kann er sie auch selten aufwecken. Das werfen sie ab durch Betäubung oder sie verzweifeln.
So steht Jesus vor den meisten Menschen in trostloser Verlassenheit. Das wäre Jesus nicht, wenn er uns nicht liebte. Dann wären wir ihm gleichgültig. Aber er liebt uns in brennendster Liebessehnsucht, wie er vom Herzen des Vaters ausgesandt worden ist und zu jedem Menschen aufs neue gesandt wird.
Besonders weh tut es Jesus, wenn nun viele Menschen, vor denen er so sehnsüchtig wartet, von einer eigenen trostlosen Verlassenheit niedergedrückt werden, weil sie ihn nicht achten, seine Liebe nicht annehmen. Wie glücklich sind solche, die bewußt in Liebe mit Jesus verbunden sind.
Ich stand im Lazarett vor dem Bett eines Familienvaters aus dem Rheinland. Er litt an schrecklichen unheilbaren Verwundungen. Er hatte fünf Kinder, wie er mir erzählt hatte, die er sehr liebte, und seine Frau liebte er über alles.
Er sagte mir:
„Pfarrer, wenn ich meine liebe Familie nur noch einmal sehen dürfte, dann wär ich bereit, daß mir der liebe Gott das Leben nimmt."
Ich sagte ihm:
„Kamerad, deine Familie wirst du sicher einmal sehen dürfen. Der

liebe Gott ist kein Tyrann. Schau, Kamerad, ich reich dir die hl. Kommunion, nach der du verlangt hast. Wenn du mit Jesus vereinigt bist, dann wirst du mit ihm ewig leben, wie er uns versprochen hat. Mit Jesus vereinigt wird dir nichts mehr unmöglich sein. Da wirst du auch deine Lieben sehen dürfen."
Er meinte:
„Meine Frau und meine Kinder werden aber erschrecken, wenn ich da plötzlich auftauche. Vielleicht sogar als Geist."
Ich erklärte ihm:
„Das wirst du nicht. Du wirst dich bei ihnen nicht sehen lassen dürfen. Da würden sie erschrecken, und wo bliebe da die Prüfung ihres Glaubens, wenn sie Verstorbene sehen dürften. Du kannst ihnen vielleicht ein kleines Zeichen geben, wie es Gott öfter erlaubt. Aber erscheinen darfst du ihnen nicht. Nur wie ich dir schon gesagt habe, du wirst sie sehen dürfen."
Er war darüber sehr glücklich. Er lächelte, obwohl er solche Schmerzen hatte. Er fragte noch:
„Wenn ich mich nicht sehen lassen darf, kann ich sie dann wenigstens beschützen?
Ich sagte freudig:
„Beschützen kannst du sie in jeder Weise, so daß sie bald erkennen, daß ihnen der Papa hilft."
Der Kamerad war damit sehr zufrieden. Als ich am nächsten Tag wieder hinkam, war er schon verstorben. Die Schwester sagte mir: „Mit lächelndem Antlitz lag er heute früh tot da."
Ich habe das öfter erlebt, daß Jesus Sterbende, die durch die hl. Kommunion mit ihm verbunden sind, in den letzten Augenblicken ihres Daseins schon tröstend an sein Erlöserherz zieht.
Im Lazarett, mein Gott, was war das für ein Elend ringsum in den Stuben und Betten. Sinnloses Leiden und Sterben. Wenn ich dort oder da wieder einen gläubigen Kameraden mit der Liebe Jesu vereinigen durfte, das war jedesmal als würde der Himmel segensvoll sich öffnen.
Aber sonst trotz aller Leiden konnte kein Glaube mehr aufleuchten aus den Gesichtern der Verwundeten, so sehr ich mich bei manchen mühte. Nur düsteres und sinnloses Dahinsiechen und vergebliches Hoffen auf die Sprüche des Führers oder Göbbels, die durch die Lautsprecher immer wieder durch die Stuben lärmten. Wo blieb da Jesus mit seiner Liebessendung der Erlösung aus Tod und Leid?

„Ich bin das Brot des Lebens! Wer zu mir kommt, der wird nicht mehr hungern. Wer an mich glaubt, der wird nicht mehr dürsten." „Wer mein Fleisch ißt und mein Blut trinkt, der hat das ewige Leben. Ich werde ihn auferwecken am Jüngsten Tage." Jesus ist für uns da in der heiligsten Eucharistie. Immer und allezeit. Aber wir sind selten für ihn da. Wir haben für ihn nicht Zeit. Jesus will uns nicht allein lassen. Aber wir lassen ihn allein.

Auch zu den Kranken oder gar Sterbenden wird heute Jesus im heiligsten Sakrament so selten gebracht und auch gar nicht mehr verlangt. Das war einmal selbstverständlich, daß zu einem Sterbenden Jesus als Viaticum, als Wegbegleiter, gebracht werden mußte. Auch bei ärgstem Unwetter.

Ich habe einmal in einer strengen, stürmischen Winternacht im Böhmerwald zu einem Sterbenden hoch hinauf in die Berge die hl. Kommunion gebracht. Der Häger, Jäger, der Sohn des alten Vaters kam mit den Schiern in der Nacht und bat:

„Herr Pfarrer, meinem Vater ist heute nacht so übel geworden. Er kann jeden Augenblick sterben. Er bittet, bringen Sie ihm den Herrn im Sakrament!"

Da gab es kein Überlegen, ob es möglich ist bei dem Unwetter. Ein Sterbender braucht den Herrn Jesus! Wir mühten uns fast zwei Stunden, bis wir oben waren in dem abgelegenen Forsthaus am Kubany.

Der alte Jäger, weit über 80, hob die Hände aus seinem Krankenlager und betete:

„Lieber Heiland, ich danke dir, daß du gekommen bist! Daß du mit mir gehst den Weg in dein himmlisches Paradies!"

Ich brauchte dem frommen Mann nicht viel sagen. Er empfing nach der hl. Beichte mit solcher Andacht den Herrn, daß wir alle nur still mitbeten konnten. Zu mir sagte der Alte:

„Herr Pfarrer, es kam plötzlich über mich, daß mich Jesus heimruft. Darum mußte ich Sie bitten. Ich danke Ihnen! Nun ist alles leicht und froh in mir, weil Jesus mich begleitet!"

Der Sohn hat mich nach einer kleinen Stärkung noch fast bis ins Tal hinunterbegleitet.

Am Morgen ist der alte Förster wirklich verstorben. Ich hätte es mir nie verzeihen können, wenn ich gezögert hätte und gesagt hätte, bei Tag will ich kommen.

Ich machte einmal einen Besuch im Krankenhaus. Aber die ich besuchen wollte, die war schon entlassen. Es war ein größeres Zimmer, in dem ein Dutzend Betten mit Kranken standen. Ich ging durch die Reihen. Es hatte niemand Interesse zu einem priesterlichen Gespräch. Nur eine Frau im letzten Bett griff nach meiner Hand und sagte:
„Herr Pfarrer, ich darf morgen heim. Bitte, besuchen Sie mich!"
Sie gab mir die Adresse.
Zwei Tage später kam ich zu ihr. Sie war Witwe und allein. Sie war weit über 70. Ich setzte mich zu ihr an den Tisch. Sie schaute mich an ohne etwas zu sagen. Dann kamen ihr die Tränen. Sie fing an zu reden:
„Mein Mann ist vor zwei Monaten gestorben. Er war lange krank. Er durfte für die letzte Zeit heim. Eigentlich nur zum Sterben. Da hat er am Tage vor seinem Tod zu mir gesagt:
„Resi, ich habe Jesus nicht geliebt. Ich habe an ihn geglaubt, mein ich, aber ich habe ihn nicht geliebt. Darum gibt es ein hartes Fegfeuer, fürcht ich. Resi, ich bitt dich, hilf mir im Fegfeuer."
Ich wollte am Morgen zum Herrn Pfarrer gehen und ihn bitten, daß er ihn versehe, ihm die hl. Kommunion bringe, weil er oft von Jesus in der hl. Kommunion geredet hatte. Aber am Morgen lag mein Mann tot im Bett.
Mein Mann war nicht schlecht. Er war ein guter Mensch, hat sich ganz aufgeopfert für die Kinder. Drei Buben haben wir, alle verheiratet. Jeder hat sein eigenes Haus. Dafür hat sich der Vater geschunden. Hat keinen Dank dafür geerntet. Die haben sich auch in meiner Krankheit nicht um mich gekümmert. Sie haben nicht Zeit, heißt es.
Wegen der Arbeit für die Kinder kam mein Mann oft am Sonntag nicht in die Kirche. Wenn er ging, hat er nicht kommuniziert. Vielleicht hat er gedacht, er sei nicht würdig oder ist sonst nicht gegangen. Ich weiß es nicht. Ostern und Weihnachten ist er schon gegangen.
Jetzt hab ich öfter so schwere Träume. Es ist mir, als stehe mein Mann vor mir, wie aus einem Glutofen so durchglüht ist er. Er seufzt wie aus tiefer Not: „Resi, hilf! Hilf mir doch!"
Es sind nur Träume, aber so wirklich und so schrecklich, daß ich es nervlich nicht mehr ausgehalten habe. Der Arzt schickte mich ins Krankenhaus. Die haben mir zur Beruhigung Spritzen gegeben.

Die haben nur eine Zeitlang betäubt, aber nicht geholfen. Ich hab halt nichts mehr gesagt, nicht mehr gejammert. Ich konnte ja auch nichts sagen, die hätten mich nicht verstanden. Die hätten mich in ein Narrenhaus geschickt. Weil ich nicht mehr gejammert habe, haben sie mich heimgeschickt. Ich bin auch nicht wirklich krank. Das sind nur die schweren Träume, die mich so belasten. Ich glaube, ich muß mich da selber beruhigen, ich darf das nicht so schwer nehmen."
Ich stimmte ihr zu und sagte:
„Ja, Resi, du darfst das nicht so schwer nehmen. Arme Seelen können sich melden. Sie dürfen uns aber nicht schaden. Und wir dürfen uns nicht schaden lassen. Daß sich dein Mann nur im Traume meldet, ist ohnehin rücksichtsvoll. Du könntest auch denken, Träume sind Schäume und dir daraus nichts machen."
Da wendete die Resi gleich ein:
„Das will ich nicht denken und darf ich nicht denken, daß diese Träume Schäume sind. Mein Mann hat mich vor seinem Sterben ausdrücklich so flehend gebeten: Resi, ich bitt dich, hilf mir im Fegfeuer! Die Träume sind so wirklich, so greifbar, möchte ich sagen, daß ich mich da nicht wegdrücken kann als ging mich das nichts an. Sagen Sie mir lieber, Herr Pfarrer, was soll ich tun?"
Ich sagte ihr wieder:
„Nimm das nicht zu schwer! Und bete! Geh in die Kirche und bete vor dem Allerheiligsten! Bete womöglich jeden Tag still in der Kirche einen Rosenkranz für deinen Mann! Und sei ganz ruhig! Rede mit niemandem darüber! Die verstehen dich doch nicht. Da haben sie höchstens was zu tratschen! Schweige und bete!"
Die Frau sagte:
„Ja, vor dem Allerheiligsten muß ich besonders beten! Da hat mein Mann in seinen letzten Tagen öfter was gesagt. Er hat Jesus im Allerheiligsten nicht geliebt, sagte er einmal. Das werd ich tun, Jesus jeden Tag im Allerheiligsten besuchen und dort einen Rosenkranz beten. Herr Pfarrer, wenn ich mir das vornehme, werde ich schon ruhiger. Ich spüre, damit kann ich meinem Mann helfen. Ich bitte Sie, Herr Pfarrer, besuchen Sie mich wieder!"
Es waren fast zwei Monate vergangen, da traf ich die Frau wieder. Sie nahm mich gleich mit in ihre Wohnung, denn das sei wichtig meinte sie, was ich Ihnen sagen muß:
„In den Träumen von meinem Mann hat sich etwas geändert. Die

Träume sind nicht mehr so belastend. Mein Mann, ich sah ihn eigentlich nie richtig, sondern nur wie einen Schatten, dankte mir. Dann hörte ich ihn über Jesus reden. Ihn mehr lieben, hieß es! Das hörte ich nur in meinen Gedanken, nicht mit Worten. Auf dem Weg zur Kirche verstand ich ihn erst richtig. Vielleicht belehrte mich sein Schutzengel. Auf alle Fälle verstand ich genau, was mein Mann mir sagen ließ:
Er muß so lange in trostloser Verlassenheit im Fegfeuer aushalten, wie Jesus auf Erden in trostloser Verlassenheit auf ihn warten mußte. Ich soll mich aber nicht mehr um ihn sorgen. Es wird alles gut. Mein Mann wird sich nicht mehr melden. Er will gerne aus Liebe zu Jesus die Verlassenheit leiden zu seiner Reinigung. Aber ich soll weiter beten und opfern für unsere Kinder, denen er auf Erden zu wenig das christliche Beispiel vorgelebt hatte."
Das war alles, was mir die gute Frau noch sagen wollte. Sie lebte auf alle Fälle wieder im frohen Glauben und litt an keiner gefährlichen Schwermut mehr.

Eine trostlose Verlassenheit erleidet Jesus oft an der Türe unseres Herzens, wenn wir zwar kommunizieren, aber die Türe unseres Herzens Jesus nicht öffnen. Darum bleiben unsere eigensüchtigen Empfindungen und Sehnsüchte, oft fleischeslustige Sehnsüchte, verschlossen. Dahin kann und darf Jesus nicht hinein, obwohl es so nötig wäre, um unser Herz zu reinster Liebe zu erheben.

Nun ja, dann muß es halt im Fegfeuer nachgeholt werden. Aber da werden wir es in trostloser Verlassenheit erleiden müssen. In brennender, trostloser Verlassenheit. Ja, so wie Jesus oft und oft in brennender Verlassenheit an der Türe unseres Herzens warten mußte. Wie leicht hätte er, wenn wir ihn dahineingelassen hätten, unser Herz zur reinsten Liebe Gottes entflammen können. Und das Fegfeuer trostloser Verlassenheit wäre uns erspart geblieben. Aber Gott sei Dank, wir sind ja noch nicht im Fegfeuer!

Ich will leben!

Jesus sagt:
„Ich bin der Weg, die Wahrheit und das Leben! Niemand kommt zum Vater außer durch mich!"
Jesus sagt weiter:
„Ich bin die Auferstehung und das Leben! Wer an mich glaubt, der wird leben, auch wenn er gestorben ist!"
Und Jesus sagt weiter:
„Ich bin dazu gekommen, damit die Menschen das Leben haben! Und es in Fülle haben!"
Warum hört das niemand? Warum glaubt das niemand? Warum setzen die Menschen nicht auf das Leben, das uns Jesus versichert? Warum setzen sie überall auf den Tod, mit dem sie sich verbrüdern durch ihr gottloses Leben?
Weil sie der Lüge mehr glauben als der Wahrheit! Weil die Lüge, deren Meister Satan ist, so schmeicheln kann. Die Wahrheit aber reinste Wahrheit ist, keine Schmeichelei und kein Betrug.
Noch wunderbarer versichert uns Jesus das Leben in seinen Verheißungen über das Brot des Lebens aus dem 6. Kap. des Johannesevangeliums. Hören wir! Vielleicht taut unser Herz doch noch auf aus dem Frost der Lüge.
„Ich bin das lebendige Brot, das vom Himmel herabgekommen ist. Wer von diesem Brot ißt, der wird ewig leben!"
„Das Brot aber, das ich euch geben werde, ist mein Fleisch für das Leben der Welt."
„Wer mein Fleisch ißt und mein Blut trinkt, der hat das ewige Leben! Und ich werde ihn auferwecken am Jüngsten Tage!"
„Wahrlich, wahrlich, ich sage euch: Wenn ihr das Fleisch des Menschensohnes nicht essen und sein Blut nicht trinken werdet, dann werdet ihr kein Leben in euch haben!"
„Wer mein Fleisch ißt und mein Blut trinkt, der bleibt in mir und ich bleibe in ihm!"
Zu all dem aber eine strenge Mahnung Jesu als Voraussetzung, die wir nicht überhören dürfen:
„Wahrlich, wahrlich, ich sage euch, wer an mich glaubt, der hat das ewige Leben!"

Ich will leben! Ich will leben!
Alle rufen nach dem Leben!
Weithin die Versprechen klingen,
die uns doch den Tod nur bringen.

Was die Menschen Leben nennen,
kann vom Tode uns nicht trennen.
Was die Totengräber haben,
müssen sie zu Grabe tragen.

Dennoch kann da einer sagen,
daß wir wohl das Leben haben.
Der da heißt, der kann das geben,
„Auferstehung und das Leben!"

„Lebensbrot will ich euch geben,
das euch nährt zum wahren Leben!"
Das sagt Jesus uns ausdrücklich,
er will sehn uns ewig glücklich.

Die das Manna einst gegessen,
konnten nicht den Tod vergessen.
Alle mußten sie vergehen
und dem Tod ins Auge sehen.

Wer da ißt vom Himmelsbrote,
der wird frei vom bösen Tode,
den wird Jesus auferwecken,
ihn wird nicht der Tod mehr schrecken.

„Fleisch von mir ist diese Speise
und mein Blut in gleicher Weise."
Das sagt Jesus voller Klarheit.
Er ist Leben und die Wahrheit.

Er ist Leben und die Wahrheit! Glauben wir ihm endlich! Jesus sagt:
„Nur die Wahrheit wird euch frei machen!"
Lüge darf in einem christlichen Leben nicht herrschen.

Da hatte ich ein interessantes Erlebnis. Ein Wirt hatte sich durch seine tüchtige Ehefrau erstaunlich emporgearbeitet. Es wurde der beste und modernste Landgasthof im weiten Umkreis. Durch seine Freundlichkeit und auch Hilfsbereitschaft war der Gastwirt überall beliebt. Seine Frau wurde die beste Köchin. Leider hatten die beiden Eheleute keine Kinder. Und sie hatten am Sonntag selten mehr Zeit zum Kirchenbesuch.
Nach vielen Jahren war der Wirt ernstlich krank geworden. Krebswucherungen fast überall. Da die Ärzte nicht mehr helfen konnten, durfte er nach Hause. Seine Frau hat ihn mit Liebe gepflegt.
In einer stürmischen Winternacht kam sein Knecht zu mir und sagte:
„Herr Pfarrer, Sie müssen kommen! Der Wirt braucht Sie!"
Ich wußte um seine schwere Krankheit. Ich hatte ihn schon öfter besucht. Aber er wollte nichts wissen von den Sakramenten. Denn er will nicht sterben, sagte er. Er will leben!
Ich holte das Allerheiligste aus der Kirche. Und dann stapften wir durch die Schneewehen. Die Wirtin hat mich empfangen mit den Worten:
„Herr Pfarrer, Sie müssen meinem Mann helfen! Der verzweifelt sonst! Er weiß, daß er nicht mehr gesund werden kann. Aber er hofft, daß Sie ihm helfen können."
Die Frau führte mich ins Krankenzimmer. Auf dem Tischchen waren schon Kerzen angezündet. Ich stellte das Allerheiligste hin und betete ein wenig davor. Dann stand ich auf und ging zum Kranken. Der schaute mich eine Weile an und sagte dann:
„Du hast alles mitgebracht zum Versehen. Ich kenne das. Aber das brauch ich nicht. Ich will leben! Die Sterbesachen, die du da mithast, kannst wieder einpacken. Ich will leben! Dazu sollst du mir helfen!"
Ich ließ den Wirt noch ein wenig rumoren. Ich kannte ihn, er war ein guter Kerl. Aber er wollte leben! So fing ich an:
„Wirt, dazu bin ich gekommen, daß du leben sollst und leben kannst! Ich habe den dabei, der das Leben ist."
Der Wirt unterbrach mich:
„Mit deinen Versprechungen kannst du ein Kind foppen, aber nicht mich. Ich will leben! Dazu sollst du mir helfen! Wenn du mir nicht helfen kannst, dann kannst du deine Sachen wieder einpacken und gehen! Die Frau soll dir eine Brotzeit geben und was für die

Kirche! Darauf kommt es uns nicht an. Aber wenn du mir das Leben nicht versprechen kannst, dann geh wieder!"
Ich mußte Geduld haben. Der Wirt war ganz auf das zeitliche Leben eingestellt. Das ewige und wahre Leben konnte er nicht so schnell verstehen, auch wenn er alles wußte.
Ich hatte nur Sorge, daß er wieder Schmerzen bekommt und seine Frau ihm eine Betäubungsspritze geben muß.
Langsam fing ich an:
„Mein Lieber, ich verstehe dich sehr gut, wenn du mir sagst, du willst leben. Glaub mir und vertrau mir, ich bin gerne zu dir gekommen in dieser stürmischen Winternacht, um dir das Leben zu bringen.
Dir das Leben geben und erhalten, das kann ich nicht selber. Das kann nur der liebe Gott. Der allmächtige und allgütige Gott. Der hat uns allen versprochen, und sein Wort ist ewige Wahrheit: „Ich bin die Auferstehung und das Leben! Wer an mich glaubt, der hat das Leben, auch wenn er gestorben ist."
Der Wirt wollte wieder dreinreden. Ich wehrte ab und sagte energisch:
„Mein Lieber, das sagt uns Jesus, der Sohn Gottes. Wenn der redet, dürfen wir nicht dreinreden, sondern müssen horchen! Das ist doch ein Wort, das uns da Jesus sagt! Nur dürfen wir nicht überhören, was uns Jesus dazu sagt: Wer an mich glaubt, der hat das Leben! Und nun hör weiter gut zu, lieber Franz! Jesus hat seine Priester beauftragt und ihnen dazu alle Vollmacht gegeben, um kranken Menschen das Leben zu geben! Ich kann dich lossprechen von allen deinen Sünden. Hast nicht viel. Hast viel Gutes getan. Das wird dir sehr angerechnet. Aber du hattest einen Fehler, du hast dir zu wenig Zeit genommen für Jesus. Für Jesus, der das Leben ist. Darum kommt jetzt Jesus selber zu dir und will dir das Leben bringen. Das wahre Leben, nicht mehr das sterbliche Leben."
Ich erklärte ihm dann alles über das Geheimnis der heiligsten Eucharistie. Sicherlich, er wußte alles. Aber nun sollte er es ernst nehmen, was uns Jesus sagt.
Ich sagte zum Wirt:
„Höre, Franz, was uns Jesus sagt:
„Wer dieses Brot ißt, der wird ewig leben!"
„Wirt, das mußt du ernst nehmen, das mußt du glauben, was uns da Jesus sagt! Wenn du das nicht glauben willst, dann . . ."

Der Wirt sagte ein wenig aufgeregt:
„Hör auf, Pfarrer! Ich hab genug gehört! Und ich glaube! Was bleibt mir denn anders übrig als dem lieben Herrgott zu glauben. Begreifen kann ich es nicht. Das kannst du auch nicht. Du kannst nur reden. Aber du mußt es auch glauben, sonst kannst du nicht Pfarrer sein. Ich glaube auch! Ja, ich glaube! Nun laß mich beichten und dann gib ihn mir, den lieben Jesus, der das Leben ist!"
Es war ergreifend, mit welchem Vertrauen der Wirt kommunizierte. Dann krümmte er sich. Schmerzen quälten ihn. Seine Frau stand schon bereit mit der Spritze. Er sagte noch zu mir:
„Pfarrer, bitt schön, bring mir jeden Tag Jesus, daß er mir das Leben gibt! Ich will leben!"
Noch acht Tage lang konnte ich ihm die hl. Kommunion bringen. Dann starb er ruhig und selig. Seine Augen leuchteten noch einmal auf als wollten sie sagen: Ich lebe!
Einige Zeit nach der Beerdigung kam die Wirtin zu mir und sagte: „Herr Pfarrer, ich werde jetzt jeden Sonntag in die Kirche kommen und auch kommunizieren. Ich habe es erlebt an meinem lieben Mann, welchen Trost ihm Jesus in der hl. Kommunion geschenkt hat. Wir müssen ja alle sterben. Aber ich möchte auch einmal sterben können mit dem Trost, daß ich in Jesus das ewige Leben habe."
Die Wirtin sagte mir noch:
„Ich habe keine Kinder. Anfangs wollten wir keine, weil wir dafür keine Zeit hatten. Dann bekamen wir keine. Ich habe Verwandte, die schon auf das große Erbe lauern, aber nichts taugen. Ich habe junge Leute ausgebildet, die verläßlich sind. Besonders der Seppi. Der hat die nette Kellnerin, die Resi gern. Den beiden werde ich einmal alles vermachen. Und ich selber vermache mich ganz Jesus in der heiligen Kommunion."
Ein bemerkenswertes Wort. „Ich vermache mich ganz Jesus in der hl. Kommunion!"
Man sollte besser horchen auf Worte, die manchmal gläubige Christen aussprechen. „Ich möchte auch einmal sterben können mit dem Trost, daß ich in Jesus das ewige Leben habe!"
Jesus sagt es uns mit dem Wort:
„Was nützt es dem Menschen, wenn er die ganze Welt gewinnt, aber an seiner Seele Schaden leidet. Also an seinem eigentlichen Leben Schaden leidet." „Oder was kann der Mensch als Entgelt für seine Seele geben", sagt Jesus weiter (Mt 16,26). Wenn der Mensch

seine Seele und damit sein Leben verliert, womit kann er es ersetzen?
Wir leben nur einmal, sagen sie alle. Dieses einmalige Leben aber müssen wir erhalten. Das können wir nicht aus eigenen Kräften, sondern nur aus der Gnadenkraft dessen, der uns das Leben anvertraut hat und es uns wieder erneuert zum ewigen Leben, weil es sterblich geworden ist.
Da will ich noch etwas erzählen, wie sie und alle hungern nach dem Leben:
Nach dem Frieden im Mai 1945 waren immer noch Kämpfe in den Bergen. Dort träumten die SS-Hitler von einer uneinnehmbaren Alpenfestung. Auch normale Soldaten sind in die Berge geflohen, um sich zu retten, wie sie meinten.
Flieger und Marokkaner jagten die Armen in den Bergen. Da gab es immer wieder Verwundete oder Tote.
Es ließ mir keine Ruhe, diesen Armen zu helfen. Ich konnte dazu nur Ministranten mitnehmen. Auf Männer haben sie geschossen, besonders die SS. Ich selber ging im priesterlichen Talar. Wir alle hatten eine Rotkreuzbinde um den Arm.
Mehrere Verwundete konnte ich noch retten, indem ich sie ins Lazarett gebracht hatte.
Da fand ich wieder einen Verwundeten, der sich in eine Felsenschlucht geschleppt hatte. Ich stieg hinein, weil ich Spuren sah. Da legte er gleich mit der Pistole auf mich an. Gerade noch sah er, daß ich ein Pfarrer bin. Er sagte:
„Ach so, ein Pfarrer! Hast Glück gehabt! Denn mir ist jetzt alles egal. Ich will leben!
Ich untersuchte seine Verwundung. Ein Oberschenkel-Durchschuß von einer SMG, Schwere-Maschinengewehr der Flieger. Der Knochen ist scheinbar nicht verletzt. Aber er hatte viel Blut verloren. Er war sehr geschwächt. Er hatte um das Bein ein Tuch gewickelt. Ein Hemd von einem Gefallenen. Er hatte auch Reserven von Gefallenen gesammelt, so daß er nicht verhungern brauchte.
Aber ich sagte dem Kameraden:
„Du mußt operiert werden, sonst wird die Wunde brandig. Weißt ja, was das heißt."
Er stöhnte:
„Ja, ich weiß, was das heißt. Verrecken! Ich will aber leben!"
Ich fragte: „Bist du katholisch?"

„Ja, ich bin Tiroler und katholisch."
Ich sagte ihm:
„Ich habe das Allerheiligste bei mir. Kannst kommunizieren. Dann wirst du mutiger sein. Denn wir müssen dich auf einem Zweiräder-Karren zum Lazarett hinunterbringen. Das wird weh tun. Narkose haben wir nicht."
Ein Pfiff von mir und sie kamen, meine Ministranten! Sie halfen mit, den Mann aus der Schlucht hinaus zu tragen. Er stöhnte jämmerlich. Seine Pistole warf ich weg. Ich sagte: „Die könnte dein Tod sein, wenn uns eine Streife erwischt."
In einem Waldweg stand der Karren. Darauf mußten wir den Armen festbinden. Wir hatten dafür immer Stricke dabei.
Bald fing er an zu schreien. Er rief:
„Ich halt das nicht aus! Laßt mich liegen!"
Ich fragte:
„Du willst doch leben?"
„Freilich will ich leben!"
„Wenn du so schreist, haben wir bald SS-Männer auf dem Hals. Du weißt, die machen kurzen Prozeß mit Verwundeten!"
Da kam eine andere Streife: Ein Dutzend Marokkaner-Soldaten. Der Anführer hielt uns an. Er kannte mich und sagte:
„Ah, gut Aleman! Curé! (Priester)
Ich erklärte:
„Verwundeter Kamerad nach Lazarett!"
Er verstand. Wir konnten weiter den holperigen Holzweg hinunterrattern. Der Verwundete war ohnmächtig geworden. Gott sei Dank!
Im Lazarett hatten wir Glück. Die marokkanischen Posten, die mich kannten, ließen uns sofort durch.
Ein deutscher Stabsarzt, der den Verwundeten kurz untersucht hatte, der immer noch bewußtlos war, veranlaßte sofortige Operation.
Am nächsten Tag sagte mir der Arzt:
„Es war höchste Zeit. Wir konnten den Fuß noch retten. Auch sein Blut, das gering und schon infiziert war von Giften, konnten wir durch Infusion erneuern."
Der Patient lag noch in Narkose. Erst am übernächsten Tag konnte ich mit ihm sprechen. Er schaute mich wie ein Träumender an und sagte dann langsam:
„Du bist also der Kamerad Pfarrer, der mich gerettet hat. Grausam

bist du mit mir umgegangen. Aber das war notwendig und letzte Rettung, hat mir der Arzt gesagt."
Er wollte mir die Hand drücken, aber es tat ihm alles weh. Er sagte: „Ach, Herr Pfarrer, ich wollte leben, leben! Aber ich hätte alles verkehrt gemacht. Du hast mich zum Leben zurückgeholt. Ich weiß nicht, wie ich dir danken soll!"
Da er sehr müde war, ging ich. Auch hatte ich andere dringende Aufgaben. Erst später hat er mir alles erzählt. Er hatte in der Nähe von Innsbruck einen ansehnlichen Bauernhof und eine Gastwirtschaft. Dazu eine allerliebste Frau und vier Kinder. Darum wollte er leben, um alles in der Welt leben und wieder heimkommen! Übrigens wurde das Lazarett vom französischen Militär plötzlich geräumt. Damit sah ich ihn nicht mehr. Ich dachte noch öfter an ihn, der einen solchen Lebenshunger hatte. Mit Recht!
Den haben wir doch alle, den Hunger nach Leben! Und das mit Recht! Denn wir sind durch Jesus erlöst zum herrlichen ewigen Leben in Gott!
Wenn wir das doch mehr bedenken würden! Uns jeden Tag ins Bewußtsein rufen würden: Wir sind durch Jesus Christus Kinder des ewigen Lebens! Wir sind nicht mehr verlorene Kinder des Todes der Hölle! Der Hölle, an die viele nicht glauben, und doch ständig dahin unterwegs sind. Und zwar mit solchem Eifer!
Ich will leben! Ich will leben! Wie oft habe ich diesen Ruf gehört im Lazarett oder in Krankenhäusern. Auch von sonstigen Kranken. Ich will leben! Ich will leben!
Wenn eine junge Mutter, die noch kleine Kinder hat, diesen Ruf so sehnsüchtig zum Himmel richtete, da hab auch ich manchmal mit Jesus gerungen und ihm gesagt:
„Herr, warum erhörst du ihre Bitte nicht! Du allmächtiger und allgütiger Herr und Gott!
Manchmal, oh ja, manchmal hat Jesus uns erhört. Da gibt es kein inständiges lästiges Flehen. Da gibt es nur die einfache vertrauende Bitte. Jesus ist kein Tyrann. Er ist wirklich reinste und gütigste Liebe für alle, die ihm vertrauen.
Vertrauen aber muß sich zeigen, daß wir trotzdem nicht an Jesus irre werden, auch wenn er uns nicht erhört. Nicht erhören kann, weil sonst größeres Unheil drohen würde. Ja, wir sehen das nicht. Aber Jesus sieht das. Darum muß er es so lenken oder zulassen, auch wenn wir es nicht verstehen können.

Das liegt schon Jahre zurück. Brave christliche Eltern hatten nur einen Sohn. Der war tüchtig und fleißig. Er hatte bereits die Gesellenprüfung als Automechaniker gemacht. Der Meister lobte ihn sehr und hoffte, daß er ihm bald als Meister die Leitung der Werkstätte anvertrauen kann. Er war auch mit seinen Eltern jeden Sonntag in die Kirche gegangen. Allerdings in letzter Zeit selten. Er hatte anderweitig Verpflichtungen, sagte er. Da passierte dem jungen Mann in der Werkstatt ein tödlicher Unfall. Die Eltern und auch der Meister waren untröstlich. Wie konnte der Herrgott so etwas zulassen! Ich kam später mit dem zuständigen Pfarrer darüber zu sprechen. Der sagte mir im Vertrauen:
„Der Junge ist in eine gefährlich gottlose Sekte geraten. Ich wollte ihn warnen. Da wurde er bösartig und drohte mit Rache, wenn ich seinen Eltern etwas sage. Nun hat der liebe Gott eingegriffen, um ihn vor dem ärgsten Unheil zu retten. Jetzt kann das sicher noch im Fegfeuer gereinigt werden. Später wohl nicht mehr."
Bei aller Sehnsucht nach dem Leben und bei allen Rufen unseres Herzens:
Ich will leben!, dürfen wir nicht die Mutter des Lebens vergessen! Maria ist die Mutter des Lebens! Sie hat uns den geboren und geschenkt, der allein das Leben ist und sich uns als Leben schenkt. Maria will mit sehnender Seele ihren Sohn weiterschenken in unsere Herzen, damit wir das Leben haben. Sie kniet neben jeder Kommunionbank und sie küßt die Hände der Priester, die ihren Sohn mit Liebe in die Herzen ihrer Kinder schenken.
Ja, das ist so! Und das sollten wir nicht übersehen!
Hier geht es um das wahre Leben, nach dem wir alle mit Recht solche Sehnsucht haben. Denn wir sind als Kinder Mariens und als Kinder Gottes Kinder des Lebens. Was hier gerade durch Maria geschieht, ist so wunderbar. Maria ist die Quelle dieses Lebens. Wer von dieser Quelle, die da ist Maria, nicht trinkt, der verdürstet und kann nicht gerettet werden.
Im Jahre 1943 hatten wir Wehrmachtspfarrer eine Tagung in Innsbruck. Darunter war auch ein Kollege, der uns am Schluß in engerem Kreise von einer besonderen Tätigkeit erzählte, die er auch ausüben mußte. Er mußte, besser, er durfte, den zum Tode verurteilten Soldaten, die dem Verbrecher Adolf Hitler nicht den Fahnen-

eid leisten konnten, vor der Hinrichtung die Sakramente spenden.
Er sagte:
„Die riefen alle nach dem Leben! Die wollten Leben! Aber sie konnten aus Gewissensgründen dem Hitler nicht den Eid leisten. Dieser Hitler aber hatte gesagt: Wer feige ist, der fällt! So mußten diese „Feiglinge" sterben.
Ich hatte schon über dreißig solche Ärmste vor der Hinrichtung zu betreuen. Aber ich muß darüber schweigen. Das darf niemand wissen, daß es so viele Fahnenflüchtige gibt.
Darum beschwöre ich euch: Schweigt darüber, solange dieser Verbrecher-Hitler regiert!"
Der Kollege berichtete weiter:
„Es sind alle prächtige und gewissenhafte junge Männer, vor denen man Achtung haben muß. Aber ihre Gewissensnot drängt sie in den Tod, obwohl sie alle nach dem Leben rufen. Sie werden erst ruhig, wenn ich ihnen versichere, Maria, die liebe himmlische Mutter, geht mit ihnen, steht bei ihnen am Schafott. Sie wird sie drüben auffangen und zu ihrem Sohne Jesus führen.
Bei Jesus sind sie willkommen. Bei Jesus werden sie erst erkennen, wie sie ja durch die hl. Kommunion schon mit ihm eins sind. Wie sie in ihm das Leben haben, auch wenn ihr vergänglicher Körper vernichtet wird.
In Jesus wird ihr Leib erneuert zu unsterblicher Vollkommenheit. Sie werden staunen und sich freuen in einer Freude, die niemand mehr von ihnen nehmen kann. Auch kein Hitlerregime."
„Das muß ich ihnen, den armen Verurteilten erklären. Dann werden sie ganz ruhig. Dann wissen sie, daß sie das Leben nicht verlieren, sondern in Jesus neu gewinnen. Das unsterbliche Leben.
Wenn ich sie dann bitte, an uns zu denken, daß wir aus diesem Kriegselend halbwegs heil gerettet werden, dann versprechen sie das gerne.
Aber immer wieder meinen manche, mit dem leiblichen Tod wird alle ihre Hoffnung ausgelöscht. Da muß ich ihnen direkt schwörend erklären:
Nein! Ihr werdet staunen! Drüben geht das Leben erst an! Das wahre Leben, das unsterbliche Leben voller Herrlichkeit und Macht. Denn Jesus hat uns zu einem vollkommenen Leben erlöst, nicht zu einem halben oder gar wieder zu einem sterblichen Leben, wie wir es jetzt haben!"

Der Kollege erklärte weiter:

„Ihr dürft mir glauben, Freunde, das ist jedesmal, bei einem jeden immer wieder ein Ringen, das mir fast das Herz zerreißt. Da mußte ich viel darum beten, sonst konnte ich es nicht aushalten. Aber mir tun die lieben jungen Brüder so leid.

Die Wächter lassen mich gewähren, weil sie wissen, die Deliquenten gehen dann ruhig ans Schafott. Und ich möchte jedesmal jubeln, obwohl man mir das nicht anmerken darf, weil wieder ein mutiger Märtyrer den Sieg des Lebens errungen hat!"

Hilflose und verborgene Liebe:

Jesus nahm im Saal Brot in seine Hände, brach es und gab es seinen Jüngern mit den Worten: Nehmet und esset alle davon, das ist mein Leib, der für euch hingegeben wird.
Ebenso nahm er den Kelch und sprach: Nehmet und trinket alle daraus. Das ist der Kelch des neuen und ewigen Bundes, mein Blut, das für euch und für viele vergossen wird zur Vergebung der Sünden. Tut dies zu meinem Gedächtnis!
Das hat Jesus gesagt und geboten. Aber dann ging er hinaus auf den Ölberg und erlitt dort qualvollste Verlassenheit. Er wurde gefangen genommen und in niederträchtigster Weise zum grausamen Kreuzestod verurteilt.
Jesus hat sich den Jüngern in innigst hinopfernder Liebe in der Gestalt des Brotes und des Weines zur Speise gegeben. Dann aber endet er im schmachvollen Kreuzestod.
Daraus ersehen wir, wie hilflos Jesus ist und auch wie verborgen er ist in seinem Liebesopfer.
Hilflos und verborgen bleibt Jesus tatsächlich in seinem Liebesopfer, in der kleinen Hostie. Wie damals bei seinem Lebensopfer in Jerusalem bleibt Jesus durch alle Zeiten hilflos in der Hostie.
Die Menschen können ihn darin verachten als wäre er ein Nichts. Sünder, die nicht bereuen, aber trotzdem nach ihm greifen, können ihn darin mißhandeln, ihn an die Geißelsäule oder ans Kreuz schleppen. Denn Jesus ist in der Hostie zugegen als Gott und Mensch für einen jeden, der ihn darin empfängt. Aber immer ist er noch der gütige Erlöser, wie ihn der Vater gesandt hat, nicht damit er die Welt richte, sondern daß die Welt durch ihn gerettet werde (Joh 3,17).
So ist Jesus in der Hostie der Erlöser, aber noch nicht der Richter. „Wer an ihn glaubt, der wird nicht gerichtet. Wer aber nicht an ihn glaubt, der ist schon gerichtet." Der richtet sich selbst, weil er Jesus verachtet, der allein sein Erlöser ist. Ohne ihn gibt es keine Erlösung und Rettung.
Darum klug sein und Jesus nicht gering achten, weil er so klein erscheint in der Hostie!
Erinnern wir uns, was Jesus über sein Liebesopfer gesagt hat bei der Einsetzung:
„Das ist mein Leib, der für euch hingegeben wird! Das ist mein

Blut, das für euch und für viele vergossen wird zur Vergebung der Sünden!"
Es ist also der Opferleib und das Opferblut Jesu! Das gilt bei jeder Eucharistiefeier. Das gilt bei jeder hl. Kommunion. Er ist immer der in ewiger göttlicher Liebe sich hinopfernde Erlöser.
Selig jeder, der ihn als Erlöser annimmt, indem er an ihn glaubt und ihm vertraut! Wer ihn da verachtet und ihn mißbraucht, der verfällt dem Gericht, weil er seinen Erlöser verwirft.
An dieser Begegnung mit Jesus kommt niemand vorbei. Jesus sagt ausdrücklich:
„Der Vater hat mir das ganze Gericht übergeben."
Das persönliche Gericht, das jeder Mensch erlebt, wenn er von diesem zeitlichen Leben hinüberscheidet ins ewige.
Das Jüngste Gericht oder das Weltgericht, wenn am Ende der Welt die ganze Menschheit vor dem Weltenrichter erscheinen muß.
Jeder Mensch wird unausweichlich Jesus gegenüberstehen. Je nachdem, wie er Jesus in diesem Leben, das heißt in der Prüfungszeit dieses Erdenlebens begegnet ist, so wird er ihm drüben begegnen.
Wer Jesus auf Erden als Erlöser begegnet ist, vor allem im Geheimnis seiner Liebe, in der heiligsten Eucharistie, der wird Jesus auch drüben als Erlöser finden, der zu ihm sagen wird:
„Komm, du Gesegneter meines Vaters!"
Wer ihn da nicht gefunden hat, nicht finden wollte oder ihn nur verachtete und mißbrauchte, der wird Jesus drüben finden als seinen Richter, der zu ihm sagen wird:
„Weiche von mir, du Verfluchter ins ewige Feuer!"
Es tut weh, das erklären zu müssen. Aber es muß gesagt werden, damit wir Jesus auf Erden beachten in seiner verborgenen und hilflosen Liebe. Denn hier fällen wir selber über uns das Gericht zu unserem Leben oder zu unserem Verderben. Wer Jesus in seiner hilflosen und verborgenen Liebe demütig anerkennt, ihn anbetet und in ihm lebt, auch wenn diese Welt ihn verachtet, wie Jesus verachtet wurde, der hat das ewige Leben.
Es ist traurig, sehr traurig, daß immer wieder zur Reinigung so schreckliche Gerichte über die Welt kommen müssen, wie der letzte Weltkrieg, der über 50 Millionen Menschenleben in grausamster Weise gefordert hat. Scheinbar ist das alles schon wieder vergessen. Die Jugend, die daraus lernen sollte, will das gar nicht hören.

Dabei ist Jesus als Erlöser mitten unter uns in verborgener und demütiger Liebe, aber auch in allmächtiger Liebe für alle, die an ihn glauben und ihm vertrauen im heiligsten Sakrament.
Viele wollen und brauchen ihn nicht. Wer ihn nur mit den Augen dieser Welt sieht, der erkennt ihn nicht. Der mißachtet ihn. Aber dann wird ihm leider gerade dieses Geheimnis der Liebe zum Gericht. Letztlich zum ewigen Gericht. Das können wir noch nicht schauen. Aber teilweise gibt uns Jesus darüber Zeichen in der Zeit, die wir nicht immer so leicht übersehen und vergessen sollen.
Das war nach dem Krieg in Wien. Wir haben die Erstkommunion gefeiert. Mit herzlicher Mühe haben wir die Kinder auch noch außerhalb der Schule darauf vorbereitet. Da geschah etwas, was uns entsetzt hat.
Ein Bub hat nach der Kommunion die Hostie unter die Bank gespuckt und hat zu seinem Nebenmann geflüstert: Das schmeckt ja gar nicht!
Nach dem Gottesdienst haben es uns die Kinder erzählt. Wir wollten die Hostie retten. Aber der Bub hatte sie mit den Füßen ganz zerrieben. Wir konnten nur noch den Boden in Ehrfurcht aufwischen. Meine Kollegen wollten damit die Sache ruhen lassen. Kein Aufsehen machen! Die Eltern von diesem Buben gehen nie in die Kirche und der Bub wird sicher jetzt auch nicht mehr gehen.
Aber mir ließ die Sache keine Ruhe. Denn wir hatten den Buben, gerade ihn über die hl. Kommunion gut unterrichtet.
Ich ging in nächster Zeit am Abend, wo ich denken konnte, daß auch der Vater zuhause ist, zu ihnen. Als ich den Fall einfach geschildert hatte, bekam der Vater ein rotes Gesicht und rief: „Daß Sie gleich Bescheid wissen, ich glaube an den ganzen Unsinn mit der hl. Hostie nicht. Der Bub, der Rudi, hat ganz recht getan, wenn er das Zeug ausgespuckt hat. Und damit, meine ich, können Sie uns in Ruhe lassen!"
Auf dem Heimweg mußte ich wieder erkennen, wie hilflos und verloren Jesus in seiner Erlöserliebe ist. Gerade in der heiligsten Eucharistie. Dennoch tat uns Jesus etwas kund!
Ungefähr ein Jahr später hat sich in jener Familie folgendes ereignet: Man hat den Vater tot aus dem Donaukanal gefischt. Nach Wochen hat die Kriminalpolizei herausgefunden, daß der Mann bei einer Rauferei tot liegen blieb. Um alles zu verdecken, hat man ihn in den Kanal geworfen. Leider ist die Leiche an einem Ufergebüsch

hängen geblieben.
Sein Sohn, der Rudi wurde mit 15 Jahren von der Polizei erwischt, weil er bei einer Verbrecherbande beteiligt war. Fünf Buben in seinem Alter waren mit ihm zusammen im Jugendgefängnis und sollten am nächsten Tag verhandelt werden.
Als ihn die Wärter zum Gericht holen wollten, fanden sie ihn tot. Erwürgt von den Seinen, weil er nicht mehr bei ihnen, sondern bei einer anderen Bande mitmachen wollte.
Ich habe das erfahren und habe mir das gemerkt. Man kann nun verschiedener Ansicht sein. Es kann aber auch ein Zeichen dafür sein, daß wir Jesus in seiner heiligsten und verborgenen Liebe nicht so behandeln dürfen. Es kann trotzdem sein, daß Jesus diesem Rudi in der Ewigkeit gnädig war, weil er von seinem Vater irregeführt worden war.
Es ist gut, daß wir jetzt noch nicht alles schauen brauchen, welches Gericht sich diejenigen zuziehen, die Jesus in seiner zarten Liebe verachten, in der uns er nur erlösen will. Immer muß ich an das Wort des Evangelisten denken, der da sagt:
„Gott hat seinen Sohn nicht in die Welt gesandt, damit er die Welt richte, sondern daß die Welt durch ihn gerettet werde."
Aber „wer nicht an ihn glaubt, der ist schon gerichtet" (Joh 3,17).
Sehr schwierig ist es für uns alle, auch für uns Christen, weil Jesus in der heiligen Hostie in so hilfloser und verborgener Liebe gegenwärtig ist. Unser Auge, unser Verstand und unser Empfinden lassen uns gar nichts darin erkennen. Nur reinster Glaube sagt uns, daß das Jesus ist als Gott und Mensch.
Da wäre noch weiter zu beachten, was uns Johannes in (Kap 3,19) sagt:
„Das ist das Gericht, daß das Licht (Jesus) in die Welt gekommen ist, aber die Menschen die Finsternis mehr lieben als das Licht. Denn ihre Werke sind böse. Jeder der Böses tut, der haßt das Licht und kommt nicht an das Licht, damit seine Werke nicht gerügt werden. Wer aber die Wahrheit liebt, der kommt an das Licht, damit seine Werke offenbar werden, die in Gott getan sind."
Wer diese Worte Jesu überlegt, der versteht ein wenig, warum Jesus immer noch in hilfloser und verborgener Liebe wirkt. Damit wir Gelegenheit haben, selber in demütiger und stiller Liebe Jesus zu folgen.
Jesus nachfolgen in demütiger Liebe, wird für uns in den Augen

Gottes ein besonderes und verdienstvolles Wohlgefallen. Nicht gezwungen sollen wir Jesus nachfolgen, sondern im Glauben und aus ganz freier Liebe. Gott will keine Knechte. In freier Liebe, die uns einst ewig zieren wird in der Herrlichkeit Gottes, sollen wir Jesus nachfolgen.

Darum bleibt Jesus vor allem in seiner eucharistischen Erlöserliebe so hilflos und verborgen, damit wir nur in stiller Demut und opfernder Liebe ihm dienen und folgen können. So will es Gott! Jesus ist die menschgewordene Liebe des Vaters. Jesus ist das fleischgewordene Herz des Vaters. Das soll so bleiben durch alle Zeit der Kirche, da Jesus in verborgener Erlöserliebe wirkt.

Damit vollzieht sich bereits die Auslese unter den Menschen, wer Weizen Gottes wird oder nur Abfall.

Wer nicht an Jesus glaubt und wer ihn nicht lieben will, weil er für das vergängliche Leben keinen Vorteil sieht, Jesus zu folgen, der kann das Heil der Erlösung nicht finden. Der kann nicht Kind des Vaters im Himmel werden. Kind des Vaters, der nur reinste, heiligste, freieste und gerechteste Liebe ist.

In der liebenden und demütigen Nachfolge Christi, da ist doch noch etwas, was uns erschrecken könnte. Jesus sagt:
„Wer mir nachfolgen will, der verleugne sich selbst, der nehme täglich sein Kreuz auf sich und folge mir! Denn wer sein Leben retten will, der verliert es. Wer sein Leben um meinetwillen verliert, der rettet es. Denn was nützt es dem Menschen, wenn er die ganze Welt gewinnt, aber sich selber verliert und zugrunde geht" (Lk 9,23).
„Der verleugne sich selbst!"
„Der muß demütig sein. Der darf nicht auf seine Wichtigkeit pochen.
„Der nehme täglich sein Kreuz auf sich!"
Es ist das Kreuz der Liebe des Erlösers, unter das wir uns niederbeugen sollen, unter das auch Jesus sich gebeugt hat aus Liebe. Wir sollen ja Jesus gleich werden.
„Denn wer sein Leben retten will, der verliert es."
Das versteht nur der, der im Lichte Christi weiter schauen kann. Die Kinder dieser Welt schauen nur das Weltliche. Die Kinder Gottes schauen das Zeitliche und das Ewige. Hier können wir schon beweisen, ob wir Kinder dieser Welt sind oder Kinder Gottes.
Wenn wir das Leben der Heiligen betrachten, erfahren wir, daß sie

alle nur heilig geworden sind, weil sie das Kreuz Christi auf sich genommen haben. Es kann ein schweres Kreuz sein, es kann ein leichteres Kreuz sein oder nur leicht scheinen, es kann ein verborgenes Kreuz sein, das wir gar nicht sehen, auf alle Fälle kann niemand Jesus nachfolgen, ohne daß er sein Kreuz auf sich nimmt.
Ich will darüber ein Beispiel erzählen, von dem ich erfahren habe. Es ist nicht ein Beispiel aus dem Leben der Heiligen, sondern nur ein Erlebnis, wie es jeder erleben kann, der tiefer schaut und nicht an der Oberfläche des Lebens dahintaumelt.
Ein außerordentlich hübsches Mädchen, gebildet und tüchtig, beherrschte einige Fremdsprachen fließend. Sie arbeitete als Dolmetscherin in einer Welthandelsfirma.
Der Juniorchef hatte bald ein Auge auf sie geworfen, auf das hübsche Fräulein Berta. Er wurde langsam aufdringlich und sagte eines Tages heimlich zu ihr, etwas beschwipst:
„Du kannst es nicht schöner kriegen für dein ganzes Leben, als daß du meine Geliebte wirst! Zum Heiraten bist du mir zu gering."
Darauf antwortete die Berta entschieden:
„Ich will und ich werde nie Ihre Geliebte sein! Ich kenne nur die reine Liebe, die uns Jesus gezeigt und geboten hat. Der Weg dahin geht nur über den Traualtar!"
Der Juniorchef, Hans hieß er, war über diese Antwort verärgert und meinte:
„Das wirst du einmal bereuen, wenn du mich abweist. Es gibt ja auch andere, die nicht so zimperlich sind."
Hans lebte etwas leichtsinnig. Er konnte es sich leisten. Er war der einzige Sohn und Erbe. Seine Eltern waren zwar katholisch, aber sie hatten ihren einzigen Sohn etwas verwöhnt.
Die Mutter litt zwar unter dem Leichtsinn ihres Sohnes. Aber der Vater meinte: „Die Jugend soll ihre Freiheit und ihr Vergnügen haben!"
Der Sohn war übrigens tüchtig und konnte etwas leisten, wenn er wollte. Er stellte etwas vor und konnte auftreten vor der führenden Belegschaft der Firma. Nur sah er halt auf seinen weiten Geschäftsreisen, die er machte und erfolgreich machte, die freie Lust und Freude der Weltmenschen. Da erlaubte er sich auch öfter Freiheiten, die ein ehrlicher, christlicher Geschäftsmann sich nicht erlauben dürfte.
Die Eltern wurden darüber informiert und bekamen Bedenken. Sie

mußten mit dem Hans ein ernstes Wort darüber reden. Aber wie sie das versuchten, wurde der Hans gegen seine Eltern grob und sagte: „Ihr dürft nicht meinen, daß ich auf euch angewiesen bin und ihr mir darum Vorschriften machen könnt! Ich werde bei der Konkurrenz mit offenen Armen aufgenommen!"
Die Konkurrenzfirma, die Hans meinte, betrieb auch unsaubere Handelsgeschäfte.
Eine Tochter von diesem Firmenchef lauerte schon lange auf den Hans, daß sie ihn an sich ziehe und damit einmal die ganze Welthandelsfirma der Familie Weber mit der undurchschaubaren Firma ihres Vaters verbinde.
Die Firma Weber, der Vater und die Mutter, waren darum über die Drohung des Hans tief betroffen und ratlos. Der Vater meinte:
„Lieber übergebe ich meine ganze Firma einer Genossenschaft, als daß der Hans alles dieser Schwindelfirma in den Schoß wirft."
Die Mutter aber schaute weiter. Sie nahm eines Abends die Berta mit in ihre Privatwohnung. Sie fragte die Berta, ob sie ganz offen mit ihr reden dürfe. Sie versprach, alles was sie hier miteinander besprechen, soll verschwiegen bleiben. So fing die Mutter an zu reden:
„Frl. Berta, Sie sind schon über sechs Jahre in unserer Firma und haben ihre Aufgaben alle tadellos erfüllt. Ohne Sie möchten wir nicht mehr sein.
Aber nun eine vertrauliche Frage: Der Juniorchef, mein Sohn Hans, hat Sie immer gern gesehen. Aber Sie waren zu ihm abweisend. Darf ich fragen, warum Sie ihn abgewiesen haben?"
Die Berta sagte offen:
„Weil Ihr Sohn nur eine Liebschaft mit mir wollte. Das gibt es bei mir nicht!"
Die Mutter sagte:
„Oh, so streng! Aber vielleicht haben Sie recht! Ja, Sie haben recht getan! Ich danke Ihnen! Und ich bewundere Sie!
Darf ich nun ganz vertraut mit Ihnen reden, wie eine Mutter über ihren Sohn denkt?"
Berta nickte.
„Als Mutter sehe ich mehr als andere und weiß mehr. Ich weiß, der Hans liebt Sie immer noch. Früher wäre ich dagegen gewesen, wenn mein Sohn um Sie geworben hätte. Sie stammen aus einfachen Verhältnissen. Ich muß bekennen, es war ein dummer Stolz von mir.

Heute wäre ich glücklich, wenn Sie mit meinem Sohn in Liebe zusammenfinden würden. Denn mein Sohn würde ein anderer Mensch, er würde durch Sie zu einem sauberen und ordentlichen Mann aufwachen. Denn es steckt noch in ihm, das christliche Leben, das wir ihm vermittelt hatten.
Kurz gesagt: Durch ihre Liebe würde mein Sohn gerettet aus dem Leichtsinn, dem er sonst zu verfallen droht. Aber wie ich mir denke, Sie wissen selber alles. Sie sind auch nicht blind und taub. Nur ist die Frage, und dazu kann Sie niemand zwingen, ob Sie meinen Sohn noch lieben, den Sie doch einmal geliebt haben, heimlich geliebt haben, wie ich als Mutter ahnte?"
Berta schwieg eine Weile ganz in sich versunken. Dann schaute sie auf und sagte fast mit einer harten Stimme:
„Ja, ich liebe Ihren Sohn! Ich habe ihn immer geliebt und habe aus Liebe zu ihm viel gelitten. Ich wußte, daß ich ihn retten kann und retten werde. Darum tut es mir weh, wenn Sie sagen:
Durch meine Liebe würde Ihr Sohn aus dem Leichtsinn gerettet. Das tue ich längst mit aller Opferliebe, Ihren Sohn retten."
Dann schwieg die Berta. Auch die Mutter schwieg eine Weile. Dann fing sie wieder an zu reden:
„Ja, ich weiß, Sie gehen jeden Morgen, bevor Sie in den Betrieb kommen, drüben in der Kirche zur hl. Messe. Ich hab Sie beobachtet. Sie sind auch zur hl. Kommunion gegangen. Sie sind ein frommes Kind.
Die Berta stand auf und schaute die Chefin ernst an:
„Frau Weber, mit solchen Reden tun Sie mir wieder weh! Da würden Sie mich soweit bringen, daß ich von Ihrer Firma und auch von Ihrem Sohn Abschied nehmen muß. Mein Heiligstes, das ich erlebe, das ich mit ganzem Glauben und auch mit ganzer Liebe erlebe, darf mir niemand gering achten. Auch Sie nicht!"
Die Mutter war über die Worte der Berta erschrocken. Sie ging zu ihr und bat sie förmlich:
„Frl. Berta, so war das nicht gemeint. Entschuldigen Sie, wenn ich Ihnen damit weh getan habe. Ich wollte nur sagen, daß Sie fromm sind und daß ich Sie bewundere."
Berta ließ sich beruhigen und sagte:
„Ja, ich bin religiös! Ich bin es umso mehr geworden aus der Not der Liebe zu Ihrem Sohn. Denn vom Himmel mußte Hilfe kommen, wenn Ihr Sohn gerettet werden kann. Kein Mensch könnte ihn

retten, auch Sie nicht. Gott allein ist es, der die Herzen der Menschen wenden kann, daß sie wieder aufwärts streben."
Damit schwieg Berta. Sie dachte, wenn mich die Frau Weber im Heiligsten nicht verstehen kann, dann muß ich schweigen. Das freilich wird auch die stille, aber opferharte Liebe zu ihrem Sohn auslöschen. Der Gedanke tat ihr zwar weh, aber er kann nicht verscheucht werden.
Wie sie still über alles nachdenkt, kommt die Mutter Weber auf sie zu und fragt bittend:
„Bitte, darf ich dich umarmen, meine Tochter, und darf zu dir einfach Kind sagen? Ich spüre, du wirst die Frau meines Sohnes!
Vor allem bitte ich dich, hab Geduld mit mir! Erkläre mir, was du in der Kirche erlebst, besonders wenn du zur hl. Kommunion gehst!
Bitte, bitte, hab Geduld mit mir und sag mir alles! Ich bin katholisch, ich geh auch jeden Sonntag in die Kirche. Aber die Kraft, die du dort empfängst, die kann ich nicht begreifen. Ich spüre, du bist die Rettung meines Sohnes und du wirst seine Frau werden.
Bitte, Berta, rede, sag mir alles, was ich tun kann und tun muß, um mit dir meinen Sohn zu retten!"
Zuerst war nur Schweigen zwischen beiden. Berta hatte sich hingesetzt und überlegte. Eigentlich überlegte sie nicht. Sie mußte nur auf die Empfindungen ihres Herzens horchen. Dann schaute sie die Mutter an. Sie sah, daß ihre Augen feucht waren, daß es ihr sehr ernst war mit den Worten, die sie gesprochen hatte.
Und die Liebe zum Hans brannte neu in Berta auf. Ja, er wird mein Mann! Die Mutter hat recht!
Sie stand auf, ging zur Mutter, gab ihr einen Kuß auf die Wange und sagte:
„So nenne ich dich Mutter! Und das ist mir sehr ernst! Und ich bin dir dankbar!"
Sie setzte sich wieder hin und fing langsam an zu reden:
„Es ist ein großes Geheimnis, das ich erlebe in der Kirche, bei Jesus in der hl. Kommunion. Denn Jesus ist da so verborgen, so unscheinbar, daß viele ihn nicht beachten. Und doch ist er der allmächtige Herr und Gott, der eine solche Macht der Liebe und Heilung ausstrahlt, die alle heilen kann, die ihm vertrauen.
So habe ich mich ihm ganz hingeopfert als ich sah, daß Hans verloren geht. Das Licht des Glaubens war schon lange in ihm aus-

gelöscht. Es war fast keine Hoffnung mehr, ihn zu retten. Du, Mutter, hast das noch nicht gemerkt als ich es schon spürte, daß der Hans seinen Glauben verloren hat. Aber ich liebte ihn. Es war meine erste Liebe, die ist treu und stark. Warum ich ihn so liebte, das weiß ich nicht. Die Liebe ist ein Geheimnis. Ein Geheimnis wie die Liebe zu Jesus."

Die Mutter erwischte ihren Sohn gerade noch, bevor er wieder fort wollte auf Wege, die er nie verriet, die aber abwärts führten, wie die Mutter spürte. Sie sagte zu ihm:
„Hans, einen Augenblick! Ich muß dir etwas Wichtiges sagen! Bitte, es ist sehr wichtig für dich!"

Dann erklärte sie ihrem Sohn, daß die Berta ihn immer noch liebe, sogar sehr liebe und immer noch auf ihn hoffe.

Der Hans war wie aus den Wolken gefallen. Er sagte nur:
„Mama, ist das wirklich wahr?"
Sie sagte ihm:
„Ja, es ist wirklich wahr! So viel ich weiß, sie wartet auf dich im Nebenraum des Kontors."

Schon war Hans verschwunden. Was dann die beiden im Kontor ausmachten für neue Lebenspläne, das war wie ein Wunder. Es war wirklich ein Wunder. Noch im Frühjahr 1938 wurde geheiratet.

Hans, „Johannes" nannte ihn seine Frau Berta, wurde ein ganz anderer Mensch, ein wahrer Christ.

Nur einen Fehler hatte Johannes noch, und den behielt er. Er war Hitleranhänger und war selig, als im März 1938 die Hitler-Armee in Österreich einmarschierte. Aber er ging treu in die Kirche.

Seine Frau sagte zu ihm:
„Ja, Hitler ist dein Wahn und wird dein Opfer. Ich kann es nicht ändern."

Da seine Frau Berta sehr tüchtig war und die Handelsgeschäfte bald fest in der Hand hatte, meldete sich ihr Mann nach Kriegsausbruch 1939 freiwillig zum Kriegsdienst. Er wurde im Polenfeldzug schwer verwundet und ist einige Wochen später daran gestorben. Der Vater des Johannes war schon vor der Bekehrung seines Sohnes aus Kummer gestorben. Die Mutter des Johannes aber war glücklich an der Wiege eines Enkels, der auch Johannes hieß.

Was ich nun berichtet habe und ungefähr nach Herzenserlebnissen der jungen Frau Berta sagen konnte, das habe ich im Sommer 1947 von einem gut katholischen Arzt in Wien erfahren.

Ich denke, für uns ist das wichtig, um zu erkennen, wie wunderbar trotz aller Opfer und Kreuze die hilflose und verborgene Liebe des eucharistischen Heilandes in einer Menschenseele wirken kann.
Es ist leider so, viele finden Jesus in seiner verborgenen und scheinbar hilflosen Liebe nicht, weil sie ihn nicht finden wollen.
Es müßte uns genügen, daß wir die Verheißungen Jesu darüber kennen, einmal richtig lesen und ernst nehmen, wie wir doch Gottes Wort ernst nehmen müssen! Gottes Wort ist das erste Lebensbrot.
Jesus sagt uns:
„Wer an den Sohn glaubt, der hat das ewige Leben! Wer aber ungläubig gegen den Sohn ist, der wird das Leben nicht sehen, sondern Gottes Zorn lastet auf ihm" (Joh 3,36).
Bei der Verheißung seines Lebensbrotes weist Jesus sehr darauf hin, daß wir vor allem an sein Wort glauben müssen. Er sagt ausdrücklich:
„Der Wille meines Vaters ist es, daß jeder, der den Sohn sieht und an ihn glaubt, das ewige Leben hat."
Wir sehen zwar Jesus nicht, aber wir haben sein Wort. In seinem Wort nehmen wir ihn wahr, genauso als stünde er neben uns. Wir dürfen sicher sein, daß Jesus immer bei uns ist, wenn wir sein Wort lesen.
Eine fromme Frau sagte mir einmal:
„Wenn ich in der Hl. Schrift lese, muß ich immer wieder aufschauen und denken, Jesus steht neben mir und schaut mir zu, wie ich sein Wort lese. Wenn ich sein Wort ernst nehme, lächelt er mir zu und segnet mich. Wenn ich sein Wort nur oberflächlich und gedankenlos lese, geht er traurig von mir."
Die Frau mag recht haben. Jesus bleibt in seiner Liebe zu uns immer verborgen und zwingt uns nie.
Alle aber, die ihn suchen, werden ihn finden. Vergessen wir doch sein Wort nicht:
„Bittet, und es wird euch gegeben werden! Suchet, und ihr werdet finden! Klopfet an, und es wird euch aufgetan werden!" (Mt 7,7).
Wer aber Jesus in der Verborgenheit seiner eucharistischen Liebe nicht mehr ernst nimmt, der soll einmal lesen, was der Völkerapostel Paulus uns schreibt:
„So oft ihr dieses Brot esset und den Kelch des Herrn trinket, verkündet ihr den Tod des Herrn. Wer daher unwürdig das Brot ißt und den Kelch des Herrn trinkt, der wird schuldig des Leibes und des

Blutes des Herrn. Darum prüfe sich jeder selbst! So erst esse er von dem Brote und trinke von dem Kelch. Denn wer unwürdig ißt und trinkt, der ißt und trinkt sich das Gericht, weil er den Leib des Herrn nicht unterscheidet" (von gewöhnlicher Speise) (1. Kor 11,26).
„Der ißt und trinkt sich das Gericht!"
Wer diese verächtliche Abweisung gegen Jesus nicht in Reue und Buße im hl. Sakrament austilgt, der verfällt unausweichlich dem Gerichte Gottes. Mit der Opferliebe Gottes können wir nicht Schindluder treiben. Auch wenn seine Opferliebe noch so verborgen ist, sie ist die größte Wirklichkeit über aller Schöpfung.
Wir dürfen nie vergessen:
Gott ist in seiner Liebe unendlich heilig und gerecht, unendlich rein und frei.
Heilig!
Wir müssen uns mühen, heilig zu leben. „Denn nichts Unheiliges kann eingehen ins Himmelreich!"
Heilig sind wir, wenn wir in der Liebe Gottes leben und seine Gebote halten.
Gerecht!
Gerecht sind wir, wenn wir alles Unrecht meiden.
Rein!
Rein sind wir, wenn wir Herz und Seele rein halten von aller Unreinheit des Geistes und des Fleisches.
Frei!
Frei sind wir in der Freiheit der Liebe Gottes. In der Liebe Gottes ist keine Knechtschaft. Darum zwingt uns Jesus in seiner eucharistischen Erlöserliebe zu nichts und bleibt darin immer hilflos und verborgen.

Höchste Hochzeit:

Eine jede heilige Kommunion ist eine höchste Hochzeit mit Jesus. Es gibt in der ganzen Schöpfung keine so vollkommene Hingabe des Schöpfers an sein Geschöpf, wie in der hl. Kommunion. Unser Jesus Christus, durch den und für den alles erschaffen ist im Himmel und auf Erden, der verliebt sich in sein Geschöpf Mensch mit solcher Hingabe und Preisgabe, daß es dafür keinen Vergleich gibt, womit man das bezeichnen könnte.
Auch können wir es nie ergründen, warum Jesus, der Sohn Gottes uns Menschen so liebt. Sicherlich, der Vater hat ihn gesandt mit dem Auftrag, alle Menschenkinder aus Tod und Sünde zu erlösen und sie zu erheben in die Freiheit und Herrlichkeit der Kindschaft Gottes. So lesen wir im Johannes-Evangelium, Kap 3,16:
„So sehr hat Gott die Welt geliebt, daß er seinen eingeborenen Sohn für sie dahingab, damit jeder, der an ihn glaubt, nicht verloren geht, sondern das ewige Leben hat."
Aber dann steht doch die Frage vor uns:
Warum liebt uns der Vater so sehr, daß er seinen eingeborenen Sohn für sie dahin gab, und zwar so radikal, daß er ihn nicht schonen konnte und ihn für uns hinopferte bis in den grausamsten Tod am Kreuze.
Darauf gibt es nur eine Antwort:
Weil Gott in seiner Liebe unendlich ist, konnte er, mußte er so weit gehen. Wir stehen damit vor dem Rätsel: Wer ist Gott?
Gott ist die Liebe, sagt uns der Apostel.
Wie können wir dann Gott nennen? Können wir sagen: Gott-Liebe. Das ist keine Bezeichnung. Wir können sagen: Gott ist unendlich in seinem Wesen, in seiner Liebe. Aber was ist Unendlichkeit? Die ist für uns unbemeßbar und damit unbegreiflich.
So müssen wir in großer Ehrfurcht und tiefster Demut vor Gott stehen und wissen:
Gott hat in seiner Liebe Unbegreifliches mit uns vor! Unsere Hoffnung, die sich danach ausstreckt, ist nur ein armseliger Schatten gegen die herrliche Wirklichkeit, die uns erwartet.
Wenn wir an eine Hochzeit denken, die Braut und Bräutigam auf Erden miteinander feiern und fürs Leben miteinander verbunden hält, so müssen wir sagen:
Die liebende Hingabe Jesu an den Menschen ist höchste Hochzeit.

Da ist Jesus der Bräutigam und der Mensch die Braut. Obgleich damit wenig ausgedrückt wird, wie sehr Jesus in der hl. Kommunion sich mit uns verbindet, wollen wir doch diesen Vergleich wagen. In der hl. Kommunion vollzieht Jesus die vollkommenste Vereinigung mit seinem Geschöpf. Wir sehen zwar nur die hl. Hostie und wir wissen im Glauben, Jesus ist darin wahrhaft zugegen als Gott und Mensch. Jesus schenkt sich uns mit seinem ganzen Wesen in unendlicher Liebe.

Hören wir wieder einige Worte, in denen er uns sagt, was da geschieht:

„Ich bin das Brot des Lebens. Wer zu mir kommt, den wird nicht mehr hungern. Wer an mich glaubt, den wird nicht mehr dürsten."

„Ich bin das lebendige Brot, das vom Himmel herabgekommen ist. Wer von diesem Brot ißt, der wird ewig leben. Das Brot aber, das ich euch geben werde, ist mein Fleisch für das Leben der Welt."

„Wahrlich, wahrlich, ich sage euch: Wenn ihr das Fleisch des Menschensohnes nicht essen und sein Blut nicht trinken werdet, werdet ihr kein Leben in euch haben. Wer mein Fleisch ißt und mein Blut trinkt, der hat das ewige Leben und ich werde ihn auferwecken am Jüngsten Tage. Denn mein Fleisch ist wahrhaft eine Speise und mein Blut ist wahrhaft ein Trank."

„Wer mein Fleisch ißt und mein Blut trinkt, der bleibt in mir und ich bleibe in ihm."

„Wie mich der lebendige Vater gesandt hat und ich durch den Vater lebe, so wird auch der, der mich ißt, durch mich leben."

Zum Schluß seiner Ankündigungen über das Geheimnis des eucharistischen Brotes sagt Jesus ausdrücklich, und das sollen wir wohl beachten:

„Der Geist ist es, der lebendig macht. Das Fleisch nützt nichts. Die Worte, die ich zu euch geredet habe, sind Geist und Leben."

In der Geheimen Offenbarung beschreibt der Seher Johannes die Hochzeit des Lammes im Himmel mit folgenden Worten:

„Wir wollen uns freuen und frohlocken und ihm die Ehre geben! Die Hochzeit des Lammes ist gekommen! Seine Braut hält sich bereit. Sie konnte sich kleiden in reine, glänzende Leinwand. Das Linnenkleid sind die gerechten Werke der Heiligen. Er sprach zu mir: Schreibe: Selig, die zur Hochzeit des Lammes geladen sind! Und er fuhr fort: Diese Worte des Herrn sind wahrhaftig!" (Off 19,7)

Merken wir uns das eine Wort:
„Selig, die zur Hochzeit des Lammes geladen sind!"
Wir sollten dazu sagen: Und selig, die zur Hochzeit des Lammes folgen!
Die Hochzeit des Lammes ist so verhüllt und verborgen, daß kein Mensch sie sehen kann. Da ist unbedingt lebendiger Glaube erfordert, um zu sehen und zu erleben, was in der heiligsten Eucharistie geschieht. Mit dem Verstande können wir da nichts wahrnehmen. „Das Fleisch nützt nichts. Die Worte, die ich zu euch geredet habe, sind Geist und Leben."
Es ist eine große Gnade, wenn wir die Hochzeit mit dem Lamme Gottes wirklich erleben dürfen.
„Selig, die zur Hochzeit des Lammes geladen sind!"
Das wird eine große Seligkeit, wenn wir einst im Himmel erkennen, was wir durch diese höchste Hochzeit mit dem Lamme Gottes an Würde und Schönheit vor aller Schöpfung und auch vor dem Himmel gewonnen haben. Denn der Bräutigam macht sich seiner Braut ähnlich an Schönheit und Hoheit.
„Diese Worte des Herrn sind wahrhaftig!" heißt es ausdrücklich am Schluß über die Hochzeit des Lammes im Himmel.
Im Himmel kann nur das offenbar werden, was hier auf Erden geschieht in der jeweiligen Hochzeit des Lammes Jesu mit seinen Bräuten in der heiligsten Eucharistie. Aber da heißt es:
„Selig, die zur Hochzeit des Lammes geladen sind!" Und die der Einladung folgen in Glaube und Liebe!
An der Wahrhaftigkeit der Worte des Herrn dürfen wir nie zweifeln! Das dürfen wir vor allem nicht an seiner Ankündigung über seinen Leib und sein Blut, das er uns zur Speise geben wird. Denn hier wagt Jesus mit seinen Worten, uns seine zarteste Liebe preiszugeben. Wie weh würde Jesus das tun, wenn wir daran zweifelten. Das würde ihm weh tun bis ins Herz hinein. Das würde ihn im Herzen arg verwunden. Das wollen wir doch nicht!
Schlimm wird es, wenn ein Menschenherz nicht mehr liebesfähig ist, das Geheimnis der eucharistischen Liebe Jesu zu erfassen. Das wird teils schon so, wenn ein Menschenherz zu sehr mit den Sorgen des irdischen Mammons belastet ist.
Ganz schlimm wird es, wenn ein Menschenherz in Fleischeslust erstickt. Da erlischt jede höhere Liebesfähigkeit. Wenn der Stolz ein Herz erwürgt hat, ist darin alles tot. Das ist schon der Tod der Hölle.

Wie arm ist da Jesus als Bräutigam in seiner Liebeswerbung um Menschenbräute. Und wie sehr leidet er darunter, wenn seine Liebe kein Echo findet.

Sein erstes Liebesleiden erlebte Jesus als er noch auf Erden sichtbar seine Erlöserliebe verkündete und sich dafür hinopferte bis zum letzten Blutstropfen. Sein weiteres Liebesleiden erduldet Jesus ständig im eucharistischen Opfer. Das geschieht zwar unblutig, wie die Lehre der Kirche es definiert, aber dennoch immer noch in voll liebender Opferhingabe. Auch in der Opferhingabe am Kreuze. Sonst wäre ja die Vergegenwärtigung seines Erlösungsopfers in der hl. Messe unmöglich.

Es war ein reicher Grundbesitzer, der über riesige Ländereien verfügte. Er hatte nur einen Sohn. Es kam die Zeit, da sein Sohn um eine Braut werben sollte. Der Sohn liebte ein Mädchen aus niederem Stand. Es war ein allerliebstes Mädchen, das ein sittsames und teils auch gebildetes Leben führte. Eine ältere Tante, eine Mittelschullehrerin im Ruhestand, hatte ihre Nichte, die liebe Rosalie, unterrichtet, weil sie so gelehrig war.

Als der reiche Vater erfuhr, daß sein Sohn dieses arme Mädchen heiraten wolle, rief er entsetzt aus:

„Unmöglich! Ein solches Scheinding darfst du niemals heiraten!"

Der Vater starb jedoch unerwartet. Die Mutter ließ dem Sohn freien Willen. So heiratete er nach der Trauerzeit die Rosalie. Er tat alles, um seiner Braut zu gefallen. Es wurde ein Hochzeitsfest gefeiert, wie es die Leute noch nie gesehen hatten.

Rosalie staunte über alles, aber sie konnte ihren Bräutigam, den reichen Adalbert, nicht lieben. Rosalie kochte ihm gut, wurde eine tüchtige Hausfrau, aber ihren Mann lieben, das konnte sie nicht. Sie war in ihrem Herzen so kindlich einfach, daß sie meinte, sie könne einen so reichen Mann nicht lieben. Sie konnte bei ihm auch nicht froh sein. Warum, das wußte sie nicht.

Eines Tages erlebte Adalbert in seinen weiten Waldungen etwas Eigenartiges. Er hatte nichts dagegen, daß seine Frau den Holzarbeitern in seinen Wäldern manchmal zur Brotzeit eine Stärkung brachte. Sie war diesmal schon früh weggegangen, weil ihr die Wege durch die Waldungen Freude machten, wie sie sagte.

Adalbert war später mit seiner Jagdflinte an die Stelle gekommen, wo seine Arbeiter tätig waren. Da sah er mitten unter den Arbeitern, die gerade Brotzeit machten, seine Rosalie sehr froh und lustig. Sie

strahlte auch auf die Arbeiter Glück und Freude aus.
Adalbert hatte das hinter einem Gebüsch versteckt beobachtet. Er ging nach Hause und wartete bis seine Frau kam. Er sagte nichts. Er machte ihr keine Vorwürfe. Er merkte nur, für ihn war die Rosalie wieder eine leblose Puppe, die kein Herz hat. Adalbert fragte sie einfach, nicht vorwurfsvoll:
„Rosalie, meine liebe Frau, liebst du mich denn nicht?"
Rosalie zögerte lange bis sie antwortete:
„Ich bin deine Frau. Ich gehöre dir. Aber lieben, das weiß ich nicht, ob ich dich auch lieben kann."
Adalbert sagte halblaut, mehr für sich:
„Meine Rosalie, wenn ich ein einfacher Mann wäre, könntest du mich dann lieben?"
Rosalie wußte darauf keine Antwort. Sie schaute ihren Mann nur verständnislos an.
Nun war Adalbert öfters im Arbeitsanzug in seine Waldungen gegangen. Rosalie dachte, im Wald paßt ihm das Gewand besser.
Da kommt sie eines Tages wieder mit dem Eßkorb zu den Holzarbeitern. Sie erschrickt, wie sie ihren Mann mitten unter den Holzhauern arbeiten sieht. Zur Brotzeit setzt auch er sich hin und sie gibt ihm wie den andern seinen Anteil. Dann setzt sie sich zu ihrem Mann, streichelt seine Arbeitshände und gibt ihm zum Staunen der Holzhauer einen herzhaften Kuß.
Dann geht er mit ihr heim und er freut sich, weil sie froh ist und so herzlich lachen kann. Er fragt sie:
„Rosalie, warum hast mich im Wald so lieb geküßt?"
Sie gab die einfache Antwort:
„Weil ich dich liebe! Und weil ich dich immer lieben werde! Du bist mein allerliebster Mann! Du bist meine Freude und mein großes Glück!"
Zum Beweis dafür umarmte sie ihn und gab ihm wieder einen herzhaften Kuß.
Als Adalbert sie leise fragte:
„Warum hast du mich vorher nicht geliebt?"
Da gab sie die einfache Antwort:
„Weil die Liebe zu dir in mir noch nicht aufgewacht war. Weißt du, du warst mir zu groß, ich bin so klein. Ich habe nur ein kleines Herz, das dich nicht zu erreichen wagte. Mehr weiß ich nicht und mehr kann ich dir nicht antworten. Ich kann dir jetzt nur sagen und

werde es für alle Ewigkeit sagen: Ich liebe dich!"
Ich habe diese Geschichte einmal gehört als ich noch ein Bub war.
Ich habe sie nicht vergessen, weil sie in mir Fragen aufrüttelte.
Vor allem habe ich das Wort der Braut nicht vergessen:
„Ich habe nur ein kleines Herz, das dich nicht zu erreichen wagte."
Der Gedanke kann uns auch öfters kommen bei der hl. Kommunion: Wir Menschen sind doch viel zu klein für eine so unermeßliche Gottesliebe. Es scheint unmöglich zu sein, daß Gott sich so zu den Menschen erniedrigt in einer kleinen Hostie.

Von hier aus gesehen, können eine Unmenge verwirrender und vernichtender Meinungen gegen das heiligste Sakrament der Liebe Jesu wuchern.

Darum ist es wichtig, daß wir zuerst Jesus wieder mehr sehen in seiner einfachen Menschheit, in der er unter uns erschienen ist. Er war nur der Sohn des Zimmermanns Josef und war selber Zimmermann. So haben ihn die Apostel kennengelernt. Der dann freilich durch Johannes dem Täufer als der Messias und sogar als der Sohn Gottes geoffenbart worden ist. Als solcher hat er sich selber immer mehr erwiesen durch seine Lehren und seine Wunder.

Langsam und zartfühlend hat sich Jesus als der erwiesen, der er ist. Darum wäre es ganz verkehrt, wenn wir denken würden, Gott kann oder will sich nicht so unter uns erniedrigen, wie er in der Eucharistie erscheint.

Vergessen wir nicht, mit welcher Sehnsucht Jesus die Bewegung der „Kleinen Seelen" ins Dasein gerufen hat. Wir können Jesus nicht klein genug sein, um ihm zu gefallen. Denn je kleiner wir sind, umso mehr kann er sich in uns entfalten in seiner demütigen Menschheit und schließlich auch in seiner herrlichen Gottheit. Denn wie Gott uns aus dem Nichts ins Dasein gerufen hat, so kann er uns auch in die Höhe seiner Gottheit berufen.

Es ist doch alles Gnade, nur schenkende Gnade, mit der uns Jesus in seiner Menschheit und in seiner Gottheit begegnet. Immer kommt uns Jesus dabei klein entgegen, daß wir nie vor ihm erschrecken brauchen. Wir brauchen uns auch nie vor ihm fürchten, weil wir so klein und so unwürdig sind.

Im Gegenteil, je kleiner und je unwürdiger wir uns in Demut vor ihm fühlen, umso mehr umarmt er uns mit seiner Liebe in der hl. Kommunion. Die kleine Hostie soll uns ein Zeichen dafür sein, wie klein und wie zart Jesus zu uns kommt. Freilich fragt er uns dabei

ganz still jedesmal:
„Willst du meine Braut sein, kleine Menschenseele?"
Da darfst du nicht im Gedanken antworten:
„Das ist unmöglich!"
Sag einfach:
„Ja, Herr! Du mein kleiner Heiland! Nimm mich wie ich bin und forme mich, wie du mich willst!"
Jesus wird dir antworten, indem er dich erkennen läßt:
„Menschenseele, meine geliebte Braut! Du kannst nicht verstehen, was das für eine Hochzeit ist, die du erlebst in meiner Hingabe an dich. Noch stehst du in der düsteren, vergänglichen Welt. Ringsum wissen die Menschen wenig von mir. Sie wissen nichts von meiner bräutlichen Liebe. Komm zu mir! Ich habe immer für dich Zeit und ich verstehe dich."
„Ich bin bald zufrieden mit dir, meine bräutliche Menschenseele. Nur sage es mir hin und wieder, daß du mich liebst! Wenn dieses Wort aus deinem Herzen kommt, dann tröstet es mich. Ich brauche diesen Trost! Wundere dich nicht! Wenn du wüßtest, mit welcher Liebessehnsucht ich bei euch bin und warte auf eine Antwort aus eueren Herzen, dann würdest du dich nicht wundern.
Sag den Menschen, sie sollen wenigstens mein Kreuz manchmal anschauen und ein wenig bedenken, daß ich immer noch daran ausharre in sehnender Liebe, um viele, möglichst viele Menschen zu retten."
Die Hochzeit, die wir erleben dürfen in der hl. Kommunion, ist die Hochzeit des Lebens. Es ist unsere Hochzeit mit dem Lamme Gottes, das uns nährt mit seinem Leib und seinem Blut. Es kann nicht anders, weil dieses Lamm lauter Liebe zu uns ist trotz allem. Trotz unserer Sünden und unserer Herzenskälte. Wir brauchen ihm nur sagen, von Herzen sagen, daß es uns leid tut. Dann können wir bald nicht mehr anders, als in Buße zu ihm finden.
Wenn einmal die ewige Hochzeit mit dem Lamme Gottes kommt in der Erfüllung beim Vater im Himmel, dann wird alles offenbar werden, wie sehr wir trotz unserer Schwächen ihn geliebt haben, unseren Bräutigam Jesus. Dann wird er uns kleiden mit einem einmaligen Hochzeitskleid. Es wird ein Kleid sein, das alles überstrahlt in der königlichen Hoheit Gottes.
Zu allem aber müssen wir viel Geduld haben, bis sich alles erfüllt, was uns Jesus, der göttliche Bräutigam, verheißen hat. Er wird sein

Wort halten! Nie dürfen wir an ihm zweifeln! Das würde ihm sehr weh tun. Denn er ist die Wahrheit selber.
Ich war noch Bäckergeselle, da war ein Kollege, der sich ärgerte über seine Schwester, weil die immer noch auf einen Bräutigam hoffte, der schon über zwei Jahre in Brasilien verschwunden ist. Er hat ihr manchmal einen Kartengruß geschickt. Ein Vierteljahr lang kam überhaupt keine Nachricht mehr. Seine Schwester aber hoffte immer noch, obwohl alles unglaublich schien.
Eines Tages kommt mein Kollege strahlend in die Backstube und ruft:
„Das Unglaubliche ist wahr geworden. Der Bräutigam meiner Schwester aus Brasilien ist gekommen. Er hat tatsächlich in Brasilien eine beträchtliche Ranch aufgebaut. Er ist überglücklich, daß seine Braut auf ihn gewartet hat. Und meine Schwester ist selig. Er konnte nicht mehr schreiben, weil er so viel Arbeit und viel Schwierigkeiten hatte. Sie werden nun bald abreisen."
In Österreich habe ich folgendes gehört:
Die einzige Tochter eines reichen Bauern war mit einem jungen Mann verlobt, den sie sehr liebte. Aber der Karl war in Gefangenschaft in Sibirien verschwunden. Als Jahre dahingegangen waren, ohne eine Nachricht von Karl, drängten ihre Eltern, sie solle nicht mehr warten. Sie aber sagte energisch: „Ich warte!"
Ein Heimkehrer aus russischer Gefangenschaft sagte ihr:
„Aus sibirischer Gefangenschaft kommen nur wenige zurück. Wenn jetzt, vier Jahre nach dem Krieg, noch keine Nachricht gekommen ist, mußt du die Hoffnung aufgeben."
Bald warb ein tüchtiger, junger Mann um die Erna. Er gefiel allen, den Eltern und auch der Erna. Nach einem halben Jahr gingen sie zum Standesamt und zum Pfarrer. In drei Wochen ist die Hochzeit. Da hatte sich die Erna acht Tage vor der Hochzeit im Stall so schwer verletzt, daß sie ins Krankenhaus mußte. Die Hochzeit wurde verschoben.
Nach vier Wochen konnte die Erna wieder heim. Aber sie solle sich noch einige Wochen schonen, sagten die Ärzte.
Da sagte die Erna zu ihrem Bräutigam:
„Der unerwartete Unfall war mir eine Warnung, daß ich doch noch auf den Karl warten soll. Bitte, verschieben wir unsere Pläne noch einmal um ein halbes Jahr."
Nach dem halben Jahr sagte der neue Bräutigam, der Hans, auf

dem Kirchplatz zur Erna:
„Das halbe Jahr ist vorüber. Gehen wir morgen wieder zum Standesamt und zum Pfarrer! Die Wartezeit brauchen wir nicht mehr. Wir können am Samstag Hochzeit feiern."
Die Erna sagte schweren Herzens zu, denn sie dachte, wenn der Karl doch noch käme, könnte sie in dieser Ehe nicht glücklich sein. Jedoch sie nickte. Sie gab dem Hans die Hand und sagte: „Gut, holst mich morgen früh ab!"
Wie aber die Erna heimkommt, sitzt der Karl in der Stube. Zwar ist er abgemagert und geschwächt. Er steht auf, umarmt die Erna und sagt:
„Erna, erschrick nicht! Ich habe Furchtbares durchgemacht. Ich wäre längst gestorben. Aber die Hoffnung auf dich hat mich aufrecht gehalten. Ich danke dir, liebste Erna, daß du auf mich gewartet hast. Du wirst sehen, in wenigen Wochen bin ich wieder normal und kräftig. Die Liebe einer so treuen Braut kann Wunder wirken."
„Die Liebe einer so treuen Braut kann Wunder wirken."
Auch bei uns wird unser höchster Bräutigam Wunder wirken in einem Ausmaß, das wir noch nicht ergründen können.
Warum uns Jesus immer wieder so lange warten läßt, daß wir oft verzweifeln und an Jesus irre werden könnten, das müssen wir verstehen lernen.
Die Zeit auf dieser Welt ist noch nicht das verheißene Paradies, wie es heute vielfach in fälschlicher Weise ausgelegt wird. Das Leben auf dieser Erde ist erst die Vorbereitung, die Prüfungszeit für das eigentliche und wahre Paradies im Himmel.
Jesus muß doch Gelegenheit haben, uns in der Liebe zu prüfen, ob sie treu ist und verläßlich, ob sie seiner würdig ist. Was wäre eine Liebe, die sich nicht bewähren kann! Die nicht beweisen kann, wie treu und opferhart sie ist für den geliebten Bräutigam. Für den Bräutigam, der da ist das Lamm Gottes, das sich für uns verzehrt in ewiger Liebessehnsucht, indem er immer noch in seinem Kreuzesopfer auf Golgotha aushält und sich uns ganz und gar zur Speise gibt, damit wir sein Leben haben.
Das muß so geschehen, wie uns Jesus verheißen hat, wie er ausdrücklich zu seinem himmlischen Vater betet vor seinem Leiden:
„Vater, ich habe die Herrlichkeit, die du mir gegeben hast, auch ihnen gegeben, damit sie eins sind, wie wir eins sind: Ich in ihnen und du in mir. Damit sie vollkommen eins sind. Damit die Welt

erkennt, daß du mich gesandt hast und du sie geliebt hast, wie du mich geliebt hast."
Vater, ich will, daß die, die du mir gegeben hast, dort bei mir sind, wo ich bin! Daß sie meine Herrlichkeit erleben, die du mir gegeben hast! Denn du hast mich geliebt vor der Grundlegung der Welt. Gerechter Vater, die Welt hat dich nicht erkannt, aber ich habe dich erkannt. Und diese haben erkannt, daß du mich gesandt hast. Ich habe ihnen deinen Namen kundgetan und werde ihn weiter kundtun, damit die Liebe, mit der du mich geliebt hast, in ihnen sei und ich in ihnen bin" (Joh 17,22).

Was uns da Jesus vor seinem Leiden kundtut, das müßte uns aufrütteln, daß wir ein wenig verstehen, warum Jesus mit uns höchste Hochzeit feiern will in der heiligsten Eucharistie. Er will uns immer wieder durchdringen mit seiner göttlichen Lebensfülle und Liebesfülle. Denn nur so können wir wahrhaft Kinder seines himmlischen Vaters sein.

Wir haben gewagt, die Vereinigung mit Jesus als höchste Hochzeit zu bezeichnen. Aber es ist viel mehr. Es ist die Erlösung aus all unserer Niedrigkeit und Vergänglichkeit, auch aus unserer Sündigkeit und Sterblichkeit. Es ist die Erhebung in das göttliche Leben des Sohnes Gottes.

Wenn wir das Leben der Himmelskönigin Maria betrachten, die auch nur ein Geschöpf Gottes ist, und dennoch so erhaben und erhoben ist über alle Geschöpfe, dann können wir uns ein wenig vorstellen, was die Liebe Gottes an uns wirken will.

Maria steht siegreich über allen und allem. Sie konnte das Wort in Fatima sagen, da sie ankündigen mußte, daß die Hölle furchtbar wüten werde und das Reich Christi vernichten möchte:
„Am Ende wird mein unbeflecktes Herz triumphieren!"
Solche Macht hat ihr Gott verliehen.

Maria ist das herrlichste Abbild des Dreifaltigen Gottes! Sie ist die schönste Tochter des Vaters, die geliebteste Mutter des Sohnes und die reinste Braut des Heiligen Geistes.

Das ist Maria, Sie, die auch nur ein Geschöpf Gottes ist. Es ist die Freude des liebenden Gottes, seine Geschöpfe möglichst an seinem Liebesglück teilnehmen zu lassen, soweit sie durch bestandene Prüfungen dafür würdig geworden sind.

Je mehr nun ein Christ in dieser Zeit der Prüfung sein Herz aufschließt in der eucharistischen Hochzeit, die er mit dem Sohne Gottes so verborgen feiern darf, umso mehr wird er wirklich hineingehoben in das herrliche Leben und auch Lieben Gottes. Er wird für immer Kind Gottes, des Vaters.

So darf ein solcher Beglückter voll tiefer Lust und Seligkeit hineinreifen in die höchste Erhebung, die für ein Geschöpf möglich ist.

Das alles ist nicht Phantasie, sondern wahre Verheißung Gottes.

Der Völkerapostel schreibt uns darüber:

„Gott, der reich ist an Erbarmen, hat in seiner übergroßen Liebe, mit der er uns geliebt hat, da wir noch Sünder waren und in der Sünde tot waren, lebendig gemacht mit Christus. Aus Gnade seid ihr gerettet. Er hat uns auferweckt und mitversetzt in den Himmel in Christus Jesus. So wollte er uns den überschwenglichen Reichtum seiner Gnade und Güte in Jesus Christus erweisen" (Eph 2,4).

Kein halbes Leben und keine halbe Liebe!

In der heiligsten Eucharistie schenkt uns Jesus sein ganzes Leben und seine ganze Liebe. So hat Jesus ausdrücklich im Abendmahl zu seinen Jüngern gesagt:
„Das ist mein Leib, der für euch hingegeben wird. Das ist mein Blut, das für euch und für viele vergossen wird zur Vergebung der Sünden."
Jesus hat sich ganz hingeopfert auf Golgotha, bis zum letzten Blutstropfen. In seinem Opfer, in seiner Liebe gibt es nichts Halbes.
Darum hat er seinen Jüngern geboten:
„Wie mich der Vater geliebt hat, so habe ich euch geliebt. Bleibt in meiner Liebe!"
Gott ist die Liebe wesentlich. Wenn Jesus sagt, wie mich der Vater geliebt hat, so habe ich euch geliebt, so ist das die volle Liebe Gottes. Wir könnten sagen: Das volle Wesen Gottes. Weil Gott die Liebe ist.
Die Verheißungen Jesu über sein eucharistisches Lebensmahl drücken das klar aus: Jesus schenkt sich uns ganz! Mit seinem ganzen Leben und mit seiner ganzen Liebe.
Hören wir wieder einige Verheißungen:
„Ich bin das lebendige Brot, das vom Himmel herabgekommen ist! Wer von diesem Brot ißt, der wird ewig leben!"
„Das Brot aber, das ich euch geben werde, das ist mein Fleisch für das Leben der Welt."
„Wer mein Fleisch ißt und mein Blut trinkt, der hat das ewige Leben! Den werde ich auferwecken am Jüngsten Tage."
„Wer mein Fleisch ißt und mein Blut trinkt, der bleibt in mir und ich bleibe in ihm!"
Das sind alles Verheißungen, die nichts Halbes verkünden. Darum dürfen wir nie in der hl. Kommunion Jesus nur halbwegs empfangen.
Jesus nur halbwegs empfangen, kann heißen, gewohnheitsmäßig zur Kommunion gehen, weil es sich gehört für einen kath. Christen.
Hier sind nicht solche gemeint, die überhaupt keine Beziehung mehr haben zu Jesus und trotzdem kommunizieren. Da sind solche, von denen der Apostel sagt:

„Wer da unwürdig ißt und trinkt, der ißt und trinkt sich das Gericht, weil er den Leib des Herrn nicht unterscheidet" von gewöhnlicher Speise.

Bei uns geht es um die Frage, daß wir uns mühen, Jesus mit aller Liebe zu empfangen! Wir sollen uns hüten, Jesus gewohnheitsmäßig zu empfangen, sondern immer wieder aufs neue uns mühen, Jesus im heiligsten Mahl wirklich mit der ganzen Liebe unseres Herzens und unserer Seele zu empfangen, wie auch Jesus sich uns jedesmal ganz schenkt, nicht nur halb.

Freilich wird es oft geschehen, daß Jesus warten muß, und er wartet mit liebender Geduld, bis es uns nach der Kommunion, vielleicht erst Stunden später einfällt, Jesus ist unser Gast und wartet vor der Türe unseres Herzens, bis wir ihn einlassen. Denn einbrechen tut Jesus nie in unser Herz. Er wartet geduldig und demütig, bis wir ihm öffnen.

Wenn du dann aufwachst, wenn es dir bewußt wird, daß Jesus auf dich wartet, dann aber sag ihm etwas! Sag ihm, daß du ihn liebst! Das gehört sich einfach unter Liebenden, daß sie einander ihre Liebe bekennen.

Oder müßte ich euch davon erzählen, wie eine Frau und Mutter fühlt, die tagtäglich für ihre Lieben nur opfernde Sorge ist, aber nie ein Wort oder ein Zeichen dankbarer Liebe empfängt. Davon könnte ich euch genug berichten. Denn das ist leider heute so üblich geworden, daß viele nicht zu danken und zu lieben wissen. Das sind die Egoisten, die nur sich kennen. Nun ja, wenn heute schon die Kinder oft in dieser materialistischen Zeit so sind, dann soll wenigstens der Mann, der doch in der Liebe Jesu ihr angetraut ist, seiner lieben Frau zeigen können, wie er sie liebt.

Oder ist er auch schon einer von denen, die an der Frau nur Sex suchen ohne Liebe? Das wäre schrecklich! Leider, ich weiß, es gibt heute viele solche Männer. Eiskalt im Herzen, vielleicht tot im Herzen. Durch Sex möchten sie sich noch aufpeitschen. Aber das geht nicht. Es bleibt alles eiskalt wie bei einem Toten.

Wie sehr würde und könnte uns da Jesus wieder zur lebendigen Liebe aufwecken und aufbauen, wenn wir durch die heilige Kommunion seine Liebe in uns wirken lassen. Es genügt, wenn du Jesus immer wieder sagst, daß du ihn liebst oder lieben willst. Oder sag ihm aufrichtig:

„Mein Jesus! Ohne dich kann ich nichts! Ohne dich kann ich dich nicht einmal lieben. Ich kann dir sagen, ich liebe dich, aber ob mein Herz dabei mitschwingt, das ist fraglich. So kann ich nur bitten, flehen: Hilf mir, daß ich dich lieben kann! Daß ich überhaupt lieben kann in dieser lieblosen Zeit! Jesus, du bist auch unter vielen lieblosen Menschen auf dieser Welt gewandelt, und hast doch nicht aufgehört, sie zu lieben. So gib auch mir die Kraft, daß ich liebe, auch wenn ich keine Liebe empfange. Wenn du mich nie vergessen läßt, daß du mit deiner vollen göttlichen Liebeskraft in unendlicher Geduld bei mir bleibst, bei mir ausharrst und mich immer wieder neu aufweckst in deiner Liebe, dann Herr, dann kann ich es! Aber nie, nicht einen Augenblick darfst du in mir die Sicherheit auslöschen, daß du da bist und mich liebst!

Siehst du, Jesus, so armselig bin ich! Aber ich kann dir immer wieder sagen: Ich liebe dich! Weil ich ohne dich nicht lieben kann. Und weil ohne Liebe kein Leben ist."

Damit wir wissen, wie Gott immer verlangt hat, daß die Menschen ihn lieben, brauchen wir nur in der Heilsgeschichte zurückschauen: Wir lesen im Alten Bund, Gott hatte kein Interesse mehr an Menschen, die in der Liebe taub geworden waren und darum auch nicht mehr lebendige Menschen waren.

So hat Gott vor vielen Jahrtausenden Noe aufgerufen, eine Arche zu bauen. „Denn es war kein Geist mehr in den Menschen. Die Menschen waren nichts als Fleisch. Die Erde war voll von Freveltaten. Darum will ich die Menschen, die ich erschaffen habe, von der Erde vertilgen." Nur Noe fand Gnade in den Augen des Herrn (Gen 6,1).

Noe glaubte Gott und folgte ihm. Er baute ein riesiges Schiff auf trockenem Boden. Ringsum keine Gewässer. Alle hielten den Noe für einen Spinner. Für einen Verrückten, über den man nur lachen und spotten kann.

Aber die Sündflut kam und hat die ganze frevelhafte Menschheit ausgerottet. Nur die Familie des Noe, die noch an Gott glaubte und ihn liebte, wurde durch die große Arche gerettet.

Gott hatte geschworen, keine Sündflut mehr kommen zu lassen. Aber da kam eine Zeit, in der die Menschen auch wieder ohne Gott dahinvegetierten. Die Menschen genügten sich selbst und wurden teils sehr gescheit aber ohne Gott und als vergängliche Wesen. Da hat Gott einen frommen Mann aufgerufen und ihm gesagt:

„Abraham, zieh fort aus deinem Lande, aus deiner Verwandtschaft und aus dem Hause deines Vaters! Zieh in das Land, das ich dir zeigen werde! Ich will dich zu einem großen Volk machen! Ich werde dich segnen und deinen Namen berühmt machen! Ich will segnen, die dich segnen! Ich will verfluchen, die dir fluchen. In dir sollen gesegnet sein alle Geschlechter auf Erden!" (Gen 12,1).

Abraham wurde der Stammvater des auserwählten Volkes Israel, aus dem der Messias als Erlöser hervorging, der Sohn Gottes.

Allerdings stammen von Abraham auch ab die Araber durch die Hagar, der Magd des Abraham.

Gottes Wege sind eigen und oft unbegreiflich. Und Gott hat viel Zeit, Jahrtausende, um seine Pläne zu formen. Aber allzeit können wir sehen, wer an Gott glaubt und ihn liebt, der wird von Gott besonders auserwählt.

Das sehen wir wieder an Moses, der Gott über alles liebte und ihm folgte. Er wurde der größte Führer des Volkes Israel. Durch ihn hat Gott auf dem Berge Sinai die zehn Gebote gegeben, durch die allein die Menschen sicher die Wege des Heiles gehen könnten, wenn sie danach lebten.

Das erste und wichtigste Gebot heißt:

„Der Herr ist unser Gott! Der Herr allein! Du sollst den Herrn, deinen Gott lieben mit deinem ganzen Herzen! Mit deiner ganzen Seele und mit allen deinen Kräften! Diese Gebote, die ich dir gebe, seien dir ins Herz geschrieben!"

Gottes Liebe rufet dich!
Gottes Ruf verachte nicht,
willst du finden Gottes Heil,
willst du schauen Gottes Licht!

Darum sei nicht halb, du Mensch!
Richt dich auf und Gott vertrau!
Folge seinen Schritten nach,
Seine Spuren immer schau!

Dann wirst finden du Gott einst
als die Liebe unentwegt,
die dich aufnimmt zu sich selbst
und zum Höchsten dich erhebt.

Gott kann so nur rufen dich,
weil Gott einzig ist dein Heil.
Darum folg ihm froh und treu,
ist der Weg auch noch so steil!

Du wirst staunen, kleiner Mensch,
wie du einst erhaben bist,
wenn du liebend Gott vertraust,
ihn zu lieben nie vergißt!

Kein halbes Leben und keine halbe Liebe darf sein zwischen Gott und uns. Denn der Gottmensch Jesus Christus nimmt es ganz ernst mit uns. Das hat er uns zur Genüge gezeigt in seinem Leben und in seinem Opfer bis zur totalen Hingabe.
Und gerade seine Hingabe an uns in der hl. Kommunion ist immer seine ganze Hingabe. Mit Recht erwartet er von uns, daß auch wir uns ihm ganz hingeben.
Freilich können wir ihm nichts geben, weil wir nichts haben und nichts sind. Nur eins haben wir, was wir ihm geben können und was ihn sehr erfreut: Unser liebendes Vertrauen, das keine Schranken setzt und keine Bedingungen stellt, sondern sich ihm nur schenkt, wie er sich uns schenkt.
Dabei darf uns bewußt sein: Wir dürsten alle nach Leben, das nicht mehr stirbt und nach Liebe, die nie mehr erlischt.
Wenn wir erkennen wollen, warum wir mit Jesus kein halbes Leben und keine halbe Liebe aufrecht halten können, dann sollen wir auch das Wort Jesu beachten:
„Niemand kann zwei Herren dienen. Denn er wird den einen hassen und den anderen lieben. Oder er wird dem einen anhangen und den andern verachten. Ihr könnt nicht Gott und dem Mammon zugleich dienen" (Mt 6,24).
Unter Mammon meint Jesus alles Vergängliche. Vergängliche Herren und vergänglichen Besitz.
Wenn wir zu sehr in der Wichtigkeit und Sorge für das Vergängliche aufgehen, können wir Jesus nicht mehr dienen, viel weniger ihm noch gehören.
Eine gute und würdige Kommunion können wir da nicht mehr empfangen.
Ich kann nicht ja sagen zu Jesus, wenn ich ja sage zum Mammon.

Freilich darf ich die vergänglichen Dinge verwalten und die Weisungen der jeweiligen Regierungen beachten, aber nur soweit sie nicht gegen die Ordnung und den Willen Gottes sind.
Wo gegen Gottes hl. Willen gehandelt wird, stehen wir mit Jesus in der gleichen Ablehnung, in welcher er zu den Juden sagen mußte: „Warum versteht ihr meine Rede nicht? Weil ihr mein Wort nicht hören könnt. Ihr habt den Teufel zum Vater. Die Begierden eueres Vaters wollt ihr erfüllen. Er war von Anfang an ein Menschenmörder und konnte in der Wahrheit nicht bestehen, weil in ihm keine Wahrheit ist. Wenn er Lügen redet, redet er aus sich selbst" (Joh 8,43).
Wie elend der Mensch geworden ist, weiter wird, der in der Sünde lebt, das ist erschreckend. Da ist es so weit, daß wir besser schweigen, weil er die Wahrheit Gottes nicht mehr hören und nicht annehmen kann. Ein solcher sündiger Mensch hat einen verfinsterten Geist. Sein Herz kann nicht mehr lieben, er ist nicht mehr mächtig gegen die bösen Süchte. Er ist ein Knecht des Teufels. Aber man kann ihm das nicht sagen, weil er dafür keine Begriffe hat. Er ist fest überzeugt, es gibt keinen Teufel. Obwohl der Teufel ihn so niederdrückt in hilflose Knechtschaft.
Wahrhaft frei sind wir nur in Jesus. Seine Liebe ist freieste Liebe, die Jesus in uns beleben will. In diese freieste Liebe Jesu zu kommen, müssen wir uns ihm zuerst ganz hingeben. Eben in dieser Erdenzeit der Vorbereitung und Prüfung.
Der hl. Grignion hat nach der hl. Kommunion gebetet und zu beten empfohlen:
„Nimm hin, o Herr, meine ganze Freiheit! Nimm hin mein Gedächtnis, meinen Verstand und meinen ganzen Willen! Was ich habe und besitze, hast du mir geschenkt. Alles gebe ich dir zurück und überlasse es ganz deinem Willen! Du verfüge darüber! Nur deine Liebe und deine Gnade gib mir! Dann bin ich reich genug und verlange nichts mehr."
Grignion verlangt in seinen Weisungen, daß wir uns ganz Maria weihen und uns ihr übergeben. Eigentlich ist es das gleiche, was Maria heute so dringend fordert:
Die vollkommene Weihe an ihr unbeflecktes Herz!
Grignion, der weit vorausgeschaut hat, dringt darauf und erklärt: Maria ist unsere Mutter. Sie ist vom Heiligen Geist berufen worden als unsere Mutter, uns zu betreuen und zu formen. Wenn wir als

Kinder Mariens leben, indem wir uns ihr geweiht haben und die Weihe leben, können wir bei der hl. Kommunion zu Jesus beten: „Herr Jesus, ich bin deiner nicht würdig. Aber ich bin das Kind deiner Mutter, die in mir lebt und herrscht, weil ich mich ihr geweiht habe. Darum komm in mein Herz, worin deine Mutter Maria lebt und liebt und dich sehnsüchtig erwartet."
Was der hl. Grignion so sehr betont und fördert, das hat schon viele Jahrhunderte vorher der hl. Augustinus getan. Er hat Maria sehr verehrt und sich ihr ganz geweiht. Er war überzeugt, nur Maria, die Braut des Heiligen Geistes, kann seinem Priestertum alles Licht und alle Liebe Gottes vermitteln.
Er sagte sogar:
„Wir Kinder Gottes sind im Schoße Mariens verborgen, um dem Bilde des Sohnes Gottes gleichförmig zu werden. Maria behütet uns und fördert das Wachstum der Kindschaft Gottes solange in uns, bis sie uns als Kinder Gottes zur Herrlichkeit gebären kann."
Wenn wir Kinder Mariens sind, gibt es in unserem Verhältnis zu Jesus kein halbes Leben und keine halbe Liebe. Darum ist es wichtig, daß wir uns täglich aufs neue immer wieder ganz dem unbefleckten Herzen Mariens weihen. So kann sich erfüllen, was uns Jesus verheißt:
„Ich bin das lebendige Brot, das vom Himmel herabgekommen ist. Wer von diesem Brot ißt, der wird ewig leben."
Dazu sollen wir auch die Erklärung nicht überhören, die uns Jesus weiter gibt:
„Das Brot aber, das ich euch geben werde, ist mein Fleisch für das Leben der Welt."
Das soll heißen:
Für das Leben seiner Kinder in der Welt, damit sie nicht anderweitig hungern und niedersinken zum Hunger nach den Lebensgenüssen dieser Welt. Das ist gefährlich. Die Lebensgenüsse dieser Welt haben tödliches Gift in sich. Vor allem die Genüsse, die nur das Fleisch reizen.
Jesus weiß das wohl und erklärt uns gütig weiter:
„Wie mich der lebendige Vater gesandt hat (als Menschensohn) und ich durch den Vater lebe, so wird auch der, der mich ißt, durch mich leben."
So innig und lebendig also dürfen wir mit Jesus eins sein, daß er sein Leben mit unserem Leben gleich stellt. Für Jesus ist das alles

selbstverständlich, daß wir als Kinder seines himmlischen Vaters mit der gleichen Speise genährt werden. Mit der Speise des ewigen Lebens!
Es muß wirklich jede Speise vermieden werden, die uns zum Tode führt. Wir sind als Kinder Gottes Kinder des ewigen Lebens.
Das war noch in der Wiener Zeit. Da kam ein junger Mann zu mir, Hochschulstudent. Er hatte gute Eltern, die ihn drängten, sich mit mir auszusprechen. Er sagte:
„Meine Eltern meinen, ich muß immer wieder beichten und zur Kommunion gehen. Aber was soll das. Ich bin jung und will leben. Ich hab eine Freundin, mit der ich zusammenkomme. Das ist alles selbstverständlich. Kommunion hilft da nichts. Ich kann nicht so und so leben. Ich bin, wie mich Gott erschaffen hat."
Ich konnte dem Studenten antworten:
„Das hast du gut gesagt: Du kannst nicht so und so leben! Das ist richtig. Du kannst nicht ja und nein sagen. Du kannst nicht das Leben und den Tod zugleich wollen. Du mußt dich entscheiden: entweder Tod oder Leben!"
Er kam in einigen Tagen wieder und brachte seine Freundin mit, die unbedingt mitwollte. Die war gut eingestellt. Die meinte gleich: „Hubert, ich hab dir gesagt, wie du alles wolltest als wären wir schon verheiratet, daß das nicht recht ist vor Gott und daß wir uns damit unglücklich machen, weil wir den Segen Gottes nicht mehr haben. Jetzt sag ich es offen vor dem Herrn Pfarrer:
Ich fühle mich dabei nicht wohl. Mir tut es sehr leid, daß ich mich mit dir so schnell eingelassen habe. Ich bin bereit umzukehren, weil ich es in mir selber spüre, daß wir damit nicht glücklich werden."
Das Mädchen, die Renate, auch Hochschulstudentin, hat eigentlich alles gesagt, was in diesem Fall notwendig war. Es war dann nur zu überlegen, wie sie, besonders der Hubert, durch Buße (Beichte) und würdige Kommunion geheilt werden können.
Ich mußte das nur richtig und hart erklären:
„Wir dürfen nie vergessen, die Sünde ist das größte Übel. Die Sünde ist ein geheimer Selbstmord in den grausamsten ewigen Tod. Durch die Sünde wird Gottes heiligste und reinste Liebe in gemeinster Weise beschmutzt. Um die Sünde wegzubüßen, mußte der Sohn Gottes als Menschensohn den schmerzlichsten Tod erleiden. Und dieses Erlösungsopfer erleidet er immer noch für uns im Geheimnis der heiligsten Eucharistie.

Jede hl. Kommunion ist eine Ganzhingabe Jesu an uns. An jeden einzelnen, der da kommuniziert. Die Ganzhingabe der Liebe Jesu in der hl. Kommunion müssen wir ernst nehmen! Da müssen auch wir uns Jesus ganz schenken in Liebe und Vertrauen! Wenn wir das nicht wollen, ist es besser, wir gehen nicht zur Kommunion. Sonst wird uns die Kommunion zum Gericht.

Wenn wir in liebender Hingabe kommunizieren, werden wir von Jesus die Gnadenkraft erhalten, uns wieder als Kinder Gottes zu erheben, weil Jesus alle Wunden der Sünde in uns heilt. Aber wir müssen Jesus ganz vertrauen! Sonst geht es nicht. Wenn wir seiner Heilung entfliehen, indem wir doch lieber das Tödliche suchen, weil es uns so angenehm scheint, dann ist der Patient nicht heilbar. Zwingen tut Jesus niemanden gegen seinen Willen. Alle müssen frei bleiben, auch wenn sie Todeswege gehen. Todeswege, vor denen uns Gott gewarnt hat durch die Gebote. Aber sie wollen Gottes Gebote und Warnung nicht hören. Sie wollen den Tod. So wollen es die Sünder! Nun entscheidet: Tod oder Leben!"

Ich mußte sehr entschieden reden, damit besonders Hubert aufwachte! Er sagte lange Zeit nichts.

Aber die Renate sagte dann:

„Hubert, so ist es, wie es der Herr Pfarrer sagt. So haben es mir meine Eltern gesagt. Die lieben mich sehr. Denen muß ich vertrauen. Jetzt kommt es auf dich an, Hubert, ob du ja oder nein sagen willst. Ich will auf alle Fälle beichten und mich von einem sündigen Leben abwenden. Wenn du das nicht willst, dann muß ich mich auch von dir trennen."

Da war Hubert aufgewacht und sagte laut:

„Nein, Renate, so ist das nicht! Wir haben uns doch gern und wir haben uns Treue geschworen! Das muß auch vor Gott gelten!"

Da hakte die Renate energisch ein:

„Das kann vor Gott nur gelten, wenn wir ein sündenreines Leben führen! Du solltest das Wort Jesu kennen, der sagt, wie es mir die Mama gestern erklärt hat:

„Selig, die ein reines Herz haben, sie werden Gott schauen!"

Hubert beugte sich schließlich zur Bekehrung. Aber er hatte noch Sorge, daß er das nicht aushält, weil er eben die Renate so gern hat. Wieder sagte ihm die Renate:

„Gern haben, Liebe nennst du das, wenn du mir schaden willst. Und wie sollte ich an deine Liebe noch glauben können, wenn du

aus Liebe zu mir kein Opfer bringen kannst und dich nicht beherrschen willst!"
Hubert senkte den Kopf, bis er traurig meinte:
„Renate, du mußt Geduld haben mit mir! Ich bin jung und will leben. Ich bin kein Mönch."
Er schaute mich an und sagte:
„Herr Pfarrer, ich rede offen, wie es ist. Ich schäme mich nicht und mache mir nichts vor. Ich fürchte, ich kanns halt nicht."
Darauf erklärte ich etwas gütiger, weil ich seine Aufrichtigkeit achten mußte:
„Hast recht, Hubert! Der Mensch, besonders der junge Mensch, kann das nicht aus sich selbst. Das können wir nur in der Gnade Gottes. Das können wir vor allem in der Kraft, die uns Jesus schenkt in der heiligsten Eucharistie.
Jesus selber sagt uns:
„Das Brot aber, das ich euch geben werde, ist mein Fleisch für das Leben der Welt!"
Das heißt, für das Leben in der Welt gibt uns Jesus sein eigenes Fleisch zur Speise, damit wir unser Fleisch bändigen und wandeln können in das Leben der Kinder Gottes.
Die Kinder dieser Welt kennen nur sich und suchen nur sich selbst nach allen Freiheiten und Gelüsten des Todes. Wir aber sind Kinder des Lebens, des unsterblichen Lebens Gottes. Dafür ist Jesus, der Sohn Gottes, uns wirklich Lebensbrot geworden.
Hubert, was das für eine wunderbare Liebe ist und für eine Lebensfülle, die uns Jesus schenkt, indem er sich selbst uns zur Speise gibt, dafür haben wir keine Worte und keine Begriffe.
Das können wir erfahren, Hubert, glaub mir! Das können wir nur erfahren, wenn wir Jesus in der hl. Kommunion ganz vertrauen und ihn nicht vergessen. Denn er will immer in uns bleiben. Gerade auch in den schwierigsten Überwindungen zwischen Tod und Leben."
Ich setzte mich zum Hubert, nahm seine Hand und sagte:
„Hubert, ich danke dir für deine Ehrlichkeit. Aber noch ehrlicher ist Jesus! Du wirst sehen, wenn du Jesus in der hl. Kommunion vertraust, ganz vertraust, dann wirst du erfahren, daß du alles kannst, was dir bisher unmöglich schien. Aber du darfst nie vergessen: Jesus schenkt dir sein ganzes Leben und seine ganze Liebe! Wenn du ihm dazu dein ganzes Vertrauen schenkst, dann kannst du alles!

Dann wirst du mit deiner Renate ein herrliches Leben aufbauen! Ein Leben, das dir, deiner Frau und deinen Kindern einst eine starke und sichere Burg der Lebensfülle aus Gottes Kraft wird."
Ich kann berichten, es ist so geworden, wie ich ihnen verheißen durfte, weil sie Jesus im Brot des Himmels erkannt haben als das volle Leben und die wahrste Liebe, die uns Menschenkinder in die Fülle des Lebens der Kinder Gottes hineinwandelt.

Lebensgröße, Liebesfülle
schenkt uns Jesus in der Welt,
daß in diesem Erdenringen
seine Kraft uns aufrecht hält.

Das ist Gott in seiner Liebe,
die sich so sehr niedersenkt,
daß er jedem Rettung werde,
der in Liebe an ihn denkt.

Wie sich Jesus ganz uns schenket,
müssen wir ihm ganz vertrauen,
dann er unser Leben wandelt
und wir glücklich aufwärts schaun.

In der Liebe reifen!

Wir sind als Menschen lebendige Wesen. Wir sind einst von Gott erschaffen worden ganz vollendet nach seinem Bild und Gleichnis, wie uns in der Hl. Schrift geoffenbart ist. Ganz vollkommen an Leib und Seele waren wir. Unsterblich im Leibe. Erfüllt von einer Lebens- und Liebeskraft in Herz und Seele, die uns nach der Zeit der Bewährung und Prüfung bis zu Gottes Angesicht erheben sollte.

Vor allem sollten wir aus aller Freiheit in der Liebe heranreifen zur höchsten Vollendung, um von Gott als seine besonderen Kinder erkannt und geliebt zu werden, denen Gott viel anvertrauen will. Kinder Gottes sein heißt, Gott ähnlich werden in seiner Liebe. Denn Gott ist die Liebe wesentlich.

Da nun der Mensch im Paradies seine Liebesprüfung nicht bestanden, sondern sich von Gott abgewendet hat, ist er in düstere Finsternis verfallen und im Leibe sterblich geworden. Die Liebeskraft des Herzens und der Seele wurde fast ausgelöscht. Er ist vor allem in der Liebe unfrei geworden und in die Knechtschaft des Verderbers gefallen.

Da Gott ewige und unauslöschliche Liebe ist, konnte er den Menschen in seiner tiefsten Not nicht vergessen. Den Menschen, mit dem er die wunderbarsten Liebespläne hatte. Liebespläne, die über die höchsten Engels-Chöre emporragten.

Wenn ich das zu sagen wage, dann erschreckt nicht, als sei das undenkbar. Schaut auf zu Maria, auch nur ein Menschenkind, und doch erhaben über die höchsten Engel, weil sie alle Prüfungen bestanden hat, die Gottes Liebe mit ihr wagte.

Gott hat mit den gefallenen Menschen, um sie zu retten, Außerordentliches gewagt. Er hat seinen eigenen eingeborenen Sohn dazu bewogen, Menschensohn zu werden und als Mensch für die Menschen sich zu erniedrigen, indem er als Lamm Gottes bis zum letzten Blutstropfen nur noch Liebesopfer wurde. Liebesopfer in vollkommener Hingabe für einen jeden von uns, indem er uns sogar Speise geworden ist, damit unser Herz wieder in Liebe lebe und reife.

Jesus ist uns Speise geworden, damit unser Herz wieder in Liebe lebe und reife. Das ist auch ein Wort, das sehr gewagt scheint. Aber ich kann es nicht anders sagen, wie ich es empfinde und als Priester immer wieder erfahren durfte. Jesus wirkt die größten Wunder

seiner Liebe in allen Herzen, die ihm in der hl. Kommunion vertrauen. Aber ganz vertrauen, nicht nur halb! Und nicht nur um irdischer Vorteile willen.
Das würde Jesus weh tun, wenn wir da nicht weiter denken und vertrauen könnten, da wir doch als Kinder Gottes Kinder der Ewigkeit sind, und da es Jesus in uns vor allem darum geht, daß wir im Herzen heranreifen zur Liebe der Kinder Gottes.
Mit welch sehnsüchtiger Liebe hat der Vater seinen Sohn ausgesandt, daß er uns Menschenkinder wieder reinige von aller Sünde und aller Herzenskälte und uns aufwecke zum wahren Leben, damit wir darin reifen zur Lebensliebe. Ja, zur Lebensliebe! Leben ohne Liebe ist kein Leben. Gottes Leben ist nur Liebe. Wir sollen als seine Kinder wieder dazu heranreifen, zu lieben in höchster Vollendung und Freiheit.
Einst kommt die Zeit, und sie ist gar nicht so weit, wie wir immer rechnen. Einst kommt die Zeit im Himmel, da ist aller Jubel und alle Seligkeit nur freieste und herrlichste Liebe, die wir ständig neu schöpfen dürfen aus dem Herzen Gottes.
Wehe dem, der in der Liebe noch nicht aufgewacht ist! Da gibt es eine schmerzliche Reinigung im Fegfeuer. Da muß alle Selbstsucht und Engherzigkeit im Feuer heißester Sehnsucht nach Gottes Liebe erst ausgebrannt werden. Ja, es wird schrecklich brennen, diese Sehnsucht nach Gottes Liebe.
Und hier im heiligsten Sakrament, in der hl. Kommunion, ist uns Jesus so nahe mit seiner ganzen Liebesfülle, um sie uns zu schenken. Wir brauchen nur unser Herz dafür öffnen. In Sehnsucht nach Liebe öffnen, weil wir ihrer so sehr bedürfen.
Jesus wartet, wartet nach jeder hl. Kommunion vor deiner Herzenstüre, daß du ihm öffnest. Nur öffnen! Er weiß selber, wie arm du bist, wie du seine Hilfe und Liebeshingabe brauchst. Öffne dein Herz und sage:
„Ja, Herr, komm, kehr ein bei mir! Schenke mir alles, was ich brauche, ich brauche alles, um lieben zu können!"
In der Liebe reifen!
Das ist es, was wir sollen! Was wir müssen, bevor wir reif sind für den Himmel. Unermeßlichste Herrlichkeit der Liebe jubelt aus allen Herzen der Heiligen, aus allen Chören der Engel, besonders aus dem unbefleckten Herzen der allerseligsten Jungfrau Maria! Liebe! Liebe! Und nichts als Liebe! Wir können uns leider nicht

viel darunter vorstellen, weil wir nicht wissen, was Liebe ist.
Darum kennen wir auch Gott zu wenig, weil wir nicht wissen, was Liebe ist. Denn Gott ist die Liebe!
Die ArmenSeelen könnten uns da ein wenig mehr erzählen, was Liebe ist. Denn sie leiden am meisten darunter, weil sie zu wenig Liebe haben. Ihr tiefster Schmerz ist die Sehnsucht nach Liebe. Jesus einmal gespürt zu haben in seiner wunderbarsten Liebesglut, das läßt sie nicht mehr los, die ArmenSeelen. Da fängt es an in ihren Herzen oder Seelen, eben in ihrem innersten Wesen, zu brennen in einer Feuersglut, die nicht mehr eher erlöschen kann, bis es reinstes heiligstes Feuer der Liebe wird, die nur noch Glut unendlicher Seligkeit ist.
Nicht mehr Schmerz! Oh nein! Seligkeit in unaussprechlicher Lust und Freude ist das. Die nie mehr verklingen kann. Wie auch Gottes Liebe nie verklingen kann. Denn die Liebe ist ewig, ist ewiger Jubel, Lust und Freude, Seligkeit und Herrlichkeit, Freiheit und Macht, Schönheit und reinster Glanz, der alle Schöpfung durchstrahlt, aller Schöpfung erst Leben und Licht verleiht.
Ja, das ist Liebe! Aber ihr müßt nicht denken, daß ich damit alles sagen konnte, was Liebe ist. Oh nein! Dafür gibt es keine Worte, um das auszudrücken. Dafür gibt es nur Herzen, die leben, erleben können.
Herz Jesu! Wir sagen das so. Herz Jesu! In diesem Ausdruck wäre es gesagt, was Liebe ist. Aber wieder stehen wir vor einem Begriff, mit dem wir nicht viel anfangen können.
Da müssen wir weitersuchen. Da müssen wir uns zuerst vor ein Kreuz hinstellen oder hinknien und nichts denken, nichts sagen. Nur schauen! Auch nicht schauen mit den Augen! Da sehen wir nur eine Figur. Wir müssen schauen mit dem Herzen! Und da müssen wir warten, bis Jesus uns entgegenkommt, und unser armseliges Herz dafür aufschließt. Für die Liebe! Daß wir empfinden, ahnen und schauen was Liebe ist. Aber nein! So einfach geht das nicht! Wir müssen mit Jesus auf den Ölberg gehen und da verweilen! Wenn wirs aushalten. Sonst müssen wirs im Fegfeuer aushalten! Denn einmal müssen wir in der Liebe reifen! Sonst können wir nicht in den Himmel einziehen.
Versuchen wir weiterzugehen mit Jesus an die Geißelsäule! Wohl können wir davor nicht knien, weil die Henkersknechte mit den Geißeln herumknallen. Aber schauen müssen wir, wie sie den

ganzen Leib Jesu zerfetzen zu einer grausam blutenden Wunde. Und Jesus, der nur qualvoll aufstöhnt, läßt sich das gefallen, weil er uns so sehr liebt, weil er uns mit seinem schmerzvollen Blute rein waschen muß von unseren Sünden und von unserer Herzenskälte!

Gehen wir weiter mit Jesus seinen Kreuzweg! Da wären viele Stationen, auf denen wir verweilen sollten: Wie er niederstürzt unter dem Kreuze! Wie seine Mutter ihm begegnet! Wie Veronika ihm das Schweißtuch reicht! Wie die Frauen von Jerusalem ihn beweinen! Wie die Henkersknechte auf Kalvaria ihn entblößen! Ihn ans Kreuz nageln!

Wir müssen dann mit Maria und Johannes und auch Maria Magdalena unter dem Kreuze stehen! Drei Stunden! Darf uns nicht zu lang sein! Jesus ist es auch nicht zu lange geworden, weil er uns so sehr liebt!

Seine letzten Worte müssen wir hören! Besonders die gräßlichste Qual seines Herzens, wie er aufschreit: Mein Gott, mein Gott, warum hast du mich verlassen!

Wir sollen auch an seinem Grabe stehen! Daß Jesus auch einst an unserem Grab steht und liebend ruft: Komm, mein getreuer Knecht!

Das müßten wir schon öfter tun: Mit Jesus seinen Leidensweg gehen und unter seinem Kreuze stehen! Denn das sind die Liebeswege Jesu, die er für uns gegangen ist. Und immer noch geht. Oder meinst du, seine Liebe kann ruhen, wenn er uns und unsere Lieben in Gefahr sieht! Da kennst du Jesus schlecht! Da kennst du seine Liebe noch nicht! Seine Liebe ist ewig treu, die uns und unsere Lieben nie verläßt! Außer wir wollen seine Liebe nicht! Weil wir sie nicht brauchen können. Weil sie uns im Wege ist. Weil wir andere Pläne haben. Weil wir frei sein wollen. Ja, frei sein wollen in unserer Knechtfreiheit! Knecht des Geldes, Knecht des Fleisches, Knecht der Lust, Knecht des Stolzes, Knecht der Selbstanbetung! Meinetwegen, wenn ichs sagen soll: Knecht der Verdammnis! Aber ich will frei sein! In allem frei sein!

Vielleicht verstehst du das nicht. Ich versteh es auch nicht. Aber ich fühle mich darin frei! Wenn ich nach Lust und Freude lieben kann, wenn ich will und was ich will. Nicht nur meine Frau, die ich längst satt habe. Ich will frei sein überall. Freie Liebe überall! Das allein ist wichtig!

So sind viele heute. Wir könnens nicht ändern. Nur Gott kanns ändern. Und er wird es ändern. Für viele wird das ewige Scheinfreiheit der Hölle, die in qualvoller Knechtschaft sich versklavt haben in die Ketten des unbändigen Stolzes. Ketten, die nie zerreißen, weil keine Erkenntnis mehr ist, sondern ewige Finsternis der Lüge und Selbstvergötzung.
Dann ist für viele das Fegfeuer voll der Erbarmung Gottes. Letzte Rettung vor der Hölle. Letzter Notausgang ins Leben und in die Liebe. Aber der ist schmerzlich. Und muß es sein, weil alles weg- und ausgebrannt werden muß, was nicht Leben und nicht Liebe ist. Was nur Ichverkrampfung ist. Weit weg von der Freiheit der Liebe. Ins Fegfeuer gehen und da schauen, ist sehr schwierig. Da können wir auch vieles nicht verstehen. Eben weil wir die Liebe noch nicht verstehen. Weil die Liebe erst wieder erstehen und reifen muß, darum geht es im Fegfeuer.
Ich hatte öfter Gelegenheit durch Arme Seelen-Leute ein wenig ins Fegfeuer zu schauen. Aber diese Leute haben es meist auch nicht recht verstanden, und ich konnte es ebenfalls nicht verstehen, nicht so verstehen, wie es im Fegfeuer wirklich zugeht.
Darum kann ich nur stümperhaft davon berichten. Ich weiß auch nicht mehr richtig, was ich gehört oder darüber nur gelesen habe. Ich erinnere mich nur über manches, was so geschehen kann oder geschehen ist im Fegfeuer. Ich erzähle darüber, weil es belehrend und anschaulich ist, was die ArmenSeelen leiden.
Eine ArmenSeelen-Mutter hat mir erzählt:
„Ich kam heim von einem Rundgang durch den Wald, weil ich mir für den Winter einige dürre Bäume aussuchte, die ich brauche zum Heizen. Da ich dabei nicht viel denken mußte, betete ich vor allem auf dem Heimweg für die ArmenSeelen. Ich hatte schon das Gespür, daß wieder ein neuer Besuch kommt.
Richtig, wie ich in meine kleine Wohnstube komme - es war im Austragshaus - war es mir plötzlich, als sei in der Mitte der Stube ein schwarzes, tiefes Loch. Es war mir, als sei eine alte Abfallgrube drunter, worüber der Boden durchgefallen ist. Ich ging hin und schaute. Da gähnte eine Tiefe herauf, die mich erschauderte. In dem Augenblick erkannte ich:
Das Loch ist nicht wirklich. Das ist die Anmeldung einer Armen Seele, die sich auf diese Weise zeigen muß. Ich rief hinunter. Es meldete sich niemand. Ich sprengte Weihwasser hinunter. Da

erschien unten, ganz unten, etwas wie ein Lichtdämmern. Ich rief noch einmal:
„Wer bist du?"
Matt kam die Stimme herauf:
„Hilf mir!"
„Warum bist du so tief unten?"
Antwort: „Weil ich keine Liebe habe."
„Wie kann ich dir helfen?"
Müde, wie in Verzweiflung müde kam die Antwort jämmerlich:
„Sag es ihm! Sag es Jesus, ich möchte ihn lieben!"
Ich kniete kurz nieder und sagte es Jesus:
„Diese Seele möchte dich lieben! Herr, erbarme dich ihrer!"
Wie ich aufstehe und umschaue, ist der tiefe Rachen in dem Boden wieder geschlossen. Nur einen Schatten sehe ich noch, der bald verschwindet, ohne ein Wort von ihm zu hören.
Ich wußte, für diese Seele muß ich beten. Muß Jesus immer wieder sagen, daß sie ihn lieben möchte. Und daß er dafür Geduld und Erbarmen haben möge. Ich tat das besonders in der hl. Messe und bei der hl. Kommunion, Ich spürte, bei der hl. Kommunion wird Jesus meine Bitte anhören.
Ich sagte ihm:
„Lieber, allerliebster Jesus! Du weißt, eine Seele ruft aus tiefer Not. Ich soll dir sagen, daß sie dich lieben möchte. Jesus, hier in der hl. Kommunion hast du dich mir wieder geschenkt in unendlicher Liebe. Du kennst keine Grenzen in deiner Liebe bei der hl. Kommunion, wenn du dich mir schenkst.
Jesus, ich kann dir als Antwort auch nur sagen: Ich möchte dich lieben!
Bitte, Jesus, denke an diese Seele, die dir sagen läßt, sie möchte dich lieben. Ihr Ruf aus der Tiefe ist echt. Sie möchte dich lieben!"
Nach ungefähr acht Tagen, als ich von der hl. Messe heimkam und Jesus wieder so innig gebeten hatte, stand ein Mann wie ein Schatten in der Stube. Seine Gestalt konnte ich nicht sehen. Nur sein Gesicht. Sein Gesicht aber war wie aus Stein. Nur die Augen darin glühten. Es war das Erglühen tiefster brennender Sehnsucht. Ich kannte das von anderen Erscheinungen.
Er sagte nichts. Ich mußte erst fragen. Ich fragte, wer er sei und wie er heiße. Er gab keine Antwort. Das war sonderbar. Sonst haben sich Arme Seelen immer vorgestellt. Erst als ich fragte, ob ich ihm

helfen durfte durch das Gebet, gab er die Antwort:
„Ja, das hast du. Du hast mir sehr geholfen. Ich danke dir!"
Der Schatten schien zu vergehen. Darum fragte ich:
„Wie kann ich dir weiter helfen?"
Er gab nur die kurze Antwort:
„Bete so weiter! Bitte!"
Er war verschwunden.
Ich betete jeden Tag nach der hl. Kommunion in gleicher Weise, wie früher.
Wochen waren vergangen. Ich hatte inzwischen andere Erscheinungen. Die Erscheinung mit dem steinernen Gesicht kam nicht mehr. Aber ich mußte viel an sie denken. Da betete ich, es war Sonntag, da ich ohnehin lang in der Kirche blieb, zu Jesus besonders innig:
„Mein Jesus! Diese eine Seele, für die ich dich besonders bitten soll, daß du sie erhörst, weil sie dich lieben möchte, die macht mir Sorge. Vielleicht habe ich zu wenig für sie gebetet. Nun flehe ich dich an, lieber Jesus, erhöre sie! Sie leidet sehr, weil sie dich nicht lieben kann, wie sie möchte und sollte.
Schau, Jesus, du hast dich heute in den beiden hl. Messen so großzügig vielen Menschen in der hl. Kommunion geschenkt. Sie konnten wahrscheinlich alle wie auch ich dir nur sagen, daß wir dich lieben möchten. Und du bist damit zufrieden. Warum erhörst du die arme Seele nicht, die dich durch mich anflehen läßt, sie möchte dich lieben. Jesus, nur das läßt sie dich bitten, daß sie dich lieben darf. Bitte, bitte, Jesus, erhöre sie um der Liebe willen, die du uns allen schenkst in der hl. Kommunion!"
Wie ich heimkomme, steht er schon da. Ich sehe an seinem Gesicht, es ist ein Mann. Seine Gestalt sehe ich nicht. Die soll mir verborgen sein. Er hat ein vornehmes Gesicht, wie ein Gelehrter. Das Gesicht ist nicht mehr steinern. Es ist lebendig. Die Augen darin erglühen wie früher. Er schaut mich lange schweigend an. Ich trau mich nicht, ihn zu fragen, weil er so erhaben ist. Aber dann fängt er an zu reden:
„Kind, liebes Kind! Du hast mir sehr geholfen! Du hast mich aus der tiefen Grube der Verlorenheit geholt. Du hast mir von meinem höchsten Herrn und Gott die Erlaubnis erfleht, ihn zu lieben. Ja, ich darf ihn wieder lieben. Nun darf ich in Liebe mit Jesus leiden. Das wird schmerzlich sein, sehr schmerzlich. Aber ich leide in Liebe

mit Jesus. Das ist Gnade. Eine große Gnade! Da kannst du mir nicht mehr helfen. Ich werde dir nicht mehr erscheinen. Aber ich vergeß dich nicht und bleibe dir dankbar!"
Damit war die Erscheinung verschwunden. Es war mir, als sei ein besonderer Segensgruß bei mir zurückgeblieben. Ich habe mir Gedanken gemacht, wer das gewesen sein könnte. Aber dann kam es über mich wie eine strenge Mahnung:
„Ich darf hier nie neugierig sein!"
Eines sollen wir daraus erkennen und das ist zugleich eine Mahnung:
Jesus lieben ist Gnade. Ist hohe geschenkte Gnade von Gott, die wir nie verlieren dürfen! Wer Jesus nicht mehr liebt, weil er dafür nicht Zeit und Interesse hat, der ist in tiefe Verlorenheit versunken.
So mußte sich diese ArmeSeele aus tiefer Verlorenheit retten lassen von einer einfachen alten und frommen Frau. Wer weiß, wie tief der Mann gesunken war in grausamste Liebesferne weit weg von Jesus. So tief, daß er Jesus nicht mehr lieben konnte.
Das ist eigentlich schon Verdammnis. Irgend eine Opferseele wird ihn davor gerade noch gerettet haben.
Solche stille und verborgene Opferseelen können unglaubliche Hilfen werden. Jesus kann sie nicht übersehen und nicht überhören.
Ein alter Pfarrer hat mir einmal frohen Mutes gesagt:
„Solange ich die kleine Resi habe, kann ich viele Seelen retten, die sonst verloren gingen."
Die kleine Resi war eine sehr leidende, stille Opferseele, am ganzen Körper voller Schmerzen (unheilbare Nervenentzündungen). Sie jammerte nie. Sie schenkte alles demütig Jesus für die Seelen.
Sie sagte dem Herrn Pfarrer:
„Jesus braucht das! Da darf ich nicht jammern! Jesus jammert auch nicht in seinem Leiden, das er immer noch für uns tragen muß, weil er uns so lieb hat."
Erinnern wir uns, was Jesus seinen Jüngern gesagt hat:
„Wie mich der Vater geliebt hat, so habe ich euch geliebt. Bleibt in meiner Liebe! Wenn ihr meine Gebote haltet, dann bleibt ihr in meiner Liebe, so wie ich die Gebote meines Vaters gehalten habe und in seiner Liebe bleibe. Da habe ich zu euch geredet, damit meine Freude in euch sei und euere Freude vollkommen werde. Das ist mein Gebot: Liebet einander, wie ich euch geliebt habe!" (Joh 15,9).

„Das ist mein Gebot!" Das müssen wir ernst nehmen! Jesus hat uns dazu auch die Gnadenkraft geschenkt. Weil er weiß, daß wir dieses Gebot ohne seine Hilfe nicht erfüllen können. Es war der große Papst Pius X., der in Christus alles erneuern wollte. Der wußte, das geht nur durch die öftere hl. Kommunion. Darum hat er die Christen aufgefordert, öfter zur hl. Kommunion zu gehen. Natürlich andächtig. Er wußte, wie unser Leib das tägliche Brot braucht, um sein Leben erhalten zu können. Als Kinder Gottes brauchen wir das Brot des Lebens, das da ist der Leib Jesu Christi. Wie Jesus sagt: „Ich bin das lebendige Brot, das vom Himmel gekommen ist. Wer von diesem Brot ißt, der wird ewig leben" (Joh 6,51).

Überhören wir dazu auch nicht das weitere tröstende Wort Jesu: „Kommet alle zu mir, die ihr mühselig seid und beladen! Ich will euch erquicken! Nehmet mein Joch auf euch und lernet von mir! Ich bin demütig und sanftmütig von Herzen! So werdet ihr Ruhe finden für euere Seele. Denn mein Joch ist sanft und meine Bürde ist leicht" (Mt 11,28).

Wir dürfen nicht meinen, daß wir aus uns selber in der Liebe der Kindschaft Gottes reifen können.

Jesus sagt ausdrücklich:

„Wahrlich, wahrlich, ich sage euch, wenn ihr das Fleisch des Menschensohnes nicht essen und sein Blut nicht trinken werdet, habt ihr kein Leben in euch."

Natürlich gehört dazu, daß wir andächtig und demütig kommunizieren. Nicht nur gewohnheitsmäßig.

Hier fallen himmelhohe Entscheidungen! Wer da aus sich selber reifen will, der steht bald in seiner verlorenen Nichtigkeit.

Als Kind Gottes heranreifen, können wir nur durch den Leib Jesu Christi, dem wir uns ganz anvertrauen müssen. Ihn müssen wir suchen, nicht uns selbst!

Jesus wird uns dann die unversiegliche Quelle des Lebens.

Da hat mir in Wien ein Mädchen von ihrem Vater erzählt. Der war Afrikaforscher. Er nahm sie einmal mit an den Fuß des marokkanischen Atlasgebirges. Da gab es wunderbare Quellen, die weite Landstriche bewässerten und fruchtbar machten. Ohne diese Quellen wäre alles tote Wüste, sagte ihr Vater. So ist es auch mit der heiligsten Eucharistie. Ohne diese Quelle würde unser Leben tote Wüste. So aber sind wir fruchtbar aus Gottes Quellen.

„Wer von diesem Brot ißt, der wird ewig leben."
Einmal hatte ich ein nettes Erlebnis mit einem Erstkommunikanten. Als wir nach der Erstkommunionfeier wieder in der Schule beisammen waren, erzählten mir die Kinder, wie ihnen die Erstkommunion gefallen hat. Ein Bub, der Hansi, sagte nichts. Ich wunderte mich, weil er ein besonders aufmerksamer Schüler war. Aber nach der Schule kam er zu mir und sagte:
„Herr Pfarrer, ich habe Jesus sehr gerne. Wenn ich an meine Brust drücke, denke ich: Da drinnen in meinem Herzen ist jetzt Jesus. Ich darf jetzt immer mit ihm beisammen sein. Ich habe ihm gesagt, ich werde nichts tun, was ihm nicht gefällt. Und ich freue mich schon wieder auf den Sonntag, wenn ich wieder kommunizieren darf. Ich habe Jesus auch gefragt, ob ich mit ihm reden darf. Nicht nur aus dem Gebetbuch, sondern so, wie ich mit Vater oder Mutter rede. Da war es mir, als hätte mir Jesus geantwortet: Du darfst mir alles sagen! Jetzt sag ich alles. Ich höre ihn zwar nicht, wenn er mir etwas sagt. Aber ich spüre, daß er mir antwortet in meinen Gedanken. Drum bin ich so froh, weil Jesus so gut zu mir ist."
Freilich hatte ich das den Kindern bei der Vorbereitung auf die Erstkommunion so ähnlich erklärt, daß sie mit Jesus ganz vertraut sein dürfen. Aber der Hansi war der einzige, der das noch wußte und es auch tat.
Ich hatte im stillen gehofft, daß er Priester werden könnte. Aber er mußte den Hof übernehmen und Bauer werden. Er wurde ein wahrhaft frommer Vater mit seiner Ehefrau und seinen Kindern. Einmal hat er mich gefragt, als ich ihn besuchte, wie das Gleichnis vom Weinstock zu verstehen ist, das ich euch hier vorlese:
„Ich bin der Weinstock und mein Vater ist der Weingärtner. Jede Rebe an mir, die keine Frucht bringt, wird er wegschneiden. Jede Rebe, die Frucht bringt, wird er reinigen, damit sie noch mehr Frucht bringe. Wie die Rebe aus sich keine Frucht bringen kann, wenn sie nicht am Weinstock bleibt, so könnt auch ihr keine Frucht bringen, wenn ihr nicht in mir bleibt. Ich bin der Weinstock, ihr seid die Reben. Wer in mir bleibt und in wem ich bleibe, der bringt reiche Frucht. Getrennt von mir könnt ihr nichts. Wer nicht in mir bleibt, der wird wie eine Rebe hinausgeworfen und sie verdorrt. Man hebt sie auf und wirft sie ins Feuer, wo sie verbrennt. Wenn ihr in mir bleibt und meine Worte in euch bleiben, könnt ihr bitten, um was ihr wollt, es wird euch zuteil werden. Dadurch ist mein

Vater verherrlicht, daß ihr viele Frucht bringet und ihr euch als meine Jünger bewährt" (Joh 15,1).
„Wer nicht in mir bleibt, der wird wie eine Rebe hinausgeworfen und sie verdorrt. Man hebt sie auf und wirft sie ins Feuer."
„Wenn ihr in mir bleibt und meine Worte in euch bleiben, könnt ihr bitten um was ihr wollt, es wird euch zuteil werden."
Von diesem Gleichnis aus erkennen wir in aller Schärfe wie wir eins sein müssen mit Jesus und warum uns Jesus mit solcher Sehnsucht nährt mit seinem Leibe und seinem Blute, weil wir ohne ihn als Kinder Gottes nichts können.
Ohne innigst verbunden mit dem Weinstock kann die Rebe keine Frucht bringen. Frucht bringen als Kind Gottes fürs ewige Leben. Als Menschen können wir Frucht bringen für diese Welt. Mit großen Sprüchen und gewaltigem Aufwand. Aber nur fürs Grab und fürs ewige Verderben.
„Wer nicht in mir bleibt, der wird wie eine Rebe hinausgeworfen und sie verdorrt. Man hebt sie auf und wirft sie ins Feuer."
Das ist das größte Liebeswunder, das wir erst im Paradies richtig begreifen werden:
Jesus ist mitten unter uns in seiner Opferliebe und schenkt sich uns ständig neu aus seiner Opferliebe als Speise, damit wir in ihm und aus ihm Wunder der Liebe zum ewigen Leben wirken können. Und zwar so verborgen, als würden wir das alles aus uns selber tun und vollbringen.
Dazu gehört Demut, demütiges Erkennen, daß wir nicht uns selber rühmen, sondern alle Erfolge in Jesus sehen, der uns aus seiner Liebe reifen läßt zu seiner ewiges Leben schenkenden Fruchtbarkeit. So sagt Jesus:
„Dadurch wird mein Vater verherrlicht, daß ihr viele Frucht bringet und euch als meine Jünger erweist!"

Nicht nur leere Menschenweisheit,
nicht die vielen großen Reden
bringen Friede uns und Freiheit,
machen besser unser Leben.

Nicht Gewalt und wilde Kämpfe
können unsere Zeiten ändern.
Sondern der, der uns erschaffen,
kann das Leben auch vollenden.

So ist Gottes Sohn gekommen,
hat sich für uns hingegeben,
daß wir gläubig zu ihm kommen
und empfangen wahres Leben.

Wer kann sonst uns Menschen heilen
von den Süchten und Verlangen,
die uns immer tiefer ziehen
in ein Leben voller Bangen.

Gottes Herz in Liebe harret,
zwar ein Herz, das voller Wunden
immer opfernd für uns blutet,
das könnt unser Herz gesunden.

Dieses Gottesherz voll Wunden
will als kleines Brot uns nähren,
will in Allmacht seiner Liebe
unser armes Herz bekehren.

Jesus will in diesem Mahle
uns in sich hinein verwandeln,
daß wir reif in seiner Liebe
nimmermehr verderblich handeln.

Selig, der da Jesus glaubet,
und in Liebe ihm vertrauet,
der in seinem eignen Herzen
froh ein neues Leben schauet.

Opferliebe:

Das eine Wort, das uns Jesus sagt, dürfen wir nie vergessen:
„Wer mir nachfolgen will, der verleugne sich selbst, der nehme sein Kreuz auf sich und folge mir! Denn wer sein Leben retten will, der wird es verlieren. Wer aber sein Leben um meinetwillen verliert, der wird es finden" (Mt 16,24).
„Wer mir nachfolgen will."
Das wollen wir alle, weil wir ohne Jesus irre und verloren gehen. Jesus sagt ausdrücklich:
„Ich bin der Weg, die Wahrheit und das Leben."
Wo sollen wir also hingehen ohne ihn.
Petrus sagt: „Herr, zu wem sollen wir gehen? Du hast Worte des ewigen Lebens. Wir glauben und wir haben erkannt, daß du der Heilige Gottes bist."
„Der verleugne sich selbst."
Das braucht Demut, daß wir erkennen, aus uns selber sind wir nur Ruine. Seit der Ursünde im Paradies sind wir sterblich. Wir können uns aufpludern mit stolzer Überheblichkeit. Damit scheinen wir etwas zu sein, sind es aber nicht wirklich.
„Der nehme sein Kreuz auf sich und folge mir!"
Unser Kreuz sollen wir auf uns nehmen, dem wir ohnehin nicht ausweichen können, weil wir sterblich sind und unser Leben stöhnt in Krankheiten. Die Erde ist voller Fluch. Ringsum Haß und Fleischesgier. Das macht das Leben so schwer. Mit diesem Kreuz sollen wir Jesus nachfolgen, damit unser Kreuz in Jesus heilsam wird für uns und für viele, für die wir in Liebe Buße tun.
„Wer sein Leben erhalten will, der wird es verlieren."
Jesus meint: Wer sein irdisches Leben krampfhaft erhalten will und darum keine Opfer bringen kann für das ewige Leben, der wird dieses wahre Leben verlieren. Wir können das ewige Leben nur in Verbindung mit dem Lebensopfer Christi wieder gewinnen.
„Wer sein Leben aber um meinetwillen verliert, der wird es finden."
Wir denken da zunächst an die zahllosen Märtyrer, die ihr Leben um Christi willen geopfert haben, um das wahre Leben zu gewinnen.
Ein wahrer Christ kann sich von der Opferliebe Jesu nicht trennen. In der hl. Kommunion wird er eins mit dem opfernden Jesus. Jesus

schenkt sich uns in der hl. Kommunion vom Kreuze herab. Er sagt: „Das ist mein Leib, der für euch hingegeben wird (am Kreuze). Das ist mein Blut, das für euch und für viele vergossen wird zur Vergebung der Sünden."
Jesus hat uns vorausgesagt:
„Haben sie mich verfolgt, werden sie auch euch verfolgen" (Joh 15,20).
Jesus preist alle selig, die um der Gerechtigkeit willen verfolgt werden.
Vor allem kann sich der Priester nicht wegleugnen vom Liebesopfer Christi. Denn er spricht bei der hl. Wandlung:
„Das ist mein Leib, der für euch hingegeben wird. Das ist mein Blut, das für euch vergossen wird."
So innig ist der Priester eins mit dem opfernden Jesus. Wenn er das nicht wäre, könnte er nicht so sprechen.
Und der christliche Laie ist durch die hl. Kommunion genauso eins mit dem opfernden Jesus.
Das dürfen wir nie vergessen, auch wenn wir das nicht gerne hören. Wir sollen wissen, es ist das Erlösungsopfer, das wir mit Jesus leben. Hätte Jesus sein grausames Liebesopfer nicht für uns erduldet, wären wir nicht erlöst und würden alle dem ewigen Tod verfallen.
So aber ist unsere künftige Auferstehung und Herrlichkeit mit Jesus sicher.
So konnte Jesus uns in Bethanien verheißen:
„Ich bin die Auferstehung und das Leben. Wer an mich glaubt, der wird leben, auch wenn er gestorben ist." Der wird das ewige Leben in der Herrlichkeit Gottes haben.
Ich habe einmal von einem frommen Ehepaar gehört. Der Mann war Verwalter in den Stadtwerken. Er verdiente gut. Die beiden Eheleute gingen jeden Sonntag, manchmal auch am Werktag, wenn möglich, zur hl.Messe. Sie kommunizierten jedesmal sehr andächtig, wie der Pfarrer sagte. Sie baten Jesus vor allem um den Kindersegen, denn sie bekamen keine Kinder, obwohl sie so gerne Kinder wollten. Nach zehn Jahren sagte der Mann zu seiner Frau: „Vielleicht hat Jesus etwas Besonderes mit uns vor, weil er uns keine eigenen Kinder schenkt."
Da passierte etwas. Ein verwandtes Ehepaar ist auf einer Autofahrt tödlich verunglückt. Sie hatten drei kleine Kinder. Zwei Mädchen,

Zwillinge, ein Jahr alt. Der Bub drei Jahre alt. Die frommen, kinderlosen Eltern waren sofort bereit, die drei Waisen zu sich zu nehmen. Sie haben sie adoptiert. Sie haben die Kinder mit aller Liebe erzogen.
Sie durften später alle drei in die Mittelschule. Die Mädchen wollten Lehrerinnen werden. Der Bub ging zur See. Er wollte Kapitän werden.
Aber wie die Mädchen herangewachsen und schon auf der Hochschule waren, verfielen sie auch in das allgemeine Übel, mit einem Freund zusammen zu leben. Zwar hat der Vater nicht geschimpft und die Mutter nicht geklagt, als sie davon in den Ferien erfuhren. Die Mutter hat ihnen nur erklärt:
„Kinder, ihr macht euch damit unglücklich, wenn ihr nicht in reiner Liebe den Weg zur Ehe geht. Dann habt ihr nicht mehr den Segen Gottes. Denn an Gottes Segen ist alles gelegen."
Sie versprachen beim Abschied nach den Ferien, sich zu bessern und nicht mehr mit den Freunden zusammen zu schlafen.
Der Vater sagte zur Mutter:
„Jetzt kann nur noch das Gebet und das Opfer unseren Kindern helfen. Die Mutter war daher auch tagsüber oft in der Kirche und betete. Mit dem Vater, wenn er heimkam von der Arbeit, wurde regelmäßig der Rosenkranz gebetet. Öfter sogar der ganze Psalter.
Der Vater sagte:
„Ich weiß nicht, der Bub, der Rudi, macht mir solchen Kummer. Er ist immer unterwegs auf hoher See, wie er schrieb. Jetzt haben wir schon ein halbes Jahr keine Nachricht mehr von ihm. Vom Glauben will er nichts mehr wissen, wie er das letztemal gesagt hatte. Glaube sei nicht nötig. Man kann auch so ein anständiger Mensch sein. Für ihn müssen wir besonders beten!"
Für die guten Eltern waren es Zeiten wahrer Opferliebe. Die Sorge um die beiden Töchter, die wahrscheinlich mit ihren Freunden immer noch zusammenlebten. Darüber schrieben sie nichts. Sie schrieben nur, daß es ihnen gut gehe im Studium und sie bald die Abschlußprüfungen machen werden.
Von Rudi kam überhaupt keine Nachricht. Sie wußten nur, er ist draußen auf hoher See und in fernen Ländern.
Da hat die Mutter in ihrer großen Liebessorge einmal lange in der Kirche gebetet. Sie redete diesmal offen und hart mit Jesus. Sie sagte:

„Mein Herr Jesus! Du weißt alles, du kannst alles! Du bist lauter Liebe! Wir können nicht anders als dir vertrauen. Aber nun habe ich den Eindruck, du beachtest unsere Opferliebe kaum, die wir unseren Kindern schenken. Wir sind in großer Sorge um sie. Und du, oh Herr, beachtest das nicht. Ich hatte bisher gedacht, unsere Opferliebe für die Kinder ist auch deine Opferliebe. Das ist scheinbar nicht so. Mein Jesus, verzeih! Aber ich empfinde es so. Es tut alles so weh in meinem Mutterherzen! Warum gibst du uns nicht wenigstens Hoffnung für die Kinder?"
Die Mutter weinte dann still vor sich hin in der Kirchenbank. Das machte nichts, weil sonst niemand da war. Aber ihr wurde es leichter, wenn sie sich ausweinen konnte.
Da kam über sie etwas wie eine liebevolle Einflüsterung, die ihr alles erklärte:
„Alle Menschen müssen in ihrem Glauben und ihrer Liebe geprüft werden, auch deine Kinder. Hab Geduld und vertraue weiter! Euere Opferliebe für die Kinder ist eine Sicherheit, daß sie nicht verloren gehen können. Darum habt Geduld und vertraut weiter!"
Dann war es ihr als trockne eine liebe Hand ihre Tränen von den Augen. Vielleicht war es der hl. Schutzengel. Auf alle Fälle ging sie getrost nach Hause.
Als ihr Mann heimkam, erzählte sie ihm das. Der schaute sie liebevoll an und sagte dann:
„Liebe Berta, das hat dir dein hl. Engel im Auftrag Jesu erklärt. Wir dürfen beide im Gebet und Opfer nicht nachlassen und müssen weiterhin vertrauen."
Von den beiden Töchtern kam die Nachricht, daß sie ihre Prüfungen gut bestanden haben. Die eine Tochter wird Religionslehrerin im Gymnasium. Die andere wird Dozentin für Sprachen.
Sie werden demnächst kommen, schrieben sie. Es soll eine Überraschung werden.
Nun standen sie eines Tages vor der Tür. Mit Freuden wurden sie begrüßt. Auch vom Vater, der schon im Ruhestand war. Die beiden Lieben drückten so herum, bis die eine sagte:
„Papa, Mama, wir wollen heiraten! Unsere künftigen Männer sind mitgefahren. Wir haben sie vorläufig in einem Gasthaus untergebracht. Ihr dürft nicht denken, daß wir schon mit ihnen zusammengelebt haben. Nein! Wir haben die Mahnung der Mutter sehr ernst

genommen, ein reines Leben zu führen. Und wir wissen:
„An Gottes Segen ist alles gelegen!"
„Wenn ihr wollt, können wir hier die Hochzeit feiern. Wir wollten nur eueren Elternsegen!"
In wenigen Wochen war es dann soweit, die große Doppelhochzeit wurde gefeiert. Der eine Mann war Dozent in der Mittelschule. Der andere Ingenieur. Beide waren gut katholisch.
Es waren Tage der Freude und des Trostes für die guten Eltern. Nur vom Rudi war keine Nachricht gekommen. Sie wußten nicht wo er war und ob er überhaupt noch lebte.
Da aber sagte eines Tages der Vater zu seiner Frau:
„Liebe Berta! Wir durften Tage der Freude mit unseren Kindern erleben. Jetzt ist der Rudi noch unsere Sorge. Der Rudi braucht unsere besondere Opferliebe. Ich spüre es. Ich spüre auch, der lebt. Nur müssen wir ihm durch unsere Opferliebe helfen, daß er wieder zum wahren Leben in Christus findet.
Ich habe Jesus gesagt, wenn er ein besonderes Opfer braucht für den Rudi, so bin ich auch bereit zu einem körperlichen Kreuz. Ich bin jetzt im Ruhestand, da kann ich es mir leisten."
Wenige Wochen darauf ist der Vater in der Stadt auf dem Eis ausgerutscht und hat sich im Rücken schwer verletzt. Wochenlang wurde er in den Krankenhäusern behandelt, bis er endlich im Rollstuhl nach Hause durfte. Daß er je wieder auf seinen Füßen gehen kann, dafür konnte man ihm keine Hoffnung geben.
Vom Rudi war endlich ein Kartengruß aus Hongkong gekommen. Aber keine Nachricht, wie es ihm geht und wo sie ihn erreichen könnten. Lange hat der Vater die Karte vom Rudi in der Hand gehalten, bis er wie ein Prophet sagte:
„Rudi, wie es dir geht und wo du auch bist, ich bin bei dir! Verlaß dich auf mich!"
Er hatte öfters brennende Schmerzen im Kreuz. Wenns besonders brannte, sagte er öfters halblaut:
„Ja, Jesus! Wie du es brauchst für den Rudi! Ich halt es schon aus!"
Dazu beteten sie jeden Abend den ganzen Psalter.
Es war fast ein Jahr vergangen, da kam ein wichtiger Brief aus New York von Rudi, worin er schrieb:
„Liebe Eltern! Ich habe nun das Kapitäns-Patent für ein Personenschiff. Ich kann jetzt damit auch über den Ozean fahren. Meine erste Fahrt wird nach Hamburg gehen. In Hamburg habe ich vier

Wochen Zeit, um euch wieder zu besuchen. Ich werde von dort mit dem Flugzeug nach Wien kommen. Ich freue mich sehr, euch wieder zu sehen!
Ich weiß, euere liebende Sorge hat mich überall begleitet. Ohne euere Liebe wäre ich wohl kaum mehr am Leben. Ich hatte in China eine böse Krankheit bekommen. Man konnte mich gerade noch vor dem Tod retten. Aber eine gefährliche, unheilbare Malaria blieb. Damit waren alle Hoffnungen für die Schiffahrt ausgelöscht.
In meiner Verzweiflung hatte ich wieder zu beten angefangen. Ein katholischer Missionar kam an mein Krankenbett. Der sagte mir, ich muß Jesus vertrauen! Das tat ich wirklich.
Der Missionar brachte einen amerikanischen Arzt zu mir. Der nahm mich mit und machte mit mir eine besondere Heilkur. Das war schmerzlich, aber es hat geholfen. Nach Wochen hatte ich keine Malaria-Anfälle mehr. Er konnte mir ein Zeugnis ausstellen, daß ich von Malaria frei bin. Damit konnte ich meine Ausbildung und Prüfungen für das Kapitäns-Patent erst sicher machen."
Mehrere Wochen später stand der Rudi vor dem Elternhaus. Die Mutter, die im Garten war, schrie vor Freude laut auf. Und der Vater stand plötzlich von seinem Lehnstuhl auf, um den Rudi zu begrüßen. Er hatte zwar Schmerzen, aber er konnte gehen.
Es waren erfreuliche Wochen im Elternhaus. Vor allem, da die Eltern in der Kirche am Sonntag erlebten, mit welcher Andacht der Rudi zur hl. Kommunion ging.
Bald kam halt wieder der Abschied. Auch von den beiden Schwestern, die Rudi besucht hatte.
Der Vater konnte tatsächlich wieder gehen. Aber er hatte immer Schmerzen. Er wurde im Krankenhaus eingehend untersucht. Da hat man leider Krebswucherungen am Rückenwirbel festgestellt. Operieren war unmöglich.
Der Vater durfte wieder heim. Aber er mußte immer liegen und hatte ziemliche Schmerzen. Er wußte, daß es bald dem Ende zu geht. Er sagte noch wenige Tage vor seinem Tod zu seiner Frau: „Berta, vergiß nie, Jesus erhört uns immer, wenn wir in Opferliebe mit ihm verbunden sind. Wir haben durch unsere Opferliebe unseren Kindern das christliche Leben gesichert. Aber wir sind noch nicht im Paradies. Darum will Jesus, daß ich mit ihm das Liebesopfer für unsere Kinder zu Ende trage.

Jede hl. Kommunion ist innigste Vereinigung mit der Opferliebe Jesu. Darum darf ich nicht nein sagen, wenn Jesus will, daß ich mein Opfer mit ihm vollende. Umso sicherer werde ich mit Jesus auch seine Herrlichkeit erleben."
Es wäre eine falsche Glaubenshaltung, wenn wir meinen würden, Jesus ist nur dazu da, daß er uns in dieser Welt Glück und Gesundheit sichert. Wenn das unser Glaube ist, dann werden wir an Jesus irre, wenn er uns ein Kreuz schickt. Oder wenn er ein Kreuz, das uns schon belastet, nicht abnehmen will.
Jesus in seinem Kreuz zu schauen und zu verstehen lernen, ist unsere wichtigste christliche Aufgabe.
Es gibt leider viele Christen, die in einem lauen Christentum dahinleben. Sie verrichten ihre christlichen Pflichten, halten die Gebote und gehen jeden Sonntag in die Kirche. Und natürlich immer auch zur Kommunion. Sie beten schon ein bißchen was aus dem Gebetbuch, aber mit den Gedanken und oder gar mit dem Herzen sind sie ganz woanders.
Darüber könnte ich Bücher schreiben. Es ist die große Masse, die so lebt. Fegfeuerchristen. Ja, erst im Fegfeuer werden sie aufwachen. Sie sehen beim persönlichen Gericht Jesus. Nicht nur äußerlich. Drüben gibt es nichts Äußerliches mehr, da ist nur die Tiefe der Wahrheit, des Lebens und der Liebe! Da sehen sie Jesus in seiner Liebesglut, in seiner unermeßlichen Opferliebe, mit der er sie ein Leben lang geliebt hat, aber sie nicht darauf reagiert haben. Dafür eben nicht Zeit hatten und kein Interesse.
Wehe, wenn ihnen einer gesagt hätte: Du bist ein schlechter Christ! Den hätten sie mit Haßaugen niedergespießt.
Nun aber schlägt vor Jesus die Stunde der Wahrheit. Jesus ist lauter Liebe, und sie lauter, nicht Kälte, sondern lauter Lauheit. Nun beginnt in ihrer Seele eine Sehnsucht zu brennen:
Herr! Ach Herr, laß mich dich lieben! Gibt mir dafür noch Zeit! Damit beginnt das Fegfeuer! Eine unendlich brennende Liebessehnsucht, die schmerzlicher brennt als jedes Feuer auf Erden brennen kann.
Jesus hatte es uns aber gesagt, daß wir ihn ganz lieben sollen. Und das ist das Urgebot schon seit Sinai:
„Du sollst den Herrn, deinen Gott lieben aus deinem ganzen Herzen, aus deiner ganzen Seele und aus allen deinen Kräften!"
Warum, wenn du da fragen willst? Weil Gott die Liebe ist und wir

als seine Kinder vor ihm nur bestehen können, wenn wir ihn lieben und selbst in der Liebe leben. Denn Leben ohne Liebe ist totes Dasein. Das gibt es in der Hölle, aber nicht im Himmel. Nicht bei Gott. Jesus hat es uns aber gesagt, daß wir lieben müssen, dürfen! Da steht in der Geh. Offenbarung 3,11: Im Brief an die Gemeinde von Laodicea, was ihr der Herr sagen läßt: „Ich kenne deine Werke! Du bist weder kalt noch warm. Oh wärest du doch kalt oder warm! Da du aber lau bist und nicht kalt und nicht warm, so bin ich daran, dich aus meinem Munde auszuspeien!" Wir brauchen nur das Kreuz Christi anschauen, dann wissen wir, Lauheit kann vor Jesus nicht bestehen! Jesus hat sich für uns am Kreuze hingeopfert und er hält in seiner Opferliebe daran aus bis alle erlöst sind, die sich erlösen lassen wollen. Darum können wir niemals Jesus in seiner Opferliebe bei der hl. Kommunion empfangen und dann gleichgültig in unseren Alltag hineinleben als ginge uns das nichts an.

Damit wir aber nicht in eine Schwermut verfallen in der Meinung, das wird uns zuviel, Jesus in seiner Opferliebe so ernst zu nehmen, will ich euch etwas erzählen. Denn Jesus ist nicht so, daß er uns mutlos machen möchte. Im Gegenteil, gerade wir, die wir mit der Opferliebe Jesu verbunden leben, sollen ein frohes und glückliches Leben entfalten.

Ich habe einmal eine Frau erlebt mit gut 70 Jahren. Sie war Witwe. Ihr Mann, auch ein guter Katholik, war vor einigen Jahren verstorben. Sie hatte nur eine Tochter, die leider unglücklich verheiratet war. Die Ehe wurde getrennt. Sie hatte ein Mädchen, das sie der Mutter, der Oma, übergeben hatte, weil sie selber ihrem Beruf, Sekretärin in einer größeren Firma, nachgehen mußte.

Ich habe die Oma mit ihrem Enkelkind kennengelernt, als sie das Mädchen von der Schule abholte. Mir ist die Oma aufgefallen, weil sie ein ausgesprochen fröhlicher Mensch war. Ich sah sie auch in der Kirche mit besonderer Andacht zur hl. Kommunion gehen. An einem Sonntagnachmittag hab ich die Oma mit ihrer Enkelin auf dem Kinderspielplatz entdeckt. Ich setzte mich hin und schaute zu, wie die Kinder so fröhlich spielten und die Oma vor Freude geradezu sprühte. Ich fragte sie:

„Gute Frau, ich bewundere Sie, daß sie so jung sein können und mit ihrer Enkelin noch alles miterleben."

Da schaute mich die Frau an und meinte:
„Was denken Sie, Herr Pfarrer! Kinder brauchen Freude! Da muß ich froh sein, um meiner kleinen Frieda die Liebe zu schenken, die sie braucht. Kindern Liebe schenken, das kann ich nur mit einem fröhlichen Herzen.
Und das fröhliche Herz, Herr Pfarrer, das hab ich nicht aus mir selbst. Ich bin eine alte Frau. Bin auch nicht so gesund und hab Sorgen. Schon wegen meiner Tochter, der Mutter des Kindes. Die lebt nicht nach den Geboten Gottes. Die will ihre Freiheit, sagt sie. Hat Liebschaften, die ihr nicht zum Segen sind. Geht auch kaum mehr in die Kirche.
Und, Herr Pfarrer, ich muß das alles aushalten, ertragen und wegbüßen. Ja, Herr Pfarrer, wegbüßen! Aber nicht ich, sondern Jesus tut das. Mit ihm zusammen darf ich das.
Sie haben schon gesehen, daß ich fast jeden Tag in der Früh zur hl. Messe komme und kommuniziere. Kommunizieren, mit der Opferliebe Jesu eins werden, das, Herr Pfarrer, das ist mein Kreuzweg, das ist mein Leben, das ist meine Hoffnung und Fröhlichkeit.
Was glauben Sie, Herr Pfarrer, was aus mir geworden wäre und aus meinen Kind und Kindeskind, wenn ich nicht froh sein könnte. Wenn ich nur schimpfen tät und jammern. Dann wäre alles verloren. Dann gäbs keine Hoffnung mehr.
Ich lade meinen ganzen Schmerz in der hl. Kommunion ab. Alles leg ich Jesus direkt ins Herz. Ich sag ihm: Da hast du alles, meinen Kummer! Nimms dazu. Dir machts nichts aus zu deinem Kreuz. Nimm das dazu. Mich aber laß froh sein, damit ich Liebe schenken kann. Wenns auch ein bißchen weh tut in meiner eigenen Brust, das halt ich schon aus, wenn du mich festhaltest mit deiner Opferliebe. Ja, so red ich mit Jesus nach der hl. Kommunion. Er versteht mich und er gibt mir alles für jeden Tag, was ich brauche, daß ich mit frohem Herzen Liebe schenken kann.
Wenn meine Tochter kommt, voll beladen mit Schuld und Kummer, dann muß ich gütig sein und ihr sagen, daß ich ihr helfe. Wenn meine Enkelin von der Schule kommt, dann muß ich ganz für sie da sein. Ihr helfen bei den Schulaufgaben. Und das mit Spaß und Fröhlichkeit. Sonst gehts nicht. Und alles muß ich mit meiner Frieda mitmachen bis zum Schlafengehen. Nach einem guten Abendgebet muß ich noch ein liebes Geschichtlein erzählen von den hl. Engeln, damit sie selig einschlafen kann.

Und ich selber, ich knie dann halt nieder vor dem Herrgottswinkel in der Stube und lege wieder alles ins Herz Jesu und in das Herz der lieben himmlischen Mutter.
Ich mach dann das Kreuzerl für meine Lieben und über mich selber. Dann geh ich hin und schlaf wie ein Kind. Das bin ich ja in den Armen der lieben himmlischen Mutter.
Das ungefähr waren die Worte, die mir die gute Oma auf dem Kinderspielplatz in Wien sagte. Ein Wort muß ich noch bringen, das mir die Oma auch mit spöttischem Humor hingelegt hat:
„Ihr Pfarrer, was wißt denn ihr! Ihr könnts gut reden. Aber auslöffeln müssen wir die Suppen, wir Frauen. Da hilft uns nur Jesus, sonst gings nicht. Der hilft uns ganz anders, als ihr denkt. Ganz einfach hilft er uns. Mit froher Liebe hilft er uns. Sonst täts uns ja das Herz abdrücken."
Wie ich erfahren durfte, es war ein gutes Jahrzehnt später:
Die Oma war gut über achtzig. Ein allerliebstes Mütterlein mit weißen Haaren.
Ihre Enkelin feierte Hochzeit mit einem Mann, der ein guter Christ war. Die Tochter hatte heimgefunden mit ihrem Mann. Der war in Not. Nicht in finanzieller Not, sondern in Lebensnot. Er fand sich nicht mehr zurecht mit seinen verworrenen Liebschaften.
Seine Frau hat ihn an der Hand genommen und hat gesagt:
„Jetzt gehen wir zusammen zu meiner Mutter. Die weiß Rat und Hilfe."
Und so war es. Die hat sich mit beiden zusammengesetzt und hat ihnen gesagt:
„So, jetzt habt ihr es beide satt. Ich verstehe. Jetzt bleibt wieder beisammen, wie ihr vor Gott zusammengehört! Nun feiert mit euerer Tochter die Hochzeit. Das tut mit fröhlichem Gesicht und gutem Herzen! So gehört es sich! Für alles andere sorge ich. Ich meine für den Mist, den ihr zurückgelassen habt. Den räum ich weg. Das kann eine alte Oma besser."
Es wurde eine nette Hochzeit mit allen guten Hoffnungen. Der Mittelpunkt, man möchts nicht glauben, der Mittelpunkt war die Oma. Alle wollten sie von ihr ein frohes Lächeln und einen guten Rat.

Ein gutes Herz kann fröhlich sein,
ein frohes Herz, das hört man gern,
das kann uns künden guten Rat,
das singt ein Lied von Gott, dem Herrn.

Ein traurig Herz, das schweige still!
Das wird vom eignen Weh zerplagt.
Das weiß noch nichts von Gottes Gnad,
wie Jesus uns in Güte sagt:

Wer traurig ist, der komm zu mir!
Wer Mühsal trägt und schwere Last,
den froh mein Herz in Lieb erquickt,
der bei mir findet Ruh und Rast.

Das Herz des Sohnes Gottes nur,
das immer noch am Kreuze bleibt,
schenkt uns fürs Leben frohen Mut
uns alle Angst und Sorg vertreibt.

Die Tage rinnen schnell dahin,
bald wird es Abend und wird Nacht.
Da wird es nicht mehr düster sein.
„Ich bin das Licht", uns Jesus sagt.

Wir sterben aus der Erde Plag
dem Leben und dem Lichte zu.
Dort Jesus selbst erwartet uns,
der ist das Licht, die Lieb, die Ruh.

Das soll uns weisen allerweg!
Sonst wird das Leben uns zu schwer.
Es wartet Gottes Herrlichkeit,
da gibt es keine Plage mehr.

Wir dürfen niemals sorgenschwer
durch diese Erdenzeiten gehn!
Wir müssen Jesus schaun und hör'n,
in seinem Licht das Leben sehn!

Wollen wir das Wort, das uns Jesus so trostvoll sagt, genauer hören und es uns merken:
„Kommet alle zu mir, die ihr mühselig seid und beladen. Ich will euch erquicken! Nehmet mein Joch auf euch und lernet von mir. Denn ich bin sanftmütig und demütig von Herzen. So werdet ihr Ruhe finden für euere Seelen. Denn mein Joch ist sanft und meine Bürde ist leicht" (Mt 11,28).
Daraus sollen wir erkennen, mit welcher Liebessorge uns Jesus betreut. Wenn wir uns auch in der hl. Kommunion mit ihm in seiner Opferliebe vereinen, so soll uns das nicht ängstigen, als müßten wir mit Jesus sein Opfer tragen.
Er will im Gegenteil unser Opfer von uns nehmen, in seine Opferliebe aufnehmen. In keiner Weise wird uns Jesus eine Bürde auflasten, die uns zu schwer ist.
Die schwersten Kreuze, an denen manche schleppen und stöhnen, die haben sie sich selbst gezimmert.
Wenn es aber darum geht, Menschenseelen zu retten, dann dürfen wir nicht taub sein. Wir kennen das Wort der Mutter Gottes in Fatima:
„So viele Seelen gehen verloren, weil niemand ist, der für sie betet und opfert."
Oder denken wir an die kleine hl. Theresia. Sie war schwächlich und konnte die Strenge des Klosterlebens kaum aushalten. Aber dann hat sie erkannt, daß sie mit ihrem Opfer aus Liebe zu Jesus viele Seelen retten kann. Da war ihr kein Opfer mehr zu schwer. Sie fand im Gegenteil eine stille Seligkeit darin, durch Opferliebe Seelen zu retten. Unzählige Seelen, wie ihr Jesus erkennen ließ, durfte sie trösten und aufrichten, daß sie den Weg des Heiles gehen konnten.
Das ist ein tiefes Geheimnis der Erlöserliebe Jesu, daß das Heil vieler Seelen von der Mitwirkung unserer Opferliebe abhängig ist.
Wir sind hineingeflochten in den Liebeskranz Jesu. Dieser Kranz soll keine Lücken aufweisen, indem wir grundsätzlich nein sagen, in Liebe mitzuopfern.
Ich habe vor Jahrzehnten eine fromme Ordensschwester kennengelernt, die hatte den Vorsatz gemacht, im 2. Weltkrieg den vielen, die an den Fronten fallen oder durch Bomben in den Städten umkommen, zu helfen, daß sie womöglich für die Ewigkeit gerettet werden. Ich habe erfahren, die Schwester Johanna, wie sie hieß, faste-

te und betete oft ganze Nächte, soweit es ihr die Oberin erlaubt hat. Ich hab sie nach dem Krieg besucht. Sie war sehr schwach und kränklich durch die großen Opfer. Aber sie sagte zu mir: „Es waren nicht nur körperliche Opfer, die Jesus von mir brauchte. Viel schlimmer waren Verzweiflung und Schwermut, die in grausamster Weise mich überfallen haben. Ich hätte oft aufschreien können vor lauter Jammer. Ich konnte keine Wäscheleine mehr sehen im Garten, weil ich fürchtete, ich hänge mich daran auf. Jesus hat mich immer wieder zur rechten Zeit getröstet. Er hat mich erkennen lassen, das sind die größten Gefahren bei vielen Kriegstoten, daß sie verzweifeln und ihm nicht vertrauen, so daß er sich durch sein Erbarmen nicht mehr retten kann. Jetzt liegt das alles hinter mir. Jetzt freue ich mich jede Stunde, die ich Jesus noch schenken darf in meiner Schwäche und in meiner Verlassenheit. Die Schwestern, besonders die jüngeren, lachen heute über mich und sagen, das war übertrieben, was ich da im Krieg getan habe. Das wäre nicht nötig gewesen. Krieg ist Krieg und gefallen ist gefallen. Das hätte ich doch nicht aufhalten können.

Die denken leider nicht weiter, daß es immer darauf ankommt, wie ein Mensch in die Ewigkeit hinüberkommt. Ich bin so froh, daß ich vielen die Verzweiflung wegopfern durfte, so daß sie zu Jesus mit Vertrauen aufschauten und er sie retten konnte.

Ach ja, die Welt denkt nicht weiter. Viele sind heute leider in den Geist der Welt abgesunken. Damit wird das Licht des Glaubens ausgelöscht, das Jesus in unseren Herzen durch den Heiligen Geist entzündet hat.

Das ewige Leben, das uns Jesus mit seinem Blute erkauft hat, ist das Wichtige, nicht das zeitliche Leben, das gar so kurz ist und ins Nichts verweht. Das zeitliche Leben ist nur wichtig, daß wir damit das ewige Leben gewinnen."

Jesus, ich liebe dich!

Wir können hingehen und tun, was wir wollen, wir können dieser Antwort nicht ausweichen, um die uns Jesus immer wieder fragt, jeden einzelnen von uns: „Liebst du mich?" Dann müssen wir Antwort geben! Nicht nur mit Worten, sondern aus ganzem Herzen, aus ganzer Seele und aus allen unseren Kräften. Wer diese Antwort nicht geben kann aus ganzem Herzen, sondern sie nur mit Worten gibt, der muß halt diese Antwort einmal geben im Fegfeuer. Aber dann aus ganzem furchtbar brennenden Herzen. Dann weiß er, daß er niemals in den Kreis der Seligen im Himmel heimkehren kann, wenn er nicht Gott liebt aus ganzem Herzen und aus ganzer Seele.

Die Gott nicht lieben können oder wollen aus ganzem Herzen, die sind in der Hölle der Verdammten zu suchen. Dort brauchen sie nicht lieben. Dort können sie ewig hassen. Ewig hassen und fluchen und lügen in grausamster Selbstzerquälung.

Es geht nicht anders und kann nicht anders sein, denn Gott ist die Liebe! Die Liebe ist das Leben! Die Liebe ist der Friede, ist alle Lust und Seligkeit, unaussprechliche Glückseligkeit.

Wenn Menschen mit ihren beschränkten Einsichten Gott so erniedrigen, als sei er nur ein dummer Kasperl, der zu jeder Lüge und zu jeder Bosheit und Beschmutzung ja sagen muß, wie sie behaupten, weil Gott die Liebe ist und einfach alles Gemeine übersehen muß, dann freilich kommt diese trügerische Lüge der Hölle zustande, die alles verdreht.

Gott ist die Liebe! Diese Liebe ist die unendliche unauslöschliche Heiligkeit und Gerechtigkeit, ist die höchste Reinheit vollkommenster Schönheit. Wie könnte damit jemals Schmutz und Unreinheit, Ungerechtigkeit und Unheiligkeit vereint werden, indem Gott einfach alles übersieht und in sich hineinschluckt.

Wißt ihr nicht mehr, wie Gottes Sohn als Menschensohn hingeopfert werden mußte, um das alles wegzubüßen. Mit seinem Blute von jedem Menschen immer noch den Schmutz abzuwaschen.

Immer noch von jedem Menschen den Schmutz abzuwaschen, muß Jesus immer und überall bereit sein. Darum soll der Priester jeden Tag sein Erlösungsopfer vergegenwärtigen. Zwar so verborgen, daß wir es kaum beachten, und doch erhaben, himmelhoch erhaben über alle Schöpfung, über alle Engel und Menschen! Denn hier

opfert sich der Sohn Gottes zur Erlösung unsterblicher Menschenseelen! Wenn dieses Opfer auslöschen würde, wären alle Menschen verloren, gäbe es keine Erlösung mehr zum ewigen Leben.
Was würde aus dem Menschen, dem Menschen mit seiner Sehnsucht nach dem Leben und seinem Drang nach dem Verderben! Dieser Mensch mit seinem Problem, das in einem jeden wie unstillbare Glut aufflackert: Leben! Leben! Und zugleich Sucht des Todes! Seelensehnsucht nach Leben und Fleischeslust nach Tod!
Ach, meine Lieben, wenn da Jesus nicht als unser gütigster Erlöser neben uns stünde, wir wären verloren. So aber ist Jesus immer noch da in gleicher Liebe wie einst am Kreuze, reinstes Opfer für uns alle.
Aber sehr verborgen ist er. Nur der Glaube kann ihn noch finden und sehen in der kleinen Hostie. Und je mehr wir ihn noch sehen im Glauben, umso mehr ersteht er wieder vor uns in seiner großen Liebe, die uns alle retten und beglücken kann. Unendlich beglücken kann in dem Maß, in dem auch wir ihn lieben.
Da steht er wieder vor uns und fragt uns, jeden einzelnen: „Liebst du mich? Liebst du mich mehr als alles andere? Weil ich allein deine Rettung bin. Weil ich allein dich erlöst habe in meinem Blute. Weil ich allein dir das ewige Leben geben kann. Weil ich alles für dich hingeopfert habe, um dir alles zu geben.
Keine Sorge, daß wir uns dabei selber aufgeben müssen! Im Gegenteil. Jesus will uns nur aufrichten, daß wir wieder fest auf eigenen Füßen stehen können. Nicht auf verlogenen, wackeligen Füßen, die nur sicher scheinen, aber nicht sind. Alles soll in uns auf dem Grund der ewigen Wahrheit und Wirklichkeit stehen. Und diese Wahrheit und Wirklichkeit ist Jesus!
Darum fordert er so streng, daß wir ihn lieben und ihm vertrauen, damit uns keine Lüge und Sucht der Niedrigkeit mehr umreißen kann.
Um es kurz zu fassen, muß ich sagen:
Unsere sieghafte Größe liegt in unserer Kleinheit. Demut ist das, der Mut zur Wahrheit und damit Jesus wirklich zu lieben. Denn Jesus ist die Wahrheit. Wir kennen sein Wort:
„Ich bin der Weg, die Wahrheit und das Leben! Niemand kommt zum Vater außer durch mich."
Unsere wahrste Nahrung aber ist das Brot, in dem sich uns Jesus angekündet hat mit den Worten:

„Ich bin das lebendige Brot, das vom Himmel herabgekommen ist. Wer von diesem Brot ißt, der wird ewig leben!" Wer dieses Lebensbrot in Glaube und Liebe empfängt, der kann nicht mehr überwunden werden durch die Lügner und Mörder der Hölle, die überall durch Weltmenschen in die Lügenposaune schreien: Hier ist Leben! Hier ist Freiheit! Hier ist Liebesglück! In Wirklichkeit ist das die Totenposaune Satans! Da können sie nicht mehr unterscheiden, die hypergescheiten Menschen. Sucht nennen sie Liebe. Lüge nennen sie Wahrheit. Tod nennen sie Leben. Knechtschaft nennen sie Freiheit.
Wir aber, ich muß es wieder sagen:
Wir müssen in neuer Demut, in froher Kleinheit niedersinken vor dem wunderbarsten Brot des Lebens. Das da ist Jesus Christus, Gottes Sohn und Menschensohn. Der mit solcher Opferliebe sich zu uns niederbeugt. Geringer hätte er nicht mehr sein können als in der Gestalt einer kleinen Hostie. Aber er ist es wirklich, unser allerliebster Erlöser, der uns voll und sicher erlösen kann, uns aus jeder Gefahr entreißen kann, die uns droht.
Hier, meine Lieben! Hier fällt für einen jeden von uns die Entscheidung zwischen Tod und Leben! Zwischen Himmel und Hölle.
Wer in Liebe zu diesem verborgenen Erlöser geht, der wird von ihm aufgenommen in die Allmacht seines Lebens.
Aber demütig müssen wir Jesus begegnen, wie auch er uns so demütig entgegen kommt. Über den Demütigen legt Gott seine allmächtige Hand, und nichts kann ihm mehr schaden! Die Mächte der Hölle können dieses Geheimnis nie begreifen. Aber sie schrecken zurück vor einem jeden Menschen, der in Demut und Liebe kommuniziert hat. Ich muß es noch einmal sagen:
Wer in Demut und Liebe kommuniziert hat! Denn nur so kann der demütige und liebende Jesus ihn aufnehmen und ganz in sein allmächtiges und alliebendes Herz einschließen und darin ihn verbergen vor allen Feinden.
Wer da selbstsüchtig und in gewohnheitsmäßiger Eiseskälte kommt, der dringt gar nicht zu Jesus vor. Den muß Jesus schon vor der Türe abweisen, weil er mit ihm keine Gemeinschaft haben kann. Der steht draußen und ist in Gefahr, daß er ewig draußen stehen wird.
Jesus, ich liebe dich! Das haben wir uns vorgenommen, daß wir das Jesus sagen können. Und das können wir nur aus ganzem Herzen

und aus ganzer Seele sagen. Sonst ist die Gefahr, daß die Kommunion in uns nicht fruchtbar wird und wir gewöhnliche Alltagschristen bleiben mit allen Fehlern und Häßlichkeiten der sonstigen Menschen.
Was wir da tun müssen, ich will es nicht wiederholen. In Demut und Liebe müssen wir zu Jesus kommen! In wahrer Demut und wahrer Liebe!
Vielleicht ist es gut, ein wenig von dem Hohenlied der Liebe zu hören, das uns der Völkerapostel schreibt im 1. Kor 13,1.
Das er nur schreiben konnte, weil er ganz in Christus lebte: „Wenn ich mit Menschen-, ja mit Engelszungen redete, hätte aber die Liebe nicht, so wäre ich ein tönendes Erz oder eine klingende Schelle. Hätte ich alle Prophetengabe, wüßte ich alle Geheimnisse und besäße alle Erkenntnis, hätte ich alle Glaubenskraft, so daß ich Berge versetzen könnte, hätte ich aber die Liebe nicht, so wäre ich nichts . . .
Die Liebe ist langmütig, gütig ist die Liebe, sie ist nicht eifersüchtig, sie prahlt nicht und bläht sich nicht auf. Sie handelt nicht taktlos, sie sucht nicht das Ihrige, sie läßt sich nicht erbittern, sie trägt das Böse nicht nach.
Sie freut sich nicht über das Unrecht, sie freut sich vielmehr mit der Wahrheit. Sie erträgt alles, sie glaubt alles, sie hofft alles, sie hält alles aus. Die Liebe hört nie auf."
Die Liebe hört nie auf. Weil Gott nie aufhören kann, die unauslöschlich glühende Liebe zu sein.
Was werden wir einmal für eine Freude erleben, wenn wir in das Reich der Liebe, in das Himmelreich heimgekommen sind. Da werden wir erst schauen, wie unermeßlich reich und weit die Liebe ist.
Da werden wir sehen, daß die ganze Schöpfung, auch die sichtbare Schöpfung, die wir teils erleben dürfen, durch die Liebe Gottes gebildet ist und erhalten wird. Wir haben jetzt dafür noch zu wenig Einsicht, um zu erkennen, wie gleichsam die Hände Gottes liebend an der Schöpfung und an jedem Lebewesen formen.
Ich habe einmal erfahren von einem sehr alten Pater im Kloster. Der saß so gerne vor dem Bienenhaus. Die Bienen kannten ihn und haben ihn nie belästigt. Seine Mitbrüder meinten, er sei halt ein besonderer Bienenfreund. Aber seinen Obern hat er einmal gesagt: „Oh nein, die Bienen, die kenne ich längst. Schon seit meiner

Kindheit. Aber jetzt schaue ich weiter. Jetzt sehe ich Gottes liebende Hände, die diese Tierlein lenken, damit sie immer das tun, was für sie gut und gesund ist. Aus sich selber wissen sie das nicht."
Der Obere meinte: „Das können auch hl. Engel tun, die Gott dafür beauftragt hat."
Darauf sagte der Pater begeistert:
„Natürlich können es hl. Engel sein. Sogar sehr wahrscheinlich. Aber die tun nur, was Gottes Liebe angeordnet hat. Gottes Liebe steht über allem! Wacht über allen und ordnet alles! Darum bin ich so glücklich, sehen zu dürfen, wie lieb Gott schon zu den kleinen Tierlein ist. Wie lieb wird er da erst mit uns sein, wenn wir bei ihm daheim sind."
Der Obere deutete auf ein großes Kreuz, das in der Nähe im Klostergarten errichtet war und sagte: „Was würden die Bienen dazu sagen?"
Der Pater verneigte sich tief davor und antwortete:
„Die Bienlein haben es mir wiederholt gesagt, wenn sie am Kreuz vorbeisummen:
Mensch fall nieder und bete diese Liebe an mit der Hingabe deines ganzen Herzens, bevor diese Liebe am Kreuz dich ewig niederdrückt, wenn du sie nicht erwiderst!"
Über das 3. Reich Hitlers habe ich in den zwanziger Jahren als junger Bäckergeselle viele Reden gehört. Sie haben mich eingefangen. Ich war noch im katholischen Gesellenverein. Da hat uns der Herr Präses, ein überaus gütiger und frommer Priester, einen Vortrag über die NSDAP gehalten. Der Vortrag war nicht nur tiefgründig, sondern der Referent sprach auch mit einer Liebe, die uns alle bewegte. Er sagte unter anderem:
„Adolf Hitler ist ein fraglicher Charakter, der aus einer finsteren Tiefe emporsteigt. Er hat etwas Dämonisches an sich. Er ist scheinbar umsessen von bösen Geistern, deren Wirken Gott für unser Volk zulassen will, weil die meisten nicht mehr an den wahren Erlöser Jesus Christus glauben und seine Gebote schon lange nicht mehr halten. Nun rufen sie einem falschen Erlöser Heil zu. Das tun sie mit einem so blinden Fanatismus, der wiederum aufzeigt, welche Mächte da am Werke sind.
Liebe Kolpingsöhne! Was ich euch hier sage, ist ein großes Wagnis. Aber ich muß es euch sagen, weil ihr mir lieb und wert seid. Hitler wird schreckliche Katastrophen über unser Volk bringen.

Natürlich wird es zuerst große Erfolge geben, wie es immer die Art des Teufels ist, um uns an sich zu reißen. Dann aber kommt das Strafgericht, das unsägliche Opfer fordern wird. Niemand mehr kann es aufhalten. Es muß zu Ende geopfert werden.
Liebe Kolpingsöhne! Ich bin kein Prophet, aber lese aus der Geschichte. Aus der Heilsgeschichte des Alten und Neuen Bundes. Das ist immer die Art Satans, ein Volk an sich zu ziehen, wenn es Gott nicht mehr folgt und nicht mehr lieben will.
Wir können das Strafgericht nicht mehr aufhalten. Sie schreien zu laut dem Verderber 'Heil' und wollen vom wahren Erlöser nichts mehr hören. Ich möchte, daß ihr nicht im Herzen diesem Hitler 'Heil' zuruft, sondern daß ihr bei dem Opfer, dem auch ihr nicht mehr entrinnen könnt, Jesus zuliebe das Kreuz tragt und ihm immer sagt:
Jesus, ich liebe dich! dann werdet ihr als Streiter Christi in den Kampf ziehen.
Ich hoffe und wünsche, daß viele von euch gerettet werden. Ihr müßt immer wieder beten: Jesus, ich liebe dich! Jesus wird euch an seine Brust drücken mit einer Liebe, die euch ewig glückselig macht."
Leider hat man den guten Präses bald ins Konzentrationslager geholt, wo er gestorben ist.
Mich haben seine Worte sehr bewegt. Ich habe trotz aller Schwierigkeiten nach einem Weg zum Priestertum gesucht. Von Verwandten und Bekannten wurde ich teils als „schwarzer Hund" verspottet. Im Juli 1939 habe ich meine Primiz gefeiert.
Am 1. September 1939 brach der Krieg aus. Schwere Opferjahre kamen. Ich wurde wunderbar beschützt aus aller Not. Nur sollte ich nie vergessen, Jesus wirklich zu lieben. Ich muß es bekennen, ich habe öfters vergessen, Jesus über alles zu lieben. Ich habe mich und vieles andere zuweilen für liebenswerter gehalten.
Da sind mir immer wieder Gotteskinder begegnet, die mich beschämt haben, weil sie Jesus viel mehr geliebt haben als ich. Da war eine einmalige Frau. Im Herbst 1944 habe ich sie kennengelernt. Sie hat bei mir priesterlichen Trost gesucht in ihrer ehrlichen Sorge, Jesus über alles zu lieben.
Die Frau Wehner, sie war eigentlich Ärztin. Sie war damals Ende der fünfziger Jahre. Ihr Mann, den ich vom Lazarett her kannte, war zehn Jahre älter. Er wollte nicht, daß seine Frau die Arztpraxis

ausübte. Schon darum, weil sie den Deutschen Gruß nicht wollte. Er war als Oberstabsarzt Verbindungsmann zu den Lazaretten in Feldkirch und Lindau.
Er begrüßte mich im Lazarett immer stur mit „Heil Hitler!", obwohl er wußte, daß ich nur „Grüß Gott" sagte. Er hat seiner Frau von mir erzählt. So kam die Frau zu mir und hat mir ihr Leid geklagt.
Sie litt sehr darunter, daß ihr Mann immer noch für Hitler schwärmte, obwohl er katholisch war und längst einsehen mußte, daß der Krieg verloren ist. Aber da schrie er:
„Was denkst du, wir dürfen den Krieg nicht verlieren, sonst ist alles verloren! Wir müssen siegen!"
Sie hatten vier Kinder, zwei Söhne, zwei Töchter. Alle studiert, gebildet und katholisch. Im Winter 1944/45 sind beide Söhne in Rußland gefallen. Im Februar 1945 ist auch ihr Mann durch Bomben umgekommen. Die Frau kam zu mir und klagte:
„Herr Pfarrer, ich habe meinen Mann trotz allem sehr geliebt. Er war wirklich mein Mann und Beschützer. Ich konnte mich immer auf ihn verlassen. Nun hat ihn mir der liebe Gott genommen. Ich bete, ich kann nicht anders, als das immer wieder beten:
„Der Herr hats gegeben! Der Herr hats genommen! Der Wille des Herrn sei gebenedeit!"
Jesus hat es zugelassen, hat mir meinen Mann genommen, damit ich mich ganz auf ihn verlasse und ihn, unseren Herrn und Gott, über alles liebe. Ja, das will ich und das tue ich: Ich will Jesus lieben über alles!"
Sie hatte dann mit ihren beiden Töchtern, die auch im Medizin-Studium standen, im Bregenzer Wald ein Sanatorium errichtet für psychisch geschwächte Frauen, die es damals viele gab. Sie wirkte darin mit hervorragender und selbstloser Liebe.
Nach dem Krieg im Mai 1945 versuchten alle, sich wieder aus der Not zu erheben zu einem neuen Leben. Ihre beiden Töchter haben sich verliebt in französische Offiziere, haben sie geheiratet und sind dann eines Tages mit ihren Männern fort nach Frankreich. Sie hätten die Mama mitgenommen. Aber nein, sie blieb. Sie wollte nicht im Weg sein, die Liebe der hl. Ehe nicht stören, sagte sie. Sie wollte etwas anderes. Das Sanatorium hatte sie verkauft. Auf einem sonnigen Hang hatte sie eine „Vorsäßalm" erworben, um dort zu wohnen, in ihrem einmaligen himmmlischen Paradies, wie sie es nannte.

Ich mußte sie unbedingt dort oben besuchen.
Sie stellte Tee auf den Tisch, selbst gesammelten Kräutertee. Dann fing sie langsam an zu reden:
„Herr Pfarrer, um Jesus ganz lieben zu können, muß er uns alles nehmen, in was wir sonst uns verlieben. Zuerst war es mein Mann, den ich wirklich über alles liebte. Dann waren es die Kinder, die ich genauso liebte. Mit Recht. Das ist so Gottes Ordnung.
Aber Jesus hat mich oft gefragt, ob ich ihn über alles liebe. Ich habe immer ja gesagt. In Wirklichkeit hatte ich doch für Jesus wenig Zeit. Denn da waren der Mann und die Kinder, für die ich zuerst da sein mußte.
Nun hat mir Jesus alles genommen. Den Mann und die Kinder, damit ich für ihn und für ihn zuallererst Zeit habe. Ich muß es sagen, ich erlebe es so:
Jesus ist eifersüchtig! Er verträgt es nicht, daß ich andere zuerst oder mehr liebe als ihn. Sonderbar. Er wollte aber, daß ich meinen Mann und dann auch meine Kinder über alles liebte. Warum ist er dann doch eifersüchtig?
Jetzt weiß ich es, Herr Pfarrer. Jetzt in der Stille habe ich Zeit, auf Jesus besser zu horchen. Da redet er ganz leise drinnen im Herzen und sagt mir:
Freilich durftest du deinen Mann und deine Kinder mit ganzer Aufmerksamkeit lieben. Das mußtest du nach meinem Willen. Aber dein Herz sollte dabei nicht so eng werden, daß du mich nicht mehr lieben konntest. Dein Herz hätte weiter, viel weiter werden müssen. Schau mich an, ich liebe alle Menschen mit großer Liebe. Ich kann das, weil mein Herz so weit ist. Wenn dein Herz weit genug gewesen wäre, hättest du in der Liebe zu deinem Mann und zu deinen Kindern mich noch mehr lieben können. Du wärest damit nur noch reicher geworden in der Liebe zu deinem Mann und zu deinen Kindern. Denn mein göttliches Herz allein ist die Quelle aller Liebe im Himmel und auf Erden.
Damit diese einzige wahre Quelle aller Liebe nicht verschüttet wird durch zeitliche Liebe, muß ich eifersüchtig eingreifen. Jetzt weißt du es. Jetzt kannst du es, deinen Mann und deine Kinder aus meiner göttlichen Liebesquelle zu lieben. Tu es! Sie brauchen deine Liebe. Deine Söhne und dein Mann drüben in der Reinigung. Deine Töchter im fernen Land, die dort allzuleicht vergessen, daß ich allein die Liebe bin, die Leben und Seligkeit sichert.

So ungefähr hat mir die gute Frau Doktor die Liebe zu Jesus geschildert, die Quelle aller anderen Liebe sein muß, weil ohne diese göttliche Liebesquelle jede andere Liebe im Sande der Zeit versiegt und auch unser Herz darin versandet, Stein wird.
Am Schluß sagte die gute Frau: „Herr Pfarrer, Jesus über alles lieben dürfen, das ist schon ein wenig Seligkeit auf Erden."

Hohl und leer die Menschen denken,
die nicht können Liebe schenken,
weil die Quellen sie nicht kennen
sondern sich nur selber nennen.

Schnell das Menschenherz versandet,
alles sich in Geld verwandelt.
Liebeleer bleibt alles liegen,
jeder sucht sich selbst zu kriegen.

Wer da lebt aus eignem Triebe
und nicht schöpfet Gottes Liebe,
der hat nicht das wahre Leben
der kann niemals höher streben.

Unser Lieben hier auf Erden
kann nicht treu und gütig werden,
wenn nicht Gottes Liebesquelle
unser Leben machet helle.

Jesus will für uns sich schenken!
Das ein jeder soll bedenken:
Er will neu uns ganz beleben,
will uns wahre Liebe geben.

Daß wir endlich nun erwachen,
weit entfernt vom Höllendrachen:
Wahre Liebe, wahres Leben,
kann nur Gott uns selber geben!

Darum kommt zum heilgen Mahle,
wo sich Jesus schenkt für alle!
Er will sich uns selber geben,
uns empor zu sich erheben.

In der reinsten Gottesliebe
stärkt uns Jesus zu dem Siege:
Nicht mehr werden untergehen,
die in seiner Liebe stehen!

Wieder stehe ich vor dem heiligsten Geheimnis, vor dem eucharistischen Lebensopfer Jesu, aus dem wir doch wahrhaft alle reinste Liebesfreude und herrlichste Lebenskräfte schöpfen können. So will es Jesus! So hat er es uns gesagt. Nur einige Zitate aus seinen Verheißungen:
„Ich bin das lebendige Brot, das vom Himmel herabgekommen ist. Wer von diesem Brot ißt, der wird ewig leben. Das Brot aber, das ich euch geben werde, ist mein Fleisch für das Leben der Welt."
„Wer mein Fleisch ißt und mein Blut trinkt, der bleibt in mir und ich bleibe in ihm. Wie mich der lebendige Vater gesandt hat und ich durch den Vater lebe, so wird auch der, der mich ißt, durch mich leben."
Wir haben schon versucht, diese ernsten Worte Jesu auch ernst zu erklären. Eigentlich ist da nichts zu erklären. Denn unser Verstand kann das nie erfassen. Wir müssen das im Glauben so nehmen, wie es uns Jesus sagt.
Dann nur können wir das Wunder in uns erleben, wie es uns Jesus ankündet. Daß wir tatsächlich in ihm leben und er in uns. Oder wenn wir es nicht so hören und nehmen wollen, wie es uns Jesus sagt, dann, nun ja, dann muß halt Jesus wieder an unserer Türe kehrt machen. Aber das kann Folgen haben. Ich kann nicht zu Jesus ja sagen, ihm dann aber die Türe weisen. Jesus ist doch kein gefährlicher Bursch, dem ich nicht trauen kann. Oder? Soll ich die Polizei rufen?
Oder meinst du, das ist ein Hausierer, der da kommen will?
Dann sag ihm halt: Danke, ich brauch nichts. Hab selber alles!
Überlegen wir einmal richtig, wie wir Jesus behandeln! Und fragen wir uns, ob wir überhaupt noch an ihn glauben?
Wenn wir das nicht tun wollen, dann müssen wir wegbleiben von

seinem Hochzeitsmahl (von der Kommunion), zu dem uns Jesus eingeladen hat, uns, seine arme Braut, die verlorene Menschenseele.

Oder wenn du kein hochzeitliches Kleid anhast, du weißt schon, lange nicht mehr gebeichtet hast, obwohl, du weißt schon. Da muß ich dir nur sagen: Das ist gefährlich. Das hat uns Jesus erklärt, wie der König den in die äußerste Finsternis draußen hinauswerfen ließ, der kein Hochzeitskleid anhatte.

Wenn du mich fragst, was wir tun müssen, wie wir kommunizieren sollen, um in Jesus das Leben zu haben und in seiner Liebe triumphieren können, dann kann ich dir nur sagen:

Nimm Jesus ernst, wenn du zu ihm gehst! Sag nicht ja und nein zugleich! Öffne ihm dein Herz und laß ihn eintreten! Bleibe bei ihm und laß ihn reden! Er sagt dir schon, was er will. Dein Herz wird er aufwecken für seine Liebe und für sein Leben. Du wirst das spüren.

Außer du hast für ihn nicht Zeit. Schon gleich nach der Kommunion hast du andere Gedanken, andere Pläne. Weit weg von Jesus. Du denkst nur dich, nicht Jesus, der da ist, der wartet. Du hast kommuniziert, ja. Aber du bist ganz woanders. Du willst Jesus nicht sagen, daß du ihn liebst oder lieben möchtest. Du hast keine Zeit für ihn. Du hast tausend andere Pläne und Sorgen.

Nun ja, einmal wirst du Zeit haben, lange, lange Zeit haben in brennendster Sehnsucht, Jesus zu lieben. Aber erst im Fegfeuer. Weil du weißt: Jesus allein ist dir alles!

Ich will noch etwas erzählen von einem alten Mann. Ich mußte für einige Tage einen Pfarrer vertreten. Da hat mich am letzten Tag eine Frau aufmerksam gemacht auf einen alten kranken Mann, der sehr sonderlich ist, nicht mehr recht bei Verstand. Er ist gelähmt. Kann nur im Rollstuhl am Fenster sitzen.

So ging ich hin zu dem Haus. Mußte lange läuten, bis endlich eine kritische Frau öffnete und sagte:

„Ach so, Sie wollen zu ihm. Wenn Ihnen die Zeit nicht reut. Er redet ja nichts. Er weiß auch nichts mehr. Hab ihn grad zurecht gemacht. In seinem Rollstuhl vor dem Fenster sitzt er wieder. Da schaut er immer raus. Sonst tut er nichts mehr. Wenns gehen wolln, brauchens bloß die Haustür zudrücken."

Damit war die Frau verschwunden. Ich ging die Treppe hinauf in die Stube, Schlaf- und Wohnzimmer zugleich. Da saß er am Fen-

ster, drehte seinen Kopf zu mir, wie er mich hörte und sagte: „Ah, der Herr Hochwürden! Kommens nur, nehmens den Stuhl und setzen sie sich her! Wenn Sie's bei mir aushalten können. Ich bin der langweiligste Mensch auf der Welt."
So setzte ich mich halt zu ihm. Ich sagte nichts, weil ich dachte, er will reden. Er schaute zum Fenster hinaus, hinüber zur Pfarrkirche. Endlich zeigte er mit dem Finger dahin und sagte:
„Dort ist er!"
Weiter sagte er nichts. Ich fragte etwas zurückhaltend:
„Wer ist dort?"
Da traf mich ein fast empörter Blick und dann der Vorwurf:
„Ein Hochwürden fragt mich, wer dort ist?"
Mit starker Stimme betonte er:
„Jesus ist dort! Das wissen Sie doch! Jesus wohnt dort und schaut immer zu mir herüber, wie ich zu ihm hinüberschaue."
Ich fragte:
„Kommt denn Jesus nicht zu dir in der hl. Kommunion?"
„Der gute Herr Pfarrer bringt ihn mir jeden Herz-Jesu-Freitag. Jesus bleibt dann bei mir."
Mehr zu sich selber redete er weiter:
„Jesus bleibt dann bei mir. Er bleibt gerne bei mir. Ich verstehe mich gut mit ihm. Jesus ist nicht kleinlich. Er nimmt mich, wie ich bin.
Ich darf ihm alles sagen. Auch wenn ich dummes Zeug rede, er versteht mich. Er nimmt mir nichts übel. Er ist ja so lieb! Meine Hilflosigkeit gefällt ihm. Umso mehr kann er mir helfen, sagt er.
Oh ja, er sagt mir das. Er redet mit mir. Nicht so, wie ich jetzt zu Ihnen rede. Jesus gebraucht keine Worte, wenn er redet. Er läßt das alles in mir, in meiner Seele aufleuchten. Ich brauch es nur lesen oder hören, ich weiß nicht, wie ich das sagen soll. Auf alle Fälle höre ich Jesus. Aber nicht mit Worten. Ganz anders, viel schöner redet er als mit Worten.
Nur muß ich schweigen, daß ich ihn hören kann. Die Resi, die sich um mich sorgt, die meint, ich spinn, weil ich nichts rede. Was soll ich denn mit ihr reden. Sicherlich, wenn ich was brauche. Aber das weiß sie selbst. Sie sorgt für alles. Ich bin ihr sehr dankbar. Das weiß sie.
Aber was ich mit Jesus rede oder was Jesus zu mir redet, das versteht sie nicht. Davon darf ich nichts mehr sagen. Da meint sie, ich spinn.

Aber Ihnen, Herr Hochwürden, darf ich es sagen. Oder meinen Sie auch, daß ich spinn? Dann red ich nichts mehr!"
Mit entschiedener Abwehr sagte ich:
„Nein, oh nein, mein Lieber! Das mein ich nicht im geringsten!"
Er lächelte zufrieden und fuhr fort:
„Ja, ich sags ja auch nur Ihnen, einem Hochwürden. Sie müssen ja Jesus kennen. Wenn Sie ihn lieben, kennen Sie ihn. Wenn Sie ihn nicht lieben, kennen Sie ihn nicht trotz Ihrer Gelehrsamkeit. Das weiß ich. Das hat mir Jesus auch gesagt. Seine Gelehrten kennen ihn nicht. Nur die ihn lieben, die kennen ihn.
Darum hat er seinen Petrus auch nur gefragt, energisch gefragt, ob er ihn liebt. Dann erst gab er ihm den heiligsten und wichtigsten Auftrag, den je ein Mensch erhalten hat. Sogar die höchsten Engel im Himmel haben überrascht aufgeschaut, als sie das hörten: Petrus, weide meine Lämmer, weide meine Schafe! Die hl. Engel wußten, daß Jesus damit dem Petrus seine ganze Erlöserliebe übergeben hat.
Herr Hochwürden, ich wollte Ihnen ja was anderes erzählen. Von mir. Das andere wissen Sie selber. Von mir und Jesus muß ich Ihnen erzählen, wie wir zwei zusammenhalten. Obwohl er mein Herr und mein Gott ist, das weiß ich wohl, vergeß ich nie! Aber er ist halt so zu mir in seiner demütigen Liebe.
Er setzt sich ganz zu mir. Er ist eigentlich noch enger bei mir, er ist in mir. Er hat es gesagt, und sagt es mir immer wieder. Verstehen kann ich das nicht. Aber es muß so sein, weil ich in mir seine Stimme so wunderbar höre.
Da sagte neulich wieder zu mir mein lieber Jesus:
Jakob, ich bin so gerne bei dir, weil ich dich brauche. Ich brauche deine Hilflosigkeit. Vor allem brauche ich deine Einsamkeit. Du bist ganz allein. Das bin ich auch. Bei deiner Einsamkeit darf ich mir Trost holen. Das kann ich aber nur - mir sind die Tränen gekommen, wie er das sagte - das kann ich aber nur, mir bei dir Trost holen, wenn du mich liebst, Jakob!
Herr Hochwürden! Ich liebe Jesus! Ich hab ihm mein ganzes Leiden, mein Kreuz, geschenkt. Es war grausam, wie das gekommen ist. Ich war Krankenpfleger. Ich war es gerne, ich habe gerne den Kranken geholfen. Aber da kams.
Eine Schwester gab mir aus Versehen gegen eine gefährliche Infektion eine falsche Spritze. Da brach ich zusammen wie tot. Doch

lebte ich, grausamste Schmerzen am ganzen Körper. Da hab ich mein ganzes Kreuz Jesus übergeben. Aus Liebe! Seither verstehen wir uns so gut, Jesus und ich.
Die guten Ärzte haben alles getan, mich zu retten. Nach längerer Zeit war ich soweit, wie ich immer noch bin, schon zwanzig Jahre lang. Ein unheilbarer Krüppel. Es fehlt mir nichts. Hab eine gute Rente und gute Pflege.
Und ich hab Jesus gefunden! Den ich nun ungestört über alles liebe. Und lieben will! Ich möchte anders nicht mehr leben.
Schlimm ist es, daß Jesus so wenig lieben. Sie lieben ihn so wenig, weil sie ihn nicht kennen. Sie fürchten ihn, weil sie sein Kreuz fürchten. Das ist verständlich.
Jesus ist immer noch an sein Kreuz gefesselt. Seine Liebe zu uns läßt ihn nicht los von seinem Kreuz. Ohne sein Kreuz könnt er uns nicht erlösen.
Ihnen darf ichs sagen, Herr Hochwürden: Sein Kreuz ist lauter Liebe! Darum ist sein Kreuz so süß!
Jesus hat mir gesagt:
Jakob! Ich hänge immer noch einsam am Kreuz. Aus lauter Liebe! Du bist nun auch einsam ans Kreuz gefesselt. Jakob, ich bitte dich, laß uns zusammenhalten! Dann sind wir miteinander ans Kreuz gefesselt. Darum reich mir deine Hand! Ich möcht sagen, schenk mir dazu dein Herz, wenn du willst!
Und wie ich wollte! Seither sind wir zwei eins, Jesus und ich! Aber eins in seiner Liebe! Und das ist so süß! In der Liebe Jesu zerschmelzen alles Weh und alle Schmerzen wie Eis in der Sonne. In der Liebe Jesu werden die Menschen aus Schmerz und Leid auferstehen zum herrlichen Leben in Gott! Die Liebe Jesu allein ist wahres Leben!
Darum, Hochwürden, sagen Sie es den Leuten:
Sie sollen Jesus lieben über alles! Dann leben sie in Glück und in Freude.
Jakob senkte den Kopf und sagte:
Aber das verstehen die Menschen nicht. Immer noch nicht. Leider.

In die Lebensmitte Gottes:

Jesus sagt:
„Wer mein Fleisch ißt und mein Blut trinkt, der bleibt in mir und ich bleibe in ihm!"
Dazu sagt Jesus zur tieferen Schau:
„Wie mich der lebendige Vater gesandt hat und ich durch den Vater lebe, so wird auch der, der mich ißt, durch mich leben."
Wir können das alles noch lebenstiefer schauen, wenn wir beachten, was Jesus dazu erklärt vom Willen seines Vaters, der ihn gesandt hat und der will, daß sein Sohn sich uns auf diese Weise auch als Speise hingibt, damit wir wahre Kinder des Vaters im Himmel werden können.
Hören wir dazu das erklärende Wort Jesu:
„Alles, was mir der Vater gibt, das wird zu mir kommen. Und den, der zu mir kommt, den werde ich nicht zurückweisen. Denn ich bin vom Himmel herabgekommen, nicht um meinen Willen zu tun, sondern den Willen dessen, der mich gesandt hat. Das ist der Wille dessen, der mich gesandt hat, daß ich nichts von all dem verlorengehen lasse, was er mir gegeben hat, sondern daß ich es auferwecke am Jüngsten Tage."
Ich will erinnern an das Wort, das Jesus den Juden zu sagen wagte:
„Ich und der Vater sind eins!" (Joh 10,30).
Sichersten Hinweis zur Einheit mit dem Vater gibt uns Jesus in dem Wort, das er seinen Jüngern sagte:
„Schon so lange bin ich bei euch, und ihr kennt mich noch nicht! Wie kannst du sagen: Zeige uns den Vater? Glaubst du nicht, daß ich im Vater bin und der Vater in mir ist? Wer mich gesehen hat, der hat auch den Vater gesehen (Joh 14,9).
Wenn also Jesus eins ist mit dem Vater und wir in der hl. Kommunion mit Jesus eins werden, so werden wir auch eins mit dem Vater.
Das kann freilich nicht heißen, daß wir wesentlich eins werden mit Gott. Das ist unmöglich, weil wir trotz allem nur Geschöpfe sind. Aber wir werden durch die hl. Kommunion in das Leben Gottes hineingehoben in einer Weise, die wir uns noch nicht vorstellen können, das weiß ich auch nicht, weil Gottes Liebe unermeßlich tief ist, so tief und unergründlich, daß wir darinnen tummeln, wie kleine Kaulquappen (Froschlarven) am Rande eines riesigen

Gewässers. Die wissen nicht, warum sie so lebensfroh sind. Wir könnten es ihnen sagen:
Weil der See ihnen alles unbegrenzt bietet im Schilf und Sumpf, was sie brauchen zur Entwicklung für ein sehr glückfrohes Froschleben. Sie sind aber nicht der tiefe See. Sie leben nur darin und empfinden sich als Teil dieses beglückenden Gewässers. So ergeht es auch uns, wenn wir als Menschenkinder durch die hl. Kommunion hineingehoben werden in die Lebensmitte Gottes und dann tatsächlich Kinder Gottes sind.
Hineingehoben in die Lebensmitte Gottes. Dieses Wort scheint mir gewagt. Aber ich habe es nicht geprägt. Ich habe es einmal gehört von einem sehr lieben Katecheten.
Über den lieben Katecheten muß ich zuerst erzählen. Der war einmal als Priester in den strengen Orden der Kartäuser eingetreten. Das war ein Irrweg, den er eingeschlagen hatte, als seine geliebte Mutter durch einen plötzlichen Tod von ihm gegangen war. Nach einem Jahr wußte er, das immerwährende Stillschweigen vor allem, das hielt er nicht mehr aus. Er wurde von dem strengen Orden dispensiert.
Er ist in eine Ordensgenossenschaft eingetreten, wo ich ihn als Katechet kennengelernt hatte, weil ich dort studierte.
Der war es, der Pater Fridolin, der uns Studenten so begeisterte und uns oft gewagt in die Tiefen des Lebens Christi einführte.
An einem warmen Herbsttag kam P. Fridolin zu uns in die Klasse.
Er sagte:
„Buben, heute habe ich bei euch zwei Stunden Religion, weil der Physik-Professor für die nächste Stunde erkrankt ist. Da das Wetter so einladend ist, wollen wir der Einladung folgen. Wir gehen in den Park hinunter zur großen Gartenlaube und wollen dort ungezwungen über Gottes Größe und Herrlichkeit nachdenken. Ihr braucht nichts mitnehmen außer ein offenes Herz. Wir können auch die zwei Stunden ausdehnen, weil dann die Mittagspause ist."
Wie wir in der Laube bequem Platz genommen hatten, fing der Pater Fridolin an:
„Seht, Buben, wie schön die Welt ist! Wie wunderbar Gott Vater, Gott Sohn und Gott Heiliger Geist alles geschaffen haben. Gott ist nicht nur der Sohn, sondern auch der Vater und der Heilige Geist. Alle drei müssen wir achten, sie lieben und ihnen danken. Alle drei sind uns genauso nahe wie der Sohn. Denn Jesus, der Sohn, nimmt

uns auf in seine Gottheit. Das sind auch der Vater und der Heilige Geist."
Dann wagte der Pater das Wort, das ich nie mehr vergessen habe: „Jesus nimmt uns durch die hl. Kommunion hinein in die Lebensmitte Gottes!"
Wir fragten natürlich, wie das zu verstehen ist.
Der Pater schaute ernst auf und sagte:
„Zu verstehen ist das überhaupt nicht! Das müssen wir glauben!"
Der Pater stand auf und gestikulierte mit den Händen:
„Die Lebensmitte Gottes, das ist ein Begriff, für den es keine Beschreibung gibt. Die Lebensmitte Gottes, die ist unendlich weiter als die ganze Schöpfung in den Welten und in den Himmeln. Dafür gibt es keine Vorstellung. Und doch ist es Tatsache. Alles andere ist nur Geschöpf.
Von den Geschöpfen haben wir eine beschränkte Kenntnis. Von Gott haben wir keine Kenntnis. Da müßten wir selber Gott sein, wenn wir Gott kennen wollten."
Der Pater sprach energisch und feierlich:
„Gott selber kann sich nie erforschen. Gott selber kann sich nur bestaunen in seiner unergründlichen Liebestiefe und Lebenstiefe. Darum wagt nicht, wagt nie zu fragen: Wer ist Gott?
Es muß euch genügen, was der Apostel Johannes uns schreibt, der Gott tiefer geschaut hat als alle andern Apostel. Der hat das einfache Wort gewagt: „Gott ist die Liebe!"
Aber damit stehen wir wieder vor einer großen Frage, weil wir nicht wissen, was die Liebe ist. Weil wir die eigentliche Tiefe der Liebe nie begreifen können. Der Begriff Liebe bleibt ein ewiges Problem. Ja, Buben, so ist das!"
„Ihr wißt, Buben, ich war in einem strengen Orden. Da hatte ich bei immerwährendem Stillschweigen Tag und Nacht Zeit, darüber zu betrachten, was Liebe ist. Denn wer die Liebe nicht kennt, der kann nie zu Gott finden, hieß es.
Die Liebe sollten wir vor allem kennenlernen in der Beschauung vor einem großen Kreuz, das jeder in seiner Kartause hatte.
Ich habe mich sehr bemüht, Tage lang und Nächte lang in der Schau auf das Kreuz die Liebe kennenzulernen. Denn das Lebensopfer Jesu am Kreuz ist der tiefste Ausdruck der Liebe Gottes. Aber Buben, da ist mir etwas Schreckliches passiert! Ich sah eines Tages nur mehr die holzgeschnitzte Figur, aber nicht mehr Jesus.

Es schien mir, als sei Jesus sehr weit weg. Hier ist nur ein Stück totes Holz. Alles drehte sich vor mir wie in einem Narrenhaus. Ich hätte aufschreien können. Aber es war strengstes Stillschweigen. Schweigend und weinend setzte ich mich auf einen Schemel und wußte nicht mehr weiter. Ich eilte dann, es mußte sein - es war in der Nacht - zu meinem Pater Prior und klagte ihm das. Er hörte mich an und sagte dann endlich:
„Lieber Bruder, du darfst nicht mit leiblichen Augen schauen und schon gar nicht mit den Verstandesaugen. Du darfst nur mit den Herzensaugen schauen. Mit den Augen des Herzens nur kannst du Jesus in seiner Liebe erkennen. Aber dafür mußt du Geduld haben. Das kann Jahre dauern, bis du da Jesus in seiner Liebe sehen darfst. Erst wenn du Jesus in seiner Liebe siehst, bist du ein glücklicher Kartäuser."
Das habe ich mir wohl gemerkt, was mir der gute Obere gesagt hat. Das tue ich seither immer:
Jesus am Kreuze nur mit dem Herzen zu schauen. Aber nicht nur Jesus am Kreuze, auch Jesus in der heiligsten Eucharistie will ich nur mit dem Herzen schauen. Sein ganzes Leben und alle seine Weisungen, wie sie im Evangelium aufgezeichnet sind, suche ich nur mit dem Herzen aufzunehmen. Ja nicht mit dem Verstand. Da wird alles kritisch und sogar zweifelhaft.
Mit dem Herzen, mit dem gläubigen und liebenden Herzen wenn ich das aufnehme, dann wird es mir warm in der Brust, so daß ich jeden Buchstaben der hl. Schrift umarmen könnte. Buben, da wird alles warm und froh und lebendig in uns!"
„Wenn ich sage, mit dem Herzen müssen wir uns Gott aufschließen, dann erfahren wir, was das heißt, wir werden durch Jesus in die Lebensmitte Gottes hineingenommen. Gott ist die Liebe. Die Liebe ist die Lebensmitte Gottes. Je mehr wir uns in Liebe für Jesus aufschließen, umso mehr kann er uns hineinnehmen in seine Lebensmitte.
Jesus liebt uns, der Vater liebt uns, der Heilige Geist liebt uns. Was Gott Vater mit dem Sohne und der Sohn mit dem Vater und beide mit dem Heiligen Geist ständig neu erleben in unaussprechlicher Liebesüberraschung, das dürfen auch wir als Kinder Gottes miterleben. Das natürlich nur in dem Maße, wie es ein Geschöpf erleben kann.
Aber Gott hat Freude, auch seine geliebten Geschöpfe, soweit sie

es würdig sind durch ihre Liebe, daran teilnehmen zu lassen."
Der gute Pater schaut uns wieder der Reihe nach mit besonders aufmerksamen Augen an und sagt dann liebevoll mahnend:
„Meine Buben, vergeßt nie, was geschieht, wenn ihr kommuniziert! Es geschieht etwas, was selbst die höchsten hl. Engel nicht begreifen können. Sie verneigen sich jedesmal in tiefer Anbetung vor Jesus, der verborgen in der kleinen Hostie in unser Herz einziehen will. Das geschieht oft so nichtssagend und nebensächlich, daß wir in Gefährdung kommen, die Kommunion wirklich nur gewohnheitsmäßig zu empfangen.
Buben, meine lieben Buben, das darf nicht geschehen! Davor müssen wir uns hüten wie vor einer großen Lebensgefahr! Das ist es wirklich, wenn wir dem, der allein unser Leben ist, nicht mit ganzer Liebe uns öffnen.
Jesus zwingt uns nicht, daß wir ihm öffnen. Die Liebe ist frei. Je höher und heiliger die Liebe ist, umso freier ist sie. Jesus erwartet nicht von uns, daß wir ihm besondere Aufmerksamkeit schenken. Er kennt unsere Armseligkeit. Gerade je ärmer wir sind, umso lieber kommt er und macht uns reich.
Aber unser Wille muß sein, wenn wir's auch nicht sagen können: Jesus komm! Ich gehöre dir! Und du gehörst mir! Nimm mich hinein in deine liebende Lebensmitte!"
Ich wagte das Wort zu sprechen und ich wiederhole wieder: Jesus will uns durch die hl. Kommunion hineinnehmen in die Lebensmitte Gottes.
Das soll heißen: In das wirkliche Leben Gottes!
Ich kann seine Verheißung nicht anders auslegen:
„Wer mein Fleisch ißt und mein Blut trinkt, der bleibt in mir und ich bleibe in ihm."
Jesus sagt nicht:
Der hat an mir teil, der gehört zu mir, sondern: Der bleibt in mir und ich bleibe in ihm. Bei Gott gibt es keine Halbheit.
Jesus aber ist nicht nur Menschensohn, er ist Gottes Sohn. Er ist in gleicher Weise Gott, wie der Vater und wie der Heilige Geist.
Wenn Jesus sagt, er bleibt in uns und wir bleiben in ihm, so sind wir hineingekommen in sein Leben, in seine Lebensmitte. Seine Lebensmitte ist Gott. Also in die Lebensmitte Gottes werden wir hineingenommen.
Da muß ich wieder im Anfang des Johannes-Evangeliums lesen:

„Das wahre Licht, das jeden Menschen erleuchtet, kam in diese Welt (Jesus). Er war in der Welt. Die Welt ist durch ihn geworden, doch hat die Welt ihn nicht erkannt. Er kam in sein Eigentum, aber die Seinen nahmen ihn nicht auf.
Allen aber, die ihn aufnahmen, gab er Macht, Kinder Gottes zu werden. Ihnen, die an seinen Namen glauben!
Die nicht aus dem Geblüte, nicht aus dem Willen des Fleisches, nicht aus dem Willen des Mannes, sondern aus Gott geboren sind!
Das Wort (der Logos, Gott) ist Fleisch geworden und hat unter uns gewohnt. Wir haben seine Herrlichkeit gesehen. Die Herrlichkeit des Eingeborenen vom Vater, voll Gnade und Wahrheit."
Dazu noch das Schlußwort (Joh 1,16):
„Aus seiner Überfülle haben wir alle empfangen Gnade um Gnade. Durch Moses wurde das Gesetz gegeben. Durch Jesus Christus ist uns Gnade und Wahrheit geworden. Gott hat niemand geschaut. Der Eingeborene, der Gott ist, der im Schoße des Vaters ist, er brachte uns die Offenbarung."
Einmal in den großen Sommerferien, ich war im vierten Gymnasialjahr, ging ich in einem Kloster bei einem Pater beichten. Natürlich sagte ich ihm auch, daß ich Priester werden will.
Nach der Beichte betete ich noch eine Weile in der Klosterkirche. Wie ich dann hinausging, schaute ich mir noch ein wenig den weiten Klostergarten an. Da saß ein alter Pater mit weißen Haaren und Bart auf einer Bank. Ich wollte grüßend an ihm vorbeigehen. Da rief er mich an und fragte:
„Bist du der junge Mann, der vorhin bei mir gebeichtet hat? Ich wußte nicht, ob er der Beichtvater war, bei dem ich gebeichtet hatte. Aber er sagte mir:
„Freilich warst du das. Es war ja sonst niemand im Beichtstuhl."
Er lud mich ein:
„Komm, setz dich her! Wir sind hier ungestört. Ich möchte dir gerne etwas sagen. Du willst Priester werden. Aber du bist nicht mehr so jung. Bist du Spätberufener?"
Ich erklärte ihm kurz, daß ich sieben Jahre Bäcker war und nun schon vier Jahre im Gymnasium bin.
Er aber stellte gleich die wichtige Frage:
„Wie stellst du dir das vor, Priester sein?"
Ich sagte:
„Das ist eine hohe Berufung. Da kann ich nichts dafür. Ich mußte die-

ser Berufung folgen. Ich hätte sonst keine Ruhe mehr bekommen."
Er drückte meine Hand und sagte:
„Gut, gut, das ist die Berufung. Das kenn ich. Du gehst nun den Weg zum Priestertum. Gut, gut! Und eines Tages ist es so weit, da wirst du zum Priester geweiht und als Priester gesandt. Gut. Du wirst über das Priestertum genügend belehrt werden, wenn die Zeit kommt. Ich möchte dir darum darüber nicht viel sagen.
Aber dein Weg dahin muß heißen: Jesus Christus. Dein Weg dahin muß immer lichter werden eben im Lichte Jesu Christi. Auf deinem Weg dahin mußt du immer lebendiger werden eben im Leben Jesu Christi. Du darfst nicht mehr dein Leben allein leben. Auch nicht in den Ferien. Du gehörst nicht mehr dir, du gehörst Jesus. Dein Leben muß jetzt schon heißen: Jesus!"
Der Pater fragte mich, ob ich auch in den Ferien jeden Tag zur hl. Kommunion gehe. Ich konnte das bejahen.
Dann stellte er die Frage, wobei er mich ernst anschaute:
„Was denkst du dir, wenn du kommunizierst?"
„Ich denke mir, ich empfange Jesus Christus!"
Er nickte und meinte:
„Gut, gut! Das denkst du dir. Und was sagst du Jesus, wenn er in der hl. Kommunion zu dir kommt?"
„Da hab ich schöne Gebete, die ich teils auswendig kann."
Der Pater schüttelte den Kopf, daß sein weißer Bart wedelte:
„So, so, auswendig kannst du das. Aber was sagst du da Jesus wirklich, so wie man vernünftiger Weise mit jemandem redet, nicht aus dem Bücherl, sondern aus dir selber?"
Ich konnte ihm antworten, und das hat ihn gefreut:
„Ich sag Jesus alles, was ich halt so auf dem Herzen hab und was ich für Sorgen hab auf dem Weg zum Priestertum."
„Gut, gut! Das ist gut! Weißt du, welche Stimme Jesus am liebsten von dir hört?"
Ich wußte keine Antwort. Da sagte es mir der Pater:
„Deine Herzensstimme hört Jesus am liebsten von dir. Verstehst du das? Wenn du aus dem Herzen in Liebe zu Jesus redest, das hört er am liebsten. Denn Jesus redet auch nur aus seinem Herzen zu dir. Weißt du das noch nicht? Jesus kann nichts anderes reden. Denn Jesus ist die Liebe selber. Auch wenn er verdammen muß, redet er aus der Not seiner Liebe, die jede Unreinheit und Lüge von sich weisen muß."

Der Pater machte eine Pause. Ich wagte nicht, etwas zu fragen. Ich wollte ihn nicht stören. Ich spürte, das ist ein Priester, der aus der Tiefe Jesu schöpfen kann. Ich hoffte, daß er mir noch mehr sagt, was mir gut tut. Denn ich muß erst lernen, Jesus näher zu kommen. Ihn besser zu verstehen,. Es war als hätte der Pater meine Gedanken gelesen. Denn er fragte: „Kannst du Jesus überhaupt verstehen?"
Ich antwortete etwas unsicher:
„Ich möchte Jesus verstehen. Bitte, sagen Sie mir, wie ich ihn besser verstehen kann!"
Der Pater schaute mich fragend an und meinte dann energisch: „Das kann ich dir kaum sagen, wie du Jesus verstehen sollst. Jesus verstehen heißt, ihn richtig erleben. Mit ihm leben! Ich hab dir schon gesagt, nicht mehr du darfst dein Leben führen, du mußt Jesus leben!
Was glaubst du denn, meinst du Jesus kommt nur zum Spaß zu dir in der hl. Kommunion. Hältst du Jesus für so dumm? Jesus weiß genau, was er will, wenn er sich dir schenkt in der hl. Kommunion. Er will in dir etwas Unerhörtes bewirken. Er will dich in sich hineinholen. Heimholen will er dich in sein Leben."
Plötzlich schwieg er und schaute vor sich hin. Dann wendete er mir wieder sein Gesicht zu und fragte:
„Weißt du überhaupt, wer Jesus ist?"
Ich gab zur Antwort:
„Jesus ist der Sohn Gottes und ist durch Maria Menschensohn geworden, um uns zu erlösen."
Er nickte mit dem Kopf zufrieden:
„Gut, Gut! Jesus ist der Sohn Gottes! Ich brauch dir nicht erklären, wie er in der heiligsten Eucharistie sich uns zur Speise gibt, damit wir durch ihn das ewige Leben haben. Das weißt du alles und mußt du wissen.
Aber wenn du bedenkst, er ist Gott und schenkt sich dir in einfachster Gestalt als Speise, dann muß in dir, in deinem Herzen halt, etwas aufleuchten und lebendig werden. Denn es geschieht etwas in dir, was unerhört ist. Gott selbst ist in dir eingekehrt. Ja, Gott selbst ist in dir. Er ist nicht nur dein Gast, der bald wieder geht. Er ist dein Gott, der in dir etwas will. Um es kurz zu sagen: Gott will dich in sich hineinnehmen. Aber das tut er nicht mit Gewalt, weil ja Gott lauter Liebe ist. Das tut er mit Liebe, dich in

159

sich hineinnehmen. Und das tut er mit Geduld. Darum sagen wir besser: Jesus will dich in sich hineinwandeln. Langsam, wie du ihm gefügig bist, will er dich immer mehr in sich hineinwandeln."

Als ich dann erwähnte, was uns der Katechet im Gymnasium gesagt hatte, daß Jesus uns hineinnehmen wolle in die Lebensmitte Gottes, da sagte der Pater schroff:
„So ein Unsinn! Lebensmitte Gottes. Was soll das heißen? Die Lebensmitte Gottes kann kein Geschöpf erforschen und auch niemals erreichen."

Er wurde dann ruhiger und überlegte:
„Wenn damit euer Katechet gemeint hat, daß uns Jesus voll in sein Leben hineinnehmen will, dann könnte man das so sagen. Jesus will uns wirklich in sein göttliches Leben hineinnehmen. Wir sollen wieder wahre Kinder Gottes des Vaters werden. Das will Jesus durch die hl. Kommunion, uns heimholen in die Kindschaft seines himmlischen Vaters.

So wie Gott uns erschaffen hatte nach seinem Bild und Gleichnis als seine Kinder, sollen wir durch Jesus wieder heimgeholt werden in die unsterbliche Kindschaft Gottes.

Daß es dabei um etwas unerhört Herrliches geht, das können wir daraus ermessen, daß in Jesus Gott selbst sich uns zur Speise gibt. Wenn Jesus sich uns schenkt in der hl. Kommunion, geschieht jedesmal das größte Wunder der erlösenden und erneuernden Liebe Gottes. Die Liebe Gottes im Kreuzesopfer ist unerhört und unbegreiflich. Die Liebe Gottes im eucharistischen Mahle ist genau so unerhört, aber nicht mehr so unbegreiflich.

Hier senkt sich Jesus wie ein Sanitäter zu jedem einzelnen zum Tode Verwundeten nieder und hebt ihn auf in seine heilende göttliche Lebensliebe. Jeder, der sich von ihm aufnehmen läßt, ist gesund oder wird gesund von allen seinen Todeswunden.

Wie betont das Jesus in seinen Verheißungen so ausdrücklich:
„Wer mein Fleisch ißt und mein Blut trinkt, der hat das ewige Leben!"

Der Pater macht eine Pause. Dann beginnt er sehr ernst:
„Ja, mein Lieber! Das wird einmal als Priester dein schwerstes Ringen sein: Den Menschen klar zu machen, daß Jesus uns in der hl. Kommunion wieder das ewige und sogar göttliche Leben schenken will! Das mit einer absoluten Sicherheit, weil er selbst uns in sein göttliches Leben hineinnimmt.

Die Belehrungen des alten Benediktiner-Paters haben lange in mir weitergeleuchtet. Als ich in den nächsten Sommerferien nach ihm fragte, war er schon verstorben. Ich hoffe, daß er mich vom Himmel aus weiter belehren darf. Denn vom Himmel aus haben unsere Lieben dazu mehr Möglichkeit.

Auf alle Fälle ist es das tiefste Wunder, das wir Kinder Gottes dauernd erleben dürfen:

Jesus ist als Gott und Mensch uns tägliche Speise auf den Erdenwegen durch die Zeit der Prüfung und Bereitung. Wenn wir diese Wirklichkeit so nehmen wie sie uns aus der Fülle der Liebe Gottes geschenkt wird, dann sind wir stärker und hoffnungsvoller als alle anderen Geschöpfe. Dann übertreffen wir sogar die Heiligen an Siegeskraft im Aufstieg zum Himmel. Was kann uns denn noch passieren, wenn Gott selber in seiner ganzen liebenden Allmacht nicht nur mit uns, sondern in uns ist. Denn wir sind eins mit ihm!

Aber eins bleiben wir nur mit ihm, wenn wir seinen Willen befolgen und in seiner Liebe bleiben. Denn Jesus ist reinste Liebe, die nicht betrübt werden darf.

Etwas muß ich erzählen, was ich einmal vor Jahren irgendwo gelesen habe aus dem Leben des hl. Franz-Xaver. Unentwegt mit einer Begeisterung ohnegleichen war er unterwegs durch die weiten Gefilde des fernen Ostens. Wenn er so dahinwanderte, oft eilig voran vor seinen Begleitern, dann besang er in seiner Muttersprache als kämpferischer Baske in einer nimmermüden Freude die heiligste Dreifaltigkeit! Da fing er oft an:

„Gott Vater! Herrlichster und heiligster Gott! Ich bin dein! Ich bin dein Sohn durch deinen Sohn! Ich bin eins mit ihm! Darum auch eins mit dir, Gott Vater, heiligster Vater! Auch mit dir, liebster, allerliebster Heiliger Geist bin ich eins. Ich bin daheim in euch, in euerer heiligsten Dreieinheit! Und wenn ich abgleite, Jesus, der Sohn, nimmt mich jeden Tag aufs neue auf in eueren Schoß, heiligste Dreifaltigkeit!

Darum kann ich nicht ruhen, weil ihr meine Kraft seid, ihr heiligsten und liebsten Drei. Darum kann ich nicht ruhen und muß weiterziehen, um allen Menschen die Frohbotschaft euerer Liebe und eueres Lebensglückes zu bringen, eueres Lebens, das keinen Tod mehr kennt."

Wenn er sich wieder einer Menschensiedlung näherte, flehte er vor allem den Heiligen Geist an:

„Liebster, liebster Heiliger Geist! Du Licht, du Strahl, der alle Herzen durchglühen kann, jetzt zeige, wer du bist, was du kannst! Nicht ich bin es, der da etwas kann. Du bist es! Aber da ich eins bin mit dir durch den Sohn, tu ich es: Diese armen, verirrten Menschenkinder in dein Licht tauchen, daß sie licht werden und endlich sehen und spüren, wie du sie liebst. Heiliger Geist, heiligster Vater, da dürft ihr nicht zögern! Auch sie sind mit dem Blute des Sohnes erkauft. Da ich durch den Sohn eins bin mit euch, will ich in euerer Liebesvollmacht ihnen alles offenbaren und schenken, was der Sohn mir aufgetragen hat!"

So ging Franz-Xaver hin und predigte in der Sprache, die alle verstehen konnten. Noch mehr verstanden sie das Wunder der Liebe Gottes, das ihnen in diesem einfachen durch und durch glaubwürdigen Apostel vermittelt wurde. Sie ließen sich taufen, damit sie neu geboren werden als Kinder Gottes, der sie so liebt.

Wir wissen, bis nach Japan ist er vorgedrungen, der Völkerapostel des fernen Ostens. Er konnte Unglaubliches vollbringen, weil er sich durch die heiligste Eucharistie eins wußte mit Gott. Mit dem Vater, dem Sohn und dem Heiligen Geist.

Und wir, wissen wir uns nicht mehr eins mit Gott? Auch nicht, wenn wir täglich kommunizieren? Wo fehlt es da? Es kann nur fehlen am Glauben, und was noch schlimmer ist: An der Liebe! Wenn wir Jesus nicht mehr lieben können, dann . . . dann bleiben wir besser weg, damit uns diese Begegnung nicht zum Gericht werde!

Zur Erleichterung will ich noch ein einfacheres Erlebnis erzählen: Das war vor Jahrzehnten. Ich war Krankenhausseelsorger in Wien. Da ging ich wieder wie jeden Tag durch die Krankenräume von Bett zu Bett.

Am Ende kam ich an ein Bett zu einem jüngeren Mann, der mich nicht mehr los ließ. Er sagte mir:

„Ich hatte nur eine Bruchoperation. Ich darf morgen schon wieder heim. Es würde mich sehr freuen, wenn Sie mich besuchen würden in meinem Blumenparadies. Ich habe eine große Blumengärtnerei in der Nähe des Zentralfriedhofs. Einen großen Teil der Gräber des Friedhofs beglücke ich mit meinen Blumen."

Ich versprach zu kommen und ich kam, schon weil ich immer Freude hatte an den Blumen.

Der junge Mann stand inmitten seiner Blumen in einem mächtigen

Treibhaus. Er war gerade daran, eine neue Sorte zu züchten. Ist ein bißchen Geheimnis, wie er sagte. Darum durften seine vielen Angestellten, über dreißig hauptsächlich Gärtnerinnen, nicht dabei sein.
Aber da seine Arbeit rein mechanisch vor sich ging, konnte er frei mit mir reden. Er fing gleich offen an:
„Ja, Herr Pfarrer, ich hätt Ihnen viel zu sagen, noch mehr zu fragen. Aber ich bin evangelisch. Ich möchte gern katholisch werden. Aber da ist wieder eine Schwierigkeit. Ihr Katholiken nehmt das ein bißl ernster als wir. Wenn man z. B. so eine Liebschaft hat und sie halt gern hat. Ich habe eine Reihe hübscher und junger Gartnerinnen."
Er sagte ausdrücklich Gartner, nicht Gärtner.
„Nun ja, ich bin jung und Alleinbesitzer der Gärtnerei. Da haben sie Hoffnung und sind mir recht zugeneigt. Aber ich kann nicht alle heiraten. Nur eine. Und da gibts keine Scheidung mehr, wenns später nicht paßt. So sagt's ihr Katholiken."
Inzwischen hatte er die eine Züchtung fertig und sagte:
„Kommens bitt schön mit da hinten in die Laube. Ein Fläschchen Wein ist dort im Sand versteckt."
Er fuhr dort gleich fort und redete weiter offen:
„Sehn Sie, ich hab einige fesche Mädl in meiner Gärtnerei nicht nur gern gesehen, sondern auch gern gehabt. Ist das nun gleich eine Sünde, Herr Pfarrer?"
Ich mußte nicken und sagen:
„Ja, das ist Sünde und von Gott nicht erlaubt, ob du katholisch oder evangelisch bist. Das mußt du sein lassen, wenn du Gott gefallen willst. Wenn du dir das Heil Gottes, das dir genauso notwendig ist wie uns, nicht verderben willst."
Er wendete gleich lebhaft ein:
„Ja, ja, ich weiß das! Aber so ein bißchen Liebschaft, kann das Gott nicht ein bißchen übersehen?"
Ich mußte klar stellen:
„Nein, mein Lieber, das kann Gott nicht. Gott kann überhaupt nichts übersehen, weil er allsehend oder allwissend ist, wie wir sagen. Und Gott kann das nicht übersehen, weil ein jedes Menschenkind, auch wenns noch so hübsch ist, eine unsterbliche Seele hat, die durch Fleischeslust nicht zerstört werden darf."
Er unterbrach mich gleich mit den derben Worten:
„Also an jedem hübschen Mädchen, oder sagen wir an jedem rei-

zenden Fleischesgesicht klebt eine unsterbliche Seele dran, die ich nicht beschädigen darf."
Ich mußte Geduld haben mit diesem jungen Mann, weil er trotzdem so aufrichtig war. Ich erklärte ihm:
„Nicht an dem Fleischesgesicht klebt eine unsterbliche Seele, sondern umgekehrt:
An der unsterblichen Seele hängt ein sterblicher Leib, der durch die reine Seele und durch die Gnade Gottes wieder unsterblich werden soll. Ich muß es dir offen sagen, mein Lieber:
Die Fleischessünde reißt Leib und Seele in den Tod! Nur was durch das hl. Sakrament der Ehe in Jesus geheiligt wird, ist nicht mehr tödliche, sondern heilige Vereinigung in der Liebe Jesu. Wenn du das nicht verstehen willst, dann sollst du nicht katholisch werden!"
Da erlebte ich ein Wunder der Bekehrung. Der Mann sagte mir: „Herr Pfarrer, morgen geh ich zum katholischen Pfarrer, der mich schon kennt und der mir helfen wird, katholisch zu werden. Ich will eine katholische Trauung! Denn ein Mädchen habe ich zu tiefst im Herzen gern! Mit der will ich ewig verbunden sein in reiner Liebe, wie Sie sagen!"
„Herr Pfarrer, die Mädchen haben mir ja im Grunde leid getan, sogar sehr leid, wenn ich sie nur ausgenützt habe. Sie haben mir vertraut und sie haben gehofft, daß ich sie wirklich liebe. Ich hab mich selbst dabei betrogen und mir vorgemacht, das sei Liebe. Ich redete auch zum Mädchen von Liebe. Das war es doch nicht! Denn Liebe müßte ewig binden, ewig treu sein und verläßlich.
Herr Pfarrer, noch bin ich evangelisch, aber nicht mehr lang. Als evangelischer Christ habe ich trotz allem gern in der Hl. Schrift gelesen. Da konnte ich der Wirklichkeit nicht ausweichen, daß Jesus reinste Liebe und reinstes Leben ist.
Das ist es, was mich so bewegt, katholisch zu werden. Ich möchte auch, wie die Katholiken beichten gehen und wieder ein reines Leben führen.
Und dann sagt Jesus im 6. Kapitel des Johannesevangeliums unter anderm:
„Ich bin das lebendige Brot, das vom Himmel herabgekommen ist. Wer von diesem Brot ißt, der wird ewig leben."
„Sie kennen diese Verheißungen sicher besser als ich. Das möchte ich endlich ernst nehmen! Ich stehe oft an den Gräbern von Katholiken. Sind fast nur katholische Gräber. Da hab ich schon öfter mit

manchem still geredet, der da unten im Grabe liegt und dem ich schöne Blumen hingepflanzt habe, zum Zeichen, daß er nicht im Grabe bleibt, sondern einmal frühlingsfrisch wie die Blumen auferstehen wird.
So hat uns Jesus doch verheißen:
„Wer mein Fleisch ißt und mein Blut trinkt, der hat das ewige Leben! Den werde ich auferwecken am Jüngsten Tage."
Ich weiß sogar auswendig, wo das steht: Im Kap. 6, Vers 54.
Auf das und auf alles, was Jesus uns verheißen hat, will ich mich verlassen! Darum werde ich katholisch, damit ich das ernst nehme und danach lebe. Keine Liebeleien mehr. Da müßt ich mich vor mir selber schämen.
Sie haben schon recht, Herr Pfarrer, was Sie mir gesagt haben: Fleischeslust reißt Leib und Seele ins Verderben."

Herz Jesu, eucharistisches Herz:

Liebster Jesus, du hast der hl. Margarethe die Liebe deines Herzens in außergewöhnlicher Weise geoffenbart. Es ist erschütternd, die Botschaften zu hören. Alle Herzen müßten aufwachen zu einem lichten Glauben, zu hellster Hoffnung und zu glühender Liebe, die diese Botschaft hören.
Du weißt, oh Jesus, diese Botschaft deines liebeglühenden Herzens, das alle Menschen aufrichten und retten könnte, hören die Menschen kaum mehr. Denn ihr Herz ist verhärtet im Egoismus.
Jesus, nun frage ich dich:
Ist ein Unterschied zwischen der Offenbarung deines göttlichen Herzens und der Ankündigung deines eucharistischen Liebesopfers? Du verkündest dort und da deine unermeßliche Liebessehnsucht. Der Unterschied ist nur, daß du im eucharistischen Liebesopfer uns dein Herz wirklich hinschenkst in vollkommener Preisgabe. Weil die Menschen diese vollkommene Hingabe deines Herzens im eucharistischen Liebesopfer so wenig beachten, hast du ihnen ausdrücklich die Liebe deines Herzens verkündet. Und doch hören wenige darauf. Sie haben dafür kein Herz. Sie brauchen dich nicht. Sie wollen dich nicht.
Aber, oh Jesus, zu deinem eucharistischen Liebesmahl kommen sie. Weil es so Brauch ist. Sie kommen ohne Herz zu deinem Herzen. Sie kommen ohne Liebe zu deiner Liebe. Sie kommen ohne Leben zu deinem Leben. Sie kommen, sie kommen. Die Toten, die Lieblosen kommen und wissen gar nicht was sie wollen bei dir, der du nur Leben und Liebe bist. Dein liebeglühendes Herz wird verschlungen von der lieblosen Welt.
Verzeihung! Aber ich mußte das Jesus klagen. Das ist heute wieder so, wie sie damals Jesus auf Golgotha schleppten. Der Unterschied ist nur:
Damals sahen sie den Menschensohn Jesus. Heute sehen sie ihn nicht mehr. Denn was ist schon eine kleine Hostie. Das ist nur ein kleines unscheinbares Ding. Daß dahinter genauso der Menschensohn Jesus lebt, das ist nicht möglich. Denn an Wunder glaubt man heute nicht mehr. Umso leichter können sie Jesus wieder geißeln und kreuzigen, weil er so verborgen ist in kleiner Brotsgestalt.
Die Menschen hören seine Worte nicht mehr und wenn sie sie hören, verstehen sie sie nicht mehr, wie er ausdrücklich verkündet hat:

„Ich bin vom Himmel herabgekommen, nicht um meinen Willen zu tun, sondern den Willen dessen, der mich gesandt hat. Das ist der Wille dessen, der mich gesandt hat, daß ich nichts von all dem, was er mir gegeben hat, verloren gehen lasse, sondern es auferwecke am Jüngsten Tage" (Joh 6,38).
Und hören wir weiter, damit wir es uns vielleicht doch merken: „Ich bin das Brot des Lebens! Euere Väter haben das Manna gegessen und sind doch gestorben. Das Brot aber, das vom Himmel herabgekommen ist, ist von solcher Art, daß jeder, der davon ißt, nicht stirbt."
„Ich bin das lebendige Brot, das vom Himmel herabgekommen ist. Wer von diesem Brot ißt, der wird ewig leben" (Joh 6,51).
Wir können uns drehen, wie wir wollen. Wir können an dieser Ankündigung Jesu herumtüfteln wie wir wollen, die Tatsache ist: Jesus schenkt sich uns in diesem Geheimnis der Eucharistie ganz und gar als Gott und Mensch, mit seiner ganzen Persönlichkeit, vor allem mit seinem ganzen Herzen. Denn es ist seine Liebe, die keine Grenzen mehr kennt, wie er keine Grenzen mehr kannte in seiner Hinopferung bis zum letzten Blutstropfen am Kreuze. Vom Kreuze herab schenkt er sich uns ja in der Gestalt des Brotes, wie er selber betont:
„Das ist mein Leib, der für euch hingeopfert wird! Das ist mein Blut, das für euch vergossen wird!"
Von seiner Liebe, von seinem Herzen braucht er hier nicht mehr reden. Das ist alles mit eingeschlossen in seiner Ganzhingabe für uns. Und wie es eingeschlossen ist! Er sagt es ja:
„Eine größere Liebe hat niemand, als wer sein Leben hingibt für die Seinen."
Immer wieder gibt Jesus sein Leben hin bei jeder hl. Kommunion für einen jeden, der ihn empfängt. Gottes Liebe ist unbegrenzt. Und Jesus tut alles aus Liebe. Aus Liebe, wie ihn der Vater gesandt hat und wie er im Heiligen Geiste erglüht.

Eine Liebe ohnegleichen
in dem Herzen Jesu glüht.
Niemals kann von uns er weichen,
was auch quälend ihm geschieht.

Es geschieht des Vaters Wille,
es geschieht im Heilgen Geist,
daß auch bis zur letzten Hülle
ihn im Leib zum Tode reißt.

Denn unendlich ist die Liebe,
unerhört, was Jesus wagt.
Denn wo sonst der Mensch noch bliebe,
hätt nicht Jesus ja gesagt.

Ja am Kreuze bis zum Ende,
ja in seinem Lebensbrot,
daß die Menschen er noch wende
heim zum Leben aus dem Tod.

So sehn Jesus wir im Herzen,
der nicht mehr sich selbst gehört,
der im Opfer voller Schmerzen
nur auf jeden Menschen hört.

Jesu Herz kann nimmer ruhen,
will für uns nur Opfer sein,
will zu jedem Menschen suchen
und ihn schließen in sich ein.

Er allein als Lebensspeise
uns in sich unsterblich macht.
Er schenkt sich auf diese Weise,
wie sein Herz es uns erdacht.

Selig wer ihn voll Vertrauen
aufnimmt und in ihm verbleibt,
der kann sicher auf ihn bauen,
daß er Tod und Höll vertreibt.

Schwerlich können wir ein Leben schauen, das Jesus in seiner eucharistischen Herzensliebe so erkannt hat, wie er sich uns schenkt. Denn es ist eine Liebe, für die es keine Worte gibt. Freilich in den großen Heiligen leuchtet sie immer wieder auf, die

Liebe, die ihnen aus dem eucharistischen Herzen geschenkt wird. Ich erinnere mich, ich habe aus dem Leben der hl. Theresia von Avila gelesen. Wie sie endlich aufwachte von ihrem gleichgültigen, weltgewandten Ordensleben, da schrie sie zu Jesus:
„Oh Jesus, mein Herr, gib mir die Kraft, dir allein zu gehören und dir zu dienen! Rette mich, denn ich komm nicht von mir los, wenn du mich nicht von mir wegreißt, um endlich dir zu gehören! Der du allein mein wahres Leben bist."
Sie schreibt dann später als Jesus sich ihrer erbarmt hatte und sie in sein Licht und in seine Liebe heimgeholt hatte, darüber:
„Was mir Jesus geschenkt hat, das übertrifft alles, was man sich auf Erden vorstellen kann. Jesus schenkt uns ein Licht, dagegen selbst die Sonne dunkel erscheint. In diesem Lichte Jesu sehen wir die innigste Verschmelzung mit Jesus im heiligsten Mahl. Das ist ein unbeschreibliches Glücksgefühl, daß dagegen das Leben in uns selbst wie eine schreckliche Verbannung ist. In dem Leben mit Jesus ist alles licht und froh, sicher und mächtig, herrlich in Liebesfreuden ohne Ende."
Bekannt ist ihr Wort:
„Nichts verwirre dich! Nichts erschrecke dich! Alles geht vorüber. Gott ändert sich nicht. Die Geduld dafür erreicht alles. Wer Gott besitzt, dem mangelt nichts. Gott allein genügt!"
Dazu erklärt sie:
„Ganz in Gott geborgen sein, das können wir nur erreichen in Demut und in fester Entschlossenheit, daß uns nichts mehr von Gott trennt."
Sie erklärt einmal weiter:
„Keine Angst um unsere Freiheit im Dienste Gottes! In Gott sind wir frei! Denn in Gott haben wir die Sicherheit des Gewissens und die Freiheit des Geistes!"
Als sie dann den Tod nahe fühlte, sprach sie:
„So ist sie denn gekommen, die heißersehnte Stunde, oh mein Herr und mein Bräutigam. So ist denn die Zeit da, daß wir einander sehen werden."
Nicht nur sehen wird sie Jesus, meinte sie, sondern erleben in seiner zarten, gewinnenden Liebe, die keine Grenzen an Opfer und Hingabe kennt und kannte. Mit Jesu Liebe zusammen darf sie nun sorgen und helfen, Seelen auf Erden aufzurichten zum Lichte und zur Freiheit des wahren Lebens.

Über das Leben und Wirken der Theresia von Avila nachzuforschen, kämen wir an kein Ende. So reich ist sie geworden im Geiste und noch mehr im Herzen, weil sie gewagt hat, in der Liebe des eucharistischen Herzens Jesu ganz unterzugehen.
Nicht wir sind es, die unvergeßlich groß und reich werden können für Zeit und Ewigkeit, sondern die wirkende Liebe Jesu in uns.
Wir müssen Jesus endlich vertrauen und uns ihm schenken mit Leib und Seele, mit Herz und Verstand. Eigentlich so, wie Jesus sich uns schenkt in seiner eucharistischen Hingabe.
Das Wunderbarste dabei ist:
Jesus schenkt uns alles, sich selber, seine umfassende Liebe und Gnade. Wir dürfen damit wirken, als wäre das alles unser Werk und unser Verdienst. So stehen wir einmal groß und herrlich da vor der ganzen Schöpfung.
Aber das ist so. Das ist die schenkende Liebe Jesu, die nur auf uns schaut, um uns ewig zu beglücken in der unendlichen Lebensfülle seiner göttlichen Liebe. Denn wir sollen ja für alle Ewigkeit die glückseligen Kinder seines himmlischen Vaters sein.
Wir wollen nun auf einen Heiligen schauen, der uns näher steht, als die große, heilige Theresia. Es soll auch ein Heiliger sein, der die eucharistische Herzensliebe Jesu besonders innig erlebt hat. Das ist der hl. Bruder Konrad. Es gibt viele Berichte über sein Leben. Da habe ich gerade einen Ausspruch von ihm in der Hand, der uns vieles sagt:
„Meine Lebensweise ist lieben und leiden. Ich bewundere die namenlose Liebe, die uns Jesus ständig schenkt in seiner Hingabe an uns. Durch die tägliche hl. Kommunion werde ich mit Jesus auf das innigste vereint. Das kann ich nie recht begreifen, daß Jesus so lieb zu mir ist, da ich es doch nicht verdiene."
Wir lesen in den Berichten über den hl. Bruder Konrad weiter:
„Ich muß mit Jesus reden, wie ein kleines Kind zum Vater. Ich muß Jesus sagen:
Verzeih mir meine Unwürdigkeit! Ich bitte dich demütig, verleihe mir die Gnade, deiner würdig zu werden! Verzeih mir meine Herzenskälte, wenn du zu mir kommst. Ich will mich mühen, dich mehr zu lieben!
Jesus lieben, das kann ich nicht besser als im Kreuze. Das Kreuz mahnt mich, aus Liebe zu Jesus alles in Geduld und Demut zu ertragen, was mir an jedem Tag aufgeladen wird.

Wenn ich das tue, zeigt Jesus mir einfachem und sündigen Menschen die ungeheure Weite und Tiefe seines Herzens. Darin vergeht die Sorge wegen meiner Unwürdigkeit. Da kann ich Jesus nur vertrauen. Jesus ist lauter Liebe zu uns allen, wenn wir aufrichtig zu ihm sind."

Unser Bruder Konrad ist ein Heiliger, der uns mahnt, mit Jesus aufrichtig zu sein. Wir dürfen ihm alles sagen, was uns bedrückt. Wenn wir Jesus alles offen sagen, meint Konrad einmal, dann werden wir im Herzen frei von aller Last und können in reiner Liebe zu Jesus aufschauen.

Das können wir, wenn wir Jesus vertrauen. Jesus vertrauen, das können wir aber nur, wenn wir ihn lieben.

Jesus lieben, das ist vordringlich, sagt Bruder Konrad. Sonst können wir Jesus nicht gefallen. Die Liebe zu Jesus beweist, daß wir nicht nur zu ihm gehören, sondern daß wir ihm selbst gehören Herz im Herzen. Eben so, wie Jesus sich uns schenkt in seiner eucharistischen Herzenshingabe.

Da darf nichts mehr dazwischen sein zwischen ihm und uns. Auch nicht unsere persönlichen alltäglichen Sorgen, als müßten wir dafür allein aufkommen. Als verstünde Jesus davon nichts.

Jesus hat uns doch selbst so erschaffen und gestaltet und will uns nun erneuern und vollenden. Diese Erneuerung an uns hat Jesus all sein Blut gekostet, das er bis zum letzten Tropfen in grauenhaftesten Qualen für uns hingeopfert hat. Verstehen wir nun, wie sehr Jesus uns liebt.

Wenn wir das tiefste Geheimnis seiner Opferliebe auch nicht begreifen können, daß Jesus immer noch in mystischer Weise sein Erlösungsopfer für uns erleidet, so dürfen wir es doch nicht nebensächlich oder gar nichtig sehen. Es ist die volle Opferliebe Jesu in jeder hl. Messe. Es ist die volle Opferliebe Jesu in jeder hl. Kommunion für jeden einzelnen, dem er sich hinschenkt. Es ist immer seine ganze Herzensliebe, die er wagt bei jedem Opfermahl. Auch wenn er tausendmal oder viele tausendmal kaum Aufmerksamkeit und schon gar keine Gegenliebe empfängt, er läßt sich nicht verbittern und er verzagt nicht. So unüberwindlich ist seine Liebe!

Kannst du dir nun denken, wie sehr Jesus sich freut, wenn du ihm sagst bei der hl. Kommunion: „Jesus, ich liebe dich!"

Unsäglich aber freut sich Jesus, wenn du dieses Wort nicht nur sagst, sondern verwirklichst in deinem Tagewerk. Kannst du dir vorstellen, mit welcher Liebe heilige Engel um dich sein werden und dir helfen, daß du dein Versprechen erfüllen kannst. Da werden die hl. Engel sorgen, daß alle bösen Hindernisse weggeräumt werden, damit du Jesus wirklich lieben kannst.

Nun wollen wir zu anderen Personen schauen, die uns wohl noch näher sind und uns auch ein Beispiel geben, wie sie Jesus in seiner eucharistischen Herzensliebe begegnet sind.

Das war während des grausamen Vernichtungskrieges unter Hitler. Ich war in Vorarlberg bei Bregenz. Da habe ich von einer opferharten Frau in Wigratsbad gehört, die mit einer Gruppe angefangen hatte, viele Stunden in der Nacht im Gebet zu verweilen, um Sühne zu leisten für den gottlosen Hitlerkrieg, wie sie sagte.

Ich bin mit einer Jugendgruppe hingeradelt. Die Frau Antonie Rädler haben wir bewundert. Sie war nicht nur fromm, sie hatte auch eine prophetische Schau. Sie konnte uns genau sagen, wie dieser Krieg enden wird.

Bald mußte die Frau Rädler vor der Gestapo (Geheime Staatspolizei) fliehen. Sie hat eine sichere Zuflucht gefunden auf einer entlegenen Almhütte in den Vorarlberger-Alpen. Da sie niemand verraten hat, war sie für die Gestapo unauffindbar.

Eine kleine Wegstunde unterhalb jener Almhütte kannte ich einen Bergbauern, Johann Finkler hieß er. Ihm gehörte die Alm, auf der die Frau Rädler Zuflucht bekommen hatte. Ich habe sogar erfahren, der gute Bauer war es ja, der sie dort versteckt hielt. Er hatte es mir anfangs nicht gesagt, damit das Versteck sicher geheim bliebe.

Johann Finkler war ein außerordentlich frommer Mann. Seine Frau, die er sehr geliebt hatte, war ihm einige Monate bevor ich ihn kennengelernt hatte, durch einen Unglücksfall auf der Alm verstorben. Er hat dieses schwerste Opfer aus Gottes Hand angenommen. Es war ein Sühnetod. Sie hatten sich für ihre beiden Söhne, die in Rußland gefallen waren, bereit erklärt, aus Gottes Hand jedes Opfer anzunehmen, damit ihre lieben, gefallenen Söhne bald in den Himmel kommen. Sonst hatten sie keine Kinder.

Beim Sterben auf der Alm - sie war von einem Felsen abgestürzt, über den sie hundertmal mit sicheren Schritten gegangen war - sagte sie dem Mann noch, der gleich zu Hilfe geeilt war: „Hans, es ist aus! Sei nicht traurig! Jesus wird dich trösten! Du weißt, es ist für unsere Buben, für den Rudi und für den Hansi!

Damit sie nicht lange im Fegfeuer leiden brauchen. Ich glaube, wenn ich hinüberkomme, sind sie schon da."
Sie wurde sehr matt. Sie hatte sich beim Sturz den ganzen Brustkorb eingedrückt. Sie stöhnte nur noch:
„Vater, gib mir deinen Segen, den du uns immer gegeben hast! Jesus ist ja bei mir. Heute früh in der Kirche, bei der hl. Kommunion hat es mir Jesus schon gesagt, daß er mein Opfer braucht."
Damit war es aus. Ein Blutsturz kam aus ihrem Mund. Der Vater Finkler hatte mir gesagt:
„Ich konnte nicht weinen aus Trauer, sondern eher aus Freude, weil ich wußte, nun sind alle meine Lieben daheim in Jesu herrlichster Liebesseligkeit."
„Zwar gab es bei der Beerdigung viele Tränen, wie auch ich nur weinen konnte, aber nicht aus Trauer, sondern aus seliger Liebe. Ich konnte das niemanden sagen. Nur ihnen kann ich es sagen, Herr Pfarrer. Und auch der Antonie droben auf der Alm habe ich es gesagt. Die hat auch Freudentränen mit mir geweint, weil Jesus so gut ist in seiner Liebe."
Es läßt sich nicht vermeiden, ich muß ein wenig berichten über den Bergbauern Johann Finkler. Zu seinem Hauswesen kann ich sagen: Er hatte einen gepflegten Berghof. Bei 20 Stück Rinder standen in dem Stall, um 15 Kühe und 5 Jungrinder. Er mußte im Krieg alle Milch abliefern. Schon seine Eltern hatten zur Molkerei hinunter eine Seilbahn gebaut. Hinunter liefen die vollen Kannen von selber, bergauf mußte man die leeren Kannen mit einer Winde ziehen.
Zur Arbeit hatte Johann einen Bruder, der behindert war. Er hatte als Knabe durch einen Unfall ein krummes Bein bekommen. Damit war er von der Wehrmacht frei. Er war trotzdem auf dem Hof ein tüchtiger Arbeiter.
Zwei Frauen gehörten zu seinem Haushalt. Das war die ältere Schwester seiner verstorbenen Frau, um 60, aber sehr fleißig und fromm. Deren Tochter, um 30, die auch schon ihren Mann im Krieg verloren hatte. Sie hatte einen Buben mit drei Jahren, der wahrscheinlich einmal Erbhofbauer sein wird.
Alle hielten und arbeiteten sie zusammen mit einer Treue und Verläßlichkeit, die ich bewundern mußte.
Wenn ich hinauf kam zum Johann, konnte ich immer ungestört mit ihm allein sein. Er hatte eine Art Hauskapelle eingerichtet, wo wir miteinander reden konnten. Seine Reden waren tief religiös. Er

kannte das Neue Testament fast auswendig. Er kam allerdings in eine mystische Tiefe, die meist abgelehnt wurde.
Er hatte auch Arme Seelen-Erscheinungen. Aber mit Maß, weil er sagte, er kenne ihre Nöte in ihrer brennenden Liebessehnsucht. Er will sie alle in sein Opferleben und in seine Andachten einschließen. Die waren reichlich. Einmal habe ich auch eine halbe Nacht dort mitgebetet.
Es waren auch seine Angehörigen dabei und manchmal auswärtige Beter. Die wurden streng ausgemustert. Das hat er auch mit mir getan, bevor er mir sein Vertrauen schenkte.
Ich habe heute noch davon Notizen in Stenogramm. Daraus möchte ich einiges bringen. Das waren mystische Schauungen. Ich will nicht weiter erwähnen, wie er den Ruin des Hitlerregimes durchschaute.
Einmal war ich kurz bei ihm, da sagte er mir beim Abschied, ich soll für die Bewohner von Friedrichshafen beten. In acht Tagen werden Tausende durch Bomben sterben. So geschah es.
Nun einige Berichte von Johann über den Himmel:
„Es ist für jeden, der hinüber geht durch die Tore der Ewigkeit eine große Erschütterung. Ich rede von denen, die gleich oder bald in die Herrlichkeit des Himmels eingehen. Ein bißchen Fegfeuer, Reinigung, werden auch die Guten noch erleben. Denn alle müssen ganz rein und heilig sein. Wir werden Jesus nicht mehr als Richter schauen, sondern heilige Engel werden sich um uns annehmen. Besonders der hl. Schutzengel wird uns begrüßen und an der Hand nehmen. Er wird uns führen und alles zeigen. Er wird lächeln und immer wieder unsere Augen, die Augen des Geistes, öffnen, damit wir alles richtig sehen.
Dann geht es Schritt für Schritt in die unsägliche Herrlichkeit des Himmels. Wer die Mutter Gottes sehr verehrt hat, dem wird sie bald begegnen. Das wird eine so freudige Überraschung sein, wenn wir sie sehen, daß wir vor innerem Jubel gar keine Worte finden. Aber schon umarmt sie uns als ihre liebsten Kinder.
Unsere herrlichste Mutter läßt uns nicht mehr los. Sie sagt: Komm mein Lieber! Komm zu meinem Sohn, zu deinem Jesus! Nun darfst du ihn endlich sehen von Angesicht zu Angesicht! Da beginnt in uns eine Glückseligkeit, die uns in der Liebesglut Jesu auslöschen würde, wenn wir nicht vor dem Eintritt in den Himmel schon den verklärten Leib bekommen hätten.

Da werden wir auch erkennen:
Jede hl. Kommunion auf dieser Welt ist genauso innig gewesen in der Begegnung mit Jesus, nur konnten wir es nicht fassen. Wenn wir aber Jesus dabei nach unserer jetzigen Kenntnis achten, wird er es uns sehr anrechnen. Jede Kommunion ist eine Neugeburt zum ewigen Leben.
Wir werden in der Ewigkeit unendlich glücklich sein. Durch unser Wesen als Kinder Gottes leuchtet ständig neu das Leben und die Liebe Gottes.
Immer wieder durchpulsen uns neue Erlebnisse. Der Himmel ist für uns kein Stillstand. Wir erleben ständig Überraschungen aus Gott. Wir herrschen über alle Geschöpfe. Über alle Welten. Sie gehören uns. Alles gehört uns, was Gott erschaffen hat, weil wir Kinder Gottes sind. Wir dürfen überall mitwirken. Das aber wird uns keine Mühe machen, wie hier auf Erden vieles so mühsam ist. Das wird uns selige Freude sein."
Es war schon Spätherbst 1944, als ich wieder einmal zum Johann hinauf kam. Oben auf den Höhen war schon Schnee. Ich hätte ihn bald nicht mehr erkannt, so abgemagert und vergrämt kam er mir vor. Er nahm mich gleich mit in sein „Heiligtum". Er schaute mich ernst an, bis er begann:
„Ja, es kommt auf uns zu das Unheil, wie ich es schon lange vorausgeschaut habe. Die Parteileute, die Gestapo, die SS und SA werden nervös, weil sie spüren, daß alles verloren ist. Umsomehr schreien sie vom Sieg, der kommen muß!
Parteimänner haben auch hier schon alles durchgestöbert. Nach der Antonie Rädler suchen sie wie wild. Die hat einmal gesagt: Hitler ist vom Teufel aus der Hölle geschickt worden zur Strafe, weil wir nicht mehr an den wahren Erlöser geglaubt haben.
Ich habe vorgesorgt und habe die Rädler schon lange wohingebracht, wo sie niemand finden kann. Auf meiner Alm sind nur noch zwei Männer, beide schon älter, gut über 70. Keine Gefahr, daß sie als fahnenflüchtig angesehen werden. Beide haben im Ausweis eingetragen „Rentner", die aber hier auf der Alm noch freiwillig mithelfen zur Ernährung des Volkes.
Johann machte eine Pause. Dann meinte er:
„Dir darf ich es sagen: Beide sind Priester, Mönche, die in Gefahr sind, ins Konzentrationslager gebracht zu werden, weil sie zu fromm sind. So aber sind sie gute, alte Sennknechte, entsprechend

gekleidet und etwas verwildert mit Vollbart.
Der eine Pater hatte den Meßkoffer mitgebracht. So feiern sie jeden Abend nach Einbruch der Dunkelheit, bei Tag wäre es zu gefährlich, die hl. Messe. Nach der hl. Messe halten sie Anbetung, meist die ganze Nacht.
Ich bin fast immer dabei. Nur ich allein, meine Leute lasse ich nicht mitgehen. Es könnte auffallen, wenn niemand mehr hier auf dem Hof wäre. Wenn ich allein auf der Alm nachschaue, das ist erklärlich."
Nun erst kann ich das berichten, was für uns wichtig ist. Nämlich die herrlichste Erhabenheit der heiligsten Eucharistie. Der Bergbauer Johann hat mir darüber erzählt, wie er mit den beiden Patres in den Nächten vor dem Allerheiligsten Anbetung hielt. Sie haben dafür eine konsekrierte Hostie aufbewahrt. Nach der Anbetung am Morgen haben sie die Hostie „kommuniziert", wie Johannes sagte, damit je Jesus im Allerheiligsten nicht in falsche Hände geraten könne. Man wußte ja nie, was tagsüber für unerwartete Besucher auftauchen.
Johann hat mir einige Worte aus den Betrachtungen frei wieder gesagt, die einer der Patres über das Allerheiligste gegeben hatte. Ich habe mir darüber Notizen gemacht. Johann hat mir nicht erlaubt, selber zu den Patres hinauf zu gehen:
„Auf das Herz im heiligsten Sakrament achten wir viel zu wenig, obwohl darinnen nicht nur das Herz des Sohnes, sondern in gleicher Weise auch das Herz des Vaters pulst und im Heiligen Geist alle Welt in Liebe umarmen möchte. Diese Herzensliebe Gottes im heiligsten Sakrament trägt die ganze Fülle der Erlösung Jesu Christi in sich.
So sehr Jesus hier im Sakrament vergessen, mißachtet und geschmäht wird, so wenig kann die Menschheit erlöst werden. Denn hier ist der Angelpunkt aller Erlösung für die Welt. Die Welt taumelt so lange im Unfrieden und in der Wut der Zerstörung, bis sie heimgefunden hat zum Erlöserherzen im heiligsten Sakrament. Hier ist die Quelle des Lebens und der Gnade. Hier ist die Güte der Verzeihung und Vergebung. Hier ist die Heilung aller Wunden an Leib und Seele. Hier ist das Heil und die Heiligung aller Seelen. Hier pulst die Unsterblichkeit für alle unsere sterblichen Leiber. Hier ist die Hoffnung aus all unserer Hoffnungslosigkeit. Hier ist das tiefste Schweigen, und doch das lauteste Reden. Denn hier redet Gottes Allmacht aus der Fülle seiner Liebe. Wenn alle Reden

verklungen, das Wort der Liebe Gottes, das hier spricht im heiligsten Sakrament, wird ewig klingen und gelten. Wenn alles nicht mehr gilt und alles schweigen muß, das liebende Herz im heiligsten Sakrament wird immer reden in glühender Liebe.
Allein wichtig ist, daß wir hören lernen auf die Liebe, die da laut genug redet im heiligsten Sakrament. Oder war das Liebesopfer Jesu in der Geißelhalle, auf dem Kreuzweg und auf Golgotha nicht laut genug, daß wir es nicht hören konnten. Hier im heiligsten Sakrament ist alles zugegen: Seine Ölbergsqualen, seine Geißelwunden, seine Kreuzwegpein, seine Kreuzigung. Horche nur in Stille, du kannst es hören, was Jesus für uns geopfert in diesem Sakrament. Du kannst es immer noch hören, wenn du ein gläubiges und liebendes Herz hast!
Du stehst in Finsternis und siehst nichts. Hier ist alles Licht! Du bist unruhig, unsicher und verzagt. Hier ist aller Friede! Du bist verloren und vergessen, niemand hebt dich auf. Hier neigen sich allmächtige Hände zu dir nieder, dich aufzuheben und zu umarmen. Du bist voller Schwächen und Mängel, bist häßlich. Niemand mag dich. Weißt du, wie lange er dir nachgegangen ist, um dich zu suchen, zu trösten und zu lieben, er, Jesus, verborgen im heiligsten Sakrament.
Düster ist das Leben auf Erden, finster ist der Tod im Grab. Jesus in seinem Sakrament des Lebens will mit dir gehen alle deine Erdenwege und dich vom Tod erheben in die Fülle seines Lebens. Niemand, der Jesus liebt im Sakrament, hat Grund, traurig zu sein. Er ist wirklich da, er geht mit uns, er lebt mit uns, damit wir in ihm das Leben haben. Er schenkt uns sein Leben, denn er hat das Leben, wie der Vater.
Wie arm sind die Menschen, die nur irdischen Reichtum sammeln. Es wird alles Sand in ihren Händen, der zerrinnt und ihr Grab beschwert. Jesus steht hier im Sakrament vor uns, beide Hände gefüllt mit ewigem Reichtum, der uns reich machen wird. Warum nehmen wir ihn nicht an? Der Reichtum wäre Glückseligkeit, Freude und Friede ohne Ende, Herrlichkeit und Herrschaft über die ganze Schöpfung. Und ein liebendes Herz, das uns ständig erneuert in einem Jubel ohne Grenzen. Warum nehmen wir es nicht an? Ach so, jetzt möchten wir das gleich! Das geht nicht. Wir müssen erst Zeit haben, zu beweisen, daß wir solcher Gaben würdig sind. Wir könnten es in diesem sterblichen Leib noch nicht ertragen.

Inzwischen aber sollen wir wissen: Jesus im heiligsten Sakrament ist ständig bei uns, geht alle Wege mit uns durch die Erdenzeit, solange wir ihn nicht zurückstoßen durch unseren Unglauben oder gar durch böse Taten.
Jesus im heiligsten Sakrament geht mit uns, auch wenn er in der Gestalt des Brotes nicht sichtbar ist und jeder Tabernakel weit weg ist. Die Allmacht seiner Liebe aus dem heiligsten Sakrament erreicht uns grenzenlos in aller Welt. Auch in den entlegensten Orten. Selbst im Schlachtgetümmel des Krieges ist Jesus aus dem heiligsten Sakrament segnend und schützend bei uns.
Seine allmächtige Liebe gerade aus dem Sakrament seiner Liebe kennt keine Grenzen. Wenn wir sogar die Heiligen überall anrufen dürfen, um wie viel mehr können wir Jesus selbst im geheimsten Sakrament seiner Liebe anrufen.
Wir dürfen immer und überall sicher sein, nirgendwo erhört uns Jesus lieber, als hier im Geheimnis seiner tiefsten Liebe.
Ich erinnere mich an eine Ordensobere in Wien, die ihren Schwestern beim Einmarsch der Russen gesagt hat:
„Wir brauchen uns nicht fürchten! Denn der Allmächtige in der Kapelle ist unser Hausherr. Gefährlich könnte es werden, wenn wir diesem allmächtigen Hausherrn nicht zutrauen, daß er uns beschützen wird, weil er uns zu wenig liebt. Darum dürfen wir an seiner Liebe im heiligsten Sakrament nie zweifeln."
So viel ich gehört habe, ist den Schwestern dort nichts passiert. Auch nicht den Schwestern, die zu Kranken und Verwundeten gehen mußten, um ihnen zu helfen.
Das muß für alle höchstes Gebot werden:
Der Herzensliebe des Heilandes in der heiligsten Eucharistie vollkommen vertrauen! Vertrauen für unsere innerste Heilung in unserem Herzen und unserer Seele. Vertrauen auch für die Heilung des Leibes, damit wir umso mehr zur Ehre Gottes wirken können. Wenn aber Jesus unsere Opfer braucht, dann ist er uns im Sakrament seines Liebesopfers besondere Stärkung.
Wir sollen nichts mehr fürchten, sondern nur sorgen, daß wir mit Jesus im Sakrament immer eins sind in unzerreißbarer Liebe.

So verborgen und so nah
ist er für uns alle da,
Jesus hier im Sakrament,
wenn ihn auch fast niemand kennt.

Seine Liebe dränget ihn,
daß er sich für uns schenkt hin
nur als kleines Lebensbrot,
das uns rettet aus dem Tod.

Auch wenn es unglaublich scheint,
er sich doch mit uns vereint,
daß in ihm wir heilig sind
und wir werden Gotteskind.

Niemand kann das je verstehn,
weil ihn niemand hier kann sehn,
wer er ist, wie er uns liebt,
der in Liebe sich uns gibt.

Weil ihn niemand sehen kann,
fängt hier leicht das Unheil an,
daß wir blind vorübergehn
und ihn nicht als Heiland sehn.

Jedem er das Leben schenkt,
der in Liebe an ihn denkt.
Wer auf Erden Jesus lebt,
der mit ihm zum Vater strebt.

Allzu schweigsam Jesus ist
in dem Brot, das man da ißt.
Dennoch redet Jesus viel,
wenn die Welt um uns wird still.

In sein reinstes Lebensglück
führt uns Jesus dann zurück.
Er wird selbst uns Weg und Licht,
nie es uns an Macht gebricht.

Licht des Lebens:

Jesus wagte sogar vor den Pharisäern das wichtigste und entscheidende Wort zu sprechen, das er gewiß umso lieber uns sagen will vor allem, wenn er sich uns schenkt im Brot des Lebens:
„Ich bin das Licht der Welt. Wer mir nachfolgt, der wandelt nicht in Finsternis, der wird das Licht des Lebens haben" (Joh 8,12).
Daß wir Jesus nachfolgen, ist selbstverständlich, da wir ja durch die hl. Kommunion mit ihm eins sind, wie Jesus ausdrücklich sagt:
„Wer mein Fleisch ißt und mein Blut trinkt, der bleibt in mir und ich bleibe in ihm."
Licht des Lebens müssen wir nicht nur haben, sondern selber sein, wie Jesus ausdrücklich sagt:
„Ihr seid das Licht der Welt. Eine Stadt, die auf dem Berge liegt, kann nicht verborgen bleiben. Auch zündet man kein Licht an und stellt es unter den Scheffel, sondern auf den Leuchter, damit es allen im Hause leuchte. So soll auch euer Licht vor den Menschen leuchten, indem sie euere guten Werke sehen und eueren Vater im Himmel preisen" (Mt 5,14).
Der Evangelist Johannes sagt uns schon zu Beginn seines Evangeliums das wichtige Wort, das uns besonders gilt:
„In ihm (in Jesus) war das Leben. Das Leben ist das Licht der Menschen. Das Licht leuchtet in der Finsternis. Aber die Finsternis hat es nicht erkannt" (Joh 1,4).
Wir sollen dabei auch auf das wichtige Wort Jesu achten, warum viele sein Licht nicht wollen:
„Das ist das Gericht: Das Licht (Jesus) ist in die Welt gekommen, aber die Menschen lieben die Finsternis mehr als das Licht. Denn ihre Werke sind böse (finster). Jeder, der Böses tut, haßt das Licht und kommt nicht zum Licht, damit seine Werke nicht offenbar werden. Wer aber die Wahrheit tut, der kommt zum Licht, damit seine Werke offenbar werden, die in Gott getan sind" (Joh 3,21).
Johannes schreibt in seinem ersten Brief das scharfe Wort:
„Gott ist Licht! Und keine Finsternis ist in ihm!"
„Wandelt als Kinder des Lichtes!"
Das war in den zwanziger Jahren. Da hielt der Bischof von Aachen in dem Kloster, in dem ich studierte, die hl. Firmung. Die Patres des Klosters betreuten auch die dazugehörige Pfarrei, die ziemlich umfassend war.

Da sagte der Bischof den Firmlingen das Wort, das ich nicht mehr vergessen habe:
„Wandelt als Kinder des Lichtes!"
Das Wort sagt der Apostel Paulus an die Gemeinde der Epheser. Es heißt darin ausführlich:
„Einst wart ihr Finsternis. Nun aber seid ihr Licht im Herrn. Nun wandelt als Kinder des Lichtes! Die Frucht des Lichtes ist lauter Güte und Gerechtigkeit und Wahrheit. Prüfet, was Gott wohlgefällig ist! Nehmet nicht teil an den unfruchtbaren Werken der Finsternis, rückt viel mehr in das rechte Licht!
Denn alles, was von ihnen im Geheimen getrieben wird, davon nur zu reden, ist schändlich.
Alles aber, was ins Licht gerückt wird, ist vom Lichte erfüllt. Denn alles, was offenbar wird, ist Licht! Darum heißt es:
Wach auf, der du schläfst! Steh auf von den Toten und Christus wird dich erleuchten!
Seht also zu, Brüder, wie ihr wandelt! Nicht wie Unweise, sondern wie Weise! Erkaufet die Zeit! Denn die Tage sind böse. Seid nicht unverständig, sondern lernt einsehen, was der Wille des Herrn ist!"
(Eph 5,8)
Hören wir dazu noch das Wort des Völkerapostels im ersten Brief an die Thessalonicher 5,4:
„Ihr, meine Brüder, lebt nicht in Finsternis, so daß der Tag euch überraschen könnte wie ein Dieb. Ihr seid Kinder des Lichtes und Kinder des Tages. Wir gehören nicht der Nacht an und nicht der Finsternis. Darum laßt uns nicht schlafen wie die andern. Laßt uns wachen und nüchtern sein!"
Bedenken wir auch das Wort, das uns Jesus darüber so dringend gesagt hat:
„Ich bin als das Licht in die Welt gekommen, damit jeder, der an mich glaubt, nicht in Finsternis bleibe!" (Joh 12,45)
Sehr treffend hatte der Bischof dazu erklärt:
„Ihr werdet in der hl. Firmung durch den Heiligen Geist das Licht von Gott erhalten, damit ihr als Kinder des Lichtes leben könnt. Ihr müßt nur darauf achten, daß ihr das Licht des Heiligen Geistes nicht auslöscht, sonst wird es in euch finster. Dann könnt ihr nicht froh und glücklich sein."

Dann sagte der Bischof etwas sehr Wichtiges:
„Ihr seid vor einigen Jahren glückliche Erstkommunikanten gewesen. Ihr habt hoffentlich nicht vergessen, was euch Jesus schenkt in der hl. Kommunion. Er schenkt sich euch selbst. Das könnt ihr nicht verstehen, daß Jesus euch so liebt. Ihr könnt auch nicht verstehen, warum ihr Jesus in der hl. Kommunion braucht.
Seht, meine Lieben, das wird euch der Heilige Geist jetzt erklären, warum ihr Jesus braucht und wie sehr er euch liebt. Das wird er euch nicht mit Worten sagen, sondern das werdet ihr spüren, wie notwendig ihr Jesus braucht und wie sehr er euch liebt. Ihr werdet merken, daß ihr ohne Jesus nicht mehr leben dürft. Dazu hilft und erleuchtet euch der Heilige Geist.
Der Heilige Geist wird immer euer Licht sein. Nur müßt ihr sorgen, daß ihr das Licht des Heiligen Geistes in euch nicht auslöscht durch die Sünde und auch nicht auslöschen laßt durch böse Menschen, die Finsteres tun.
Bleibt Kinder des Lichtes im Heiligen Geiste. Dann wird Jesus durch die hl. Kommunion in euch leben und ihr werdet immer und überall frohe und glückliche Kinder Gottes sein."
Lange ist das alles her, was ich damals in den zwanziger Jahren bei der hl. Firmung hören und schauen durfte. Aber ich konnte es nicht vergessen, weil es so einfach und so echt war.
Ich erinnere mich auch an eine Frau, die draußen auf dem Kirchplatz ihr Firmkind herzlich an sich drückte und sagte:
„Mein Liebes, was der Herr Bischof gesagt hat, das darfst du nie mehr vergessen! Ich habe mir alles gemerkt und ich werde dich immer wieder daran erinnern, damit du ein glückliches Kind Gottes bleiben kannst."
Wandelt als Kinder des Lichtes!
Dazu mahnt uns der Völkerapostel so oft und dringend. Sicherlich ist das besondere Licht, das uns der Vater und der Sohn gesandt haben, der Heilige Geist. Aber Jesus selbst betont sehr:
Ich bin das Licht der Welt. Ich bin als das Licht in die Welt gekommen, damit die Menschen nicht in Finsternis sich verirren und darin zugrunde gehen. Aber die Menschen haben die Finsternis lieber als das Licht. Denn ihre Werke sind vielfach finster. Darum hassen sie sogar das Licht. Und wollen auf keinen Fall zum Lichte kommen. Zum Lichte Christi niemals! Denn da geht es Wahrheit um Wahrheit! Auch Reinheit um Reinheit. Da kann man nicht

schmutzig leben. Da kann man auch nicht ja und nein zugleich sagen. Da kann man nicht sympathisieren mit unchristlichen oder gar gottlosen Menschen. Wir können nicht Licht und Finsternis vereinigen.
Eine andere Frage ist freilich: Wir müssen als Kinder des Lichtes auch mit Kindern der Finsternis in Güte und Liebe reden können. Aber wir dürfen niemals, wie es heute oft geschieht, aus Mitleid uns mit den Kindern der Finsternis gleichstellen.
Ich habe eine Ordensoberin gekannt, die hat von ihren fünf Schwestern, die noch im Kloster waren, verlangt, daß sie ihr Ordenskleid ausziehen und auch für länger im Weltleben draußen bleiben, wenns notwendig ist, um Weltkinder, wie sie sagte, wieder zu Jesus zu führen. Dafür sollen sie auch nicht mit Gebeten und Kirchengehen anfangen, sondern einfach mit den Leuten zusammenleben, ihr Leben führen, ihnen ganz gleich werden, bis sie ihnen Freund geworden sind. Dann dürfen sie hoffen, daß sie eines Tages zu ihnen sagen können, mit in die Kirche zu gehen.
Aber die Schwestern und auch die Schwester Oberin sind untergegangen im gottlosen Weltleben. Nur eine Schwester hat in ihrer Not bei einem Karmeliten-Kloster angeklopft und um Aufnahme gebeten. Man kann nicht zwei Herren dienen, sagt Jesus! Gott und dem Mammon zugleich.
Wie aber die Kinder dieser Welt, die Kinder der Finsternis, untergehen, selbst aus dem Christentum, darüber könnte ich viel erzählen. Es fällt mir eine Geschichte ein, die ich einmal gehört habe, die sehr interessant wäre. Hoffentlich kann ich sie noch richtig erzählen:
Ein Mädchen, Poldine hat sie geheißen, war eigentlich aus edler Herkunft. Aber die Mutter war ihrem Gatten nicht treu geblieben und ist auf einer Reise tödlich verunglückt. So wollte der Vater auch von ihrem Kind nichts wissen. Er sagte, er sei vielleicht nicht der Vater.
Nun hat sich die Großmutter um die kleine Poldi angenommen. Die Oma hatte die kleine Poldi besonders ins Herz geschlossen. Die Oma hatte noch einen Gutshof, einen letzten Rest ihrer früheren Besitzungen. Sie konnte damit der Poldi zum Studium verhelfen, die mit Eifer Pädagogik studierte. Sie wollte einmal auf der Hochschule dozieren, um die Menschen für ein besseres Leben zu bilden. Aber vor der Vollendung des dafür notwendigen Doktorgrades hat

ein Student der Rechtswissenschaft sie eingefangen und ihr das Herz verdreht. Die Oma war gegen diese Bekanntschaft, weil ihr Freund zwar evangelisch, aber praktisch gar keinen Glauben hatte.
Die Oma hatte ihrer Enkelin immer gesagt:
„Ein unchristliches Leben ist ein Todesleben. Poldi, glaub mir und folg mir! Ich habe in meinem Leben viele bittere Prüfungen erleiden müssen, bis ich wieder zu Jesus zurückgefunden habe, vor allem zu Jesus im heiligsten Sakrament. Du weißt, daß ich jeden Tag zur hl. Messe gehe und immer kommuniziere. Du bist in letzter Zeit selten mitgegangen. Darum bist du jetzt so schwach und töricht und verlierst dein Herz an einen glaubenslosen Mann.
Meine liebe Poldi, ich kann dich auf deinem Irrweg nicht aufhalten. Ich kann nur für dich beten und opfern. Ich ziehe mein liebendes Herz von dir nie zurück. Auch nicht, wenn ich gestorben bin. Wahre Liebe hört nie auf. Auch nicht in der Ewigkeit. Da erst wirst du umso mehr spüren, wie ich dich liebe. Denn du, meine liebe Poldi, bist der letzte Sproß unseres adeligen Geschlechtes. Darum kriegst du mich nicht los. Du kannst dich von mir nicht trennen."
Die Poldi umarmte ihre liebe Oma. Dann aber sagte sie ihr mit Tränen: „Oma, liebste Oma, ich kann nicht anders. Ich liebe ihn, den Hannes. Ich hoffe, daß meine Liebe ihn bekehrt."
So ging die Poldi ihren Irrweg. Es kam zur Hochzeit. Aber nur evangelisch wollte der Hannes heiraten.
Die Oma war da bei der Feier. Obwohl sie gesundheitlich schwach war. Sie kam. Sie ließ sich sogar mit einer Kutsche von ihrem Hof herfahren.
Wie es halt immer so geht, die Hochzeitsfeier verlief fröhlich. Nur am Schluß gab es eine Auseinandersetzung zwischen dem Hannes und seiner Frau Poldi. Die Poldi wollte ihr pädagogisches Studium auf der Hochschule mit dem Doktorexamen abschließen. Da sagte der Hannes energisch:
„Ich will eine Hausfrau. Ich brauche keine Frau Doktor! Ich habe als Rechtsanwalt genug Einkommen, um eine Familie zu ernähren."
Die Poldi war still und gab nach. Die Oma aber nickte vor sich hin und dachte:
Nun ja, wenns nur das wäre. Aber der wird ihr auch Schranken setzen gegen ihr religiöses Leben. Überhaupt gegen ein katholisches Leben. Darum hat er energisch eine katholische Trauung abgelehnt.

Wie die Oma es dachte, so kam es. Der Ehemann wurde ein rücksichtsloser Haustyrann. Er pochte immer nur auf seine Rechte, er hatte kein Wort für die Rechte seiner Frau. Er hatte keine Ahnung von Liebe. Was er der Poldi vor der Ehe vorgemacht hatte, war nur Heuchelei und Berechnung.

Sonderbar war, daß die Poldi trotzdem ihren Mann liebte und nichts über ihn kommen ließ. Zwar sagte sie ihrer Oma so ungefähr, wie es ihr wirklich gehe. Die Oma sagte eines Tages zu ihr: „Jetzt hör einmal gut her, mein Kind, wie es geht und weiter gehen wird! Du bist zu blind in deiner Liebe. Gut und recht, Liebe darf blind sein. Ich meine, wenn Hoffnung ist, daß deine blinde Liebe sein Herz aufwecken kann. Aber das kannst du nicht. Dein Hannes hat kein Herz! Also kannst du es auch nicht aufwecken. Der hat statt ein Herz nur eine Rechenmaschine in seiner Brust."

Die Poldi wollte von Geduld und Güte reden. Die Oma aber stand auf und sagte mit erregter Stimme:

„Kind, ich habe in meinem Leben genug Menschen kennengelernt. Gute und böse. Ich hatte einen herrlichen Mann, dem ich wirklich mein Herz schenken konnte. Er war es wert. Aber der Krieg hat ihn mir genommen. Meinen zwei Kindern, einem Sohn und einer Tochter, schenkte ich dann mein Herz, wie es eine christliche Mutter nicht anders kann.

Mein Sohn Ernesto war gut, aber er war schwach und ich wurde mit ihm schwach und hab ihm geglaubt. Habe seiner Liebe zu einer aufgeblasenen Grafenstochter vertraut. Die hatte aber keine Liebe, die brauchte meinen Ernesto nur, daß er sie aus dem tiefen Schuldenloch herauszog. Als sie dann wieder auf der Höhe stand, verschwand sie hochnäsig mit einem Hochstapler. Das Herz meines Ernesto war gebrochen. Auch nervlich war er am Ende. Er siechte dahin und starb.

Ein Streit, der Prozeß mit seiner ehemaligen Frau hätte auch mich beinahe ins Grab gebracht. Ich mußte zu allen Lügen schweigen, konnte nur meinen Gutshof noch retten.

Und dann, mein Kind, die Affäre mit deinem Vater. Deine Mutter, liebste Poldi, war eine herzensgute Frau. Sie hatte ihren Mann geliebt und ihm vertraut. Aber sie spürte bald, er hatte eine andere heimliche Liebschaft. Welche liebende Frau spürt das nicht! Er verheimlichte alles und heuchelte zu ihr Liebe. Sie sagte nichts und ertrug alles. Ich habe das auch längst gemerkt und darunter gelitten

und habe mit ihr geschwiegen.
Als sie das Kindlein geboren hatte, dich, liebste Poldi, hatten wir Hoffnung, daß ihr Mann nun in Reue und Treue zu seiner Frau zurückkehren werde. Aber die andere war eine sehr reiche und in höchsten Gesellschaften bewunderte Dame, von der er nicht lassen wollte. Da erfand er die gemeinste Verleumdung, daß er sich von seiner Frau scheiden müsse, weil sie ein Kind von einem andern habe. Die Lüge war so tief in Bosheit verankert, daß wir dagegen hilflos waren. Aber ihr Mann kam plötzlich wieder, entschuldigte sich und versprach Besserung. Er lud sie ein zu einer Fahrt mit einem Luxusdampfer nach Amerika. Es ging alles gut. Nette Briefe kamen von beiden.
Und dann, es waren drei Monate vergangen, kam die Todesnachricht aus Amerika:
Deine Mutter ist am Strand beim Baden tödlich verunglückt. Sie wurde von hohen Wellen betäubt und ist ertrunken, weil sie sich zu weit hinausgewagt hatte, hieß es im Bericht.
Ihr Mann, mein Schwiegersohn, hat einen tränenreichen Trauerbrief an mich geschrieben. Obwohl ich kein Wort glauben konnte, mußte ich dazu schweigen. Ich mußte mich hüten, nur eine geringste Vermutung zu äußern.
Und nun, liebste Poldi, bist du dran! Scheinbar liegt es an uns, daß wir eine Schuld von adeligen Vorfahren abbüßen müssen. Ich habe in meiner Not, wie du wohl weißt, zum Heiland im Tabernakel gefunden. Die tägliche hl. Kommunion wurde mir das erste Bedürfnis.
Es ist Jesus im heiligsten Sakrament, das spürte ich, der eine Schuld aus unseren adeligen Vorfahren mit seinem Blute vom Blute unserer Ahnen wegwaschen will und kann, wenn wir ihm vertrauen."
Die Oma wurde ein wenig blaß. Eine Schwäche überfiel sie. Sie stand auf und holte aus einem Kästchen ein fingerkleines Etui. Sie gab es der Poldi und sagte:
„Kind, da drinnen ist ein kleiner Edelstein, ein Saphir. Er ist gefaßt in einer zierlichen Monstranz. Dieses Heiligtum schenke ich nun dir. Bewahre es sorgfältig! Schaue immer wieder den zarten Stein. Er wird dir Licht sein und wird dir den Weg zeigen, den du gehen mußt.

Er hat auch mir den Weg des Heiles gezeigt, indem ich erkannt habe, in Jesu Leib und Blut für meine Ahnen zu sühnen. Du wirst es genauso tun, mein liebstes Kind, ich weiß es. Aber nicht mehr lange. Bald wirst du in Jesu Leib und But den Frieden Christi finden für dich und deine Ahnen. Mein Kind, wundere dich nicht, wenn ich das sage. Ich weiß, du wirst als das letzte Glied in unserer Ahnenreihe uns allen das Licht des Friedens Christi bringen und bewahren.
Ich habe sonst für alles gesorgt. Unser Notar wird dir alles übergeben. Du sollst keine Not haben! Die Not im Herzen, die du erleidest und noch eine Weile ertragen mußt, wird bald schwinden. Der feine Edelstein wird dir leuchten, daß du den Weg zum Frieden findest. Vertrau ihm!"
Am nächsten Morgen fand die Poldi ihre Oma tot im Bett. Es folgten bittere Tage. Ihr Mann, der meinte, nun alle Ansprüche rechtlich an sich reißen zu können, wurde zurechtgewiesen durch einen Spruch über dem Hauptportal:
„Nur wer im Frieden Christi kommt, darf hier eintreten!"
Da hatte die Poldi den Mut, ihm zu sagen:
„Dieses Wort beachte wohl, Hannes! Wenn du es nicht beachten kannst, darfst du hier nicht eintreten! Außerdem hast du hier nichts zu erwarten. Dieses Gut ist ausschließlich mein Besitz. Du kannst meine Rechte zur Kenntnis nehmen. Ich werde dir davon vom Notar eine Abschrift zusenden lassen."
Hannes sah bald ein, daß er hier als der wohlmeinende Ehemann auftreten müsse, um sein Ziel zu erreichen. Die Poldi gewann wieder Vertrauen zu ihm. Aber das Gut war rechtlich nur Eigentum der Frau. Daran war nichts zu rütteln.
Es gab eine harte Auseinandersetzung als die Poldi wieder auf die Hochschule ging. Dennoch blieb sie diesmal hart.
Härter wurden die Differenzen mit ihrem Mann, als die Poldi am Sonntag öfter in die Kirche ging.
Hannes sagte:
„Gut, wenn du unbedingt fromm sein willst, dann gehen wir zusammen in den evangelischen Gottesdienst!"
Darauf sagte die Poldi:
„Du weißt, ich bin katholisch und ich will es bleiben!"
Darauf versuchte Hannes auf diplomatischem Weg, seine Frau zu überzeugen, daß sie um des Friedens willen beide in der einen christlichen evangelischen Religion zusammenleben müssen. Er sprach

dabei so gütig und überzeugend, daß die Poldi schon meinte, sie müsse ihm folgen. Dann aber sagte er ein Wort, das sie ernüchterte: „Weißt du, dann werden wir einen Weg finden, uns auch über deinen Gutshof zu einigen. Denn das Gut muß ein Mann in die Hand nehmen."
Die Poldi war darüber sehr verwirrt. Sie dachte, vielleicht müsse sie doch ihrem Mann recht geben. Wenn sie halt die Oma noch fragen könnte!
Da kam ihr der zarte Edelstein in Erinnerung. Sie holte ihn aus dem geheimen Fach, worin sie ihn wohl verwahrt hatte. Sie hielt den Stein ins Licht und fragte:
„Soll ich dem Hannes folgen und evangelisch werden?"
Der Stein blieb dunkel.
Sie legte betrübt den Stein weg und dachte: So ein Ding kann doch nicht reden! So muß ich halt dem Hannes folgen.
Bevor sie den Stein wieder ins Kästchen legen wollte, hielt sie ihn noch einmal hoch und fragte:
„Soll ich katholisch bleiben?"
Sie erschrak, denn der Saphir leuchtete rötlich auf.
Sie küßte den Stein, weil sie dachte, die Oma hat ihr damit Antwort gegeben.
Sie fragte gleich weiter:
„Soll ich jeden Sonntag in die Kirche gehen?"
Wiederum leuchtete der Stein auf.
„Soll ich auch am Werktag in die Kirche gehen?"
Der Stein leuchtete weiter in angenehmer rötlicher Helle.
„Soll ich auch jeden Tag zur hl. Kommunion gehen?"
Der Saphir glühte diesmal förmlich auf. Es war eine Glut, die sie aus ihrem Herzen spürte. Sie rief aus:
„Oma, ich habe dich verstanden! Ich werde dir folgen. Ich werde jeden Tag zur hl. Kommunion gehen. Aber zuvor muß ich noch beichten."
Bald war es soweit, die Poldi ging jeden Tag in die Messe und zur hl. Kommunion. Der Hannes war ihr ein paarmal nachgeschlichen.
Eines Abends schrie er seine Frau wütend an:
„Jetzt hab ich genug von dir! Das halt ich nicht mehr aus! Mit so einer verrückten Betschwester zusammenleben, das ist unmöglich. Ich sage dir: „Entweder bleibst du von der Kirche weg oder ich laß mich von dir scheiden!"

Die Poldi sagte darauf nichts. Sie hat am nächsten Tag mit dem katholischen Pfarrer darüber gesprochen. Der sagte nur: „Wenn dein Mann wegen deines Glaubens die Scheidung will, dann mußt du deinem Gewissen folgen. Deine Ehe wird damit vollauf gelöst, weil eine evangelische Trauung nicht immer bindet. Außerdem hat dein Mann dich gegen dein Gewissen gezwungen, evangelisch zu heiraten."
Die Ehe wurde bald geschieden. Da kein Kind da war und die Poldi keine entschädigenden Ansprüche stellte, gab es keine Schwierigkeiten. Der Hannes schaute beim Abschied die Poldi lange an und sagte dann:
„Vielleicht habe ich die größte Dummheit meines Lebens gemacht!"
Ohne eine Antwort abzuwarten, drehte er sich um und eilte davon.
Die Poldi aber fühlte sich in ihrem ganzen Wesen frei wie schon lange nicht mehr. Auf dem Heimweg war es ihr als ginge die Oma mit ihr und lächle ihr anerkennend zu.
Zuhause nahm sie wieder die kleine Monstranz mit dem Saphir zur Hand. Der Stein leuchtete auf in einer rosaroten Glut, die in ihrem Herzen weiterglühte.
Die Poldi entckte am Boden des Etuis ein Zettelchen mit zierlicher Schrift. Es war die Schrift der Oma:
„Ich habe den Stein in eine Monstranz fassen lassen, weil er erinnern soll: In der Monstranz ist der kostbarste Schatz des Lebens."
Die Poldi sagte:
„Ja, Oma, du hast so recht! Ich werde diesen Schatz heben jeden Tag für euch und für mich. Ich erfahre jeden Tag auf's neue, nur durch diesen Schatz des Lebens werde ich immer glücklicher, freier und froher."
Um es noch kurz zu erwähnen:
Die Poldi ist eine bewundernswerte Lehrerin für Erziehung geworden. Sie wagte immer wieder darauf hinzuweisen:
„Der wahre Erzieher und Bildner unseres Lebens kann nur der sein, der das Leben selber ist. Und das ist Jesus Christus."
Für ihr Landgut hatte sie einen tüchtigen Verwalter gefunden.
Kann sich Licht mit Finsternis vereinen?
Später einmal bekam die Poldi Bedenken, ob sie recht gehandelt hatte, da ihr ehemaliger Mann Hannes bei einem aufregenden Prozeß, zu dem er durch Rechtsraffinessen alles drehen wollte, vor der

Öffentlichkeit in Ungande fiel. Sie überlegte, ob sie nicht zu ihm gehen sollte und vielleicht mit ihm eine neue Ehegemeinschaft wagen könnte. Sie erfuhr, daß er sehr gottlose Wege eingeschlagen hatte. Davon, meinte sie, könnte sie ihn zurückführen. Da sie jeden Tag in der hl. Schrift betrachtete, las sie zufällig die Stelle aus dem 2. Kor 6,15: „Ziehet nicht an einem Joche mit den Ungläubigen! Denn welche Gemeinschaft hat die Gerechtigkeit mit der Ungerechtigkeit? Oder kann sich Licht mit Finsternis vereinen? Stimmt Christus mit Belial (dem Götzen) überein? Oder was hat der Gläubige mit dem Ungläubigen zu tun?"

Die Poldi hat von da an nicht mehr gedacht, den Hannes durch Belehrung auf bessere Wege, auf Wege des Lichtes, zu führen. Sie hat ihn einmal auf einem Gesellschaftsabend getroffen. Sie hat ihn freundlich begrüßt und wollte ihm ein gutes Wort sagen. Er aber hatte nur Spott und Hohn gegen sie. So sehr, daß der Gastgeber ihm mit seinen Freunden die Türe wies.

Darum müssen wir auch vor denen schweigen, die das heiligste Geheimnis der Eucharistie nicht mehr im Lichte und in der Liebe Gottes sehen können, und seien es hohe Theologen.

Licht kann nicht mit Finsternis sich vereinen. Eucharistie ist hellstes Licht. Lauter Licht Gottes. Licht der unerforschlichen und ewig unbegreiflichen Liebe Gottes. Licht, das unser armseliges Menschenleben unsäglich hell und glücklich machen kann, wenn wir es in reinster Demut empfangen.

Dieses heiligste Licht aus der Liebe Gottes ist die wertvollste Lebens-Perle, die wir nie den Schweinen vorwerfen dürfen, wie Jesus uns mahnt.

"Ich bin gekommen, Feuer auf die Erde zu werfen!"

Hören wir zunächst, was Johannes der Täufer am Jordan ausruft in Mt 3,11:
„Ich taufe euch mit Wasser zur Buße. Der aber nach mir kommt, ist stärker als ich. Ich bin nicht würdig, ihm die Schuhe nachzutragen. Dieser wird euch mit dem Heiligen Geiste und mit Feuer taufen. Der hat die Wurfschaufel in seiner Hand. Er wird seine Tenne reinigen. Den Weizen wird er in seine Scheunen bringen, die Spreu aber wird er im unauslöschlichen Feuer verbrennen."
Wir verstehen es wohl, was da der Täufer sagt, und wir müssen es verstehen, weil es uns alle angeht und wir alle drankommen und dieser Reinigung im Tod nicht ausweichen können. Wir sind also Weizen oder Spreu und werden entsprechend in der himmlischen Scheune selig geborgen oder im unauslöschlichen Feuer verbrennen. Denn dieser Jesus, dem kein Sterblicher ausweichen kann, wird uns mit dem Heiligen Geist und mit dem Feuer taufen. Es ist der Geist und das Feuer des ewigen Lebens, das wir zeitlich auslöschen können, damit es nicht mehr brennt. Es wird dann im unauslöschlichen Feuer anders brennen. Denn brennen muß, was einmal der Allmächtige entzündet hat.
Der Völkerapostel erklärt dazu im 1. Kor 3,11:
„Einen andern Grund kann niemand legen als den, der gelegt ist, nämlich Jesus Christus. Ob einer auf diesem Grund Gold, Silber, Edelsteine oder Holz, Heu, Stoppeln aufbaut - das wird sich bei dem Werk (Lebenswerk) eines jeden herausstellen. Der Tag des Herrn wird es kundmachen, weil er sich im Feuer offenbaren wird. Wie das Werk eines jeden ist, das wird das Feuer erproben. Besteht das Werk, das er erbaut hat, so wird er Lohn empfangen. Verbrennt das Werk, so wird er Schaden leiden."
Hören wir, was der Apostel weiter sagt! Hören wir es genau!
„Wißt ihr nicht, daß ihr ein Tempel Gottes seid und der Geist Gottes in euch wohnt? Wer nun den Tempel Gottes vernichtet, den wird Gott vernichten. Denn der Tempel Gottes ist heilig. Und der seid ihr."
Wir wollen auch noch hören, was der Apostel Petrus schreibt in 1. Petr 1,6:
„Darüber frohlocket, wenn ihr auch jetzt noch für kurze Zeit, wenn es sein soll, durch mancherlei Prüfungen Trübsal leiden müßt! Euer

Glaube soll dadurch als echt erprobt und kostbarer erfunden werden als vergängliches Gold, das durch Feuer geläutert wird zum Lobe, zum Ruhme und zur Ehre der Offenbarung Jesu Christi."
Nun aber wollen wir hören, was Jesus selber sagt über das Feuer, das er auf die Erde geworfen hat. In Lk 12,49:
„Ich bin gekommen, um Feuer auf die Erde zu werfen! Was will ich anderes, als daß es brenne! Ich habe eine Taufe auf mich zu nehmen! Wie drängt es mich, sie zu vollziehen!"
Das Feuer, das Jesus auf die Erde geworfen hat, das ist das unauslöschliche Feuer der ewig brennenden Liebe Gottes in einer flammenden Höhe, die kein Geschöpf ergründen kann. Jesus hat dieses Feuer in seiner göttlichen Person auf die Erde gebracht und will es in allen Menschenseelen entzünden. Er sagt, er hat es auf die Erde geworfen. Es ist wirklich wie geworfen, preisgegeben in würdige und unwürdige Menschenseelen. Gott kann nicht anders in der Unendlichkeit und Unteilbarkeit seiner Liebe.
Das erleben wir tagtäglich in der Hingabe seiner Liebe im eucharistischen Mahle. Sie kommen, sie nehmen, Würdige und Unwürdige, Gläubige und Ungläubige, Liebende und eiskalte, tote Herzen, reine Büßerseelen und schmutzigste Teufelsseelen.
Zu all dem schweigt Jesus, der sein Feuer der flammendsten Liebe Gottes, des Vaters, des Sohnes und des Heiligen Geistes über alle ausgegossen hat und weiter unermüdlich ausgießt in der Sehnsucht seines Erlöserherzens, wie der Vater ihm aufgetragen hat und der Heilige Geist in ihm weiterglüht.
Ja, so ist es! Weil Jesus zu all dem schweigt, noch schweigt, weil er nur erlösen will und nicht richten, erst richten wird am Ende der Prüfung, damit jetzt noch jeder frei beweisen kann, wie und ob er Jesus glaubt und zu seiner Liebe erhoben werden will. Aber wehe, wenn die Zeit der Prüfung abgelaufen ist!
Wir Menschenkinder, auch wir Gotteskinder, leben so dahin und bedenken selten, wie sehr Jesus uns liebt. Das Herz Jesu ist eine über alle Begriffe brennende Liebessehnsucht aus der ewigen Liebesfülle Gottes. Diese Liebessehnsucht Jesu brennt vor allem in der heiligsten Eucharistie, worin Jesus sich so klein und unscheinbar macht, daß ihn niemand mehr erkennen kann, der nicht an ihn lebendig glaubt. Lebendig an ihn glauben aber heißt, in Liebe zu ihm finden.
In Liebe zu ihm finden können wir in stiller Anbetung. Denn unser

Herz braucht Stille, damit es sich besinnen kann auf die Liebe. Hier sich besinnen auf die höchste Liebe, die der Verstand nie erfassen kann.

Wie still muß ein Herz werden, um Jesus in seiner eucharistischen Liebe nur ein wenig zu finden. So still, wie die Hostie vor dir liegt, muß dein Herz werden.

Dann nur kann es geschehen, daß in deinem Herzen etwas aufleuchtet und eine friedvolle Wärme dich erhebt über alle Sorgen und Kümmernisse dieser Welt. Denn vernichtend klein wird alles Vergängliche vor dieser unvergänglichen Liebesmacht Jesu in der kleinen Hostie, die alle Schöpfung in sich geborgen hält. Noch viel mehr:

Die uns alle trägt über alle Sorgen und Vergänglichkeit in einer Liebesallmacht, die keine Grenzen kennt. Denn diese Liebesallmacht geht aus vom Vater und führt heim zum Vater. Und erfreut ständig im Heiligen Geist. Ja, die Liebesallmacht, die da erglüht in der kleinen Hostie.

Wer diese Liebesallmacht schöpfen kann, der ist selig zu preisen. Wer sie gering achtet, der verfällt in die Armut und Hilflosigkeit oder gar in die elende Sündigkeit der sterblichen Menschen.

Darüber kann ich etwas erzählen, fast etwas Unglaubliches. In den Nachkriegsjahren hat es mir ein junger Kaplan erzählt. Mit stiller Empörung hat er es mir erzählt. Denn damals kamen schon die modernistischen Auffassungen über die eucharistischen Geheimnisse. Er erzählte mir:

Einige Jahre konnte ich während des Krieges meine Studien zum Priestertum weiterführen. Dann aber hieß es, das sei Feigheit. Ich kam zur schnellen Offiziersausbildung. In wenigen Monaten kam ich als junger Leutnant an die russische Front, die bereits im Rückzug war. Da ich kein Hehl daraus machte, daß ich Priester werden will, nannten mich die Kameraden vielfach den schwarzen Pfarrer. Mir machte das nichts aus.

Wir hatten einen guten Hauptmann mit langjähriger Fronterfahrung und katholischer Einstellung. Der war mir gut gesinnt.

Eines Abends holte er mich in seinen Unterstand und sagte mir im Vertrauen:

„Herr Leutnant, bei den Russen tut sich etwas. Leider haben wir zu wenig Flugzeuge, die uns aufklären könnten. Es ist daher vom Oberkommando der Wunsch, noch nicht der Befehl, durchgegeben

worden, hinter die russische Front einen Spähtrupp auszusenden, der erkunden soll, was die Russen da hinten vorhaben. Ich meine Truppenansammlungen und Panzerstärke. Wenn wir das erkunden könnten, würde die Gefahr einer neuen Einkesselung abgewehrt. Herr Leutnant, wenn sie den Mut dazu hätten, mit einem Spähtrupp nachts hinüber zu schleichen, und mit Erfolg zurückkämen, könnten sie Tausenden von Kameraden das Leben retten. Ich will es Ihnen nicht befehlen, es ist von mir auch nur ein Wunsch. Aber ich kenne die Russen und spüre, da drüben tut sich etwas. Herr Leutnant, Sie dürfen sich die Leute zum Spähtrupp selber aussuchen. Zwanzig Mann müßten Sie mitnehmen, die weit auseinander gezogen alles auskundschaften könnten, was die Russen hinter der Front vorbereiten. Herr Leutnant, wenn Sie zu diesem Wunsch bereit sind, dann bin ich Ihnen sehr dankbar. Ich werde Ihnen das nie vergessen. Aber eins muß ich Ihnen sagen, ich darf es Ihnen nicht verheimlichen: Es ist eine Feuertaufe, in die Sie da gehen müssen! Es kann sein, daß nur wenige zurückkommen. Oder daß keiner mehr zurückkommt."
Der Hauptmann streckt mir die Hand hin. Ich schlug ein! Nur eines sagte ich ihm:
„Ich will noch zum katholischen Feldkurat. Bei ihm beichten und kommunizieren."
Der Hauptmann verstand mich gut. Er sagte:
„Suchen Sie sich die Kameraden aus, katholische, wie Sie sicher meinen und nehmen Sie sie auch mit zum Feldkurat."
Der Feldgeistliche freute sich, als wir kamen. Er feierte eigens für uns eine hl. Messe und sagte uns in einer kurzen Ansprache:
„Liebe Kameraden! Wenn ihr jetzt kommuniziert, seid ihr eins mit Jesus, mit Jesus, der das Leben selber ist. Wenn ihr ihm vertraut, braucht ihr den Tod nicht fürchten. Jesus, der in euch lebt, wird euch beschützen in dem Maß, in dem ihr ihm vertraut. Im Vertrauen dürft ihr hoffen, daß ihr alle wieder heil zurückkommt."
Am nächsten Abend standen wir bereit. Es zog eine düstere Nacht herauf. Günstig für unser Unternehmen. Jeder von uns sollte eine LMP, leichte Maschinenpistole, mitnehmen. Ich lehnte ab, indem ich sagte:
„Damit erreichen wir nichts. Durch Schießen verraten wir uns. Dann sind wir alle verloren."
Der Hauptmann gab mir recht.

Es gelang uns, im Nebel bald hinter die russische Front zu kommen. Da wir uns weit auseinanderziehen mußten, um möglichst viel auszukundschaften, war jeder kleine Trupp, immer nur drei Mann, ein Wagnis für sich. Wir durften einander kein Zeichen geben. Wir hatten nur ein Ziel: Nach Mitternacht uns wieder nördlich zum Wald zurückziehen und dann schauen, wie wir in unsere Stellung kommen.

Ich war noch mit zwei Kameraden auf dem Schleichweg zu unserer Front, da eröffneten die Russen plötzlich ein gefährliches Sperrfeuer. Sie hatten etwas gemerkt. Ich konnte meine beiden Kameraden noch in ein Granatloch zurückreißen. Sie waren beide verwundet. Über eine Stunde dauerte das Störfeuer der Russen. Als es still wurde, kroch ich zu unserer Stellung und meldete kurz, was wir gesehen haben.

Dann holte ich den einen verwundeten Kameraden. Er hatte am Fuß eine schwere Verletzung. Darauf holte ich auch den zweiten Kameraden, der in der Hüfte durch Granatsplitter verletzt war. Ich wollte keinen anderen hinlassen, weil ein anderer den Schleichweg nicht so leicht gefunden hätte.

In einem großen Unterstand lagen wir dann alle, die noch heil waren, beisammen. Dreizehn Mann waren uns. Vier Verwundete waren schon in ein Feldlazarett abtransportiert worden. Vier Mann waren vermißt, lebten wahrscheinlich nicht mehr.

Als der Herr Hauptmann kam, konnten wir melden:
„Bei 200 russische Panzer haben wir gesichtet und ebenso viele Kampfwagen und Lastwagen."
Der Hauptmann sagte:
„Damit wissen wir Bescheid. Die Russen planen hier einen Großangriff, einen Durchbruch, wie ich gefürchtet hatte. Ich werde alles sofort an das Oberkommando melden. Kameraden, ihr habt uns einen einmaligen Dienst erwiesen. Ihr werdet alle eine Auszeichnung bekommen, besonders Sie, Herr Leutnant."
Er gab mir die Hand und lud mich ein in seinen Befehlsbunker. Da sagte er mir:
„Herr Leutnant, was Sie geleistet haben, das ist einmalig. Das ist ein Wunder, das wir nur Ihrem Glauben zu danken haben. Leider dürfen wir darüber nicht reden, weil sie dafür kein Verständnis haben."
In wenigen Tagen standen hinter unserer Stellung schwere Tiger-

panzer zur Abwehr bereit, ebenfalls schwere Artillerie. Der schwere Angriff der Russen kam. Er wurde aber siegreich zurückgeschlagen.
Damit wurde ich zum Oberleutnant befördert und bekam während des ganzen Krieges besonders schwierige Aufgaben zugeteilt. Ich konnte sie alle lösen.
Aber dafür hatte ich nur die Sicherheit, weil ich Jesus im heiligsten Sakrament ganz vertraute. Wo immer es möglich war, suchte ich einen Feldkurat auf und kommunizierte.
Damals vor dem Spähtrupp, der eine Feuertaufe war, hatte ich Jesus gesagt:
„Du, mein Jesus, du hast gesagt, du bist gekommen, Feuer auf die Erde zu werfen. Du willst eine Feuertaufe auf dich nehmen. Nun bitte ich dich und ich vertraue dir, die Feuertaufe zu überleben, wie du sie überlebt hast. Darum will ich ohne Sünden leben und will immer eins sein mit dir in deinem heiligsten Leib und Blut. Du bist mein Leben, in dir werde ich alles überleben."
„Während der letzten Kämpfe um Berlin habe ich mich mit meiner Einheit zu den Amerikanern hinübergeschlagen und wir sind dort freiwillig in Gefangenschaft gegangen.
In Amerika ging es mir gut. Ich konnte teilweise mein theologisches Studium fortsetzen. Ein Bischof hätte mich sogar zum Priester geweiht, wenn ich dort geblieben wäre. Aber ich wollte wieder in meine österreichische Heimat.
Eines habe ich gelernt, dazu hat mich Jesus erbaut in seiner eucharistischen Liebe und Lebensglut:
Ich werde immer und überall Jesus im heiligsten Sakrament treu bleiben! Ich werde nie dulden, daß diese höchste Liebe mißachtet oder gar verachtet wird von eiskalten oder gar schmutzigen Menschenwesen!"

Empöret ist ein Menschenherz,
das redlich strebt himmelwärts
und oft die Profanierung sieht,
die da am Heiligsten geschieht.

Herniederstieg vom Vater Gott
der Sohn in unsre Todesnot.
Nur opfern und nur sterben konnt
der Höchste, der beim Vater thront.

Er hängt am Kreuze immer noch,
der starb und für uns lebet doch
und sich sogar zur Speise gibt,
der uns mit solcher Sehnsucht liebt.

Die Feuersglut heiß in ihm brennt,
weil Liebe keine Grenzen kennt.
Wenn seine Liebe uns ergreift,
in uns auch wahres Leben reift.

Das ist die Glut von Gottes Thron,
vom Vater, Geist und Gottes Sohn,
die uns durchglüht zur Reinigkeit
und uns zu Kindern Gottes weiht.

Die Flamme mußt ertragen du,
sonst findest nirgends du mehr Ruh.
Ein Feuer ist's, das macht dich frei,
daß wahres Leben Lust dir sei.

Wir können nichts aus uns allein
und finden nie zum Leben heim.
Die Liebesglut im Himmelsbrot
uns rettet aus der tiefen Not.

Hören wir Jesus wieder in dem Wort und verstehn wir ihn endlich:
„Ich bin gekommen, um Feuer auf die Erde zu werfen! Was will ich anderes, als daß es brennt! Ich habe eine Taufe auf mich zu nehmen! Wie drängt es mich, sie zu vollziehen!"
Jesus hat diese Feuertaufe vollzogen am Kreuze. Er vollzieht sie immer noch in jedem heiligen Erlösungsopfer. Er vollzieht sie immer noch in jeder heiligen Kommunion. In jeder Preisgabe an Menschenseelen, ob liebevoll oder lau, ob rein oder schmutzig und eiskalt. Jesus kann nicht anders in seiner glühenden Liebessehn-

sucht, als sich allen Menschen erlösend schenken, weil er sie sieht in ihrer verlorenen Todesnot. Weil er weiß, nur er kann sie daraus retten und erheben, sie nähren mit seinem Leibe und Blute zum ewigen Leben. Ohne seine Liebesglut sind sie verloren, die armen Menschen. Verfallen sie dem ewigen Tod der Hölle.

Warum wollen die Menschen das nicht hören und nicht wissen? Meinen sie, Jesus ist ein Lügner und Betrüger? Ja, das meinen sie. Darum betrügen sie sich selber mit tausend Lügen, wie sie der Lügner und Mörder von Anbeginn durch seine Helfershelfer hinaustrompetet in alle Ohren, welche die Lüge lieben, weil sie süß schmeichelt, wie alle Verführer es tun.

Ein alter Arzt hat einmal zugegeben:

„Ich habe vieles getan, um reich und berühmt zu werden. Ich habe nicht nach meinem christlichen Gewissen gehandelt, das mich zwar beunruhigte. Ich habe meinen Vorteil gesucht.

Erst als ich Jesus wieder kennenlernte durch die Belehrung eines guten Priesters, habe ich angefangen, Arzt und Heiler fürs wahre Leben zu werden. Dann wurde ich sehr glücklich in meinem Beruf, weil ich erkannt hatte, als Arzt gehe ich Hand in Hand mit Jesus, der nur heilen will.

Bald hatte ich damit Gegner unter den eigenen Kollegen und ich litt Not, weil ich Armen ohne Entgelt die Hand reichte. Auch meine Frau hat mich verlassen, weil sie als die Gattin eines Arztes reich und angesehen leben wollte. Mit meinen armen Kranken stand ich oft allein. Aber ich konnte sie nicht verlassen, weil ich in meiner Liebe so dumm war, wie man mir sagte.

Eines Tages stand ich vor einem großen Kreuz. Es war, als sagte mir der Gekreuzigte:

„Schau mich an! Ich bin auch allein in meiner Dummheit zu den Menschen. Ich muß hier aushalten in flammender Liebessehnsucht, sonst sind sie verloren, die armen Menschen. Wenn ich auch nicht alle retten kann, sondern nur wenige. Für diese wenigen muß ich aushalten am Kreuze."

Der Arzt erzählte weiter:

„So habe ich auch ausgehalten in meinem Liebesopfer. Ich wurde verschrien als unbelehrbarer Narr. Ein unbelehrbarer Narr ist auch Jesus in seiner brennenden Liebe am Kreuz."

Einmal saß ich am Krankenbett eines armen Mannes. Er hatte eine kleine Landwirtschaft, in der er mit seiner jungen Frau gut gewirt-

schaftet hatte. Er wollte seine Wirtschaft erweitern, indem er Grundstücke von seinem großen Nachbarn aufzukaufen plante, der sie gerne hergab, um Geld für das Wirtshaus zu haben.
Schon hatte er dafür etwas Geld zurückgelegt, da starb seine Frau auf dem Kindsbett. Da sie sich geschunden hatte bis zur letzten Stunde, konnte sie die Geburtswehen nicht überleben. Das Kind lebte, ein gesunder Knabe.
Bald darauf erlitt er einen schweren Unfall bei einer Bauarbeit am Stall. Beide Füße waren arg verletzt. Mehrere Beinbrüche. Nun lag er da, hilflos und hoffnungslos. Um das Kind hat sich eine Nachbarin angenommen. Auch um den Stall und seine Wirtschaft.
Der Kranke klagte, daß er auf Gott nicht mehr vertrauen könne, weil er solches Unheil an ihm zugelassen habe. Ich mußte gehn, versprach aber, daß ich bald wieder kommen werde. Karl Weber hieß der Mann, habe ich mir noch gemerkt.
Im Park vor dem Krankenhaus traf ich eine junge Frau mit einem Kind auf dem Arm. Sie ging auf mich zu und fragte:
„Herr Pfarrer, haben Sie auch den Karl Weber besucht?"
Ich sagte ja. Da bat sie mich, ich solle mich mit ihr ein wenig auf die Bank im Garten setzen, damit sie mit mir reden könne. Sie sagte:
„Sehen Sie, der Karl ist an sich ein guter Kerl. Aber er hat den stolzen Ehrgeiz, ein größerer Bauer zu werden. Er wollte Grundstücke aufkaufen. Dafür hat er sich mit seiner guten Frau halb zu Tode geschunden. Dafür hat seine Frau sterben müssen und er selber liegt nun elend da und muß froh sein, wenn seine Beine, besonders sein rechter Fuß wieder normal wird.
Das Schlimmste aber ist, und dafür muß ich Sie bitten, Herr Pfarrer, daß Sie dem Karl ordentlich die Meinung sagen.
Er hat vor lauter Ehrgeiz für Gott keine Zeit mehr gehabt. Er hat jeden Sonntag gearbeitet und kam nicht mehr in die Kirche. Nun hat der Herrgott ihm gezeigt, wie weit er kommen kann ohne ihn.
An Gottes Segen ist alles gelegen, haben unsere Eltern gesagt. Und ohne Gottes Segen, sagt meine Mutter immer, die noch bei mir ist, kannst alles niederlegen.
Herr Pfarrer, bitte, sagen Sie das dem Karl, daß er wieder beten muß und in die Kirche gehen muß, bevor er im Glauben zugrunde geht. Das ist eine Mahnung Gottes, die ihn getroffen hat. Und das ist ein Zeichen, daß der liebe Gott ihn noch gerne hat und ihn retten will.

Gottlose Menschen nur läßt Gott in Ruhe, wenn er sie für die Ewigkeit nicht mehr retten kann. Aber soweit ist der Karl noch nicht. Darum mußte er ihm dieses Kreuz schicken.
Sie zeigte mir das Kindlein, das sie auf dem Schoß hielt:
„Sehen Sie, das ist sein Sohn, der kleine Karli, um den ich mich angenommen habe. Mit dem gehe ich jetzt zu ihm und sage ihm: Um deines Kindes willen bete wieder und vertraue Gott!"
Erst nach drei Tagen kam ich wieder in die Abteilung des Krankenhauses, in welcher der Karl war. Ich traf ihn auf dem Gang. Er mußte massiert werden. Da er vor dem Masseurraum noch warten mußte, setzte ich mich zu ihm auf die Bank. Ich fing gleich ernst zu reden an:
„Karl, du hast mir gesagt, daß du auf Gott nicht mehr vertrauen kannst. Das ist die Folge, wenn du nicht mehr betest und nicht mehr glaubst. Und da nun dieses harte Kreuz über dich gekommen ist, das ist die Mahnung Gottes, daß du ohne ihn zugrunde gehst. Denn er liebt dich noch und will dich retten für das ewige Leben."
Etwas empört wollte der Karl antworten, aber ich redete weiter, weil ich fürchtete, sie werden den Karl bald in den Masseurraum rufen:
„Karl, laß mich reden, du kannst dann darüber nachdenken. Du willst mir sagen, Gott sei grausam mit dir gewesen, weil er dir die Frau sterben ließ und dich beinahe zum Krüppel geschlagen hat. Hast du das ganz vergessen oder verstehst du das nicht mehr, wie die Ungläubigen, was Jesus am Kreuze deinetwegen in brennender Liebe für dich gelitten hat und noch leidet, um dich zu retten vor der Finsternis des Unglaubens. Denn du warst auf dem Weg dahin, weil du in deinem falschen Ehrgeiz ein großer Bauer werden wolltest und darum für Gott keine Zeit mehr hattest.
Meinst du auch wie die Gottlosen, daß irdischer Besitz alles ist und ewiger Reichtum in der Herrlichkeit Gottes nichts ist. Wenn du das meinst, dann gehörst du zu den Gottlosen, dann kann ich gehen, weil jedes Wort vergeblich ist."
Ich stand auf. Er wollte mich festhalten. Aber der Masseur rief ihn. Ich versprach:
„Ich komme wieder!"
Ich kam wieder am übernächsten Tag. Er humpelte auf dem Gang hin und her. Er mußte Gehübungen machen. Ich ging neben ihm und er fing gleich an zu reden:

„Herr Pfarrer, ich habe mir alles überlegt und meine Nachbarin, die gute Resi, die sich daheim um alles kümmert und die Sie scheinbar schon kennen, hat mich auch so gemahnt, daß ich wieder ein gläubiger Christ werden muß. Das seh ich jetzt ein und ich will alles wieder ernst nehmen. Die Resi hat mir einen Rosenkranz gegeben. Den bete ich. Da wird mir alles wieder leichter.
Nur eine Frage hätte ich, Herr Pfarrer, die Resi hat mir gesagt, ich soll fleißig zur Kommunion gehen, dann werde ich Jesus verstehen. Aber andächtig muß ich kommunizieren, hat die Resi mir gesagt. Herr Pfarrer, ich habe in der Krankenhauskapelle kommuniziert und auch gebeichtet. Sie haben mich doch gesehen. Nun möchte ich Sie bitten, sagen Sie mir, was tut denn Jesus in der hl. Kommunion mit mir?"
Ich war sehr froh um diese Frage. Ich antwortete:
„Jesus schenkt sich dir in der hl. Kommunion ganz und gar als Gott und Mensch. Er will dich damit in sein gottmenschliches Leben hineinnehmen, damit du in ihm ewig glücklich wirst, als wahres Kind seines himmlischen Vaters.
Eins darfst du dabei nicht übersehen:
Jesus schenkt sich uns vom Kreuze herab. Er leidet immer noch für uns alle in brennender Liebessehnsucht sein Erlösungsopfer, womit er uns heimretten will in die Herrlichkeit seines himmlischen Vaters. Dort erst sind wir erlöst. Das Leben auf dieser Welt ist nur der Weg und die Prüfung für das eigentliche Leben im Himmel.
Darum, lieber Karl, geh mit Andacht und Liebe zur hl. Kommunion. Wenn du das tust, dann erfährst du erst das wirkliche christliche Leben. Dann erst wirst du in froher Hoffnung deine Aufgaben in dieser Welt erfüllen können.
Wenn Jesus dich an seinem Kreuz teilhaben lassen mußte, indem er so schwere Opfer von dir verlangte, so war das nur seine Liebe, die dich eng zu sich holte. Jesus wollte dir sagen:
In meinem Kreuz erlöse ich dich! Damit du das nie vergißt, mußte ich dich ein wenig an meinem Kreuze teilnehmen lassen."
„Ein wenig stark hat er mich an seinem Kreuz teilnehmen lassen", meinte Karl. Ich sagte ihm:
„Aber kein Vergleich mit der Schwere des Kreuzes, das Jesus in feurigster Opferliebe für dich erduldet."
Da der Karl ziemlich verständig war, weil die fromme Resi hinter ihm stand, durfte ich so tiefgründig mit ihm reden.

Wie ich erfahren habe, die Resi und der Karl haben später geheiratet. Damit sind ihre beiden Anwesen zusammengekommen, so daß es ein ziemlicher Hof wurde. Dazugekauft haben sie auch einen großen Acker.

Die Resi war eine junge Witwe. Kurz vor Kriegsende ist ihr Mann, mit dem sie erst wenige Wochen verheiratet war, gefallen.

Ich habe später vom zuständigen Pfarrer erfahren, die frommen Weber-Eheleute waren vorbildlich für die ganze Pfarrei. Öfter, besonders im Winter, wenn nicht so viel Arbeit war in der Landwirtschaft, kamen sie auch am Werktag zur hl. Messe und gingen immer zur hl. Kommunion.

Ich denke mir oft, wenn die Christen andächtig und ehrfürchtig zur hl. Kommunion gehen, erblüht in ihnen ein Leben, das mit nichts in der Welt zu vergleichen ist. Es ist das Leben Jesu Christi, das in ihnen demütig und gütig weiterleuchtet. Es ist das Leben Jesu Christi, das ohne Klagen mit Jesus auch das Kreuz tragen kann, wenn es darum geht, für gefährdete Menschenseelen Sühne zu leisten.

Es ist das Leben Jesu Christi, das sich auch allerorten offenbart in Sühnenächten. Man sagt, das seien Sektierer. In Wirklichkeit ist es das Angesicht Jesu Christi, das sich im Feuer und im Lichte der ewig sehnenden Erlöserliebe zeigt.

„Wer dürstet, der komme zu mir und trinke!"

Es war das große Laubhüttenfest in Jerusalem, das eine Woche dauerte. Das war der feierlichste Erntedank der Juden zu Anfang Oktober. Zahlreiche Pilger aus Judäa und Galiläa waren zugegen. Dabei wurde über Jesus von Nazareth viel gerätselt, ob er wirklich der verheißene Messias sei. Jesus war anfangs des Festes nicht zugegen, weil die Pharisäer ihn zu töten trachteten. Trotzdem war Jesus mitten im Fest unerwartet erschienen und verkündete offen im Tempel seine göttliche Botschaft.
Es dürfte am siebten Tag des Festes gewesen sein:
Da schöpften in besonderer Feierlichkeit die Priester in goldenen Kannen Wasser aus den Quellen des Teiches Siloe und trugen es in festlicher Prozession hinauf zum Opferaltar des Tempels. Die Pilger sangen dabei aus den Verheißungen des Propheten Isaias:
„Mit Jubel werdet ihr Wasser schöpfen aus den Quellen des Heiles!"
Da rief Jesus laut in die Volksmenge hinein:
„Wer dürstet, er komme zu mir und trinke!"
Jesus wollte damit sagen:
„Laßt euere Seele nicht verdürsten!"
Ausführlich rief dazu Jesus noch die Worte:
„Wer an mich glaubt, aus dem werden wie die Schrift sagt, Ströme lebendigen Wassers fließen."
Damit meinte er den Geist, den die empfangen werden, die an ihn glauben.
Wir wollen uns hier nur auf das Wort besinnen, das Jesus so sehnsuchtsvoll ruft:
„Wer dürstet, der komme zu mir und trinke!"
Darin ahnen wir seine Herzenssehnsucht, daß er sich uns in seinem Leibe und in seinem Blute zur Speise geben will. Ihn selbst sollen wir wahrhaft in uns hineinessen und hineintrinken, damit wir in ihm das Leben haben.
Wir wollen dazu auch über die Begegnung Jesu mit der Samariterin am Jakobsbrunnen nachlesen in Joh 4,7:
Da sagt Jesus zur Samariterin: „Würdest du Gottes Gabe kennen und wissen, wer der ist, der zu dir spricht, gib mir zu trinken, so würdest du ihn bitten, daß er dir lebendiges Wasser reicht . . .
Jeden, der von diesem Wasser (des Brunnens) trinkt, den wird

wieder dürsten. Wer aber von dem Wasser trinkt, das ich ihm geben werde, der wird in Ewigkeit nicht mehr dürsten. Das Wasser, das ich ihm gebe, das wird in ihm zur Quelle eines Wassers, das ins ewige Leben hinüberströmt."
Das ist die gleiche Stimme und die gleiche Erlösersehnsucht, die da spricht in seiner eucharistischen Verheißung:
„Wahrlich, wahrlich, ich sage euch, wenn ihr das Fleisch des Menschensohnes nicht essen und sein Blut nicht trinken werdet, dann könnt ihr kein Leben in euch haben! Wer mein Fleisch ißt und mein Blut trinkt, der hat das ewige Leben, den werde ich auferwecken am Jüngsten Tage. Denn mein Fleisch ist wahrhaft eine Speise und mein Blut ist wahrhaft ein Trank" (Joh 6,53).
Wir können über alle Worte Jesu nachsinnen und erst recht sein Leben und seine Taten bis zur Hingabe am Kreuze betrachten, wir finden immer wieder den Jesus, der nichts anderes will als sich für uns hingeben, damit wir in ihm das wahre Leben haben.
Jesus hat es mit dem Worte ausgedrückt:
„Eine größere Liebe hat niemand, als wer sein Leben hingibt für die Seinen."
Sein Leben hat er hingegeben und gibt es immer noch hin für alle in seinem Leibe und in seinem Blute. Wir können und wir dürfen es nicht anders sehen, wie es ist und wie er es uns versichert: Das ist mein Leib! Das ist mein Blut! So hat er es den Jüngern aufgetragen und hat sie und ihre Nachfolger dafür bevollmächtigt für alle Zeiten.
Dazu muß ich wieder erinnern:
Begreifen können wir das alle nicht, solche Liebe, solche Hingabe! Das geht weit über unsere Verstandesfähigkeit hinaus, vielleicht auch über die lichteste Erkenntnis der höchsten heiligen Engel.
Gott in seiner Liebestiefe kann kein Geschöpf ergründen. Hier können wir nur in tiefster Demut Gott in seiner Liebe anbeten!
Wie viele hundert Erstkommunikanten habe ich in meinem Priesterleben mit herzlichster Liebe auf den Empfang ihres Herrn und Heilandes in der hl. Kommunion vorbereitet. Manchmal erlebte ich ein erfreuliches Aufleuchten in den Augen der lieben Erstkommunikanten nach der großen Feier. Oft noch lange, wenn ich fragte: Bist du glücklich, mit Jesus zusammen leben zu dürfen, sah ich ein seliges Lächeln in den jungen Gesichtern. Aber oft erkannte ich, sie lächeln nur, weil ich es von ihnen so erwarte.

Auf alle Fälle, bald war vom düsteren Werktag und erst recht von der größeren Wichtigkeit ihres heranblühenden jungen Frühlings, wenn das Herzchen von lockender Liebe träumte, das beseligende Licht Jesu verschwunden. Auch wenn ich sie später noch öfter an der Kommunionbank sah. Ach, ihre Hoffnungen, ihre Herzensgelüste waren ganz woanders, schon während der hl. Kommunion. Jesus in der Kirche nahmen sie halt mit wie ein nebensächliches Anhängsel, das ohnehin gleich verschwand wie ein Nichts. Nur weil's so Brauch ist, sonst nichts.

Ich habe öfter versucht, beim Brautunterricht oder sonstwo junge Menschen zu fragen, was Jesus, mit dem sie doch eins sind, ihnen bedeutet. Verlegenes Suchen nach Worten, die mir gefallen könnten, war ihr Verhalten. Ich kam ihnen meist zuvor mit den Worten: „Brauchst nichts antworten, ich weiß schon."

Oder ich sagte direkt den eiskalten Seelen:
„Jesus, den hast vergessen, auch wenn du noch zur Kommunion gehst. Jesus ist dir fremd geworden wie ein altes Hemd, das man wegwirft. Sag nichts, bittschön, ich weiß schon. Wenn du Jesus noch kennen würdest, würde er dir leuchten und helfen zu einem anderen Leben. Aber du kennst ihn nicht mehr. Hoffentlich erkennt er dich noch, wenn du einmal drüben vor ihm stehst. Denn wenn er dich nicht mehr erkennen kann, du weißt, was er dann sagen wird. Und dieses sein Wort gilt ewig!"

„Wegen Sünden meinst du? Schwachheitssünden in der Jugend? Die brauchst du nicht fürchten. Jesus verzeiht dir so gerne, wenn du wieder bereust und beichtest. Er umarmt dich in neuer Liebe. Nur den hochnäsigen Stolz mußt du fürchten. Der erhöht dich lügend über Gott und reißt dich in die Verdammnis des ewigen Lügners."

Da war ein Weber. Seine Eltern hatten trotz der großen Landwirtschaft noch Hausweberei betrieben. Sechs Webstühle standen in den Stuben. Dann aber kam die Großweberei in den Fabriken, die ihre Ware viel billiger herstellten. Der Hans Gruber, noch jung verheiratet mit drei kleinen Kindern, wagte ebenfalls eine Großweberei mit Maschinen aufzubauen. Er hatte dazu das Äußerste an finanziellem Einsatz gewagt. Er konnte das nur bezwingen, weil er persönlich fast Tag und Nacht arbeitete. Nach einigen Jahren war er so weit, daß er neben anderen Fabriken bestehen konnte. Aber mit seiner Gesundheit war er am Ende. Er brach eines Tages im

Alter von knapp vierzig Jahren zusammen. In einer ernsten Therapie im Krankenhaus und dann in einem Sanatorium konnte er langsam wieder aufatmen. Aber er war noch lange nicht arbeitsfähig. Ein guter Priester hatte ihn auch seelisch aufgerichtet. Der riet ihm, er soll vertrauensvoll jeden Tag kommunizieren. Beten und Gottesdienst, das hatte er jahrelang versäumt, weil er dafür nicht Zeit hatte, wie er sagte.

Seine Gattin, die ihn besuchte, klagte:
„Hans, du mußt bald wieder gesund werden und in die Fabrik kommen. Wir können ohne deine Tüchtigkeit gegen die Konkurrenz nicht aufkommen. Die tun ständig verbessern. Du mußt bald kommen!"

Da sagte der Hans zu seiner Frau:
„Ich kommuniziere jetzt täglich. Ich hoffe, daß ich darum bald gesund werde."

Der Priester, der das gehört hatte, sagte ihm:
„Wenn du nur darum zur hl. Kommunion gehst, damit du leiblich wieder gesund wirst, habe ich wenig Hoffnung, daß Jesus dich erhört. Denn durch die Vereinigung mit dir will Jesus, der Sohn Gottes, etwas viel Tieferes bewirken.

Jesus geht es vor allem um deine seelische Gesundheit. Du sollst im Glauben und in der Liebe wieder mit Jesus verbunden als Kind Gottes leben. Jesus sagt uns das Wort:

„Was nützt es dem Menschen, wenn er die ganze Welt gewinnt, aber an seiner Seele Schaden leidet."

Hans Gruber hatte sich über die Erklärung des Priesters aufgeregt und sagte:
„Dann brauch ich auch nicht mehr zur Kommunion gehen, wenn mir da Jesus nicht hilft."

Der Priester, ein echter Kapuziner, sagte:
„Hans, nehmen wir an, du wirst jetzt gesund und arbeitsfähig und kannst dich wieder ganz für deine Fabrik einsetzen. Vielleicht hast du in wenigen Jahren jede Konkurrenz übertroffen und stehst an Produktion ganz oben."

Der Hans fiel dem Pater ins Wort:
„Ja, das möcht ich!"

Der Pater schaute den Hans an und fuhr fort:
„Du stehst ganz oben vor der Welt. Vor Gott aber stehst du ganz unten und gehörst dem, der auch ganz unten steht, in der Hölle.

Was nützte dir dann die große Fabrik, die dir nur zum Verderben diente?"
Der Hans fügte ärgerlich ein:
„Kann denn nicht auch ein Reicher ein guter Christ sein?"
Der Pater winkte ab und erklärte:
„Ja, das kann er. Aber du nicht, wie ich dich kenne. Sobald du gesund bist, stürzt du dich mit Händen und Füßen in die Arbeit und hast keinen Augenblick mehr Zeit für den lieben Gott. Das wäre dein ewiges Verderben."
Der Pater machte eine Pause und schaute den Hans Gruber ernst an:
„Wenn es dir nicht um das ewige Leben geht, wenn du dafür kein Interesse hast, weil du nicht daran glaubst, dann ist meine Rede mit dir vergebens und ich kann gehen. Schade um die Zeit. Aufzwingen tut dir der liebe Gott den Himmel nicht. Wenn du lieber in die Hölle willst, du bist frei. Gott zwingt dich zu nichts.
Etwas anderes ist es, was mir sehr weh tut:
Ich sehe Jesus in tiefer Traurigkeit, der dich immer noch so sehr liebt. Er hat an dir die Krankheit zugelassen, damit du zur Einsicht kommst, um was es geht, um das wahre, ewige Leben. Wenn du das einsiehst, kann der dich auch körperlich wieder heilen."
Der Hans schaute erregt auf und fragte:
„Was sagen Sie da? Gott hat mich krank werden lassen, damit ich wieder für ihn Zeit habe? Er macht mich gesund, wenn ich wieder richtig glaube?"
Der Pater schaut den Hans ernst an und sagt:
„Ja, ich denke schon, daß dich der liebe Gott bald wieder gesund macht, wenn du an ihn glaubst und danach lebst.
Ach, was muß Gott für schreckliche Prüfungen über die Menschen verhängen, damit sie wieder zum Glauben kommen! Außer wenn Gott weiß, bei dem ist alles vergebens, dann läßt er ihm den Genuß des kurzen Erdenlebens.
Manchen muß Gott so früh aus dem Leben reißen, damit er für die Ewigkeit gerettet werden kann. Immer geht es Gott um das ewige Leben. Das zeitliche Leben ist ja nur die Prüfung dafür.
Wenn der liebe Gott aber weiß, den könnte er noch retten zum ewigen Leben, wie er es scheinbar bei dir sieht, dann muß er solche Operationen wagen. Darum, mein Lieber, hoffe ich für dich, daß dich Jesus bald wieder gesund werden läßt, sobald du im Glauben zur Einsicht gekommen bist.

Für Gott und das ewige Leben Zeit haben, ist die erste Wichtigkeit und danach leben, ist unsere erste Pflicht. Für alles andere schenkt uns dann Gott gerne seine Gnade und Hilfe, daß wir alles recht machen können."
Hans sinkt vor dem Pater in die Knie und bittet:
„Bitte, Pater, ich will wieder beichten! Jetzt sehe ich ein, wie dumm und eigensüchtig ich war. Ich hab gemeint, ich allein muß und kann alles machen. Das war verkehrt. An Gottes Segen ist alles gelegen, hat meine Mutter immer gesagt."
Nach der Beichte sagte der Pater dem Hans:
„Jetzt erst, mein Lieber, ist es mir eine Freude, dir Jesus in der hl. Kommunion zu reichen. Jetzt wirst du ihm vertrauen und wirst immer zuerst an ihn denken und in seinem Geiste deine Aufgaben in der Familie und in der Fabrik verrichten.
Was du da für ein Nerven-Leiden hast, von dem du nicht loskommst, das ist eine tragische Ichverkrampfung. Davon wirst du frei, wenn du Jesus wirklich vertraust. Du mußt Jesus, mit dem du nun eins sein willst in der hl. Kommunion, auch als deinen Meister sehen, der dir für alles Gute Rat und Hilfe weiß und gibt."
Der Hans Huber, wie ich gehört habe, ist bald gesund heimgekehrt und hat mit Ruhe und Sicherheit seine Fabrik geleitet. Seine Familie hat er mit Liebe und bestem Beispiel im Lichte des Glaubens behütet. Es war ein Erlebnis, wenn jeden Sonntag seine Familie an der Kommunionbank kniete.
Als die Nazizeit kam, sagte der damals schon alte Grubervater in vertrauten Kreisen:
„Mein Führer ist Jesus Christus. In ihm habe ich die beste Erfahrung meines Lebens. Er hat mich nie enttäuscht. Wenn er etwas fordert, dann tut er es nur, um uns reicher und glücklicher zu machen für Zeit und Ewigkeit."
„Wer Durst hat, der komme zu mir und trinke!"
Durst haben an Leib und Seele, darüber hat mir ein Mädchen berichtet in Medjugorje.
Das Mädchen hatte ich vor Jahren zur hl. Erstkommunion geführt. Die Grete, sie war wenige Jahre fromm zur Kommunion gekommen. Dann sah ich sie nicht mehr. Ich erfuhr, sie ist fast immer in der Diskothek. Alle Religion war ausgelöscht. Sie ist dann im Großstadtleben untergegangen.
Wohl dreißig Jahre später war es in Medjugorje. Da kommt eine

Frau auf mich zu und stellt sich vor:
„Kennen Sie mich nicht mehr, Herr Pfarrer, ich bin die Grete N."
Mir fiel es wie Schuppen von den Augen und ich sagte:
„Aber Grete, wie ist das möglich? Wo kommst du her? Wie geht es dir?"
Sie drängte mich:
„Kommen Sie mit in mein Quartier. Ich will Ihnen alles erzählen mit Freude, damit Sie sehen, ihre liebevolle Mühe damals zur Erstkommunion war nicht umsonst. Sie erzählte:
„Ich bin sehr glücklich verheiratet. Habe schon drei liebe Kinder. Was ich in der Großstadt durchgemacht habe, das war ein Elend für sich. Die Schuld trug ich selber, weil ich in Freiheit alles genießen wollte. Schließlich stand ich da in einer Einsamkeit und Verlassenheit, die mich beinahe zur Verzweiflung getrieben hätte.
Natürlich hätten sich Männer jung und alt um mich angenommen. Ich wußte, für welchen Preis die sich um mich kümmern würden. Darum wehrte ich mich stur gegen männliche Hilfe.
Gott sei Dank hatte ich eine Freundin gefunden, der ich vertrauen konnte. Wir hatten beide, obwohl wir katholisch waren, jeden religiösen Halt verloren.
Und da, guter Herr Pfarrer, habe ich mich an einige Weisungen, die Sie uns im Kommunionunterricht gegeben hatten, erinnert. Ich weiß es nicht mehr wortwörtlich, was Sie gesagt haben, aber dem Sinn nach weiß ich es sehr gut. Ich habe in meinen einsamsten Stunden darüber nachgedacht. So haben Sie unter anderem gesagt: Wenn wir Jesus auch nicht sehen, er ist immer bei uns. Er ist bei uns mit seiner allmächtigen Liebe. Vor allem ist er bei uns, wenn wir uns verlassen fühlen. Da ist er uns sogar sehr nahe. Denn er ist die Liebe selbst. Da können wir ruhig mit ihm reden. Er hört uns schon. Er hört uns sehr genau, haben Sie gesagt. Er wird uns Antwort geben. Nicht mit Worten. In unserem Herzen wird er zu uns reden. So lieb wird er da zu uns reden in unserem Herzen, daß wir keine Angst haben und wir uns nicht mehr allein fühlen.
Wo immer es möglich ist, haben Sie gesagt, sollen wir zur hl. Kommunion gehen. Notfalls vorher beichten. Nach der hl. Kommunion sollen wir vertrauend mit Jesus reden. Wir werden es erleben, wie wunderbar Jesus uns im Herzen antwortet. Unsere Lebenswege, die er immer mit uns geht, wird er so lenken, daß wir nicht irre gehen. Nur dürfen wir nicht ein sündiges Leben führen, damit wir

Jesus nicht verdrängen, haben Sie gesagt. Aber er wird uns immer gerne verzeihen, wenn wir die Sünden bereuen. Denn Jesus ist sehr lieb zu den Sündern, die in Reue zu ihm heimsuchen.
Diese Erinnerungen habe ich meiner Freundin mitgeteilt. So haben wir beide zu einer guten Beichte den Mut gefunden. Und dann ging es wieder aufwärts in einem echten religiösen Leben. Unter den Katholiken haben wir gute Freunde gefunden. So habe auch ich meinen Mann kennengelernt und bin mit ihm sehr glücklich. Ihm ist genauso wie mir Jesus im eucharistischen Geheimnis die sicherste Quelle des Lebens."
Wie die Grete so sprach, ging die Türe auf und ihr Mann kam herein. Er war auf dem in Medjugorje berühmten Kreuzweg gewesen. Er gab mir gleich die Hand und sagte:
„Ah, das ist sicher der Herr Pfarrer Wagner, von dem mir meine Grete soviel erzählt hat. Ich freue mich, Sie kennen zu lernen."
Während die Frau eine kleine Bewirtung richtete, erzählte ihr Mann:
„Meine liebe Grete wäre beinahe erstickt im Großstadttrubel. Da hab ich sie eines Morgens in der Kirche gesehen und ich dachte mir: Die könnte meine Frau werden! Sie ist es geworden und ich bin sehr glücklich mit ihr.
Die Grete war so verzagt, als sie mit ihrer Freundin aus der Kirche kam, wo ich gewartet habe, um sie ein wenig kennenzulernen. Sie war abweisend, als ich mich ihr vorstellte. Erst an einem späteren Tag, gab sie mir Antwort. Ich sagte zu ihr:
„Das Leben der Stadt darf Sie nicht betrüben. Sie schauen so verzagt."
Sie wollte mir ausweichen. Ich sagte ihr:
„Ich sehe Sie schon öfter in der Kirche, auch kommunizieren. Wissen Sie, was der sagt, den Sie da kommunizieren? Der sagt Ihnen: „Wer dürstet, der komme zu mir und trinke! Ich sehe, Sie dürsten nach Freude und Licht. Jesus wird es Ihnen schenken."
Die Grete war inzwischen hereingekommen und sagte:
„Ja, ich dürstete nach Freude und Licht, auch nach Glück und Geborgenheit. Das Wort, das mir Hans von Jesus gesagt hatte, erinnerte mich, daß Sie uns beim Kommunionunterricht das auch gesagt hatten. Damals habe ich es nicht verstanden. Aber nach den Großstadtenttäuschungen habe ich es wohl verstanden. Ich dürstete aus ganzer Seele nach einem Glück, das ich noch nicht kannte,

aber mich danach sehnte. Hans sagte mir das Wort von Jesus:
„Wer dürstet, der komme zu mir und trinke!"
Hans erklärte:
„Wissen Sie, Herr Pfarrer, in der Großstadt gehen nur ein paar Prozent in die Kirche. Die aber gehen, nehmen es meist ernst mit ihrer Religion. Wir finden auch zusammen in christlicher Verbundenheit. Bei uns ist der Glaube kein bloßer Brauch, sondern Lebensbedürfnis."
Ich mußte mich wieder verabschieden und zu meiner Pilgergruppe zurückkehren. Auf alle Fälle war mir die Begegnung eine selige Gewißheit, daß der eucharistische Heiland noch sehr ernst genommen wird bei Menschen, die das Leben in der Tiefe suchen.
Das Leben in der Tiefe suchen, das führt uns zu Jesus. Denn Jesus ist der einzige, der sagen kann:
„Ich bin die Auferstehung und das Leben! Wer an mich glaubt, der wird leben, auch wenn er gestorben ist."
Obwohl alle Menschen nach dem Leben dürsten, und mit Recht danach dürsten, weil sie durch Jesus neu zum unvergänglichen Leben erlöst sind, gehen sie dennoch meistens Wege, die zum Tode führen, nicht nur zum zeitlichen Tod des Leibes, sondern zum ewigen Tod der Seele. Das ist die Hölle.
Sie sagen: Sterben müssen doch alle, ob sie glauben oder nicht glauben. Also ist der Glaube Unsinn.
Die so denken und reden, die wissen nichts von der Auferstehung und vom ewigen Leben, das uns Jesus mit seinem Blute erkauft hat. Die wissen nichts, eben weil sie nicht glauben. Denn nur im Glauben erhalten wir das Licht, in dem wir weiter schauen dürfen. Jesus hat uns das so einfach gesagt mit den Worten:
„Ich bin das Licht der Welt. Wer mir nachfolgt, der wandelt nicht mehr in Finsternis, der wird das Licht des Lebens haben."
Welches Glück und welche Sicherheit haben wir, die wir Jesus nachfolgen, indem wir seine Gebote halten und ihm vertrauen!
Die seine Gebote nicht halten wollen und ihm darum nicht nachfolgen, sie bleiben in der Finsternis und sehen nicht, wollen nicht sehen, daß sie nach dem leiblichen Absterben vor Jesus stehen, an dem niemand vorüberkommt, der ihnen sagen muß, er kenne sie nicht oder er kann sie auf die Fürbitte gläubiger Christen vielleicht noch retten für das ewige Leben durch ein schreckliches Fegfeuer.
„Wer dürstet, der komme zu mir und trinke!" (Joh 7,37).

Wir können nicht begreifen, mit welcher Sehnsucht Jesus dieses Wort in die Menge heineinrufen möchte. Denn er allein ist der Weg, die Wahrheit und das Leben. Niemand kommt zu Gott außer durch ihn. Ohne ihn gehen alle irre, stehen alle in Finsternis, finden alle nicht das Leben.

Leider erfahre ich ständig mit tiefer Traurigkeit, daß heute die Menschen vielfach in der Lüge irre gehen wollen, in der Finsternis sich wohl fühlen und das wahre Leben aus Gott verachten, weil es ihnen nicht behagt. Sie fühlen sich wohl in Lüge und tödlichem Scheinleben. Denn darin können sie sich wälzen wie die Schweine in ihrer Ichsucht und Fleischeslust. Durst nach dem, der ihnen das wahre Leben zu trinken geben kann, haben sie leider nicht mehr. Sie wollen das Todesleben, das ihnen der Lügner und Mörder der Hölle mit grinsender Bereitwilligkeit serviert.

Ein eifriger Priester, der versucht hatte, zu retten, was sich retten lassen will, lag in einem Spital. Er war nervlich zusammengebrochen. Man hatte ihm so zugesetzt, daß er nicht mehr wirken konnte. Ich besuchte ihn, weil mich jemand auf ihn aufmerksam gemacht hatte.

Er schaute mich lange an, bis er mir traute und zu sprechen anfing: „Lieber Kollege, vom Heiligen Geist gedrängt habe ich versucht, den Menschen auch heute die Lebensbotschaft Jesu zu verkünden. Natürlich mußte ich selber auch streng danach leben. Das wurde jedoch von manchen Seiten nicht geduldet. So bin ich auf das Abstellgleis geschoben worden.

Mein letzter Fall war ein berühmter Professor und Forscher der Elektronik. Aus Neugierde war ich auch gekommen und hörte seine Berichte. Ich war erschrocken über die Entwicklung, die da der menschliche Geist wagte. Als mich am Schluß der Professor fragend anschaute, sagte ich, was ich empfand:

„Wenn das, was Sie hier entwickeln wollen, einmal zurückschlägt, kann das eine Katastrophe werden."

Der Professor schaute mich an und bat mich in seine Stube. Er sagte: „Herr Pfarrer, wissen Sie, was Sie da sagen! Das habe ich selber auch schon öfter gedacht. Das wollen aber diejenigen, die daraus ungeheuren Profit schöpfen, nicht hören. Was denken Sie, Herr Pfarrer, was man da tun könnte?"

Ich antwortete:

„Vor allem müssen wir beten, damit diese Forschung nicht wie die

Atommacht über uns zu herrschen beginnt."
Der Professor gab mir recht und bat mich dann bescheiden:
„Herr Pfarrer, ich bin auch katholisch. Bitte könnte ich bei Ihnen beichten. Ich hatte mit lauter Forschung für Gott keine Zeit mehr. Helfen Sie mir, daß ich wieder in Gott gefestigt versuche, nur das zu entwickeln, was ihm gefällt."
Wir waren manchen Abend beisammen. Wir haben schließlich alles unter den Schutz der Mutter Gottes gestellt. Denn der Professor erkannte, wie er sagte:
„Mein priesterlicher Freund, nachdem ich wieder in Christus lebe, weiß ich, wer hinter den gottlosen Forschern steht. Es ist der Böse selbst, der Dämon, den sie heute ableugnen. Der Teufel ist es, der die Menschen einfängt und verdirbt auf moralischem und auch auf wissenschaftlichem Gebiet."
Er sagte mir noch ein Wort, das ich nie vergesse:
„Wenn ich am Tag des Herrn mit Jesus eins werden darf in der hl. Kommunion, dann weiß ich, daß sein Licht mir leuchtet und sein Geist mich lenkt, daß ich nichts entwickle, was ihm nicht gefällt. Nicht mehr der stolze Geist des Bösen, sondern der Heilige Geist soll mich führen in meiner Arbeit!"
„Mich aber haben sie kalt gestellt," sagte der Priester, „auch weil sie wußten, daß der Professor mein Freund geworden ist."

„Ich bin demütig und sanftmütig von Herzen!"

Hören wir ausführlich, was da Jesus sagt in Mt 11,25:
„In jener Zeit fing Jesus an und sprach:
Ich preise dich, Vater, Herr des Himmels und der Erde, daß du das vor Weisen und Klugen verborgen, den Kleinen aber geoffenbart hast. Ja, Vater, so war es dir wohlgefällig.
Alles ist mir von meinem Vater übergeben. Niemand kennt den Sohn, als der Vater. Auch den Vater kennt niemand, als der Sohn, und wem der Sohn ihn offenbaren will.
Kommet alle zu mir, die ihr mühselig seid und beladen, ich will euch erquicken!
Nehmet mein Joch auf euch und lernet von mir! Denn ich bin demütig und sanftmütig von Herzen! Dann werdet ihr Ruhe finden in eueren Seelen. Denn mein Joch ist sanft und meine Bürde ist leicht."
Später spricht Jesus das Wort, das uns deutlich hinweist, wie er das gemeint hat:
„Der Menschensohn ist nicht gekommen, sich bedienen zu lassen. Er ist gekommen, zu dienen und für viele sein Leben hinzugeben als Kaufpreis" (Mt 20,28).
Als Jesus seinen Jüngern sogar die Füße gewaschen hatte vor seinem Leiden, sagte er ihnen:
„Ihr nennt mich Herr und Meister. Ihr sprecht damit recht, denn ich bin es. Wenn nun ich, euer Herr und Meister euch die Füße gewaschen habe, um wie viel mehr sollt auch ihr einander die Füße waschen" (Joh 13,13).
Demütig dienende und opfernde Liebe, das ist Jesus! Als demütig dienende und opfernde Liebe müssen wir Jesus erkennen in seiner eucharistischen Hingabe! So sagt Jesus vor der Offenbarung seines eucharistischen Geheimnisses:
„Ich bin vom Himmel herabgekommen, nicht um meinen Willen zu erfüllen, sondern den Willen dessen, der mich gesandt hat. Das ist der Wille dessen, der mich gesandt hat, daß ich nichts von all dem verloren gehen lasse, was er mir gegeben hat, sondern daß ich es auferwecke am Jüngsten Tage.
Das ist der Wille meines Vaters, daß jeder, der den Sohn sieht und an ihn glaubt, das ewige Leben hat und ich ihn auferwecke am Jüngsten Tage" (Joh 6,38).

Danach erklärt Jesus trotz Mißverständnisse ausführlich in verschiedenen Worten, wie sie von ihm das ewige Leben haben können, indem er sich ihnen zur Speise gibt. Hier nur ein Wort davon: „Ich bin das lebendige Brot, das vom Himmel herabgekommen ist. Wer von diesem Brot ißt, der wird ewig leben. Das Brot aber, das ich euch geben werde, ist mein Fleisch für das Leben der Welt." Wir dürfen dazu schon auch, damit wir bei dieser Verheißung nicht zu sehr seine unbegreifliche Gottheit sehen, Jesus auch als Menschensohn schauen. Jesus ist auch der Sohn Mariens. Maria ist ganz Menschenkind. Aber sie ist die allerseligste und allerschönste Jungfrau, als Braut des Heiligen Geistes ganz durchglüht von der Liebe ihres heiligsten Bräutigams. Sicherlich auch ein großes Geheimnis. Aber Maria ist doch wie wir Menschenkind. So steht sie vor uns. So steht sie auch als Mutter vor Jesus, ihrem allerliebsten Sohne, der sich uns zur Speise geben will, damit wir in ihm das Leben haben als Kinder Gottes.

Somit ist uns Jesus nicht so fremd und unbegreiflich, auch nicht, wenn er sich uns zur Speise gibt. Nur ist er eben unendlich demütig und sanftmütig, daß er davor nicht zurückschreckt, uns tatsächlich Lebensspeise zu sein.

Viel eher hätte Jesus zurückschrecken müssen vor dem Kaufpreis, den er für uns bezahlen mußte, um uns aus der Gewalt der Hölle und des Todes zu befreien. Das mußte sein! Das verlangte die reinste Heiligkeit der Liebe Gottes, damit wir wieder würdige Kinder Gottes werden, befreit von aller Unreinheit und Todesnot der Sünde.

Aber unter dem Kreuze Jesu stand auch seine Mutter! Sie mußte als neue Eva, als neue Mutter des Lebens, mit ihrem Sohn, dem neuen Adam, dem neuen Vater des Lebens, alle Erlösungsqual in ihrem Herzen miterleiden, damit wir, ihre Kinder, in ihren Schmerzen unter den Schmerzen ihres Sohnes wieder geboren werden können als Kinder Gottes.

Hast du dir schon einmal Gedanken darüber gemacht, wie priesterlich Maria unter dem Kreuze ihres Sohnes stand, als sie ihn für uns dahinopferte.

Maria hat nicht gezögert, dieses grausamste Opfer auf Golgotha für uns zu vollziehen. Das waren die Geburtsschmerzen, die sie als Mutter des Lebens für uns erleiden mußte.

Es gibt das ergreifende Bild der Pieta, der Schmerzensmutter, wie

sie nach der Kreuzabnahme ihren Sohn von tiefstem Leid umschlungen auf ihrem Schoße hält. Das ist das wahre Bild des Priestertums der Frau:
In reinster Liebe zu Gott das unsterbliche Leben eropfern und ihre Liebe darin erneuern. So ist das Herz Mariens, das in jeder christlichen Frau erblühen und das Leben erneuern sollte. Das wäre das wahre Priestertum der Frau. Aber wo das Herz der Frau durch eigensüchtige und hochmütige Ichpläne umschlungen ist, da zeigt sich wieder das Herz der ersten Eva, die gottlos Todesmutter geworden ist. Solche sind es auch, die pervers danach schreien, weil sie ihr von Gott geschenktes Priestertum nicht wollen, – und verlangen – amtlich zum Priestertum des Mannes zugelassen zu werden.
So werden heute leider viele Jugendliche ohne priesterliche Opferliebe der Mutter in die Fremde des Ichmenschen hinuntergestoßen, die rücksichtslos nur sich selber suchen und dabei den Tod finden. Den Tod des Herzens und der Seele.
Wie sollten solche arme Ichmenschen Jesus erkennen in der heiligsten Eucharistie, worin ihnen Jesus in demütigster und sanftmütigster Liebe begegnet. Dafür gezwungen können sie nicht werden. Die Liebe ist und bleibt ewig frei in der Herrlichkeit des Lebens Gottes.
So wartet vor der Türe deines Herzens Jesus Tag und Nacht, daß er eintreten darf. Obwohl du auch kommunizierst, weil es Brauch ist, aber die Türe deines Herzens ihm nicht öffnest. Jahrelang nicht. Du brauchst ihn nicht, du Ichmensch. Du willst ihn nicht, du genügst dir selbst. Aber wenn du wüßtest, wie arm du bist und verloren, du würdest nach Jesus schreien, nach Jesus, der allein dein Leben aus dem Tode erheben könnte zu unendlicher Freiheit des unsterblichen Lebens und glückseligster Liebe.
Das ist immer noch das Problem der Frau, wie weit in ihr noch das Herz der Eva wuchert, das immer noch das Herz des Mannes und auch ihre Kinder in die Niederungen des sterblichen und sinnlosen Lebens reißt. Das Herz der neuen Eva, das Herz Mariens nur kann die Männer und die Kinder aufwärts führen zum Lichte des Lebens und der Liebe Gottes. Aber das braucht innigste Gottverbundenheit in selbstloser Opferliebe. Priesterliche Mutterliebe.
Mir fällt ein Erlebnis ein von einem Mädchen. Nennen wir sie Rosa. Sie war von der frommen Großmutter erzogen worden. Die

Mutter war zu früh verstorben. Der Vater hat wieder geheiratet. Da hat sich die Oma um die Rosa angenommen. Die Oma hatte ein eigenes schönes Haus. Darin war die Rosa gut aufgehoben und von der Oma gut betreut worden in der Liebe Gottes. Da reifte in ihr der Plan, in ein Kloster zu gehen.
Jedoch einem Bahnangestellten im Dorf ist seine junge Frau auf dem Kindsbett gestorben. Der junge Mann war trostlos und hilflos. Da half die Oma aus, betreute das Kind und hielt die Wohnung aufrecht.
Die Rosa hatte gerade die Prüfungen als Krankenpflegerin bestanden, weil ihr die Oberin des Klosters, in das sie eintreten wollte, geraten hatte, zuerst einen Beruf zu erlernen.
Nun half die Rosa der Oma in der Kinderpflege und im Haushalt des Bahnschaffners. Der Mann sagte nicht viel. Er klagte nur einmal:
„Wie konnte Gott das zulassen! Er hat mir mein ganzes Lebensglück zerschlagen. Jetzt kann ich nicht mehr an ihn glauben. Es ist alles nur blindes Schicksal, das rücksichtslos zuschlägt."
Als die Oma erklären wollte, daß der liebe Gott ein Kreuz verlangen kann, wurde der Mann böse und sagte:
„Hören Sie auf mit diesen frommen Sprüchen! Davon will ich nichts mehr hören. Der Pfarrer hat mir das auch schon gepredigt. Ihm nehme ich es nicht übel. Der wird dafür bezahlt. Aber von Ihnen will ich das nicht mehr hören, daß Gott tun darf, was er will. Ich kann das nur annehmen, wenn ich denke, daß es keinen guten Gott gibt, sondern alles nur blindes Schicksal ist."
Darauf mußten die Oma und auch die Rosa schweigen.
Die Oma sagte dann zur Rosa klugerweise:
„Die Liebe nur könnte den armen Mann überzeugen, daß es einen guten Gott gibt, den er braucht."
Eines Tages klagte der Schaffner der Oma:
„Ich weiß nicht mehr, wie es weitergehen soll. Ich habe die Miete für die Wohnung zu zahlen. Die Rechnungen für die Möbel sind noch nicht beglichen. Wo soll da der gute Gott sein?"
Die Oma wurde ein bißchen scharf und sagte:
„Jetzt hören Sie auf mit den dummen Anklagen gegen Gott! Ich habe Ihnen vom ersten Tag an geholfen und ebenfalls meine Enkelin Rosa, soweit sie vom Dienst frei war. Wir haben keinen Pfennig verlangt und wollen nichts verlangen. Was Ihre Miete anbelangt,

die kostet Geld. Wenn Sie nicht wie ein Waschlappen sich hängen lassen würden und über Gott schimpfen, als wäre er schuld, dann würde ich sagen, ziehen Sie zu mir ins Haus. Da ist Platz genug. Da können Sie bis auf weiteres wohnen. Es soll Sie nichts kosten. Nur eine Bedingung stelle ich:
Ich will kein Wort mehr hören über die Ungerechtigkeit Gottes! Wer weiß, warum der liebe Gott bei Ihnen das zuließ, was Sie erleiden mußten. Vielleicht hatten Sie vergessen, daß es einen Gott gibt und hatten keine Zeit mehr, an ihn zu denken. Sie und Ihre Frau. Darum sollen Sie jetzt sich wieder besinnen. Ich erwarte von Ihnen: Soweit Sie nicht dienstlich verhindert sind, will ich Sie am Sonntag auch in der Kirche sehen!"
Der Mann, Karl Prager hieß er, senkte den Kopf und brummte:
„Na ja, wie hätte ich noch Zeit gehabt zum Beten. Ich und meine Frau mußten arbeiten, um die Schulden zu tilgen. Wir mußten mit nichts anfangen."
Die Oma sagte:
„Klagen Sie nicht mehr! Ich will Antwort: Wollen Sie mein Angebot annehmen oder nicht?"
Karl schaute auf und sagte:
„Ja, ich nehme Ihr Angebot an! Ich geh auch in die Kirche. Ich will hoffen, daß ich Gott wieder kennenlerne."
Karl Prager bekam eine abgeschlossene und kostenlose Wohnung, mit der er vollauf zufrieden war. Die Oma und die Rosa kümmerten sich weiter um seinen Haushalt und um das Kind. Es war ein nettes Mädchen, die kleine Rosalie.
Die Zeit verging. Die Rosalie war schon zwei Jahre alt. Die Rosa wollte in einem Monat endgültig ins Kloster eintreten. Wenn Karl abends nach Hause kam, ging er gewöhnlich bald zu den beiden Damen hinüber, die das Kind bei sich hatten. Er traf sie dabei öfter, wie sie miteinander den Rosenkranz beteten. Das störte ihn ein wenig. Aber er erkannte, die beiden waren herzensgute Menschen. Die Rosa gefiel ihm von Tag zu Tag mehr. Er getraute sich jedoch nicht um sie zu werben, weil er dachte, die Oma würde ihn abweisen, auch sei die Rosa zu fromm, überlegte er.
Darum ging Karl gerne, wenn er dienstfrei hatte, in ein Nachbarhaus zur Familie Danzer. Dort waren zwei hübsche Töchter, die jedoch beide religiös tot waren. Wenn sich Karl in eine verliert, erstickt bei ihm das Christentum, das in ihm keimte, wieder vollkommen.

Die Oma wußte das. Sie sagte zur Rosa:
„Kind, du hast wohl auch gemerkt, daß der Karl auf dich hoffte. Aber er traut sich nicht, dich zu fragen. Da du ins Kloster gehen willst, will ich darüber nichts sagen. Nur sehe ich, daß Karl zu den Danzer Töchtern hinübergeht. Das sind glaubenslose Mädchen. Damit wird Karl wieder in eine gottlose Welt versinken. Aber ich frage dich nicht. Nur sollst du dein Herz fragen.
An einem Nachmittag sagte die Rosa zur Oma:
„So viel ich weiß, hat heute Karl schon früher dienstfrei. Er wird bald kommen und nach seinem Kind schauen. Es wäre gut, wenn ich mit dem Kind allein wäre, damit er mit mir ungestört reden könnte, falls er es will."
Die Oma verstand und ging lächelnd in ihr Zimmer. Karl kam bald. Er grüßte und bückte sich nach seinem Kind, um es zu liebkosen. Dann setzte er sich mit dem Kind am Arm und schaute eine Weile zur Rosa auf, bis er endlich das Wort wagte:
„Rosa, vielleicht hast du schon gemerkt, daß ich dich gerne sehe. Noch lieber würde ich dich sehen mit meinem Kind, das du wie dein Kind auf dem Arm tragen würdest. Ich meine für immer. Ich hoffe, Rosa, du verstehst mich."
Rosa senkte eine Weile das Haupt, bis sie aufschaute und offen sagte:
„Ja, Karl, ich verstehe dich! Ich darf dir sagen, ich sehe dich auch gern. Ich würde auch gern dein Kind als mein Kind auf meinen Armen tragen, indem wir in einer heiligen Ehe als Mann und Frau zusammenleben."
Karl war begeistert aufgestanden und meinte, der Rosa gleich einen Kuß geben zu können. Aber die Rosa wehrte ab und sagte:
„Karl, lieber Karl, so schnell geht das nicht und auch nicht so leicht. Das muß gut überlegt sein von beiden Seiten! Du weißt, ich bin ein tief religiöses Mädchen und ich lebe danach. Ich werde immer danach leben, auch als Ehefrau. Und ich hoffe, daß mein Mann, wenn du es sein willst, an meiner Seite auch zu Gott findet und ihn lieben lernt. Wenn du mich so nehmen willst, wie ich bin und bleibe, dann will ich zu deinem Antrag ja sagen!"
Karl stand immer noch da, etwas überrascht, bis er dennoch wagte, zu sagen:
„Ja, Rosa, ich sage dir und ich schwöre dir, ich will dich nehmen, wie du bist und bleiben willst. Ich will mich mühen, an deiner Seite

auch ein gläubiger und treuer Ehemann zu werden und zu sein."
Damit stand nichts mehr im Wege. Die Rosa gab dem Karl zur Besiegelung einen Verlobungskuß. Die Oma, die schon an der Türe gestanden hatte, ging hin und gab beiden einen Gratulationskuß, freilich mit Tränen in den Augen.
Bald wurde Hochzeit gefeiert. Karl ging jeden freien Sonntag mit in die Kirche. Auch zu den Sakramenten. Ein Kindlein kam nach einem Jahr, ein Knäblein. Es war eine glückliche Ehe. Aber Karl hatte noch nicht mit wahrer Liebe zu Gott gefunden. Seine Kollegen verspotteten ihn, er habe eine Betschwester geheiratet.
Im zweiten Jahr ihrer Ehe wurde die Oma ernstlich krank. Sie sagte ihrer lieben Nichte Rosa:
„Rosa, ich muß damit rechnen, daß meine Tage zu Ende gehen. Ich habe alles, meinen ganzen Besitz dir vermacht. Mit deinem Mann wirst du bald ein schweres Kreuz tragen müssen. Ich spüre es. Er ist im Glauben noch zu wenig gefestigt. Du mußt ihn festigen und retten. Du kannst es in der Kraft, die dir Jesus verleiht in der hl. Kommunion, Jesus, der demütig und sanftmütig von Herzen ist. Nur in seiner Demut und in seiner Sanftmut wirst du ihn heilen können."
Wenige Tage später war die Oma verstorben. Aber das Leben der beiden Eheleute ging weiter. Sie hatten noch ein Kindlein bekommen, ein Mädchen. Karl war in seinem Dienst befördert worden. Er führte den Titel 'Inspektor' und war an einer Bahnstation sicher angestellt im regelmäßigen Dienst. Eigentlich war das für ihn und für die Familie günstig. Aber Karl kam nicht regelmäßig heim. Er hatte öfters halbe Nächte, wie er sagte, dienstlich zu tun. Rosa merkte bald, das war nicht dienstlich. Karl hatte eine heimliche Liebe. Sie erfuhr, es war die junge, hübsche und geschiedene Frau eines Oberinspektors.
Zuhause wirkte Karl nervös und zerstreut. Am Sonntag war er immer zum Kirchgang „dienstlich" verhindert. Schließlich blieb er ganze Nächte aus mit der Ausrede:
„Ach, du hast ja keine Ahnung, welche Verpflichtungen ich habe in meinem Beruf."
Rosa wußte alles. Aber sie schwieg und duldete. Sie wußte, hier muß sie schweigen. Sie sagte nur alles dem Heiland nach der hl. Kommunion meist mit den Worten:
„Mein Jesus, du hast gesagt: Lernet von mir, ich bin demütig und

sanftmütig von Herzen! Herr, es ist mir, als würde ich deine Stimme hören, mit welch heilender Liebe du das sagst. Nun gib mir dazu auch ein Herz, das aus deiner Herzensliebe das erfüllen und eropfern kann!"
Es war kaum ein Jahr vergangen, da kam ein Anruf aus dem Krankenhaus:
„Ihr Mann wurde in der Nacht schwerverletzt eingeliefert. Wahrscheinlich Betriebsunfall. Er wird gerade operiert. Sie können morgen bei Tag ihren Mann besuchen."
Als am Morgen die Rosa das Haus verließ, um sich auf den Weg ins Krankenhaus zu begeben, wartete draußen ein Mann. Sie kannte ihn, er war ein Angestellter ihres Mannes und war religiös, wie sie wußte. Er trat vor sie hin und sagte etwas gedrückt:
„Frau Prager, ich muß Ihnen kurz schildern, was Ihrem Mann passiert ist. Ihr Mann wurde von zwei eifersüchtigen Männern, die ebenfalls in jene Frau vernarrt waren, niedergeschlagen und ziemlich verletzt. Ich war dazu gekommen und habe gesorgt, daß Ihr Mann gleich ins Krankenhaus eingeliefert wurde. Es wird alles als Betriebsunfall hingestellt. Lassen wir es dabei, es ist besser. Sie aber müssen als seine Frau die Wahrheit wissen. Nur möchte ich Sie bitten, sagen Sie nichts. Auch nicht Ihrem Manne, wenn er es Ihnen nicht selber sagen will."
Im Krankenhaus konnte sie bald zu ihrem Mann. Er lag im Bett mit verschiedenen Verbänden bandagiert. Er war noch nicht bei Bewußtsein. Ein Arzt erklärte ihr: Der Unfall ist nicht lebensgefährlich. Aber das linke Auge konnte nicht mehr gerettet werden. Ebenfalls wird der linke Arm steif bleiben.
Erst am nächsten Tag konnte Rosa mit ihrem Mann sprechen. Er sagte nicht viel. Nur beim Abschied murmelte er:
„Wenn ich wieder heim kann, liebe Rosa, werde ich dir alles erzählen. Bitte, bete für mich!"
Nach einigen Wochen schon konnte er heim mit der Weisung, daß seine Frau als ehemalige Krankenschwester ihn zuhause betreue.
Als er endlich soweit hergestellt war, bat er die Frau:
„Bitte, führ mich in die Kirche. Ich möchte beichten und die hl. Messe mitfeiern!"
Als sie wieder zuhause waren, sagte er:
„Nun will ich dir alles beichten, meine treue und gütige Rosa! Ich bin dir so dankbar!"

Er beichtete ihr alles und sagte am Schluß:
„Rosa, das mußte der liebe Gott an mir zulassen, damit ich endlich einsehe, er will mich retten aus dem Weg des Verderbens. Nun werde ich an deiner Seite treu den Weg des Heiles gehen."
Bald konnte er sogar wieder seinen Dienst als Inspektor ausüben.

Jede wahre Christenfrau
froh das Bild Mariens schau!
Gott sie dann zu sich erhebt,
sie mit seiner Gnad' belebt.

Wunderbar Gott Gnade schenkt
durch die Frau, die heilig denkt.
So wird uns des Lebens Heil
durch das Frauenherz zuteil.

Nur die Frau aus Gott das kann,
nicht der stolze, starke Mann.
Denn das Leben Liebe ist,
Christenfrau das nie vergißt.

Und die Liebe, das ist Gott,
der uns rettet vor dem Tod.
Durch die Frau Gott Leben schenkt,
wenn ihr Herz von ihm gelenkt.

Wenn eine christliche Frau nicht in die Liebe Jesu heimgefunden hat und nicht danach leben will, führt sie ihre Kinder und alle, die sie betreut, hinunter in die finsteren Wege des Todes, statt auf die hellen Wege des Lebens. Eine Frau ist wie eine Quelle, die von Gott berufen wird, Wasser des Lebens zu schöpfen und zu spenden. Aber die Wunder des Lebens muß sie schöpfen aus Jesus.
Höre aufmerksam, was Jesus einmal laut ruft in Jerusalem:
„Wen dürstet, der komme zu mir und trinke! Wer an mich glaubt, aus dem werden Ströme lebendigen Wassers fließen" (Joh 7,37).
Ströme lebendigen Wassers. Das sind die Lebensgnaden, die wir alle aus Jesus schöpfen dürfen. Besonders ist die Frau dazu berufen, die nicht nur das leibliche Leben aus Gott empfangen und behüten darf, sondern auch das seelische Leben. Das alles kann sie

aber nur, wenn sie die Quelle des Lebens kennt und daraus schöpft. Diese Quelle ist Jesus vor allem in der heiligsten Eucharistie. Aber aus dieser Quelle müssen wir durstig und vertrauend schöpfen und trinken, denn sie ist die Quelle des Lebens.
Da fällt mir gerade etwas ein, was ich einmal gehört habe in Wien. Es ist zwar schon länger her, aber ich versuche es:
Ein Mädchen, wir nennen es Inge, hatte eine lieblose Kindheit erlebt. Immer nur Fluchen hörte sie vom Vater. Von der Mutter hörte sie nur ein Jammern und Schimpfen. Auch blieb der Vater oft lange im Wirtshaus. Vom Beten und Kirchengehen hörte es nie etwas. Die Inge war zwar getauft worden, mußte auch noch zur Erstkommunion gehen, weil es die Großmutter so verlangt hatte. Einmal, eigentlich einige Male schimpfte und fluchte der Vater und schrie:
„Der Bambs muß weg! Hätten wir uns ersparen können, wenn du besser aufgepaßt hättest!"
Als Inge aus der Schule kam, lief sie einfach von daheim weg, weil sie es nicht mehr aushielt. Sie eilte zur Großmutter, aber die lag sterbenskrank im Bett. Eine Nachbarin pflegte sie um Christi Willen. Die Großmutter hatte nur von einer geringen Rente ihres verstorbenen Mannes gelebt. Als nun die Großmutter gestorben war, mußte die Inge die Wohnung verlassen. Von ihren Eltern war niemand zur Beerdigung gekommen. Die wußten wahrscheinlich gar nicht, daß sie verstorben war. Inge sagte auch nichts.
Nun stand die Inge verlassen auf der Straße. Es wurde Abend. Da kam ein junger Bursch auf sie zu und fragte sie, wo sie hinwolle. Sie sagte:
„Nirgends."
Da meinte der Mann:
„Komm mit mir! Meine Mutter wird schon ein Plätzchen für dich haben."
Inge konnte bei der Frau bleiben und im Haushalt mithelfen. Sie war dafür froh und dankbar. Der Bursch, er hieß Gerd, hatte bald seine Gesellenprüfung als Metzger gemacht. Die Inge nahm er zu sich ins Bett. Da verlangte seine Mutter, daß sie heiraten. So heirateten sie, natürlich nur standesamtlich. Von religiöser Trauung, überhaupt von Religion wurde auch hier nicht geredet.
Da leider auch die Mutter von Gerd bald starb, waren die beiden allein. Von ihren Eltern hatte die Inge nie mehr etwas gehört. Sie

wußte nicht einmal mehr, ob sie noch lebten.
Die Inge bekam langsam eine Lebenswut. Die Frage, wozu sie überhaupt lebten, beantwortete sie damit:
„Wir leben um zu genießen.
Zum Genießen aber braucht man Geld. Wie man lebt, das ist egal, nur muß das Leben eine Lust sein, und dazu braucht man Geld."
Die Inge versuchte attraktiv zu erscheinen. Das gelang ihr, denn sie war eine reizende Erscheinung.
Abends gingen sie öfter in ein vorzügliches Gasthaus, das sehr beliebt war, weil viel geboten wurde. Der Wirt, in mittleren Jahren, setzte sich gerne zu ihnen. Die Inge gefiel ihm. Und die Inge schenkte ihm reizende Blicke.
Gerd machte der Inge Vorwürfe. Aber Inge erklärte ihm:
„Mein Guter, wir müssen klug sein! Ich habe gehört, daß der Wirt sich mit seiner Frau nicht versteht. Wenn er sich an mich heranmacht, sich von seiner Frau scheiden läßt und mich heiratet, dann bin ich eine reiche Wirtin und wir beide haben ein genußreiches Leben. Denn es ist klar, daß ich dir treu bleibe, heimlich halt. Du kannst übrigens die Metzgerei führen, die in der Wirtschaft dabei ist. Laß mich nur machen, ich werde schon alles deichseln! Vorläufig mache ich hier Kellnerin, wozu der Wirt nicht nein gesagt hat."
Nach einiger Zeit konnte die Inge ihrem Mann strahlend melden:
„Nun ist alles klar. Der Wirt läßt sich scheiden, ich werde seine Frau und du bekommst die Leitung der Metzgerei. Das wird schon in wenigen Wochen alles geregelt sein. Ich bekomme übrigens ein Kind. Aber das macht nichts, das will ich."
Nach wenigen Wochen war alles geregelt. Inge war stolze Wirtin. Gerd war Wirtschafter in der Metzgerei. Die frühere Wirtin bekam eine Abfindung und hatte ihren Liebhaber geheiratet. Nur Gerd hatte sich ein bißchen in die junge Köchin im Gasthaus vernarrt. Denn seine Inge hatte kaum mehr Möglichkeit, zu ihm zu gehen. Der Wirt hielt sie eifersüchtig fest.
Inge hatte einen Knaben geboren. Sonderbarer Weise war es gerade der Wirt, der verlangte, das Kind muß getauft werden. Das gehört sich so.
Einige Jahre ging es in der Wirtschaft gut weiter. Der Bub der Inge, der Hansi, wurde in eine Wirtschaftsschule geschickt, damit er wirtschaften lernt, falls er vielleicht einmal das Gasthaus überneh-

men soll. Denn eine weitere Plage mit Kindern wollten sie nicht mehr.
Sonderbarer Weise, wie es unter gottlosen Menschen immer wieder passiert, wo Treue und Liebe das Leben nicht aufrecht halten, der Wirt hatte eine neue, ganz verrückte Liebschaft. Eine Schauspielerin. Er kümmerte sich kaum mehr um die Wirtschaft. Er kam höchstens, um der Inge und auch dem Gerd Vorwürfe zu machen, sie haben sich da eingeschlichen und sollten wieder verschwinden. Er habe höhere Pläne. Er dachte, sein Gasthaus könnte eine berühmte Gaststätte für Schauspieler werden.
Aber daraus wurde nichts. Seine verliebte Schauspielerin wollte von ihm nur Geld, Geld und wieder Geld. Als er ihr nichts mehr geben konnte, warf sie ihn mit Hilfe anderer Liebhaber zur Türe hinaus.
Dann fing der Wirt zu trinken an und machte zuhause der Inge und auch dem Gerd bittere Vorwürfe. Sie seien schuld an allem. Der Hansi mußte sofort aus dem Haus. Da er von der Schule gute Zeugnisse vorweisen konnte, hat ihn ein Kaufmann aufgenommen. Bald wurde er von dem Kaufmann wie ein eigenes Kind behandelt, weil er auch ein gutes Benehmen hatte. Der Kaufmann hatte nur eine Tochter. Seine Frau war ihm allzufrüh verstorben. Der Hansi aber, das merkten sie bald, wußte von Religion überhaupt nichts. Mit sanfter Geduld hat die Tochter, die Berta den Hansi wieder in die Religion eingeführt. Er war ein dankbarer Schüler und bald ein guter Katholik. Der Vater hatte nichts mehr einzuwenden, als die Berta ihm erklärte, sie habe den Hansi gern und würde ihn gerne heiraten.
Im Gasthof, in dem Inge und Gerd lebten und noch hofften, wurde alles eine böse Katastrophe. Den Wirt sah man nur noch mit der Schnapsflasche in der Hand. So ging er schimpfend und fluchend durch das Haus. Die Gäste waren bald alle ausgeblieben.
Da saßen sie eines Abends an einem Tisch beisammen: Der Wirt, die Inge und der Gerd. Die Inge sagte:
„Wirt, wir sind zu dir gekommen und haben jahrelang geschuftet ohne dafür richtig bezahlt zu werden. Ich bin deine Ehefrau und habe eheliche Ansprüche. Wenn du uns nicht mehr brauchen kannst, dann mußt du uns gerecht abfinden."
Der Wirt antwortete mit spöttischem Grinsen:
„Du kannst als Ehefrau keine Ansprüche stellen. Das haben wir im

Ehevertrag festgelegt. Und auch sonst ist bei mir nichts mehr zu holen. Da ist alles bis unters Dach verschuldet. Schon in den nächsten Tagen wird alles versteigert. Vergeßt nicht: Ihr seid als Bettler gekommen und könnt als Bettler wieder gehen."
Da ist die Inge wütend aufgesprungen und hat dem Wirt das Gesicht zerkratzt. Der Wirt hat mit der Flasche auf sie eingeschlagen. Der Gerd hat ihn noch zurückgerissen. Die Inge lag auf dem Boden mit einer Platzwunde auf dem Kopf. Sie kam wieder zu sich. Die Köchin, die gerade heimkam, hat die Wunde gereinigt und ihr einen Verband gemacht.
Der Wirt ging fluchend aus der Stube und sagte:
„Morgen früh will ich euch hier nicht mehr sehen!"
So standen am nächsten Morgen Inge und Gerd tatsächlich wie Bettler auf der Straße. Wie sie so schauten und nicht wußten, wohin sie gehen sollten, kam ein junger Mann auf sie zu. Inge erkannte ihn und rief aus:
„Das ist ja der Hansi! Unser Hansi! Wo kommst denn du her?"
„Ich wußte, wie es hier steht. Da wollte ich schauen, ob ihr mich braucht, ob ich euch helfen kann. Da bin ich ja gerade recht gekommen. Drüben steht mein Wagen, steigt ein. Alles andere wird sich dann regeln."
Im Hause des Kaufmanns wurden sie von der Frau des Hansi, der Rosa, und auch vom Vater mit Liebe aufgenommen. Als sie dann bei Tisch zu einem guten Frühstück saßen, sagte der alte Vater:
„Seid willkommen. In unserem Hause wird alles gut werden. Ich will nicht fragen und ihr braucht mir nichts sagen. Nur eines sollt ihr wissen: In unserem Haus und Geschäft gibt es viele Aufgaben. Wenn ihr mithelfen wollt, wird es mich freuen."
Langsam haben sich die Eltern Inge und Gerd in das neue Heim eingelebt. Sie fanden Freude an den Aufgaben, die ihnen anvertraut wurden. Noch mehr erfreuten sie sich an den Leuten des Hauses, die nur Güte und Liebe ausstrahlten. Eines Abends war die Inge mit der Rosa allein im Wohnzimmer, weil der Vater und der Hansi und auch der Gerd noch im Geschäft etwas ordnen mußten. Da fragte die Inge:
„Rosa, liebe Tochter, wenn ich so sagen darf, wie kommt es denn, daß ihr so gut zu uns seid? Wir haben das gar nicht verdient."
Die Rosa erklärte:
„Wir konnten nicht anders, als euch helfen. Wir leben als Christen

in der Liebe Jesu. Die Liebe ist uns Gebot und ist unsere Freude. Dein Sohn Johann hat auch ganz zu Jesus heimgefunden. Er war es, der unruhig wurde, wie er hörte, daß in euerem Gasthaus eine teuflische Gemeinheit am Werke ist. Er sagte:
„Inge und Gerd sind doch meine Eltern. Es heißt im Gebot Gottes: Du sollst Vater und Mutter ehren, auf daß es dir wohlergehe und du lange lebest auf Erden! Vater war es recht, daß Johann sich um euch sorgte. Er sagte ihm sogar: Es ist deine Sohnespflicht, deinen Eltern zu helfen, wenn sie dich brauchen. So hat Johann euch zu uns heimgeholt."
Inge fragte:
„Und wie soll es weitergehen? Wir können euch doch hier nicht zur Last fallen!"
Rosa korrigierte sofort die Rede, indem sie antwortete:
„Ihr fallt uns nicht zur Last. Im Gegenteil, ihr helft uns überall tüchtig im Haushalt und im Geschäft. Wir hoffen, daß ihr euch hier ganz einlebt und wohlfühlt. Ihr sollt hier daheim sein, wenn ihr wollt."
Sie zögerte etwas, bis sie fortfuhr:
„Vor allem hoffe ich, daß ihr wieder zum Glauben an Jesus findet. In Jesus und seiner Liebe findet ihr das wahre und glückliche Leben, das ich euch so sehr wünsche."
Wieder einmal waren Inge und Rosa allein beim Wäscheordnen. Da sagte die Inge, indem sie mit feuchten Augen zu ihrer Schwiegertochter aufschaute:
„Meine Tochter, so geht das nicht weiter. Ich halte das nicht mehr aus. Auch mein Mann nicht mehr, wie er mir sagte. Ihr seid so gut zu uns und tut alles für uns. Wir sind hier daheim und wir bekommen alles noch reichlich bezahlt was wir leisten.
Bitte, meine Tochter, hilf mir und meinem Mann, daß auch wir so friedvoll und liebevoll leben wie ihr! Erzähl mir von Jesus! Ich kenne ihn ja nicht. Ich lernte ihn erst kennen durch euer christliches Leben. Ich und Gerd, wir möchten auch so werden. Dazu helft uns, bitte!"
Es wurden frohe und erbauliche Zeiten, da die beiden Eltern zum kirchlichen Leben in Christus fanden. Aber es durfte nicht ein Namenschristentum sein, sondern ein lebendiges Christsein.
Jeden Abend beteten sie nicht nur den Rosenkrnaz, sie lasen auch aus der Hl. Schrift. Da lasen sie das Wort, wie Jesus sagt:
„Ich preise dich, Vater, Herr des Himmels und der Erde, daß du das

vor Weisen und Klugen verborgen, den Kleinen aber geoffenbart hast."
Dazu die Mahnung Jesu:
„Kommet alle zu mir, die ihr mühselig seid und beladen, ich will euch erquicken! Nehmet mein Joch auf euch und lernet von mir! Denn ich bin demütig und sanftmütig von Herzen! Da werdet ihr Ruhe finden in eueren Seelen."
Da rief Gerd unerwartet aus:
„Das ist es ja! Das haben wir nie beachtet und nie gewußt, weil keiner danach lebt. Das ist es ja, was uns ein neues und glückliches Leben schenkt, wenn wir es ernst nehmen was uns Jesus sagt. Wir wollen es ernst nehmen und nicht mehr davon ablassen, damit wir in der Liebe Gottes glücklich sind und bleiben!"

Neuschöpfung in der Eucharistie:

Der Völkerapostel
„Wer in Christus lebt, der ist ein neues Geschöpf" (2. Kor 5,17).
Also eine Neuschöpfung in Christus.
Durch die heiligste Eucharistie leben wir ganz und gar in Christus, wie uns Jesus sagt:
„Wer mein Fleisch ißt und mein Blut trinkt, der bleibt in mir und ich bleibe in ihm" (Joh 6,56).
Hören wir Jesus noch weiter, damit jeder Zweifel weichen muß:
„Wie mich der lebendige Vater gesandt hat und ich durch den Vater lebe, so wird auch der, der mich ißt, durch mich leben. Das ist das Brot, das vom Himmel herabgekommen ist. Nicht wie das Manna, das euere Väter gegessen haben und doch gestorben sind. Wer dieses Brot ißt, der wird ewig leben" (Joh 6,57).
In der Eucharistie vergegenwärtigt Jesus als der Sohn Gottes seine Menschwerdung, sein Erlösungsopfer am Kreuz, seine Auferstehung von den Toten, seine herrlichste und umfassendste Neuschöpfung an allen willigen Menschen zu Kindern Gottes.
Diese Kinder Gottes werden mit Jesus auferstehen und eingehen in seine göttliche Herrlichkeit. Darüber spricht Jesus das entscheidende Wort, das wir nie vergessen dürfen:
„Wenn ihr das Fleisch des Menschensohnes nicht essen und sein Blut nicht trinken werdet, so werdet ihr kein Leben in euch haben. Wer mein Fleisch ißt und mein Blut trinkt, der hat das ewige Leben. Den werde ich auferwecken am Jüngsten Tage" (Joh 6,53).
Wir sollen dazu einmal besinnlich lesen, was uns der Völkerapostel schreibt im Brief an die Kolosser:
„Gott hat uns befreit aus der Macht der Finsternis und hat uns in das Reich seines geliebten Sohnes versetzt. In ihm (Jesus) haben wir die Erlösung durch sein Blut, die Vergebung der Sünden. Er ist das Abbild des unsichtbaren Gottes. Er ist der Erstgeborene der Schöpfung.
In ihm ist alles erschaffen im Himmel und auf Erden, das Sichtbare und Unsichtbare, die Throne und Herrschaften, die Mächte und Gewalten. Alles ist durch ihn und für ihn erschaffen. Er ist vor allem. Alles hat in ihm Bestand. Er ist das Haupt des Leibes, der Kirche. Er ist der Anfang, der Erstgeborene von den Toten. Er hat in allem den Vorrang.

Es hat Gott gefallen, die ganze Fülle in ihm wohnen zu lassen und durch ihn alles mit sich zu versöhnen, indem er Frieden stiftete durch das Blut seines Kreuzes.
Euch, die ihr ehedem entfremdet und in feindseliger Gesinnung (gegen Gott) gewesen seid durch euere bösen Werke, er hat euch versöhnt durch den Tod in seinem fleischlichen Leibe um euch heilig und untadelig zu machen.
Nun müßt ihr aber im Glauben fest und beständig bleiben und dürft nicht mehr abweichen von der Hoffnung der Heilsbotschaft, die ihr gehört habt" (Kol 1,13).
„Gott hat uns in das Reich seines geliebten Sohnes versetzt."
Darum heißen wir nicht nur Kinder Gottes, sondern sind es wirklich, schreibt uns der Apostel Johannes.
„In ihm ist alles erschaffen im Himmel und auf Erden."
Jesus ist der Allmächtige Gott wie der Vater und der Heilige Geist. Das dürfen wir auch nie vergessen. Wenn Jesus als Menschensohn für uns sich so erniedrigt hat bis zum Tode am Kreuze, er ist doch der allmächtige Herr und Gott.
„Es hat Gott gefallen, die ganze Fülle in ihm (in Jesus) wohnen zu lassen und durch ihn alles mit sich zu versöhnen, indem er Frieden stiftete durch das Blut seines Kreuzes."
Es bleibt für uns immer ein Geheimnis warum wir mit Gott nur durch das Blut seines Sohnes am Kreuze versöhnt werden konnten. Unsere Schwierigkeit liegt darin, weil wir die Tiefe der Liebe Gottes nie begreifen können, die in ihrer unendlichen Heiligkeit und Reinheit solche Versöhnung brauchte.
Andernteils können wir auch die Würde und Herrlichkeit nicht ermessen, in die wir durch die Erlöserliebe Gottes erhoben werden sollen. Wir sollen ja wahre Kinder Gottes werden. Darum ist der Kaufpreis nicht geringer als das Blut des Sohnes Gottes. Darum müssen wir immer hohe Achtung haben vor dem Kreuze des Sohnes Gottes und mit tiefer Ehrfurcht davor knien!
Im Geheimnis der heiligsten Eucharistie hat Jesus alles zusammengefaßt und macht alles gegenwärtig:
Seine Gottheit, seine Menschheit, sein Erlösungsopfer, seine Auferstehung und Verherrlichung im Vater und im Heiligen Geist. In dieser gottmenschlichen Lebens- und Liebesfülle schenkt sich uns Jesus im Brot des Lebens.
„Wer mein Fleisch ißt und mein Blut trinkt, der bleibt in mir und

ich bleibe in ihm." „Der hat das ewige Leben."
In jeder hl. Kommunion erleben wir eine Neuschöpfung. Von verlorener sterblicher Menschheit werden wir durch Jesus neu erschaffen zu seliger unsterblicher Kindschaft Gottes. Wir werden eins mit Jesus. Werden wahre Kinder seines himmlischen Vaters. Dabei nicht vergessen:
Wir sind auch Kinder der seligsten Jungfrau Maria, der Mutter des Lebens, der Mutter des Sohnes Gottes und der Braut des Heiligen Geistes, der Königin über Himmel und Erde, der geliebtesten Tochter des Vaters.
Auch das erleben wir durch die Neuschöpfung in der heiligsten Eucharistie.
Hohe heiligste Engel müßten das laut hinausposaunen in alle Schöpfung, damit es endlich wahrgenommen wird, was Jesus uns verheißen hat:
„Ich bin das lebendige Brot, das vom Himmel herabgekommen ist. Wer von diesem Brot ißt, der wird ewig leben!" (Joh 6,51)
Aber die Tage gehen dahin. Vergehen in vergänglicher Weise. Vom ewigen Leben ist keine Rede. Und kein Glaube mehr. Sie sagen: Was ist ewiges Leben? Wir leben, das genügt uns. Wenn wir nicht mehr leben, ist alles aus. Da wollen wir, daß wir das Leben gelebt haben. Kommunion? Natürlich gehen wir hin und essen das heilige Brot, damit wir Glück haben zu einem Leben, bevor alles aus ist. Ewiges Leben? Irgendwie werden wir weiterleben, in einem Baum oder in den Wolken. Wer weiß das! Wir wissen nur, und das ist wichtig, daß wir das wissen, weil wir wieder zur rechten Erkenntnis gekommen sind.
Das Leben ist überall, ist in uns selber. Da brauchen wir nicht Belehrungen und Weisungen für ein fragliches Leben, das wir nicht kennen. Das Leben ist in uns selber. Wir brauchen nur in uns hineinhorchen. Da spüren wir Leben. Unser Leben, unser wahres Leben, auch unser inneres Verlangen oder Begehren, wie es uns eben Gott gegeben, wie er uns erschaffen hat. Was sollen wir uns nach fremden Meinungen und Weisungen richten, die unser inneres Leben verbiegen und uns damit unglücklich machen.
Da sind die sogenannten Gebote, die uns so vieles verbieten, uns unglücklich machen. Es wird nicht einmal Liebe erlaubt, wie es unsere innere Herzensbegierde verlangt. Warum soll ich nicht mit einem Menschen zusammen leben, auch mit ihm zusammen schla-

fen, wenn mein Leben danach verlangt. Oder wenn ich mit ihm nicht glücklich bin, mir einen anderen suchen. Wie eben mein Herzensverlangen ist. Mein inneres Herzensverlangen, das allein ist der Wegweiser zu meinem Glück. So hat mich Gott erschaffen und so will mich Gott.

Danach muß ich leben, sonst werde ich mir selbst und auch Gott untreu. Alles Fremde, wie auch fremde Gebote der Christen, die muß ich endlich und entschieden ablehnen. Dann nur werde ich glücklich! Und mein Glück darf mir niemand mehr rauben!

Nicht erschrecken, wenn ich das sage! Das hören wir heute überall auf der Straße. Sogar von den gelehrtesten Hörsälen. Dort freilich in einer Sprache, die Aufmerksamkeit fordert und die für wahr gehalten werden muß, weil es hohe Gelehrsamkeit ist. Oder zu sein scheint. Es ist Tiefenpsychologie, welche allein die Wahrheit für das wirkliche Glück des Menschen erkennen kann.

Was ist nun mit Jesus, der allein sagen kann:
„Ich bin die Wahrheit!" „Himmel und Erde werden vergehen, aber meine Worte werden nicht vergehen."

Zu Pilatus sagte Jesus:
„Ich bin dazu geboren und in die Welt gekommen, daß ich der Wahrheit Zeugnis gebe. Jeder, der aus der Wahrheit ist, der hört auf meine Stimme" (Joh 18,37).

Wir kennen auch das Wort Jesu, das uns ernste Weisung gibt:
„Ich bin der Weg, die Wahrheit und das Leben. Niemand kommt zum Vater außer durch mich" (Joh 14,6).

Dem hohen Schriftgelehrten Nikodemus muß Jesus erklären:
„Das ist das Gericht, daß das Licht in die Welt gekommen ist, (durch Jesus, der die Wahrheit selber ist). Aber die Menschen lieben die Finsternis mehr als das Licht. Denn ihre Werke sind böse, (sind Finsternis). Jeder, der Böses tut, der haßt das Licht damit seine Werke nicht offenbar werden. Wer aber die Wahrheit übt, der kommt zum Licht" (Joh 3,19).

Jesus sagt dazu in weiterer Erklärung:
„Ich bin das Licht der Welt. Wer mir nachfolgt, der wandelt nicht mehr in Finsternis, sondern der wird das Licht des Lebens haben" (Joh. 8,12).

Das Licht des Lebens, das ist die Wahrheit des Lebens. „Die Wahrheit wird euch frei machen", sagt Jesus ausdrücklich.

Die Wahrheit wird uns frei machen von allem Irrtum und aller Lüge

und auch von allem Unheil. Denn was die sogenannte Tiefenpsychologie heute so breit tritt in hoher Wissenschaft, das ist die alte Lüge Satans im Paradies. Eva hat der „Schlange" gesagt, daß sie sterben müssen, wenn sie davon essen, (vom Baume des Lebens). Satan aber antwortete in raffinierter Verdrehung: „Keineswegs werdet ihr sterben! Gott weiß, daß euch die Augen aufgehen, sobald ihr davon eßt. Ihr werdet sein wie Gott, indem ihr erkennen könnt was gut oder böse ist."
Ihr wißt, damit ist der Tod in die Welt gekommen. Der Mensch, ehemals so erhaben und unsterblich. Er war ja nach Gottes Bild und Gleichnis erschaffen, Gott gleich an Schönheit und Lebensfülle. Es wäre alles gut gewesen, hätten Eva und Adam die Weisung Gottes zu ihrer Prüfung erfüllt. Denn ihre Liebe zu Gott mußte ja geprüft werden, ob sie echt und treu ist auch in Weisungen, die sie noch nicht verstehen konnten.
Es ging um das tiefe Geheimnis des Lebens. Alles hatte Gott den Menschen anvertraut. Nur nicht die weitere Erschaffung unsterblicher Menschenkinder. Damit sie für immer wahre Gotteskinder bleiben, sollten sie nur aus der Liebe Gottes, nicht aus dem Begehren des Fleisches erschaffen werden. Das hätte sich erfüllt, wenn Adam und Eva nur in der Liebe Gottes geliebt und gelebt hätten. Wenn sie sich nicht nach der Lüge Satans in Fleischeslust verloren und erniedrigt hätten.
„Gott weiß, daß euch die Augen aufgehen, sobald ihr davon eßt. Ihr werdet sein wie Gott, indem ihr erkennen könnt was gut oder böse ist."
Das war die grausamste Lüge Satans, die alle Menschen in tiefes Unheil des Todes und auch in die seelische Gefährdung gerissen hat. Davon konnte uns nur die persönliche Liebe Gottes in seinem eigenen Sohne retten. Die liebevollste Rettung des Sohnes Gottes erfüllt sich besonders im Geheimnis der heiligsten Eucharistie.
Durch das persönliche reinste Leben will der Sohn mit seiner göttlichen und menschlichen Lebensfülle uns neu erschaffen zum unsterblichen und reinen Leben der Kinder Gottes. Mit jeder hl. Kommunion versucht das Jesus.
Er will uns neu erschaffen. Denn wie wir sind, sterblich am Leibe, verweslich, dumpf und stumpf auch in der Seele, die aus sich selbst keine Gottesgemeinschaft mehr haben kann. So sind wir wahrhaft vor Gott tot und gehören nur noch Satan in der Hölle, der immer

noch triumphiert, daß ihm seine verlogene Verführung im Paradies gelungen ist.
Gott aber kommt uns in seinem Sohne mit einer solch erbarmenden Liebe entgegen, daß wir davor in dankbarer Anbetung niederfallen müssen. Gott schenkt sich uns selbst in seinem Sohne, der in kleines Brot gehüllt, uns neues Leben ist. Ja, neues Leben!
Es ist jedesmal eine Totenerweckung, wenn Jesus uns in der hl. Kommunion aufnimmt. Denn wir wären tot ohne sein Leben. Ohne seine Lebenserweckung.
Nun aber ist die grauenhafte Lüge Satans wieder aktuell geworden bis hinauf in die hohen theologischen Hochschulen. Von dort strahlt die Lüge Satans in so raffinierter Verdrehung hinein in fast alle Hirtenherzen und damit weiter in die Herzen der Eheleute und der Jugend.
Was ich oben zu erklären versucht habe von der Tiefenpsychologie, daß heute auch die Christen in sich selber Gott suchen und zu finden glauben, das ist Satan. Der ruft wieder:
„Gott weiß, daß euch die Augen aufgehen, sobald ihr davon eßt. Ihr werdet sein wie Gott, indem ihr erkennen könnt, was gut und böse ist."
Ihr werdet sein wie Gott, der in euch selbst lebt!
Dieser Gott, der in uns lebt, wird unser Götze, der uns alles erlauben muß, wonach unsere Begierden uns drängen. Gebote des wahren Gottes gibt es nicht mehr. Wir lassen uns von fremden Weisungen eines fraglichen Gottes nicht mehr belästigen. Wir leben selber in Gott.
„Ihr werdet sein wie Gott!"
Warum will diese teuflische und verlogene psychische Irreführung, die in einem grausigen Abgrund enden muß, fast niemand aufdecken und beim Namen nennen? Oder sollen wir annehmen, daß viele das so wollen, weil sie sich selbst darin wohlfühlen.
„Die Menschen lieben die Finsternis mehr als das Licht. Denn ihre Werke sind Finsternis", sagt Jesus.
Ein Tiefenpsychologe, der im Auftrag einer gefährlichen Macht alles raffiniert und hochgelehrt irregeleitet hat, der überall und auch in den kirchlichen Bereichen verheerende Erfolge erlebte, sagte später einmal darüber: „Die Welt, auch die Welt der Christen, ist anders geworden. Sie ist finster geworden, so daß uns weithin kein Licht der Hoffnung mehr leuchtet."

Was da geschah, das war alles nur möglich, weil seit langer Zeit vor allem durch die Evolutionstheorie die Lehre in die Gehirne der Menschen sich eingefressen hatte, es sei alles nur Entwicklung aus sich selbst. So ist die Erschaffung des Menschen nach Gottes Bild und Gleichnis im Paradies, wie es uns Gott geoffenbart hat, nur eine Legende. Damit ist auch der Sündenfall von Adam und Eva nur ein Märchen. Wenn kein Sündenfall war, wird alles fraglich. Hinfällig ist damit auch die Erlösung. So müssen wir uns nicht wundern, wenn das Christentum nicht mehr ernst genommen wird und viele sich davon frei machen. Sie nehmen gierig die Lehren an, die von den modernen Psychologen ihnen zur Selbstfindung vorgelegt wurden. In ihrer Selbstfindung finden sie Gott in sich selber, der ihnen alles erlaubt, wonach ihre Begierde sie drängt. Der wahre Gott mit seinen Geboten ist ein fremdes Märchen geworden.

Wir dürfen sicher sein, daß Jesus in dieser seelischen Notlage uns allen, die wir noch glauben, in der heiligsten Eucharistie mit besonderer Sehnsucht und Liebe entgegenkommt. Selbst wenn wir schwach sind und an manchen Mängeln leiden, er freut sich an uns sehr, die wir an ihn glauben. Er wird bei der hl. Kommunion die Neuerschaffung an uns mit solcher Innigkeit bewirken, daß wir darin sehr glücklich werden.

Ich habe nach dem Krieg einen Invaliden kennengelernt, der kaum mehr einem Menschen ähnlich sah. Ein Bein und ein Arm fehlten ihm. Auch sein Rücken war krumm. Das Gesicht war ihm fast ganz weggerissen. Nur ein Auge blinzelte noch aus den wilden Wucherungen. Eine Öffnung unten zeigte an, daß da der Mund sein sollte. Aber er konnte damit noch reden, so daß seine Worte halbwegs verständlich wurden. Auch essen konnte er damit mühevoll. Humorvoll sagte er zu mir einmal:

„Herr Pfarrer, ich kann nichts dafür, daß ich da bin. Man hat leider an der Front vergessen, mich zu beerdigen. Und trotzdem, wie ich nach vielen Monaten heimkam, meine Frau hat mich noch erkannt. Nicht mehr am Gesicht, aber am rechten Arm, den ich noch habe, hat sie mich erkannt. Daran hatte ich als junger Mann eine Narbe bekommen. Und meine Frau, auch meine Kinder, haben mich liebevoll aufgenommen. Ich habe ein glückliches Daheim."

Dann aber wurde der Mann ernst. Er neigte sich zu mir und sagte: „Wissen Sie, Herr Pfarrer, meine Hoffnung und meine Glückselig-

keit ist Jesus, den Sie mir so oft bringen zur hl. Kommunion. Er wird meinen Leib neu erschaffen, daß ich einmal wieder vollkommen in frischer Jugendblüte vor aller Schöpfung dastehen darf. Das hat mir unser Feldkurat noch gesagt im Lazarett, als ich ganz verzagt war."
Weiter sagte mir der Mann vertrauensvoll etwas leiser:
„Und die andern, wie auch meine Kinder, die stolz ins Leben hineinwachsen, wir und sie alle werden einmal im Grabe verwesen. Ob gesund oder verkrüppelt, alle müssen sie in dieser Welt verwesen. Wenn da nicht der Glaube und die Hoffnung wären, daß wir in Jesus neu erschaffen auferstehen in herrlichster Vollendung auch am Leibe, dann wäre alles sinnlos. Oder nicht, Herr Pfarrer? Was denken Sie darüber?"
Natürlich dachte ich das gleiche. Ich lobte seinen Glauben. Er aber meinte:
„Vielleicht mußte mich der liebe Gott so elend machen in meinem Leibe, daß ich jetzt umso sehnsüchtiger die Neuschaffung meines Körpers erhoffe durch die hl. Kommunion, wie Jesus uns doch gesagt hat. Oder stimmt das nicht, Herr Pfarrer?"
Ich sagte ihm, was Jesus uns darüber verheißen hat:
„Wer mein Fleisch ißt und mein Blut trinkt, der hat das ewige Leben, den werde ich auferwecken am Jüngsten Tage!"
„Da mußt aber schon noch ein bißchen Geduld haben. Auf dieser Welt erlebst du das nicht. Erst wenn du drüben bist, wirst du das erleben. Da wirst du an Leib und Seele neu erstehen in aller Frische und Schönheit und vor allem in Unsterblichkeit."
Leider ist der gute Mann wenige Monate später verstorben. Die Verletzungen seines Rückens haben sich unheilbar entzündet. Er hatte arge Schmerzen. Aber er hat nie geklagt. Ich brachte ihm dann jeden Tag die hl. Kommunion. Er sagte mir in den letzten Tagen:
„Den Sie mir da bringen, Herr Pfarrer, der ist mein Trost!"
Als es mit ihm zu Ende ging, sagte er noch:
„Ich fürchte nichts. Jesus ist meine Hoffnung. Er ist ja bei mir. Er geht mit mir. Er wird schon überlegen, wie er meinen verkrüppelten Leib erneuert und mir wieder ein Gesicht gibt, damit sie mich im Himmel erkennen."
Ich dachte damals oft, als die Jugend nach dem Krieg wieder gar so lustbegierig sich in manche Liebschaften stürzte, dieser verkrüp-

pelte Mann könnte eine Mahnung und eine Warnung sein, daß ein Körper in Fleischeslust erniedrigt viel ärmer ist als ein verkrüppelter Krieger. Einen in Fleischeslust verdorbenen Leib kann Jesus nicht mehr mit sich vereinigen, daß er in neuer Schönheit mit ihm auferstehe. Außer er bekehrt sich in reuiger Buße.
Sonst aber wird er einst beim Jüngsten Gericht in einem so häßlichen Körper mit den andern erscheinen müssen, die da vor Schande ausrufen, wie es in der Schrift heißt: „Ihr Berge bedecket uns, ihr Hügel fallet über uns!"
Wenn wir wagen, die heiligste Eucharistie als Neuerschaffung an uns zu bezeichnen, dann sollen wir weiter mutig in die heilende und neu schaffende Tiefe der Liebe Gottes schauen. Wir können das, indem wir in der Geheimen Offenbarung des Johannes lesen: „Siehe das Zelt Gottes unter den Menschen! Er wird unter ihnen wohnen. Sie werden seine Völker sein. Gott selbst wird ihr Gott sein. Er wird abwischen jede Träne von ihren Augen. Der Tod wird nicht mehr sein. Weder Trauer noch Klage und Schmerz wird sein. Denn das Frühere ist vorbei. Der auf dem Throne saß, sprach: Siehe, ich mache alles neu!" (Off 21,3)
„Siehe, ich mache alles neu!"
Diese erneuernde Liebessehnsucht hat Jesus auch jedesmal, wenn er sich mit uns in der hl. Kommunion vereinigt. Warum sollte er sich sonst so innig mit uns vereinigen, wenn er uns dabei nicht durch sein Leben erneuern wollte.
Jesus kann in seiner unendlichen Liebe gar nicht anders, als uns zu beschenken und zu erneuern. Dazu hat ihn ja sein himmlischer Vater aus der Liebe seines Vaterherzens gesandt, daß Jesus uns in sich aufnimmt und in sich uns als Kinder Gottes erneuert, damit wir einst als wahre Kinder Gottes zu seinem Vater hintreten können.
Ich erinnere mich an einen auch im Krieg schwer verstümmelten Priester, der nur noch mit großer Mühe die hl. Messe feiern konnte. Er sagte mir einmal:
„Lieber Mitbruder! Wir können Jesus in seiner Liebe nicht hoch genug einschätzen. Wenn er sich uns schenkt in der hl. Kommunion, da geschieht mehr als wenn der ganze Himmel mit allen Engeln und Heiligen uns zu Füßen gelegt würde. In der hl. Kommunion schenkt sich uns Jesus selbst, in dem der ganze Himmel mit aller Herrlichkeit verborgen ist.

Und warum schenkt er sich uns in einer solchen Lebensfülle?
Weil er uns so sehr liebt. Und warum liebt er uns so sehr? Weil er als Gott nur lieben kann. Und was will er mit uns? Er will uns in seiner Liebe neu erschaffen zu wahren Kindern seines himmlischen Vaters."
Einmal hatte ich mit einem pensionierten „Humanwissenschaftler", wie er sich genannt hatte, eine interessante Aussprache. Er war katholisch und so hoffte ich, ich kann mit ihm offen und frei reden. Er stellte eine schwierige Frage mit den Worten:
„Es sterben jährlich auf diesem Planeten Erde bei 55 Millionen Menschen. Das gibt im Laufe von tausend Jahren eine unermeßliche Zahl. Wenn diese Menschen eine unsterbliche Geist-Seele haben und sogar mit einem unsterblichen Leib wieder auferstehen werden, da möchte ich die Frage stellen:
Wo kommen diese Menschen alle hin, oder wo werden wir sie in der Ewigkeit wieder sehen?"
Ich erklärte und es wurde eine lange Erklärung:
„Wer getauft ist und nach seiner Taufe gelebt hat, der wird in das Himmelreich eingehen, wie es uns Jesus verheißen hat. Es gibt außer der Wassertaufe auch die Bluttaufe und die Begierdetaufe. Die Bluttaufe hatten z. B. die Knäblein in Bethlehem erhalten. Wie weit die Kindlein, die im Mutterschoß ermordet werden, durch die besondere Erbarmung Gottes auch die Bluttaufe erhalten, das wissen wir nicht.
Die Begierdetaufe können alle Menschen empfangen, die mit reinem Gewissen Gutes getan haben und mit Sehnsucht nach dem unbekannten Gott verlangten. Wie weit Gott solche Menschen als seine Kinder annimmt, wissen wir auch nicht. Aber wir dürfen bei der Barmherzigkeit Gottes damit rechnen, daß viele durch die Begierdetaufe als Kinder Gottes angenommen werden.
Gott ist unendlich barmherzig. Er durchschaut alle Herzen der Menschen und kann es nie übersehen, wenn ein Mensch es verdient, sein Kind zu sein. Das Erlöserblut hat der Sohn Gottes für alle vergossen, die es verdienen, Kinder seines himmlischen Vaters zu werden.
Die Kinder Gottes werden alle in die Herrlichkeit Gottes eingehen. Da ist Platz genug, so daß wir uns keine Sorgen machen brauchen, wo die alle unterkommen. Wenn die unermeßlichen Welten und Aufgaben für die Kinder Gottes nicht reichen würden, Gott würde

augenblicklich zahllose weitere Welten aus dem Nichts ins Dasein rufen. Aber wir brauchen keine Sorgen haben. Gott sieht alles und plant alles voraus für seine Kinder. Auch wenn manche noch im Fegfeuer gereinigt werden müssen.

Es kommt hier eine Frage dazwischen: Können solche, die durch Begierdetaufe gerettet werden, auch eine Neuschöpfung erleben durch die heiligste Eucharistie? Denn wir betrachten hier über das wunderbare Geheimnis der Neuschöpfung oder Neuerschaffung durch die heiligste Eucharistie.

Ich habe während des Krieges im Lazarett manchem evangelischen Kameraden, der sah, wie ich katholischen Kameraden die hl. Kommunion reichte und der auch kommunizieren wollte, ich ihm aber die Kommunion nicht reichen durfte, den Rat gegeben: Verlange nach Jesus mit gläubigem Herzen, dann wird unsichtbar Jesus auch zu dir einkehren. Du wirst jedenfalls eine innigste Begegnung und Erneuerung mit Jesus erleben.

Wir dürfen überzeugt sein, daß alle, die durch die Bluttaufe und Begierdetaufe Kinder Gottes werden, auch mit Jesus vereinigt werden, ähnlich wie wir in der hl. Kommunion. Wir sollen daher Jesus bei der hl. Kommunion öfter bitten: Herr, kehre auch bei denen ein, die dich nicht im heiligen Sakrament empfangen können, aber nach dir verlangen!

Nun wollen wir weiterschauen, wo die Menschen alle hinkommen, die von der Welt absterben. Da sind außer den Seligen des Himmels diejenigen, die von Gott nichts wissen wollten, Gott sogar verachteten, seinen Willen nicht erfüllten, sondern nur sündigten und nicht bereuten.

Um es kurz zu sagen: Sie werden verdammt werden in das ewige Feuer, in die Hölle, wie Jesus gesagt hat:

„Weg von mir, ihr Verfluchten, in das ewige Feuer!" (Mt 25,41) Auch dort wird Platz genug sein, wo sie in ewiger Gottesferne haßvoll sich austoben in grauenhaftester Qual.

Nun noch eine weitere wichtige Frage:

Wo kommen die Menschen in der Ewigkeit alle hin, die weder als Verdammte in die Hölle müssen, oder als glückselige Kinder in die Herrlichkeit Gottes eingehen?

Dazu kann ich nur eine gewagte Antwort geben, bei der ich nicht behaupten kann, daß meine Ausführungen richtig sind.

Die Astronomie hat erforscht, daß es nicht nur eine Milchstraße mit

100 Milliarden Sonnen gibt, sondern weiterhin unzählige Milchstraßen existieren. In jeder Milchstraße sind Milliarden Sonnen. Es sind Sonnen, die zum Teil bedeutend größer sind als unsere Sonne. Um jede Sonne kreisen mehrere Planeten, wie unser Planet Erde. Wiederum sind da viele Planeten, die bedeutend größer sind als unser Planet Erde. Viele solche Planeten werden ein bewohnbares Klima haben.
Es ist anzunehmen, daß auch viele von diesen Planeten bewohnt sind. Denn Gott erschafft nichts planlos. Es werden auf diesen Planeten Wesen leben, die wir noch nicht kennen. Vielleicht sind es menschenähnliche Wesen.
Es können auf solchen Planeten auch Menschen sein, die nicht getauft sind, nicht Kinder Gottes werden konnten wie wir und auch nicht verworfen werden brauchten, wie die Verdammten. Denken wir an die unzähligen ungetauften Kinder der Heiden, die unschuldig dahinstarben. Sie werden nie zu leiden und zu büßen haben. Sie werden in eine natürliche Seligkeit eingegangen sein, in der sie vollkommen glücklich sind. Sie werden nicht als unbeholfene Babys leben, sondern als vollkommene Menschenkinder entwickelt sein. Gott läßt nichts halb.
Uns Kindern Gottes wird im Himmel die Schöpfung zur Verwaltung anvertraut. Der Völkerapostel schreibt uns ein Wort, das wir wohl überlegen sollen:
„Das Harren der Schöpfung ist ein Harren auf die Offenbarung der Kinder Gottes, daß auch die Schöpfung befreit wird von der Knechtschaft der Vergänglichkeit zur herrlichen Freiheit der Kinder Gottes." (Röm 6,18)
Wir werden als vollendete Kinder Gottes über der Schöpfung stehen. Wir werden über sie herrschen, freilich im Lichte und in der Liebe Gottes. Da wird es für uns in einer ungeahnten Seligkeit Aufgaben geben, die wir uns jetzt noch nicht vorstellen können.
Eines soll uns dabei endlich tiefer bewußt werden. Wir werden durch die eucharistische Vereinigung mit Jesus in eine Liebesallmacht erhoben, die alles zeitliche Begreifen weit übersteigt. Wir sind in Jesus eine Neuschöpfung als wahre Kinder Gottes.

Die größte Torheit und höchste Weisheit.

Je mehr ich betrachte über das Geheimnis der heiligsten Eucharistie, umso mehr bedrückt mich die Tatsache, daß hier Jesus etwas gewagt hat, was größte Torheit ist, aber auch höchste Weisheit.
Höchste Torheit hat da Jesus gewagt, weil die allermeisten nicht nur Menschen, sondern auch Christen ihn darin nicht ernst nehmen.
Ihn teils gar nicht ernst nehmen können, weil ihnen das zu unglaublich und unfaßbar ist, daß Jesus als Gott und Mensch in diesem winzigen Brot zugegen sein soll. Sicherlich ist das ein Geheimnis des Glaubens. Aber daß Jesus, der allmächtige und unendliche Gott in solch verborgener Weise sich uns schenken will, das ist zu sonderbar. Wenn er sich uns schon so verborgen schenken will, dann könnte er das doch in rein geistiger Weise tun.
Aber nein, Jesus tut das sichtbar, wenn auch nur in diesem winzigen Brot. Es gefällt ihm so und er wird seine Gründe haben. Und wir müssen das glauben. Torheit bleibt es trotzdem, weil ihn die allermeisten darin nicht ernst nehmen. Wenn sie überhaupt kommen, sie gehen so leichtfertig um mit diesem winzigen Brot, das da Jesus ist, daß ich wiederum nur sagen kann: Jesus hat damit eine große Torheit gemacht.
Das hätte er doch wissen müssen, und er wußte es sicher, wie die Menschen sind und wie sie ihn da empfangen werden. Denn das dürfte nicht sein, daß jeder mit Jesus umgehen kann, wie er will. Daß Ehebrecher und Kindsmörder ohne vorher Buße zu tun, ihn einfach mitnehmen können, wie Diebe oder Einbrecher das Allerheiligste rauben. Denn Jesus ist doch der Allerheiligste, wenn auch in winziges Brot verhüllt.
Ja, Jesus ist der allerheiligste Herr und Gott. Oder nicht mehr? Kann man das nicht mehr glauben, daß Jesus da zugegen ist? Dann hat der Unglaube uns verschlungen. Dann hat wieder einmal Satan recht, der Meister der Lüge.
Aber so tief können wir doch nicht gestürzt sein, daß wir das nicht mehr glauben, was Jesus gesagt hat:
„Das ist mein Leib!"
Oder wäre das möglich, daß Jesus uns belogen hat? Dann ist Jesus ein Lügner! Das zu denken ist unmöglich.
Das zu denken ist unmöglich. Das wäre nur möglich bei solchen, die Gott ferne stehen. Denn Gott ist unendlich in seinen Geheim-

nissen. Nur weil wir mit unserem Fünklein Verstand vieles nicht fassen können aus der unendlichen Tiefe Gottes, haben wir kein Recht, an Gott zu zweifeln.
Schon gar nicht haben wir ein Recht, an Gottes Heilswillen zu zweifeln, wenn heute viele das tiefste Geheimnis seiner unendlichen Erlöserliebe, in der sich uns Jesus schenkt, minimalisieren wie eine Nebensache.
Ich muß es sagen, wie es in mir brennt, wie es alle Kirchenlehrer gesagt und alle Heiligen gelebt haben:
Jesus in der heiligsten Eucharistie ist das lebendigste Herz Gottes!
Wenn es uns als größte Torheit erscheint, weil wir's nicht fassen können und weil damit so viel Mißbrauch getrieben werden kann, daß es himmelschreiend ist, das ist dann eben die Elendigkeit der erdversunkenen Menschenkinder, die weit weg sind vom Himmelreich. Noch weiter weg sind von der Unendlichkeit der Liebe Gottes, die durch Jesus unter uns die unausweichlichste Katastrophe geworden ist! Schaut doch hin!
Das Kreuz auf Golgotha! Der menschgewordene Sohn Gottes hängt wie der gemeinste Verbrecher am Kreuz und stirbt dahin wie ein zertretener Wurm. Ausgerottet, weggeworfen aus der menschlichen Gemeinschaft. Den wollen sie nicht! Der muß verschwinden für immer! Denn wir sind wir! Wir genügen uns selbst! Weg mit ihm! Mit diesem Fremdling!
Der Fremdling! Das ist er auch in der heiligsten Eucharistie! Sie schreien nicht mehr: Weg mit ihm! Der ist schon etwas Wegwerfendes geworden. Damit sind sie zufrieden. Die erdverlorenen Menschenkinder.
Ich lese beim Völkerapostel:
„Die Lehre vom Kreuz ist denen, die verloren gehen, Torheit. Uns aber, die wir selig werden, ist es Gottes Kraft. Der Prophet schreibt ja: Vernichten will ich die Weisheit der Weisen und zuschanden machen will ich die Klugheit der Klugen! (Is 29,14) Wo ist ein Weiser, wo ist ein Schriftgelehrter? Wo ist ein Wortführer dieser Welt? Hat Gott nicht die Weisheit dieser Welt zur Torheit gemacht? Weil die Welt mit ihrer Weisheit Gott nicht erkannte, hat es Gott gefallen, durch die Torheit der Predigt (über Jesus) diejenigen selig zu machen, die glauben" (1. Kor 1,18).
Weiter schreibt Paulus (darüber kurze Auszüge):
„Wir verkünden Christus, den Gekreuzigten. Den Juden ein Ärger-

nis, den Heiden eine Torheit . . . Das Törichte, das von Gott kommt, ist weiser als die Menschen. Das Schwache, das von Gott kommt, ist stärker als die Menschen. . . . Wir reden von Gottes Weisheit, die geheimnisvolle, verborgene, die Gott vor Beginn der Welt zu unserer Verherrlichung vorherbestimmt hat . . . Uns hat Gott das geoffenbart durch seinen Geist. Der Geist erforscht alles, auch die Tiefen der Gottheit . . . Wir haben nicht den Geist der Welt empfangen, sondern den Geist, der aus Gott ist, damit wir erkennen, was uns Gott geschenkt hat."

„Damit wir erkennen, was uns Gott geschenkt hat!"
Das gilt besonders vom Geheimnis der heiligsten Eucharistie. Was uns da Gott geschenkt hat, das können wir nur im Heiligen Geist erkennen. Dazu aber muß der Heilige Geist in uns wohnen dürfen. Er muß in uns die Freiheit haben, zu leuchten als wahres Licht. Wenn unser Verstand vollgepfropft ist mit nur weltlicher Weisheit und uns in stolzer Selbstblendung irritiert, dann hat der allerliebste Heilige Geist darin nicht mehr Platz. Oder wenn gar ein Mensch in fleischlicher Lust versumpft ist, dann wird der Heilige Geist weit verbannt. Da kann die Liebe des Heiligen Geistes uns nicht mehr umhüllen.

Wir dürfen nie vergessen, Gott ist unendliche Liebe in reinster Freiheit. Gezwungen wird hier niemand. In freiester Hingabe muß jedes Menschenherz sich Gott öffnen. Wenn wir das tun, wird der Heilige Geist uns vor allem auch das Geheimnis der heiligsten Eucharistie erschließen.

Da werden wir über Jesus staunen in einer Seligkeit, die sonst keinem Menschen möglich ist. Wir werden erkennen:
Die ganze Liebesfülle Gottes will sich uns in der Eucharistie öffnen. Wir werden Jesus verstehen, wenn er sagt:
„Wer mein Fleisch ißt und mein Blut trinkt, der bleibt in mir und ich bleibe in ihm."

Wir haben gewagt zu sagen:
Jesus in der heiligsten Eucharistie ist die größte Torheit und die höchste Weisheit. Eben die höchste Weisheit der Liebe Gottes. Aber weil wir diese Liebe Gottes nie begreifen können, bleibt sie für uns die größte Torheit. Wir brauchen nur eine Weile in ernster Besinnung das Kreuz Christi anschauen, dann kommen wir zur gleichen Überzeugung:
Die Liebe Jesu ist die größte Torheit und die höchste Weisheit.

Aber die höchste Weisheit der Liebe Gottes werden wir erst schauen in der Seligkeit des Himmels. Und da auch nur in einer ahnenden Seligkeit. Denn die Tiefe der Liebe Gottes kann kein Geschöpf ergründen.

Um ein wenig anschaulich zu erfassen, was das heißt, Jesus zeigt in seiner Liebe die größte Torheit und die höchste Weisheit, will ich etwas erzählen. Es ist die Geschichte einer heiligen Büßerin. Ich weiß ihren Namen nicht. Sie wollte auch nicht, daß ihr Name genannt wird. Sie wollte nur, daß ihre Bekehrung erzählt wird nach ihrem Tode.

Sie war ein überaus hübsches Mädchen, das früh einen reichen und etwas älteren Grafen geheiratet hatte. Man nannte sie daher auch Gräfin, die schöne Gräfin.

Ihr Mann hatte mehrere große Besitzungen, die er regelmäßig aufsuchte, um die Gewinne zu sichern. Darum war die junge schöne Gräfin oftmals lange Zeit mit ihrem Gesinde allein auf dem Schloß.

Ihr Mann hatte nichts dagegen, daß seine Frau sich während seiner Abwesenheit mit guten Freunden unterhielt. So war sie bald mit einem anderen jungen Ehepaar aus edlem Hause befreundet. Die luden sie oft zu interessanten Ausflügen ein.

Da lernte die Gräfin einen jungen und sehr strammen Baron kennen, der noch unverheiratet auf seinem reichen Landgut waltete, das er seine Burg nannte. Als die beiden sich sahen, wußten sie augenblicklich, daß sie ein Band brennender Liebe umschlang. Die Gräfin hatte durchaus in glücklicher Ehe gelebt mit ihrem Mann. Aber der Baron wurde für sie eine unausweichliche Versuchung.

Es ergab sich bald, daß die beiden, die junge Gräfin und der junge Baron sich immer wieder trafen. Natürlich so klug, daß niemand etwas argwöhnen konnte, oder sollte.

Das Verhältnis dauerte fast drei Jahre. Regelmäßig ging die junge Gräfin zur hl. Beichte. Aber immer wieder stürzte sie in die tiefe Sünde des Ehebruches. Sie schrieb darüber später als Büßerin in einem strengen Kloster mit der Bemerkung, daß das nach ihrem Tod bekannt gemacht werden kann, falls ihre Obern es für gut halten. Aber ihr Name soll nicht genannt werden. Damit ein kurzer Auszug aus ihrem Geständnis, soweit ich mich erinnere:

„Ich war eigentlich glücklich verheiratet. Nur war ich zuviel allein. Und das wurde zur Gefahr. Ich traf mich oft mit meinem geliebten Baron. Es war eine unstillbare Leidenschaft. Ich ging jedesmal zur hl. Beicht. Immer zum gleichen Beichtvater bei den Franziskanern. Der war streng mit mir und sagte, ich muß das Verhältnis aufgeben. Gottes Erbarmen darf ich nicht so mißbrauchen. Ich versprach jedesmal, ich bereue es und will mich bessern. Aber dann überwältigte mich immer wieder die brennende Sehnsucht nach meinem Sündenfreund.

Schuld war, das weiß ich jetzt, ich habe zu wenig gebetet. Darum hatte ich keine Gnadenkraft zur Besserung. Denn ohne die Hilfe Gottes kann niemand sündenrein leben. Kann vor allem niemand eine solche Leidenschaft überwinden. Das geht nur und geht sicher mit der Gnade Gottes. Wenn ich statt zu denken, wie und wann ich meinen Freund wieder treffen kann, zur Kirche und zur hl. Kommunion gegangen wäre, es wäre alles gut geworden. Oh, die hl. Kommunion ist die Segenskraft Jesu selbst, wenn man da mit Jesus aufrichtig redet. Man braucht ihm nur die Not sagen, die da im Herzen brennt. Dann löscht Jesus diesen falschen Sinnenbrand aus und er entzündet ein anderes Feuer in uns, ein Feuer der Liebe, die lichtvoll erhebt zur reinen Herzensfreude.

Aber statt dessen stand ich wieder, es war schon im dritten Jahr meines Sündenlebens, vor dem Beichtstuhl. Es standen diesmal mehrere Büßer da. Ich mußte warten. Ich kniete in eine Bank und fing mit Jesus zu hadern an:

„Jesus, du weißt doch alles. Warum bist du dann so dumm oder töricht, daß du mir immer wieder glaubst, wenn ich sage, es tut mir leid, ich will mich bessern. Du weißt doch, daß ich das gar nicht kann und eigentlich gar nicht will, mich bessern. Reden wir doch offen! Hab ich mich wirklich gebessert? Konnte ich mich bessern? Jesus, du weißt, ich konnte und kann es wirklich nicht, mich bessern. Am Nachmittag denke ich schon wieder nach, wann und wie ich meinen Freund treffe. Jesus, für so dumm hätte ich dich nicht gehalten, daß du das nicht weißt, ich kann mich und ich will mich gar nicht bessern. Also ist es gescheiter, ich geh nach Hause und bleib eine Sünderin und laß dich in Ruhe, weil ich dich nicht mehr länger anlügen will. Ich muß es dir sagen, wie es ist, weil du selber so töricht bist und das nicht weißt."

Der Beichtvater war aufgestanden, weil niemand mehr da war. Er schaute noch zu mir und fragte, ob ich beichten will. Ich schüttelte den Kopf.

Es war Mittag geworden. Ich war allein in der Kirche. Nun fragte

ich mich, was ich eigentlich wollte. Ach so, beichten. Warum habe ich nicht gebeichtet? Ja, ich weiß, weil ich mich doch nicht bessern kann. Also bleib ich eine Sünderin.
Ich ging hinaus in den Kreuzgang. Da war ein großes Kreuz. Ergreifend hing da Jesus am Holz. Ich kniete mich hin und schaute den Gekreuzigten an. Ich weiß nicht, wie lange. Ich weiß nur, ich fing wieder mit Jesus zu reden an. Mit diesem gekreuzigten Jesus: „Mußt du immer noch am Kreuze hängen? Für unsere Sünden? Auch für meine Sünden? Ich hab dir schon gesagt, daß es sinnlos ist, daß ich mich nicht bessern kann."
Sonderbar, da kam es über mich. Es war, als rede Jesus zu mir: „Wenn ich vom Kreuze herabsteige, dann bist du wirklich verloren. Wenn ich aber am Kreuze aushalte, dann kann ich dich retten. Du willst nicht mehr beichten, weil du dich nicht bessern kannst. Ich habe aber im Beichtstuhl auf dich gewartet. Es hätte mir für diesmal wieder genügt, wenn du nur gesagt hättest, es tut dir leid. Ich hätte dir wieder geglaubt. Ich möchte dir solange glauben, bis es dir ganz ernst wird und du dich wirklich besserst in der Kraft meiner Liebe."
Ich weiß nicht, ob ich Jesus richtig verstanden habe. Oder ob ich mir das nur eingebildet habe. Auf alle Fälle mußte ich Jesus antworten: „Dann bist du gar nicht so töricht. Dann ist deine Torheit nur Liebe. Und deine größte Torheit ist die höchste Weisheit deiner Liebe. Jesus, jetzt verstehe ich dich oder ich verstehe dich überhaupt nicht mehr. Jesus, jetzt kann ich nicht mehr anders, als Schluß machen mit meinem Sündenleben! Aber du mußt mir helfen! Wenn du solange am Kreuz aushalten kannst, dann kannst mir auch helfen, indem du mir vom Kreuze wenigstens eine Hand reichst."
Da kam es über mich wie ein Siegeszeichen:
„Ich reich mich dir ja mit Händen und Füßen, mit meinem Leib und meinem Herzen, mit meiner ganzen Liebe, die glühend alle böse Sündenlust in dir verbrennt."
Der Pater, der Beichtvater ging vorbei und sagte:
„Ich bin wieder im Beichtstuhl!"
Er hatte mich scheinbar erkannt, die große Sünderin. Er freute sich, als ich ihm sagte:
„Diesmal ist es mir ernst! Ich will nicht mehr sündigen! Ich vertraue Jesus, daß er mir dazu die Kraft gibt!"
Es wurde eine gute Beichte. Eine wirkliche Befreiung von meiner

Sündensucht. Und das war notwendig.
Denn als ich heimkam, trug man meinen Mann auf unser Grafenschloß. Raubmörder hatten ihn unterwegs ermordet und ausgeraubt. Ich sank vor seinem Sarg zu Boden und bat ihn still um Verzeihung für meine Treulosigkeit. Denn jetzt, von drüben, mußte er wissen, wie treulos ich ihm war.
Die Tage der Trauer, der Beerdigung waren eine furchtbare Zeit. Ich war oft gar nicht bei mir. Ich wußte nicht, was ich sagte. Ich konnte nur weinen, weil ich meinem dennoch sehr geliebten Mann so treulos war und wir so voneinander scheiden mußten.
Der Baron, mein Sündenfreund, war bei der Beerdigung zugegen. Ich flüsterte ihm bei Gelegenheit zu: Es ist endgültig Schluß! Er nickte und sagte: Er melde sich freiwillig zum Krieg gegen die Türken. Wenn er falle, soll das eine Sühne sein!
Er ist gefallen, wie ich später erfuhr.
Als ich auf dem Schloß alles geregelt hatte und alles den Angehörigen meines Mannes überließ, weil keine Kinder da waren, bat ich um Aufnahme in einem strengen Kloster, um Sühne zu leisten. Ich darf sagen: Jeder Tag hier ist mir ein Tag der Gnade und der inneren Erhebung in der Vereinigung zur höchsten Liebe in Jesus.
Die tiefste Quelle des Lebens und der Freude im Kloster ist Jesus im heiligsten Sakrament. In Jesus ist kein Ende der ständig erneuernden und erfreuenden Seligkeit.
Trotzdem müssen wir da wieder im Blick auf die Welt sagen: Die heiligste Eucharistie ist die größte Torheit und die höchste Weisheit.
Denn die Weisheit dieser Welt ist Torheit vor Gott, sagt der Völkerapostel.
Ich denke auch an das Wort, das uns Jesus gesagt hat:
„Ich preise dich, Vater, Herr des Himmels und der Erde, daß du dies vor Weisen und Klugen verborgen hast, den Kleinen aber geoffenbart hast."
„Ja, Vater, so war es dir wohlgefällig. Alles ist mir vom Vater übergeben worden. Niemand kennt den Sohn als der Vater. Auch kennt niemand den Vater als der Sohn, und wem der Sohn es offenbaren will" (Mt 11,25).
Auch im Allerheiligsten erkennt niemand den Sohn, wenn es ihm nicht der Geist Gottes offenbart.
Dazu müssen wir uns erniedrigen zur wahren Kindschaft vor Gott,

sonst bleibt uns dieses tiefste Geheimnis verschlossen.
Alle Weisheit dieser Welt kann es nicht erschließen. Sobald die Gelehrten versuchen, es zu ergründen, reden sie von Transsignifikation und Transfinalisation, aber nicht von Transsubstantiation. Sie reden also von Sinngebung, von Zeichendeutung, aber nicht von Wandlung.
Das tun alle Irrlehren, wie Protestantismus und auch die modernen christlichen Auslegungen, wenn auch verhüllt, aber in der Haltung gegenüber dem Allerheiligsten verraten sie ihren Irrglauben.
Umwandlung des Brotes in den Leib Christi, also in die wirkliche Gegenwart des Gottmenschen Jesus Christus, dann muß ich ihn anbeten. Und kann ihn nur in tiefster Ehrfurcht empfangen. Dazu muß ich mich auch noch an das Wort des Völkerapostels erinnern: „Sehet zu, daß euch niemand irreführt durch Weltweisheit und leeren Trug! Die gründet nur in menschlicher Überlieferung und in Weltelementen. In Christus aber wohnt die ganze Fülle der Gottheit leibhaftig. Dieser Fülle (der Gottheit) seid ihr teilhaft geworden" (Koll 2,8).
Die größte Torheit und höchste Weisheit.
Mit einer frommen Gebetsgemeinschaft durfte ich in einem Kloster Exerzitien halten. Wir hatten dort angenehme Unterkunft und eine erbauliche Kapelle. Die ehrwürdigen Schwestern, es waren noch knapp 15, hatten auch jeden Tag bei einem Priester die hl. Messe. Ich sah, daß alle Schwestern nur die Steh- und Handkommunion empfingen. Als sie mich baten, daß sie auch bei mir die hl. Messe mitfeiern möchten, sagte ich ihnen:
„Ich gebe Ihnen aber keine Handkommunion."
Darüber waren sie entsetzt. Die Schwester Oberin meinte:
„Bei solchen rückständigen Priestern können wir nicht die Messe mitfeiern. Wir müssen uns doch der Zeit anpassen und der Leitung der Kirche folgen, die das verlangt."
Ich wurde dann zu einer kranken Schwester gerufen, die bei mir die Sakramente empfangen wollte. Denn sie hatte erfahren, daß ich noch so rückständig sei.
Was ich bei dieser Schwester erfahren hatte, das war erschütternd. Das werde ich mein ganzes Leben nicht vergessen. Die Schwester, ich darf ihren Namen nicht nennen und auch den Ort des Klosters nicht, die Schwester war dort früher Oberin. Sie wollte ihre Mitschwestern vor dem Modernismus retten. Sie hatten damals noch

über 50 Schwestern im Kloster.

Moderne „Seelenführer" drängten sie, die Klosterregel zu erleichtern, weltliche Kleidung zu tragen oder wenigstens ihre Ordenskleidung entsprechend zu ändern und auch den Gottesdienst modern zu feiern. Da widersetzte sich die Oberin energisch. Sie sagte, dann werden viele Schwestern den Geist des Ordens verlieren. Die Modernen sagten, im Gegenteil, wenn sie so rückständig bleiben, werden viele das Kloster verlassen.

Es hat sich dann in der Klostergemeinschaft eine Auseinandersetzung entfaltet, die grausam war. Auch die höhere Oberin konnte die Situation nicht mehr retten. Die Hausoberin hat auf den Rat ihrer Vorgesetzten sich zurückgezogen und hat einer modernen Schwester, die als Oberin verlangt wurde, Platz gemacht. Gerade dann haben viele Schwestern, zwei Drittel, das Kloster verlassen. Die Schwester sagte mir:

„Nur die strenge Ordensregel und die Ehrfurcht vor Jesus hätten das Kloster retten können. Aber das wollen sie nicht einsehen. So muß das Kloster wahrscheinlich aussterben.

Jesus im heiligsten Sakrament konnte uns nicht retten, obwohl er der Allmächtige ist. Er ist der Ohnmächtige in seiner Liebe. In die Ohnmacht seiner Liebe hat er auch mich hineingenommen. Meinen Trost finde ich jetzt nur im heiligsten Sakrament. Sagen Sie mir, Hochwürden, hätte ich es anders machen sollen? Hätte ich den Modernen recht geben sollen?"

Ich sagte dann der Schwester:

„Jesus im heiligsten Sakrament ist die größte Torheit und die höchste Weisheit. In diese seine Torheit und Weisheit hat Sie nun Jesus auch hineingeholt, wie Sie selber schon erkannt haben. Das ist ein besonderes Zeichen seiner Liebe, daß Jesus Sie so auserwählt hat. Werden Sie darin ruhig und tragen Sie still mit Jesus das Kreuz seiner Verdemütigung. Sie können zur Zeit damit allein viele retten, die noch einen guten Willen haben."

Auf der Heimfahrt von diesem Erlebnis und auch sonst mußte ich oft an diese „abgedankte" Schwester Oberin denken. Sie wird als stille Opferseele mit dem stillen abgedankten Heiland im Sakrament sühnen und büßen. Mit Jesus der in größter Torheit sich so erniedrigen läßt im heiligsten Sakrament. Der aber auch in höchster Weisheit damit alle Menschenseelen auslesen kann, ob sie seiner würdig werden zu seiner göttlichen Herrlichkeit.

Es ist das Gericht, sein göttliches Gericht, das im Geheimnis der heiligsten Eucharistie an uns sich vollzieht. Wer hier nicht an ihn glaubt und ihn nicht danach behandelt, der ist schon gerichtet. „Der ißt und trinkt sich das Gericht, weil er den Leib des Herrn nicht unterscheidet", sagt der Apostel.

Geheimnis des Glaubens.

So wird in den modernen Messen nach der Wandlung gerufen. Man könnte darüber erfreut sein, wenn das eine ernste Mahnung wäre, gläubig und demutsvoll zu Jesus aufzuschauen, der nun in der Gestalt des Brotes und Weines sein Erlösungsopfer auf Golgotha für uns darbringt. Alle müßten anbetend auf den Knien liegen und danken. Aber davon sieht man kaum etwas.

Bei der Ankündigung seines eucharistischen Geheimnisses in Kapharnaum hat Jesus mehrmals betont, daß die Menschen das glauben müssen, denn der menschliche Verstand kann das niemals erfassen.

„Der Geist ist es, der lebendig macht, das Fleisch nützt nichts", betont Jesus ausdrücklich.

Jesus hat verkündet, daß er selbst das Brot des Lebens ist. Er will sich den Menschen zur Speise geben, damit sie das Leben haben, das unsterbliche Leben.

„Ich bin das lebendige Brot, das vom Himmel herabgekommen ist", sagt er.

Die Juden lehnen sich dagegen auf und rufen:

„Ist das nicht Jesus, der Sohn des Josef, dessen Vater und Mutter wir doch kennen? Wie kann der sagen: Ich bin vom Himmel herabgekommen?"

Jesus muß ihnen antworten:

„Murret nicht untereinander! Niemand kann zu mir kommen, wenn nicht der Vater, der mich gesandt hat, ihn zieht (durch die Gnade). Den werde ich auferwecken am Jüngsten Tage ... Nur der, der von Gott ist, der hat den Vater gesehen", (der Sohn Gottes, Jesus).

Dann aber sagt Jesus das entscheidende Wort, auf das es in diesem Geheimnis der heiligsten Eucharistie allein ankommt:

„Wahrlich, wahrlich, ich sage euch: Wer an mich glaubt, der hat das ewige Leben!" (Joh 6,47)

Hören wir es noch einmal, damit wir es nie mehr vergessen:

„Wer an mich glaubt, der hat das ewige Leben!"

Es nützt alles nichts. Du kannst jeden Tag zur Kommunion gehen, wenn du nicht an dieses tiefste Geheimnis der Erlösung Jesu glaubst, hast du nicht das ewige Leben.

Darüber können wir nicht im geringsten rütteln oder deuten: Jesus gibt sich uns in seinem Leibe und Blute zur Speise, damit wir in ihm das ewige Leben haben. Jesus ist unser Herr und Gott, der für uns Menschensohn geworden ist. Er ist der Allmächtige, der sich in Brot- und Weingestalt hüllen kann, um auf diese einfache Weise für uns Speise zu werden. Wenn wir ihn auch nur in diesen einfachen Gestalten sehen und empfangen können, so ist er doch der allmächtige Herr und Gott, vor dem alle Geschöpfe in tiefster Ehrfurcht und Anbetung niedersinken. Das dürfen auch wir nie vergessen, wenn wir an ihn glauben.

Oder wenn wir nicht mehr an ihn glauben, dann brauchen wir nicht vor ihm niedersinken, dann werden wir ohnehin niederstürzen in eine ewige Tiefe des Verderbens. Nur „wer an mich glaubt, der hat das ewige Leben." Unser lebendiger Glaube ist die Entscheidung, ob uns dieses Geheimnis zum Leben oder zum Tode wird. „Wer nicht glaubt, der wird verdammt werden", sagt uns Jesus. Der Glaube ist gerade hier unbedingt notwendig, weil kein Geschöpf dieses Geheimnis ergründen kann. Aber auch darum ist hier der Glaube unbedingt notwendig, weil dies das Geheimnis tiefster Herzensliebe Gottes ist, das Gott durch unseren Unglauben sehr verwunden und entehren würde.

Das Wort Jesu darüber sei nie mehr vergessen:

„Wahrlich, wahrlich, ich sage euch: Wer an mich glaubt, der hat das ewige Leben!"

In diesem Geheimnis des Glaubens müssen wir aber auch tiefer gehen, wenn wir Jesus darin in seiner Liebe ein wenig verstehen wollen.

Der Vater hat seinen Sohn gebeten, daß er für uns Menschensohn werde. Und noch mehr:

Der Vater hat seinen Sohn gebeten, daß er für uns als Lamm Gottes am Kreuze alle unsere Sünden wegbüße. Sogar für uns in den Tod gehe, um unseren Tod zu vernichten. Und noch mehr:

Der Vater hat seinen Sohn gebeten, daß er für uns vom Kreuze herab Lebensspeise werde, indem er uns mit seinem Opferleib und seinem Opferblut nähre, damit wir als Kinder Gottes nicht verhungern.

So ist uns Jesus in der heiligsten Eucharistie Brot des Lebens geworden. Voll Liebe aus dem Herzen des Vaters und des Sohnes.

Was nun Jesus, der sich uns schenkt in der heiligsten Eucharistie, in uns duldet und leidet, um uns aus unseren Sünden zu erlösen und zu heilen, das ist für Jesus wohl ein ständiges Martyrium ohne Maßen.

Jesus hat auf dem Ölberg namenlose Liebes-Sehnsuchtsqualen erlitten. Jesus hat bei der Geißelung seinen Leib der tiefsten Zerreißung und Schändung preisgegeben. Jesus hat seinen Leib ans Kreuz zur grausamsten Fesselung dahingegeben.
Das alles erleidet Jesus immer noch, so fürchte ich, in vielen Menschen, denen er sich zur Speise hingibt, um sie zu erlösen.
Es ist schon lange her. Da habe ich einen Priester kennengelernt, den hat man, weil er zu fromm war, in eine Anstalt für schwerbehinderte Mädchen abgeschoben. Ordensschwestern leiteten die Anstalt. Mit den Ordensschwestern konnte er jeden Tag die hl. Messe feiern. Selten konnten sie Behinderte zur Messe zulassen. Nur hin und wieder konnten einige Behinderte auch die Sakramente empfangen.
Der Priester sagte mir einmal:
Bevor ich so einem behinderten Mädchen die hl. Kommunion reichte, habe ich Qualen der Überlegung erlitten. Denn ich konnte ihnen das bißchen Verstand kaum dafür aufschließen, ihnen zu erklären, sie empfangen Jesus, den Sohn Gottes. Und warum sie ihn empfangen dürfen, das konnte ich ihnen schon gar nicht erklären. Aber dann kam die Erkenntnis über mich:
Die normalen Menschen wissen ja auch nicht oder wollen es nicht wissen, wen sie da empfangen bei der hl. Kommunion und warum sie ihn empfangen. Viele empfangen Jesus nur aus irdischen Berechnungen, damit sie gesund bleiben und Glück haben. Sie empfangen Jesus nicht, um Kinder Gottes zu sein und das ewige Leben zu haben. Ihre ganze Frömmigkeit ist nur auf das Zeitliche ausgerichtet.
Daß Jesus immer betonte, er schenkt sich uns als Brot des Lebens, damit er uns auferwecke am Jüngsten Tage, das wollen die Menschen nicht wissen und nicht verstehen.
Da ist also vor Jesus nicht viel Unterschied zwischen normalen und behinderten Menschen. Wenn ich die Behinderten soweit bringen konnte, daß sie glaubten, Jesus, der da in der Hostie versteckt ist, der ist zu ihnen so gut wie die Schwestern und wenn sie dazu nickten, dann konnte ich ihnen die hl. Kommunion reichen."
Da ich die behinderten Mädchen teils gesehen hatte, die wirklich sehr abnormal waren, wagte ich meinem Kollegen zu sagen:
„Ich würde es mir gut überlegen, solchen Menschen die Kommunion zu reichen."

Der Pater schaute mich eine Weile nachdenklich an und sagte dann: „Hast schon recht. Aber ich möchte die Kommunion eher vor den Normalen draußen zurückhalten, die vom Glauben an Jesus weit weg sind. Wer vor Jesus nicht mehr knien will und ihn nicht mehr anbeten kann, dem dürfen wir Jesus nie preisgeben in der Kommunion.

Das habe ich gesagt und habe danach gehandelt. Darum hat man mich hierhin in die Verbannung geschickt. Das macht nichts. Die ehrwürdigen Schwestern sind froh, daß sie mich haben. Und diese ärmsten Behinderten brauchen mich. Ich habe gelernt, diesen Ärmsten Liebe und Geduld zu schenken. Je mehr ich das tue, umso mehr lernen sie Jesus kennen und ihm vertrauen. Wenn sie Jesus vertrauen, kann ich ihnen die Kommunion nicht mehr verweigern. Ich bin zur Überzeugung gekommen, Jesus hat diese Ärmsten lieber und kann ihnen mehr Gnaden schenken, als den eingebildeten Christen draußen, die vor Jesus nicht mehr knien können."

Dann fing der gute Pater an, mich über Jesus im Sakrament zu belehren, indem er sagte:

„Mein Lieber! Hast du schon einmal gut überlegt, was da geschieht, wenn sich dir Jesus als Speise schenkt? Jesus, der Sohn Gottes, der für uns Menschensohn geworden ist?"

Ich überlegte, um eine rechte Antwort zu geben. Aber er erklärte gleich weiter:

„Du bist nur ein Mensch. Freilich als Priester wirst du Jesus ein wenig näher sein und ihn in seinem wunderbarsten Erlösergeheimnis der heiligsten Eucharistie besser verstehen. Aber ein sterblicher Mensch bist du doch. Jesus ist als Gott unsterblich. Seit seiner Auferstehung ist er auch als Mensch unsterblich.

Jesus will in der heiligsten Eucharistie dich in seine göttliche und menschliche Unsterblichkeit aufnehmen, damit du mit ihm auferstehen und in seine göttliche Herrlichkeit eingehen kannst.

Trotzdem bleibt dir die Sterblichkeit an deinem vergänglichen Leib. Du wirst wie alle Menschen dahinsterben. Aber da du durch die heiligste Kommunion mit Jesu Leib und Blut eins bist, wirst du mit ihm auferstehen. Das geschieht vor dieser Welt geheimnisvoll und unsichtbar, aber wirklich.

Das alles hat uns Jesus ausführlich verheißen. Und seine Verheißung wird sich erfüllen. Da aber die Menschen, gerade auch die Christenmenschen, das nicht sehen können, nehmen sie Jesus in

seiner Verheißung nicht ernst. Und sie benehmen sich entsprechend. Das, mein Lieber, ist schwärzester Unglaube! Niemals dürfte man einem solchen Christen die Kommunion reichen! Außerdem gehen die Tod-Sünder, wie Ehebrecher und Kindesmörder, nicht mehr zur hl. Beichte. Aber sie rennen vor zur Kommunion. Und man reicht sie ihnen. Weißt du, mein Lieber, was da geschieht? Diesen Menschen wird die Kommunion zum Gericht, wie der Apostel Paulus entschieden sagt:
„Der ißt und trinkt sich das Gericht."
Aber weißt du auch, was da mit Jesus geschieht? Wenn der heiligste Herr und Gott einem unheiligsten und schmutzigsten Menschen gereicht wird? Damit wird Jesus wiederum zur schändlichsten Geißelung und zur grausamsten Kreuzigung preisgegeben.

Wie weit das Jesus an sich duldet, wie und wann er sich vor solcher sündigen Häßlichkeit zurückzieht, das weiß ich nicht. Auf alle Fälle ist es die grausamste Preisgabe Jesu in den ekelhaftesten Sündenschmutz. Wenn der Wille zur Buße da wäre, dann könnte Jesus alles verzeihen und vergeben. So aber ist es das Grauen der Hölle.

In das Grauen der Hölle kann Jesus nie stürzen. Aber er kann den nicht mehr davor aufhalten, der ihn in seinem Unglauben da hineinreißen wollte. Das tut jeder, der ohne Reue und ohne Glauben voller häßlichster Sünden Jesus mit sich vereinigt."

Der gute Pater wurde traurig. Er drückte mich auf die Schulter und sagte betrübt:
„Was hier geschieht, mein Lieber, das ist als wollte man den Höllenschlund aufreißen und Jesus hineinstoßen."

Ich war etwas erschrocken über diese scharfen Beurteilungen gegen den Mißbrauch der heiligsten Eucharistie. Aber ich mußte oft darüber nachdenken. Ich wurde beunruhigt. Ich dachte, wenn wir da wirklich Jesus in seiner tiefsten Liebe so mißbrauchen und erniedrigen, welche Strafe Gottes kann das heraufbeschwören. Ich kam noch einmal zu dem guten Pater, der mir auf diese Frage die Antwort gab:
„Ja, mein Lieber, bedenke, was über Jerusalem und Israel kommen mußte und bis auf den heutigen Tag nach zweitausend Jahren noch wirkt, da sie die Liebe ihres Herrn und Erlösers so grausam vernichten wollten, indem sie Jesus ans Kreuz schlugen. Meinst du,

wenn Jesus heute in seiner eucharistischen Erlöserliebe, in der er sich uns so demütig und liebevoll preisgibt, um uns das ewige Leben zu sichern, weiterhin so mißbraucht wird, als wäre er nur ein Stücklein Brot, mit dem man tun kann, was man will, meinst du, das läßt der himmlische Vater, der uns seinen geliebten Sohn so hinschenkt, um uns zu retten, meinst du, das soll Gott übersehen, als wäre es eine Nebensache?!

Oh nein, mein Lieber! Gottes Vatergüte, aber auch Gottes Heiligkeit hat in seinem Herzen und auch in seiner allreinigenden Gerechtigkeit jede heiligste Hostie, in der sein geliebter Sohn opfernd, heilend und heiligend sich hingeschenkt hat, genau in seiner Liebessehnsucht begleitet und hält jede Hostie in sich fest. Denn in jeder Hostie schlägt auch sein Vaterherz. In ihrer Gottheit sind sie eins, der Vater, der Sohn und der Heilige Geist.

Wer eine Hostie mißbraucht, mein Lieber, der mißbraucht das Herz der ganzen heiligsten Dreifaltigkeit. Meinst, mein Lieber, das kann Gott einfach so hinnehmen, daß ein jämmerlich vergängliches und verschmutztes sündiges Menschlein das Herz des heiligsten dreifaltigen Gottes hinnimmt und damit tut, was ihm gerade beliebt in seiner sündigen Süchtigkeit oder gar in seinem finsteren Unglauben.

Hier, mein Lieber, da ist das Gericht schon gefallen. Wer die Liebe des dreifaltigen Gottes so mißhandelt, hat sich schon gerichtet. Wann sich das Gericht vollzieht, Gott hat Zeit, eine ganze Ewigkeit. Wer Gott in seiner demütigsten und heiligsten Liebe mißbraucht, verfällt der schrecklichsten Hölle. Denn es geht nicht an, daß Gott in solcher Liebe und Demut seinen Sohn für uns hinschenkt und weil er sich so klein macht in geringster Brotsgestalt, mißbrauchen wir ihn, als wäre er unser nicht würdig, als wäre er unserer dummen Einbildung nicht würdig. Wir machen mit ihm und degradieren ihn, wie es uns gerade beliebt nach unserer hochmütigen Eitelkeit.

Siehst du nicht, mein Lieber, daß da die alte Schlange im Paradies wieder ihr Haupt erhebt? Die sagt: Ihr werdet selber sein wie Gott? Was sollt ihr euch um solchen Unsinn kümmern? Das kann nur als Erinnerung gemeint sein. Und noch dazu als eine längst überholte und schändliche Erinnerung. Denn wir sind heute schon längst Menschen, die weiter schauen, denen nichts mehr unmöglich ist, die sich selbst erlösen können.

Mein Lieber, wo bleibt da der Glaube? Jesus hat es doch in

Kapharnaum genau geoffenbart. Im 6. Kapitel des Johannes-Evangeliums steht alles. Oder gilt das Wort Gottes nicht mehr? Nur weil es unsere stolzen Gehirne nicht verdauen können, wird es wie Abfall beiseite geschoben. Erinnern wir uns wenigstens teilweise wieder daran, was uns Jesus da sagt:
„Ich bin das Lebendige Brot, das vom Himmel herabgekommen ist. Wer an mich glaubt, der hat das ewige Leben, (Glaube ist immer die Voraussetzung, sonst würde dieses Lebensbrot zum Gericht). Ich bin das Brot des Lebens. Von solcher Art ist das Brot, das vom Himmel herabgekommen ist, daß jeder, der davon ißt, nicht stirbt. Ich bin das Lebendige Brot, das vom Himmel herabgekommen ist. Wer von diesem Brote ißt, der wird ewig leben. Das Brot aber, das ich euch geben werde, ist mein Fleisch für das Leben der Welt. Wer mein Fleisch ißt und mein Blut trinkt, der bleibt in mir und ich bleibe in ihm. Wie mich der lebendige Vater gesandt hat und ich durch den Vater lebe, so wird auch der, der mich ißt, durch mich leben."
Der gute Pater sagte dazu:
„Was uns hier Jesus geoffenbart hat, das ist die sicherste Garantie für das wahre und ewige Leben, nach dem wir doch alle hungern. Liebevoller und demütiger, verborgener und doch allmächtiger hätte Jesus sich uns nicht schenken können als in Brotsgestalt."
Ich wollte dazu etwas sagen, aber der gute Pater erklärte gleich weiter:
„Sag selbst, mein Lieber, hätte Jesus es einfacher machen können, als uns in solcher Demut ganz in seine Lebensfülle aufzunehmen? In seine göttliche und auch menschliche Lebensfülle. Denn das ist das Zeichen seiner tiefsten und demütigsten Erlöserliebe, daß er sich für uns nicht nur am Kreuze hinopferte, sondern sich uns auch als Speise hingibt.
Aber als Speise, mein Lieber, das nie vergessen:
Als Speise, wodurch wir nicht ihn empfangen, um unser leiblich Leben zu nähren und aufzubauen, sondern um in sein Leben einzugehen. Sogar in sein heiligstes, göttliches Leben. Ja, mein Lieber, in sein heiligstes und göttliches Leben will er uns aufnehmen. Sein heiligstes, göttliches Leben soll in uns Gestalt gewinnen. Nicht als ob wir Gott werden können. Oh nein! Aber in seine göttliche Herrlichkeit sollen wir hineinreifen. Denn wir sollen ganz und gar wahre Kinder Gottes, seines himmlischen Vaters werden. Das ist es, mein Lieber! Das dürfen wir nie vergessen! Das sagt uns

doch Jesus ständig, daß wir wahre Kinder seines himmlischen Vaters werden sollen. Darum hat er uns doch beten gelehrt: Vater unser im Himmel!
Siehst du nun, mein Lieber, was Gott gerade durch die heiligste Kommunion bewirken will. In seinem Sohne, der für uns zarteste Speise geworden ist, schenkt sich uns das Herz des Vaters. Das Herz des allmächtigen Gottes schenkt sich uns in unendlichster und demütigster Liebe, um uns wieder als seine Kinder umarmen zu können. Für ewig umarmen zu können. Das heißt:
Gott will uns als seine wahren Kinder an seiner Herrlichkeit und Herrschaft teilhaben lassen. Denn die ganze Schöpfung harrt auf das Offenbarwerden der Kinder Gottes, schreibt der Völkerapostel. Ja, mein Lieber, wir sollen vor der ganzen Schöpfung offenbar werden als wahre Kinder des allmächtigen und allgütigen Gottes. Aber dazu kann nach der Freiheit der Liebe Gottes niemand gezwungen werden. Nur in freiester Liebe schenkt sich uns Gott in seinem Sohne. Nur in freiester Liebe können wir dieses Geschenk annehmen im Opferleibe Jesu, der nur wie Brot gegessen wird.
Wer dieses heiligste Geschenk aus dem Herzen Gottes, das uns erhebt zum herrlichsten Leben in Gott, nicht annimmt oder gering achtet oder was noch schlimmer ist, mißachtet wie eine Nebensache und ohne Glauben empfängt, der verfällt dem furchtbarsten Gericht. Der wirft sich selber in die Verdammnis, weil er den heiligsten Gott in seiner unendlichen Liebe nicht erträgt.
Mein Lieber, mit der heiligsten Liebe Gottes können wir Menschengeschöpflein nicht umgehen wie mit einem Fußball. Wenn der Heiligste in solcher Demut und Liebe sich ganz uns schenkt wie einfaches Brot, dann kann ich ihn nicht wie einen Fußball wegstoßen. Damit stoße ich mich von ihm weg, nieder zu dem, der in seinem stolzen Lügenwahn ewig schreit, er sei selber Gott.
Mein lieber Mitbruder, nun habe ich dir genug gesagt über das tiefste Liebes-Geheimnis der heiligsten Eucharistie. Viele können es nicht verstehen oder wollen es nicht verstehen, genauso wie sie das Kreuz Christi nicht verstehen. Darum müssen wir es glauben. Wer nicht glauben will, der wird verdammt werden, sagt uns Jesus. Denn der Mensch darf den allheiligen Gott nicht für einen Lügner halten."
Ich mußte mich verabschieden von diesem guten Pater. Ich habe ihn nie mehr getroffen. Aber seine Belehrungen habe ich bewahrt.

In der Unbegreiflichkeit Gottes bindet sich Jesus in geringe Brotsgestalt. Es ist die gehorsame Liebe zum Vater, die Jesus so klein macht, daß er sich uns auf diese Weise zur Speise gibt. Jesus bleibt in seiner Liebeshingabe an uns immer noch gebunden, nicht nur an sein Kreuzesopfer, sondern auch an die eucharistische Speise. Er bindet sich damit an viele, unzählig viele Kleingläubige und läßliche Sünder, die ihre üblen Gewohnheiten und ihre Eiseskälte nicht ablegen wollen, obwohl sie es wissen, daß sie durch die hl. Kommunion in Jesus leben. Die Ungläubigen und die Todsünder fallen vor der Opferliebe Jesu, die sie nicht ertragen, in den Todesschlund des Verderbens. Aber die kalten Gewohnheitssünder sind Jesus eine ständige Last. Fast unerträglich. Dennoch Jesus erträgt sie hoffend und sühnend.

Jesus erträgt uns sühnend und hoffend in seiner unauslöschlichen Opferliebe, die kein Ende kennt für alle, die ihn trotzdem noch ein wenig lieben, wenn sie auch so sehr in alles Sinnlose und in alle Vergänglichkeit verliebt sind. Jesus harrt und hofft in seiner Liebe, daß wir uns doch immer mehr von aller Sinnlosigkeit und Vergänglichkeit lösen und endlich ihn ernster nehmen, ihn, Jesus, der alles in uns und uns selbst in die heiligste und höchste Wirklichkeit seiner selbst erheben will. Denn er ist Gott und hat in seiner Menschheit die Hoheit und Unbegreiflichkeit Gottes verwirklicht. So will Jesus durch die hl. Kommunion auch in unserer Menschheit seine göttliche Wirklichkeit darstellen, soweit dies für ein Geschöpf möglich ist. Dafür müssen wir umgewandelt werden, weggewandelt werden von der sinnlosen Vergänglichkeit, die meist nur trügerisch ist.

Das ist schwer für uns, weil wir halt so vieles Trügerische für wichtig halten. Sogar für lebenswichtig. Z. B. das hohe Konto, die vielen unnötigen Kleider, das lange Fernsehen. Gefährlicher wird es, wenn wir eine trügerische Liebschaft für wichtig halten.

Da hat mir vor langer Zeit einmal ein Arzt erzählt, er ist schon längst gestorben und ich hoffe, gut gestorben. Der hat mir gesagt: „Weißt du, ich habe eine gute Frau und vier liebe Kinder. Aber ich hatte auch eine Liebschaft, von der ich lange nicht loskam. Ich hatte mir eingebildet, die brauche ich, weil sie mich nach anstrengendem Dienst so aufmuntern konnte. Mich von meinem Streß befreien konnte. Da hab ich mich halt immer wieder mit ihr in Sinnesbetäubung vergessen. Das kam so wider meinen Willen. Ich

wollte das nicht, aber es geschah. Und dann am Sonntag ging ich mit meiner frommen Familie in den Gottesdienst und selbstverständlich zur hl. Kommunion. Das wäre für meine Frau und auch für die Kinder eine Katastrophe gewesen, wenn ich nicht kommuniziert hätte.
Aber was ich da innerlich gelitten habe, das kann ich nicht schildern. Ich habe Jesus angefleht, er möge mir verzeihen. Es tat mir ja so unsäglich leid. Endlich hat mir ein guter Pater gesagt, das sei eine Liebesreue, wodurch Jesus verzeiht. Aber ich müsse die Sünden unbedingt in der Beichte noch bekennen.
Damit war ich von meiner inneren Gewissensqual befreit. Aber der Gedanke, daß ich doch wieder mit dieser „Trostfrau" zusammen komme und daß es dann doch wieder zur Sünde kommt, war mir schrecklich. Und doch konnte ich ihr nicht sagen, daß wir Schluß machen müssen. Denn sie, die Gerti, hing an mir. Sie wäre wohl unglücklich geworden, wenn ich ihr gesagt hätte, wir dürfen nicht mehr zusammen sein. Sie war zwar auch katholisch, aber nicht so gläubig wie ich. Sie meinte, eine so schöne Liebe, in der wir uns eben brauchen, kann Gott nicht übel nehmen. Die muß er verzeihen.
Mein Gewissen war nicht so großzügig. Ich wußte, daß Jesus jede Sünde immer wieder mit seinem Blute wegbüßen muß. Darum sagte mir Jesus in meinem Gewissen, du mußt dieses Verhältnis meiden. Es war mir oft, als hörte ich seine Stimme, die nicht aufhörte, mich zu mahnen:
„Trenne dich von der Gerti, sonst wirst du auch schuld an ihrem Verderben, dem sie entgegengeht, wenn sie sich nicht bekehrt. Sag es ihr, sie muß verzichten aus Liebe zu mir, sonst kann ich sie nicht retten."
Ja, diese Stimme war in mir. Aber ich konnte trotzdem auf die Gerti nicht verzichten. Sie fesselte mich mit ihren einmaligen fraulichen Reizen. Zwei Jahre lang kam es immer wieder zur Sünde mit ihr, obwohl mich Jesus erkennen ließ, daß meine Liebesreue ihm sehr weh tue, wenn ich doch nicht aus Liebe zu ihm verzichten kann. Er verzieh mir, wenn ich aus Liebe zu ihm bereute, das spürte ich. Aber er mußte das alles in seinem Blute von mir wegbüßen. In sehr schmerzlicher Buße. Das hat mir der gute Pater erklärt.
Dennoch sündigte ich immer wieder, obwohl ich kommuniziert hatte, eins war mit der Heiligkeit und Reinheit Jesu.
Da geschah etwas, was mich endlich von der Gerti wegbrachte. Meine gute Frau, die ich trotzdem sehr liebte, wurde ernstlich

krank. Nur eine Totaloperation konnte sie noch retten. Da saß ich dann doch jede freie Stunde an ihrem Krankenbett und endlich löste sich die trügerische Verbindung zur Gerti. Sie machte mir das leicht. Sie hatte sich inzwischen mit einem anderen Arzt verbunden, mit dem sie schon immer geliebäugelt hatte. Damit war ich geheilt von der trügerischen Liebe und nahm Jesus endlich ernst." Dieser Arzt war trotz seiner früheren Verirrungen einmalig in seiner Bekehrung. Ich hatte eine hohe Achtung vor ihm und vor seinem echten Christentum. Die meisten Ärzte, mit denen ich zu tun hatte im Krankenhaus, waren laue Christen.

Nun muß ich noch erzählen von einer Frau. Sie war Witwe und hatte keine Kinder. Sie war schon bei 60, als ich sie kennenlernte. Sie hatte eine kleine Fabrik, eine Schraubenfabrik, die sie noch selber leitete. Sie war katholisch. Sie nannte sich so. Aber da gab es harte Auseinandersetzungen mit der Konkurrenz. Eine andere Fabrik brachte die Schrauben billiger auf den Markt, weil sie angeblich minderwertigeres Material benützten. Das behauptete die Frau. Die wurde deshalb vor Gericht gezogen und mußte harte Strafe zahlen. Aber heimlich behauptete sie immer noch, die Konkurrenz sei eine Schwindelfirma.

Das Schlimmste war, sie hatte einen teuflischen Haß gegen die Firma. Ich lernte die Frau kennen. Ich hatte beim katholischen Frauenbund einen Vortrag über das Gebot der Liebe Christi. Da meldete sich die Frau zu Wort und sagte:
„Die Liebe darf aber nicht soweit gehen, daß wir uns von einem brutalen Menschen alles gefallen lassen müssen. Da müssen wir uns wehren und mit harter Münze zurückzahlen. Das kann mir Jesus nicht übel nehmen, wenn ich einen solchen Menschen hasse."
Ich antwortete:
„Doch, das nimmt uns Jesus sehr übel, wenn wir jemanden hassen. Wir müssen auch unsere Feinde lieben, dürfen niemals hassen. Jesus sagt ausdrücklich: Liebet euere Feinde, tut Gutes denen, die euch hassen, betet für die, die euch verfolgen!"
Die Frau fuhr wütend auf und sagte:
„Das kann Jesus unmöglich gesagt haben. Ich bin katholisch. Ich gehe fast jeden Tag in die Kirche. Ich geh auch zur Kommunion. Ich kenne Jesus. Ich weiß, was ich zu tun habe."
Ich konnte die Frau nicht öffentlich maßregeln und gab darauf vorläufig keine Antwort. Nach dem Vortrag ging ich zu ihr und sagte,

wenn sie will, möchte ich mit ihr allein reden.
Die Frau war sofort einverstanden und bat mich mit ihr zu kommen. Sie wohnte nicht weit weg. Da schimpfte sie erst einmal richtig über die Gemeinheit des Menschen. Ich ließ sie ausschimpfen. Als sie ihre Wut ausgespien hatte, bat sie mich, ich soll ihr ganz offen sagen, was ich über sie denke. Sie möchte sich schon längst mit einem Priester über alles aussprechen. So fing ich an:
„Gute Frau, vieles was sie da tun, stimmt mit dem katholischen Glauben nicht überein. Jesus hat uns geboten, nur zu lieben. Achten Sie nur auf das eine Wort, das uns Jesus sagt:
„Wie mich der Vater geliebt hat, so habe ich euch geliebt. Bleibt in meiner Liebe! Das ist mein Gebot, daß ihr einander liebt, wie ich euch geliebt habe!"
Ich wies dann auf das Kreuz hin, wie Jesus uns geliebt hat und uns noch immer liebt. Ich sagte:
„In der hl. Kommunion schenkt sich uns Jesus in seiner ganzen Liebe. Diese Liebe müssen wir beantworten, wie er sagt, liebet einander, wie ich euch geliebt habe! Wir würden ihm sehr weh tun, wenn wir da sagen würden, ja, ja, diesen oder jenen aber muß ich hassen. Damit würden wir Jesus von uns wegdrängen. Mit Menschen, die hassen, kann Jesus keine Verbindung haben, weil er nur Liebe ist."
Nachdem ich der Frau das so erklärt hatte, wurde sie sehr nachdenklich. Sie meinte, das habe sie nicht gewußt. Sie will Jesus lieben und will so leben, wie Jesus es will.
Sie erzählte mir über ihren Betrieb, den sie unbedingt retten möchte. Ihr Mann habe ihr vor seinem Tod gesagt: Das ist mein Lebenswerk, sorge, daß es weiterlebe! Ihrem Neffen, dem sie das Werk übergeben will, kann sie nicht vertrauen. Der will sogar mit der Konkurrenz zusammenarbeiten.
Nachdem sie mir versichern konnte, für ihren Lebensabend ist gesorgt, riet ich ihr, sie solle es dem Neffen übergeben und soll nicht mehr schimpfen, sondern in Güte und Demut nur noch hin und wieder einen guten Rat geben. Sonderbar antwortete sie mir darauf:
„Herr Pfarrer, was Sie mir jetzt gesagt haben, das sagt mir meine Nichte, die eine fromme Ordensfrau ist, schon lange. Weil Sie als Priester mir das gleiche sagen, will ich es endlich beherzigen."
Auch ein Geheimnis des Glaubens, das ich an dieser alten Frau erfahren durfte. Weil ich als Priester ihr die Liebe Jesu erklärte, hat

sie mir geglaubt und danach gehandelt.
Die Liebe Jesu gerade in der heiligsten Eucharistie ist ein tiefes Geheimnis, das wir nur im Glauben erfassen können. Ich denke da an die vielen Wunden und Häßlichkeiten eines sündigen Menschen, der zwar gebeichtet hat und aufwärts ringt, aber die häßlichen Narben davon sind noch in ihm. Wie schwer kann er verzeihen, wie hängt er immer noch so sehr am Materiellen, wie wenig Zeit hat er zum Beten, wie kann er die Liebe Christi kaum verstehen und verwirklichen, und dennoch nimmt Jesus in der hl. Kommunion diesen Menschen trotz seiner Häßlichkeit in sich auf in der Hoffnung, daß er ihn reinigen und heilen kann. Wie weh aber das Jesus tut in seinem reinsten Herzen, solchen Schmutz in sich zu ertragen, das können wir uns nicht vorstellen. Das ist auch das Geheimnis seiner Liebe in der heiligsten Eucharistie.

Darum dürfen wir, die wir ständig im heiligsten Mahl in das Leben Jesu eingehen, nie nachlassen, seine Gebote, vor allem das höchste Gebot der Liebe zu erfüllen, auch wenn es uns schwer fällt und viel Opfer verlangt. Das Geheimnis seiner eucharistischen Liebe können wir nur erfassen in liebender Hingabe an Jesus und demütig dienender Liebe zum Nächsten.

Erst im Glauben wir verstehen
und wir Gottes Wirken sehen.
Denn Gott selber sich uns schenket,
das ein jeder wohl bedenket!

Nur wer Jesus wahrhaft dienet,
der in Liebe ihn auch findet.
Wer mit ihm vereint im Mahle,
nicht mehr in die Sünden falle!

Seine heil'ge Liebe dringet
uns ins Herz und gütig zwinget,
daß auch wir in Liebe handeln
und als Kinder Gottes wandeln!

„Regina dell'Amore."

Gott ist die Liebe. Wenn Maria Königin der Liebe genannt wird, so könnten wir sie auch Königin Gottes nennen. Das ist unmöglich. Das wäre eine Gotteslästerung. Denn nichts, kein Geschöpf kann sich über Gott erheben. Das hat Luzifer getan in seinem stolzen Wahn und das tun alle stolzen Geister und Menschen. Sie verfallen damit einem ewigen Lügenwahn, der sie in sich selbst unaufhörlich in beißenden Qualen zerfrißt, wenngleich sie in ihrem Stolz ihr Elend nie einsehen wollen.
Maria dagegen ist wie kein Geschöpf aus tiefster Demut in das Geheimnis der Liebe Gottes eingedrungen. Ihr Bräutigam ist der Heilige Geist, der in besonderer Weise die Liebe Gottes zwischen dem Vater und dem Sohne verkörpert. Und der Sohn Mariens ist der Sohn Gottes. Der Sohn Gottes ist durch Maria als das fleischgewordene Herz des Vaters geboren worden. So kann Maria mit Recht Königin der Liebe genannt werden, Regina dell'Amore. Denn sie hat in der Liebe Gottes eine unvergleichliche Herrschaft erlangt.
Was das für uns bedeutet, das sollen wir endlich verstehen. Ich will es zu erklären versuchen. Freilich nur mit armseligen Worten:
Wir Menschlein sind vor dem unendlichen Gott nur ein Fünklein Nichts. Oder hast du noch nie Totenstaub von Menschen gesehen? Da wir Sünder sind, sind wir vor dem reinsten und heiligsten Gott noch weniger wie ein Nichts. Ein Ekel, das von Gottes heiligster Liebe ausgespien werden muß.
Aber da ist ein Menschenkind gekommen, das durch Glaube und Liebe gar hoch in die Heiligkeit der Liebe Gottes aufgestiegen ist, höher als alle höchsten heiligen Engel. Ein Menschenkind, das seligste Braut des Heiligen Geistes und Mutter des Sohnes Gottes geworden ist. Das ist Maria. Ein Menschenkind trotz allem. Aber wegen ihrer Demut, wegen ihres Glaubens und ihrer Liebe, hat Gott sie in sein Herz eingeschlossen wie noch kein Geschöpf.
Seither kann Gott in seiner Liebe zu uns nicht mehr anders, als wieder alle Menschen in sein Herz einschließen. Das tut Gott durch seinen Sohn im Geheimnis der heiligsten Eucharistie.
Nur die Demut, der Glaube und die Liebe hat Maria vor Gott so vollkommen bewahrt. Nur ihre reinste Schönheit hat den Sohn Gottes bewogen, durch sie Menschensohn und Erlöser der

Menschen zu werden. Das dürfen wir nie vergessen, was wir dadurch Maria zu verdanken haben!
Auch müssen wir endlich erkennen: Maria hat durch ihre reinste Gotteskindschaft das ganze Menschengeschlecht vor Gott wieder zum Ansehen erhoben. Sie war ja auch nur ein Menschenkindlein. Freilich war sie aus reinster Gottesliebe ins Dasein gerufen worden. Das war die erste Eva auch. Dennoch ist sie der Menschheit Mutter des Todes geworden. Es war ein neues Wagnis der Liebe Gottes, als er Maria als neue Eva ins Leben gerufen hatte. Aber Maria hat in wunderbarster Demut Gott durch Glaube und Liebe völlig ernst genommen. Sie hat mit kindlichstem Vertrauen dem Heiligen Geist die Liebe ihres ganzen Herzens geschenkt, so sehr, daß sie auf jede männliche Verbindung für immer verzichtete. Sie hat zu Jahwe in allen Eingebungen, auch wenn sie ihr unbegreiflich waren, nur ja gesagt. Wir wissen das, wie sie dem Engel zur höchsten Mutterschaft antwortete: „Wie soll das geschehen, da ich keinen Mann erkenne."
Erst als der Engel ihr erklärte, daß sie vom Heiligen Geist das Kind empfangen werde, gab sie bereitwillig die Antwort: „Siehe, ich bin die Magd des Herrn! Mir geschehe nach deinem Worte!"
Es ist unglaublich, was Maria in der vertrauenden Liebe zu Gott gewagt hat. Nach langer Prüfung durfte endlich der reinste und herrlichste Josef vor den Augen der Welt ihren Lebensweg teilen, als ihr Mann und als Vater des Kindes.
Freilich nach der Flucht aus Ägypten erlebte sie mit ihrem Kinde und ihrem reinsten Bräutigam Josef herrliche Jahre im Heimathaus zu Nazareth. Zwar wußte sie, daß ihr Sohn das Lamm Gottes ist, das die Sünden der Welt in grausamstem Liebesopfer hinwegbüßen wird und daß sie als neue Eva mit ihm alles erleiden wird, um die Sünden der ersten Eva und ihrer Kinder vor Gottes heiligster und reinster Liebe zu tilgen. Aber sie hat nie gezögert, mit ihrem Sohne als neue Mutter des Lebens das alles zu erleiden.
Auch durch die heiligste Eucharistie müssen wir endlich ein tieferes Verhältnis zu Maria finden. Jesus hätte sich uns in der heiligsten Eucharistie nicht mit solcher Liebe und Hingabe geschenkt, wenn er sich nicht zuerst Maria mit solcher Liebe anvertrauen hätte können und Maria in ihrer Liebe nie enttäuscht hatte. Durch Maria wurde Gott bewogen, den Menschen wieder seine ganze Liebe zu schenken.

Jesus sieht weither in jedem Menschen ein Kind Mariens, dem er sich liebend anvertrauen darf. So hat Jesus keine Hemmungen mehr, in der heiligsten Eucharistie sich uns mit solcher Hingabe zu schenken, in der Hoffnung, daß in uns ein wenig die Liebe seiner Mutter, die auch unsere Mutter ist, aufstrahlt trotz unserer vielen Fehler und Sünden.

Oh wahre Mutter Gottes mein,
du willst auch mir ganz Mutter sein!
Gott Vater dich unsäglich liebt,
daß er dir seinen Sohn hingibt.

Im Heil'gen Geist bist du erblüht,
weil seine Liebe in dir glüht.
Du hast uns aus dem Sündenfall
so wunderbar erhoben all.

In dir sah Gott ein Menschenkind,
das alle Sünden überwind
und nur noch ihm in Liebe dient
als reinstes heilges Gotteskind.

Du hast in deiner Liebe Macht
uns nahe zu Gott heimgebracht.
Durch dich schaut Gott zu uns herab,
durch dich er seinen Sohn hingab.

Er gab sich hin für uns im Tod
und schenkt sich uns als Himmelsbrot,
daß wir mit dir auch würdig sind
zu werden reinstes Gotteskind.

Oh Mutter, was wir danken dir
im Leben und auf Erden hier,
das zeigt dein Sohn uns jedesmal,
wie er sich schenkt im Liebesmahl.

Jesus schenkt sich uns im Liebesmahl mit der ganzen Liebeshingabe, wie er es am Kreuze getan hat. Das dürfen wir nie vergessen bei der hl. Kommunion. Wer sich zu diesem heiligsten Mahl nicht mit vertrauender Liebe Jesus öffnen kann, der würde besser wegbleiben. Liebesleere oder gar Lieblosigkeit tut Jesus in der hl. Kommunion sehr weh.

Wir müssen endlich verstehen und hören, was uns Jesus sagt: „Ich bin nicht gekommen, um die Welt zu richten, sondern um sie zu retten."

Dazu hat ihn der Vater gesandt, daß er in der Macht der göttlichen Liebe die Welt rette und in der Macht der göttlichen Liebe den Feind des Menschen zurückschlage. Darum hat sich Jesus in unendlicher Liebe für uns am Kreuze hingeopfert und opfert sich in seiner unendlichen Liebe jedem einzelnen Menschen hin in der heiligsten Eucharistie.

Liebe ist die eigentliche Siegesmacht Jesu, mit der er den Haß und die Bosheit seines Widersachers Satan zurückschlägt. Denn Gott ist die Liebe, vor der alle Bosheit zerfällt und nicht bestehen kann. Gott in seiner Wesenheit Liebe ist auch die eigentliche Allmacht Gottes. Darum hat uns Jesus den strengen Auftrag gegeben: „Liebet einander, wie ich euch geliebt habe!"

Nur so bleiben wir Kinder Gottes und können Satan besiegen, wie ihn alle Märtyrer und Bekenner besiegt haben. Nicht mit Haß, auch nicht mit Rache und stolzer Gewalt besiegen wir Satan, sondern nur durch die Liebe.

Dafür ist uns Maria als Regina dell`Amore das leuchtende Vorbild und unsere sieghafte Mutter. Wenn wir als ihre Kinder ihr in Liebe treu verbunden bleiben, werden wir an ihrer Hand die Macht des Bösen überall besiegen. Oft aber gelingt das nur in Opferliebe, eben in ihrer Opferliebe, die sie getragen hat und immer noch trägt mit ihrem Sohne zum Sieg für uns, ihre so sehr geliebten Kinder. So sollen wir als Gotteskinder Gott ähnlich werden.

Es ist schon einige Zeit her, da hat mir eine jüngere Frau aus dem fernen Osten, die mit einem deutschen Architekten verheiratet ist, über ihr religiöses Erwachen erzählt. Sie sagte:

Ich bin in meiner Heimat von Missionaren katholisch getauft worden. Ich bin katholisch. Wußte aber mit meinem Glauben nicht viel anzufangen. Unsere Missionare mußten unser Land verlassen. Meine Eltern und Geschwister lebten alle im hinduistischen Glauben. Weil ich katholisch bleiben wollte, wurde ich wie eine Fremde von ihnen behandelt, obwohl sie mich duldeten.

Als dann ein Deutscher, der in einer Fabrik eine führende Stellung hatte, um mich warb, sagte ich zu, weil ich hoffte, durch ihn in meinem unsicheren Glauben einen Bestand zu haben. Er nahm mich als seine Frau mit in seine deutsche Heimat. Da aber erkannte ich erst, daß er seinen christlichen Glauben nicht lebte. Er liebte mich sehr, so daß ich ihn auch lieben konnte und mit ihm in glücklicher Ehe lebte.

Kinder kamen. Ich durfte sie katholisch taufen lassen und katholisch erziehen. Da ließ mein Mann mir volle Freiheit. Aber er sagte, in Religion will auch er frei sein. Er habe seinen Glauben still im Herzen, den er nie nach außen zeigen will. Ich stand damit allein mit meinem Glauben. Die katholischen Priester, die ich um Rat und Hilfe bat, konnten oder wollten mir nicht helfen.

Endlich traf ich einen Priester, der mir sagte, ich soll in Geduld und Glauben ausharren und meinem Mann in Demut und Liebe dienen. Die Kraft dazu soll ich mir von der himmlischen Mutter erflehen. Er wies mich an, meine Familie dem unbefleckten Herzen Mariens zu weihen und jeden Tag den hl. Rosenkranz zu beten. Ich befolgte den Rat.

Da kam bald eine Wendung in mein christliches Leben. Ich wurde mit Maria so vertraut, daß ich alles mit ihr besprechen konnte. Mein Mann hatte auch nichts dagegen, als ich im Wohnzimmer einen Andachtsaltar mit einer Statue der Rosa Mystika errichtete und davor manchmal noch im Gebet versunken war, wenn er vom Betrieb heimkam.

Die stille, innige Verbindung mit Maria machte aus mir einen neuen Menschen, eben ein frohes Kind Gottes. Ich konnte meinem Mann und auch den Kindern so viel Liebe schenken, daß sie mich sehr bewunderten und um so mehr an mir hingen.

Das Bewundernswerte war, ich fand ein ganz neues Verhältnis zu Jesus, das ich früher nicht hatte. Besonders lernte ich Jesus kennen im Geheimnis der heiligsten Eucharistie. Ich wußte wohl und ich glaubte fest daran, daß Jesus in der Hostie als Gott und Mensch zugegen ist. Ich habe mich darum bei der hl. Kommunion immer hingekniet, obwohl es da in letzter Zeit Schwierigkeiten gab.

Vor Gott müssen wir doch knien. Oder ist Jesus als Gott nicht mehr in der Hostie zugegen? Dann wäre ja alles ein Irrglaube. Aber ich will darüber nicht streiten. Und ich lasse mir meinen Glauben an Jesus nicht nehmen.

Jetzt schon gar nicht mehr, da mir Maria zu ihrem Sohne Jesus in der heiligsten Eucharistie eine so tiefe Erkenntnis vermittelt hat. Das geschah meist beim stillen Rosenkranzgebet. Ich flehte Maria an, indem ich ihr sagte:
„Liebste Mutter, da auch hier im christlichen Land kaum mehr christliches Leben zu spüren ist, mußt du mir helfen, daß ich nicht irre gehe. Besonders bitte ich dich, laß mich deinen Sohn Jesus richtig erkennen, damit ich nie an ihm irre werde."
Wie ich mich wieder rüstete, zur Kirche und zur hl. Kommunion zu gehen, sagte ich Maria:
„So, liebste Mutter, ich gehe zu deinem Sohn in die Kirche und ich empfange deinen Sohn in der hl. Kommunion. Niemand sagt mir recht, was da geschieht und wie ich mich da benehmen soll. Ich soll mich nicht mehr knien. Sag mir, liebste Mutter, ist dein Sohn nicht Gottes Sohn, brauch ich ihn nicht mehr anbeten. Und überhaupt, liebste Mutter, sag mir, was geschieht, was tut dein Sohn mit mir in der hl. Kommunion?"
Ich war noch nicht auf dem Weg zur Kirche, da kam über mich eine innere Unruhe, die mich zuerst unsicher machte. Dann aber kam über mich eine Erkenntnis, daß ich hätte aufjubeln können. Es wurde mir ganz klar und sicher:
Jesus begegnet mir wirklich mit seiner ganzen liebenden Hingabe, in seiner Gottheit und Menschheit in einer solchen Schönheit und Herrlichkeit und zugleich in tiefster Demut, die ich gar nicht begreifen kann. Er umarmt mich nicht nur in unsäglicher Liebe, er nimmt mich in sein Herz hinein und will mich darin formen zu einem wundervollen Kinde Gottes, seines himmlischen Vaters. Wenn ich das jetzt auch noch nicht sehen und nicht spüren kann, weil es zu herrlich ist, wie Jesus mich in Schönheit vollendet, so soll ich es doch fest glauben. Wenn ich einmal drüben in der ewigen Welt erwache nach dem Todesschlaf, werde ich über die Liebe Jesu staunen, die mich so wunderbar geformt hat.
Dann aber sagte mir Maria sehr ernst die Worte, es war mir als lege sie dabei ihre Hände auf mein Herz:
„Mein Kind, vergiß nie, was da mein Sohn an dir tut, ist unendlichste Liebe aus seinem göttlichen Herzen! Es ist zugleich glühendste Opferliebe von seinem Kreuze herab. Es ist eine Liebe, die alle Schöpfung weit übertrifft. Die auch die höchsten Engel nicht fassen können.

Ich durfte mit ihm unter dem Kreuze alles mitopfern in der Liebesglut des Heiligen Geistes. Darum bin ich meinem Sohne so ähnlich geworden, daß mein Herz mit seinem Herzen fast eins ist.
Lauter Liebe nur habe ich meinem Jesus geschenkt. Und lauter Liebe schenkt mir Jesus für meine Kinder. Darum bin ich so unendlich reich als reichste Gnadenmutter für alle, die zu mir rufen.
Mein liebes Kind, ich verrate dir ein Geheimnis:
Liebe Jesus ganz in der hl. Kommunion! Schenk dich ihm in vertrautester Hingabe. Habe keine Hemmungen, vor allem keine hemmende Rücksicht auf dich, wenn Jesus in seiner göttlichen Liebe sich dir preisgibt. Wir können es nie begreifen, aber ich weiß, seine Liebe ist unendlich und kann fast Unendliches in einem Menschenkind bewirken, das sich ihm ohne alle Hemmungen in Liebe schenkt. Das ist das tiefste und wichtigste Geheimnis in der hl. Kommunion, daß du dich Jesus mit aller Liebe anvertraust! Dann kann seine Liebe umso wunderbarer in dir wirken und dich gestalten. Vergiß nie: Gott ist lauter Liebe! Nur in Liebe können auch wir Gott näher kommen und er uns."
Ich denke dabei an die Worte, die der Lieblingsjünger des Herrn in seinem ersten Brief schreibt:
„Die Liebe des Vaters ist nicht in dem der die Welt lieb hat. Denn alles in der Welt ist Fleischeslust und Augenlust und Hoffart des Lebens. Das ist nicht vom Vater, sondern von der Welt."
Weiter schreibt der Apostel:
„Brüder, wundert euch nicht, wennn die Welt euch haßt. Wir wissen, daß wir vom Tode zum Leben gekommen sind, weil wir die Brüder lieben. Wer nicht liebt, der bleibt im Tode. Jeder, der seinen Bruder haßt, ist ein Mörder. Ihr wißt, daß ein Mörder das ewige Leben nicht in sich haben kann" (1. Joh 3,13).
Und wir wollen den Apostel weiter hören, damit wir endlich wissen was Liebe ist:
„Geliebte, wir wollen einander lieben! Denn die Liebe ist aus Gott! Jeder, der liebt, ist aus Gott geboren und er erkennt Gott! Wer nicht liebt, der kennt Gott nicht, denn Gott ist die Liebe!" (1. Joh 4,7).
Da wir schon daran sind, hören wir noch weiter den Apostel:
„Gott ist die Liebe! Wer in der Liebe lebt, der bleibt in Gott und Gott bleibt in ihm! Darin wird die Liebe Gottes in uns vollendet, daß wir am Tage des Gerichtes Zuversicht haben!"
„Furcht kennt die Liebe nicht! Die vollkommene Liebe treibt die

Furcht aus uns. Die Furcht erleidet Pein. Wer sich fürchtet, der ist in der Liebe noch nicht vollkommen."
„Wenn einer behauptet, er liebe Gott, dabei aber seinen Bruder haßt, der ist ein Lügner. Wer seinen Bruder nicht liebt, den er sieht, der ist nicht fähig, Gott zu lieben, den er nicht sieht. Wir haben dieses Gebot von Gott:
Wer Gott liebt, der muß auch seinen Bruder lieben!" (1. Joh 4,20).
Wenn wir in Gott leben wollen, darf die Liebe nie in uns mangeln!
Wir müssen endlich erkennen:
Die Erfüllung des Glaubens erlangen wir nur in der Liebe. Der Völkerapostel schreibt ausdrücklich im ersten Korintherbrief:
„Wenn ich alle Glaubenskraft hätte, so daß ich Berge versetzen könnte, hätte aber die Liebe nicht, so wäre ich nichts."
Unsere Liebe muß vor allem aus der Hingabe an Jesus in der hl. Kommunion reifen. In der vollkommenen Hingabe an Jesus ist uns Maria das leuchtendste Beispiel. Wie ich von glaubwürdigen Mystikern gehört habe, ist Maria immer dabei, wenn wir ihren Sohn im heiligsten Mahl empfangen. Sie küßt sogar die Hand des Priesters, der ihren Sohn in die Herzen der Kinder Gottes schenkt. Dann kniet sie mit vielen hl. Engeln in der Nähe und betet ihren Sohn an mit der Bitte, daß er allen gnädig sei, in deren Herzen er einkehrt.
Oh, die hl. Kommunion ist das tiefste Geheimnis der Liebe Gottes und der Liebe der Kinder Gottes.
Ich bin überzeugt: Wenn die Armen Seelen im Fegfeuer nur noch einmal kommunizieren dürften, das ganze Fegfeuer würde sich leeren. Die Armen Seelen würden mit solch demütiger und selbstvergessener Liebe sich Jesus preisgeben auch in seinem Kreuzesopfer, daß alle ihre Ichversklavung in der Feuersglut der Liebe hinschmelzen würde. So aber leiden die meisten Armen Seelen in brennender Liebessehnsucht nach Jesus oft unsägliche Qualen. Sie wissen oder ahnen, alle Glückseligkeit des Lebens findet nur Erfüllung in der Liebesfülle Gottes, zu der sie durch das Licht Gottes auf Erden aufgerufen waren, aber nur wenig beachtet haben.
Das tiefste Geschenk aller Liebe Gottes erfüllt sich in der hl. Kommunion. Wer diese Liebesfülle Gottes nie beachtet oder sie nur kalt und ohne Verwirklichung mißbraucht hat, indem er nie geliebt hat, weder Gott noch den Nächsten, der ist verloren in der ewigen Tiefe des Hasses. Gott ist nur Liebe. Satan ist nur Haß.

Es gibt auch Arme Seelen, die in solcher Liebesferne erst langsam erglühen zur Sehnsucht nach der Liebe Gottes, daß sie anfangs ihrer Verlorenheit gar nicht wissen, was mit ihnen geschieht. Aber ein Lichtlein brennt in ihnen von einer Sühneseele entzündet, die irgendwo opfernd für sie betet. Wir haben keine Ahnung, welche Macht eine sühnende Opferseele hat, um Menschen vor der Hölle zu retten. Die Mutter Lex in Eisenberg hat es mir gesagt, daß sie durch ihre opfernde Fürbitte viele vor der Verdammnis retten durfte.

Ich habe viele Erscheinungsberichte über Arme Seelen gelesen. Ich habe auch viele Berichte gehört von Menschen, denen Arme Seelen erschienen sind. Natürlich muß man da vorsichtig sein und nicht gleich alles für wahr halten. Es gibt auch viele psychische Verirrungen. Das weiß ich. Aber solche Erscheinungen grundsätzlich ablehnen, kann gefährlicher Glaubensmangel sein. Wir werden alle einmal mit dem Fegfeuer zu tun haben. Dann müssen wir es ernst nehmen.

Vor langer Zeit hatte mir ein begnadeter Mann, der natürlich als frommer Spinner verschrien war, einen eigenartigen Bericht über eine Arme Seele in verschiedenen Zeitabschnitten gegeben. Er wußte zuerst nicht, ist es ein Mann oder eine Frau, die ihm aus dem Fegfeuer erscheint. Schließlich erkannte er, es ist eine Frau. Er sah eine verschleierte Gestalt, die ein brennendes Herz in ihren Händen trug. Aus der Gestalt erkannte er, es ist eine Seele, die in brennender Liebessehnsucht nach Jesus verlangt. Er hörte aus ihr die Worte: Jesus allein ist mein Heil und meine Heilung! Jesus allein ist meine Liebe und meine Seligkeit!

Dann durfte er in verschiedenen Erscheinungen sehen, wie diese Seele auf Erden verkehrt gelebt hatte und wie sie im Fegfeuer dafür sühnen mußte.

Er sah sie, wie sie als Schönheit nur sich selbst gesucht hatte, sich selbst angebetet hatte und sich von Männern anbeten ließ, denen sie sich meist hingegeben hatte. Da war sie trotz ihrer leiblichen Schönheit auf Erden im Fegfeuer wie ein Schwein, das sich im Schlamme wälzt. So erschien sie zuerst im Fegfeuer, weil sie dafür keine Sühne geleistet hatte. Sie hatte zwar gebeichtet, aber sich nicht wirklich bekehrt.

Dann hatte sie endlich eine richtige Ehe geschlossen mit einem sehr reichen und auch frommen Mann. Sie war dem Manne treu gewesen zu einer guten Ehe. Aber wenige Jahre darauf war ihr

Mann gestorben und sie war eine reiche Witwe. Das alles ließ sie dem begnadeten Seher erkennen, damit er ihr helfe in ihrer Fegfeuernot.

So sah er die Arme Seele rückwirkend, wie eine bis auf die Knochen abgezehrte verhungerte Gestalt. Sie war wie ein Totengerippe, unmöglich zu leben. Sie bekannte ihm:

„So war ich als reiche Witwe. Ich ging in die Kirche, ich kommunizierte, betete auch. Das war ich meinem frommen verstorbenen Mann schuldig, das erwartete seine reiche Verwandtschaft von mir. In Wirklichkeit suchte ich nur mich selbst. Ich erlaubte mir alle vornehmen Vergnügungen, wie Opern, Konzerte und ich pflegte in meinem Haus erlesene Gesellschaften, bei der ich der Mittelpunkt war und bewundert wurde. Das gefiel mir. Das war mein Leben auf Erden.

Natürlich ging ich fast jeden Tag zur hl. Messe und kommunizierte. Das hat mir besonderes Ansehen verliehen. Aber innerlich war ich nicht bei der hl. Kommunion. Ich habe Jesus nicht direkt abgelehnt und nicht unwürdig kommuniziert. Aber ich hatte Jesus mein Herz nicht geöffnet. Mein Herz gehörte der vornehmen Welt, von der ich mich bewundern ließ."

„Dann kam der Tod überraschend durch einen Herzanfall. So siehst du mich nun als ärmstes Totengerippe, ganz verhungert. Tausendmal hatte ich kommuniziert, aber mein Herz immer vor Jesus verschlossen gehalten. Ich habe nur mich gesucht, nicht Jesus. Habe nicht wissen wollen, daß Jesus allein mein Leben ist. Nun weiß ich es. Nun muß ich alles in brennendster Sehnsucht im Fegfeuer erringen, was ich auf Erden versäumt habe. Was auf Erden so leicht gewesen wäre. Ich hätte Jesus nur sagen brauchen, daß ich ihn liebe. Nur ihn liebe und alles andere tue in Liebesverbindung mit ihm. Natürlich hätte da jede Selbstanbetung aus meinem Herzen weichen müssen. Jesus hätte dann mein Herz sanftmütig und geduldig formen können zur Schönheit der Kindschaft Gottes. Aber so nicht."

„Abends, vor meinem Tod in der Nacht, habe ich eine Muttergottesstatue, vor der mein Mann so gerne gebetet hatte, gestreichelt mit einer unausgesprochenen Bitte: Mutter, beschütze mich! Das war meine Rettung, wie ich jetzt weiß. Sonst wäre ich tiefer gestürzt."

Tiefer gestürzt in ein Fegfeuer, vielleicht so tief, wo die Ärmsten

oft erst durch eine besondere Gnade Gottes anfangen, in Sehnsucht ihre Seele zu öffnen. Diese Sehnsucht wird dann freilich immer brennender, bis alle Ichverkettung weggeschmolzen ist und endlich die Liebe Gottes in ihnen aufleuchten kann und in ihnen das wahre Leben der Kindschaft Gottes formt.
Das wahre Leben der Kindschaft Gottes will Jesus jetzt in uns formen, nicht erst im Schmerzensfeuer, wie er sagt:
„Ich bin dazu gekommen, damit die Menschen das Leben haben und es in Fülle haben."
Freilich müssen wir dafür klein werden wie ein Kind und in Demut unsere vergängliche Nichtigkeit nicht so ernst nehmen. Umso ernster müssen wir endlich das wahre und unsterbliche Leben nehmen, das uns Jesus schenken will in der heiligsten Eucharistie. Hören wir doch wieder sein Wort darüber:
„Wer mein Fleisch ißt und mein Blut trinkt, der bleibt in mir und ich bleibe in ihm. Der hat das ewige Leben!"
Davor dürfen wir nicht unser Herz verschließen und Jesus von uns stoßen, weil wir uns selbst genügen in unserer Armseligkeit.
Diese Arme Seele, die mein Freund erleben mußte, war ihm zuerst erschienen mit einem brennenden Herz auf den Händen. Damit er ihr besser helfe und er sie besser in ihrer brennenden Not verstehe, hat sie ihn in ihre Verirrung zurückschauen lassen. Mein Freund hat ihr geholfen. Er hat manche halbe Nacht für sie gebetet, bis ihre brennende Sehnsuchtsqual leichter geworden ist.
Eines Morgens, als er von der hl. Messe heimkam, stand sie schon in seiner Werkstatt. Denn er war Schuster. Ein Künstler in seiner Art und ein frommer Sonderling, wie seine hartherzige Frau ihn verachtete und nichts mehr von ihm wissen wollte. Ihm war es recht. Er war lieber allein mit den ArmenSeelen und mit seinem Schutzengel, der ihm oft Gesellschaft leistete.
Die Arme Seele stand da. Er sah sie zum erstenmal klar als Frau, nicht mehr düster verschleiert. Sie wollte sich ihm so ein letztesmal zeigen, wenn auch noch mit schmerzendem Antlitz. Sie dankte ihm für seine Hilfe und sagte:
„Es wird nun Licht um mich. Von Ferne winkt mir schon Jesus, meine ganze Sehnsucht. Wenn ihr wüßtet, wie Jesus uns allein alles ist, alles, wonach wir so sehnsüchtig hungern und dürsten:
Lust und Freude, Seligkeit und Leben, Herrlichkeit und Glück, alle Hoffnung und alle Liebe. Ja, Liebe in einer Fülle, die nie ein Ende

nimmt. In Jesus schließt sich uns die ganze Fülle des Lebens und der Liebe Gottes auf, damit wir wahre und immerwährende glückselige Kinder Gottes sein können.
Denkt daran, wenn Jesus sich euch schenkt im heiligsten Mahl, damit ihr ohne so brennendes Fegfeuer das alles empfangen könnt! Denkt daran, denkt endlich daran!"
Damit war diese eine Arme Seele, oder schon nicht mehr Arme Seele ihm entschwunden. Es war ihm, als winke noch eine Weile ein dankbares Licht, wie er mir sagte.
Ich hatte damals das nicht immer so ernst genommen. Es war Krieg und ich hatte Elend genug im Lazarett kennengelernt.
Aber das alles ist nicht zu vergleichen mit dem Elend im Fegfeuer. Nicht umsonst fleht der hl. Augustinus: „Herr, hier brenne, hier schneide, aber schone meiner in der Ewigkeit!"
Wenn wir aus dem Elend im Fegfeuer lernen, Jesus ernst zu nehmen im heiligsten Mahle, indem er sich uns mit seiner ganzen Liebe schenkt, dann haben wir viel, ich möchte sagen, das ganze Leben gewonnen und brauchen nichts mehr fürchten. Es ist wohl so, wie ich im Vers dankbar der himmlischen Mutter zu sagen wagte:

Du hast in deiner Liebe Macht
uns nahe zu Gott heimgebracht.
Durch dich schaut Gott zu uns herab,
durch dich er seinen Sohn hingab.

Er gab sich hin für uns im Tod
und schenkt sich uns im Himmelsbrot,
daß wir mit dir auch würdig sind
zu werden reinstes Gotteskind.

„Vater unser im Himmel..."

Geheiligt werde dein Name! Dein Reich komme! Dein Wille geschehe! Wir müssen uns einmal besinnen, was wir da beten dürfen! Was uns Jesus, der Sohn Gottes zu beten gelehrt hat!
„Wir heißen nicht nur Kinder Gottes, wir sind es wirklich", sagt der Apostel.
Wenn Gott, der unendliche Herr und Schöpfer aller Dinge, der allmächtige Gott, der in seinem Wesen, in seiner Liebe unergründlich erhaben ist über aller Schöpfung, der in seiner reinsten und heiligsten Liebe unermeßlich weit über uns steht, wenn wir zu diesem Gott Vater beten dürfen, dann müssen wir uns doch einmal fragen, wie das möglich ist.
Das ist nur möglich, weil er uns so sehr liebt, daß er uns seinen Sohn als Menschensohn gesandt hat. „So sehr hat Gott die Welt geliebt, daß er seinen eingeborenen Sohn für sie dahingab, damit jeder, der an ihn glaubt, nicht verloren geht, sondern das ewige Leben hat", sagt uns wiederum der Apostel Johannes.
Wie sich der Sohn für uns dahingegeben hat, um uns zu erlösen, das wissen wir. Er hat sich für uns bis in den grausamsten Tod dahingeopfert. Und damit nicht genug.
Er gibt sich für uns immer noch als Speise hin in seinem Leibe und seinem Blute, mit seiner Gottheit und Menschheit ganz und gar, damit wir in ihm und mit ihm vereinigt wahre Kinder seines himmlischen Vaters sind.
Was Jesus uns von seinem himmlischen Vater sagt, das ist so erhaben und ergreifend, daß wir uns ein wenig darin vertiefen müssen. Wir wollen einige Worte hören, wie Jesus über Gott, seinen Vater redet:
„Der Vater liebt den Sohn und hat ihm alles in die Hand gegeben. Wer an den Sohn glaubt, der hat das ewige Leben. Wer nicht an den Sohn glaubt, der wird das Leben nicht sehen, sondern Gottes Zorn lastet auf ihm" (Joh 3,35).
„Wie der Vater das Leben in sich selber hat, so hat er auch dem Sohne verliehen, das Leben in sich selber zu haben. Er hat ihm Gewalt gegeben, Gericht zu halten, weil er der Menschensohn ist. Wundert euch nicht darüber, (wenn ich euch das sage). Es kommt die Stunde, in der alle, die in den Gräbern liegen, seine Stimme hören und auferstehen werden. Die Gutes getan haben, werden auf-

erstehen zum Leben. Die Böses verübt haben, werden auferstehen zur Verdammung" (Joh 5,26).
Wie dann Jesus wagt, sein tiefes Erlösergeheimnis der Eucharistie zu verkünden, beruft er sich ausdrücklich auf den Vater, der ihm das aufgetragen hat:
„Müht euch nicht um vergängliche Speise, sondern um die Speise, die euch nährt zum ewigen Leben, die der Menschensohn euch geben wird. Ihn hat Gott, der Vater durch sein Siegel beglaubigt."
Wie die Juden fragen, was sie tun müssen, um die Werke Gottes zu wirken, gibt ihnen Jesus den wichtigen Hinweis:
„Das ist das Werk Gottes, daß ihr dem glaubt, den er (der Vater) gesandt hat!" (Joh 6,27).
Jesus muß das entschiedene Wort sprechen:
„Wahrlich, ich sage euch, nicht Moses hat euch das Brot vom Himmel gegeben, sondern mein Vater gibt euch das wahre Brot vom Himmel. Denn das Brot Gottes ist das, welches vom Himmel herabkommt und der Welt das Leben gibt" (Joh 6,32).
Wie sie dann sagen, Herr, gib uns dieses Brot, da muß Jesus klar antworten:
„Ich bin das Brot des Lebens!"
Er erklärt dazu weiter:
„Wer zu mir kommt, der wird nicht mehr hungern. Wer an mich glaubt, der wird nicht mehr dürsten."
Dann aber muß Jesus sagen:
„Das ist der Wille meines Vaters, daß jeder, der den Sohn sieht und an ihn glaubt, das ewige Leben hat und ich ihn auferwecke am Jüngsten Tage."
Und wieder muß Jesus dazu entschieden betonen:
„Ich bin das lebendige Brot, das vom Himmel herabgekommen ist!"
Als sie darüber murren, spricht Jesus:
„Niemand kann zu mir kommen, wenn der Vater, der mich gesandt hat, ihn nicht zieht", (durch seine Gnade und Liebe).
„Jeder, der dem Vater gehört und von ihm gelernt hat, der kommt zu mir. Nicht als ob jemand (von euch) den Vater gesehen hätte. Nur der, der von Gott ist, der hat den Vater gesehen."
Dann gibt Jesus die wunderbare Versicherung:
„Wer mein Fleisch ißt und mein Blut trinkt, der bleibt in mir und ich bleibe in ihm. Wie mich der lebendige Vater gesandt hat und ich

um meines Vaters willen lebe, so wird auch der, der mich ißt, um meinetwillen leben. Das ist das Brot, das vom Himmel herabgekommen ist. Wer dieses Brot ißt, der wird ewig leben" (Joh 6,57).
Wie später die Juden fragen, wer sein Vater ist, da muß Jesus ein strenges Wort sagen:
„Ihr kennt weder mich noch meinen Vater. Wenn ihr mich kennen würdet, dann würdet ihr auch meinen Vater kennen" (Joh 8.19).
Eine klare Weisung gibt dann Jesus im Gleichnis vom guten Hirten:
„Ich bin der gute Hirt. Ich kenne die Meinen und die Meinen kennen mich, wie mich der Vater kennt und ich den Vater kenne. Ich gebe mein Leben für meine Schafe" (Joh 10,14).
„Der Vater liebt mich darum, weil ich mein Leben hingebe, um es wieder zu gewinnen (für euch). Diesen Auftrag habe ich von meinem Vater erhalten."
„Meine Schafe hören auf meine Stimme. Ich kenne sie und sie kennen mich. Ich gebe ihnen das ewige Leben. Sie werden in Ewigkeit nicht verloren gehen. Niemand wird sie meiner Hand entreißen. Mein Vater, der sie mir gegeben hat, ist mächtiger als alle. Niemand kann sie der Hand meines Vaters entreißen. Ich und der Vater sind eins" (Joh 10,36).
„Ich habe nicht von mir selbst geredet. Der Vater, der mich gesandt hat, der hat mir geboten, was ich reden und verkünden soll. Ich weiß, sein Gebot ist ewiges Leben" (Joh 12,49).
Zu seinen Jüngern sagt Jesus vor seinem Leiden die verheißenden und tröstenden Worte:
„Euer Herz betrübe sich nicht! Glaubet an Gott und glaubet an mich! Im Hause meines Vaters sind viele Wohnungen. Wäre es nicht so, dann hätte ich es euch gesagt. Ich gehe hin, euch eine Heimat zu bereiten. Wenn ich hingegangen bin und euch eine Heimat bereitet habe, dann komme ich wieder und werde euch zu mir holen, damit auch ihr seid, wo ich bin. Wohin ich gehe, das wißt ihr ja und ihr kennt auch den Weg" (Joh 14,1).
Da sagte Thomas: Herr, wir wissen nicht, wohin du gehst. Wie sollten wir den Weg kennen? - Jesus antwortete:
„Ich bin der Weg, die Wahrheit und das Leben. Niemand kommt zum Vater außer durch mich. Hättet ihr mich erkannt, so würdet ihr auch den Vater kennen. Von nun an werdet ihr ihn kennen, denn ihr habt ihn gesehen."

Darauf sprach Philippus: Herr, zeige uns den Vater. Das genügt uns. Jesus antwortete ihm:
„Schon so lange bin ich bei euch, und du kennst mich noch nicht! Philippus, wer mich gesehen hat, der hat auch den Vater gesehen. Wie kannst du sagen: Zeige uns den Vater? Glaubst du nicht, daß ich im Vater bin und daß der Vater in mir ist?" (Joh 14,5).
„Wahrlich, ich sage euch: Wer an mich glaubt, wird selber die Werke, die ich tue, vollbringen. Ja, er wird noch größere vollbringen, denn ich gehe zum Vater. Ich werde tun, um was ihr mich in meinem Namen bittet."
„Ich werde wieder zu euch kommen. Noch eine kleine Weile, und die Welt sieht mich nicht mehr. Ihr aber seht mich, denn ich lebe und ihr werdet leben. An jenem Tage werdet ihr erkennen, daß ich in meinem Vater bin und ihr in mir seid, und ich in euch bin" (Joh 14,19).
„Wenn jemand mich liebt, so wird er mein Wort halten. Mein Vater wird ihn lieben. Wir werden zu ihm kommen und werden Wohnung bei ihm nehmen."
Zum wichtigsten Gebot der Liebe hat Jesus noch mit besonderen Worten gemahnt:
„Wie mich der Vater geliebt hat, so habe ich euch geliebt. Bleibt in meiner Liebe! Wenn ihr meine Gebote haltet, so bleibt ihr in meiner Liebe."
„Das habe ich zu euch geredet, damit meine Freude in euch sei und eure Freude vollkommen werde! Das ist mein Gebot, daß ihr einander liebet, wie ich euch geliebt habe!" (Joh 15,9).
Noch eine besondere Zuversicht gibt uns Jesus:
„Wahrlich, wahrlich, ich sage euch: Wenn ihr den Vater in meinem Namen um etwas bittet, wird er es euch geben!" (Jo 16,23).
Die größte Verheißung, die wir immer wissen sollen in der Hoffnung auf die wahre Zukunft, dürfen wir nie vergessen:
„Vater, ich habe die Herrlichkeit, die du mir gegeben hast, auch ihnen gegeben, damit sie eins sind, wie auch wir eins sind: Ich in ihnen und du in mir!" (Joh 17,22).
Noch ausführlicher bittet Jesus darum seinen himmlischen Vater:
„Vater, ich will, daß alle, die du mir gegeben hast, dort bei mir sind, wo ich bin! Sie sollen meine Herrlichkeit erleben, die du mir gegeben hast. Denn du hast mich geliebt vor Grundlegung der Welt. Gerechter Vater, die Welt hat dich nicht erkannt. Aber ich habe dich

erkannt. Und diese haben erkannt, daß du mich gesandt hast. Ich habe ihnen deinen Namen kundgemacht, damit die Liebe, mit der du mich geliebt hast, in ihnen ist und ich in ihnen bin."
Für diese Verheißungen Jesu müssen wir uns immer wieder Zeit nehmen! Dann können wir in wahrer Freude aufatmen und brauchten vor nichts mehr Angst haben. Vor allem nicht vor der Bosheit und Verirrung dieser Welt. Für die Christen, die sich in den Geist dieser Welt verloren haben, müssen wir viel beten und opfern.
Zuerst möchte ich ein Verslein zum Vater im Himmel anbringen, das ich einmal geformt habe:

In Sehnsucht ich gewandert bin
durch viele Jahre her und hin.
Ein Heimweh mir im Herzen brennt,
das sich nach Haus zum Vater sehnt.

Aus Weltenlust und Trug und Graus
ich schaue auf zum Vaterhaus.
Ich hoffe auf die Vaterhand,
die segnend wohl am Himmel stand.

Der Vater hat uns doch gesandt
den Sohn, der noch ans Kreuz gebannt,
der hält am Kreuz die Arme weit
in Liebe für uns ausgebreit.

So führt durch Prüfung, Lug und Leid
der Sohn uns durch die Erdenzeit.
Da ich ein Kind des Vaters bin,
führt er mich sicher hin zu ihm.

So leuchte mir das Vaterhaus,
wohin die Hoffnung nie löscht aus!
Zum Vater einst, zum Sohn und Geist
mich heim die Herzenssehnsucht weist.

Jesus spricht vom Eins sein mit ihm und dem Vater:
„Vater, ich habe die Herrlichkeit, die du mir gegeben hast, auch ihnen gegeben, damit sie eins sind, wie auch wir eins sind, ich in ihnen und du in mir."

Eine solch wunderbare und wirkliche Einheit mit Gott ist nur möglich, wenn wir in der hl. Kommunion mit Jesus vereint werden. Wir empfangen ihn in seinem lebendigen Leib und Blut. Das heißt, wir werden ganz und gar mit Jesus eins, mit seiner Gottheit und seiner Menschheit. So nur kann es geschehen, wie Jesus weiter verheißt, daß wir sogar seine Herrlichkeit erleben, die Jesus hatte schon vor Grundlegung der Welt, wie er sagt.

Wir müssen hier endlich aufhorchen und begreifen lernen, wenn Jesus sagt:

„Mein Vater gibt euch das wahre Brot vom Himmel. Denn das Brot Gottes ist das, welches vom Himmel herabkommt und der Welt das Leben gibt."

Das Leben, das wahre Leben bekommen wir vom Himmel. Nicht mehr der Tod soll über uns herrschen.

Dazu sagt Jesus in aller Klarheit:

„Ich bin das Brot des Lebens! Wer zu mir kommt, der wird nicht mehr hungern. Wer an mich glaubt, der wird nicht mehr dürsten."

Wir müssen es einmal wagen, das zu glauben und zu denken:

Es geschieht in der heiligsten Eucharistie das größte Wunder der Erlöserliebe Jesu Christi. Jesus schenkt sich uns ganz und gar, daß wir in ihm sein gottmenschliches Leben haben. Nicht nur sein Leben als Menschensohn, sondern auch sein Leben als Gottessohn will uns Jesus schenken.

Jesus ist ja Mensch und Gott zugleich. Das ist in sich schon ein für uns unbegreifliches Wunder der Liebe Gottes. Aber Gott hat sich in Liebe so sehr zu uns Menschen herniedergeneigt, daß er selber auch Mensch geworden ist, um als Mensch zu Mensch mit uns verbunden zu werden. Denn kein Geschöpf kann Gott in seiner Tiefe schauen. Aber als Mensch kann Gott uns und wir ihm begegnen und ihn schauen.

Wie weit wir nun durch ihn in seine Gottheit eingehen werden und können, das bleibt ein unlösbares Geheimnis. Aber wir werden eine ganze Ewigkeit lang Zeit haben, dieses Geheimnis der Liebe Gottes zu erleben. Immer wieder in neuer Schau und Überraschung zu erleben. Denn ein Ende gibt es in Gott nicht. Ein Ende an Überraschungen gibt es darum auch für uns in der Ewigkeit nicht.

Eins ist sicher, was Jesus durch die innigste Vereinigung mit uns in der heiligsten Eucharistie erreichen will:

Er will uns möglichst nahe dem Vater bringen, daß wir wahrhaft

Kinder seines Vaters sind. Darum hat uns Jesus beten gelehrt: Vater unser!
Wir haben es in diesen Zeilen gezeigt, wie sehr Jesus den Vater liebt und ihn ehrt. Wir sollen nun gerade durch die hl. Kommunion mit ihm eins werden zur Verehrung und Liebe zu seinem Vater, damit wir ihn mit Recht und aus ganzem Herzen Vater nennen können. Der Vater wird uns dann umso lieber und sicherer als seinen geliebten Kindern das Reich übergeben, die Schöpfung, wie er es von Anfang bei der Erschaffung der Menschen gewollt hatte. Da nun die Menschen durch die Vereinigung mit Jesus wieder wahre Kinder Gottes, des Vaters geworden sind, wird Gott Vater umso lieber den Menschen als seinen Kindern alles übergeben und anvertrauen, was er in seiner Liebe geplant hatte. Wir werden als Kinder Gottes in der Vollendung im Himmel Freuden erleben, die alles weit übertreffen, was wir uns vorstellen können.
Ich erinnere mich an einen Mann, der mir vor längerer Zeit einmal begegnet ist und mir seine Not klagte.
Er wollte Priester werden. Aber dann ist sein Vater in der Landwirtschaft tödlich verunglückt und er mußte das Studium aufgeben und den Hof übernehmen, sonst wär alles in fremde Hände gekommen. Die Mutter hätte allein den Hof nicht erhalten können. Geschwister waren keine da. Die entfernteren Verwandten lauerten schon auf den schönen Hof. Da mußte er zugreifen und seine Heimat retten, vor allem der Mutter zuliebe, die keinen andern Weg sah.
Es ging dann alles gut. Freilich mußten sie auch Dienstboten beschäftigen. Und er, der Jörg, mußte halt heiraten. Auch das ging gut. Seine Frau war eine tüchtige Bäuerin.
Weil alles so gut ging auf dem Hof, hat sich Jörg ein wenig erlaubt, die Bücher seines früheren Studiums wieder hervorzuholen und sich darin zu vertiefen. Er hat sich einen Hausaltar errichtet und hat oft davor gebetet. Seine Mutter verstand ihn, freute sich und betete auch mit ihm. Aber seine Frau verstand ihn nicht. Sie machte ihm Vorwürfe, daß er die Arbeit auf dem Hof vernachlässige. Das stimmte zwar nicht. Der Jörg war bei allen wichtigen Arbeiten dabei, machte gute Planungen zum Fortschritt in der Landwirtschaft. Er war der rechnende Kopf der ganzen Wirtschaft.
Aber die Frau meinte, da schon vier Kinder da waren, könnte noch mehr erwirtschaftet werden, damit die Kinder durch Studium

gebildet zu einem besseren Leben aufsteigen können.
Aber Jörg schaute weiter und sagte einmal zu seiner Frau: „Auf den Schulen, wohin du unsere Kinder schicken möchtest, lernen sie nicht nur weiter zu denken, sondern sie lernen heute auch viel Übles, was ihnen in der Seele sehr schaden kann. Es ist kein christlicher Geist mehr auf den höheren Schulen. Du glaubst das nicht und weißt das nicht, weil du den Zeitgeist zu wenig kennst. Ich aber beobachte mit Hilfe meiner früheren Hochschulfreunde alles und weiß, wohin die Menschheit geht. Die Menschen gehen in eine Tiefe abwärts ohne Gott. Davor möchte ich meine Kinder bewahren. Sie sollen auf dem Boden eines gesunden einfachen Lebens bleiben.

Aber die Frau hat sich durchgesetzt und alle Kinder mußten studieren. Es hat sich leider erfüllt, was Jörg fürchtete, die Kinder sind im Studium fast alle dem wahren religiösen Leben entfremdet. Nur noch modernistische Anschauungen ließen sie gelten. So hatten sie in jungen Jahren schon sexuelle Freundschaften. Die Mutter ließ das gelten. Jörg durfte nichts sagen, er galt als rückständig, der eben die fortgeschrittene Zeit nicht versteht.

Nur einen Sohn hatte er noch, den jüngsten, der noch gekommen war. Der hing an seinem Vater, der Berndi.

Nach Jahren ergab es sich, daß alle studierten Söhne und Töchter hoch hinaus strebten und an der Landwirtschaft kein Interesse hatten. Sie wollten aber als Erben alle Anteil am Hof. Es kam die Gefahr, daß der herrliche Hof zerstückelt werden sollte. Jeder wollte einen großen Baugrund für ein Landhaus auf den Feldern des Hofes.

Die Mutter, die immer zu den modernen Söhnen und Töchtern gehalten hatte, lag schwer krank danieder. Sie sah nun ein, daß sie ihre Kinder gegen den Willen des Vaters einen falschen Weg geführt hatte. Es tat ihr weh, wie die Kinder alle sie bestürmten und ein weites Bauland von dem elterlichen Besitz verlangten. Sie wußte, damit ist der Hof verloren. Sie litt schwer darunter, aber sie konnte die Kinder nicht mehr überzeugen, daß sie damit das elterliche Erbgut zerstören.

Da trat ihr Mann an ihr Bett und sagte entschieden: „Mama, es tut mir leid! Aber jetzt muß ich mit Recht und Gerechtigkeit Ordnung schaffen. Den Hof bekommt unser Jüngster, weil ihn sonst keiner will. Der Hof und alle dazugehörenden Länderei-

en dürfen nicht zerstückelt werden! Dafür gibt es ein Gesetz, das hier angewendet werden muß. Alle Kinder sollen als Erben einen Betrag erhalten, wie es der Hof tragen kann. Mehr nicht. Ich werde in meinen alten Tagen mit unserem jüngsten Sohn die Wirtschaft so gestalten, wie sie auch heute rentabel ist. Keine Sorge, Mama, wir gehen nicht unter. Unser Hof wird weiter gut gedeihen.
Aber eine andere Sorge drückt mich, liebste Mama! Du mußt wieder ganz zu Jesus finden! Zu unserem Herrn und Erlöser, daß er dich aufnimmt in seine Herrlichkeit! Das wird er, wenn du dich ihm demütig anvertraust."
Es wurde eine Aussprache, die den guten Jörg erschütterte. Seine Frau hat wieder ganz zu Jesus gefunden, der am Kreuz immer noch in unendlicher Liebe für uns ausharrt. Sie ist bald darauf in liebender und opfernder Ergebenheit in den Willen Gottes verschieden. Sie hat noch alle Kinder an ihr Krankenbett gerufen und hat ihnen gesagt:
„Kinder, meine lieben Kinder! Ich liebe euch sehr! In Liebe muß ich euch noch ein letztes Wort sagen, das euch wie ein Testament gelten soll. Dazu dürft ihr keinen Widerspruch sagen! Sonst schweige ich jetzt schon für immer:
Ich habe euch teilweise einen falschen Weg geführt. Ich war zu sehr auf euer zeitliches Wohl bedacht und zu wenig auf euer ewiges Heil. Ihr werdet aber alle wie ich den Weg in die Ewigkeit gehen. Dahin kann euch zeitliches Glück nicht führen. Dahin kann euch nur wahrer Glaube und tiefe Liebe zu Gott führen. Das hat euch euer guter Vater immer sagen wollen. Aber ihr habt nicht auf den Vater gehört, weil ich euch besser belehren wollte. Jetzt vor dem Angesicht der Ewigkeit muß ich euch sagen:
Folgt allen Weisungen eueres Vaters! Sein Wille ist mein Wille! Sein Wort ist mein Wort!"
Damit hat sie sich von ihren Kindern verabschiedet. Sie ist in der Nacht darauf verstorben. Die Kinder waren bei ihrer Beerdigung zwar erschüttert. Dennoch hat sich nur eine Tochter, die mit einem Arzt verheiratet war, bekehrt und hat den Vater gebeten, sie und auch ihren Mann in der tieferen Religion zu belehren.
Als der jüngste Sohn Berndi gut verheiratet war und die Landwirtschaft vorzüglich führte, zog sich der alte Vater Jörg immer mehr in das Gebet zurück. Er hat sich eine kleine Kapelle eingerichtet, worin er am liebsten verweilte im Gebet, in Schriftlesung und Betrachtung. Sein letztes Wort, das man nach seinem Tod auf

einem Zettel gefunden hatte, lautete:
„Was sind wir Menschen für Toren, die wir alle unterwegs sind zur Ewigkeit, und doch immer nur statt aufwärts abwärts rennen in die unselige Vergänglichkeit!"
Noch ein Wort, das er geschrieben hatte:
„Jesus in seinem Leibe und Blute allein ist unser Leben."
„Vater unser im Himmel" dürfen wir beten. Aber nur, weil wir durch die hl. Kommunion so innig mit Jesus, dem Sohne Gottes eins werden.
„Wer mein Fleisch ißt und mein Blut trinkt, der bleibt in mir und ich bleibe in ihm", sagt uns Jesus ausdrücklich.
Aber Voraussetzung zur wahren und unsterblichen Kindschaft Gottes im heiligsten Sakrament ist unser Glaube. Wenn ich Jesus nicht unbedingt glaube, was er mir über seine Gegenwart und seine Wirksamkeit in der heiligsten Eucharistie gesagt hat, können alle seine wunderbarsten Verheißungn in mir nicht wirksam werden. Gerade hier, in diesem tiefsten Geheimnis seiner Liebe verlangt Jesus unbedingte Freiheit unserer Herzensgesinnung. Ein Wort, ein kleines Wort würde genügen, um Jesus die Türe zu meinem Herzen zu öffnen: Das Wörtlein „ja!" „Ja, Jesus, ich glaube dir alles, was du mir über dieses – dein Brot des Lebens gesagt hast!"
Es war am Ende des Krieges. Die Granaten der Franzosen surrten über den Bodensee herüber und zerstörten krachend manches Leben. Ein junges Mädchen mit kaum 17 Jahren lag im Sterben. Ich wurde geholt. Ich mußte mich beeilen, da ich zugleich wieder im Lazarett verlangt wurde. Nach Beichte und Lossprechung zeigte ich ihr die hl. Hostie. Da sagte sie mit letzter Stimme:
„Ja, ich glaube! Jesus, ich glaube dir!"
Nachdem sie kommuniziert hatte, war schmerzvoll ihr junges Leben ausgehaucht. Aber es hatte nun angefangen in Jesus und mit Jesus. Ich legte noch kurz meine Hand auf ihr blutgetränktes Haupt und dachte: So heimgehen dürfen zum Leben, das ist Gnade, das ist Leben, wie es uns Jesus verheißen hat:
„Wer an mich glaubt, der wird leben, auch wenn er gestorben ist."
Es ist alles so einfach und wahr, was uns Jesus gesagt hat. Aber wir machen es durch unseren Zweifel so unsicher und leider auch oft unwirksam. Denn wir sollen und können nur frei unser Wort zu diesem größten Wunder der Liebe Gottes sprechen:
„Ja, Jesus, ich glaube dir!"

Wann endlich wird wieder jeder, der kommuniziert, dieses Wort selig in seinem Herzen sprechen: „Ja, Jesus, ich glaube dir!"
In meiner Jugend habe ich einmal gehört: Ein Herr Pfarrer brachte einem alten kranken Mann an einem Vormittag die hl. Kommunion. Wie er zum Hoftor hineingeht, hat man gerade den jungen Bauern vom Wald heimgebracht, der schwerverletzt am Kopf fast ausgeblutet dem Sterben nahe war. Da hat ihn der Herr Pfarrer gleich versehen und hat ihm die Hälfte der hl. Hostie gereicht. Der Sterbende öffnete wieder die Augen und sagte:
„Oh Jesus, mein Leben, ich vertraue Dir!"
Gleich darauf kam der Arzt, der das Blut an seiner Kopfwunde stillte und ihn gleich ins Krankenhaus mitnahm. Durch Bluttransfusion hoffte man, ihn zu retten. Aber es schien aussichtslos. Der Bauer kam nicht zum Bewußtsein und lag im Koma.
Wie der Herr Pfarrer ihn besuchte, kam er ein wenig zu sich und sagte:
„Hochwürden, Sie haben mir Jesus gereicht. Jesus ist mein Leben und meine Hoffnung!"
Bald darauf hat endlich die Bluttransfusion gewirkt und nach einigen Wochen konnte der Bauer gesund nach Hause. Er redete nicht gern über seinen Todeszustand. Er war bald wieder ganz gesund und konnte seine Arbeiten verrichten.
An einem Abend war er mit seiner Frau und seinen fünf schon halb erwachsenen Kindern im Wohnzimmer beisammen. Da sprach er zu ihnen:
„Ich muß es euch sagen. Ich war im Tode. Ich wußte nicht mehr, lebe ich oder bin ich schon gestorben. Nur einen Gedanken hatte ich immer, der wie ein helles Licht in meine Seele leuchtete:
„Jesus ist mein Leben. Ob ich lebe oder sterbe, Jesus ist mein Leben. Da aber dachte ich an euch und ich dachte: Ihr braucht mich noch. Und ich bat Jesus: Laß mich noch bei meiner Familie sein! So hat mir Jesus wieder für euch das Erdenleben gegeben."
Nach einer Weile der Freude sagte der Vater: Weil wir alles Jesus und seiner heiligsten Mutter verdanken, bitte ich euch, von jetzt an jeden Abend mit mir den Rosenkranz zu beten. Und bei jedem Vater unser, das wir beten dürfen, wollen wir dem lieben Vater im Himmel besonders danken, daß er uns seinen Sohn Jesus geschenkt hat, der unser Leben ist!"

Unser Herz von Liebe getroffen.

So schreibt der hl. Augustinus einmal:
„Oh Herr, du hast unser Herz mit deiner Liebe getroffen. Wie Pfeile, die in unserem Herzen haften, tragen wir deine Worte in uns."
Jesus hat unser Herz mit seiner Liebe getroffen vor allem durch die Tatsache, daß er sich uns aus lauter Liebe ganz und gar als Gott und Mensch mit Leib und Seele zur Speise gibt. Er verbirgt sich zwar in der kleinen, unscheinbaren Hostie, denn wir würden zu Tode erschrecken, wenn er in seiner Macht und Herrlichkeit vor uns erscheinen würde. Trotzdem ist es Jesus ganz und gar als Gott und Mensch, wenn auch so verborgen. Er hat es uns klar gesagt:
„Ich bin das lebendige Brot, das vom Himmel herabgekommen ist. Wer von diesem Brot ißt, der wird ewig leben."
Dann erklärt er gleich dazu, damit es ja keinen Zweifel gibt:
„Das Brot, das ich euch geben werde, ist mein Fleisch für das Leben der Welt."
Weiter bekräftigt Jesus sein Wort mit der erschütternden Mahnung:
„Wahrlich, wahrlich, ich sage euch: Wenn ihr das Fleisch des Menschensohnes nicht essen und sein Blut nicht trinken werdet, dann könnt ihr kein Leben in euch haben!"
„Wer mein Fleisch ißt und mein Blut trinkt, der hat das ewige Leben! Den werde ich auferwecken am Jüngsten Tage!" (Joh 6.51).
Damit ja kein Zweifel entsteht und keine Unsicherheit uns würgen kann, sagt dazu Jesus weiter:
„Wer mein Fleisch ißt und mein Blut trinkt, der bleibt in mir und ich bleibe in ihm."
Es geschieht also eine innigste Vereinigung mit Jesus, dem Sohne Gottes, der für uns Menschensohn geworden ist, ja sogar Lebensspeise für uns geworden ist.
Niemals kann das unser Verstand erfassen, darum müssen wir es glauben, wie Jesus bei dieser Ankündigung ausdrücklich und nachhaltig betont:
„Wer an mich glaubt, der hat das ewige Leben!"
Jesus hat unser Herz mit seiner Liebe getroffen. Das müssen wir erkennen und danach leben. Darum schreibt uns der Apostel:
„Laßt uns ablegen die Werke der Finsternis und anlegen die Waffen des Lichtes! Wie am Tage laßt uns ehrbar wandeln, nicht in Schmausereien und Trinkgelagen, nicht in Ausschweifung und

Unzucht, nicht in Streit und Eifersucht. Ziehet vielmehr an den Herrn Jesus Christus und pfleget den Leib nicht so, daß dessen Begierden geweckt werden" (Röm 113,12).

„Ziehet vielmehr an den Herrn Jesus Christus!"
Das will uns Jesus sagen in seiner Verheißung:
„Ich bin das lebendige Brot, das vom Himmel herabgekommen ist. Wer von diesem Brote ißt, der wird ewig leben" (Joh 6,51).

Wenn wir anziehen den Herrn Jesus Christus und in ihm leben, dann werden wir mit ihm ewig leben. Hier fällt eine Entscheidung, der wir nicht ausweichen können, wenn wir das ewige Leben wollen. Außer wir wollen das ewige Leben nicht, weil uns das vergängliche und vergnügliche Scheinleben lieber ist, dann haben wir das ewige Leben nicht. Und wir dürfen dann nicht Gott und Gottes Liebe verklagen, weil wir das alles abgelehnt haben im Zweifel seiner Verheißung und in der blinden Begierde nach dem Verderblichen. Wollen wir in einem Verslein darüber nachsinnen, was wir in Jesus gewinnen können:

Jesus in dem Lebensbrot
rettet uns aus Todesnot.
Er uns neues Leben schafft,
schenkt uns Gottes Lebenskraft.

Nie mehr werden wir vergehn,
einst wir werden auferstehn
mit dem Herren Jesus Christ,
der uns ewig Leben ist.

Was wir dann erleben, schaun,
niemals könnten wir uns traun,
das zu hoffen vor dem Grab,
was uns Gott verheißen hat:

Wer als Speise mich nimmt hin,
bleibt in mir, ich bleib in ihm.
Der hat Leben ewiglich,
wenn er glaubt und liebet mich.

Frag nicht, wie das einst geschieht!
Von mir Tod und Hölle flieht.
Ewig ist, was ich gesagt
und allmächtig meine Tat.

Immer bleibt mein Wort dir treu:
„Sieh, ich mache alles neu!"
Gotteskind voll Lebensglück
kehrst zum Vater du zurück.

Dazu ich verlang von dir:
Meinen Leib empfang von mir
glaubenstreu in reinster Lieb,
wie ich selber mich dir gib!

Wenn wir im Leben der Heiligen lesen, finden wir überall, die sind Jesus so treu geworden mit der ganzen Hingabe ihres Lebens, weil sie spürten, Jesus hat ihr Herz mit dem Pfeil seiner Liebe getroffen vor allem durch die Hingabe seines Lebens im Geheimnis der heiligsten Eucharistie.
Ich möchte dazu ein Beispiel unserer Zeit bringen. Ein alter frommer Priester hat mir einmal erzählt von der Bekehrung einer modernen „Magdalena", wie er sie nannte. Darüber will ich hier berichten:
„Magda" war ein außergewöhnlich hübsches Mädchen. Sie lebte in einer Großstadt. Sie ist eine hervorragende Eiskunstläuferin geworden. Sie wurde vor allem von der Männerwelt umjubelt. Natürlich hatte sie bald eine Menge Liebhaber, die sie anbeteten und teils scheinbar mit guten Absichten um ihre Liebe warben.
Aber wie es so geht, die Worte der Liebe kamen nicht immer aus ehrlichem Herzen. Magda wurde sehr enttäuscht. Das nicht nur einmal, sondern öfters. Oft mit bittersten Erfahrungen. Nur eines hatte sie gewonnen: Magda war nie in Geldnot. Die Liebhaber waren großzügig. Sie hatte sogar ein stilles Landhaus und ein festes Bankkonto. Magda konnte sorgenfrei leben. Die Liebhaber kamen immer wieder und flehten um ihr Herz. Es war jedoch nur ihr Leib, den sie wollten. Wenn sie sich daran gesättigt hatten, gingen sie wieder. Denn sie war in ihren Augen doch nur eine Dirne, wenn auch das reizendste und hinreißendste Mädchen, sie konnten

sie nicht als Frau annehmen oder gar in ihre vornehme Welt heimführen.
Immer wieder erhielt Magda reiche Geschenke. Sie empfand langsam davor Ekel bei dem Gedanken: Das zahlen sie mir nur für mein „Fleisch". Für mein hungerndes Herz haben sie nichts. So sehr sie auch Liebe heuchelten.
Doch einer war gekommen, ein sehr reicher und vornehmer Herr. Ein Geschäftsmann aus Amerika. Er begehrte nicht ihren Leib. Er redete in aufrichtiger Liebe. Er sagte ihr:
„Magda, ich kenne dein Leben. Ich kenne deine Verirrungen. Ich war oft hier. Ich habe viel hier geschäftlich zu tun. Ich habe dich mit vielen andern einst als große Künstlerin auf dem Eis bewundert. Damals schon habe ich geahnt, sie werden dich mit heiligsten Versprechungen an sich reißen. Und du wirst ihnen glauben. Sie werden dich wieder fallen lassen, weil sie dich als „Ehrenmänner" nicht annehmen können.
Wie ich mir damals gedacht habe, genauso ist es mit dir gekommen. Und nun bist du so weit, ich sehe es dir an, daß du dein Leben am liebsten wegwerfen möchtest aus lauter Ekel vor dir selber. Magda, red nicht, laß mich zuerst ausreden!
Magda, weil noch ein wertvolles Herz in dir pulst, kannst du das nicht und darfst du das nicht, dein Leben wegwerfen. Dein Herz, gerade dein gutes Herz ist es, das nach reinem Leben schreit! Darauf mußt du hören. Auf dein gutes Herz!
Schau, Magda, ich bin gebürtiger Österreicher. Ich hatte in Wien auf der Hochschule auch Psychologie studiert. Ich kenn mich aus in den Empfindungen des menschlichen Herzens. Ich mußte aber dann vor Hitler noch rechtzeitig nach Amerika auswandern und dort den Großhandel meines Bruders übernehmen.
Warum ich nun gekommen bin und zu dir so rede, fragst du? Ich spüre deine Frage in deinen Augen. Weil ich dich liebe, bin ich gekommen und rede zu dir. Nicht weil ich dich auch verführen und dich begehren möchte. Nein, dazu bin ich nicht gekommen. Ich bin katholisch und nehme mein christliches Leben ernst. Ich bin verheiratet, habe drei Kinder und lebe mit meiner Frau in guter, glücklicher Ehe, wie es unter echten Christen selbstverständlich ist.
Du, liebe Magda, brauchst nun einen guten väterlichen Rat, den ich dir geben möchte. Wenn du ihn annehmen willst, kann dein Leben, dein noch junges Leben, wieder heil und froh werden.

Schau, Magda, wie ich noch Student in Wien war, hat es bei mir auch Verirrungen gegeben. Hab Bekanntschaften gewagt, die mich verdorben hätten. Damals lebte noch meine fromme Mutter. Die hat mich zu einem Kapuzinerpater geschickt, der mir wieder den rechten Weg gezeigt hat. Natürlich konnte ich den rettenden Weg nur in Bekehrung und Buße finden. Ich bin ihn gegangen und bin froh und frei geworden. Und bin heute noch ein freier, froher und aufrechter Christ mitten in der bös verlockenden Welt. Magda, liebes Mädchen, bitte geh auch du den Weg der Befreiung! Ich geb dir die Adresse von dem alten guten Pater. Ich war gestern noch bei ihm. Er ist mir ein väterlicher Freund geworden. Geh zu ihm und sag ihm von mir einen herzlichen Gruß. Ich muß morgen schon wieder nach Amerika fliegen. Vielleicht sehe ich dich in einiger Zeit wieder, wenn ich hier zu tun hab. Da möcht ich dich frei und glücklich sehen."
Die Magda hatte einige Tage gebraucht, bis sie sich entschließen konnte, dem Rat des väterlichen Freundes zu folgen. Auf alle Fälle hatte sie die Beziehungen zu den bisherigen Liebhabern radikal abgebrochen.
Die Aussprache mit dem alten Pater war für Magda ein Erlebnis. Der Pater zeigte ihr ein ganz neues Leben. Das Leben in Christus. Der Pater hatte Geduld und bereitete sie sorgsam vor zu einer reuigen Beichte. Nachdem sie das Bußsakrament empfangen hatte, erlebte sie sich als neuer Mensch. Die Magda bat den Pater, zu einer Belehrung und Weisung wieder kommen zu dürfen, wie sie ihr neu gewonnenes Leben in Jesus weiterführen könne.
Der Pater tat das gerne. Es wurde eine Belehrung, die sie mit hungerndem Herzen aufnahm. Denn vom wahren Christenleben hatte sie bisher fast nichts gewußt. Der Pater fing an zu reden: „Liebes Kind, du willst Weisung über Jesus und über das Leben mit Jesus. Es steht alles in den hl. Evangelien. Aber du hast nicht den Geist, sie richtig zu lesen. So muß ich dich, soweit ich Zeit finde, darüber belehren. Ich tu es gerne. Weil die Zeit knapp ist, muß ich auf das Wesentliche eingehen:
Du weißt, Jesus ist der Sohn Gottes, der für uns Mensch geworden ist, um uns zu erlösen, daß wir wieder wahre Kinder Gottes, seines himmlischen Vaters werden können. Er hat sich aus unendlicher Liebe dazu für uns am Kreuze hingeopfert. Auch das weißt du noch oder hast einmal in deiner Kindheit davon gehört.

Seine Hingabe für uns ist so tief und ergreifend, daß er sich uns sogar als Speise hinopfert. Du hast wieder kommuniziert. Ich habe dir kurz erklärt, was da geschieht. Nun muß ich dir das ausführlicher erklären. Denn das richtig zu erfassen, ich meine mit dem Herzen zu erfassen, mit dem Verstande können wir das nie, brauchen wir ein gutes und reines Herz. Das hast du im Sakrament der Buße wieder gewonnen. Aber es ist noch vieles darin voller Krusten, die dein Herz zu wenig hell machen, um das richtig zu sehen. Kind, du mußt Jesus lieben lernen, indem du allen verzeihst und viel Gutes tust. Das muß ich dich vor allem mahnen: Kind, sei gut und tu Gutes! Sei niemandem böse! Verzeihe allen! Dann wird die Liebe zu Jesus in deinem Herzen immer mehr aufleuchten. Dann wirst du Jesus richtig kennenlernen. Dann wirst du erfahren: Jesus ist lauter Liebe. Seine Liebe wird in dir Raum suchen. Er wird dich in seine Liebe hineinnehmen.

Kind, ich sag dir etwas, du darfst nicht erschrecken, wenn ich dir das sage, aber Jesus ist so, darum sage ich dir das:
Jesus will dich mit seiner Liebe in deinem Herzen verwunden. Das ist nicht so, daß du dich davor fürchten müßtest. Denn niemand ist zarter in seiner Liebe als Jesus. Aber er kann dich nicht mehr fallen lassen, daß du wieder fällst in eine Tiefe, in die du schon gefallen warst. Worin es dir selber graute. Er will dir die wahre Liebe schenken. Die wahre Liebe findest du in seinem Herzen. In seinem Opferherzen."

Da der Pater nicht mehr Zeit hatte, schickte er die Magda zu einem alten weltlichen Ruhestandspriester. Von dem hab ich über die wunderbare Bekehrung der Magdalena erfahren. Freilich mit der Weisung, alles anonym und möglichst erst später davon zu erzählen. Auch der Name Magda ist ein Deckname.

Der Priester, nennen wir ihn Johannes, hat es verstanden, das Herz der Magda in die Geheimnisse des Herzens Jesu richtig einzuführen. Er sagte ihr:

„Weißt du, mein Kind, das Bild Jesu am Kreuz kann uns ein totes Bild sein, das uns nichts, gar nichts sagt. Wir müssen davor betend verweilen. Immer wieder. Dann kann es geschehen, daß Jesus zu uns redet. Nicht mit Worten, wie Menschen es tun, sondern mit Gedanken, die er in uns aufleuchten läßt.

Dazu muß aber auch unser Herz immer mehr frei werden von Eigenliebe. Nicht als ob wir uns nicht selbst lieben dürften. Wir müssen uns lieben, in selbstloser Liebe, die frei ist von Stolz und Selbstanbetung. Die sich immer nur selbst suchen und alles für richtig halten, was sie tun, auch ihre Sünden, solche Menschen sind Lügner vor Gott und vor der Welt. Ein Lügner ist vor Gott ein Greuel. Denn Gott ist reinste Wahrheit. Darum kann ein Lügner vor Gott nicht bestehen, er fällt dem ewigen Lügner in die Arme und geht verloren, wenn er nicht zur Wahrheit zurücksucht. In der Wahrheit nur kann er Gott finden. Im Geiste der Wahrheit auch findet er Jesus.

Mein liebes Kind, das ist wichtig, daß wir den Weg der Wahrheit gehen! In der Wahrheit sehen wir alles, wie es ist. In der Wahrheit sehen wir Jesus in seiner Erlöserliebe. Freilich, die Tiefe seiner Liebe können wir nie erfassen. Denn Gott ist die Liebe, unendlich tiefe Liebe, die kein Geschöpf, auch nicht die höchsten Engel schauen.

Wir müssen uns Zeit lassen, mein liebes Kind, du mußt Geduld haben, bis du das besser verstehen kannst, ich meine, erfassen kannst in deinem Herzen. Der gute Pater hat dir schon erklärt, daß Jesus mit seiner Liebe uns im Herzen verwundet. Denn sein Herz ist ein wundes Herz, zu sehr verwundet am Kreuz und zu sehr verwundet in seiner selbstlosen Hingabe an die Menschen, wie er es ständig wagt in der heiligsten Eucharistie."

Nun hat die Magda an den Priester eine ernste Frage:

„Wie kann Jesus sich Menschen preisgeben, von denen er doch wissen muß in seiner Allwissenheit, daß sie ihn gar nicht lieben, sondern nur hingehen, weil es so Brauch ist?"

Johannes lächelt zuerst ob ihrer Frage. Wird dann aber sehr ernst und erklärt:

„Ja, das ist Jesus, mein Kind! Das ist Jesus, so ist er. Er ist lauter Liebe, die nicht sehen will, wie ein Mensch innerlich ausschaut. Jesus sieht nur den Menschen, den er retten will. Für den er doch auch gestorben ist in grausamsten Qualen am Kreuz. Für den doch auch sein Opfer nicht umsonst sein soll. Das ist die Liebe, die nicht rechnen kann, die nur retten will. Selbstloseste Liebe aus der Unendlichkeit Gottes.

Kind, wundere dich nicht, wenn ich das so sage. So sagen muß, weil Jesus so ist. Lauter Liebe, selbstlose Liebe ist Jesus, die nicht an sich selber denkt, die immer wieder nur Opfer bringt und trägt für alle Menschenkinder. Um alle Menschen zu retten, hat der Vater

ihn ausgesandt. In der Liebessendung des Vaters schaut Jesus nie auf sich selbst, auf seine Opferhingabe. Er schaut nur auf die Menschen, die ohne seine Opferliebe verloren gehen."
Magda erinnert an ihr früheres Sündenleben:
„Sie wissen, Padre, ich war eine große Sünderin. Ich habe nicht gebeichtet, weil ich Angst hatte vor dem Beichtvater. Da hat es sich ergeben, daß ich einmal zu einer Hochzeit eingeladen in der Kirche auch zur Kommunion vorging. Damit wollte ich zeigen, daß ich auch eine Christin bin und weiß, was sich gehört. Aber an Jesus selbst habe ich dabei nicht gedacht. Ich habe gemeint, das ist nur so eine Formsache. Warum hat Jesus das geduldet, daß ich ihn so mißbraucht habe, ihm wohl so weh getan habe?"
Der Priester antwortet besinnlich:
„Ich hab dir schon gesagt, mein Kind, das ist Jesus in seiner geduldigen Opferliebe! Bei dir hat er wohl weitergeschaut. Er sah in trüber Ferne deine kommende Bekehrung. Nun hat er dir alles verziehen. Nun bist wieder sein Kind, sein Herzenskind, das er nicht mehr loslassen will. Ich sage dir, Jesus hat noch viel vor mit dir. Seine Liebespläne würden dich sehr froh machen, wenn du wüßtest, was Jesus alles aus dir machen will. Nur darfst du dabei nie vergessen: Jesus will dein Herz immer mehr nach seinem Herzen formen. Sein Herz aber ist ein Opferherz, das vor keinem Leiden zurückschreckt."
Nun wird Magda ängstlich und fragt:
„Muß ich damit rechnen, daß Jesus auch mir Opfer und Leiden aufladet? Davor habe ich Angst. Sie wissen ja, Padre, wie schwach und wie ängstlich ich noch bin."
„Kind, mein liebes Kind, vor der Liebe Jesu brauchst du keine Angst haben. Jesus wird dich schonen, soweit es möglich ist. Er wird dir Zeit lassen, bis du mutiger bist. Und wenn Jesus Opfer von dir erwartet, wird er immer das schwerste Opfer für dich selber tragen. Es geht Jesus nicht darum, daß du leidest, sondern es geht ihm darum, daß du ihm deine Liebe zeigen kannst. Vor allem geht es Jesus darum, daß du ihm in allem ganz vertraust. Wenn du das kannst, wirst du staunen, wie milde, geduldig, zart und rücksichtsvoll Jesus in seiner Liebesforderung ist." Der alte fromme Priester hat die Magda in mehreren Stunden in die Geheimnisse der Liebe Jesu eingeführt, so daß sie zuversichtlicher wurde. Aber eines machte Magda immer noch Bedenken und sie sagte es offen:

„Der Pater hat mir gesagt und Sie, Padre, haben es auch schon angedeutet: Jesus wird mich mit seiner Liebe in meinem Herzen verwunden. Wie wird denn das geschehen?"
Der Padre, wie sie den Priester nannte, antwortete:
„Kind, mein liebes Kind, das habe ich dir schon erklärt. Davor brauchst du keine Angst haben. Schau, das ist so: Wenn eine gute Mutter ihr Kind sehr liebt, wird das Kind, wenn es heranwächst und Dummheiten macht, in sich die Liebe der Mutter spüren. Es tut dem Kind weh, weil es der Mutter weh getan hat. So wird auch die Liebe Jesu uns weh tun, es wird unser Herz verwunden, wenn wir spüren, daß wir Jesus enttäuscht und ihm weh getan haben. Denn wir werden immer mehr mit der Herzensliebe Jesu vereinigt, je mehr wir ihn lieben und seinen Willen erfüllen. Besonders schwierig wird es, in der Nächstenliebe unsere Liebe zu beweisen."
„Wir müssen allen verzeihen, auch wenn sie uns noch so Böses angetan haben. Wir müssen nicht nur gut reden über andere, sondern auch gut denken über alle, so wie Jesus alle liebt, Gute und Böse und alle zu retten sucht. Jesus kann nur lieben. So sollen auch wir nur lieben und sollen uns so als die Seinen beweisen."
Da wird die Magda unsicher und sagt:
„Das kann nicht sein, daß Jesus auch die Bösen liebt. Gott verabscheut doch das Böse und die Bösen."
Der Padre erklärt:
„Ja, hast recht, mein Kind, Gott verabscheut das Böse und die Bösen, aber als Erlöser hat Jesus auch mit den Sündern und den Bösen in der Welt noch Erbarmen. Denn der Vater hat ihn, seinen geliebten Sohn, als Menschensohn in die Welt geschickt, nicht um die Welt zu richten, sondern um sie zu retten. So hat jeder Sünder in der Welt immer noch Möglichkeit durch die erbarmende Liebe Jesu gerettet zu werden. Jesus geht jedem Sünder in sehnender Liebe nach, bis er ihn vielleicht doch noch retten kann. Erst wenn der Sünder alle Erbarmung Jesu endgültig ablehnt bis zum letzten Augenblick, dann ist er verloren und verfällt dem Gericht. Eigentlich wirft er sich damit selber ins Gericht und in die Verdammnis. Kein Sünder wird verdammt, wenn er nicht selber von Gott weg will und damit verdammt werden will.
Magda, das ist ein großes Geheimnis, das Geheimnis der Bosheit, wie auch das Geheimnis der erbarmenden Liebe Gottes ein großes Geheimnis ist.

In dieser Welt sollen wir mit Jesus nur in erbarmender Liebe leben, damit wir ihm ähnlich sind in seiner Liebe und still mitwirken zur Rettung vieler. Denn nur unsere Liebe kann überzeugen und retten, nicht unser Mahnen oder gar Schimpfen. Da wir selber ständig auf die Erbarmung Gottes angewiesen sind, sollen auch wir nur erbarmungsvoll sein zu unseren Mitmenschen. Wir sind in dieser Welt nicht mit Jesus vereinigt, um zu richten, sondern um zu retten. Das Gericht kommt erst, wenn nichts mehr zu retten ist, wenn die Menschenherzen schon tot sind. Das sieht und das weiß Gott allein. Gott allein kann und wird zur rechten Zeit gerecht richten. Nicht und niemals wir. Damit würden wir selber dem Gericht verfallen, wenn wir andere richten wollten."
Durch die Schulung des alten Priesters, den die Magda „Padre" nannte und natürlich durch die Gnade Gottes, der sich Magda hingebend aufgeschlossen hatte, ist sie eine wirklich fromme Christin geworden. Magda hat viel Gutes getan, hat einen Teil ihres Vermögens, das sie selber Sündengeld nannte, einem Heim für behinderte Kinder gestiftet.
Da stand eines Tages der gute „Onkel" aus Amerika, der ihre Bekehrung angeregt hatte, vor ihrer Tür. Er war sehr erfreut und sagte gleich, indem er ihr herzlich die Hand drückte:
„Mein Kind, meine brave Magda, ich bin so glücklich, dich als gutes Kind Gottes begrüßen zu dürfen!"
Magda war überrascht und fragte:
„Wie können Sie so zu mir reden? Sie haben mich doch lange nicht gesehen und wissen nichts von mir."
Der Onkel sagte:
„Doch, ich weiß alles, bin über alles informiert. Hier in der Nähe wohnt ein junger Rechtsanwalt, den du zu Rate gezogen hast, als dich deine ehemaligen Freunde verklagen wollten, weil sie dir, wie sie meinten, vergebens Geschenke gemacht haben. Dr. Eder heißt der Anwalt. Der ist dir ein guter und freundschaftlicher Berater geworden."
Magda wurde unsicher und fragte:
„Kennen Sie Dr. Eder?"
Der „Onkel" erklärte:
„Natürlich kenne ich ihn. Der Jakob, Dr. Eder ist mein Neffe. Meist wohne ich bei ihm, wenn ich in Wien bin. Auch diesmal wieder bin ich bei ihm. Hab von dort nur die paar Schritte zu dir herüber.

Sei mir nicht bös, ihn habe ich bei meinem letzten Besuch gebeten, mich über dein Leben, ich meine, über deine Bekehrung zu informieren. So wußte ich in Amerika schon, daß du dich vollauf bekehrt hast.
Und überhaupt, daß ich damals zu dir gekommen bin und dich zu retten versucht habe, das verdankst du meinem Neffen Jakob. Er hat mich gebeten, ich soll zu dir gehen und dich väterlich beraten. Er meinte, wenn er zu dir ginge, würdest du ihn als jungen Mann falsch einschätzen. Du könntest denken, er komme auch nur wie andere Männer, die eine Liebschaft suchen."
Magda sagte darauf verwundert:
„Ich war einige Male bei ihm. Ich habe ihn als jungen und tüchtigen Rechtsberater schätzen gelernt. Ich hatte nie den Eindruck, daß er sonst etwas von mir wolle. Er hat mich jedesmal achtungsvoll angeschaut, als wollte er sagen, er habe trotz meiner schmutzigen Vergangenheit Respekt vor mir."
Der „Onkel" lächelte. Er gab der Magda die Hand und sagte:
„Mein liebes Kind, jetzt bitte ich dich, sag zu mir auch nur Jakob. Ich heiße wie mein Neffe Jakob Eder. Zwar hab ich einen Doktor gemacht und auch sonst einen besonderen Titel in Amerika bekommen. Aber ich bitte dich, nenn mich Vater Jakob! Denn du bist mir wie eine liebste Tochter geworden.
Ich habe zwar zwei leibliche Töchter und einen Sohn in der neuen Heimat. Ich liebe mit meiner Frau die drei von Herzen, obwohl wir mit ihnen manche Sorge haben. Kannst dir ja denken, das moderne Leben drüben ist zu reizend und verwirrend. Aber du bist mir eine neue Tochter geworden, mit der ich die größte Vaterfreude erlebe. Darum sag bitte: Vater Jakob zu mir!"
Magda blieb etwas zögernd. Schließlich legte sie doch ihr Haupt an seine Brust und wagte das Wort:
„Papa, oh mein Papa! Wie hab ich mich durch meine ganze Kindheit nach meinem Vater gesehnt, der so väterlich war zu mir. Der leider im Krieg geblieben ist. Meine Mutter hat mich in ihrem falschen Ehrgeiz verzogen. Erst vor ihrem Tod hat sie gemerkt, daß sie mich falsch geführt hat. Seither hatte ich niemanden mehr, der mich wirklich liebte. Ich danke dir, Vater Jakob!"
Beide schauten sich in einer glücklichen Pause an, bis Vater Jakob erklären mußte:
„Meine liebste Tochter, du hast mich weit übertroffen in der wah-

ren Schönheit des christlichen Lebens. Du bist eine Heilige geworden, eine heilige Büßerin Magdalena!"
Magda wehrte ab. Aber Vater Jakob holte zu einer neuen Bitte aus: „Meine liebste Tochter, mein Neffe Jakob, der Herr Rechtsanwalt, liebt dich sehr. Ich darf es und soll es dir sagen. Auch wenn du allerhand Liebschaften hinter dir hast, er war auch kein Heiliger. Er läßt dich grüßen und fragen, ob er dich einmal besuchen darf. Mein liebes Kind, ich würde mich sehr freuen, wenn du zu meinem Neffen eine bräutliche Beziehung finden würdest. Weiter will ich darüber nicht reden. Hab ohnehin schon zu viel gesagt. Ihr müßt selber zusammenfinden."
Damit hatte sich der Vater Jakob verabschiedet. Es dauerte nicht lange, bis sein Neffe eines Abends bei der Magda anzuklopfen wagte. Nur zögernd hat Magda seiner Werbung zugesagt. Magda war immer noch eine außergewöhnliche Schönheit, auch im Alter von 24 Jahren.
Nach kurzer Zeit feierten sie Hochzeit. Es waren viele Gäste gekommen. Auch manche verbitterte frühere Liebhaber. Trotzdem hat das junge Ehepaar in rechter Liebe zusammengefunden. Jakob vergötterte seine Frau.
Das ging ein Jahr lang hervorragend. Ein Kindlein war gekommen, ein nettes Töchterlein, von dem man sagte, das hat die Schönheit der Mutter.
Aber eines Abends, es war schon spät, Jakob hatte öfters bis in die Nacht auswärts zu tun, da schellte an der Pforte ein ziemlich angeheiterter junger Mann und fragte:
„Wo is er denn wieder, der Jakob, der Saukerl, hat er noch nicht genug von der schweinischen Susanne!"
Als er dann die Frau sah, die Magda, entschuldigte er sich:
„Nun ja, hab daneben getappt. Das soll Sie nichts angehen. Obwohl bei Ihnen auch einmal solche Kerle nicht fremd waren. Aber entschuldigen Sie, Frau! War nicht so gemeint!"
Betrunken torkelte der Mann den Weg hinunter zur Stadt.
Endlich kam der Jakob heim, auch etwas betrunken. Ohne viel Worte, nur mit einem schnellen Gutenachtkuß legte er sich schlafen. Magda saß lange im Wohnzimmer und dachte schmerzlich über ihren Mann nach.
Sie nahm sich vor, zu schweigen. Sie betreute ihn beim Frühstück wie immer. Er war wieder die dankbare Liebenswürdigkeit. Er kam

zum Mittag als der gute Ehemann. Ebenso abends. Er redete nett wie immer über allgemeine Angelegenheiten. Das Kindlein, das er sehr herzte, schaukelte er wieder in seinen Armen. Es war ein froher Abend in der glücklichen Familie. Wochenlang ging das so. Magda ließ sich nichts anmerken. Sie hoffte, daß das mit der Susanne endgültig vorbei sei. Zumal Jakob am Sonntag neben ihr an der Kommunionbank kniete. Und am Samstag abend betete er den Rosenkranz mit. An anderen Tagen wagte sie nicht, ihn dazu einzuladen.
Einmal aber sagte Jakob nach dem Abendessen, daß seine Frau sich nicht sorgen soll, es könne spät werden. Da war es der Magda herausgerutscht:
„Meinst du spät bei der Susanne?"
Jakob starrte seine Frau entsetzt an und sagte dann ein Wort, das sie wie ein Schwert verwundete:
„Ach, da schau her! Du spionierst mir nach! Willst du mir das vielleicht übel nehmen, wenn ich als Mann auch einmal mit meinen Freunden einen frohen Abend erleben will. Was du dir einst erlaubt hast, darüber ist ein großer Heiligenschein gebreitet. Aber der kann wegrutschen. Dann könnte es vorbei sei mit uns zwei. Vergiß das nicht!"
Ohne Gruß war er fort. Magda kniete die halbe Nacht betend und weinend im Wohnzimmer. Als sie den Jakob nach Mitternacht endlich kommen hörte, legte sie sich schnell auf den Diwan und stellte sich schlafend. Sie spürte, er war angeheitert und sagte nur: „Aha, sie schläft. Ist das beste, was sie tun kann. Schlafen und die Schnauze halten."
Am nächsten Tag war Jakob wieder der beste Ehemann. Er klagte nur über Müdigkeit und Überlastung im Dienst.
So ging die Zeit dahin. Nur so alle Monat einmal blieb Jakob über Mitternacht aus. Magda sagte kein Wort mehr darüber. Aber sie redete mit Jesus und mit der himmlischen Mutter. Da wurde es ihr immer klarer, wie wenn sie es ihr sagen würden: Schweige, schweige und dulde in stiller Opfergesinnung. Nur so kannst du seine Wunden heilen!
Das tat sie. Erst nach gut drei Jahren, es war wieder ein Kindlein gekommen, ein Knäblein, da sagte Jakob sehr ergriffen in wahrer Reue, wobei er ihre Hand streichelte und sagte:
„Mutter, meine liebste und treueste Frau, ich hab dir sehr weh

getan. Ich weiß es. Du wußtest auch, wo ich war, wenn ich in der Nacht lange ausblieb. Mama, liebste Mama, ich schwöre dir bei unserem zweiten Kindlein: Das wird nie mehr vorkommen! Mein Herz ist geheilt. Durch deine schweigende Opferliebe hast du mein Herz geheilt."
Die Magda konnte kaum ihre Tränen zurückhalten vor Glück und Freude. Dann sagte sie zu ihrem Mann, indem sie ihr Haupt an seine Brust geschmiegt hatte:
„Es ist Jesus, der unsere beiden Herzen geheilt hat. Seine Liebe, seine wunderbare göttliche Lebensliebe mußte zuerst unsere Herzen verwunden, damit sie geheilt werden konnten vom Trug fleischlicher Begierde und in seiner herrlichen ewigen Liebe frei und froh werden können.
Jakob, liebster, guter Vater, nun wird alles gut. Aber wir dürfen nie vergessen, die Liebe Jesu, die uns zu ewiger Glut und göttlicher Herrlichkeit heranbilden will, wird uns immer wieder verwunden, damit wir geheilt werden von allem, was ihm nicht gefallen würde, was sich nicht vor Gott bewähren könnte:
Von Habsucht und Lüge, von Härte und Geiz, von aller Lieblosigkeit, von allem, was seiner Forderung nicht gerecht wird, in der er sagt:
„Wie mich der Vater geliebt hat, so habe ich euch geliebt. Bleibt in meiner Liebe! Wenn ihr meine Gebote haltet, dann bleibt ihr in meiner Liebe . . . Das ist mein Gebot, daß ihr einander liebet, wie ich euch geliebt habe!" (Joh 15,9).

Weinstock und Reben.

Wir lesen im 15,1 des Johannesevangeliums:
„Ich bin der wahre Weinstock und mein Vater ist der Weingärtner. Jede Rebe an mir, die keine Frucht bringt, schneidet er weg. Jede Rebe, die Frucht bringt, reinigt er, damit sie noch mehr Frucht bringe. Ihr seid schon rein wegen der Lehre, die ich euch vorgetragen habe. Bleibt in mir, dann bleibe ich in euch.

Wie die Rebe aus sich selber keine Frucht bringen kann, wenn sie nicht am Weinstock bleibt, so auch ihr nicht, wenn ihr nicht in mir bleibt. Ich bin der Weinstock, ihr seid die Reben. Wer in mir bleibt und ich in ihm bleibe, der bringt reiche Frucht. Denn getrennt von mir könnt ihr nichts.

Wenn jemand nicht in mir bleibt, so wird er wie ein Rebzweig hinausgeworfen, wo er verdorrt. Man hebt ihn auf und wirft ihn ins Feuer, wo er verbrennt.

Wenn ihr in mir bleibt und auch meine Worte in euch bleiben, so möget ihr bitten, um was ihr wollt, es wird euch zuteil werden. Dadurch wird mein Vater verherrlicht, daß ihr reiche Frucht bringt und ihr euch als meine Jünger erweist."

Dieses Gleichnis des Herrn stimmt genau überein mit der Ankündigung des eucharistischen Brotes Jesu im 6. Kap. des Johannesevangeliums:

„Ich bin das Brot des Lebens!"

„Das Brot aber, das ich euch geben werde, ist mein Fleisch für das Leben der Welt."

„Wenn ihr das Fleisch des Menschensohnes nicht essen und sein Blut nicht trinken werdet, dann werdet ihr kein Leben in euch haben."

„Wer mein Fleisch ißt und mein Blut trinkt, der hat das ewige Leben, ihn werde ich auferwecken am Jüngsten Tage."

„Wie mich der lebendige Vater gesandt hat und ich durch den Vater lebe, so wird auch der, der mich ißt, durch mich leben."

„Dies ist das Brot, welches vom Himmel herabgekommen ist. Nicht wie das Manna, das euere Väter gegessen haben und doch gestorben sind."

„Wer dieses Brot ißt, der wird ewig leben!"

Wir wollen noch einmal lesen und es uns gut merken! Denn hier geht es um das tiefste Lebensgeheimnis des Christen:

„Wie die Rebe aus sich selber keine Frucht bringen kann, wenn sie nicht am Weinstock bleibt, so auch ihr nicht, wenn ihr nicht in mir bleibt. Ich bin der Weinstock, ihr seid die Reben. Wer in mir bleibt und in wem ich bleibe, der bringt reiche Frucht. Denn getrennt von mir könnt ihr nichts."
Dazu auch gleich wieder das Wort der eucharistischen Verheißung: „Wer mein Fleisch ißt und mein Blut trinkt, der bleibt in mir und ich bleibe in ihm!" (Joh 6,56).
Es läßt sich darüber nicht diskutieren. Hier wird reiner Glaube von Jesus verlangt. Wer hier versucht, mit dem Verstande das zu erfassen, der tastet ins Leere und wird irre. Er wird letztlich irre an Jesus selbst, den er in seiner göttlichen Lebenstiefe nie erfassen kann.
Wir müssen endlich im Lichte des Glaubens erkennen:
Der Mensch, jeder einzelne Mensch ist ein einmaliges Geheimnis. Viel tiefer als alle sonstigen Lebensgeheimnisse in der Welt. Der Mensch ist von Gott aufgerufen, in die unendliche Tiefe des göttlichen Lebens heimzusuchen.
Dazu ist Gott selber Mensch geworden, um uns gleich zu werden und uns, jeden einzelnen von uns, aufzurufen, daß er sich ihm ganz schenkt. Natürlich kann das nur in freiester Liebe, niemals durch Zwang geschehen, daß der Mensch in Jesus zur Fülle des göttlichen Lebens heranreife.
Um das richtig zu sehen, müssen wir auf Jesu Wort achten:
„Ich bin der Weinstock, ihr seid die Reben!" „Wer mein Fleisch ißt und mein Blut trinkt, der bleibt in mir und ich bleibe in ihm."
Wer nicht am Weinstock bleibt, der verdorrt. Wer nicht mit Jesu Leib und Blut eins wird, der hat kein wahres Leben, kein ewiges und unsterbliches Leben. Der bleibt im Leben des Todes.
Eins werden mit Jesu Leib und Blut können wir nur in freier, gläubiger und liebender Hingabe. Die Hingabe an Jesus muß lebendig sein, nicht gewohnheitsmäßig, so wie Jesus sich uns hingibt in seiner ganzen lebendigen Liebe. Es ist die gleiche Liebe, mit der Jesus sich für uns am Kreuze hingeschenkt hat.

Weinstock und Reben.
Jesus will geben
ewiges Leben,
hoch uns erheben.

Es ist eine teuflische Lüge, wenn aus der unseligen Evolutionstheorie immer wieder gelehrt wird, der Mensch sei die höchste Entwicklung aus dem Tierreich. Dann ist der göttliche Bericht aus der Genesis falsch, daß Gott den Menschen nach seinem Bild und Gleichnis unsterblich erschaffen hat, ihm gleich, daß er als Kind Gottes sich entfalte. Dazu müssen wir freilich die Prüfung und Bewährung in der Liebestreue zu Gott sehen. Da hat der Mensch versagt. So ist er in die Gottesferne gestürzt.
Aber Gottes Liebe konnte diesen einst so geliebten Menschen nicht vergessen. Darum ist sogar Gottes Sohn Mensch geworden, um uns Menschen aus unserer Gottesferne zu erlösen und zu entsühnen, daß wir wieder wahrhaft Kinder Gottes werden können.
Wie hätte Gott sich so erniedrigen können, in ein Wesen einzugehen, ja es anzunehmen, das nur ein höher entwickeltes Tier ist. Nein, der Mensch ist eine einmalige Neuschöpfung Gottes. Er ist nach dem Bild und Gleichnis Gottes unsterblich erschaffen.
Diese Tatsache, diese Auserwählung müssen wir im Glauben festhalten, sonst können wir nie die Rede und Verheißung Jesu verstehen:
„Ich bin der Weinstock, ihr seid die Reben!"
„Wer mein Fleisch ißt und mein Blut trinkt, der bleibt in mir und ich bleibe in ihm."
„Der hat das ewige Leben."
„Den werde ich auferwecken am Jüngsten Tage."
Aber wie sollten wir da jemals die Worte Jesu, des Sohnes Gottes begreifen können, wenn er den Vater bittet:
„Vater ich will, daß alle, die du mir gegeben hast, dort bei mir sind, wo ich bin, daß sie meine Herrlichkeit erleben, die ich bei dir habe von Anbeginn."
Oder wie sollen wir das Wort der Verheißung verstehen:
„Allen aber, die ihn (Jesus) aufnahmen, gab er Macht, Kinder Gottes zu werden, die nicht aus dem Geblüte, nicht aus dem Willen des Fleisches, nicht aus dem Willen des Mannes, sondern aus Gott geboren sind" (Joh 1,12).

Weinstock und Reben.
Gott will uns geben
ewiges Leben,
hoch uns erheben.

Aber der Mensch in seiner Torheit, verführt von Satan durch die Lockungen der vergänglichen Genüsse und Scheinvorteile, läßt sich hinunterreißen in Tiefen, die ihn kaum mehr unterscheiden von tierischem Leben. Eigentlich sinkt der Mensch oft weit unter das tierische Leben.
Ich beobachte von meinem Fenster aus ein Rotschwänzchen-Pärchen, wie das so emsig und treu besorgt ist, seine Jungen zu brüten, zu füttern und zum frischen, freien Leben zu bilden. Was tut heute der Mensch mit seinen Jungen? Ich will darüber nicht reden. Hier versagt mir die Sprache. Auf alle Fälle sinkt der Mensch damit weit unter das Tier. Eben in das Gebiet des ewigen Todes, wie Jesus die Hölle oft bezeichnet hat.
Hierüber muß ich etwas erzählen, das ich nur teilweise persönlich erlebt habe. Sonst nur erfahren konnte. Mehrere Jahrzehnte liegt das zurück:
Ich hörte von einem jungen Mann, der eine fromme Mutter hatte. Der junge Mann, der Jörg, der sollte ordentlich studieren, sollte etwas werden. Er hat sich mit ganzem Ehrgeiz in das Studium versenkt. Er war gut begabt und hat die Hochschule mit Auszeichnung absolviert. Auf elektronischem Gebiet, das damals noch nicht so erschlossen war, hat er sich besonders hervorgetan. Eine bedeutende Firma hat ihn eingestellt. Zunächst für ein Jahr zur Probe. Als sie jedoch seine Talente erkannt hatten, wurde er mit einem hohen Gehalt für immer angestellt.
Jörg war für's Leben versorgt. Alle gratulierten ihm. Seine Mutter jedoch, die zu früh verstorben war, hatte ihm noch gesagt:
„Jörg, mein Sohn, vergiß nie deine höhere Berufung als Christ! Was nützen dir alle Vorteile, wenn du das ewige Leben verlierst!"
Da war nun leider sein Vater, der mit glühendem Vaterstolz auf seinen Sohn schaute. Da er selber von Religion nie viel gehalten hatte, erwartete er auch von seinem Sohn kein religiöses Leben. Er sagte ihm:
„Jörg, was du kannst, das bist du! Und du kannst etwas, darum bist du etwas! Weithin kann dir keiner die Hand reichen. Wenn dich die Mutter religiös noch mahnen wollte, das war ihre Schwäche. Das mußt du nicht ernst nehmen. Ich hab es auch nie ernst genommen. Die Hauptsache ist, daß du etwas kannst und etwas bist."
Leider hatte auch Jörg während des Studiums Religion ganz vergessen. Er kam nie mehr in die Kirche und betete nicht mehr.

Gott war für ihn ein Fragezeichen geworden.
Auch für Frauen und Liebschaften hatte er sich während seines Studiums nie Zeit genommen. Jetzt aber, da er alles erreicht hatte und das Leben genießen konnte, wie er dachte, gingen ihm auch die Augen auf für die Schönheit und Reize des weiblichen Geschlechtes. Minderwertige und dirnenhafte Frauen verachtete er. Die seien seiner nicht würdig, dachte er. Aber angesehene und vornehme Mädchen bannten seinen Blick und seine Begierde.
Ein Mädchen war es, die Tochter eines Direktors seiner Firma, die ihm Tag und Nacht zu schaffen machte. Er versuchte Kontakt mit ihr zu bekommen. Das gelang ihm bald, weil er in der Firma sehr angesehen war. Karin dürfte sie geheißen haben. Karin ließ sich bald mit ihm ein. Sie wurden ein Liebespaar. Man hatte nichts dagegen.
Aber die Frage, ob Jörg die Karin heiraten wolle, hat er nie gelöst. Da bekam ich mit Jörg Kontakt. Ich weiß nicht, wer ihn mir empfohlen hatte. Ich hatte einen Vortrag gehalten über Eheprobleme. Nach dem Vortrag bat mich Jörg zu einer Aussprache. Nun ja, wir gingen halt in ein Kaffeehaus, wie es in Wien so üblich war. Wir suchten uns ein abgelegenes Tischchen.
Da rückte Jörg bald heraus mit der Sprache, daß er halt die Karin, die Tochter seines Direktors, heiraten solle. Das wolle er nicht, weil er sich nicht binden könne. Er könne sich nicht, wie er sagte, an ein Fleisch binden.
Ich mußte dann schon ein wenig ernst reden und sagte:
„Ja, mein Lieber, das Verhältnis von Mann und Frau ist eine heilige Sache. Du lebst ohne Gottes Segen mit der Karin zusammen. Das geht nicht. Ihr müßt euch in Gott verbinden zu einem heiligen Bund, dann dürft ihr als Mann und Frau euch leiblich schenken. Dafür müßt ihr zuerst wieder beten!"
Jörg wehrte meine Rede ab mit harten und derben Worten:
„Herr Pfarrer, Sie haben mir gesagt, ich darf offen zu Ihnen reden, wie es mir ist und wie ich es empfinde. Zu Gott beten, das kann ich nicht, weil mir Gott eine unlösbare Frage ist. Was ich anbete, ich sage es Ihnen, wie ich es empfinde:
Anbeten tu ich zur Zeit den Hintern meiner Karin. Das füllt mich vorläufig aus. Ich habe nichts Höheres, was ich anbeten könnte. Ich weiß, das ist nur Fleisch. Ist sterbliches Fleisch. Darum kann ich und will ich mich nicht daran binden. Ich bin so ein radikaler

Bursch in meinem Denken und Forschen und Empfinden. Darin versteht mich niemand. Ich hoffe, daß Sie mich verstehen."
Das war eine harte Brise, war aber ehrlich gesprochen. Darum durfte ich Jörg nicht zurückweisen. Ich flehte den hl. Schutzengel an, daß er mir Rat gebe. Zuerst nahm ich das Glas zur Hand und sagte:
„Jörg, auf deine Offenheit zunächst einmal Prost! Eigentlich sehe ich dein Problem sehr klar. Aber die Frage ist, wie ich dir das erklären kann. Denn du hast das wahre Lebensfundament unter den Füßen verloren. Das Fundament unseres Lebens ist Gott. Es nützt nicht viel, wenn ich dir sage, du mußt wieder beten, mußt wieder Gott finden, dann findest du auch die Lösung deines Problems. Den Hintern deiner Karin betest du an, sagst du. Das genügt dir vorläufig. Aber Gott ist ganz, ganz anders! In Gott allein findest du alle Lust und Freude, alle Seligkeit und Liebe, allen Frieden und alle Sicherheit für Zeit und Ewigkeit.
Verzeih, Jörg, das ist zuviel, was ich dir hier sage. Das kannst du nicht fassen. Da müßte erst das Leben dir Aufschluß geben. Ich hoffe, daß das Leben dir Aufschluß gibt. Ich hoffe es sicher. Deine Mutter, von der du mir angedeutet hast, wird dir helfen."
Über ein Jahr lang habe ich kaum mehr etwas über den Jörg gehört. Nur habe ich erfahren, daß er sein Verhältnis zur Karin aufgeben mußte. Die Eltern der Karin verlangten eine ernste Heirat, sie duldeten weiter eine solche Unmoral nicht.
Eines Tages kam Jörg wieder zu mir. Er war mit Problemen geladen, mit denen er nicht mehr fertig wurde. Vor allem war da ein sehr hübsches und gut katholisches Mädchen, das ihn, wie er spürte, sehr liebte. Inge hieß es. Sie arbeitete im gleichen Betrieb in der Handelsabteilung als Dolmetscherin.
Mit Inge hatte Jörg das größte Problem. Er wurde so von ihr angezogen, daß er nicht mehr von ihr loskam. Immer mußte er an sie denken. Nachts konnte er oft lange nicht schlafen und wenn er schlief, träumte er nur von ihr. Aber Inge duldete keine körperliche Annäherung. Sie sagte:
„Jörg, du wirst es spüren, daß ich dich gern habe. Warum, das weiß ich nicht. Ich empfinde, in dir schlummert ein guter Mensch, der sich jedoch nicht entfalten kann. Dich umschlingt ein kalter Lebensmangel. Dir mangelt Gottes Licht und Gottes Liebe.
Jörg, bei aller Zuneigung, die ich zu dir habe, bist du mir fremd. So

fremd, daß ich mein Leben nie mit dir teilen könnte."
Jörg fragte mich nun, was diese Worte der Inge bedeuten sollen. Ich mußte Jörg erklären, daß Inge ihn sehr treffend geschildert habe: „Dir mangelt Gottes Licht und Gottes Liebe. Ohne Gottes Licht tappst du in Finsternis. Eben in der Finsternis dieser Welt. Ohne Gottes Liebe bist du ein Egoist, der rücksichtslos nur sich selber sucht. Inge hat schon recht, wenn sie dir sagen muß, daß du ihr fremd bist und sie nie ihr Leben mit dir teilen könne."
Da brauste Jörg auf:
„Aber ich liebe doch Inge und komm nicht mehr von ihr los! Ich muß sie wahrscheinlich mit Gewalt an mich reißen, damit sie mir endlich gehört!"
Ich rief aus:
„Um Gottes Willen, wenn du das tun würdest, würdest du einen Mord begehen, an dir und an Inge. Sie würde schweigen, aber sie wäre vor dir tot. Und auch du wärest ein toter Mann, weil Inge dir das Leben, nach dem du hungerst, nicht mehr vermitteln könnte."
Jörg fragt ganz aufgeregt:
„Inge soll mir das Leben vermitteln. Was soll das heißen?"
„Das soll heißen, Inge könnte dir das tiefere Leben, das wahre Leben aus Gott vermitteln, wovon sie selber, wie ich es vermute, wirklich erfüllt ist. Das ist das stille Priestertum der Frau, in schenkender und opfernder Liebe Leben aus Gott vermitteln. Aber das kann sie nur dorthin schenken, wo es in Liebe aufgenommen wird. Und das, mein Jörg, das fehlt dir noch sehr, die Liebe, die selbstlose Liebe. Was du bisher Liebe genannt hast, das hatte mit Liebe nichts zu tun, das zerstört die Liebe, das ist nur selbstsüchtige Begierde."
Jörg braust wieder auf in Rechthaberei:
„Dazu sagt man allgemein Liebe. Dafür gibt es kein anderes Wort. Man könnte höchstens unterscheiden zwischen freier Liebe oder gebundener Liebe, die ich ablehne, weil ich frei sein will."
Ich wurde streng zu Jörg:
„Jörg, mein Lieber, wenn du unbedingt auf dem niederen Stand deiner sogenannten Liebe verharren willst, die nur Fleischeslust ist, dann ist es zwecklos, daß wir weiter miteinander reden. Dann geh deinen Weg der Finsternis und des Egoismus, eben den Weg des Verderbens! Und laß mich in Ruh! Gezwungen kann niemand zum wahren Leben werden, wenn er eben das Leben des Verderbens will. Aber eines sag ich dir, laß die Inge in Ruh! Sonst könntest du

mich kennenlernen! Ich werde zu ihrem Schutz alle Engel anrufen!"
Jörg wird unruhig und verzagt:
„Aber Herr Pfarrer, ich komme von der Inge nicht mehr los. Darum bitte ich Sie, helfen Sie mir, sagen Sie mir, was ich tun soll!"
„Gut, Jörg, das ist eine andere Sprache. Wenn du mich so fragst, dann kann ich dir als Priester einen guten Rat geben. Aber du mußt ihn endlich annehmen und befolgen! Ich bin überzeugt, die Inge wäre der Engel zu deiner Rettung. Aber rühr sie mir nicht an!"
Jörg taut doch langsam auf für die tieferen Fragen der Liebe. Er meint:
„Herr Pfarrer, warum betonen Sie das so sehr, daß ich die Inge nicht anrühre. Mann und Frau sind doch füreinander geschaffen, sie sollen einander ergänzen, wie einmal ein Bischof geschrieben haben soll. Die Inge ist da auch so streng und stur, daß ich verzweifeln könnte. Oder es packt mich einmal eine Wut, die keine Grenzen mehr kennt."
„Halt mit solcher Rede!", rief ich energisch. „Weißt du, was der Völkerapostel darüber schreibt? Ich will es dir sagen. Und das, mein Lieber, ist sehr ernst:
„Wißt ihr nicht, daß ihr ein Tempel Gottes seid und daß der Geist Gottes in euch wohnt? Wer den Tempel Gottes vernichtet, den wird Gott vernichten. Denn der Tempel Gottes ist heilig. Und der seid ihr" (1. Kor 3,16).
Oder das andere Wort des Apostels:
„Wißt ihr nicht, daß euer Leib ein Tempel des Heiligen Geistes ist, der in euch wohnt, den ihr von Gott habt? Wißt ihr nicht, daß ihr euch nicht selbst gehört? Um einen teueren Preis seid ihr erkauft, (um den Preis des Blutes Christi). Darum verherrlicht und traget Gott in euerem Leibe!" (1. Kor 6,19).
Jörg konnte die Worte erst nicht recht verstehen. Ich habe sie ihm ziemlich ausführlich erklärt. Langsam ist er dafür aufgetaut. Freilich noch nicht ganz. Aber er wurde nachdenklich. Er erzählte mir von seiner frommen Mutter. Die hat es immer gut gemeint und hat manches Wort gesagt, das noch in ihm schlummerte. Wie z. B. das Wort: Wer nur sich selber sucht, der findet Gott nicht. Oder ein anderes Wort von seiner Mutter: Wer nur die Welt lieb hat, der kann Gott nicht lieben. Jörg gestand mir dann:
„Sehen Sie, Herr Pfarrer, es kamen die Jahre, in denen ich nur

lernte und studierte. Das Studium hat mich ganz verschlungen. Ich hatte den Ehrgeiz, höchste Leistungen zu erringen. So wurde ich ein Experte in Elektronik und wurde notwendigst gebraucht. Meine Leistung wurde Spitze. Das ist mir so in den Kopf gestiegen, daß ich meinte, ich brauche mich vor niemandem mehr beugen. Auch vor der Kirche und vor Gott nicht. Ich machte mir selber meine Lebensgesetze. Wie es heute eigentlich fast alle tun."
Diesmal war Jörg ein wenig für das wahre Leben aufgetaut. Er versprach mir beim Abschied:
„Ich werde Inge nicht anrühren! Ich werde auf sie hören, wie Sie sagen, daß die Frau von Gott dafür geadelt ist, priesterlich uns das wahre Leben zu vermitteln."
Wochen waren vergangen. Ich machte an einem Sonntag mit einer Jugendgruppe einen Ausflug in den Wiener Wald. Da traf ich Jörg und Inge, wie sie miteinander im Gespräch vertieft ihres Weges wandelten. Jörg sah mich, kam mit Inge auf mich zu und sagte:
„Schade, Herr Pfarrer, daß Sie nicht Zeit haben. Wir hätten Sie gerade gebraucht."
Ich sagte:
„Die jungen Leute wollen hier auf der Waldwiese Ball spielen. Da können sie mich entbehren."
Wir hatten bald eine Bank gefunden, auf der wir uns niederlassen konnten. Inge schaute mich interessiert an und meinte:
„Sie sind also der Herr Pfarrer, von dem Jörg mir erzählt hat. Sie geben mir recht in meiner Forderung nach Reinheit. Nun sagen Sie uns gleich, warum der liebe Gott das will."
Darauf konnte ich antworten:
„Gott ist die reinste und heiligste Liebe. Wenn wir Kinder Gottes sind oder sein wollen, dann müssen wir ein reines Leben führen. Vor allem muß unsere Liebe zueinander rein sein. Dann ist es eine wahre Liebe, die uns in der Seele und im Herzen glücklich machen kann.
Eine unreine Liebe, die nur Fleischeslust ist, zieht den Menschen ins tierische, ja oft unter das tierische Leben nieder. Damit erstickt im Menschen alles höhere Leben. Vor allem wird das Leben der Kindschaft Gottes zerstört.
Es ist ein böser Betrug an den Menschen, wenn die dämonischen Mächte ihn zur Unreinheit verlocken. Unreine Fleischeslust ist der Angelhaken, womit der Dämon uns angeln will. Damit bekommt er

uns in seine Gewalt und kann bald mit uns machen, was er in seiner Mordbegierde will. Vor allem weckt er in uns die stolze Selbstbehauptung, die da ruft: Ich weiß selber, was ich tue und zu tun hab. Darin brauch ich mir von keinem Pfarrer und keinem Herrgott was dreinreden lassen.

Wenn der Mensch in diesem Stolz verhärtet, wird er Knecht des Teufels. Mag er sich noch so frei und selbstherrlich fühlen und behaupten, er ist Knecht in tiefster und grausamster Knechtschaft für ewige Zeiten, wenn er sich nicht mehr bekehrt. Aber bekehren wird sich der Stolze selten. Zu stark sind die Fesseln Satans.

Alle, die da heute so stolze Reden führen gegen den Papst und alle göttlichen Einrichtungen, die reden, reden und reden in hochgelehrten Phrasen. Sie hören sich gerne selbst. Es klingt doch so erhaben, sich selber zu hören im Mikrophon Satans."

Ich mußte aufhören. Inge sagte:

„Herr Pfarrer, Sie haben uns genug gesagt. Wir wollen nun weiter schauen, wie wir uns zurecht finden, ich meine, wie wir uns finden in der reinen Liebe Gottes. Für mich ist das klar. Aber Jörg betet zu wenig. Darum hat er noch zu wenig Licht in seinem Geist. Er hat zwar gebeichtet, geht auch wieder mit mir in die Kirche. Aber es braucht seine Zeit, bis er aus seiner Selbstsicherheit in die wahre Sicherheit der Liebe Gottes heimfindet."

Inge wendet sich an Jörg, streichelt seine Hand und sagt:

„Jörg, wenn ich dich nicht so gern hätte, hätte ich dich längst verlassen. Aber in meiner Liebe zu dir habe ich Zeit, Zeit der Hoffnung, daß du dich bald zurecht findest im Lichte der herrlichen Liebe Gottes."

Ich glaube, es waren wieder mehrere Wochen vergangen, da kamen Jörg und Inge zu mir. Ich hatte zwar wenig Zeit und mußte mich kurz fassen. Inge sagte gleich:

„Herr Pfarrer, es ist soweit, Jörg hat das Licht des Lebens gefunden. Er betet seit einiger Zeit mit mir jeden Abend in einer Kirche den Rosenkranz. Nun wird alles für ihn klar, was er früher nicht verstehen konnte. Wir haben uns ganz still vor einem Muttergottesbild verlobt. Wir wollen bald heiraten."

Als sie die Bitte aussprachen, ich sollte sie trauen, lehnte ich ab und wies sie an, vom zuständigen Pfarrer sich trauen zu lassen. Ich will nur als stiller Gast dabei sein.

Auf alle Fälle war mir das eine Bestätigung, welche Segenskraft

ein reines und jungfräuliches Mädchenherz für eine gute künftige Ehe sein kann. Auch hier zeigt sich das verborgene Priestertum der Frau, das nur wirksam werden kann aus einem reinen Herzen. Das muß in Lebensverbindung bleiben mit dem unbefleckten Herzen Mariens.
Wie häßlich klingt dagegen der Ruf nach der Priesterweihe der Frau. Das reine Frauenherz ist von Gott priesterlich geformt in dienender und opfernder Liebe, aber nicht zu herrschender Selbstdarstellung. Weil sie selber nicht mehr priesterlich sind, fordern sie pervers das heiligste Amtspriestertum, das Jesus nur dem Manne übergeben hat mit den Worten:
„Wie mich der Vater gesandt hat, so sende ich euch!"
Dazu dürfen wir nie die Worte vergessen, die Jesus seinen Jüngern gesagt hat:
„Wie mich der Vater geliebt hat, so habe ich euch geliebt. Bleibt in meiner Liebe! Das ist mein Gebot, daß ihr einander liebet, wie ich euch geliebt habe! Eine größere Liebe hat niemand, als daß er sein Leben hingibt für seine Freunde. Ihr seid meine Freunde, wenn ihr tut, was ich euch aufgetragen habe!" (Joh 15,9).
„Wie die Rebe aus sich selber keine Frucht bringen kann, wenn sie nicht am Weinstock bleibt, so auch ihr nicht, wenn ihr nicht in mir bleibt. Ich bin der Weinstock, ihr seid die Reben. Wer in mir bleibt und in wem ich bleibe, der bringt reiche Frucht. Denn getrennt von mir, könnt ihr nichts."
Dazu dürfen wir auch nie die Verheißung Jesu übersehen:
„Wer mein Fleisch ißt und mein Blut trinkt, der bleibt in mir und ich bleibe in ihm. Wie mich der lebendige Vater gesandt hat und ich durch den Vater lebe, so wird auch der, der mich ißt, durch mich leben. Das ist das Brot, welches vom Himmel herabgekommen ist. Das ist nicht das Brot, wie das Manna, das euere Väter gegessen haben, und doch gestorben sind. Wer dieses Brot ißt, der wird ewig leben."
So klar hat uns Jesus nicht nur alles gesagt, sondern auch bereitet, daß wir das wahre, unsterbliche Leben haben. Leider leben so viele an diesem einzig wahren Leben vorbei und begnügen sich mit dem vergänglichen Erdenleben, weil der Lügner so mächtig ist.
Wenn mit dem Ableben des vergänglichen Erdenlebens alles aus wäre, könnten wir es hinnehmen, daß viele sich nur mit dem vergänglichen Erdenleben begnügen. Obwohl es ein grausamer Betrug

wäre, da alles in uns sich nach wahrem unsterblichen Glück und Leben sehnt. Denn dazu hat uns Gott erschaffen. Und das hat uns Jesus immer wieder versichert, er der die Wahrheit selber ist. Denken wir nur an sein Wort, das er sprach über das letzte Gericht: „Wahrlich, ich sage euch: Was ihr einem dieser Geringsten nicht getan habt, das habt ihr mir nicht getan. (Jesus meint die Bösen, die keine Liebe kannten). Diese werden eingehen in die ewige Pein. Die Gerechten aber, (die Gutes getan haben), werden eingehen in das ewige Leben" (Mt 25,46).
Bedenken wir die strenge Weisung Jesu: „Wahrlich ich sage euch: Wer an mich glaubt, der hat das ewige Leben!" Der unbedingte Glaube an Jesus ist immer die Voraussetzung, daß wir zum ewigen Leben gerettet werden. „Wer nicht glaubt, der wird verdammt werden", sagt Jesus noch streng vor seiner Himmelfahrt.
Dann aber die wunderbarste Verheißung Jesu: „Ich bin das lebendige Brot, das vom Himmel herabgekommen ist. Wer von diesem Brot ißt, der wird ewig leben. Das Brot aber, das ich euch geben werde, ist mein Fleisch für das Leben der Welt." Damit wir als Kinder Gottes in der Welt bestehen können und heranreifen für das ewige Leben.
Im eucharistischen Geheimnis reicht sich uns Jesus ganz und gar mit seiner totalen hingebenden Liebe. Hier schenkt uns Jesus das Lebensherz, damit wir sein Leben haben und wir mit ihm auferstehen zur unendlichen Herrlichkeit Gottes.
Wehe dem, der da Jesus nicht ernst nimmt, wo er sich uns mit seinem Opferherzen preisgibt. Er tut das nicht so von oben herab oder so nebenbei. Jesus schenkt uns wirklich in dieser Speise wiederum opfernd wie am Kreuz sein Herzblut, weil er uns so sehr liebt und weil wir ohne ihn nicht das ewige Leben in Gott haben können.
Darum muß ich noch einmal sagen: Wehe dem, der da Jesus nicht ernst nimmt! Der wird nicht das ewige Leben haben.
Das schönste Wort, das uns Jesus gesagt hat über das ewige Leben, wollen wir noch hören und immer bei uns bewahren:
„Ich bin die Auferstehung und das Leben. Wer an mich glaubt, der wird leben, auch wenn er gestorben ist. Und jeder, der im Leben an mich glaubt, wird in Ewigkeit nicht sterben."
Ich habe dieses Wort einmal einem Heimkehrer aus dem Krieg

gesagt, der zwar noch heimkommen konnte, aber so elend verwundet war, daß er Tag und Nacht Schmerzen erleiden mußte, ohne Hoffnung auf Genesung. Er war in Verzweiflung und bat den Arzt wiederholt: Gib mir doch eine Spritze, damit es endlich aus ist! Der Arzt konnte das nicht. Dann habe ich mich zu diesem Armen ans Schmerzenslager gesetzt. Ich habe die himmlische Mutter gebeten, mir die Worte zu vermitteln, die ich ihm sagen soll. So fing ich an:
„Mein Lieber, wenn Jesus dich so sehr an sein Kreuz zieht, mußt nicht denken, daß er dich vergessen hat und dich nicht liebt. Wenn du Jesus im Kreuz treu bleibst und nicht verzagst, dann kann er durch dich viele Gnaden schenken. Denk an deine drei Söhne und an deine beiden Töchter, die nun heranwachsen und auch manche Prüfungen des Lebens bestehen müssen. Wenn du zu Jesus ja sagst und dein Leiden für sie aufopferst, dann darfst du sicher sein, deine Kinder werden für ihr Leben Segen und Gnaden gewinnen.

Was wird das einmal für eine Freude sein, wenn du vom Himmel aus sehen darfst, deine Kinder gehen aufrecht und sicher den Weg des Heiles, weil der so verwundete Papa ihnen opfernder Vater war. Und noch etwas, mein Lieber: Wenn du Jesus ja sagst, dann wird er dein Opfer erleichtern. Du wirst viel Trost spüren und wirst dich still im Herzen freuen, weil du deinen Kindern so viel schenken darfst. Darum, mein Lieber, wie Jesus sich dir schenkt in der hl. Kommunion, so schenke dich ihm! Wenn du so mit ihm eins bist, wird deine Liebe Heil und Heilung für dich und die Deinen."
Der Mann hat diese Belehrung und vor allem die hl. Kommunion ernst genommen. Ich durfte ihm jeden Tag den Heiland bringen. Er hat nicht mehr gejammert, sondern still gelächelt bis in seinen Tod.

„Ihr werdet mich wiedersehen!"

Im Johannes-Evangelium, 16,16 lesen wir:
„Eine kleine Weile, und ihr werdet mich nicht mehr sehen. Dann wiederum eine kleine Weile, und ihr werdet mich wieder sehen. Denn ich gehe zum Vater."
Da sagten einige Jünger zueinander: Was heißt das, was da Jesus zu uns sagt: Eine kleine Weile, und ihr werdet mich nicht mehr sehen. Wiederum eine kleine Weile, und ihr werdet mich wiedersehen? Wir wissen nicht, was er damit sagen will.
Jesus merkte, daß sie ihn fragen wollten. Darum sagte er:
„Ihr fragt euch untereinander darüber, weil ich sagte: Eine kleine Weile, und ihr werdet mich nicht mehr sehen. Wiederum eine kleine, und ihr werdet mich wieder sehen. Wahrlich, ich sage euch, ihr werdet weinen und weheklagen. Die Welt aber wird sich freuen. Ihr werdet traurig sein. Euere Trauer aber wird sich in Freude verwandeln.
Das Weib ist traurig, wenn es gebären soll, weil ihre Stunde gekommen ist. Hat sie aber das Kind geboren, trauert sie nicht mehr aus Freude darüber, daß ein Kind geboren worden ist.
Auch ihr seid jetzt traurig. Aber ich werde euch wieder sehen. Euer Herz wird sich freuen. Euere Freude wird niemand mehr von euch nehmen können."
Was hier Jesus seinen Jüngern gesagt hat, das gilt uns allen. Zwar haben wir Jesus noch nicht mit leiblichen Augen gesehen, wie seine Jünger ihn gesehen haben. Aber einmal und früher als wir denken, werden wir Jesus sehen.
Hoffentlich werden wir Jesus nicht als Richter sehen, der ein strenges Wort zu uns sagen muß, weil wir noch kein hochzeitliches Kleid anhaben und damit noch nicht würdig sind, ins Himmelreich einzugehen.
Daß Jesus zu einem von uns sagen muß:
„Wahrlich, ich kenne dich nicht! Weiche von mir!" Das sollen wir nicht denken. Denn wir lieben doch Jesus trotz allem. Nur die Reinigung und Vollendung im Fegfeuer wird uns kaum erspart bleiben. Denn es geht sehr genau drüben beim Wiedersehen mit Jesus. Er ist der heiligste, herrlichste und reinste Gott, der nicht die geringste Unreinheit und Unvollkommenheit an uns dulden kann.
Da muß ich zunächst an ein erregendes Erlebnis im Krankenhaus denken. Ein Patient, der mich bei allen Besuchen mit so unruhigen

Augen angeschaut hatte, aber keinen näheren Kontakt mit mir haben wollte, war mir aufgefallen. Wie ich wieder in die Abteilung komme - ich war damals Krankenhausseelsorger in einer Großstadt - war der Mann bereits aufgestanden und rüstete sich zum Heimgang. Wie er mich sah, sagte er zu mir:
„Herr Pfarrer, ich komme jetzt wieder nach Hause. Werde unten schon von meinem Schofför erwartet. Ich hätte eine Bitte an Sie. Besuchen Sie mich, ich muß dringend mit Ihnen reden." Er gab mir seine Adresse. Ich versprach in den nächsten Tagen zu kommen.
Der Mann hatte außerhalb der Stadt ein nettes Landhaus. Seine Frau und vier Kinder, schon im erwachsenen Alter, begrüßten mich. Der Mann erhob sich mühsam in seinem Wohnzimmer von einem Diwan. Er erklärte mir:
„Ich war erster Direktor in den Stadtwerken. Nun bin ich ein kranker Mann, der nur noch den Tod vor sich hat. Ich hätte mir meinen Ruhestand anders vorgestellt. Mein Leiden ist hoffnungslos. Die Ärzte ließen mich heimgehen, weil sie vorläufig nichts machen können. Die mildernden Tabletten kann ich zuhause auch einnehmen. Und meine Frau, die einmal Arzthelferin war, kann mir notfalls Injektionen geben.
Mein Problem ist, um es kurz zu sagen, die Ewigkeit. Sie haben einem Patienten in meinem Zimmer von der wunderbaren Begegnung mit Jesus erzählt, sobald wir drüben sind. Herr Pfarrer, ich frage Sie, ist das wirklich so, daß wir Jesus begegnen, wenn wir sterben? Ist das überhaupt ganz sicher, daß es eine Ewigkeit gibt? Und daß es einen Himmel oder eine Hölle gibt und dazwischen noch ein Fegfeuer?"
Wir waren allein. Die Kinder hatten sich zurückgezogen. Nur der Frau wurde es gestattet, daß sie hin und wieder ein wenig nachschaute. Ich betitelte ihn mit Herr Direktor. Er bat, daß ich nur seinen Namen nenne. Er hatte den sonderbaren Namen Abel. So antwortete ich:
„Herr Abel, was Sie da fragen, ist ein ganzer Katechismus. Den zu beantworten, bräuchte ich Wochen."
Da fiel mir Herr Abel ins Wort:
„Herr Pfarrer, den Katechismus kenne ich noch. Darüber wachte meine fromme Mutter in meinen Jugendjahren streng. Durch mein sündiges Leben in späteren Jahren versuchte ich manche Drohung

aus dem Katechismus zu vergessen, wie Gericht und Hölle. Die modernen Pfarrer reden davon auch nicht mehr. Oder sie sagen, weil Gott die Liebe ist und alles übersieht und verzeiht, kann es keine Hölle geben. Aber mir kommt das komisch vor. Gott muß doch auch gerecht sein. Er kann nicht die gemeinsten Verbrecher als Heilige in den Himmel hineinnehmen."

Ich fügte seiner Erkenntnis bei:

„Gott ist unendlich rein, heilig und gerecht. Er kann Böses und Unreines in Ewigkeit nicht mit seiner heiligsten und reinsten Liebe vereinen."

Abel gab mir recht, indem er weiter erklärte:

„Unsicher und wankelmütig wollen nur die Gott und alles sehen, die kein reines und sauberes Leben führen."

Er schaute auf, weil seine Frau ins Zimmer kam:

„Ja, ja, meine liebe Berta, du darfst ruhig kommen und da sein. Du hast schweigend alles mitgelitten als ich mich einmal mit anderen Frauen eingelassen hatte. Das war die Zeit, da der Pfarrer im Fasching gepredigt hatte: Wenn der Mann einmal andere Frauen gern hat, ist das keine Sünde, weil es auch Liebe ist. Außerdem deckt Gott mit seiner Liebe alles zu.

Da hast du gesagt, liebe Berta, an einen solchen Gott kannst du nicht glauben. Das ist kein Gott mehr, das ist ein Hampelmann. Ich habe darauf nichts gesagt, aber ich mußte dir recht geben. Ich habe gedacht: Was wäre das für ein Gott, den jeder Dreckfink herumdrehen kann, wie er will. Nein, Gott muß in unantastbarer Heiligkeit und Gerechtigkeit über allem stehen."

Der Herr Abel wurde matt. Ich verabschiedete mich, indem ich dem Patienten noch den Krankensegen erteilte und versprach, bald wieder zu kommen.

Erst nach einer Woche konnte ich wieder kommen. Die Frau Abel teilte mir mit:

„Mein Mann liegt im Bett, es geht ihm nicht gut. Gestern hat ihn unser neuer und guter Herr Pfarrer versehen. Er hat eine gute Beichte abgelegt, wie ich merkte. Er ist ruhig und ergeben in Gottes hl. Willen. Er sagte mir:

„Berta, ich will mein Kreuz und mein zu frühes Sterben als Sühne für meine früheren Verfehlungen und aus Liebe zu Jesus ertragen."

Der Patient freute sich, als ich zu ihm kam. Er sagte mir gleich:

„Herr Pfarrer, ich bin zu allem Opfer bereit. Nur eine Frage müssen sie mir noch klären. Sie haben im Krankenhaus zu meinem Bettnachbarn, der im Sterben lag, gesagt, er werde Jesus sehen in aller Liebe und Güte. Werde ich auch, der ich einmal ein großer Sünder war, Jesus in solcher Liebe und Güte sehen?"
Ich konnte ihm versichern:
„Mein Lieber! Du hast, wie ich gehört habe, gut gebeichtet. Damit hat dir Jesus alles vergeben. Jesus hat ausdrücklich gesagt: Im Himmel wird mehr Freude sein über einen Sünder, der sich bekehrt, als über 99 Gerechte, die der Buße nicht bedürfen. Außerdem hat mir deine Frau erzählt, du willst alles als Sühne und aus Liebe zu Jesus ertragen. Damit kann ich dir im Namen Jesu versichern: Du wirst eine große Freude erleben, wenn du Jesus drüben siehst."
Abel nickte mir mit freudiger Hoffnung zu:
„Ja, das erwarte ich. Ich vertraue Jesus ganz. Aber wie kann Jesus aus so vielen tausend Menschen, die jeden Tag hinüberkommen, mich gleich erkennen als den, dem ich so reumütig gebeichtet habe und der sich mir vollkommen geschenkt hat in der hl. Kommunion?"
„Mein Lieber, bei Jesus, der unendlicher Gott ist, ist das ganz anders als bei uns einfachen Menschen. Gott ist unendlich in seiner Liebe und in seinem Wesen. Er wird vor dir stehen, als wärest du der Einzige, den er empfängt, und mit Freude empfangen wird. Jesus hat doch verheißen: 'Ich werde euch wiedersehen. Euer Herz wird sich freuen. Euere Freude wird niemand mehr von euch nehmen können.' Wir haben Jesus in dieser Welt nur mit den Augen des Glaubens gesehen. Aber das genügt."
Ich merkte, Herr Abel konnte mich nicht mehr hören. Ich gab ihm den besonderen Krankensegen. Er nickte und hauchte:
„Auf Wiedersehen bei Jesus!"
Seine Frau hat mich unten noch zurückgehalten und sagte zu ihren Kindern, die von ihren Schulen oder Berufen heimgekommen waren:
„Meine Söhne und Töchter, horcht auf den Herrn Pfarrer! Er hat euch Wichtiges fürs Leben zu sagen. Ich muß wieder zu euerem Vater, der sich leider zum Sterben richtet. Durch den Herrn Pfarrer möchte er euch sagen: Vergeßt nicht, auch für euch kommt diese Stunde, vielleicht viel früher als ihr denkt."
Die Jungen, zwei Buben und zwei Mädchen, sie waren hübsch, aber nun etwas bedrückt wegen des nahen Todes des Vaters. Die

Mutter hatte mir zuerst noch zugeflüstert, sie haben fast alle schon freie Freundschaften, wie es heute leider üblich ist.
Die jungen Leute schauten mich an wie einen fremden Eindringling, der jetzt stört. Aber ich erklärte:
„Meine Lieben! Euere Mama und euer Vater wünschen, daß ich euch noch etwas sage, gerade jetzt, da euer Vater bald in die Ewigkeit gehen wird. Die Ewigkeit ist die Erfüllung des Lebens, für das wir hier in dieser Erdenzeit in Jesus den Lebensgrund legen dürfen. Ihr denkt, ihr steht mitten im jungen Leben, das ihr leben wollt, nur leben. Das vergönne ich euch. Das vergönnt euch auch Jesus, der euch dieses Leben anvertraut hat, damit ihr es nach seiner Liebe ausnützt und auferbaut zur ewigen Liebe und Freude. Ihr dürft nicht vergessen:
Jesus ist die ewige Liebe. Er will uns in seiner Liebe unendlich glücklich machen. Denn wir sind, merkt euch das! Wir sind alle lebendig in sein Herz eingeschrieben, damit wir darin für alle Ewigkeit glückselige Kinder Gottes werden.
Nur dürft ihr euch aus diesem Herzen Jesu nie losreißen durch die Sünde, sonst würdet ihr im Scheinglück ersticken und zugrunde gehen. Das mußte ich euch sagen im Auftrag eueres Vaters, zu dem ihr nun gehen und Abschied nehmen müßt, weil er von euch gehen muß. Die Mutter winkt euch schon, daß ihr kommt."
Ich ging still hinterher und betete für den Sterbenden.
Wir sind alle in das liebende Herz Gottes eingeschrieben und bleiben darin, auch wenn wir zeitweise nicht nach dem hl. Willen Gottes leben. Darum leidet und opfert Jesus, der Sohn Gottes immer noch für uns, damit Gott Vater uns nicht aus seinem Herzen auslöscht.
Wir sollen einst alle, wenn wir hinüberkommen, Jesus schauen und erleben, nicht als den Richter, sondern als den gütigen Erlöser und Seligmacher, der uns zurufen wird:
„Kommet ihr Gesegneten meines Vaters, nehmet in Besitz das Reich, das euch bereitet ist seit Grundlegung der Welt."
Als der Herr Abel verschieden war, konnte ich mir gerade Zeit nehmen, still bei der Beerdigung mitzugehen. Der Hansjörg, der Älteste der Kinder, holte mich nach der Feier und führte mich zu seinen Geschwistern, indem er sagte:
„Herr Pfarrer, zuerst meinten wir, es sei ungelegen, was Sie uns da sagten gerade vor dem Sterben unseres lieben Vaters. Aber jetzt

erkennen wir, das war notwendig. So standen wir alle ganz anders am Sterbebett und am Grabe unseres Vaters. Wir haben unserem Vater alle still geschworen: Wir wollen so leben, wie er es gewünscht hat, im vollen Vertrauen auf die Liebe Jesu. Wir wollen Jesus folgen und treu sein! Das, Herr Pfarrer, wollten wir ihnen noch sagen. Und dazu bitte, geben Sie uns ihren besonderen priesterlichen Segen!"

Wir werden Jesus, den wir jetzt nur im Lichte des Glaubens sehen können, einmal sehen in seiner wunderbarsten Schönheit und Liebe, die uns unermeßlich erfreuen wird. Das wird sein in einer Freude, die niemand mehr von uns nehmen kann.

Die Sicherheit dafür, daß wir Jesus einmal so erleben dürfen, ist die Begegnung mit Jesus in der heiligsten Eucharistie. Nur Glaube und nur Liebe können wir Jesus dabei zeigen, aber spüren können wir Jesus meist nicht. Das muß so sein auf dieser Welt, daß wir Jesus nicht spüren und wir trotzdem an ihn glauben und ihn lieben. Das ist unsere Prüfung und Bewährung. Es muß uns genügen, was uns Jesus verheißen hat:

„Das ist mein Leib! Das ist mein Blut! Wer mein Fleisch ißt und mein Blut trinkt, der bleibt in mir und ich bleibe in ihm. Der hat das ewige Leben. Den werde ich auferwecken am Jüngsten Tage."

Wir dürfen also nie denken oder gar in Schwermut verfallen in der Meinung, daß Jesus uns auf dieser Welt allein läßt. Er sagt uns ausdrücklich:

„Ich werde euch nicht als Waisen zurücklassen. Ich werde zu euch kommen. Nur eine kleine Weile, und die Welt wird mich nicht mehr sehen. Ihr aber werdet mich sehen, denn ich lebe, und auch ihr werdet leben. An jenem Tage werdet ihr erkennen, daß ich in meinem Vater bin, daß ihr in mir und ich in euch bin.

Wer mich liebt, den liebt auch mein Vater, den werde ich lieben und ich werde mich ihm offenbaren.

Wer mich liebt, der wird mein Wort halten. Mein Vater wird ihn lieben. Wir werden zu ihm kommen und Wohnung bei ihm nehmen" (Joh 14,19). Was uns da Jesus sagt, das ist so ergreifend, daß wir hell aufjubeln könnten. Aber wir müssen schweigen, damit die Kinder dieser Welt uns nicht für verrückt halten. Nur still im Glauben verborgen dürfen wir das alles bewahren und uns trotz aller äußeren Mühsale und Verkennung nur freuen in heiliger Hoffnung, wie die hl. Märtyrer das getan haben.

Die hl. Gertrud von Helfta in Thüringen sagte einmal: „Wie ich mich am Abend zum Gebet niederkniete, dachte ich an das Wort des Evangeliums: Wer mich liebt, der wird mein Wort halten. Mein Vater wird ihn lieben. Wir werden zu ihm kommen und Wohnung bei ihm nehmen. Da fühlte mein Herz, daß du, oh Herr, gekommen bist und in mir gegenwärtig bleibst."
Die hl. Gertrud, die im 13. Jahrhundert in Thüringen lebte, hat sich als einmalige Gelehrte emporgearbeitet. Man hat sie im Kloster Helfta und auch sonst weithin bewundert. Da aber ist ihr Jesus erschienen und hat ihr gesagt: „Deine Gelehrsamkeit bereitet dir Bewunderung, so daß du dich in Einbildung und Stolz erhebst. So gefällst du mir nicht. Denn was ist alles Wissen, wenn du nicht die Liebe zu meinem Herzen findest. Als ich Petrus das höchste Amt meiner Kirche übergeben wollte, habe ich ihn nicht gefragt, ob er alles weiß, sondern ob er mich liebt. Mich lieben, ist die höchste Weisheit."
Die hl. Gertrud hat dann Jesus erlebt in der Liebe seines göttlichen Herzens, wie er sich ihr immer wieder gezeigt hat. Da hat Staunen, noch mehr die Liebe und vor allem eine Demut ihr Herz erfaßt und ein Wissen erblühte in ihr, das alle Erkenntnis dieser Welt weit übersteigt. Es erging ihr, wie der Völkerapostel einmal schreibt: „Möget ihr in der Liebe festgewurzelt und gegründet sein, um zu erfassen die Breite und Länge, die Höhe und Tiefe (der Gnaden Gottes). Dann werdet ihr erkennen die Liebe Christi, die alle Erkenntnis weit übersteigt" (Eph 13,17).
Die hl. Gertrud hat vieles über das tiefe Geheimnis des göttlichen Herzens Jesu geschaut. Leider ist in der Reformation das Kloster Helfta und alles völlig zerstört worden.
Wir müssen uns mühen, die Liebe des Herzens Jesu möglichst zu verstehen. Das können wir nur durch Gebet und selbstverständlich durch ein christliches Leben. Wenn wir die Liebe Christi nicht kennen, sind wir einsam und verloren im vergänglichen Weltgetümmel und suchen uns zu trösten mit dem trostlosen Geschimpfe über Gott und Kirche. Damit sind wir auf dem Abweg des Verderbens. Das wird eine ernste Gefahr bei Menschen, die nicht mehr beten. Die wissen nicht und wollen nicht mehr wissen, daß wir in der ständigen Gegenwart Gottes leben und nie ohne Gott sind.
Die Gegenwart Gottes wird uns vor allem offenbar in der heiligsten Eucharistie. Da ist Jesus wirklich mit seiner ganzen Herzensliebe

und Herzenssorge für uns zugegen. Da kann niemand mehr sagen, er sei von Gott verlassen. Nur wer Gott verläßt durch Glaubenskälte oder gar durch Unglauben, dann hat er Gott verlassen und steht in gefährlichster Gottesferne. Da könnte ihn nur noch Sühne und ein tiefes Fegfeuer vor dem Abgrund ewigen Verderbens der Hölle retten.

Einmal hatte ich von einer begnadeten Seele gelesen, die öfter Schauungen über Arme Seelen hatte. Sie sah eine sterbende Frau noch im Rückblick auf ihr Erdenleben, die keine rechte Liebe zu Gott hatte, weil ihr Herz zu sehr am Irdischen hing, obwohl sie als fromm galt und fast täglich in die Kirche gegangen war.

So starb sie dahin und stand vor Jesus. Ganz erschrocken schaute sie zu Jesus auf, der sie mit strenger Miene zurechtwies: „Warum hast du jahrelang Frömmigkeit geheuchelt, indem du nur in die Kirche gegangen bist, um für dich selbst zu sorgen, indem du dich selbst angebetet hast. Dein Herz hing nur am Irdischen. Mich und meine Liebe hast du nie gesucht. So bist du mir fremd geblieben. Nur brennendste Sehnsucht nach wahrer Liebe meines Herzens, die allein dich ewig glückselig machen wird, kann dein Herz reinigen und befreien zur Aufnahme meiner beseligenden Liebe."

Dann sah sie Jesus nicht mehr. Sie wurde wie von einem fremden Sog abwärts gezogen in eine Tiefe, in der sie ganz allein war. Ganz allein, wie sie Jesus, ihr einziges wahres Heil, ein Leben lang allein gelassen hatte, weil sie sich immer nur selbst genügt hatte.

Endlich kam ein hl. Engel, es war ihr Schutzengel, der entzündete in ihrem Herzen ein Flämmchen, das zu brennen anfing und immer brennender flammte zu einer Sehnsucht nach Liebe, nach reinster Liebe und hellstem Liebesglück, das nur im Herzen Jesu glückseligste Erfüllung finden wird. Das ahnte sie nun und danach ging ihr ganzes Sehnen voll unaufhörlichem Brennen in ihrer Seele und ihrem Herzen.

Endlich sah sie wieder ihren hl. Engel. Den fragte sie, wie lange das dauern wird. Der Engel fragte sie, ob er die Flamme auslöschen solle. „Nein, niemals!", rief sie. „Ich will nur wissen, wie lange das brennen muß", fragte sie.

„Die Sehnsuchtsflamme in deiner Seele muß brennen, bis alles in dir nur noch reinstes Vertrauen zu Jesus ist. Dann wird er kommen und wird dich als seine Braut begrüßen, die bald in seinem Herzen daheim sein darf und dann glückselig aufjubeln kann."

Ihr fragt nun vielleicht, warum Jesus so eifersüchtig ist und nur seine Herzensliebe gelten lassen will. Seht, Gottes Leben und Liebe allein ist der Urgrund unseres Glückes und aller Seligkeit. Wie ein Fisch, der ohne Wasser leben will, zugrunde geht, so können auch wir nicht leben ohne unser Lebenselement, das Gott ist. Wir dürfen nicht vergessen, wir sind als Kinder Gottes erschaffen nach dem Bilde und Gleichnis Gottes. Aus Gottes Liebesquell sind wir geboren, Gottes Liebe allein ist unser Leben. Als wir durch die Sünde aus Gottes Liebe gerissen worden sind, hat Gottes Sohn mit seinem eigenen Blut uns wieder in die Liebe Gottes zurückgeholt, zurückgeboren, können wir sagen. Denn es ist eine Neugeburt, die wir durch Jesus erleben dürfen.

Warum hat Jesus das getan, daß er, der Sohn Gottes einen solchen Kaufpreis für uns zahlte? Weil wir als Kinder Gottes außer Gott nie glücklich werden könnten. Weil Gottes Liebe allein unser Leben ist und unser Heil. Darum muß uns Jesus mahnen und drängen, daß wir in seine Liebe, in sein göttliches Herz heimfinden, um ewig glückselig zu werden in Gottes Liebesleben.

Wir können auch, weil Gottes Liebe keinen Zwang ausübt, ohne Gott leben. Aber ohne Gott leben ist für uns ein Scheinleben. Ein Scheinleben, wie es Satan lebt ohne Gott. Satan war auch von Gottes Liebe ins Dasein gerufen und hätte nur in Gottes Liebe unendliches Heil erfahren. Aber Satan wollte selbst sein, selbst angebetet werden. Er wollte nicht Gott anbeten oder gar dienen. Ihm sollten alle und alles dienen, weil er der Höchste ist, weil er sich stolz erhob in dem Lügenwahn, er sei selber Gott und brauche Gott nicht.

So ist Satan in seinem stolzen Lügenwahn gestürzt in eine Tiefe, die Jesus Hölle nennt und wohl kein Ende an Verzweiflung findet. Da hinunter stürzen mit Satan auch alle Menschen, die ohne Gott leben, indem sie Gott nicht folgen und an seine Liebe nicht glauben, auch nicht an die Liebe glauben, mit welcher der Sohn Gottes sie durch sein Kreuzesopfer vor der furchtbaen Verlorenheit der Hölle retten will.

Ihr könnt sagen und meinen, was ihr wollt, ihr könnt die Hölle wegleugnen in dem Wahn, daß sie dann nicht mehr ist. Aber das Kreuzesopfer Christi, das uns davor retten will, beweist uns, was es Schreckliches um die Hölle ist. Wer trotzdem vor der Hölle keine Angst hat und ohne Reue darauflossündigt, der braucht auch keine Ängste haben, daß ihm die Hölle verloren geht.

„Ihr werdet mich wiedersehen!"
Bedenken wir, was Jesus uns gesagt hat, wie wir es vorher gehört haben: Ich werde euch nicht als Waisen zurücklassen. Ich werde zu euch kommen. Die Welt wird mich nicht sehen. Ihr aber werdet mich sehen. An jenem Tage werdet ihr erkennen, daß ich im Vater bin und daß ihr in mir und ich in euch bin. Welch innigste Vereinigung mit ihm und in ihm und auch mit dem Vater erleben wir da. Freilich jetzt auf Erden nur im Glauben. Aber wirklich, vor allem in der heiligsten Eucharistie. Eine Vereinigung mit Jesus erleben wir da ständig, wie es in dieser Welt undenkbar und unbegreiflich ist. Die Welt wird mich nicht sehen, sagt Jesus ausdrücklich. Die Welt sieht ihn nicht in der Eucharistie, auch nicht die Christen, die weltlich gesinnt sind.

Hier vollzieht sich schon eine Scheidung, die hart in die Ewigkeit hinübergreift und dort als Tatsache unumstößlich stehen wird.

Die Seherin, von der ich vorher erzählt habe, berichtet: Ich sah viele Seelen im Fegfeuer, die zu sehr sich selber geliebt haben und Jesus nur wenig lieben wollten, weil sie sich in ihrer Glaubenskälte wie im Wahn selber genügten.

Jesus wäre dabei nicht eng gewesen, berichtet sie weiter, wenn sie vor ihrem Ableben auf dieser Welt nur ein wenig reumütig zu ihm aufgeschaut hätten, wäre ihr Fegfeuer leicht geworden. Jesus nimmt unseren guten Willen immer ernst und verzeiht uns die Schwächen, wenn wir ihm sagen, es tut uns leid.

Weiter berichtet die Seherin: Wenn ich den Armen Seelen versprach, für sie vor dem Allerheiligsten zu beten, da leuchtete ihr verzagtes Antlitz auf. Es gelang mir auf die Fürbitte Mariens, arme Seelen mit vor den Tabernakel zu nehmen. Ich sah sie nicht, aber ich wußte, sie sind da. Ich habe ihnen vorgebetet. Da hörte ich manchmal im heißen Flüstern, wie sie nachbeteten.

Ich habe auch erlebt, daß manche Arme Seelen es nicht lange aushielten vor der Liebesglut Jesu im Sakrament. Sie stürzten davon, weil sie die Liebenssehnsucht Jesus am Ölberg spürten, die sie nicht aushalten konnten. Da blieben sie lieber wieder allein in ihrer einfachen Sehnsuchtsglut nach Jesus.

Wir sollten daher klug sein in der Klugheit des Glaubens und Jesus in der heiligsten Eucharistie mit tief vertrauensvoller Liebe begegnen. Kindlich einfach dürfen wir das, weil wir Jesus in der Größe seiner Liebe darin doch nicht verstehen können. Eines ist sicher:

Wenn wir Jesus in der hl. Kommunion völlig vertrauen und vertrauensvoll uns ihm schenken, brauchen wir das Fegfeuer nicht fürchten. Jesus reinigt aus unserer Seele und aus unerem Herzen alles weg, was uns für den Himmel unrein machen würde. Das alles tut Jesus so einfach und verborgen, daß wir es kaum merken. Aber wir müssen ihm dabei völlig vertrauen!
Ich muß noch berichten, wie ich es erfahren habe über einen Priester im Fegfeuer:
Er erlitt grausame Sehnsuchtsqualen, vor allem nach Jesus. Immer noch brennender wurde die Sehnsucht, Jesus wenigstens einmal sehen zu dürfen, weil er nun ahnte, Jesus allein kann ihm verzeihen und seine Qual erleichtern. Endlich durfte ihm im Auftrag Jesu sein hl. Engel sagen:
„Du bist als Priester Jahrzehnte lang inmitten meines Lebens gestanden. Du hast mich unzählige Male ins Opfer auf Golgotha gerufen. Du hast mich unzählige Male als heiligste Speise in dich aufgenommen. Aber du hast mir nie mehr mit einem Wort gesagt, daß du mich liebst. Du bist nur geschäftig mit mir umgegangen, wie ein Kaufmann mit seiner Ware. Geschäftig hast du mich preisgegeben in fremde Hände, deren Herzen mich nur verachteten. Das hat dich nicht gekümmert, in welchem Schmutz du mich preisgibst. Nun soll ich zu dir kommen. Das könntest du von einer Mechanik verlangen, aber nicht von mir, der ich lebendigste Liebe bin. Du warst tot und kalt, bereit für die Hölle.
Nur einer verborgenen Opferseele verdankst du es, daß du durch das Fegfeuer gerettet werden kannst. Nun mußt du so lange warten, bis du mich sehen kannst, wie lange ich auf dich im Erdendasein warten mußte. Dabei darf ich nicht denken an die vielen Menschenseelen, die durch deine priesterlose Herzenskälte verloren gegangen sind."

Das Feuer muß brennen!

Schon im 15. Kapitel habe ich darüber betrachtet wie Jesus sagt: „Ich bin gekommen, Feuer auf die Erde zu bringen, und was will ich anders als daß es brenne!" Es ist das Feuer seiner Liebe, das Feuer der Liebe Gottes, das die Menschen wieder erfassen und durchglühen, durchleben soll. Es ist nicht das Feuer, wie wir es auf Erden kennen und gebrauchen, das materielle Stoffe verzehrt, verwandelt, das auch das Fleisch unseres Leibes vernichtet, wenn wir diesem Feuer preisgegeben werden.
Es ist ein anderes Feuer, das Feuer der Liebe Gottes, von dem Jesus spricht. Das ist ein Feuer voll des wahren Lichtes, das alles durchleuchtet und durchdringt, das nicht den geringsten Schmutz duldet, sondern alles in hellster Reinheit widerspiegelt. Dieses Feuer der Liebe Gottes verbrennt auch in uns alle Sündenflecken, alle Sündenstrafen, löscht alles aus, was noch als Staub vergangener Sünden in uns versteckt sein könnte.
Das Feuer der Liebe Gottes wandelt uns auch. Es wandelt uns zurück oder heim in die Schönheit der Kindschaft Gottes. Denn im Feuer der Liebe Gottes glüht das Wesen Gottes auf.
Das Wesen Gottes ist ein undurchdringliches Geheimnis. Kein Geschöpf kann es ergründen oder aussprechen. Eigentlich müßten wir alle schweigen, ewig tief schweigend vor dem Feuer der Liebe Gottes verharren. Aber Jesus spricht von dem Feuer der Liebe Gottes, das er auf die Erde gebracht hat und das brennen soll. In uns brennen soll! Wie es in ihm brannte bis zur Glut der völligen Hingabe am Kreuze.
„Was will ich anders als daß es brenne!"
Dieses Feuer der Liebe Gottes will und kann nicht nur verzehren, wie es geschehen ist am Kreuze und bei unzähligen Märtyrern, wie es geschehen und geschieht bei allen Opferseelen, in vielen Sühnenächten, in vielen Familientragödien, wenn die fromme Mutter allein nur noch für alle betet, opfert und sühnt, ja sich bis in den Tod hinopfert, um ihre Lieben zu retten für das wahre Leben.
Das wahre Leben, das wiederum im Feuer der Liebe Gottes aufleuchtet. Das im Feuer der Liebe Gottes aufleuchtet zu unendlicher und unaussprechlicher Seligkeit, wie es uns einmal erfassen wird in der Herrlichkeit des Himmels.

Das Feuer der Liebe Gottes, das auch die Allmacht der Liebe Gottes in uns aufrichten wird zu einer Gewalt, vor der alles Niedere und Böse versinken wird. Denn die Liebe Gottes allein hat alles erschaffen, erhält alles und regiert alles. In diese Liebesmacht Gottes werden wir einst als Kinder Gottes hineingeordnet, so daß wir mit Jesus und mit den heiligen Engeln herrschen dürfen über die ganze Schöpfung.

Wie wir jetzt auf Erden das Feuer der Liebe Gottes erleben, das ist oft nicht angenehm. Denn es muß alles von uns wegbrennen, was als Schmutz und als Häßlichkeit uns verunstaltet. Es muß uns reinigen.

Dabei dürfen wir nicht übersehen: Das Feuer der Liebe Gottes durchglüht uns, erhellt uns, erleuchtet uns, erfrischt uns immer mehr zur Schönheit der Kindschaft Gottes. In der Frische der Kinder Gottes erblüht in uns die Seligkeit und die Macht Gottes. Das ist alles Gott, das ist alles sein Feuer der Liebe, das uns da zuteil wird.

Nun denkt einmal nach, wie und wo das Gott in wundervollster Weise tut. Denn Gott ist still, ist umso stiller und verborgener, gerade wenn seine Liebe Großes wirkt oder gar in vollster Liebe sich selber schenkt.

Bedenken wir das Wort, das Jesus von sich sagt:

„Eine größere Liebe hat niemand, als wer sein Leben für seine Freunde hingibt."

Das hat er am Kreuze getan. Und das tut er weiter in seiner eucharistischen Opferhingabe. In jeder hl. Kommunion.

Das ist es auch, was Jesus meint, wenn er sagt: Ich bin gekommen, Feuer auf die Erde zu bringen und was will ich anderes, als daß es brenne!

Durch jede hl. Kommunion soll das Feuer seiner Liebe in uns brennen. Das Feuer seiner ewigen göttlichen Liebe. Das Feuer des Lebens Gottes. Das Feuer der Herrlichkeit und Seligkeit Gottes. Das Licht und alle Heiligkeit, alle wundervollste Reinheit und Schönheit Gottes. Eben Gott selber in seiner unbegreiflichen Liebesfülle will erglühen in uns. Seine herrlichste Vaterschaft soll durch seinen Sohn in uns leuchten! In uns, seinen Kindern!

Wie arm sind doch Christenmenschen, wie kalt und leer, die ganz in ihrer Alltagsgeschäftigkeit aufgehen und nicht denken, nicht wissen wollen, wie die Liebe Jesu in ihnen brennen will, zumal sie

vielleicht jeden Tag kommunizieren.
Einmal in Wien, wo ich einige Klöster priesterlich betreuen durfte, sagte mir eine sehr fromme Schwester:
„Ich brenne zu wenig in Jesus."
Ich habe ihr Wort damals zu überspannt, sogar ein wenig für hysterisch gehalten. Das war mein Mangel, weil ich damals auch zu geschäftig war in meinen vielen Aufgaben und viel zu wenig ahnte, Jesus will mit seiner Liebe in mir brennen.
„Ich bin gekommen, Feuer auf die Erde zu werfen. Und was will ich anderes, als daß es brenne!"
Ich war schon einige Male in Ars und durfte auf dem Altar, über dem der Leib des liebeglühenden Pfarrers Vianney ruht, die hl. Messe feiern. Ich muß es sagen, es hat mich jedesmal ein wenig im Herzen ergriffen, da ich wußte, was dieser liebe Heilige stundenlang gebetet und gebüßt hatte, weil er Jesus liebte, weil er so in der Liebe zu Jesus brannte, wie er wußte, daß die Liebe Jesu in ihm brannte, und er diese Liebe fühlte. Ich glaube, so dachte ich in Ars, ich könnte diese Liebe Jesu auch ein wenig fühlen, wenn ich mir mehr Zeit nehmen würde, bei Jesus zu verweilen.
Ich habe etwas Aufregendes erfahren dürfen. Eine wirklich fromme Frau hat mir irgendwo berichtet:
Sie war in Ars und hat längere Zeit vor dem Altar des hl. Pfarrers Vianney gebetet. Da ist ihr geschehen, wie sie es geschaut und vernommen hat im mystischen Erlebnis, daß der hl. Pfarrer sich aufrichtete und rief:
„Das Feuer, das Feuer der Liebe brennt nicht mehr in den Herzen der Priester und in den Herzen der Christen! Das Feuer, in dem Jesus erglüht, das brennt nicht mehr in seiner Kirche, in den Herzen seiner Kinder. Die armen Christen, sie ersticken im Rauch der Hölle, im bösen Feuer der Hölle voller Haß und Neid, voller Gier und Mord, weil das Feuer Jesu in ihnen nicht mehr brennt."
Die Frau ist dann innerlich gedrängt, öfter nach Ars gereist und hat immer wieder gesehen, wie der hl. Pfarrer sich aufgerichtet und in glühender Not gerufen hat. Die Frau hat mir einige Male darüber berichtet. Es war ein dickes Heft voll der Worte, die sie vom hl. Pfarrer gehört hat. Ich konnte mir nicht alles merken. Nur einiges, soweit ich mich erinnern kann, will ich niederschreiben:
„Es ist erloschen, das Feuer der Liebe, das Jesus in ihnen entzündet hatte. Wehe, wehe den armen Christen! Das Feuer der Liebe

Gottes wenn auslöscht in den Herzen der Kinder Gottes, werden sie ersticken im Rauch der Lüge, der aus der Hölle kommt und die ganze Welt vergiftet. Der Rauch der Lüge ist ein Gift der Hölle. Der Rauch der Gier nach Fleisch und Mord ist ein Gift der Hölle. Der glühende Rauch des Stolzes ist das gefährlichste Gift der Hölle. Die Gifte der Hölle durchdringen die Welt und die Menschenherzen. Die armen Menschenherzen können nicht mehr atmen im Lichte der Liebe Gottes. So müssen sie ersticken im Rauch der Hölle und noch mehr in der Glut des Stolzes der Hölle, die alles vernichten will und alles auslöschen will was Jesus in den Herzen der Menschen entzündet hat."

„Warum, warum, ihr Menschen, wollt ihr nicht mehr das Feuer der Liebe Gottes, das so milde und sanft ist, das nur euere Herzen entflammen will, damit alles in euch licht und froh und glücklich werde. Warum, warum, ihr Menschen, ja, ihr Gotteskinder, die ihr sein sollt. Warum wollt ihr das nicht mehr sein. Warum würgt ihr euer Herz in dem furchtbaren Tod des Lasters und des Hasses. Weil ihr das Licht der Wahrheit in euch ausgelöscht habt. Das Licht der Wahrheit, das euch froh und frei machen möchte. Aber ihr wollt Knechte sein. Knechte der Hölle, die euch so schmeichelt mit giftigen Süßigkeiten."

„Ihr armen Menschenkinder, wacht doch auf! Seht ihr denn nicht, welch schreckliches Ungewitter der Hölle über euch aufzieht. Es kommt eine Finsternis über euch, in der ihr Gott nicht mehr sehen könnt als eueren Herrn und Schöpfer, als eueren gütigsten Erlöser. Einen falschen Erlöser und Gott werden sie euch vorlügen, den ihr anbeten müßt, weil ihr den wahren Gott nicht mehr anbeten wollt. Schon lange nicht mehr. Euch selbst und euer Fleisch habt ihr angebetet. Das wird euch nun zur Qual unter der Höllen-Herrschaft."

„Oh ihr Menschen, weil ihr das Feuer der Liebe Gottes in euch ausgelöscht habt, das so licht und hell euch erfreuen wollte, wird das stickige Feuer der Hölle um euch und in euch brennen. Es ist ein stickiges Feuer, das alle ersticken will in einem ewigen Erstickungstod. Wie leicht könntet ihr dieser qualvollen Erstickung entrinnen, wenn ihr nur noch einmal aufschauen würdet zum Herzen Jesu, das immer noch sehnsuchtsvoll für euch alle brennt. Nun aber für euch brennt in glühendster Opferliebe, um vielleicht doch manche aus euch zu retten, die sich noch an ihn erinnern."

„Vergeßt nicht, ihr armen Menschenkinder dieser Zeit, vergeßt nicht, die Liebe Gottes glüht immer noch im Herzen Jesu! Jesus harrt immer noch am Kreuze! Ihr braucht nur zu ihm aufschauen, und die ganze Höllenmacht der Lüge und des Mordes wird verscheucht!"

Der Titel dieses Aufsatzes lautet: Das Feuer muß brennen!

Entweder brennt das himmlische Feuer der Liebe Gottes in uns oder es brennt das Höllenfeuer in uns. Traurig ist es, sehr traurig, daß viele nicht mehr unterscheiden können zwischen dem Feuer des Himmels und dem Feuer der Hölle. Die meisten Menschen sind nur begeistert und entflammt für irdische Freuden im Genuß des Fleisches. Wie soll da der Geist der Liebe Gottes noch brennen!

Wer in Fleischeslust erstickt, kann das Feuer der Liebe Gottes nicht mehr aufnehmen, weil sein Herz im Todeszustand zappelt. Es könnte wieder belebt werden durch Reue und Buße. Aber über ein solch armes Menschenherz breitet der Teufel die Lügenglut seines Stolzes, so daß der Arme sich nichts mehr sagen läßt und meint, er sieht ohnehin, was er zu tun hat. In Wirklichkeit sind ihm mit der Lügen-Binde Satans die Augen verbunden.

Wenn wir das alles unter dem Gesichtspunkt der Ewigkeit zu sehen versuchen, kommt eine Lebensverzweiflung der Menschen und auch der Christen über uns, die uns erschrecken läßt. Wenn wir denken könnten, mit dem leiblichen Tod ist alles aus, dann wäre es auch aus mit dem Unheil. Aber drüben geht es erst an, da ernten wir, was wir im Zeitlichen gesät haben. Gutes oder Böses. Seligkeit oder Verderben.

Es hilft alles nichts, wir müssen im Lichte des Feuers der Liebe Gottes schauen! Da sehen wir:

Alles Böse muß ausgebrannt werden aus unserer Zeit, aus unserem Herzen. Denn nichts Böses, nichts Unheiliges kann eingehen in die reinste Liebe und Heiligkeit Gottes.

Die Liebe Jesu hat für uns gebrannt am Ölberg, an der Geißelsäule, am Kreuze. Und brennt immer noch weiter in nie verlöschender Liebe im eucharistischen Opfer und Mahle, ja im eucharistischen Mahle! Wenn wir nur einmal empfinden würden, mit welch brennender Liebe sich uns Jesus hingibt in der hl. Kommunion! Alle Kommunizierenden würden niedersinken auf ihr Angesicht und nur anbeten, nur vertrauen, nur demütig sich hinschenken, so daß sie neu in Jesus sich erheben als wahre Kinder Gottes, des Vaters.

So aber, weil sie die brennende Liebe Jesu nicht empfinden wollen, bleiben sie hochmütig erhoben als sie selbst, in ihrer eigenen Nichtigkeit, in ihrer eigenen Häßlichkeit, in ihrer eigenen Verweslichkeit, ja in ihrer Höllenverweslichkeit. Und sie wollen nicht wissen, wie Jesus sie in glühendster Liebe herausheben will aus ihrer jämmerlichen Verweslichkeit. Nein, das wollen sie nicht wissen, nicht glauben, wie sehr es ihnen Jesus versichert hat mit den Worten: „Wahrlich, wer mein Fleisch ißt und mein Blut trinkt, der bleibt in mir und ich bleibe in ihm. Der hat das ewige Leben! Den werde ich auferwecken am Jüngsten Tage." Am Tage seiner Heimkehr in das Leben seiner ewigen Jugend, in der alles neu beginnt und vollendet wird in der Lebensfülle der Liebe Gottes.

Aber nein, aber nein und nochmals nein! Der Mensch ist gescheiter als Gott! Der Mensch ist mächtiger als Gott! Der Mensch ist allmächtig, ist allgescheit, er steht weit über Gott und über den dummen Verheißungen Gottes.

Ja, wenn ich noch kein Grab gesehen hätte und keine Verwesung, wenn ich noch kein Sterbenselend gesehen hätte, dann würde ich das überlegen, ob nicht doch der Mensch recht hat in seiner Behauptung und Lebenseinstellung. So aber sehe ich das Gegenteil. Darum sehe ich dahinter den Lügner von Anbeginn, der den Menschen verführt und belügt: Du bist selber wie Gott! Du bist gescheiter als Gott! Du brauchst dir von Gott nichts sagen lassen! Folge mir!

Damit beginnt für jeden Menschen die Tragik zwischen Himmel und Hölle! Denn jeder Mensch muß sich selbst entscheiden, frei entscheiden für den Himmel oder für die Hölle.

Aber du moderner Christ, du sagst heute, es gibt keine Hölle. Gut, dann ist die Sache einfach. Dann braucht es keine Erlösung. Dann braucht es auch keinen Erlöser. Dann war alles Unsinn vom Erlöser Jesus. Der hat das nicht gewußt, daß es keine Hölle gibt. Der war eben doch so dumm. Und wir sind gescheiter.

Und damit, meine lieben Gescheiten, können wir aufhören mit den dummen Überlegungen von Erlösung. Damit gehen wir zu einer gescheiteren Lebenshaltung! Lasset uns leben und fröhlich sein! Lasset uns alles tun, was uns freut, wozu die Lust uns drängt! Denn Sünde, diese dumme Fabelei, gibt es auch nicht mehr. Also laßt uns leben! Und dann sterben! Oder wenn doch drüben?

Könnte der recht haben, dieser Jesus, der da sagte: Himmel und Erde werden vergehen, aber meine Worte werden nicht vergehen!

Dann, ja dann müssen wir wieder zurückblättern und schauen, wie wir zurecht kommen. Wie wir unser Leben führen müssen, daß es nicht in den Graben geht. In den Graben, aus dem wir nicht mehr herauskommen. Ich meine den Graben der Hölle, aus dem wir in Ewigkeit nicht mehr herauskommen. Damit stehen wir wieder vor der wichtigen Tatsache: Wir müssen erlöst werden! Wir müssen mit dem Feuer der Liebe Jesu gereinigt werden. Hier auf Erden oder im Fegfeuer oder überhaupt nicht mehr. Denn das Feuer der Hölle löscht nie mehr aus. Gereinigt werden mit dem glühendsten Feuer der Liebe Jesu in seinem eucharistischen Opfer und Mahl. In der hl. Kommunion, worin zwar Jesus wie immer brennt in seiner glühendsten Liebe, aber auch schon in seiner Demut und Sanftmut. Diese Reinigung wäre so gütig. Die tut uns nicht weh. Nur müssen wir Jesus glauben und ihn wirklich lieben. Dann freilich wird uns Jesus milde und gütig drängen, daß wir mit ihm, mit seiner Liebesglut verbunden, beten und opfern für diese und jene unserer Brüder und Schwestern, damit sie auch gereinigt und gerettet werden.
Damit stehen wir vor der großen Frage der Reinigung, der Reinigung mit dem Feuer der Liebe Gottes! Jesus ist immer bereit in seinem brennenden Erlösungsopfer auf Golgotha. Er läßt uns daran teilnehmen im eucharistischen Opfer. In liebevollster Weise in seinem Opfermahl. Das wissen wir, das haben wir längst überlegt und immer wieder in Erinnerung gebracht, was uns Jesus darüber verheißen hat.
Jesus will dadurch mit uns eine immerwährende Lebensgemeinschaft. In dieser Lebensgemeinschaft mit ihm will Jesus vor allem unser Herz reinigen, so daß es immer mehr erglühen kann in seiner göttlichen Liebe. Ach, so sanft, so einfach würde Jesus durch seine eucharistische Gegenwart unser Herz in die Glut seiner Herzensliebe hineinwandeln. Aber da viele von uns das nicht wollen, nicht dafür Zeit und Aufmerksamkeit aufbringen, weil sie sich selber für wichtiger halten, muß Jesus uns auf andere Weise in sich hineinwandeln. Denn Kinder Gottes sollen wir alle werden in Vereinigung mit Jesus. Ohne daß Jesus in uns wesenhaft geworden ist, sind wir nicht Kinder Gottes, des Vaters. Können wir nicht als seine Kinder in seine Herrlichkeit heimkehren.
So muß halt die Reinigung im Feuer der Liebe Gottes auf andere Weise geschehen. Das kann geschehen durch mancherlei Kreuz auf

Erden oder durch die Reinigung im Fegfeuer. Und das ist Liebe, die brennt, zur Reinigung brennen muß. Denn Liebe Gottes ist reinstes Feuer, das sehr milde sein kann, wenn wir unser Herz darin liebend schmelzen lassen. Wenn nicht, dann wird es schmerzlich. Aber heim müssen wir in das Feuer der Liebe Gottes, das einmal unsere unendliche Seligkeit sein wird.

Ich habe gehört von einem Mann, der vom ersten Weltkrieg heimgekommen, eine Anstellung als Eisenbahner erhalten hatte. Da er tüchtig war, hat er bald in einem Verladebahnhof einen guten Posten bekommen. Er hatte nur ein kleines Häuschen, etwas zu klein für eine Familie. Seine Frau drängte, Grundstücke ringsum zu kaufen und das Haus zu erweitern. Sie hatten bald Zwillinge, nette Buben. Wie die Buben schon im Vorschulalter waren, nahm sie der Vater öfters am Abend mit zum Bahnhof. Dort mußten sie aufpassen, Posten stehen, damit der Vater Waren aus einem Güterwagen holen konnte. Wertvolle Sachen eignete er sich auf diese Weise an. Durch einen Kriegskameraden, der ein Geschäft hatte in der Stadt, konnte er die Waren gut absetzen. So konnten die beiden, Heinz und seine Frau Hermine bald genügend Grundstücke kaufen und das Haus herrlich erweitern. Jahrelang ging das gut. Aber als der Heinz oberster Verwalter des Bahnhofes wurde, hielt er strenge Ordnung und mußte natürlich selber bestes Beispiel geben.

Einige Jahre waren dahingegangen. Die beiden Buben waren herangewachsen, hatten eine Handelsschule gemacht und bekamen eine Anstellung auf verschiedenem Posten in der gleichen Welthandelsfirma. Weitere Kinder waren in der Familie nicht mehr gekommen. Die beiden Söhne verdienten gut. Sie waren gemachte Herren und erlaubten sich Liebschaften, wie es sie gelüstete. Jahrelang konnten sie ein flottes Leben führen.

Aber eines Tages, eigentlich eines Nachts, tauchten beide Söhne im Elternhaus auf und sagten:

„Wir müssen fliehen, irgendwohin verschwinden. Vielleicht nach Südamerika. Sie werden uns nicht finden. Wir haben uns in der Firma durch raffinierte Handelsgeschäfte Geld angeeignet. Nun sind sie uns auf der Spur. Werden es uns wahrscheinlich bald beweisen. Bis dahin sind wir verschwunden. Nun mußt du Vater, uns helfen, wenn wir finanziell nicht mehr zurecht kommen. Du wirst unseren Aufenthalt nie erfahren. Zu deiner Sicherheit. Ein Mittelsmann wird sich wahrscheinlich einmal bei dir melden. Ihm

mußt du Geld geben oder überweisen, wenn wir in Not sind."
Der Vater war entsetzt und mit ihm schimpften seine Mutter. Darauf antworteten die beiden:
„Ihr habt es uns in früher Kindheit schon gezeigt, wie man zu Geld kommt. Das ist euere Schuld, daß wir es auch so versucht haben. Nun müßt ihr mit uns die Schuld tragen."
Damit waren die beiden noch in der Nacht verschwunden. In wenigen Tagen kam die Kriminialpolizei ins Haus mit vielen Fragen. Die Eltern konnten nichts sagen, weil sie wirklich nicht wußten, wohin ihre Söhne verschwunden sind.

Es war fast ein halbes Jahr vergangen, da tauchte ein Mann auf, der seinen Namen nicht nannte, aber sicheren Beweis hatte, daß er im Auftrag ihrer Söhne kam und Geld forderte. Keine geringe Summe. Nach Monaten kam er wieder und forderte wieder Geld für die Söhne.

Heinz war schon im Ruhestand, in Frührente, weil er wegen seiner Söhne nervlich zu leiden hatte. Da immer wieder Geldforderungen kamen, mußten die Eltern die Grundstücke ringsum verkaufen und schließlich auch das Haus. In einer armseligen Zweizimmerwohnung verbrachten sie ihren Lebensabend. Da sagte eines Abends die Mutter Hermine zu ihrem Mann:
„Heinz, wir haben schwer gesündigt, haben unseren Söhnen schlechtes Beispiel gegeben. Das war eine schwere Schuld, die wir nun büßen müssen. Ich habe bei einem guten Priester gebeichtet, der hat mir gesagt, wir sollen das als Buße tragen, was wir jetzt erleiden. Das sei ein Fegfeuer, sagte er, das uns ein viel härteres Fegfeuer drüber ersparen könne. Vater, ich bitte dich, geh auch bei dem Pater beichten, tu auch Buße!"
Das Leben der beiden Eltern wurde immer armseliger. Der unbekannte Mann verlangte immer wieder Geld für die Söhne, die irgendwo in Not sind. Ob es wirklich so war, konnten die Eltern nicht feststellen. Schließlich kamen böse Krankheiten über die beiden, die sie in ein noch tieferes Elend zogen.
Der gute Pater, dem sie sich anvertraut hatten, kam öfter zu ihnen. Der tröstete sie und sagte:
„Meine Lieben, das ist die Reinigung und Buße. Seid nicht unglücklich! Ihr sollt euch glücklich preisen, weil euch Jesus auf dieser Welt das Fegfeuer geschickt hat. Hier ist es leicht, besonders wenn ihr es aus Liebe zu Jesus tragt. Drüben wäre es viel, viel

härter. Ihr sollt es tragen, euer Leiden, auch zur Reinigung für euere Söhne. Wer weiß, wo sie sind und wie es ihnen geht, ich meine seelisch. Betet viel, besonders den Rosenkranz und geht, so weit ihr könnt, jeden Tag zur hl. Kommunion. Opfert da Jesus euer Leiden auf, dann wird er mit seiner Liebe alles gut machen. Und ihr braucht keine Angst haben vor dem Fegfeuer drüben, wenn ihr es jetzt schon in Liebe mit Jesus erleidet."
Schließlich lagen sie beide in ihrer Krankheit so darnieder, daß eine ehemalige Krankenschwester sie umsonst in Liebe pflegte.
Eines Nachts kam ein Mann mit einem Bart in fremder Kleidung zu den beiden Eltern. Es war der eine Sohn von den Zwillingen. Der berichtete:
„Liebe Eltern, macht euch keine Sorgen um uns. Es geht uns gut. Wir haben in Brasilien eine große Ranch. Unsere Spuren sind verwischt. Wir leben unter einem andern Namen. Wir haben ge heiratet und leben in einer ordentlichen, christlichen Ehe.
In unserer Gegend ist eine katholische Mission, die unterstützen wir, wie wir können, um auf diese Weise Buße zu tun für unsere früheren Vergehen. Wenn es möglich wäre, würden wir euch gerne zu uns nehmen. Aber das würdet ihr gesundheitlich kaum ertragen und es wäre für uns gefährlich.
Der Besuch mußte kurz gehalten werden. Der Sohn ließ ihnen etwas Geld zurück. Die Mutter aber sagte ihm noch:
„Unser Liebster, da hast uns sehr getröstet in dem Wissen, daß es euch gut geht. Es freut uns, daß ihr auch Buße tut durch Spenden an die Mission. Wir tragen unsere Armut und Krankheit auch als Buße. Es ist das Feuer der Liebe Gottes, das in uns brennen muß zur Reinigung, damit uns das Fegfeuer erspart bleibt. Wir erdulden alles in Ergebung in den hl. Willen Gottes, der nur Liebe ist, reinigende Liebe Gottes, die in uns brennen muß, damit wir völlig rein bald in den Himmel eingehen können."
Der Sohn war von diesen Worten so ergriffen, daß ihm die Tränen in den Augen standen, als er die Eltern zum Abschied um den besonderen Segen bat.
Bald darauf starben die beiden Eltern in wenigen Tagen nacheinander. Sie haben in Geduld und Liebe das Fegfeuer auf Erden ertragen. Es war Feuer, das wirklich brannte. Aber sie haben nie gejammert. Sie wußten, das Feuer der Liebe Gottes muß brennen. Wenn es schon auf Erden geschieht, wo es milde brennt, dann bleibt es

uns erspart im Fegfeuer, wo es glühend brennen muß, weil es nicht mehr in der Gnade des Glaubens geschieht.
Das Feuer der Liebe Gottes muß brennen! Schauen wir einmal nachdenklich und andächtig das Kreuz Christi an!
Und vergessen wir nie: Auch in der heiligsten Eucharistie, vor allem wenn wir kommunizieren, nimmt uns Jesus in brennender Liebe auf in seine Lebensfülle. Jesus kann das nicht ohne seine Opferglut. Die Liebe in seinem Herzen ist reinste Erlöserliebe, die immer noch erglüht im Opfer am Kreuze.
Wenn wir wieder ins Fegfeuer schauen wollen, wo die Reinigung nur durch brennende Liebessehnsucht sich vollziehen kann, dann sollen wir nicht erschrecken. Das Feuer der Liebe Gottes muß brennen.
Auch in uns zur Reinigung. Wenn wir nicht in der Prüfungszeit auf Erden die brennende Liebe des Herzens Jesu erkennen wollen, dann werden wir umso mehr einst im brennenden Feuer der Reinigung, im Fegfeuer, das erleben und erleiden. Aber dabei mildert nicht mehr wie auf Erden das Verdienst des Glaubens die Glut des Feuers.
Es gibt verschiedene Grade der Reinigung im Fegfeuer. Eigentlich so viele, wie es Menschen gibt im Fegfeuer. Jeder Mensch ist einmalig und braucht eine einmalige Reinigung.
Der Stolze, der sich über Gott erheben wollte, steht im Fegfeuer in tiefster Verlorenheit. Er ist so verkettet in sich selber wie in unzerreißbaren Stahlketten, die lange und sehr heiß durchglüht werden müssen, bis der Ärmste frei wird von seiner stolzen und wahnsinnigen Ichverkrampfung.
Ein Stolzer kann nur durch besondere Sühne, die jemand für ihn leistet, noch im Fegfeuer gerettet werden. An sich ist der Stolze zu tief von Gott entfernt, er ist bereits im grausamen Sog der Hölle. Im Fegfeuer erglüht bei ihm langsam die Erkenntnis, daß er in einem verlogenen Wahn verkettet war, in dem Wahn, eigentlich Wahnsinn, er sei selber wie Gott. Nun spürt er langsam durch die Feuersglut, die ihn von diesem Wahn lösen muß: Gott allein ist alles Leben, Gott allein ist auch sein Leben. Ohne Gott ist alles nur ewiger Todessturz in das eigene Nichts. Aber da Gott ihn in seiner Geist-Seele unsterblich erschaffen hat, muß er leben, jedoch nur in dem Sturz, der kein Ende nimmt, der grauenhaft schreit nach Leben, und doch nur qualvolle Selbstvernichtung ist, wie es alle

Verdammten ewig erleiden, die verführt worden sind durch Satan, den Jesus den „Lügner und Mörder von Anbeginn" nennt.
Erscheinungen von solchen Armen Seelen, die sehr tief im Fegfeuer leiden, gibt es kaum. Die würde kein Mensch aushalten in ihrer brennenden Qual.
Ich habe gehört: Die meisten Armen Seelen, die hinüberkommen, sind anfangs zu sehr in sich verloren und brauchen oft lange, bis sie erwachen für Gott. Mit der Suche nach Gott entflammt in ihnen auch die Sehnsucht nach Gott, weil sie erkennen, Gott allein ist alles Leben und alle Liebe, in der sie glückselig werden können. Dieses Verlangen, dieser Hunger nach Gott ist es, der dann so brennend ihr ganzes Wesen durchglüht.
Wie kalte Steine kommen diejenigen ins Fegfeuer, die auf Erden nicht geliebt haben. Ein Schrecken überfällt sie beim Anblick ihrer selbst. Wie sie nun die Liebe Gottes, vor allem die Liebe Jesu bis zur äußersten Hinopferung am Kreuze erkennen, geht ihnen das Herz auf. Wie Jesus das alles aus rettender Liebe für sie erlitten hat. Nun schreit ihr Herz auf aus der eigenen Kälte, in der sie erfrieren würden zu einem verlorenen Nichts. Ihr Herz will lieben, lieben, nur lieben. Sie erkennen: Liebe ist Leben, Liebe ist Lust ohne Ende, Liebe ist Gott. Sie erkennen nun, aus der Liebe Gottes sind sie erschaffen, aus der Liebe Gottes allein schöpfen sie allen Frieden und alle Freuden. So schreien sie um Liebe, daß auch ihr Herz in Liebe erglühe!
Damit fängt es an, das Fegfeuer, weil die Liebe in ihrem Herzen zu brennen beginnt. Sie wissen, das muß sein, damit die Eiseskälte aus ihnen weggeschmolzen wird. Damit sie, die Lieblosen auch glückselig werden in Liebe, in ewiger Liebesglut, die einmal nicht mehr schmerzlich brennen wird, sondern in beglückender Lust für sie selbst und für alle leuchtet, die ihnen begegnen.
Daraus sollten wir erkennen, wie wichtig es ist in dieser Erdenzeit, das Gebot Jesu zu erfüllen, der uns mahnt:
„Wie mich der Vater geliebt hat, so habe ich euch geliebt. Bleibt in meiner Liebe! Wenn ihr meine Gebote haltet, dann bleibt ihr in meiner Liebe, wie ich die Gebote meines Vaters gehalten habe und in seiner Liebe bleibe. Dies habe ich euch gesagt, damit meine Freude in euch sei und euere Freude vollkommen werde. Das ist mein Gebot: Liebet einander, wie ich euch geliebt habe!"
Zum Schluß will ich noch über eine Arme Seele berichten, von der

mir eine Seherin erzählt hat:
„Ein Mann war mir erschienen, schon etwas geläutert, dennoch sah er noch jämmerlich aus wie ein verhungerter Bettler. Als ich ihn fragte, wie ich ihm helfen könne, fing er an:
„Ich war einmal ein reicher Kaufmann. Ich hing an meinem Reichtum, als wäre das allein wichtig. Daß ich reich werde für den Himmel, darum habe ich mich nicht gekümmert. Nur hin und wieder habe ich etwas verschenkt. Das war meine Rettung. Als ich in die Ewigkeit herüberkam, stand ich arm vor Jesus, der mich sehr ernst anschaute. Er sagte nichts. Ich sah von selber, wie arm ich war. Ich sank in eine bodenlose Tiefe, in die ich völlig versunken wäre, eben in die Hölle, hätten mich nicht die Geschenke aufgehalten, die ich einige Male Armen gegeben hatte.
Dann stand ich in der Tiefe einsam und verlassen. Ich sah, daß viele, unzählig viele so einsam und verlassen und doch einander völlig fremd waren. Das war so trostlos, daß Verzweiflung mich verschlungen hätte, wenn ich noch ein Mensch auf Erden gewesen wäre. Alles in mir schrie um Hilfe! Ich schrie immer lauter, aber ich hörte keine Stimme, weder von mir noch von einem andern.
Endlich, endlich entzündete sich in mir ein Feuer. Ich glaube, mein Engel hat es mir angezündet. Das fing an zu brennen, wurde immer brennender. Der Engel, der wieder kam, tröstete mich, indem er sagte: Das muß brennen! Das Feuer muß brennen! Das muß allen Scheinreichtum aus dir verbrennen, damit dein Herz frei werde für den wahren Reichtum aus Gottes Liebe!
Es hat arg gebrannt, vor allem in meinem Herzen. Aber das Feuer der reinsten Liebe Gottes mußte brennen, bis ich ihn lieben konnte, ihn, Jesus, der mich so sehr geliebt hat bis zur brennendsten Hingabe am Kreuze.
Jetzt kann ich mich dir zeigen und dich bitten, hilf mir durch deine Liebe im Gebet und Opfer, damit mein Herz bald nur noch Liebe ist, Liebe zu Jesus! Der alle Liebe wert ist! Der allein mich ewig reich und glücklich machen wird in seiner Liebe."

„Sorget nicht ängstlich!"

Wir wollen darüber genau die Stimme Jesu Christi hören, wie es uns Matthäus in 6,21 bis 34 berichtet:
„Niemand kann zwei Herren dienen. Denn er wird den einen hassen und den andern lieben. Oder er wird dem einen anhangen und den andern verachten. Ihr könnt nicht Gott und dem Mammon zugleich dienen!
Darum sage ich euch: Sorget nicht ängstlich für euer Leben, was ihr essen werdet! Sorget nicht ängstlich für eueren Leib, was ihr anziehen werdet! Ist das Leben nicht mehr als die Speise und ist der Leib nicht mehr als die Kleidung?
Sehet doch die Vögel des Himmels! Sie säen nicht, sie ernten nicht, sie sammeln nicht in die Scheunen, denn euer Vater im Himmel ernährt sie. Seid ihr nicht viel mehr wert als sie? Wer unter euch kann mit seinen Sorgen seiner Lebenslänge auch nur eine Elle hinzusetzen? Warum sorgt ihr so ängstlich für euere Kleidung? Betrachtet doch die Lilien auf dem Felde, wie sie wachsen. Sie arbeiten nicht, sie spinnen nicht, und doch sage ich euch: Selbst Salomon in seiner Pracht war nicht gekleidet wie eine von ihnen.
Wenn nun Gott das Gras auf den Feldern, das heute wächst und morgen in den Ofen geworfen wird, also kleidet, um wieviel mehr euch, ihr Kleingläubigen!
Sorget euch also nicht ängstlich und saget nicht: Was werden wir essen, was werden wir trinken, was werden wir anziehen? Um das sorgen sich die Heiden.
Euer himmlischer Vater weiß doch, daß ihr dies alles braucht. Suchet also zuerst das Reich Gottes und seine Gerechtigkeit. Dies alles wird euch dazugegeben werden.
Sorget darum nicht ängstlich für den morgigen Tag. Der morgige Tag wird für sich selber sorgen. Jeder Tag hat an seiner Plage genug.
„Ihr könnt nicht Gott und dem Mammon zugleich dienen!"
Geht ein Mensch ganz in der Sorge für das Zeitliche auf, wird der Mammon sein Herz fesseln, so daß er für Gott keine Zeit mehr hat.
„Sorget nicht ängstlich für euer Leben!"
„Wer unter euch kann mit seinen Sorgen seiner Lebenslänge auch nur eine Elle zusetzen?"
Damit hat uns Jesus alles gesagt und erklärt. Wir müssen das nur

ehrlich bedenken. Und wir müssen als gehorsame Kinder Gottes die Heils-Wege nach den Weisungen Gottes gehen. Wenn wir gescheiter sein wollen als Gott, werden unsere Lebenswege Unheilswege.

Erinnern wir uns nur, was die Zeit des dritten Reiches, in der alles ohne und gegen Gott nach Menschenberechnung geplant war, für unsägliches Unheil gebracht hat. So war es allezeit in der Menschheitsgeschichte. Immer gab es große Verheißungen und auch große Scheinerfolge, das Ende aber war Verderben.

„Um all das sorgen sich die Heiden."
Damit sind die Gottlosen gemeint. Wir aber wissen, wie es weiter in der hl. Schrift heißt: „Wenn der Herr das Haus nicht baut, bauen die Bauleute umsonst." Die Alten haben immer gesagt: An Gottes Segen ist alles gelegen.

„Euer himmlischer Vater weiß doch, daß ihr das alles braucht. Suchet also zuerst das Reich Gottes und seine Gerechtigkeit. Dies alles wird euch dazugegeben werden."
Wenn wir aber zuerst und zu allererst nur für das Zeitliche sorgen, ist die Gefahr, daß wir das Ewige verlieren und damit alles verlieren.
Wenn natürlich ein Mensch nicht mehr an das ewige Leben glaubt, dann mag er recht haben, daß er nur für das Zeitliche sorgt. Aber seine Sorge führt ins ewig Leere ohne Gott. Das ist die Hölle.
Mehr denn je müssen wir wieder Jesus Christus ernst nehmen und ihn so nehmen, wie er ist, wie er sich uns geoffenbart hat in seiner Lehre und in seinem Leben. Durch seinen Opfertod bis zur Hingabe am Kreuze hat er uns aus der Gewalt der Hölle entrissen und uns zur Kindschaft Gottes zurückgekauft.

Sorget euch nicht ängstlich!
Alles ist vergänglich.
Gott allein kann geben
unvergänglich Leben.

Darum laß Gott sorgen
für dein Heut und Morgen!
Ohne deine Plage
trägt Gott deine Tage.

Du sollst aufwärts schauen,
mußt auf Gott vertrauen!
Laß aus Gottes Willen
deine Tage füllen!

Wie ein Kind mußt werden:
Alle Weg auf Erden
laß in Gottes Händen,
Gott wills heilsam wenden.

Mußt vor allem denken:
Gott will sich dir schenken
liebevoll im Sohne,
daß er bei dir wohne.

So sind deine Sorgen
ganz in Gott geborgen.
Gott will ewig geben
dir ein selig Leben.

Das ist so einfach gesagt in einem Verslein. Es wäre auch wirklich einfach, wenn wir wie Kinder Gott vertrauen könnten. Wenn wirs nicht können, noch nicht können, dann müssen wir uns bekehren. Dafür ist es Zeit! Sonst können wir nicht glückliche Kinder Gottes sein. Hören wir doch, was uns Jesus darüber sagt:
„In jener Stunde traten die Jünger zu Jesus und sprachen: Wer wird wohl der Größte sein im Himmelreich? - Da rief Jesus ein Kind herbei, stellte es mitten unter sie und sprach:
Wahrlich, ich sage euch, wenn ihr euch nicht bekehrt und werdet wie die Kinder, so werdet ihr nicht ins Himmelreich eingehen. Wer sich verdemütigt wie dieses Kind, der ist der Größte im Himmelreich" (Mt 18,1).
Wollen wir noch einmal darüber Jesus hören in Lk 18,17:
„Lasset die Kinder zu mir kommen und wehret es ihnen nicht! Denn für solche ist das Reich Gottes. Wahrlich, ich sage euch: Wer das Reich Gottes nicht annimmt wie ein Kind, wird nicht hineinkommen."
Es muß uns klar sein, was da Jesus sagen will:
Wer das Reich Gottes und alles, was uns Jesus darüber gelehrt und

was er dafür getan hat, nicht einfach gläubig annimmt, sondern mit seinem Verstand alles zerfasern will oder gar meint, er weiß alles besser, der lebt an Gott vorbei und wird das Leben aus Gott nicht gewinnen.

Denn was Jesus gesagt und getan hat zu unserem Heil und ewigen Leben, das ist größtenteils für unseren Verstand unfaßbar, weil Gott über uns unendlich erhaben ist. Da müssen wir schon so viel Verstand aufbringen und begreifen, daß wir von Gott demütig und gläubig aufnehmen, was über unsere Fassungskraft geht. Eigentlich müssen wir das freudig tun können, weil wir doch wissen, Gott kommt uns in seinem Sohne mit aller Liebe entgegen, um uns aus aller Todesnot und Verlorenheit zu erlösen. Er will uns sogar wieder als seine Kinder in seine Herrlichkeit aufnehmen.

Das hat uns Jesus immer wieder mit aller Offenheit versichert: Es geht um unser ewiges Heil! Wenn wir ihm schon in dieser Versicherung nicht glauben wollen, dann müssen wir eben im Unglauben zugrunde gehen, wie er sagen mußte: Wer nicht glaubt, der wird verdammt werden.

Meine Lieben! Das sagen zu müssen, tut mir sehr weh. Aber ich muß sagen, was er verheißen hat. Und wenn wir ehrlich um uns schauen, wir müssen es allseitig erfahren, es erfüllt sich alles, was Jesus gesagt hat. Freilich, bis in die Hölle können wir nicht schauen. Wenn heute die Hölle einfach weggeleugnet wird, wir erleben die Hölle schon zur Genüge auf Erden. Daraus können wir uns ein Bild machen, wie es in der Hölle zugeht. Oder könnt ihr euch denken, daß solche Bosheit und Verlogenheit ins Himmelreich eingehe?

Noch betrüblicher, ja erschreckender wird der Unglaube oder auch schon der schwache Glaube, wenn es um das tiefste Geheimnis der Erlöserliebe Gottes geht, um die heiligste Eucharistie. Hier gibt Gott, der unendlich liebende Gott, in seinem Sohne sich uns tatsächlich zur Speise. Es ist die innigste Vereinigung zwischen dem Schöpfer und dem Geschöpf, das überhaupt denkbar ist. Oder besser gesagt, überhaupt glaubbar ist. Hier verstummt jedes Verstandeswissen. Hier kann nur der Glaube das festhalten, wie es uns Jesus in verschiedenen Worten verheißen hat:
„Ich bin das lebendige Brot, das vom Himmel herabgekommen ist. Wer von diesem Brot ißt, der wird ewig leben." „Das Brot aber, das ich euch geben werde, ist mein Fleisch für das Leben der Welt."

„Wahrlich, wahrlich, ich sage euch: Wenn ihr das Fleisch des Menschensohnes nicht essen und sein Blut nicht trinken werdet, dann werdet ihr kein Leben in euch haben."
„Wer mein Fleisch ißt und mein Blut trinkt, der bleibt in mir und ich bleibe in ihm."
„Wer mein Fleisch ißt und mein Blut trinkt, der hat das ewige Leben. Den werde ich auferwecken am Jüngsten Tage."
„Wie mich der lebendige Vater gesandt hat und ich durch den Vater lebe, so wird auch der, der mich ißt, durch mich leben."
Beim letzten Abendmahl sagt Jesus tatsächlich zu seinen Jüngern, als er ihnen das Brot reicht:
„Nehmet und esset alle davon! Das ist mein Leib, der für euch hingegeben wird."
Desgleichen reicht er ihnen den Kelch und sagt:
„Nehmet und trinket alle daraus! Das ist mein Blut, das für euch und für viele vergossen wird zur Vergebung der Sünden!"
Dazu gibt er ihnen dann ausdrücklich den Auftrag:
„Tut dies zu meinem Gedächtnis!"
Es ist allen bekannt. Aber ich schreibe es hier noch einmal ausdrücklich, damit es nicht vergessen wird. Auch das Wort des Völkerapostels sollen wir dabei nie vergessen: „Es prüfe sich jeder! So esse er von dem Brot und trinke von dem Kelch! Denn wer unwürdig ißt und trinkt, der ißt und trinkt sich das Gericht, weil er den Leib des Herrn nicht unterscheidet" (1. Kor 11,28).
„Weil er den Leib des Herrn nicht unterscheidet." Weil er nicht glaubt, was Jesus uns verkündet hat. Weil er Jesus für einen Lügner hält. So kann er den Leib des Herrn nicht mehr unterscheiden von gewöhnlichen Speisen und ißt und trinkt sich das Gericht.
Es tut mir leid. Aber so ist es uns geoffenbart von Gott, der ewigen Wahrheit, die nur eins ist, die nicht zerteilt und zerlegt bis zur Unglaubwürdigkeit. Wenn das geschieht, dann wird die ewige Wahrheit Gottes vom Rachen dessen verschlungen, von dem Jesus sagt: Der ist der Lügner und Mörder von Anbeginn.
Ich erinnere mich an einen frommen und aktiven Feldkurat, der in russischen Feldlazaretten Hunderten von Kameraden den Weg des Lebens geöffnet hat. Wenn der Oberstabsarzt ihm sagte: Dem kannst nur du noch helfen, dann wußte er, was er zu tun hatte. Er setzte sich zu ihm an sein blutiges Lager und begann, indem er zart seine Hand hielt, falls er noch eine hatte:

„Kamerad, lieber Kamerad! Gott ist der Gott des Lebens, nicht des Todes. Er hat uns seinen Sohn Jesus gesandt, damit er uns das Leben schenke, das wahre Leben der Fülle, das nie mehr aufhört, das uns unendlich glückselig macht. Darum gibt dieser Jesus sich uns sogar verborgen in einer Speise, um uns aufzunehmen in seine göttliche Lebensfülle."
„Kamerad, guter Kamerad! Diesen Jesus darf ich dir reichen. Wenn du an ihn glaubst, wirst du das Leben schauen, nicht den Tod. Denn er ist das Leben. Aber du mußt an ihn glauben, denn verstehen kannst du das nicht, weil es weit über unseren Verstand geht. Er will dir auch alles verzeihen und mit seinem Blute von dir wegwaschen, was du Böses getan hast. Alles wird er ewig von dir wegnehmen, wenn du bereust."
Der gute Feldkurat hatte mir damals in Wien davon erzählt. Er war nun, aus dem grausamen Morden des Krieges heimgekehrt, Krankenhausseelsorger in einem Siechenheim. Er sagte mir:
„Weißt du, in den Frontlazaretten ging es grausam blutig zu. Was ich hier erlebe, ist zwar nicht mehr so blutig, aber oft noch grausamer als im Krieg. In den Lazaretten hatten wir klare Linien, die hießen: Tod oder Leben. Hier aber will man Tod und Leben vielfach durcheinandermengen, so daß man nicht mehr unterscheiden kann, was Leben ist, was Tod ist. Nicht die Patienten hier, die armen Siechen, die zerquält an Leib und Seele ihr Dasein fristen. Die oft nicht mehr wissen, was mit ihnen geschieht. Nicht die lieben Siechen hier sind es, die Tod und Leben durcheinandermengen, sondern die Pfleger sind es und auch die Seelsorger, die hier gewirkt hatten und nicht mehr unterscheiden konnten, ob der eucharistische Leib Jesu zeitlich oder ewig ist, Leben oder Tod ist."
„Hier habe ich eine schwierige Aufgabe, schwieriger als in den Feldlazaretten. Da war alles klar zwischen Tod und Leben. Hier aber ist alles durcheinandergeworfen. Sie können nicht mehr unterscheiden zwischen Zeit und Ewigkeit, zwischen Schein und Wirklichkeit. Gott allein ist absolute Wirklichkeit, beim Menschen ist viel Unsicherheit und Schein. Diese Unsicherheit und sogar diesen Schein des Menschlichen wollen sie auch mit Gott vermengen, so daß Gott genauso unsicher wird, wie Menschenmeinungen.
Ich aber habe den Herren neulich gesagt:
„Ich stand in Rußland Tag und Nacht vor dem Feind. Ich stand in den Lazaretten Tag und Nacht vor dem Tod. Ich habe weder den

Feind noch den Tod gefürchtet. Denn ich habe hinter allen das Leben gesehen. Das Leben, das da ist Jesus Christus, der Sohn Gottes. Der als das Leben mitten unter uns steht in seiner verborgenen Wirklichkeit. Der allein sagen kann: Ich bin das Leben! Wer an mich glaubt, der wird leben, auch wenn er gestorben ist! Diesem Leben glaube ich! Diesem Leben diene ich! Dieses Leben will ich als Priester unseren armen Kranken vermitteln, damit sie das Leben haben und nicht mehr den Tod fürchten müssen! Damit sie nicht mehr als Sterbende, sondern als Lebende heimgehen dürfen in die andere Welt, an die ihr teils nicht mehr glauben wollt."

„Ich sage euch, ich habe mich nie vor dem Feind gefürchtet und fürchte mich auch hier nicht vor dem schleichenden Feind, der das Leben verleugnen oder gar vernichten will. Das Leben, das da ist Jesus Christus im heiligsten Sakrament.

Es steht euch frei, daran zu glauben oder nicht. Zum Glauben kann niemand gezwungen werden. Aber es steht euch nicht frei, den armen Patienten den Glauben zu nehmen. Dagegen wehre ich mich als Diener des Herrn, der das Leben ist!"

Der tüchtige Kurat sagte mir weiter:

„Seither habe ich Ruhe hier im Siechenheim. Einige Ärzte schätzen mich sogar, weil ich einen beruhigenden Einfluß auf die Patienten ausübe. Nur von auswärts, leider von Priesterkollegen, werde ich als rückständig beschimpft. Sie hatten mich früher öfter zur Aushilfe gebeten. Jetzt lehnen sie mich ab, weil ich nicht mehr zeitgemäß bin. Ich wußte nicht, daß Gott modern sein muß. Ich weiß nur, daß viele Christen zu mir in die Spitalskirche kommen und hier mit tiefer Andacht den Heiland empfangen. Denn von mir erfahren sie noch, daß Jesus als Gott und Mensch in der hl. Hostie wahrhaft zugegen ist und sich uns schenkt, damit wir in ihm das ewige göttliche Leben haben."

Leider ist der fromme Siechenkurat im Alter von knapp 60 Jahren an einer Kriegsverwundung, die nie richtig ausgeheilt werden konnte, unerwartet verstorben.

Eine seiner Patientinnen, die Amalie, die durch ihn aus ihrer seelischen Geistesverwirrung wieder geheilt wurde, hat mir später ausführlicher vom lieben Herrn Kurat erzählt. Sie sagte mir unter anderem:

„Herr Pfarrer, sie glauben gar nicht, was der Herr Kurat an uns wirken konnte. Die meisten von uns in dieser schrecklichen Anstalt,

sind so durcheinander. Sie können sich nicht mehr zurecht finden, sie sehen ihr Leben wie in einem Abfallkübel. Ich wußte nicht mehr, ob ich ein Mensch bin oder ein Tier, ob ich noch lebe oder schon unter der Erde bin. Ich irrte durch Tag und Nacht dahin wie ein Wurm, der meinte, er müsse sich in den schmutzigsten Boden verkriechen, damit er leben könne.
Der Herr Kurat nahm beruhigend meine Hand und sagte: „Dummes Kind, da hast dich ein wenig verirrt. Ich zeige dir wieder den richtigen Weg. Schau, der liebe Gott hat uns Menschen erschaffen. In großer Liebe hat er uns erschaffen. Damit wir glücklich werden und uns nicht verirren, hat er uns seinen Sohn Jesus gesandt. Der hat uns alles gesagt, was wir tun müssen und wie wir leben müssen. Weil er aber wußte, daß wir sehr schwach sind, ist er bei uns geblieben, ganz verborgen in der hl. Hostie. In der Hostie gibt er sich uns sogar zur Speise, damit wir Kraft und Mut haben zu einem glücklichen Leben und wir nichts mehr fürchten brauchen. Jesus hält sich so verborgen in der kleinen Hostie, damit nur diejenigen, die an ihn glauben und ihm vertrauen, ihn darin finden. Die nicht mehr an Jesus in der Hostie glauben, weil sie gescheiter sind, wie sie meinen, die werden ganz arm, die sind verlassen und verloren. Die sind alle so verloren, wie wir im Heim waren. Nur halten die draußen sich mit stolzen Sprüchen aufrecht. In Wirklichkeit sind alle verlorene Menschenseelen, die nicht aus der Lebenskraft Jesu schöpfen."
„Der Herr Kurat sagte mir, ich brauche vor dem Leben draußen überhaupt keine Angst haben. Denn Jesus, der die Fülle des Lebens ist, gibt mir alle Lebenskraft. Die ungläubigen oder halbgläubigen Menschen draußen, die auf Jesus im heiligsten Sakrament nicht vertrauen, die sich auf Lebenslügen stützen, die ihnen der Böse Geist einflüstert, die stürzen in tiefstes Elend. Denn alles ist Lüge und ist keine Lebenswahrheit, was unter den Menschen vom Bösen Feind ausgestreut wird. Jesus allein ist die ewige Wahrheit selber. Wenn wir ihm vertrauen, gehen wir nie irre."
„Ja, der Herr Kurat hat mein Leben ganz neu aufgerichtet. Aber er hat mir auch ernst gesagt, ich soll nicht auf ihn vertrauen, er sei auch nur ein schwacher Mensch. Ich soll nur Jesus vertrauen. Jesus wird mich nie enttäuschen. Wenn ich vertrauensvoll mit Jesus lebe, dann brauche ich nichts fürchten. Dann gibt es für mich keine ängstlichen Sorgen mehr. Denn Jesus sorgt für mich immer und überall.

Ich brauche auch die Mühen und Opfer des Lebens nicht fürchten. Die läßt mir Jesus, damit ich im Opfer umsomehr ihm mein Vertrauen zeigen kann. Wenn mir ein Opfer zu schwer wird, hilft mir Jesus sofort, damit ich mich nie ängstigen brauche.
Die Ärzte im Heim haben bald erkannt, daß ich wieder vollauf gesund bin und ich ihrer Pflege nicht mehr bedürfe. So wurde ich mit einem glänzenden Zeugnis entlassen und kann wieder arbeiten. Ich überlege sogar, zu heiraten. Mit meinen 27 Jahren ist das nicht zu spät. Ich habe eine heimliche Liebschaft. Wir überlegen uns, wann wir heiraten. Nur eines verlange ich streng, daß wir rein zum Traualtar schreiten, wie es Jesus will."
Amalie war mir ein tröstendes Beispiel, wie sogar psychisch schwer Kranke, wieder vollständig geheilt werden können, wenn sie Jesus glauben und vertrauen im heiligsten Sakrament. Sie sagte sogar, wie ich mich erinnere:
„Wenn ich mit dem Mann vor der Ehe zusammenleben würde, würde Jesus von mir weichen. Aber ohne Jesus kann ich nicht mehr leben. Da würde ich wieder in die furchtbare innere Verlassenheit hinunterstürzen, wo ich schon einmal war, als sie mich dann in diese schreckliche Anstalt steckten."
Da hat mir später ein Kollege ein sehr trauriges Ereignis erzählt, wie eine bitterste Ehekrise, bei der die Frau in Verzweiflung sogar Selbstmord gesucht hatte, nicht mehr geheilt werden konnte. Ich will dafür Decknamen benützen. Als Ort kann ich erwähnen, es war in der Nähe der Großstadt Wien kurz vor den fünfziger Jahren.
Nicht mein Kollege war es eigentlich, der in dieser seelsorglichen Notlage so bedrängt war. Es war die Tante Frieda, eine Tante jener bedrängten Ehefrau. Die war sehr fromm. Man wußte von ihr, daß sie nicht nur jeden Tag zur hl. Messe und zum Rosenkranz und auch sonst lange in der Kirche war, sondern auch oft halbe Nächte wie in Verzweiflung betete. Nicht in eigener Verzweiflung, sie war für sich in keiner Weise ängstlich, sie hatte Jesus mit froher Zuversicht ihr ganzes Leben anvertraut. Aber wegen des Lebens ihrer lieben Angehörigen war sie oft wie in Verzweiflung. Der Herr Pfarrer sagte ihr, sie soll halt Jesus vertrauen. Da antwortete sie, und das hat den Kollegen so erschüttert, daß er zu mir kam. Denn die Frieda hat ihm gesagt:
„Jesus ist ja da selber wie in Verzweiflung, weil er nicht helfen kann. Zwingen kann auch Jesus niemanden, den Willen Gottes zu

tun. Jesus hat ihr sein wundes Herz gezeigt und sie gebeten, mit ihm zu leiden. Das sei die einzige Möglichkeit, böswillig verirrten Seelen so viel Gnaden zu vermitteln, daß sie noch gerettet werden können."
Traurig sagte ihr Jesus weiter:
„Gerettet vielleicht erst in einem schmerzlichen Fegfeuer, bis der in Sünde erstarrte Eigenwille sich wieder dem heiligsten Liebeswillen Gottes unterordnet. Die Liebe des Vaters im Himmel allein kann heilen und retten."
Es war natürlich für uns beiden Priestern die Frage, ob die Tante Frieda in ihrer Frömmigkeit echt sei. Wir konnten uns überzeugen, daß wir sie ernst nehmen dürfen. Denn sie trug für ihre Angehörigen nur Opfer in stiller Liebe. Sie litt schrecklich unter der Ehekrise ihrer Nichte. Aber sie sagte nichts, weil sie überzeugt war, nicht Worte können da helfen, sondern nur Opferliebe. Mein Kollege hat mich gebeten, ich soll mich ein wenig um die Tante Frieda annehmen.
Die Tante Frieda hat mir schließlich in einer Schau gezeigt, wie tief Menschen, die sich nur auf ihren Eigenwillen stützen, in ihr verzweifelndes Elend stürzen. Das stolze Aufbäumen dieser Menschen ist nur Schein, an den sie sich umsomehr klammern, je elender sie sind. Alle Sünder, die dem Willen Gottes ausweichen, berufen sich auf ihren freien Willen, der aber letztlich der Verderbenswille Satans ist, der Gott nicht dienen will und darum in ewiger Verzweiflung sich auf seinen freien Willen stützt, der nur Schein seiner verlogenen Nichtigkeit ist.
Die Frieda hat mir weinend berichtet:
„Weil ich mit Jesus vereint retten möchte, was noch zu retten ist, läßt mir Jesus oft Dinge schauen, die andere nicht sehen und leider auch nicht begreifen. Darum muß ich schweigen und kann nur mit Jesus opfern.
Ich habe z. B. meine Nichte Hilda nachts, wie ich betete, plötzlich vor einem tiefen Abgrund geschaut. Niemand wollte ihr helfen. Ich wußte zwar, daß ihre Ehe zerfällt und fast alle ungerechterweise ihr die Schuld zuschieben, weil sie noch christlich leben will. Aber was dieser Abgrund bedeuten soll, über dem ich sie schweben sah, konnte ich mir nicht erklären. Da bat ich Jesus um Hilfe. Er sagte mir, ich soll für sie beten, alles andere wird er regeln. Am Morgen erfuhr ich, daß die Hilda im Krankenhaus liegt und gerade noch vor

einer Vergiftung durch eine Überdosis von Tabletten gerettet werden konnte.
Ich besuchte Hilda. Ich durfte sie schon mit nach Hause nehmen. Ihre Angehörigen, besonders ihr Mann Alfons hat sie nur angeschaut als wollte er sagen, mit diesem Theater kannst du uns nichts vormachen. Wir wissen alle, du bist Schuld an der Scheidung.
Frieda schaute nicht die Armen Seelen im Fegfeuer, nicht die Seligen im Himmel, auch nicht die Verdammten in der Hölle. Jesus ließ sie die Menschen schauen auf dem Weg zum Himmel, auf dem Weg ins Fegfeuer, auf dem Weg in die Hölle. Sie mußte auch sehen, wie manche trotz aller Opfer nicht gerettet werden konnten. Auch Jesus konnte sie nicht retten gegen ihren Willen. Wer unbedingt in die Hölle wollte und danach lebte, konnte nicht in den Himmel gezwungen werden, erklärte ihr Jesus.
Sorget euch nicht ängstlich, sagt Jesus. Das gilt für die und erfüllt sich für die, welche auf die Gnade Gottes achten.
Ihre Nichte Hilda, die sich aus der finsteren Verzweiflung des Selbstmordversuches völlig bekehrt hatte und ein Leben der Buße führte, sah Frieda im Lichte der Wahrheit Gottes mutig aufwärts streben. Freilich sah sie auch, wie die Hilda im Schatten des Kreuzes in Liebe mit Jesus vereint manche ihrer Angehörigen retten konnte, obwohl diese für sie nur Spott und Verachtung hatten.
Jesus zeigte der Frieda, ihre Nichte Hilda könne einige ihrer Lieben nur auf dem schmerzensreichen Weg durchs Fegfeuer retten. Das sei eine letzte Gnade, die ihr Jesus wegen ihres demütigen Opferlebens gewähren könne.
Nun will ich einige Beispiele zeigen, wie sie mir Frieda geschildert hatte:
Die Frieda sah den Mann hinter der Kulisse seines Erdenlebens. Eine furchtbare Erscheinung wie ein grauenvoll, häßlich, wildes Tier, das gierig abwärts strebte. Nur Haß und Rache brannten in ihm. In Haß wollte er nun alles und alle würgen und beherrschen. Auch sich selber, wie es ihn drängte. Frieda erkannte, so wird seine Zukunft sein, die Hölle.
Frieda hat mir von einigen erzählt, die auf dem Weg zur Hölle lebten. Manche sah sie in furchtbarer Verzweiflung. Andere in Gier nach eigener Herrschaft, wieder andere voller Haß gegen alle. Eines hatten sie alle gemeinsam: Ein Erschrecken vor der brennenden Liebe des Erlösers Jesus Christus. Davon strebten sie in wilder

Verzweiflung weg, weit weg. Gott und Gottes Liebe ist für sie ein Fluch geworden, dem sie entfliehen, weit weg, immer weiter, eine Ewigkeit weit. Darum verketten sie sich voller Stolz und Verzweiflung in sich selber. Und gerade das wird ihre unlösbare Qual. Über Menschen, die auf dem Weg ins Fegfeuer sind, hat mir Frieda manches berichtet. Ich will einige Beispiele wiedergeben, soweit ich mich erinnere. Frieda sagte, die meisten sind unterwegs ins Fegfeuer. Bei manchen wird es nur eine kurze Reinigung brauchen. Bei vielen wird eine lange und schmerzvolle Reinigung notwendig sein. Frieda sah nicht das Fegfeuer, sie sah die Menschen nur auf dem Weg dahin und konnte daraus schließen, wie das Fegfeuer sein wird.

Sie sah eine Frau, die gegen die Reinheit der Ehe gesündigt hatte, im hohen Alter auf ihrem letzten Lebensweg. Sie hat zwar gebeichtet, ging auch in die Kirche, aber sie konnte nicht glauben. Sie mußte immer denken, Gott könne ihr das nicht verzeihen. Nur ein Wort aus ihrem Herzen hätte genügt. Wenn sie Jesus gesagt hätte, daß ihr alles leid tut und daß sie nun seiner Barmherzigkeit vertraue, wie er doch verheißen hat. Aber nein, sie brachte das Wort nicht auf ihre Zunge, weil in ihr nicht der Glaube lebte, der wahre Glaube, der ganz vertrauen kann. Sie hatte dazu nicht die Gnade, weil sie im Leben zu wenig gebetet hatte, damit Jesus nicht richtig kennengelernt hatte.

So kam ihre Todesstunde. Die Frieda sah hinter die Kulisse ihres Weges ins Fegfeuer. Da tat sich eine verzweiflungsvolle Finsternis auf, die sie kaum durchdringen konnte. Nur ein kleines Lichtlein flackerte in ihr. Das Lichtlein, Frieda kannte es, das wird zu brennen anfangen, wird immer sehnender brennen, wird eine Glut, bis die ganze Seele darin erglüht in verlangender Liebe zu Jesus. Jesus wird ihr sagen: Warum hast du nicht an mich geglaubt, an meine Liebe und Erbarmung. Ich habe voll Sehnsucht darauf gewartet. Ich brauche dein Ja, deine Einwilligung für meine Liebe. Meine Liebe ist unendlich frei und kann nur in freier Liebe aufgenommen werden.

Ein anderer Mensch unterwegs zur Ewigkeit. Er war ein guter Kaufmann. Er war immer reell und hatte allen Betrug oder Wucher gemieden. Seine Kinder waren fürs Leben versorgt. Seine Frau war ihm gestorben. Er war bereit, auch den Weg hinüber zu gehen, wo er seine Frau, wie er hoffte, wieder finden werde. Denn er glaubte.

Aber eines fehlte ihm. Er liebte Jesus zu wenig. Er sah Jesus unter dem Gesichtspunkt eines Kaufmanns, mit dem man verläßlich verhandeln kann. Die Liebe Jesu am Kreuz, die immer noch in der hl. Messe erglühe, hat er als Kaufpreis anerkannt.
Aber als dann eine unheilbare Krankheit sein Leben dahinmarterte, hat er sich innerlich dagegen empört. Sein Leben war doch in Ordnung. Warum sollte er nun so ein sinnloses Leiden ertragen? Seine Schwester, die ein frommes Leben führte, sagte ihm, er solle in seinem Leiden geduldig sein, er soll es Jesus aufopfern. Er könne sich damit das ganze Fegfeuer ersparen. Er könne damit Jesus zeigen, wie sehr er ihn liebt, der ihn doch auch geliebt hat bis zum Tode am Kreuze.
Leider war da bei dem Mann nichts zu machen. Er dachte, ich habe gerecht gelebt und verdiene Gerechtigkeit. So kam unerwartet sein Sterbetag. Die Frieda sah seinen Weg hinüber. Er ging ganz allein wie ein Fremdling. Dann sah er Jesus am Kreuz. Auch der war ihm fremd. Noch einmal rumorte in ihm die Frage nach Gerechtigkeit. Da antwortete ihm Jesus vom Kreuze herab:
„Mein Kreuz und mein Blut, das ist die Gerechtigkeit! Einen Tropfen Blut von mir nimm mit ins Fegfeuer! Dieser eine Tropfen Blut wird in dir brennen, bis du ganz durchglüht bist von meiner Liebe. In meinem Blute nur wirst du gerechtfertigt."
Das Erlöserblut Jesu wird lange in ihm gebrannt haben, bis endlich dieser Mann, der Gerechtigkeit forderte, gerechtfertigt wurde als Kind Gottes in der Liebe Gottes zu leben.
Mit Gottes Liebe können wir nicht rechten. Gottes Liebe können wir nur annehmen oder ablehnen.
Gottes Liebe ist für uns Menschen unberechenbar. Da hat mir die Frieda über einen Fall berichtet, der mich zuerst schockierte, so daß ich an seiner Richtigkeit zweifelte.
Da waren zwei Freundinnen leider etwas in den gräßlichen Schmutz der Homosexualität versumpft. Die eine hat sich dann eine jüngere Freundin genommen und ist treulos geworden. Die andere, die Emma, hat vor Wut getobt. Dann aber hat sie sich bekehrt und hat Buße getan. Sie ist sogar werktags öfter zur hl. Kommunion gegangen. Somit schien alles wieder in Ordnung. Ihrer ehemaligen Freundin hat sie verziehen, sie betete sogar für sie, daß sie sich auch bekehren möge. Aber immer mußte sie denken, der kann Gott nicht verzeihen. Die wird dem Gerichte verfallen.

Nun kam die Emma zum Sterben. Da sie vor Gott gerechtfertigt war, wie sie hoffte, hatte sie vor Gottes Gericht keine Angst. Aber wie sie die leiblichen Augen geschlossen hatte, sah sie Gott so ferne in schrecklicher Härte, ohne Erbarmen. Eine Stimme hörte sie rufen: Wie du ohne Erbarmen bist mit deiner ehemaligen sündigen Freundin, so kannst auch du keine Erbarmung erhoffen. Du wirst im tiefen Fegfeuer gereinigt, bis du erkennst, Gott ist nur Liebe und Erbarmung und kann nicht die geringste Unbarmherzigkeit in einem seiner Geschöpfe dulden.

Die Frieda sagte mir ausdrücklich:
„Ich bete oft halbe Nächte für alle Sünder, die sich von Gott wegverirrt haben. Besonders aber muß ich darum bitten, daß ich gut denke und hoffe für alle Sünder, auch für die schwersten, Jesus wird mit ihnen barmherzig sein. Jesus hat mir erkennen lassen, das tröstet ihn sehr, wenn ich so über die Sünder denke. Er sagte mir, je mehr seine Getreuen für die Sünder hoffen, umso mehr kann er sie retten. Denn er kann die Hoffnung seiner Getreuen nicht zuschanden machen. Echte Hoffnung für die Sünder ist auch Liebe, die Gott nie übersehen kann.

Wenn die getreuen Christen schlecht denken über die Sünder oder gar meinen, die sind verloren, dann fällt auch über sie ein unbarmherziges Gericht. Kinder Gottes dürfen nur lieben und in Liebe für alle Sünder hoffen! Damit helfen wir sie retten.

„Sorget nicht ängstlich", sagt Jesus. Gerade auch um die Sünder, denen wir helfen möchten, sollen wir nicht ängstlich sorgen als hinge alles von unserer menschlichen Sorge ab. Wenn Gott nicht für die Sünder sorgt in seiner liebenden Erbarmung, ist alle unsere Sorge vergebens.

Die sorgende Liebe Gottes aber ist Jesus am Kreuze. Dahin müssen wir schauen, dahin müssen wir gehen! In seiner liebenden Sorge vergegenwärtigt Jesus sein Kreuzesopfer immer wieder auf den Altären. Darauf müssen wir wieder liebend hoffen!

In meiner Jugendzeit erlebte ich eine Kleinbäuerin, die sechs Kinder im Schulalter zu erziehen hatte und das Kreuz eines Mannes tragen mußte, der meist ins Wirtshaus ging, nur Sprüche machte und in der Wirtschaft nicht half.

Sie hatte längst aufgehört, ihren Mann zu tadeln. Statt dessen ging sie trotz ihrer Arbeit jeden Tag in die hl. Messe, die ein Ruhestandspriester sehr andächtig feierte. Nur eine stille Messe. Da

versank die Frau ganz ins Geheimnis der Erlöserliebe Jesu. Davon ging sie jedesmal neu gestärkt nach Hause und konnte trotz allem zu jeder Zeit mit frohem Mut alles recht machen. Von allen Leuten ringsum wurde die Frau bewundert. Als man sie fragte, wie sie das könne, antwortete sie einmal: „Nicht ich kann das, sondern der, der mir hilft, kann das. Ich muß ihm nur vertrauen und ein wenig für ihn Zeit haben, dann hat auch er für mich Zeit."
Viele Nachbarn baten die Frau, wenn sie in einer Bedrängnis waren, sie möge ihnen helfen. Da antwortete die Frau wieder: „Ich kann euch nicht helfen. Aber der, der mir sein Herz öffnet in der hl. Messe, dem sag ich es, der wird euch helfen."
Und er half. Es ging das Wort unter den Leuten: Das mußt der Maierin sagen, die wird helfen. Sie sagte es vertrauend dem Heiland. Der half vielfach. Einmal sagte sie zu den Leuten: „Unsere Sorgen sind umsonst, wenn Jesus nicht sorgt. Wir müssen nur Jesus vertrauen und dürfen nicht meinen, unsere Sorgen seien wichtig."
Darum sagt Jesus ausdrücklich und wir sollen das verstehen: „Sorget nicht ängstlich!"

„Durch seine Wunden seid ihr geheilt worden."

Es ist gut, ein wenig zu hören, was uns Petrus, der erste Papst, in seinem ersten Brief schreibt. 1. Petr. 2,22:
„Jesus hat keine Sünde begangen. In seinem Munde war kein Trug. Da er gescholten wurde, schalt er nicht dagegen. Da er litt, drohte er nicht. Er überließ seine Sache dem gerechten Richter. Er hat unsere Sünden an seinem Leibe ans Kreuzesholz getragen, damit wir von den Sünden befreit, der Gerechtigkeit leben. Durch seine Wunden seid ihr geheilt worden. Ihr waret wie verlorene Schafe. Jetzt aber seid ihr zurückgekehrt zum Hirten und Behüter euerer Seelen."
Wir wollen Petrus weiter hören im 1. Petr. 4,12:
„Geliebte! Nehmt nicht Anstoß an der Feuerprobe, die zur Reinigung über euch kommt. Meint nicht, daß damit etwas Befremdendes an euch geschieht. Freut euch vielmehr, daß ihr damit am Leiden Christi teilhaben dürft und damit bei der Offenbarung seiner Herrlichkeit Freude und Wonne erlebt. Wenn ihr um des Namens Christi willen geschmäht werdet, dann Heil euch! Denn der Geist der Herrlichkeit, der Geist Gottes ruht auf euch.
Sehet zu, daß keiner von euch als Mörder, als Dieb oder Übeltäter oder wegen unbefugter Einmischung in fremde Angelegenheiten zu leiden habe. Wenn ihr aber als Christen leidet, braucht ihr euch nicht schämen. Vielmehr verherrlicht ihr Gott durch diesen Namen Christi.
Es ist Zeit, daß das Gericht bei dem Hause Gottes beginnt. Wenn es aber zuerst zu uns kommt, was wird dann bei denen geschehen, welche der Heilsbotschaft Gottes nicht gehorchen? Wenn der Gerechte kaum gerettet wird, was wird dann mit dem Gottlosen oder mit dem Sünder geschehen?
So mögen alle, welche nach Gottes Willen leiden, dem getreuen Schöpfer ihre Seelen dadurch anbefehlen, indem sie Gutes tun."
Allein dieses Wort, das uns Petrus zuruft, „durch seine Wunden seid ihr geheilt worden", stellt uns mitten hinein in das liebevollste Opfergeheimnis der heiligsten Eucharistie. Denken wir daran, was Jesus gesagt hat, als er zum ersten Mal seinen Geliebten seinen Leib und sein Blut reichte:
„Das ist mein Leib, der für euch hingegeben wird."
Beim Tode am Kreuze.

„Das ist mein Blut, das für euch und für viele vergossen wird zur Vergebung der Sünden."
Das aus seinen Wunden geflossen ist. Und sogar sein Herz geöffnet worden ist, damit auch der letzte Tropfen seines kostbaren Blutes für uns geopfert werden konnte.
Der eucharistische Leib und das eucharistische Blut Jesu wird uns letztlich vom Kreuze herab gereicht, von den Wunden Jesu, damit es unsere Wunden heile. Welche Liebe! Welches Opfer! Welch göttliche Liebe! Welch göttliches Opfer! Der, der uns durch seine Wunden heilt, ist der Sohn Gottes, gesandt und hingeopfert von der Herzensliebe des Vaters.
Wer da immer noch nicht einsehen will, wie sehr Gott uns liebt und alles opfert, um uns als Kinder durch den Opferleib und das Opferblut seines geliebten Sohnes zu heilen, der ist nicht mehr zu retten. Sicherlich braucht es bei manchen Zeit und Überlegung. Darum hat auch Jesus unendliche Geduld mit uns allen und er schenkt sich uns hundertmal und tausendmal vergeblich, wenn wir immer wieder nicht auf seine Liebe reagieren. Er schenkt sich uns dennoch hin in der hl. Kommunion, weil er hofft, daß wir doch einmal auf seine Liebe achten und ihn wirklich aufnehmen, damit unsere Wunden durch seine Wunden geheilt werden. Denn unsere Sündenwunden müssen geheilt werden, damit wir heil und geheiligt im Himmel vor das Angesicht seines himmlischen Vaters erscheinen können.
Erst wenn nichts mehr hilft, wenn Jesus tausendmal vergebens mit seiner Opferliebe bei uns einzutreten versucht hat und in Eiseskälte immer wieder abgelehnt wurde, wenn seine brennend wunde Opferliebe vor der Herzenskälte oder gar von dem bösen Stolz zurückgestoßen wird, dann ist alle Heilung für ewig vergebens.

Sehnend weinet seine Liebe
immer noch beim Opfermahl,
daß aus deinem Menschenherzen
doch die Liebe widerhall.

So ist Jesus in dem Brote,
der vom Kreuz noch immer wund.
Deine Seele möcht er heilen,
daß sie rein sei und gesund.

Weißt du, wie schon lange weinend
er auf dich, du Ärmster schaut.
Er könnt dich zu sich erheben,
wenn dein Herz ihm nur vertraut.

Alles würde von dir weichen,
was dich bisher so bedrängt,
denn du würdest in ihm leben,
weil er opfernd sich dir schenkt.

Oder willst solang du warten,
bis im Fegefeuer brennt
glühend deine arme Seele,
die im Mahle ihn nicht kennt.

Denn du bleibst ihm fremd auf Erden,
wenn dein Herz sich nicht erschließt,
daß er in dir kann dich lieben,
und du nie mehr ihn vergißt.

Wenn auch still die Liebe schweiget,
wie auch er in Liebe schweigt,
einst wird deine Stunde schlagen,
da er seine Liebe zeigt.

Alle Schöpfung wird sich neigen
vor dir, der du dich ihm gabst,
der mit seiner hohen Liebe
dich zu sich erhoben hat.

„Durch seine Wunden seid ihr geheilt worden."
Dieses Wort des Apostels Petrus können wir nicht genug überlegen.
Damit sollen wir auch verstehen, was Jesus zu Nikodemus sagt:
„Gott hat seinen Sohn nicht in die Welt gesandt, damit er die Welt
richte, sondern daß die Welt durch ihn gerettet werde. Wer an ihn
glaubt, der wird nicht gerichtet. Wer aber nicht an ihn glaubt, der
ist schon gerichtet, weil er an den Namen des eingeborenen Sohnes
Gottes nicht geglaubt hat." (Joh 3,17)
Mit diesen Worten zeigt uns Jesus seine Sanftmut und Demut, auf die

wir allezeit getrost hoffen können. Nur müssen wir an ihn glauben! Jesus begegnet uns bei der Kommunion in reinster Liebe. Aber nicht in wegwerfender Liebe, denn er ist ewig rein und heilig. Jesus will zwar mit seinem reinsten Blut alles Böse und Schmutzige von uns wegwaschen, aber er selbst kann sich als der Heiligste und Reinste nicht verunreinigen.

Viele können leider nicht begreifen, warum der Sohn Gottes als Menschensohn sich in solche Tiefe der Selbstaufopferung hingegeben hat. Ich habe darüber einmal mit einer Frau eine harte Auseinandersetzung gehabt. Die Frau meinte, Gott hätte doch auch so allen Sündern verzeihen können, einfach verzeihen und alles wäre gut gewesen. Ich mußte antworten:

„Die Tilgung der Sünden mußte wesentlich geschehen, konnte nicht mit Worten einfach ausgelöscht werden. Bei Gott ist alles wahr und wirklich, ist alles lebendigste Liebe. Wenn die Beziehung zu dieser lebendigsten und heiligsten Liebe durch die Sünde, durch den Ungehorsam verletzt oder beschmutzt wird, kann sie nur wieder durch reinstes Opfer der Liebe erneuert werden.

Ich muß klar stellen: Wenn die Beziehung zu Gott gestört wird! Gott selber kann niemand stören, aber die Beziehung eines Geschöpfes zu Gott kann soweit gestört werden, daß sie gottlos wird und der Mensch von Gott abfällt, eben in die Hölle fällt."

Die Frau war mit dieser Erklärung nicht zufrieden. Sie war eher empört und meinte, Gott dürfe nicht so kleinlich sein.

Da mußte ich der Frau antworten:

„Wir dürfen Gott nicht mit menschlichen Maßstäben messen. Wie ich schon gesagt habe: Gott ist die herrlichste, reinste und heiligste Liebe in unendlichem Dasein. An Gott kann nichts geändert werden. Er ist die vollendeste Wesenheit in sich. Alle Geschöpfe, die höchsten und geringsten wurden und werden durch seinen unbeirrbaren Willen ins Dasein berufen.

Soweit nun Gott einzelne Geschöpfe, wie Engel und Menschen, mit einer freien Liebe ausgestattet hat, insoweit sind sie Gott näher und ähnlicher in eigener Verantwortung. Sie können in freier Liebe sich sogar für oder gegen Gott entscheiden.

Diese freie Liebesentscheidung ist eine Königskrone, die Gott uns selber in vertrauender Liebe auf das Haupt gesetzt hat. So hatte Gott auch den Menschen, wie geoffenbart ist, „nach seinem Bild und Gleichnis" erschaffen. Ihm gleich, ihm ähnlich. Damit kann

der Mensch nun frei seinem Gott und Schöpfer seine Liebe beweisen. Je liebender der Mensch das tut, umso mehr wird die Liebe Gottes ihn umarmen und wird ihn sogar sein Kind heißen. Darum hat uns Jesus beten gelehrt: Vater unser im Himmel . . ."
Leider hat die Frau dann wieder eingehakt und hat gesagt: „Vater unser, ja, das beten wir. Aber was ist das für ein Vater, der seine Kinder in der Welt größtenteils im Elend leben läßt."
Ich wollte erklären, das kommt davon, weil der Mensch sich frei entscheiden kann. Wenn wir Gottes Willen nach seinen Geboten erfüllen würden, wäre das Menschenleben auf dieser Welt wieder ein Paradies."
Die Frau meinte, sie bedanke sich für dieses Paradies, wenn der Mensch nicht tun kann, was er will. Sie sagte mir, sie habe eine Freundin, die hat Theologie studiert. Mit der wird sie reden. Wenn ich will, kann ich noch einmal kommen. Nur zögernd sagte ich zu, weil ich spürte, da ist ein Widerstand aus einem verdrehten, finsterem Herzen. „Wovon das Herz voll ist, davon geht der Mund über", sagt Jesus.
So sagte ich zu, weil ich hoffte, die Finsternis ihres Herzens zu finden. Wenn ich ihr das zeigte, könnte sie zum Licht finden.
Ungefähr zwei Wochen später konnte ich die Frau wieder besuchen. Ihre Freundin, von der sie geschwärmt hatte, die Theologie studiert hatte und im Gymnasium als Religionslehrerin wirkte, war auch zugegen. Die beiden waren vertraute Freundinnen, wie ich merkte.
Die Freundin, Renate hieß sie, sagte gleich zu mir:
„Da ist also der altmodische Pfarrer, von dem meine Sophie mir berichtet hat. Da werden wir zwei wohl hart aufeinander geraten. Aber ich kann mit allen theologischen Waffen auftreten. Damit Sie es gleich wissen, strenger Herr Pfarrer: Die menschliche Freiheit darf niemals angetastet werden! Denn Gott hat uns Menschen frei erschaffen und will, daß wir ein freies Leben entfalten."
Ich stellte dazu nur die Frage:
„Auch gegen die Gebote Gottes?"
„Natürlich", erwiderte die Renate. „Natürlich müssen wir ganz frei bleiben, weil wir sonst nicht mehr Kinder Gottes sind, die frei sein müssen, wie uns Gott erschaffen hat. Was die Gebote anbelangt, die sind gewiß nicht von Gott gegeben, sondern von Schülern des Mose einmal zusammengestellt worden. Die waren vielleicht

damals notwendig in der wilden alten Zeit. Heute brauchen wir die nicht mehr."
Damit war mir eine Richtung aufgezeigt, gegen die ich nicht ankämpfen wollte, weil alles vermauert war in stolzer, teuflischer Lüge. Hier ist es besser, zu schweigen und auf Umwegen vielleicht zu erfahren, wie weit oder wohin die beiden sich verirrt haben. Ich fragte daher harmlos:
„Sie sind als Religionslehrerin ja in allen modern erkannten theologischen Fragen bewandert. Es ist wohl besser, wenn ich Sie darin nicht störe. Wenn ich vor allem ihre Freiheit nicht antaste, in der Sie so sicher sind. Aber wir könnten über allgemeine Fragen reden. Denn wir machen alle darin unsere Erfahrungen."
Die beiden Freundinnen schauten sich überrascht an bis dann die Sophie meinte:
„Nun, Herr Pfarrer, gefallen Sie mir besser. Da hätte ich gleich eine aktuelle Frage, was Sie über die Gleichgeschlechtlichkeit sagen?"
Ich erkannte sofort, was sie meinte. Die beiden waren lesbisch. Darum schüttelte ich nur die Schultern und sagte nichts. Renate gab dazu die Erklärung:
„Mein Mann war ein Scheusal. Wir hatten eine erträgliche Apotheke. Ich habe sie heute noch. Nun habe ich dafür tüchtige Angestellte. Denn ich bin meist im Religionsunterricht. Ich habe Ihnen schon gesagt, ich habe eigens Theologie studiert und bin glücklich, in der neuen fortschrittlichen Theologie leben und lehren zu können. Denn hier hat man endlich erkannt:
Christliche Religion verlangt vor allem Freiheit und Liebe. Gott will keinen Zwang, Gott will nur Liebe, die frei macht.
Ich habe Ihnen schon gesagt, mein Mann war ein Scheusal. Das kam davon, weil er nach seinem alten katholischen Gewissen leben wollte, aber es in seiner niedrigen Leidenschaft nicht konnte. Nun gab er allem und auch mir mit ständig bösen Anklagen die Schuld. Er wurde darin so gemein, daß ich es nicht mehr aushielt. Ich merkte, er nahm aus der Apotheke Mittel zu sich, die seinen Zustand linderten, die aber zugleich wichtige Lebensorgane abbauten. Ich tat dagegen nichts. Er sollte frei tun oder lassen, was er wollte. Eines Tages ging es mit ihm zu Ende. Eine Erlösung für ihn und für mich.
„Nun, Herr Pfarrer, was sagen Sie dazu? Wollen Sie mich verurteilen nach ihrem strengen, veralteten Morallexikon?"

Ich schüttelte wiederum nur die Schultern. Denn es war aussichtslos, hier etwas zu korrigieren, wo dafür überhaupt keine Möglichkeit mehr war.
Ich überlegte, mich zu verabschieden. Aber die Sophie schaute mich so hilflos an, als wollte sie sagen, bleiben Sie und helfen Sie mir!
So blieb ich und hörte noch weiter die Renate ausführen:
„Nun, Herr Pfarrer, ich habe offen zu Ihnen geredet, wie es sich gehört unter freien Christen, die nach dem Grundsatz der freien wahren Liebe leben. Sagen Sie uns, ist das nicht richtig? Ist das nicht der Weg, der uns glücklich macht, wie Gott es doch will? Oder wollen Sie nur nach dem gekreuzigten Jesus leben?"
Ihre Ausführungen waren so verdreht, daß ich dahinter zu deutlich die List des Diabolus und Lügners spürte. So sagte ich nur:
„Renate, Sie sollen Ihr eigenes Gewissen fragen und sollen danach leben. Suchen Sie nicht Ausflüchte und Ausreden in verlogenen Freiheiten. Belügen Sie sich nicht selbst. Seien Sie ehrlich zu sich und leben Sie danach. Dann werden Sie den Weg erkennen, der Sie glücklich macht.
Nun entschuldigen Sie mich, ich muß mich verabschieden!"
Bevor sie noch antworten konnte, war ich draußen. Die Sophie eilte mir nach und bat, ob sie mich einmal aufsuchen könne. Ich war einverstanden.
Es war eine Zeit vergangen, in der ich weit abgelenkt wurde durch viele andere Aufgaben. An einem Nachmittag stand sie da, die Sophie. Ich mußte mir für sie Zeit nehmen, ich spürte, sie war in Gewissensnot. Sie fing auch gleich an mit der Rede:
„Herr Pfarrer, ich bitte Sie, lassen Sie mich erklären, was ich durchgemacht habe. Früher, ich weiß, da hab ich mich noch auf die Renate gestützt und hatte auch so verdrehte Ansichten. Aber jetzt bin ich in Not, in Verzweiflung. Ich will offen reden. Die Renate hat mich durch ihre lesbische Liebe ganz an sich gerissen. Das war mir peinlich. Aber sie erklärte, das sei Liebe, daß wir einander lieben, das will Gott.
Und dann mit ihrem Mann, sie hat mir offen erklärt, sie hat ihm das Mittel verabreicht in kleinen Dosen, bis er schließlich daran starb. Das war Mord. Wie sie mir das gesagt hatte, noch dazu mit der Rechtfertigung, Gott will, daß wir uns befreien von solchen Übeln, die uns die Liebe rauben, da hatte ich eine Abneigung, besser

gesagt, einen Ekel vor dieser Frau. Ich habe mich von ihr gelöst. Freilich forderte sie von mir das strenge Gelöbnis, daß ich über alles schweige. Das gab ich ihr. Nur Ihnen, Herr Pfarrer, muß ich es in Gewissensnot offenbaren. Ich bitte Sie nun, helfen Sie mir wieder zu einem wahren christlichen Leben!"
Das versuchte ich, indem ich sie vor allem auf die Gebote Gottes verpflichtete. Ich sagte ihr weiter, sie muß den wahren Jesus Christus wieder kennen und lieben lernen. Denn er ist das Leben, das wir gewinnen, wenn wir ihn wirklich lieben und ihm folgen.
Die Sophie war wieder eine gute und glückliche Katholikin geworden. Sie freute sich besonders über das Wort des Apostels Petrus, auf das ich sie hingewiesen hatte:
„Durch seine Wunden seid ihr geheilt worden."
Sie hat auch verstanden, als ich ihr erklärte:
„In der hl. Kommunion schenkt sich uns Jesus vom Kreuze herab in seinen Wunden, damit wir durch seine Wunden geheilt werden von unseren Sündenwunden."
Aber dann stellte mir die Sophie die Frage:
„Warum kommunizieren die katholischen Christen nicht andächtiger, die doch das wissen müßten, mit welcher Opferliebe sich uns Jesus schenkt zu unserer Heilung.
Ich bin in der Bank als Sekretärin angestellt unter lauter Katholiken. Aber über die tieferen Wahrheiten unseres Glaubens kann ich mit niemandem reden. Da schütteln sie nur den Kopf, wenn ich darüber eine Andeutung mache. Und wie ich erfahren muß, sie leben alle wie die Menschen dieser Welt in Egoismus, Herzenshärte und Fleischeslust. Aber soweit sie noch in die Kirche gehen, wie ich sie am Sonntag öfter sehe, sie gehen auch zur Kommunion ohne Beichte, obwohl sie wirklich nicht mehr als Christen leben. Schon gar nicht als katholische Christen."
Leider mußte ich der Sophie recht geben. Das ist eine unheilbare Wunde geworden in unserer Kirche. Die kann nur durch viel Opfer und Blut wieder geheilt werden. Wenn wir das Opfer Jesu nicht mehr ernst nehmen, das uns mit seinen Wunden heilen möchte und könnte, dann müssen eben viele Menschenopfer gebracht werden, damit die Christen wieder aufwachen und wissen, es geht um das ewige Leben, nicht nur um ein vergängliches, kurzes Scheinglück.
Dabei lese ich wieder die tröstlichen Worte des Völkerapostels:
„Christus möge durch den Glauben in euren Herzen wohnen.

Möget ihr darin festgewurzelt sein, um mit allen Heiligen erfassen zu können die Breite und Länge, die Höhe und Tiefe des göttlichen Heilswillens. Dann werdet ihr erkennen die Liebe Christi, die alle Erkenntnis übersteigt und ihr werdet erfüllt werden mit der ganzen Fülle Gottes!" (Eph 3,17).
„Jesus hat unsere Sünden an seinem Leibe ans Kreuzesholz getragen, damit wir von den Sünden befreit, der Gerechtigkeit leben. Durch seine Wunden seid ihr geheilt worden." Um diese Worte des Apostels Petrus besser zu verstehen, müssen wir tiefer in das Elend des menschlichen Lebens schauen. Ich erinnere mich an das Gespräch mit einer Frau. Das war noch, als ich mit Pilgerbussen oft nach Medjugorje fuhr. Eine Frau ist mir aufgefallen, die sehr schweigsam war und andächtig betete. Am Abend im Quartier bat sie mich zu einer Aussprache. Sie erzählte mir Folgendes und hat mir auch erlaubt, das weiter zu erzählen, natürlich ohne ihren wahren Namen und ihren Wohnort zu nennen. Wir nennen sie hier Berta. Sie sagte:
„Ich hatte eine gute Familie, einen braven Mann und sechs Kinder. Die Heranwachsenden machten uns schon Sorgen wegen ihren Freundschaften. Wir konnten sie gerade noch bewahren vor dem Zusammenschlafen. Aber der Fred, der Älteste, der nun die Meisterprüfung für unsere Autowerkstätte gemacht hatte, den der Vater sehr schätzte, sagte mir am Abend:
Mama, das mußt verstehen, mit meiner Freundin muß ich schon zusammenleben. Wir werden im Herbst heiraten, wie ausgemacht, aber auch jetzt wollen wir ein wenig beisammem sein. Das tun heute alle und der Herr Pfarrer hat mir gesagt, das ist keine Sünde, wenn wir uns lieben. Die Rosi wird also ab morgen öfter bei mir schlafen. Ich war darüber entsetzt. Auch der Vater, der dazu kam, sagte, das darf in seinem Hause nicht sein. Dann kamen die andern Kinder. Die meinten alle, wir sollen nicht so altmodisch sein, die moderne Kirche hat da nichts einzuwenden. Sünde sei das überhaupt nicht, wenn zwei sich richtig lieben.
Vater und ich waren dagegen machtlos und mußten schließlich dazu schweigen. Vater sagte nur noch sehr traurig:
Dann tut, was ihr wollt, aber ihr müßt es vor Gott verantworten! Am nächsten Nachmittag passierte in der Werkstatt ein grausamer Unfall. Eine Feder beim Hebewerk war ausgesprungen und Fred

lag schwerverletzt unter dem Auto. Er mußte sofort im Krankenhaus operiert werden. Eine schwere Operation. Nach der Operation sagte mir der Primar (Chefarzt):
„Es ist wenig Hoffnung, daß er gerettet werden kann."
Ich saß die ganze Nacht an seinem Bett. Als er endlich nach Mitternacht aus der Narkose erwachte, schaute er mich lange an, bis er mühsam sagte:
„Mama, nun muß ich es vor Gott verantworten, wie Papa gesagt hat. Mama, meinst du, daß mir Gott verzeihen wird?"
Seine Augen irrten weg und schlossen sich. Er krümmte sich in Schmerzen. Der Arzt gab ihm sofort eine Spritze. Er wurde ruhig. Ich saß mit der Nachtschwester am Bett. Die wurde unsicher. Der Arzt riet, sofort den Krankenhaus-Priester zu rufen. Der gab ihm noch die hl. Ölung und die Generalabsolution. Und Fred war tot.
Der Vater kam und brach am Totenbett seines Lieblingssohnes zusammen. Er bekam eine ernste Herz- und Kreislaufschwierigkeit und mußte im Krankenhaus bleiben. Erst eine Woche nach der Beerdigung des Fred konnte er wieder heim. Aber der Vater war ein gebrochener Mann. Er hatte seit dem Krieg immer Herzschwierigkeiten. Nun machte er sich ständig Vorwürfe, daß er mit seinem Fred zu hart gewesen sei. Nach einem Vierteljahr war mein Mann verstorben.
Alle Verantwortung lastete nun auf mir. Aber Gott sei Dank, der nächst Älteste, der Martin machte auch bald die Meisterprüfung und unser Betrieb war gesichert. Und die Kinder alle machten mit zu frühen Freundschaften keine Schwierigkeit mehr. Wir waren alle zusammen eine gute christliche Familie. Als der Martin heiratete, gab es vorher kein unerlaubtes Zusammenschlafen. In diese saubere Haltung hatten alle Kinder heimgefunden. Die meisten haben nun schon geheiratet und sind rein zum Traualtar gegangen. Aber die Frage, warum Gott so streng ist und den Fred so strafen mußte, weil er das vierte Gebot gegen die Eltern und das sechste Gebot gegen die Reinheit brechen wollte, war uns immer ein Problem. Wir fürchteten Gott mehr als wir ihn liebten. Wir fanden leider keinen Priester, der uns das hätte erklären können. Endlich traf ich einen alten Kapuzinerpater, der sagte:
„Ja, Gottes Gebote sind heilig und Gott kann streng sein, wenn es darum geht, einen Menschen vor dem Verderben zu retten. Der Fred wäre durch diese Sextiefe für Gott erblindet und hätte vielleicht nie mehr recht zu Gott gefunden. Auch seine Geschwister wären diesen

Irrweg gegangen. Es wäre ein gefährliches Übel in die ganze Familie eingerissen, das manche ins Verderben gezogen hätte.
So grausam es scheint, es ist doch nur die Barmherzigkeit Gottes, die manchmal so hart eingreifen muß, um zu retten für das ewige Leben. Fred ist sicher nicht verloren. Aber es kann ein hartes Fegfeuer sein, das er erleiden muß. Ihr sollt jetzt alle wieder Gott lieben und ihm vertrauen! Denn er hat euch herausgerissen aus diesem gefährlichen, modernistischen Irrweg."
Natürlich betete ich für den Fred, daß er nicht zu lange im Fegfeuer leiden muß. Für meinen guten Mann brauchte ich kaum zu beten, der war heiligmäßig verstorben.
Wie ich für meinen Sohn Fred betete, oft bis in die Nacht hinein, bis mir halt die Augen vor Müdigkeit zufielen, da hatte ich öfter mehr im Traum ein Gesicht, später auch im wachen Zustand, wie ich erkannte. Ich sah einen tiefen grauenvollen Abhang sich öffnen. Häßliche Ungetüme hingen daran, die mit grausigen Armen nach allen griffen, die da den Abhang hinabrutschten.
Da sah ich auch meinen Sohn Fred am Abhang hinabgleiten. Immer tiefer. Immer grausiger streckten sich die häßlichen Arme nach ihm aus, um ihn noch tiefer zu reißen. Ich wollte schreien, aber ich konnte nicht. Ich wollte den Fred warnen, denn ich sah ihn gierig nach dieser Tiefe schauen, die ihn wie süße Lust lockte. Ich konnte Fred weder warnen, noch konnte ich rufen. Meine Kehle war wie abgewürgt.
Da rief ich innerlich, ganz wund weinend nach Jesus, er soll doch den Fredi retten, weil ich es nicht kann und weil der dumme Bub nicht weiß, was er tut, wie gefährlich das ist.
Da sah ich plötzlich jemanden, der sich dem verderblichen Abgrund näherte. Es war ein Mann voller Wunden. Er bückte sich und stieg den Abgrund hinab. Ich wollte ihn zurückrufen vor der Gefahr. Da schaute er auf zu mir und ich erkannte ihn: Es war Jesus, vom Kreuze herabgestiegen, der nun weiter hinabstieg, um meinen Sohn zu retten.
Da sah ich leider etwas, was ich nicht begreifen konnte. Jesus wollte den Fredi an sich ziehen und ihn wieder aus dem Abgrund hinaufführen. Aber Fredi wehrte sich, er wollte Jesus wegdrängen. Ich hörte den Fredi sogar rufen, wie er schrie: Laß mich in Ruh! Ich weiß selber, was ich zu tun hab! Ich will frei sein!
Aber Jesus wich nicht. Er faßte den Fredi immer wieder an der

Hand und redete ihm gut zu. Ich verstand zwar die Worte nicht, aber ich erkannte, Jesus will und wird Fredi retten. Ich flehte weinend: Jesus, du mußt ihn retten!
Dann sah ich: Jesus hob plötzlich den Fredi aus dem Abgrund der Hölle in einen anderen Raum, in dem viele Menschenseelen wie in Feuerflammen sehnend aufwärts suchten. Auch in Fredi begann ein Feuer zu brennen. Ich erkannte, das war das Fegfeuer. Auch er suchte nun sehnsuchtsvoll aufwärts. Aber das Feuer, das brannte in seinem Herzen, merkte ich. Ich merkte auch, es war das Sehnsuchtsfeuer nach der Liebe Gottes, die allein den Menschen mit unendlicher Seligkeit erfüllen kann. Aber wie lange das dauert und wie schmerzlich das ist, das konnte ich nicht erkennen. Ich wußte nur, Fredi wird gerettet.
Nun habe ich an Sie, Herr Pfarrer die Frage, was wurde mir da gezeigt, als Fredi sich gegen Jesus wehrte und dann doch plötzlich von Jesus aus dem Abgrund in einen anderen Raum gehoben wurde?"
Ich antwortete:
„Genau weiß ich das nicht, aber ich denke: Auf dein Fürbittgebet hat Jesus den Fredi aus der Gefahr der Hölle genommen und in das Fegfeuer versetzt. So ist Fredi eine Arme Seele, die endlich erkennt und mit aller Sehnsucht danach dürstet, zu Jesus zu kommen. Die auf dem Weg zur Hölle sind, leben in dem verlogenen Wahn, daß da drunten in der Tiefe alles Glück und alle Lust auf sie wartet. In diesem Wahn der Lüge leben alle, die der Fleischeslust fröhnen. Ihnen ist Gott im Wege und natürlich auch der Gottmensch Jesus. Darum weichen sie Jesus aus und wollen vom Beten und vom Kirchengehen nichts mehr wissen. Wenn sie in die Kirche gehen, tun sie es nur aus Neugierde oder weil es Brauch ist. Im Herzen sind sie weit von Jesus entfernt. Denn Jesus ist nur reinste Opferliebe und wahrste Fülle des Lebens.
Die Frau Berta, die mir das erzählt hat, konnte ich ernst nehmen, weil sie echt fromm war. Es liegt das schon wieder Jahre zurück. Ich habe die Frau nie mehr getroffen.
Eines vergesse ich nicht, was die Frau schaute: Jesus ist vom Kreuze herab voller Wunden ihrem Sohne in den Abgrund nachgestiegen, um ihn aus dem Verderben zu retten.
Das tut doch Jesus immer, wenn er sich in seinem wunden Leib vom Kreuze herab dem Menschen zur Speise schenkt. Seinen Leib,

der ja für uns hingegeben wird, wie er sagt.
Wie oft schenkt sich Jesus in der hl. Kommunion einem Menschen mit wunder Opferliebe hin bis zum Äußersten. Weh sehnend verharrt er vor der Herzenstüre des Menschen, der Lebenshilfe bräuchte. Aber die Herzenstüre bleibt verschlossen, weil der Mensch in seiner dummen Selbstsucht sich selbst genügt. Das geschieht hundertmal, oft tausendmal. Jesus wartet vergebens, diesen armen Menschen zum wahren Leben zu retten. Und dann ist die Erdenzeit zu Ende.
Wie wird dieser Mensch einmal Jesus begegnen, wenn er hinüberkommt nach seinem zeitlichen Ableben? Vorbei kommt kein Mensch an Jesus, der ihm dann Retter und Richter sein wird, ganz wie der Mensch es will, es wollte.
Aber bei den meisten reicht dahin der Glaube an das wahre Leben nicht. Ein Mann hat mir einmal gesagt:
„Da verzichte ich lieber auf die Seligkeit des Himmels, wenn es mir auf dieser Welt schlecht geht. Sterben muß ich sowieso einmal."
Jesus sagt:
„Was nützt es dem Menschen, wenn er die ganze Welt gewinnt, aber an seiner Seele Schaden leidet."

„Sein Schweiß wurde wie Blutstropfen."

So lesen wir in Lukas 22,39:
„Darauf ging Jesus hinaus und begab sich nach seiner Gewohnheit an den Ölberg. Die Jünger folgten ihm. Als sie dort ankamen, sprach er zu ihnen:
„Betet, damit ihr nicht in Versuchung fallet!"
Dann entfernte er sich von ihnen einen Steinwurf weit und betete auf den Knien:
„Vater, wenn du willst, dann nimm diesen Kelch von mir! Doch nicht mein Wille, sondern dein Wille geschehe!"
Da erschien ihm ein Engel vom Himmel und stärkte ihn.
Als ihn Todesangst überfiel, betete er noch inständiger. Sein Schweiß wurde wie Blutstropfen, die zur Erde rannen.
Er erhob sich dann vom Gebet und ging zu seinen Jüngern. Er fand sie vor Traurigkeit schlafend. Da sprach er zu ihnen:
„Warum schlaft ihr. Steht auf und betet, damit ihr nicht in Versuchung fallet!"
Als er noch redete, kam eine Rotte. Einer von den Zwölfen, Judas mit Namen, ging der Rotte voraus, er trat zu Jesus, um ihn zu küssen. Jesus sprach zu ihm:
„Judas, mit einem Kusse verrätst du den Menschensohn!"
Als seine Jünger sahen, was da geschehen soll, sagten sie:
„Herr, sollen wir mit dem Schwerte dreinhauen?"
Einer von ihnen schlug wirklich nach dem Knecht des Hohenpriesters und hieb ihm das rechte Ohr ab. Jesus sagte:
„Laßt das! Nicht so!"
Dann berührte er das Ohr und heilte den Knecht.
Zu den Priestern aber und den Befehlshabern der Tempelwache und auch zu den Ältesten, die gegen ihn ausgerückt waren, sprach Jesus:
„Wie gegen einen Räuber seid ihr ausgezogen mit Schwertern und Prügeln. Als ich Tag für Tag bei euch im Tempel lehrte, habt ihr nicht Hand an mich gelegt. Aber das ist eure Stunde, die Macht der Finsternis."
Wenn wir das, den Beginn des furchtbaren Erlöserleidens Jesu besinnlich durchlesen, wühlt vielleicht in uns die Frage, warum das alles geschehen muß? Und warum die Menschen nur auf diese grausame Weise in der totalen Hingabe des Menschensohnes erlöst werden sollen?

Das ist letztlich tiefstes Geheimnis der unfaßbaren Liebe Gottes.
Gott in seiner Liebe ist tiefer als jegliches Weltmeer, ist weiter als die Unendlichkeit der Horizonte. Gott in seiner Liebe ist unfaßbar. Hat weder Anfang noch Ende. Hat weder Zeit noch Ewigkeit. Gott in seiner Liebe ist immer ohne Anfang und ohne Ende.
Dieser Gott in seiner Liebe begegnet uns im Menschensohn Jesus. Aus dem Herzen dieses Jesus erglüht die unendliche Fülle der unfaßbaren Liebe Gottes. Darum dürfen wir niemals an dieser Opferliebe irre werden oder gar daran kritisieren. Wir müssen Jesus nehmen wie er ist. Ihm so zu begegnen versuchen, wie er uns begegnet in seiner Liebesglut.
Dazu müssen wir eines bedenken: Gottes Liebe ist nicht nur unendlich in seiner Tiefe, sondern auch unbegrenzt in seiner Freiheit. Darum kann kein Mensch zur Erlösung gezwungen werden. Jeder Mensch muß frei sein Herz für Gott öffnen. Jesus tut alles und hat genügend darüber geoffenbart, wie sehr er uns liebt, wie er uns retten kann und will für das wahre und ewige Leben. Aber da müssen wir ihm vor allem glauben, weil wir es nie begreifen können und wir müssen Jesus immer mehr lieben, indem wir ihm folgen und wir seine Gebote halten. Wer das nicht tut, der kann trotz allem Liebesopfer Jesu nicht gerettet werden. Denn zwingen tut Jesus niemand, weil in Gott alle Liebe frei ist. Gott in seiner Liebe kann keine erzwungenen Knechte brauchen.
Nun müssen wir Jesus vor allem sehen in seiner Erlöserliebe! Schon am Ölberg. „Sein Schweiß wurde wie Blutstropfen", heißt es. Welche Sehnsucht seines Erlöserherzens bedrängte ihn, uns alle zu retten, so sehr, daß sein Herz das Blut durch die Haut preßte. Er konnte nur lieben in tiefster Liebessehnsucht, aber er kann niemanden zwingen, weil seine Liebe ganz frei ist. So gehen die meisten Menschen Wege des Verderbens, weil sie Jesus nicht glauben und ihn nicht lieben.
Die Erlösersehnsucht Jesu hat in seinem Herzen nicht aufgehört, als er sein Opfer vollendet hatte, auch nicht, als er in den Himmel aufgefahren war. Er hat uns verheißen, daß er bei uns sei alle Tage bis ans Ende der Zeiten. Wenn wir ihn auch nicht leiblich sehen, er ist sicher bei uns. Wo zwei oder drei in meinem Namen beisammen sind, bin ich mitten unter ihnen, hat er versichert.
Noch mehr hat er uns versichert, daß er sein Erlösungswerk durch seine Priester weiterführt, wie er ihnen aufgetragen hat:

„Wie mich der Vater gesandt hat, so sende ich euch!"
Geheimnisvoll, aber wirklich setzt er seine Erlösung in seinen Priestern fort. Freilich sind die Priester nur schwächliche Menschen und können das nie aus sich selbst bewirken. Er ist es, Jesus Christus, der durch sie wirkt, sein Erlösungsopfer weiterwirkt. Das tut er so verborgen, daß wir am Priester kein besonderes Zeichen sehen. Der ist ganz Mensch, ganz Mann, wie ein anderer auch. Und doch ist er in seiner Tiefe ein „alter Christus", ein anderer oder besser gesagt, ein weiterer Christus, weil ihm Christus alle Macht dazu verliehen hat.

Freilich ist es und bleibt es Jesus Christus, der da wirkt, der weiter erlöst durch den Priester. Dem Priester ist es frei überlassen, wie weit er in Liebe mit Jesus verbunden, persönlich mitwirkt, miterlöst. Ob nun der Priester fromm ist oder nicht, das heißt, mit Jesus lebendig verbunden ist oder nicht, das Erlösungsopfer Jesu bleibt das gleiche. Nur leidet darin Jesus umso mehr, je mehr er vom Priester allein gelassen wird. Und dem Priester wird es schuldige Belastung, wenn er nicht in Liebe vereinigt sein will mit seinem Herrn und Meister.

Das Erlösungsopfer Jesu bleibt das gleiche, wie immer der Priester ist. Das Erlösungsopfer Jesu bleibt das gleiche, wie er es einst sichtbar vollzogen hat auf Golgatha und schon auf dem Kalvarienberg. Nur geschieht es unblutig, wie es liturgisch heißt, nicht mehr sichtbar für unsere leiblichen Augen.

Das Erlösungsopfer Jesu bleibt das gleiche. Die gleiche Opferliebe, die gleiche Liebessehnsucht, alle Menschen zu erlösen. Die gleichen Ölbergqualen, die ihm das Blut durch die Poren preßte: „Sein Schweiß wurde wie Blutstropfen, die zur Erde rannen."
Welche Ölbergqualen wird Jesus heute erleiden, wenn er sehen muß, wie die meisten Christen oder die sich noch Christen nennen, ihm, ihrem Erlöser ganz ferne sind. Die keine Liebe und nicht einmal mehr einen Glauben zu ihm haben. Ohne Glaube aber kann niemand gerettet werden, wie Jesus ausdrücklich sagt:
„Wer nicht glaubt, der wird verdammt werden" (Mk 16,16).
Da sind heute so viele, die gehen vor, nehmen die hl. Kommunion und glauben gar nicht an Jesus. Sie werden tatsächlich im Augenblick der Kommunion mit Jesus eins, wie Jesus gesagt hat:
„Wer mein Fleisch ißt und mein Blut trinkt, der bleibt in mir und ich bleibe in ihm. Der hat das ewige Leben."

Bei dem Ungläubigen ist das alles nur augenblicklicher Schein, in Wirklichkeit weiterer Weg zur Verdammnis. Denn er hat Jesus durch seinen Unglauben wiederum zurückgeschlagen, gerade bei der hl. Kommunion, wo Jesus ihm alle Erlöserliebe schenken wollte.
Dann sind da die vielen, die noch ein wenig glauben, aber nicht nach dem Glauben leben, eben Jesus nicht lieben. Ihm aus dem Wege gehen, weil sie sich selbst genügen mit ihrem Besitz und ihren Scheinfreuden. Die gehen heute alle zur Kommunion ohne Reue und Buße. Denn Sünden, denken sie, haben sie nicht.
Daß sie Gott lieben sollen aus ganzem Herzen und aus ganzer Seele und auch den Nächsten lieben müssen, das tut doch keiner und kann keiner tun. Damit muß sich Gott zufrieden geben, auch daß sie halt die anderen Gebote nicht mehr beachten, wie es heute selbstverständlich ist, das muß Gott halt übersehen, denken sie. Denn Gott ist ja die Liebe und er muß und kann in seiner Liebe alles verzeihen. Darum braucht man nicht mehr beichten, ist nicht mehr üblich und nicht mehr notwendig, denken sie.
So können sie, so gehen sie heute vor zur hl. Kommunion, voller Unrat der Sünden. Was da Jesus leidet in seiner Liebessehnsucht, auch diese zu erlösen, zu retten, das können wir uns nicht vorstellen. Der Vater hat ihn gesandt, daß er in seinem Opfer und in seiner Liebeshingabe möglichst alle rettet, die noch ein wenig an ihn glauben. Ja, die glauben noch ein wenig an Jesus, aber sie sind wie Aussätzige voll tödlicher Häßlichkeit.
Was kann nun Jesus mit solchen Seelen anfangen, die da kommunizieren, aber seiner vollständig unwürdig sind, ihn mit ihrer Lebensweise direkt und auf das Häßlichste ablehnen.
Sicherlich sind wir alle zur hl. Kommunion unwürdig, aber wenn wir bereuen und unsere Unwürdigkeit bekennen, ist uns Jesus trotzdem gnädig und verzeiht uns. Wenn da nun jedoch Seelen kommen, die Jesus ganz fremd sind in ihrer Lebenseinstellung und auch nicht den Willen haben, sich zu bessern, dann ist das ein Hohn, der Jesus vollständig ablehnt. Da muß Jesus weichen, so weh es ihm tut. So sehr er vielleicht weint um diese Menschenseele, die er nicht retten kann. Denn gezwungen kann niemand werden in den Himmel. Das widerspricht der Freiheit der Liebe Gottes und auch jeglicher wahren Liebe.
Pater Pio klagt einmal, wie weh es ihm tut, Jesus weinen zu sehen. Ich denke, Jesus weint oft vor Menschenseelen, die sich trotz

seines Liebesopfers bis zum letzten Blutstropfen nicht retten lassen wollen, weil sie nicht glauben, daß sie ohne ihn auf dem Wege in ein unaussprechlich ewiges Unheil der Hölle sind. Das ist immer die erste Ursache des Verderbens, weil sie Jesus zu wenig ernst nehmen in seinem Opfer für uns.

„Sein Schweiß wurde wie Blutstropfen, die zur Erde rannen." Ich fürchte, wie Blutstropfen sind oft die Tränen Jesu, wenn er von einem kommunizierenden Christenmenschen abgelehnt wird. Sicherlich er kommuniziert, wie es halt Brauch ist, aber sein Herz und seine ganze Willenshaltung sind weit von Jesu Liebe entfernt. Jesus muß weichen, muß „sich schleichen", wie mir neulich ein so harter Mann sagte, den ich nur herzlich grüßen wollte.

Ach, meine Lieben, Jesus muß weichen trotz seiner unendlichen Liebesfülle in der Eucharistie, mit der er bereit wäre, in dieser Menschenseele alles heil und gut zu machen. Er muß weichen und muß weinen. Wohl öfter Blutstränen. Denn er sieht, wie dieser Mensch im eigensinnigen Unglauben in sein grausamstes Verderben rennt. Unaufhaltsam. Denn, der Mensch weiß alles besser, was er tun muß. Er weiß alles besser unter dem heimlichen Diktat und der Einflüsterung des Lügners und Mörders der Hölle. Jesus steht so inmitten der Menschenmenge oft ganz allein und unverstanden.

Nun muß ich wieder erzählen. Das ist nicht schwierig, wenn man inmitten der Menschen dieser Zeit mit offenem und auch gläubigem Herzen steht.

Es war ein Ehepaar, recht lieb und gut zueinander. Sie fielen mir auf, daß sie sehr andächtig zur Kommunion niederknieten, wie es doch heute nicht mehr gern gesehen wird. Bei einer Pilgerfahrt kam ich mit ihnen ins Gespräch. Der Mann sagte, er möchte mir einmal alles erzählen, wenn es möglich wäre. So mußten wir es möglich machen.

Er ist leitender Schlossermeister in einem größeren Betrieb. Wie halt alle heutzutags hatte auch er kaum mehr etwas übrig für Religion und Kirchengehen. Das schien ihm Zeitvertrödelung. Da hatte er, weil seine Frau ihn drängte, bei einer Sühneanbetung einen Priester gehört, der das rechte Wort sagte, das ihn mitten in die Seele traf. Der Priester sagte nur das Wort Jesu:

„Was nützt es dem Menschen, wenn er die ganze Welt gewinnt, aber an seiner Seele Schaden leidet."

Dazu erklärte der Priester, was eigentlich unsere Seele ist, unsere

unsterbliche Geistseele, die von Gott erschaffen und vom Sohne Gottes erlöst worden ist zu unendlicher Herrlichkeit als Kind Gottes. Da der Mann trotz seiner sonst kalten religiösen Haltung noch ein sauberes Eheleben führte und in sich auch die stille Sehnsucht nach unvergänglichem Lebensglück fühlte, taute er bei der Erklärung des Priesters auf und sagte auf dem Heimweg zu seiner Frau: „Meine liebste Lena, es läßt mir keine Ruhe mehr, wir müssen mit unserem Leben neu anfangen, indem wir Jesus wieder ernst nehmen. Das wird uns nicht schwer fallen, weil wir sonst ein ordentliches Leben geführt haben. Nur erfaßte mich öfter eine Unruhe in der Frage, für was wir eigentlich leben. Für was uns ein Herrgott erschaffen hat. Das ist mir in dieser Sühnenacht klar geworden. Eigentlich ist es ganz einfach und selbstverständlich, wir müssen es nur endlich ernst nehmen, oder besser gesagt, wir müssen Jesus endlich ernst nehmen, ihn so nehmen, wie er sich uns geoffenbart hat. Wir müssen endlich ein wahres und frommes christliches Leben führen."
Meine Frau sagte dazu sofort:
„Da werden wir bald auffallen, auch bei den Kirchenleuten. Und du wirst im Betrieb als Spinner verspottet."
Der Mann Hubert antwortete:
„Hast recht, da werden wir auffallen. Das darf uns aber nichts ausmachen. Das können wir und das werden wir ertragen in Treue zu Jesus."
Dann jedoch entwickelte sich unter den Angestellten der Fabrik eine boshafte Abneigung gegen mich. Sie nannten mich Betbruder und verspotteten mich. Sie untergruben meine Autorität als leitender Meister so sehr, daß ich plante, in einem anderen Betrieb unterzukommen. Es gab jedoch vorläufig keine Möglichkeit.
Ich bin langsam zur Einsicht gekommen durch mein Betrachten in der hl. Schrift und durch die Offenbarungen der Mutter Gottes, daß alles über unseren Köpfen hinweg gelenkt wird, und zwar von oben oder von unten. Wir sind nur Schachfiguren der unsichtbaren Mächte.
Wenn wir gläubig mit Jesus verbunden sind, ist es seine Macht, die uns lenkt. Wenn wir im Unglauben oder auch Halbglauben dahinvegetieren, hat der Böse Macht über uns und lenkt uns. Auch wenn wir uns bekehren und Jesus treu folgen, kann uns die Wut des Teufels noch sehr schaden. Das erkannte ich in meiner Situation, die

ich erlebte. Jesus läßt das zu, um uns umso mehr zu prüfen, ob wir ihm auch in Schwierigkeiten treu sind. Er braucht unsere Opfer auch zur Sühne, damit er in seiner Liebesgerechtigkeit auch andere verirrte Seelen retten kann.

Da fand ich zur großen Gnadenvermittlerin, zur reinsten Braut des Heiligen Geistes, zu Maria. Ich weihte mich, wie sie es so sehr wünscht, in Gemeinschaft mit meiner Familie, vier heranwachsenden Kindern, ganz dem unbefleckten Herzen Mariens. Da begann ein Wandel in unserem Leben. Wir besprachen das abends statt Fernsehen in Familiengemeinschaft. Wir kamen zur frohen Erkenntnis:

Maria ist wahrhaft unsere herrlichste und mächtigste Königin und Mutter. Unter ihrem mächtigen Schutz vollzog sich Wandel nicht nur in unseren Herzen, sondern auch in unseren äußeren Lebensverhältnissen. Nur mußten wir ihr ganz vertrauen und durften nie an ihr zweifeln.

Wir sollen wissen, auch die höchsten Herrschaften der hl. Engelchöre stehen und regieren unter ihrem Willen.

Muß noch erwähnen, Hubert ist ein Deckname, er hat mir erlaubt, seine Geschichte weiter zu erzählen, nur darf ich nie seinen Wohnort bekanntgeben. Er fragte mich damals, was ich meine über seinen Bericht. Ich antwortete ihm:

„Da ist nichts einzuwenden. Ich muß dich bewundern, daß du den Mut hattest, diesen Weg des Glaubens so entschieden zu gehen. Vor allem freue ich mich, daß du dich mit deiner ganzen Familie unter den Schutz des unbefleckten Herzens Mariens gestellt hast."

Hubert fragte mich, wie es kommt, daß Maria eine solche Macht hat und so sicheren Schutz gewähren kann. Dies zu beantworten, mußte ich ein wenig ausholen:

„Maria ist die höchste Herrin über alle heiligen Engel, wie du schon gesagt hast. Sie ist die Königin der ganzen Schöpfung und die mächtigste Herrscherin gegen alle Bosheiten der Hölle. Es hat Gott gefallen, gerade ihr, der einst so demütigen Magd aus Nazareth alle Herrschaft zu übergeben.

Gott hatte wohl einst geplant, dem mächtigsten Engel Luzifer die Herrschaft über die ganze Schöpfung zu überlassen. Dazu hatte er ihm solche Fähigkeiten verliehen. Bei der Liebes-Prüfung der Engel jedoch hatte gerade Luzifer am meisten versagt und wollte ohne Gott alle Engel unter seiner eigenen Herrschaft vereinen.

Gegen Gott. Viele Engel haben sich tatsächlich ihm unterworfen, sie haben den hohen Luzifer wie Gott selbst verehrt.

Da kam die entscheidende Reinigung und die Klärung, daß ein Leben ohne Gott ewige Lüge und Verlorenheit ist. Das wollte Luzifer in seiner stolzen Erhabenheit nicht zugeben. So stürzte er mit seinem Anhang in die ewige Tiefe und Ferne von Gott. Das ist die Hölle, in die Luzifer auch alle Menchen reißen wollte. Jesus aber will uns alle durch sein Kreuz davor retten. Niemand jedoch kann dazu gezwungen werden. Nur freiwillig, in freier Liebe können wir Jesus folgen. Denn Gott ist freieste Liebe.

Über der wunderbaren Rettung durch Jesus steht vor allem eine Frau, eine neue Eva. Wie die erste Eva durch ihren Ungehorsam Mutter des Todes geworden ist, so soll eine neue Eva wieder Mutter des Lebens werden. Das ist Maria, die unbefleckt empfangen in die Welt gekommen ist, aus Gottes reinster Liebe erschaffen, wie die erste Eva vor der Sünde war.

Das war der Plan Gottes: Zur Erlösung mußte zuerst wieder eine neue Eva sein, die rein und unbefleckt ihr Leben als Kind Gottes bewahrt. Nur so könne die Menschheit der Erlösung würdig werden. Denn die Eva hat als erste die Gottesliebe verworfen und auch den Adam dazu verführt. Nun mußte eine neue Eva durch besonders treue Gottesliebe die Sünde der Eva überstrahlen.

Dazu erhoffte Gott von der neuen Eva, daß sie nicht nur in klarster Reinheit, sondern auch völliger Demut Gott diene, indem sie erkennt, Gott allein ist alles Leben und alle Liebe.

Der allerliebste Heilige Geist hat darum Maria als sein Bräutlein an sich gezogen und ist nicht enttäuscht worden. Sie hat ihm als reinste und treueste Braut gedient und sich ihm ganz übergeben, so daß er von ihr alles verlangen durfte, auch wenn sie es nicht begreifen konnte.

Damit konnte Gott durch sie das Unbegreiflichste wagen: Sie wurde Mutter des Allerhöchsten, Mutter Gottes. Sie ist es geworden in einer Hingabe und Liebe, die alle hl. Engel in tiefste Bewunderung versetzte.

Da nun Gott sich so erniedrigt hatte und einem Menschenkind sich anvertraute, konnte Gott dieses demütige Menschenkind zu sich in seine heiligste Gottheit erheben. Ein unbegreifliches Wunder seiner Liebe wagte damit Gott, das durch alle Ewigkeit kaum durchschaut werden kann: Gottes Sohn wird Menschensohn durch ein

Menschenkind. Noch mehr:
Diese Braut des Heiligen Geistes, diese Mutter Gottes soll auch innigst mit dem Sohne Gottes, dem Opferlamm Gottes, Miterlöserin werden. Das verlangt äußerste Opferhingabe mit ihrem Sohne vereint, die wiederum nur in tiefster und schweigender Demut ertragen werden kann. Denn wer könnte Gott je in seiner Liebe und in seinem Liebesopfer begreifen.

Da Maria durch ihre Demut so eins wurde mit ihrem Sohn, konnte Gott sie auch erheben zur höchsten Herrin und Herrscherin über die ganze Schöpfung. Was Gott mit einem höchsten Engel nicht konnte, weil er sich stolz empörte, das konnte Gott mit der demütigsten Braut und Mutter. Wahrhaft herrschen kann ein Geschöpf nur aus der Fülle der Liebe Gottes, der er ganz ergeben ist.

Darum, lieber Hubert, hat Maria solche Macht, weil sie ganz in Gott lebt. Maria würde nicht das geringste tun oder auch nur denken ohne Gott. In ihr wirkt die gütige Allmacht des Vaters. In ihr brennt das Opfer des Sohnes. In ihr erglüht die Liebe und das Licht des Heiligen Geistes. Das geschieht in einem Geheimnis, das wir nie ergründen können, weil aus Gott alles ewig tief ist.

Alles aus Gott ist Wirklichkeit, ewige Wirklichkeit, die nie vergeht und nie vernichtet werden kann. Im Gegenteil bei allen Machthabern gegen Gott. Da ist alles nur verlogener Schein, der sich im Stolz aufbläht und in ihnen grausam würgt.

Es wird nun die Frage laut, was der Bericht mit der heiligsten Eucharistie zu tun hat, in der Jesus immer noch blutigen Schweiß vergießt voller Sehnsucht, uns zu erlösen.

Gerade Hubert war es und seine Frau Lena, die mir erzählt hatten, daß sie erst durch Maria, indem sie eifrig den Rosenkranz beteten, in tiefer Innigkeit zum eucharistischen Heiland gefunden haben. Das Rosenkranzgeheimnis „der für uns Blut geschwitzt hat", wurde ihnen dafür Anregung. Die Frage, warum hat Jesus Blut geschwitzt, ließ ihnen keine Ruhe mehr.

Bei der hl. Kommunion erkannten sie immer mehr, das ist Jesus, der in solcher Sehnsucht die Menschen in sich aufnehmen will, damit sie durch ihn wieder wahre Kinder Gottes werden. Dann aber fragten sich Hubert und Lena, wie es Jesus ergeht bei vielen, bei den meisten Menschen, die gleichgültig oder eiskalt kommunizieren. Sie konnten sich vorstellen, wie sie mir erzählten:

Da steht Jesus nicht nur frierend, sondern auch verlassen und einsam vor einer solchen Menschenseele in brennender Sehnsucht und wartet und wartet. Er wartet nicht nur Tage und Wochen, er wartet Jahre hundertmal, tausendmal bei jeder Kommunion, daß er eingelassen werde.

Das Warten wird Jesus eine Qual, eine unsägliche Qual, weil er sieht, die Tage dieses Menschen vergehen, versinken immer mehr in Todestiefe, weil er ihnen nicht das Leben schenken kann, das sie vor dem Tode rettet. Es wäre für sie so einfach, wenn sie ihm nur ein Wörtlein des Glaubens geben würden. Aber sie sind erstarrt in ihrer dummen Selbstgenügsamkeit, Selbstanbetung.

Sie können in ihrer blinden Selbstgenügsamkeit leider nicht mehr verstehen, wie wir doch alle bis in die letzte Faser unseres Seins von Gott abhängig sind. Keinen Luftzug kann unsere Lunge noch atmen, keinen Schlag unser Herz noch vollbringen, wenn nicht Gottes liebende Allmacht alles bewirkt. Nie können wir ohne Gottes ständiges und liebendes Walten etwas vollbringen, was uns Heil und Segen wird für Leib und Seele. Schon gar nicht vermögen wir als Kinder Gottes erblühen, wenn nicht Gottes Sohn uns neu durchlebt im eucharistischen Lebensgeheimnis.

Da steht nun leider Gottes Sohn, verborgen in der kleinen Hostie, immer wieder und immer wieder vor der Türe vieler Herzen und wartet mit einer brennenden Sehnsucht, die wir uns nicht vorstellen können, weil wir die Liebe nicht zu ermessen vermögen. Und doch ist es so:

„Sein Schweiß wurde wie Blutstropfen", weil sein Erlöserherz in Sorge für jeden einzelnen von uns es kaum mehr ertragen kann, daß er solange vergebens warten muß, um uns zu retten vor dem ewigen Tod der Hölle.

„Wenn ihr das Fleisch des Menschensohnes nicht essen und sein Blut nicht trinken werdet (in Glaube und Liebe), werdet ihr kein Leben in euch haben. Wer mein Fleisch ißt und mein Blut trinkt (in Glaube und Liebe), der hat das ewige Leben, den werde ich auferwecken am Jüngsten Tage (der Ewigkeit)."

„Wie mich der lebendige Vater gesandt hat und ich durch den Vater lebe, so wird auch der, der mich ißt, durch mich leben."

Nicht aus uns selber haben wir das Leben, schon gar nicht das ewige. Gott allein ist unser Leben, er allein kann unser Leben erneuern zum ewigen Leben. Dazu ist der Sohn Gottes Menschen-

sohn geworden, damit wir in ihm das Leben haben, das Leben in Fülle, wie er sagt.
Wenn wir das alles nicht ernst nehmen, dann brauchen wir Jesus nicht. Dann brauchen wir auch nicht hingehen und Jesus im Geheimnis des Lebens, in der Eucharistie, zu uns nehmen. Denn Leben, vor allem Leben Gottes kann nur im lebendigen Glauben empfangen werden. Ohne Glaube wird uns das zum Gericht, wie der Apostel warnt. Gottes Leben der Fülle aus Gottes liebendem Herzen darf nicht wie irgend ein Ding gering geachtet werden.
Ich erinnere mich aus der Zeit in Wien an ein einmalig hübsches Mädchen, das ein junger Arzt heiraten wollte. Es wäre wohl eine gute Ehe geworden. Aber das Mädchen sagte eines Tages zu ihm: „Verzeih mir, Jörg, in mir brennt die Sehnsucht nach einer höheren Aufgabe. Es läßt mir keine Ruhe mehr, ich muß mein Leben dem strengen Karmel-Kloster weihen. Ich muß dort Jesus Sühne leisten in ständiger Anbetung vor dem Geheimnis der heiligsten Eucharistie, weil so viele Christen ihn darin nicht mehr anbeten, ihm keine Liebe mehr schenken."
Der junge Arzt Jörg kam zu mir und bat mich, sein Mädchen Irma zu überzeugen, daß sie als seine Frau und wohl Mutter einiger Kinder eine bessere Aufgabe erfüllen kann als im Kloster.
Ich hatte gewagt, das der Irma zu erklären. Ihre Antwort lautete: „Ja, wenn ich in mir nicht die Unruhe hätte, dem Ruf Jesu zu folgen, würde ich Jörg heiraten. So jedoch kann ich Jörg nicht heiraten. Die Unruhe in meinem Herzen würde uns in der Ehe nicht glücklich machen.
Es ist auch für mich ein Opfer, den Jörg nicht zu heiraten und ins Kloster zu gehen. Aber gerade dieses Opfer braucht Jesus, damit er viele noch retten kann, die keine Opfer bringen.
Wenn ich dann im Kloster viele Stunden anbetend und liebend vor dem Allerheiligsten verweile, weiß ich, daß ich Jesus um Verzeihung bitten kann für viele Seelen, die ihn nicht anbeten und ihn nicht lieben. Wie vielen Menschen, die nur im Trubel der Welt ihr Glück und ihre Liebe suchen, darf ich durch Jesus ein wenig Licht vermitteln, daß sie doch noch einsehen, wer ihr wahres Glück und ihre wahre Liebe ist.
Ich kann im Kloster ein stiller Apostel für viele werden, die sonst verloren gingen. Denn Jesus im heiligsten Sakrament überhört unsere vertrauensvollen Bitten nie. Das ist die Schwäche Jesu, daß

er uns im Sakrament seiner Liebe nicht unerhört lassen kann."
Ich mußte der frommen Irma recht geben. Sie ist ins strenge Karmeliten-Kloster eingetreten. Ich hatte nichts mehr von ihr gehört. Daß sie dort als stiller Apostel wirkt, bin ich überzeugt.
Weil es mir gerade einfällt: Ich habe von einem Mann gehört, der an leitender Stelle einer Baufirma arbeitete. Er war tüchtig und fähig. Aber da fing er unerwartet zu trinken an und konnte es nicht mehr lassen. Der Chef mußte ihm sagen, er könne ihn nicht mehr weiter beschäftigen, wenn er das Trinken nicht lasse. Seine Arbeiten wurden unzuverlässig.
Der Mann sah es ein. Tagelang hielt er es aus, nichts zu trinken. Aber dann war er wieder oft mitten in wichtiger Arbeit betrunken. Der Chef gab ihm eine letzte Warnung. Wenn er noch einmal betrunken ist, müsse er endgültig seine Stellung aufgeben.
Seine Frau war ganz verzweifelt. Da fiel ihr ein, ihre Schwester lebte in einem strengen Kloster. Sie konnte der Schwester nicht darüber schreiben. Da sagte sie es Jesus im Gebet:
„Herr Jesus, um meiner Schwester willen, die im Kloster viel betet und opfert, hilf meinem Mann!"
Am Abend kam der Mann heim und versprach der Frau:
„Ich schwöre es dir bei Gott: Ab heute trinke ich nicht mehr!"
Die Frau konnte es nicht glauben. Aber dann fiel ihr ein, sie habe es Jesus gesagt und dürfe an seiner Hilfe nicht zweifeln.
Ihr Mann trank nicht mehr. Er war jedoch längere Zeit ein anormaler Mensch. Er redete fast nichts mehr. Wenn sie ihn fragte, brummte er nur. Oder er sagte: Laß mich in Ruh!
Nach drei Monaten ungefähr atmete er auf und sagte: Nun hab ich es überstanden! Gott sei Dank und Dank sei der himmlischen Mutter! Ich habe heimlich jeden Tag einen Rosenkranz gebetet, daß mir die Mutter Gottes helfe. Sie hat mir geholfen. Jetzt wollen wir jeden Abend miteinander den Rosenkranz beten! Und ich will jeden Sonntag zur hl. Kommunion gehen. Denn dazu läßt mir die himmlische Mutter auch keine Ruhe mehr. Ich darf ihren Sohn am Kreuz nicht vergessen!"
Das sollen wir alle: Jesus am Kreuz nicht vergessen! Und wenn wir kommunizieren, daran denken, die Liebe Jesu zu uns ist immer noch die gleiche, wie auf Golgatha und auf dem Ölberg, wo er in herzzerreißender Sehnsucht zu uns allen ausschaute, um uns vor der Verdammnis zu retten. So brennend war seine Liebessehnsucht

für uns, daß es ihm das Blut durch die Haut preßte und auf die Erde niederrann.
Bei jeder hl. Kommunion müssen wir darandenken: Dieser Jesus, wenn auch verborgen in der kleinen Hostie, er ist der gleiche Jesus, der für uns Blut geschwitzt hat.
Wenn es der gleiche Jesus ist, der uns immer noch so liebt mit gleicher Sehnsucht und Sorge, wie könnten wir zweifeln, daß er immer noch für uns Blut schwitzt, vielleicht sogar noch brennender, weil er sieht, an manchem direkt sieht, in welch verlorener Todesgefahr er hängt!
Je kälter und gleichgültiger manche Herzen sind und umso mehr schon am Abgrund des Todes, des ewigen Todes der Hölle hängen, umso mehr wird das Antlitz Jesu vor Todesangst wieder blutüberströmt sein.
Das besonders dann, wenn so ein kalter Mensch, der über dem Abgrund des Todes der Hölle hängt, doch die Hand ausstreckt, weils so üblich ist, die Hand ausstreckt nach der kleinen Hostie, die da Jesus ist. Und Jesus vor Angst um diesen Menschen blutüberströmt ihn retten will.
Er kann ihm nicht mehr zurufen: Komm, klammere dich an mich, an deinen Heiland! Glaub an mich! Er hört ihn nicht mehr. Er hat das Gehör für die Stimme seines Erlösers verloren, erstickt im Sumpf der Sünde!
Und dann? - Nur noch der Rachen der Hölle schreit. Oh nein, der lockt so süß! Der Todesgeruch, die Höllenverführung. So süß ist sie, diese Lockung! Warum soll man ihr nicht glauben und folgen?!
Dann schaut Jesus auf zu dir. Umso brennender ist seine Sehnsucht zu dir, wenn du kommst und hungernd nach ihm verlangst!
Wenn wir nur einmal diese Liebe spüren könnten, mit der Jesus bei uns einkehrt und uns erhebt in seine Höhe und Sicherheit!

„Er wird unseren armseligen Leib umgestalten."

Wie lesen im Philipperbrief 3,17:
„Viele wandeln, wie ich euch oft gesagt habe und jetzt unter Tränen wiederhole, als Feinde des Kreuzes Christi.
Ihr Ende ist Verderben. Ihr Gott ist der Bauch, ihr Ruhm ist ihre Schande, ihr Sinn ist nur auf das Irdische gerichtet.
Unsere Heimstätte aber ist der Himmel, von wo wir den Heiland erwarten, unseren Herrn Jesus Christus.
Er wird unseren armseligen Leib umgestalten in die Gestalt seines verherrlichten Leibes durch die Kraft, mit der er sich alles unterwerfen kann."
Lesen wir noch weiter im gleichen Brief, Phil 4,4:
„Freuet euch allezeit im Herrn! Abermals sage ich euch: Freuet euch! Euer gütiges Wesen werde allen Menchen kund! Der Herr ist nahe. Um nichts macht euch Sorgen! In jeder Lage laßt euere Anliegen in Gebet und Flehen dankbar geborgen sein bei Gott. Dann wird der Friede Gottes, der jeden Begriff übersteigt, euere Herzen und euere Gedanken in Christus Jesus behüten.
Endlich, Brüder, was wahr ist, was ehrbar ist und gerecht, was rein und liebenswürdig ist, was dem guten Ruf dient, was überhaupt an Tugend lebenswert gilt, darauf richtet eueren Sinn!"
Halten wir nun vor allem das eine Wort des Apostels fest:
„Jesus wird unseren armseligen Leib umgestalten in die Gestalt seines verherrlichten Leibes."
Jesus sieht in uns nicht mehr nur Menschenkinder, vor allem nicht sterbliche Menschen, er sieht in uns die Menschen, die er in seiner Erlöserliebe wieder zu unsterblichen und verherrlichten Kindern Gottes machen will. Dazu hat ihn der Vater gesandt, dazu hat ihn der Vater gebeten, durch die reinste Jungfrau Maria Menschensohn zu werden, um uns selber als Mensch ganz nahe zu kommen.
Wir wissen, wie wunderbar Jesus Menschensohn geworden ist. In demütigster Liebe hat er sich zu uns herniedergesenkt als kleines, hilfloses Menschenkindlein, um uns gleich zu werden und uns ganz zu gehören. Der Allmächtige wurde aus Liebe zu uns so ohnmächtig.
Wenn wir uns nun gleich wieder besinnen auf die heiligste Eucharistie, dann müssen wir zur Einsicht kommen, warum Jesus nicht nur Menschensohn geworden ist, sondern sich ganz für uns hinge-

opfert hat und sich uns immer noch und immer wieder für jeden einzelnen hingibt in unscheinbarer Speise:
Jesus tut das und tut das in unendlicher Liebessehnsucht, um auch unseren armseligen Leib umzugestalten in seinen verklärten Leib. Freilich tut er das nicht sichtbar vor der Welt. Er tut das auch nicht so, daß damit unser Leib nicht mehr sterben braucht.
Nein, wir werden mit seinem Leibe vereinigt, besser gesagt, in seinen Opferleib aufgenommen. Mit seinem Opferleib müssen wir auch mit ihm noch sterben und ins Grab gehen. Aber wir werden mit ihm auferstehen und eingehen in seine Herrlichkeit. Eins ist sicher, wie alle seine Worte:
„Wer mein Fleisch ißt und mein Blut trinkt, der bleibt in mir und ich bleibe in ihm. Der hat das ewige Leben, (auch in seinem Leibe). Den werde ich auferwecken am Jüngsten Tage" (Joh 6,54).
Dabei die andere Verheißung nicht vergessen, die uns Jesus versichert hat:
„Ich bin die Auferstehung und das Leben. Wer an mich glaubt, der wird leben, auch wenn er gestorben ist. Und jeder der im Leben an mich glaubt, der wird in Ewigkeit nicht sterben" (Joh 11,25).
Das hat Jesus gesagt in Bethanien vor der Auferweckung des Lazarus, der bereits im Grabe in Verwesung lag. Er hat ihn aus dem Grabe gerufen, um zu beweisen, daß er Macht hat, alle lebendig zu machen, die an ihn glauben. Vor allem auch lebendig zu machen für das ewige Leben in Gottes Herrlichkeit, die uns als Kinder Gottes verheißen ist.
Wenn Jesus sagt, „wer im Leben (auf dieser Welt) an mich glaubt, der wird in Ewigkeit nicht sterben", so ist das zu verstehen: Der wird zwar sterben, wie jeder Mensch sterben muß, aber sein Sterben ist wie ein Einschlafen. Wenn er aufwacht, erfährt er die Auferstehung mit Jesus in die ewige Herrlichkeit.
Wir müssen endlich Jesus ernst nehmen! Das heißt, wir müssen wirklich glauben und aus dem Glauben voller Hoffnung leben.
Da kamen einmal zwei Frauen zu mir, zwei Schwestern, voller Trübsal und Verzweiflung. (Name, Ort und Zeit bleiben anonym).
Die eine war eine Lehrerin, die Rosi, 53, die wegen Nervenzerrüttung früh in Pension gegangen war. Die andere, die Resi, 50, war eine unglückliche Bäuerin.
Die Rosi fing gleich an zu jammern:
„Warum hat der Herrgott uns überhaupt erschaffen, die wir beide

nur unglücklich sind. Beide wollten wir mit dem Leben schon ein Ende machen, aber es wurde verhindert. Und der alte Pfarrer, der uns von Kindheit an kannte, hat uns beide so zusammengeschimpft, daß uns die Sprache wegblieb."
Ich bat die Rosi, sie soll frei und aufrichtig berichten, was passiert ist und warum sie so unglücklich sind. So erzählte sie:
„Ja, wir sind sehr unglücklich. Meine Schwester, die Resi, hat einen jungen Bauern geheiratet. Sie erglühte vor Glück. Aber nur einige Jahre. Zwei Kinder hatten sie, einen Buben und ein Mädl. Da fing der Mann zu saufen an und hatte auch andere Freundinnen, mit denen er sogar öfters über Nacht geblieben ist. Als wir beide ihn deshalb maßregelten, schrie er:
„Was bleibt mir denn anders übrig, wie sollte ich das noch aushalten, wenn sie (die Resi) nur jammert und schimpft und mir Vorwürfe macht, ich sei ein schlechter Ehemann, ich mache sie todunglücklich, sie wird noch ins Wasser gehen. Wochenlang mußte ich das hören. So bin ich halt weiter ins Wirtshaus und hab mich auch ein wenig trösten lassen von anderen Frauen.
Ich hatte gewartet und gehofft, daß sie wieder einmal ein gutes Wort und ein frohes Gesicht für mich hätte, aber nein, nur Verzweiflung. So bin ich halt so geworden, wie ich bin, weil ich zuhause keine gute Frau mehr habe, die mich liebt. Die mich auch ertragen kann, wie ich es anfangs gebraucht hätte, als ich einmal länger ausblieb im Wirtshaus. Aber jetzt mit ihrem Selbstmordversuch hat sie mir die Türe ganz zugeschlagen. Zu einer solchen kann ich keine Liebe und kein Vertrauen mehr haben."
„Ich war einmal eine sehr glückliche Lehrerin. Die Kinder hatten mich gern. Da kam später ein Mann, Ingenieur in einem Betrieb, der ließ mir keine Ruh. Schließlich glaubte ich ihm. Wir wollten heiraten. So blieb er oft bei mir über Nacht. Aber die Heirat, die hat noch Zeit, sagte er. Ich bekam ein Kind. Einen Buben. Das hat der Ehre meines Berufes sehr geschadet. Ich war talentiert, ich wollte mich emporarbeiten als Sprachlehrerin.
Aber ich war wieder soweit, daß ich ein Kind erwartete. Der Mann, der Fritz drängte mich zur Abtreibung. Das mußte damals ganz heimlich geschehen. Er zahlte großzügig. Aber ich war innerlich ein gebrochener Mensch. Ich schrie Fritz an, er solle verschwinden. Ich konnte ihn nicht sehen und nicht mehr aushalten. Ich haßte ihn mit glühendem Haß. Ich überlegte, ihn zu vergiften. Aber er ist

dann plötzlich weggeblieben, als hätte er geahnt, was ich vorhatte. Er hatte bald eine andere Liebschaft.

Da kam eines Tages ein anderer Mann aus meiner Jugendzeit, der mir gestand, er hatte mich immer sehr lieb und hatte gehofft, daß er mir eines Tages einen Antrag zu einer glücklichen Ehe machen könne. Aber nachdem der Ingenieur bei mir gelebt hatte, gab er alle Hoffnung auf. Er hatte inzwischen geheiratet.

Die bitterste Sorge machte mir später mein Bub. Ich mußte ihn in ein Heim tun, teils weil Fritz ihn nicht bei mir duldete, teils weil ich als christliche Lehrerin nicht ein uneheliches Kind bei mir haben wollte. Da ist der Kerl, Fritz hieß er auch, eines Tages im Alter von 13 Jahren aus dem Heim durchgebrannt. Man fand ihn nicht. Erst nach drei Monaten ist er bei mir aufgetaucht und wollte Geld, viel Geld. Da hab ich mich nicht mehr zurückhalten können, ich hab ihn mit einem Stock so durchgeprügelt, daß er grün und blau und mit einigen Wunden halbtot am Boden lag.

Dann habe ich ihn verbunden und ins Bett gelegt. Ich wollte wirklich mit ihm wieder gut sein. Er ließ sich alles gefallen. Nach Mitternacht hörte ich Geräusche, da sah ich meinen Fritz schon angekleidet und über meine Kasse herfallen. Ich hatte zufällig viel Geld daheim, weil ich nach England fahren wollte, um meine Sprachkenntnisse zu ergänzen für die Schule.

Ich wollte ihm das Geld entreißen. Da zückte er ein Messer gegen mich und drohte:

„Rühr mich nicht mehr an, du alte Hexe, sonst fährt dir das Messer in deinen bösen Bauch. Ich habe dich genügend kennengelernt. Du wirst mit mir nicht mehr fertig, aber ich mit dir. Dein elender Tod wäre mir eine Lust. Komm, streck deine Pratzen aus gegen mich und du wirst eine Leiche!"

„Ich war von ihm so überrascht und erschreckt, daß ich wie gelähmt dastand. Ich konnte mich weder wehren noch etwas sagen.

Er hatte alles Geld eingesteckt. Bei der Türe sagte er noch:

„Wirst mich nicht finden. Wo ich hingehe, da findet mich keiner. Ich werde auch nie mehr kommen. Ich will nichts mehr von dir wissen und hören, du alte Hexe!"

„Ich habe auch nichts mehr von ihm gehört. Ich vermute, daß er auf ein Schiff gekommen ist und wieder verschwunden ist, denn seine Kleider rochen nach Seewasser. Irgendwo in der Welt wird er leben. Er ist sicher in einer Bande untergetaucht. Aber er war doch

mein Sohn. Ich wäre ihm Liebe, mütterliche Liebe schuldig gewesen, und habe sie ihm nicht gegeben. Alte Hexe hat er mich genannt, mein Sohn. Vielleicht hat er recht. Mit diesem Problem werde ich nie mehr fertig. Darum, ja vor allem auch darum wollte ich mit meinem Leben Schluß machen. Es sollte alles ausgelöscht werden, ewig ausgelöscht, was ich nicht mehr ertragen kann.
Da ich nervlich einige Male zusammenbrach, mußte ich den Schuldienst aufgeben. Ich wurde früh pensioniert. Ich ging zu meiner Schwester Resi auf ihren Hof in der Hoffnung, daß sie mich trösten könne. Aber die war genau so unglücklich mit ihrem bösen Mann. Da planten wir beide, nachts im großen Dorfteich unten Schluß zu machen. Ein Mann hat uns entdeckt und herausgeholt. Mit dem Rettungswagen wurden wir ins Krankenhaus gebracht. Nach drei Tagen konnten wir heim.
Aber gesund sind wir nicht. Wir klagen beide den Herrgott an und fragen ihn, warum er uns so quält und uns nicht helfen will. Wenn Sie uns das sagen können, Herr Pfarrer, dann wollen wir Sie hören! Aber schimpfen dürfen Sie nicht. Das vertragen wir nicht mehr."
Ich sagte ihnen:
„Natürlich werde ich nicht schimpfen. Aber ihr müßt mir erlauben, daß ich offen euere Fehler aufdecke, die ihr gemacht habt. Nur wenn ihr euere Fehler erkennt, kann vieles, vielleicht alles wieder recht werden, so daß ihr frohe Hoffnung haben könnt für euch und euere Lieben.
Denn Gott hat sich in seinem Sohn in unendlicher Erbarmung zu uns niedergesenkt. Durch die Wunden seiner Opfer bis zur Hingabe am Kreuz können alle unsere Wunden wieder geheilt werden, wenn wir ihm vertrauen.
Wir müssen Jesus vertrauen, an ihn glauben und ihn lieben. Das können wir nur, wenn wir ihn kennenlernen schon durch das Gebet. Wir dürfen ihm nicht aus dem Weg gehen, wie ihr es gemacht habt. Wenn wir Jesus aus dem Weg gehen, keine Zeit mehr für ihn haben, dann wird er uns fremd und er kann uns nicht helfen aus unserer Not, weil er uns nicht zwingen will. Gott will keine Knechte. Gott ist lauter Liebe, freieste Liebe, der wir frei glauben und folgen sollen.
Weil ihr Jesus nicht vertraut habt, seid ihr so arm und hilflos geworden, daß euch die Verzweiflung würgte. So hast du, Resi, deinem Mann keine frohe Liebe mehr schenken können, als er sie so notwendig gebraucht hätte. Denn du warst in deiner Not nur ein jam-

mervolles, klagendes Weib. Damit hast du deinen Mann noch tiefer in seine Fehler niedergestoßen. Hättest du ihm Geduld und Liebe geschenkt, er hätte sich an dir wieder aufgerichtet. Das konntest du nicht, sagst du. Ich weiß es, das konntest du nicht, weil du dazu keine Kraft mehr hattest. Warum hattest du nicht die Kraft? Weil du Jesus nicht vertraut hast, der dir gerne alle frohe Liebe für deinen Mann und deine Kinder gegeben hätte. Du hattest nur deinen kraftlosen Jammer. Da brach alles zusammen." Natürlich gab es allerhand Einwände. Aber ich wehrte ab und sagte: „Laßt mich zuerst ausreden und hört, wie Jesus euch in seiner Erlöserliebe wunderbar helfen kann und will! Ihr kennt doch die hl. Kommunion, die ihr öfter empfangen habt. Die hl. Kommunion, das wäre die Quelle gewesen, aus der hättet ihr alles schöpfen können, damit ihr frisch und stark geblieben wäret für herrliche, echt christliche, frauliche Liebe."

Ich versuchte dann mit einfachen Worten, sie an das Wunder der heiligsten Eucharistie zu erinnern. Ich mußte das, weil ich merkte, sie haben Kommunion nur so allgemein äußerlich begriffen. Ich zitierte einige Worte der Verheißung Jesu über dieses Geheimnis aus dem sechsten Kapitel des Johannesevangeliums:

„Ich bin das lebendige Brot, das vom Himmel herabgekommen ist. Wer von diesem Brote ißt, der wird ewig leben. Das Brot aber, das ich euch geben werde, ist mein Fleisch für das Leben der Welt."

Für das Leben der Menschen in dieser Welt.

„Wer mein Fleisch ißt und mein Blut trinkt, der bleibt in mir und ich bleibe in ihm. Der hat das ewige Leben. Den werde ich auferwecken am Jüngsten Tage. Wie mich der lebendige Vater gesandt hat und ich durch den Vater lebe, so wird auch der, der mich ißt, durch mich leben."

Wie ich ihnen das noch ein wenig erklärte, staunten sie darüber und meinten, das haben sie noch nie so verstanden. So wagte ich, mehr darüber zu sagen:

„Seht ihr, Eucharistie ist die heilsamste Gabe für den Menschen, für den ganzen Menschen, daß er an Leib und Seele gesunde und keine Angst mehr zu haben brauche. Gott will den ganzen Menschen durch dieses wunderbare Sakrament aufrichten.

Fraget nicht, wie das möglich ist, wie Gott das tut. Gottes Liebe ist so unendlich, daß ein Mensch sie nie erforschen kann. Hier können wir nur glauben. Je mehr wir gerade hier in diesem wunderbarsten

Geheimnis der Liebe Gottes glauben, umso mehr wird Gott uns aufrichten und erneuern. Das ist ja die besondere Absicht der Erlöserliebe Gottes, uns in diesem Geheimnis als neue Menschen aus Gottes Kraft zu erneuern, daß wir wirklich Kinder Gottes werden, die auch in diesem Leben der Erdenzeit stark und aufrecht alle Prüfungen bestehen können. Da habt ihr leider versagt, ihr mußtet versagen, weil ihr dazu nicht gläubig die Kraft geschöpft habt aus der Kraftquelle der Erlöserliebe Jesu in der heiligsten Eucharistie. Aber nun wißt ihr, wo die Quelle fließt, die nie versagen wird. Nun sollt ihr daraus schöpfen in Glaube und auch immer mehr in Liebe, damit ihr Jesus ganz vertrauen könnt."
Die beiden nahmen diese Erklärungen so ernst, daß ich darüber staunte. Nur fragte die Rosi noch besorgt:
„Aber unser Leib ist so geschwächt und zerrüttet an den Nerven, daß wir meinten, wir könnten nicht mehr leben."
Da erinnerte ich sie an das Wort des Völkerapostels:
„Jesus wird unseren armseligen Leib umgestalten in die Gestalt seines verherrlichten Leibes."
Das gilt für die Auferstehung, indem wir mit Christus in einem vergeistigten, unsterblichen Leib auferstehen werden. Das gilt jedoch sicher auch für die Erdenzeit, daß uns Jesus durch die Eucharistie leiblich erneuern wird, soweit es nötig ist, um ihm in seinem Geiste der Liebe dienen zu können. Freilich wird das Jesus umso lieber tun, je mehr wir an ihn glauben. Der Glaube ist immer die Voraussetzung, daß Jesus in uns wirkt, gerade hier in seinem tiefsten Liebesgeheimnis."
Die beiden Frauen, die Rosi und die Resi, haben wirklich, wie ich später erfahren durfte, wunderbare Erneuerungen erlebt. Die Rosi konnte wieder ihren Dienst als Lehrerin aufnehmen. Sie hat für ihren Sohn Fritz viel gebetet. Eines Tages stand er vor ihr in Uniform als erster Steuermann eines Welthandelsschiffes. Er nannte sie liebend „Mama". Er wurde bekehrt bei einer schweren Erkrankung in einem Hospital in Kolumbien durch einen frommen Missionar.
Die Resi hatte es schwerer. Ihr Mann war ein Trinker geworden. Sie mußte ihm viel Geduld und Liebe schenken, was sie nun konnte. Ihre beiden Kinder halfen fleißig mit in der Landwirtschaft, so daß hier kein Mangel war. Alle, auch der arme süchtige Mann schauten auf zu der mutigen und liebevollen Mama.
„Jesus wird unseren armseligen Leib umgestalten."

Das werden wir wunderbar erleben bei der Auferstehung mit Jesus. Das kann gar nicht anders sein, wenn Jesus es uns verheißen hat: Wer mein Fleisch ißt und mein Blut trinkt, der bleibt in mir und ich bleibe in ihm. Der hat das ewige Leben. Den werde ich auferwecken am Jüngsten Tage.
Aber die Umgestaltung unseres armseligen Leibes in seinen Leib erleben wir teilweise schon hier auf Erden. Wenn Jesus sagt, der lebt in mir und ich lebe in ihm, so können wir nicht denken, daß wir in ihm einen kranken Leib erleben müssen. Außer es ist, daß wir mit ihm zur Sühne seinen Leidensleib ertragen sollen. Das geschieht manchmal, wenn Jesus es so wünscht. Besonders wenn es darum geht, für unbekehrbare Sünder Sühne zu leisten, um sie dennoch zu retten.
Ich denke da an eine fromme Ordensschwester, von der ich gehört habe.. Sie hatte in der Krankenpflege Unglaubliches geleistet. Nicht nur, indem sie die Kranken mit einer hingebenden Liebe betreut hat, sondern sie hat auch zur rechten Zeit wie ein helles Licht Worte des Lebens gesagt, die immer zündeten. Der Krankenhausseelsorger konnte nur staunen, wie die Schwester Berta oft die schwersten Sünder bekehrt hat.
So ging es Jahre dahin. Eines Morgens, jedoch vor der hl. Messe für die Schwestern, bat die Schwester Berta den Priester, noch beichten zu dürfen. Sie sagte dann:
„Hochwürden, das war meine letzte Beichte und wird meine letzte hl. Kommunion sein. Jesus hat mich durch sein hl. Sakrament solange aufrecht gehalten, damit ich vielen den Weg zum Leben zeigen konnte. Aber jetzt ruft er mich heim zu sich."
Der Priester hat sie in ihren Worten nicht verstanden. Er feierte die hl. Messe. Die Schwester Berta kommunizierte wie immer. Nach der hl. Messe aber blieb sie in ihrem Betstuhl lehnen und rührte sich nicht mehr. Die Schwestern erkannten, sie sei soeben verstorben. Der Arzt, den sie gerufen hatten, sagte:
„Eigentlich ist sie schon lange gestorben. Sie bat mich, es nicht zu sagen, damit sie bei den Kranken weiterwirken könne. Sie hatte seit Jahren ein tödliches Leiden, ihr Herz und Kreislauf waren längst nicht mehr lebensfähig. Daß sie noch so lange so viel leisten konnte, war ein Wunder, wie Sie es mit Recht nennen dürfen."
Die Schwester Oberin, der die Schwester Berta im Gehorsam alles anvertraut hatte, erklärte:

„Ihr Leben war das Leben Jesu, das in ihr noch weiterwirkte. Es war ein besonderes Gnadenwunder des eucharistischen Heilandes."
„Jesus wird unseren armseligen Leib umgestalten in die Gestalt seines verherrlichten Leibes."
Da schreibt aber der Apostel vorher noch ein Wort, das wir auch lesen müssen:
„Viele wandeln als Feinde des Kreuzes Christi." Das sind diejenigen, die kein Opfer bringen wollen. Die auf böse, leibliche Genüsse um Christi willen nicht verzichten wollen.
Der Apostel schreibt über sie:
„Ihr Ende ist Verderben. Ihr Gott ist der Bauch. Ihr Ruhm ist ihre Schande. Ihr Sinn ist nur auf das Irdische gerichtet."
Die so leben, wie hier der Apostel schreibt, die haben kein Verständnis für das Erlöserkreuz Christi. Sie sind Feinde des Kreuzes. Die haben auch keine Hoffnung, daß Jesus ihren armseligen Leib umgestaltet in die Gestalt seines verherrlichten Leibes.
Die Umgestaltung unseres Leibes geschieht nicht erst nach dem Tod. Die geschieht durch die hl. Kommunion. Freilich in mystischer, in verborgener Weise. Nach dem Tod wird erst offenbar vor aller Schöpfung, wie unser Leib im Leibe Christi umgestaltet, mit Christus auferstehen und aufgenommen wird in die Herrlichkeit des Himmels. Wunderbar vollendet als leiblich-seelische Menschen, als wahre Kinder Gottes werden wir vor aller Schöpfung, vor der Welt und vor dem Himmel offenbar. Wir werden vor Jesus in ewiger Dankbarkeit niedersinken, weil er durch seinen verherrlichten Leib in der ständigen hl. Kommunion mit ihm auch unseren armseligen Leib vollkommen gestaltet hat.
Ich weiß, es scheint gewagt, was ich da sage. Aber ich kann mir die Verheißung Jesu, „das Brot, das ich euch geben werde, ist mein Fleisch für das Leben der Welt", nicht anders erklären, als daß Jesus sich gerade in dieser Welt ständig mit uns vereinigt, unseren Leib durch seinen Leib gestaltet, damit wir schon in dieser Welt als Kinder Gottes leben können. Auch leiblich. Freilich, noch einmal muß ich es sagen, das geschieht in mystischer Weise, verborgen vor den Augen dieser Welt. Aber wir dürfen ruhig sagen mit dem Apostel Paulus:
„Nicht mehr ich lebe, sondern Christus lebt in mir."
Wenn wir mit Christus vereinigt werden, werden wir es ganz. Bei Gott gibt es nichts Halbes. Bei Gott ist alles ganz und vollkommen.

Darum müssen wir die Verheißungen Jesu unbedingt ernst nehmen, sonst versinken wir in unserem christlichen Leben in Zweifel und Unsicherheit und jeder stolze und schmutzige Sprüchemacher dieser Welt kann uns überrennen.
Wer allerdings Jesus nicht ernst nehmen will, weil er in die Schwäche des Fleisches niedergesunken ist, der kann Jesus und will Jesus nicht verstehen in dem tröstlichen Wort:
„Er wird unseren armseligen Leib umgestalten in die Gestalt seines verherrlichten Leibes."
Eines Tages sagte irgendwo ein Mann zu mir:
„Herr Pfarrer, ich bin froh, daß heute die Kirche nicht mehr so streng ist wie früher. Früher war im sechsten Gebot gleich alles Sünde, sogar schwere Sünde. Heute gibt es im sechsten Gebot keine Sünde mehr, ist mir gesagt worden. Das hab ich schon lange gedacht.
Meine Frau lehnt mich im Bett ab, weil es ihr weh tut. Für was bin ich dann verheiratet, wenn ich als Mann nicht mehr bei meiner Frau schlafen kann. Da muß ich halt anderswo schauen, wie ich als Mann noch leben kann."
Ich versuchte dem Mann zu erklären, das wäre ein schweres Übel. Die Ehe ist nicht nur Sex, sondern vor allem eine Liebesvereinigung in Christus. Da stand der Mann auf und antwortete bitter enttäuscht:
„Da hab ich mich bei Ihnen geirrt. Sie sind noch ein Pfarrer aus dem finsteren Mittelalter. Ich brauche Freiheit, Freiheit als Mann. Das kann mir auch Gott nicht übel nehmen."
Der Mann war ohne Gruß verschwunden. Ich wußte Bescheid. Das ist heute die Haltung und die Meinung bei den meisten Männern und leider auch bei vielen Frauen. Der Apostel sagt darüber:
„Ihr Gott ist der Bauch. Ihr Ruhm ist ihre Schande. Ihr Sinn ist nur auf das Irdische gerichtet."
Da ist leider kein Verständnis mehr für Jesus und seine Erlösung. Furchtbar ist es, wenn solche wie Räuber das Heiligste, Jesus im tiefsten Geheimnis seiner Liebe an sich reißen.
Gott sei Dank, gibt es heute oft junge Christen, die Jesus in seiner Erlösung ernst nehmen und dadurch Jesus als den kennenlernen, der ihren armseligen Leib wunderbar erneuert.
Ein junger Arzt hat mir einmal berichtet:
„Auf der Hochschule hat es mich angeekelt, wie viele, eigentlich

die meisten Jungmänner und Mädchen sich in Sex erniedrigten und dabei sehr elend wurden. Sie gaben es nicht zu und überdeckten alles in hochmütiger Erhabenheit. Aber ich habe einige Fälle durchschaut. Mir graute davor. Ihre Herzen waren öde Ruinen geworden.
Da habe ich zu beten angefangen, wie es mir meine fromme Mutter empfohlen hatte. Ich habe mich der Mutter Gottes geweiht. Sie hat mich durch einen Priester den Weg zum Tabernakel gewiesen. So habe ich jeden Sonntag kommuniziert. Ich habe Jesus dabei sehnlich gebeten:
„Herr Jesus, hilf mir, daß ich meinen jungen Leib sauber halte und so werde, wie du mich haben willst.!"
Da hat sich eine wunderbare Wandlung in mir vollzogen. In mir erwachte das frohe Bewußtsein, ich darf auch leiblich mit dem Leibe Jesu vereinigt leben. Ich hätte das nie zu denken gewagt. Aber im Lichte des Glaubens und in der Liebe zu Jesus erkannte ich das.
Ich habe dann als Arzt eine sehr segensreiche Ehe geschlossen und konnte auch bald eine eigene Praxis eröffnen. Da lernte ich erst recht kennen, wie elend Ehen sind, die nicht auf dem Grund der Gebote Gottes reifen konnten. Ich kann nicht wie ein Priester den Leuten predigen, aber hin und wieder muß ich schon ein Wort sagen, das die Unglücklichen vielleicht doch nachdenklich macht, wie ich neulich wagte:
„Ihr habt in euerer Ehe nur Scherben gemacht. Diesen Scherbenhaufen kann ich nicht zusammenflicken. Da gäbe es nur einen, der das könnte. Aber den kennt ihr nicht mehr, eueren Erlöser Jesus Christus."
Darüber lächelten sie dumm und gingen. Aber nach einigen Tagen kamen sie wieder und fragten, wer Jesus sei.
Da noch viele Patienten warteten, übergab ich sie der Beratung meiner Frau. Die hat ihnen mit Geduld und Liebe den Weg gezeigt, wie sie wieder ein christliches Leben finden, in dem sie ihr Leben und ihre Ehe erneuern können. Sie hat ihnen einen guten Pater empfohlen. Der Pater hat sie soweit gebracht, daß sie gebeichtet und die hl. Messe mit andächtiger Kommunion mitgefeiert haben. Sie sind von da an regelmäßig in die Kirche gegangen und ihr Eheproblem wurde gelöst und geheilt."
Wie ich später erfahren habe, stand dahinter eine Frau, die ehemals

Geliebte des Mannes. Die hat anfangs vor Eifersucht den Mann gehaßt und ihm nur Böses gewünscht. Sie hat sich aber bei einer Wallfahrt nach Medjugorje bekehrt und ist eine fromme Opferseele geworden. Sie betete für diesen ihren ehemals Geliebten und für seine Ehe.

Da sehen wir wieder, was aufrichtiges und selbstloses Fürbittgebet bewirken kann. Wir sollen alle wissen, wie Jesus unseren armseligen Leib schon in diesem Leben umgestalten und erneuern kann, wenn wir ihm vor allem in seinem heiligsten Leibe vertrauen, in dem er sich uns in reinster Opferliebe schenkt.

Da muß ich weiter erzählen. Es scheint zuerst banal. Aber das Leben ist so. Ein Ehemann hatte Schwierigkeiten in seiner Ehe. Er war bisher sehr glücklich mit seiner Frau, mit der er auch schon drei heranwachsende Kinder hatte. Aber nun wurde die Frau unterleibskrank. Der Arzt hat ihm geboten, seine Frau im Bett zu schonen.

Der Mann hat sich an seinen alten Ruhestandspfarrer gewandt, mit dem er offen reden konnte. Der hörte ihn geduldig an und sagte am Schluß:

„Ja, Hans, so ist das. Das geht den meisten Männern so, wenn sie die Ehe noch nicht in der Tiefe der wahren Liebe erkannt haben. Sicherlich darfst du in der Ehe mit deiner Frau dich leiblich vereinigen. Aber das soll in der Liebe Christi geschehen, weil ihr in der christlichen Ehe durch die Liebe Christi verbunden seid. Wenn du dich nun nicht mehr mit deiner Frau leiblich verbinden kannst, so bleibst du doch durch die hl. Kommunion mit Jesus in heiligster Liebe verbunden. Das darfst du nicht vergessen. Jesus schenkt uns seinen Leib in heiligster Verbindung zur Erneuerung auch unseres Leibes, damit unser armseliger Leib umgestaltet werde in seinen verherrlichten Leib. Das versichert uns der Apostel. Und das, Hans, ist sehr erfreulich!

Was denkst du, wie das sein wird mit unserem Leib, wenn er im Grab verwest ist. Schau dem Totengräber einmal zu, was er da herausschaufelt. Da ist nichts Erfreuliches mehr zu sehen und zu hoffen. Vor allem gibt es da keine Fleischeslust mehr. Wehe uns, wenn Jesus nicht unseren Leib aufnehmen würde in seinen verklärten Leib. Das tut Jesus ständig jetzt schon in der hl. Kommunion. Du läßt dir das doch auch gefallen, wie ich dich oft sehe an der Kommunionbank.

Oder willst du dir das nicht gefallen lassen in der sicheren Hoff-

nung, daß Jesus deinen Leib erhöht und neu gestaltet zur Herrlichkeit des ewigen Lebens im Himmelreich? Ich meine doch! Dann also klage mir nicht mehr, daß du ein wenig auf Lust verzichten mußt von dem Leib, der doch zerfällt und verwest. Denk doch weiter! Und hab endlich deine gute Frau noch viel lieber in wahrer und unvergänglicher Liebe, wie sie uns Jesus schenkt in der heiligsten Eucharistie!"
Der Hans meinte dann sehr nachdenklich:
„Herr Pfarrer, das hab ich nicht so gesehen. Sie haben uns zwar früher öfters gepredigt, wie wir auch im Leibe verklärt werden müssen, damit wir das ewige Leben haben. Aber daß das Jesus jetzt schon tut, das hab ich nicht gewußt."
Der Herr Pfarrer packt den Hans fest im Arm und sagt:
„Dann wird es aber Zeit, daß du es weißt! Oder meinst du, Jesus opfert uns seinen Leib jetzt schon immer nur zum Spaß!"

„Ich bin das Brot des Lebens!"

Von der Hildegard habe ich im Buche „Scivias!" „Wisse die Wege!" erschütternde Weisungen über die heiligste Eucharistie gelesen. Ich will einige Stellen davon frei niederschreiben:
„Der Eingeborene Gottes hat seinen Leib und sein Blut in einzigartigster Weise seinen Gläubigen zukommen lassen. Sie sollen durch ihn das unsterbliche Leben für das Reich Gottes erhalten."
„Wie der Eingeborene Gottes beim Abendmahl seinen Leib und sein Blut seinen Jüngern gegeben hat, so gibt er immer noch seinen Gläubigen sein Fleisch und sein Blut. So gibt der Sohn Gottes in Erfüllung des Willens seines Vaters sich selbst zur Heilung und zur Heiligung der Menschen hin."
„Heult aber und trauert über euer Vergehen, wenn ihr es wagt, eueren Herrn und Gott mit gottwidriger Unflätigkeit zu berühren! Ihr erschüttert damit das Fundament der Erde, wenn ihr im Schmutze böser Vergehen eueren Herrn und Gott mißbraucht. Die ganze Erde erschüttert ihr, wenn ihr durch euere Unreinheit ihn, den Schöpfer der Erde entehrt."
Gott warnt:
„Du stellst, o Mensch, die Frage, wie der Leib und das Blut meines Sohnes gegenwärtig sein kann. Ich antworte dir, was untersuchst du meine Geheimnisse! Die sind nicht dafür da, daß du sie erforschest, weil du das nicht kannst. Sei vielmehr aufmerksam, daß du sie in tiefer Ehrfurcht empfängst. An dieses Mysterium kannst du nicht herantreten. Du kannst es nie ergründen."
„Suche mich im demütigen Glauben! Forsche aber nicht mit deinem Verstande in meinen göttlichen Geheimnissen! Du könntest dabei sehr Schaden leiden! Was dir noch fehlt zum würdigen Empfang meines Sohnes, das überlaß dem Heiligen Geist! Ich, der Vater aller Dinge, verlange nicht die Vieldeutigkeit törichter Weisheit, sondern die Einfalt des Herzens. An vieler Wortmacherei habe ich kein Gefallen, sondern an deiner demütigen Reinheit, die mich treu ergeben sucht und mich in Liebe ins Herz schließt."
Daß wir mit demütiger Ehrfurcht Jesus im heiligsten Sakrament empfangen müssen, das ist selbstverständlich, weil es uns sonst zum Gerichte wird. Aber daß wir auch das Fundament der Erde erschüttern, wenn wir in Ehrfurchtslosigkeit den Schöpfer empfangen, das habe ich bisher noch nicht bedacht. Und doch wird es so sein.

„Die ganze Erde erschüttert ihr, wenn ihr durch euere Unreinheit den Schöpfer der Erde entehrt." Damit wird über die ganze Erde ein Strafgericht der Reinigung kommen müssen. Darum wehe uns! „Heult und trauert über euer Vergehen in der unwürdigen Kommunion, wenn ihr es wagt, euren Herrn und Gott (und Schöpfer) in Unflätigkeit zu berühren!" Es ist erschütternd und für uns unbegreiflich, mit welcher Liebe und Kleinheit sich Gott zu uns herniederneigt, um uns zu heilen an Leib und Seele, uns verlorene Menschenkinder wieder zu Gotteskindern zu erheben. Es ist aber noch mehr erschütternd, daß Gott es sich gefallen läßt, in der hl. Kommunion vielfach so verachtet zu werden. Aber Jesus hat es aus Liebe ertragen, bis in den grausamsten Tod am Kreuze verworfen zu werden. Er schreckt auch nicht mehr zurück, im Geheimnis seiner tiefsten Erlöserliebe der heiligsten Eucharistie verworfen zu werden. Nur wehe dem, der das tut und nicht mehr bereut! Wenn er zur Einsicht kommt und bereut, vergißt und verzeiht ihm Jesus alles, weil er den Sünder so liebt.

Auch sollen wir nicht in die Tiefe des Mysteriums der heiligsten Eucharistie eindringen wollen, weil wir das doch nie begreifen können. Die Stammeltern im Paradies, verführt vom Widersacher, wollten in die Tiefe des Geheimnisses des Lebens aus Gott eindringen, vom Baum in der Mitte des Gartens essen, wie es symbolisch heißt. Der Versucher log: Ihr werdet sein wie Gott! Aber das war Lüge und wurde Todesfluch.

So wird auch der, welcher in die Unendlichkeit des Mysteriums der Eucharistie eindringen will, den Irrweg des Verderbens gehen, weil kein Geschöpf Gott in der Unendlichkeit seiner Liebe begreifen kann. Der Hochmut aber, mit dem er zum heiligsten Gott emporsteigen will, wird ihm zum Sturz in eine Tiefe, die kein Ende mehr findet, wie Satan immer noch stürzt in unermeßliche Tiefe.

Mit Schaudern bedenke ich, wie ich von allen Seiten erfahre, daß hochgelehrte Theologen Gott in den wunderbarsten Myterien seiner Liebe entblößen wollten, weil sie sich in ihrem Hochmut dazu erhaben fühlen. Erreicht aber haben sie, manche hochgelehrten Theologen, daß sie uns nicht mehr als wahre Gottesgelehrte die Wege des Heiles Gottes zeigen, sondern gefährliche Irrwege aufzeigen, die heute vielen zu Wegen des Verderbens werden. Leider sagen diese armen Verführten: So hochgelehrte Professoren müssen es wissen, was sie lehren! Ihnen können wir vertrauend folgen.

Sie folgen ihnen, weil es Wege sind, die kein Opfer und keinen Gehorsam zu Gottes Geboten mehr verlangen. Da gibt es keine Sünden mehr, da kann jeder darauflossündigen, wie es ihn gelüstet. Der gefährlichste Abweg ist die Lieblosigkeit gegen Gott und gegen den Nächsten. So wird die Menschheit bald im eigenen Blut ertrinken. Das mit dem Blute Christi erkaufte Paradies rückt in weite Ferne. Ihr eigenes Paradies wird zur Hölle. Damit ihnen ja die Hölle sicher ist, hat Satan sie auch durch den Mund hochgelehrter, verirrter Theologen zur Ehrfurchtslosigkeit gegen den heiligsten Leib Jesu in der Eucharistie verführt. So wird ihnen diese tiefste Erlöserliebe Jesu zum Gericht, weil sie, wie der Apostel sagt, „den Leib und das Blut des Herrn nicht unterscheiden von gewöhnlicher Speise."
Fast könnte man heute in dieser verdrehten Situation verzweifeln, weil kaum noch jemand den Weg des wahren Heiles erkennt. Aber da erlebe ich überall verstreut einzelne Gruppen, man nennt sie Sekten, die mit tiefster Ehrfurcht Jesus im heiligsten Sakrament anbeten und empfangen. Das sind Christen, welche noch die Gebote halten und sich eifrig mühen, das höchste Gebot der Liebe zu erfüllen, wenngleich gerade sie von allen Seiten von Haß und Mißmut bedroht sind. Sie lieben, und sie werden gehaßt. Das ist Satan, der da ringsum gegen sie den Haß aufwühlt. Es erfüllt sich das Wort Jesu:
„Haben sie mich verfolgt, werden sie auch euch verfolgen." Jesus sagt sogar:
„Selig seid ihr, wenn euch die Menschen hassen, ausstoßen und schmähen, wenn sie euch um eueren guten Namen bringen um des Menschensohnes willen! Freuet euch an jenem Tage und frohlocket! Denn seht, euer Lohn ist groß im Himmel!" (Lk 6,22). Hören wir weiter Jesus:
„Wenn euch die Welt haßt, so wisset, sie hat mich vor euch gehaßt. Wäret ihr von der Welt, so würde die Welt das ihrige lieben. Weil ihr aber nicht von der Welt seid, sondern ich euch von der Welt auserwählt habe, darum haßt euch die Welt" (Joh 15,18).
Besonders ergreifend schreibt der Apostel Johannes in seinem ersten Brief:
„Daran erkennt man die Kinder Gottes und die Kinder des Teufels: Wer nicht Gerechtigkeit übt und wer seinen Bruder nicht liebt, der ist nicht aus Gott. Denn das ist die Botschaft, die ihr von Anfang an

gehört habt: Wir sollen einander lieben! ... Brüder, wundert euch nicht, wenn die Welt euch haßt. Wir wissen, daß wir vom Tod zum Leben gekommen sind, weil wir die Brüder lieben. Wer nicht liebt, der bleibt im Tode. Jeder, der seinen Bruder haßt, der ist ein Mörder. Ihr wißt, daß ein Mörder das ewige Leben nicht haben kann" (1. Joh 3,10). Wir können als wahre Kinder Gottes uns nie und nimmermehr von der Liebe trennen. Allein das Wort Jesu vor seinem Abschied an seine Jünger müßte uns aufrütteln: „Wie mich der Vater geliebt hat, so habe ich euch geliebt. Bleibt in meiner Liebe! Wenn ihr meine Gebote haltet, so bleibt ihr in meiner Liebe, wie ich die Gebote meines Vaters gehalten habe und in seiner Liebe bleibe. Dies habe ich zu euch gesagt, damit meine Freude in euch sei und euere Freude vollkommen werde. Das ist mein Gebot: Liebet einander, wie ich euch geliebt habe!" (Joh 15,9).

Das Wort Jesu, „dies habe ich zu euch gesagt, damit meine Freude in euch sei und euere Freude vollkommen werde", muß uns vor allem aufwecken. Wer liebt, der hat Freude. Wer Gott liebt, der erlebt immer mehr die vollkommene Freude, weil Gott die Liebe ist und aus Gott uns alle Freude und Seligkeit in höchster Lust erfüllen wird. Wer nicht liebt oder gar haßt, der hat Sorgen, böse Sorgen. Wer liebt, der befreit sein Herz für höchste Freude.

Die höchste greifbare Erfüllung der Liebe Gottes, wie wir zur Liebe Gottes heimgeführt werden und damit auch zur Fülle des Lebens aus Gott, das ist Jesus im heiligsten Sakrament. Er allein ist es, der uns das Wort verheißen kann:
„Ich bin das Brot des Lebens!"
Hören wir aber auch daraus, was uns damit Jesus verkündet! Er ist das Leben. Damit auch wir das Leben haben, ist er uns Brot des Lebens geworden. Brot des Lebens, das wir essen können. Wenn wir es im Glauben an sein Wort essen, ist er uns Brot des Lebens. Wenn wir es im liebenden Vertrauen zu ihm essen, macht es uns seligst lebendig. Dann führt es uns immer mehr ein in das Geheimnis des Lebens Gottes, in die Liebe. Dann werden wir wahrhaft Kinder Gottes. Das ist es, wozu Jesus mit innigster Sehnsucht uns durch die heiligste Eucharistie auferbauen will:
Wir sollen Kinder Gottes werden, die in der Liebe Gottes heranreifen. Dann wird unser Abschied von dieser Welt der direkte Heim-

gang zum Leben in Gott. Dann brauchen wir kein Fegfeuer mehr, das viele erst aufwecken muß, oft in brennender Liebessehnsucht aufwecken muß zur Liebe in Gott.

Ich weiß nicht mehr, habe ich es gehört oder gelesen, wie Arme Seelen im Fegfeuer in Sehnsuchtsweh brennen, weil sie zwar Jesus in der hl. Kommunion geglaubt haben, aber sich nicht gemüht haben, ihn zu lieben. Ihn wirklich zu lieben, obwohl Jesus ihr Leben dazu gelenkt hätte. Sie haben dabei Jesus nicht verstanden. Sie haben seine Hand nicht gespürt, die sie so liebevoll leiten wollte. So muß ich erzählen, soweit ich mich noch erinnern kann. Von einer solchen Seele nur will ich erzählen, damit es nicht schwierig zu verstehen ist:
Sonst ein guter Christ, rechtschaffen und gerecht hat er als fleißiger Zimmermann gearbeitet, für seine Familie gesorgt und nie jemanden betrogen. Man konnte ihm nichts nachsagen. Er hat zwar öfters Pech gehabt. Seine Werkstatt ist ihm einmal abgebrannt, bei einem Holzkauf ist er schwer betrogen worden. Aber er hat sich durchgerungen. Eines Tages kam der Tod unerwartet durch ein Herzversagen. Seine Frau mußte nach einem Jahr wieder heiraten, damit der Betrieb weitergeführt werden konnte.

Eine ArmeSeelen-Mutter hat ihn schon öfter gesehen, wie er bei Erscheinungen anderer Armen Seelen in einer Ecke kniete und mit wehem Antlitz weinend nach oben schaute. Eines Tages sah sie ihn allein. Da fragte sie ihn:
„Wie heißt du?"
Aus erstickten Worten hörte sie:
„Gottfried."
„Was willst du, Gottfried? - Wie kann ich dir helfen?"
Lange würgte er herum, bis endlich die Worte verständlich wurden:
„Anzünden in mir - in meinem Herzen - das Feuer! - Daß es brennt, endlich brennt - das Feuer der Liebe! - Ich habe nicht geliebt - viel zu wenig geliebt - ihn nicht geliebt, der nur Liebe ist - wunderbarste Liebe, Jesus, meinen allerliebsten Herrn und Gott - der in lauter Liebe sich für mich verbrannt hat - am Kreuze! Ja, am Kreuze! Das weißt du doch! Das mußt du doch wissen! Das müssen alle wissen, die beten, die seinen Namen nennen."
Dann war es still geworden und er entschwand in wehe Sehnsucht aufgelöst. Erst nach längerer Zeit erschien er wieder, immer noch voller Weh, wie sie merkte. Er sagte nichts. Sie mußte erst fragen,

wie sie ihm helfen soll. Da murmelte er flehend aus hilfloser Not:
„Anzünden sollst du - hab ich dir schon gesagt - anzünden sollst du in meinem Herzen das Feuer der Liebe!"
Die letzten Worte klangen wie ein weher Schrei und er wiederholte:
„Anzünden sollst du in meinem Herzen das Feuer der Liebe!"
Sie fragte:
„Hast du Jesus nicht geliebt?"
Fast empört würgte er hervor:
„Freilich habe ich geliebt, wie alle meinen, daß sie lieben, wenn sie beten - wenn sie in die Kirche gehen - wenn sie nicht Unrecht tun. - Aber das Herz in ihnen - das Herz brennt nicht in Liebe zu Jesus."
„Wie kann ich die Liebe zu Jesus in deinem Herzen anzünden?"
Fast vorwurfsvoll klagte er:
„Stellvertretend! Stellvertretend!"
Und entschwunden war er.
Die Frau wußte, was das heißt: Stellvertretend! Sie tat von da an alles wieder bewußt aus Liebe zu Jesus. Sie wußte, wie Jesus den Petrus dreimal fragte: „Liebst du mich?"
Sie wußte, daß auch sie Jesus immer wieder fragte: „Liebst du mich?" Durch diesen armen Gottfried im Fegfeuer wurde ihr das wieder bewußt. Nicht aus Selbstsucht, nicht aus Selbstliebe, auch nicht nur aus Liebe zu andern sollen wir alles tun, sondern letztlich aus Liebe zu Jesus. In der Liebe zu Jesus wird auch alle andere Liebe zum Nächsten geheiligt und wirkungsvoll.
In der Liebe zu Jesus erträgt der Christ auch die Lieblosigkeit, die ihm von anderen begegnet. Aber gerade die Lieblosigkeit oder gar den Haß anderer muß der Christ aus Liebe zu Jesus ertragen können, ohne bös über den Nächsten zu denken oder gar ihm bös zu erwidern. Das wird dann eine vollkommene Liebe zu Jesus. Und dann werden wir reich in Jesus, so daß wir stellvertretend in anderen das Feuer der Liebe zu Jesus entzünden können.
Die Frau erhielt dazu durch die Zulassung Gottes bald Gelegenheit. Eine böse Nachbarin trat ihr entgegen und rief:
„Heute Nacht hat jemand von meinem Gartenzaun Latten weggerissen. Das kannst nur du gewesen sein, weil du immer so versteckt herumsuchst. Ich kenne dich, ich durchschaue dich!"
Eine Wut wollte im Herzen der Arme Seelen-Frau aufbrausen. Aber sie erkannte sofort, das ist die beste Gelegenheit, stellvertre-

tend aus Liebe zu Jesus, dem armen Gottfried im Fegfeuer helfen zu können. Sie sagte darum ruhig zur bösen Nachbarin:
„Ich werde meinen Neffen bitten, daß er dir die Zaunlatten richtet. Er wird sicher welche auf dem Hof haben."
Am Abend stand der Gottfried mit leuchtendem Antlitz in ihrem Zimmer und sprach in dankbarer Verneigung:
„Da hast mir stellvertretend das Herz geöffnet. Nun kann ich Jesus lieben, endlich lieben. Die Liebe zu Jesus wird alles in mir entflammen zur letzten Läuterung."
Da sie ihn fragend anschaute, hat er ihr noch kurz erklärt, wie er auf Erden als Zimmermann redlich und fleißig als ordentlicher Christ gelebt, aber Jesus zu wenig geliebt hat. Er sagte dazu noch ausdrücklich:
„Ohne vollkommene Liebe kann niemand in den Himmel einziehen, weil Gott reinste Liebe ist."
„Ich bin das Brot des Lebens", sagt Jesus. „Das Brot aber, das ich euch geben werde, ist mein Fleisch für das Leben der Welt." Damit wir als Kinder Gottes in der Welt leben können.
Das Fleisch aber, sein Fleisch, das Jesus uns zur Speise gibt, ist lauter Liebe. In brennendster Liebe am Kreuze hingeopfert ist dieses sein Fleisch, damit wir in ihm das Leben der Liebe Gottes haben. Das ist das lebendige Fleisch Jesu in lebendigster Liebe. Wie könnten wir dieses Fleisch essen ohne selber in die lebendige Liebe Jesu hineingehoben zu werden.
Das ist es ja, was Jesus vor allem will, indem er sich uns zur Speise gibt, daß wir von seiner Liebe durchdrungen werden und so wahre Kinder Gottes sind. Niemals würde sein himmlischer Vater uns als seine Kinder erkennen, wenn wir nicht in der Liebe Jesu erglühen würden.
Darum hat der Vater seinen Sohn bewogen, für uns Menschensohn zu werden, damit wir mit seiner Menschheit eins werden können. Das sollen wir vor allem, indem sich uns Jesus leiblich tatsächlich zur Speise gibt.
Sein Leib aber ist eins mit seiner Gottheit und seiner göttlichen Liebe, die ja das Wesen Gottes ist. So sind wir, eins mit seinem Leibe auch eins mit seiner göttlichen Liebe. Das sind wir freilich nur soweit, wie es einem Geschöpf möglich ist. Aber vergessend, daß wir durch die hl. Kommunion eins werden mit der Liebe Jesu, das wäre gleich einer Fahnenflucht aus der Kindschaft Gottes.

Das Fegfeuer ist nichts anderes als das brennende Heimweh nach der Liebe Jesu, dem sie in der Weltprüfungszeit entflohen sind. Im Fegfeuer erfahren sie, sie können niemals ins Himmelreich eingehen ohne in der Schönheit der Liebe Jesu vollkommen zu sein. Wie einfach wäre es doch hier auf Erden, durch die heiligste Eucharistie in der Liebe Jesu vollkommen zu werden.

Lang, lang ist's her, es war der erste Weltkrieg, ich war noch in der Volksschule, ein richtiger Lausbub. Da war ein Mann, wohl über achtzig, mit weißem Bart. Wir Buben nannten ihn „Hosendaderer", weil seine Hose beschmutzt mit allen Flecken der Erde und manchen Rissen unförmig an seinen Beinen hing. Er war Witwer und armer Austragshäusler, der ohne Pflege nur von Armut lebte. Aber er war fromm. Was wir Buben nicht verstanden.

Da war neben einem abgelegenen Fahrweg ein großes Holzkreuz, überdacht und davor eine Betbank. Auf dieser Bank sahen wir ihn öfter kniend versunken im Gebet, diesen alten Sonderling. Sein graues Haupt in die Hände gestützt. Wir Buben konnten es nicht unterlassen, darüber zu spotten. „Der spinnt", sagten wir oft so laut, daß er es sicher hören mußte. Aber der Alte reagierte darauf nie.

Nur eines Tages kam ich allein bei diesem andächtigen Opa vorbei. Ich blieb stehen, schaute und dachte still nach, was der da wohl bete. Da richtete er sich auf, drehte sich langsam um, setzte sich auf die Kniebank und schaute mich an. Ich lief nicht weg, obwohl ich das wollte. Seine gütigen Augen ließen mich nicht los. Väterliche Worte hörte ich:

„Bub, kleiner, dummer Bub, darfst dich zu mir hersetzen. Ich tu dir nix. Ich hab dich gern. Ich hatte selber einmal solche Buben. Die sind draußen im Krieg. Zwei sind schon gefallen. Sind drüben beim lieben Herrgott, wie ich hoffe und wie ich bete. Du bist zu klein. Brauchst nicht mehr in den Krieg. Du wirst vielleicht einmal einen andern Krieg erleben. Die Menschen wollen immer Krieg führen, wie sie der Teufel kommandiert. Weil sie dem lieben Herrgott nicht folgen, müssen sie dem Teufel folgen."

Er machte eine Pause und schaute mich besinnlicher an. Er streichelte sogar mit der Hand meinen blonden Schopf. Dann sagte er: „Du bist kein böser Bub. Nur dumm bist du. Aber dir kann ich es sagen, warum ich hier oft knie. Ich bete den an, der da am Kreuz für uns leidet."

Er drehte sich um zum Kreuz:

„Schau Bub, schau, wie er leidet!"
Ich sagte:
„Der ist ja nur Holz, der kann doch nicht leiden."
„Hast recht, Bub, hast recht, der kann nicht leiden, der nicht. Der ist nur das Bild von ihm, von Jesus. Jesus aber, der wirkliche, der lebendige in der Kirche, der leidet immer noch am Kreuz für uns, damit wir nicht in die Hölle müssen, sondern in den Himmel kommen. Dahin willst du doch auch einmal kommen, in den Himmel. Bub, sei g'scheit, folge Jesus! Sei nie schlimm! Tu nichts, was Jesus weh tut!"
Er machte eine Pause, schaute mich an und fuhr fort:
„Bist halt noch jung und noch dumm. Weißt nicht, was noch alles auf dich zukommt. Ich weiß es auch nicht. Aber es kommt auf dich zu."
Er streichelte wieder meinen blonden Wuschelkopf:
„Bub, bist auch arm. Ich hab dich gesehen, wie du aus Hunger Rüben vom Acker ausgezogen und gegessen hast. Bist auch arm. Das ist gut, damit du dich nicht aufblähst wie ein Reicher. Bleib arm, bleib klein! Dann wirst du Jesus besser verstehen. Dann wirst du verstehen, wie sehr du Jesus brauchst. Dann wirst du sehen, wie sehr Jesus dich liebt. Und du wirst ihn auch lieben lernen."
Er machte eine lange Pause. Schaute zum Himmel auf, als bete er. Dann drehte er sich zu mir, schaute mir streng ins Gesicht und sagte langsam:
„Bub, ich bitte dich! Auch wenn du es jetzt noch nicht verstehst, ich bitte dich, liebe Jesus! Oder lerne ihn lieben! Ohne Liebe zu Jesus bist du verloren auf der Welt. Dann liebst du alles, was dir schadet. Dann glaubst jedem, der dir Böses will. Liebe Jesus, ich bitte dich! Glaube Jesus und lerne ihn lieben!"
„Schau Bub, ich liebe Jesus. Seit ich Jesus liebe, bin ich glücklich, fürchte ich nichts und niemanden mehr. Kann mich niemand mehr täuschen und unglücklich machen. Ich bin arm, ja, ich bin allein und verlassen, ja. Ich bin aber bei Jesus, bei seiner liebsten Mutter und bei allen Engeln daheim. Ich bin nie allein und verlassen. Ich bin so reich.
Bub, versteh mich. Oder denke darüber viel nach, was ich dir gesagt habe! Damit du es einmal verstehst und auch glücklich wirst. Liebe Jesus! Liebe ihn immer und überall! Ich sage dir, dann kann dich niemand täuschen und niemand verführen."
Lang, lang ist's her. Aber das war einmal. Ist gut, daß ich mich wieder daran erinnert habe. Vielleicht war das der Ansporn zur stillen

Unruhe, daß ich immer wieder ausschaute auf den Weg zum Priestertum. Auf alle Fälle, was der gute alte Mann mir gesagt hatte, das war unvergeßlich. Und das ist heute noch die ernste Mahnung, Jesus immer und überall zu lieben. Denn wer Jesus nicht liebt, der liebt vieles, was ihm schadet, was ihm sogar zum Verderben werden kann. Jesus allein ist die Wahrheit, ist das Leben, ist alles Heil für Zeit und Ewigkeit. Warum sollte ich ihn nicht lieben? Aber ich muß es offen sagen, Jesus allezeit und überall lieben, ich kann es heute noch nicht so wie ich es sollte. Zwar erinnere ich mich immer wieder daran und mühe mich, Jesus zu lieben. Aber wie ich es tun sollte auch unter Opfer und Entsagungen, unter Nachtwachen und Verzicht auf Unterhaltungen und Fernsehen, ich bringe es immer noch nicht so fertig. Denn ich liebe Jesus immer noch nicht uneingeschränkt.

Der alte Mann von damals, ich habe ihn nicht mehr gesehen. Ich habe später erfahren, daß er bald danach gestorben ist. Einer seiner fünf Söhne, eigentlich Enkel, ist nach dem Krieg noch heimgekommen. Der hat das kleine „Sacherl" umgebaut zu einer kleinen Schreinerwerkstätte, wie ich erfahren hab.

Aber wo hatte sein alter Opa diese Weisheit her über Jesus, daß er immer noch am Kreuze für uns leidet. Vielleicht hat er das einmal in einer Predigt gehört. Es ist die große und wichtige mystische Wahrheit, die man heute nicht mehr verstehen will, weil ja die hochgelehrten Theologen alles mit dem Verstand zerfasern wollen. Damit entfremden wir uns Jesus so sehr, daß wir ihn bald nicht mehr kennen, ihn nicht mehr anbeten, ihn nicht mehr lieben. Wozu auch, wenn er ja gar nicht mehr da ist.

Und überhaupt, wer ist denn Jesus? Daß er Gott ist und als Gott sogar in der kleinen Hostie zugegen sein soll, das glaubt niemand mehr, weil das unmöglich ist. Darum braucht es auch nicht mehr die Kniebeugung und alle diese dummen Geschichten, wie es immer noch die ewig Rückständigen wollen. Uns genügt es, daß wir halt hingehen. Wofür, das wissen wir nicht. Das weiß doch niemand.

„Ich bin das Brot des Lebens."

Ein evangelischer Geistlicher im Lazarett lag arg danieder. Der Rückenwirbel war zerrissen. Die Stabsärzte hatten keine Hoffnung mehr. Ich saß als Lazarettpfarrer oft an seinem Bett. Da er ja evan-

gelisch war, konnte ich ihm nicht die Sakramente spenden. Aber er, der Hannes, fing immer wieder zu reden an über die Verheißungen, die Jesus uns über die Eucharistie gegeben hatte. Eines Tages sagt er zu mir:
„Mein Kollege, lieber Hermann, wir sind doch eines Glaubens über die Verheißungen Jesu in Bezug auf die Speise zum ewigen Leben."
Der liebe Kollege konnte alle Verheißungen darüber auswendig. Er zitierte mit Vorliebe immer wieder die Verheißung Jesu:
„Ich bin das Brot des Lebens!"
„Du weißt, wie es um mich steht. Ich hab keine Lebensaussichten mehr auf dieser Welt. Aber hier steht Jesus mit seiner sicheren Verheißung. Er ist das Brot des Lebens. Ich nehme das wortwörtlich, weil ich Jesus glaube. Du bist Pfarrer, Hermann. Könntest du mir nicht dieses Brot des Lebens geben?"
Ich war damit in arger Verlegenheit. Denn damals wurde streng unterschieden zwischen Gläubigen und Irrgläubigen. So mußte ich dem Hannes sagen:
„Ich kann das nicht. Wenn ich dir dieses Brot des Lebens auch bringe, das Brot in dem Jesus wirklich als Gott und Mensch gegenwärtig ist. Wir nennen das den Leib Christi, der in der hl. Kommunion gereicht wird. Ihr nennt das Abendmahl. Ihr glaubt, daß Jesus sich euch schenkt in der Abendmahlsfeier. Aber ihr seid nicht geweihte Priester, die dazu vom Bischof die Vollmacht haben. So sind wir leider in diesen heiligsten Verheißungen getrennt. Das ist grausam, mein lieber Freund. Aber ich will mich bei einem Feldgeistlichen erkundigen, was wir machen könnten. Der ist gerade hier auf Urlaub."
Da sagte mir der Hannes:
„Im Feld, da haben wir besonders vor einem Angriff, oft gemeinsam mit dem katholischen Kollegen Gottesdienst gehalten. Das war fast selbstverständlich."
Nachdem ich mich bei guten katholischen Kollegen erkundigt hatte, fragte ich meinen lieben Hannes, der leider immer schwächer wurde, ob er nicht katholisch werden möchte in der Einsicht, daß das die wahre Kirche Christi ist? Er zögerte und schaute mich lange an. Dann griff er nach meiner Hand und sagte:
„Du meinst es gut mit mir, deine Worte sind echt. Wenn du überzeugt bist, daß die katholische Kirche die wahre Kirche Christi ist,

dann will ich katholisch sterben. Aber ich habe nicht mehr lange Zeit. Du weißt ja, wie es mit mir steht."
Ich drückte ihm fest die Hand und sagte:
„Dein Wille und dein Wort genügt mir, daß ich dir Jesus als Brot des Lebens reichen kann. Ich gebe dir, wenn du bereust, die Lossprechung von allen Sünden. Dann reiche ich dir den Leib des Herrn. Du kannst ruhig als evangelischer Pfarrer auch das Wort darüber sprechen, wie du es beim Abendmahl getan hast. Denn ich kann dich als Bruder in Christus nicht zurückstoßen. Aber höre, was ich hier tue und wage, darf nicht in die Ohren der Kirchenrechtler gelangen. Ich tue und verantworte das in der Liebe Jesu Christi. Du wirst bald hinübergehen. Kannst dann Jesus selber fragen, ob wir es richtig gemacht haben."
Es wurde eine wunderbare, wenn auch etwas verborgene Kommunionfeier. Der liebe Hannes weinte vor Freude. Er wollte mich in Dankbarkeit umarmen, aber er konnte nicht mehr. Er stammelte nur noch: Danke! Danke! Vergelt's Gott, lieber Bruder! Das war sein letztes Wort. Bald darauf war er verschieden.
Man hat seinen Leib in die Heimat überführt. In eine bombenzerstörte Stadt. Dort wurde er feierlich als evangelischer Christ beerdigt. Ich hatte einen Brief an das zuständige Pfarramt geschrieben, daß er, wie er es wollte, die katholischen Sterbesakramente empfangen hat. Er wurde trotzdem evangelisch beerdigt. Ich bekam von dort ein Dankschreiben, daß ich ihm das hl. Abendmahl gereicht habe.
Das war Ökumene in der damaligen Zeit, obwohl ich heute nicht begeistert bin von der Ökumene, wie sie heute praktiziert wird. Man müßte schon unterscheiden zwischen katholischen und evangelischen Christen.
Verzeihung, daß ich das berichtet habe! Aber ich habe nie aus einem Mund das Wort Jesu so gläubig und sehnsüchtig sprechen hören, wie aus dem Munde meines schwerverwundeten evangelischen Kollegen Hannes:
„Ich bin das Brot des Lebens!"
Wenn ich es allen katholischen Christen so gläubig und sehnsüchtig ins Herz brennen könnte, wie es im Herzen des Hannes brannte, wäre ich glücklich. Denn ich bin überzeugt, Hannes hat Jesus erlebt, wie er ihm geglaubt hat und wie er sich nach ihm gesehnt hat. Hannes hat Jesus als den erlebt, der ihm das wahre ewige

Leben ist. Ich kann mir nicht denken, daß es da noch ein Fegfeuer brauchte. Hannes wird das Wort Jesu gehört haben: „Du guter und getreuer Knecht! Weil du über Weniges getreu gewesen bist, will ich dich über Vieles setzen! Geh ein in die Freude deines Herrn!" (Mt 25,21).

Das äußerste Wagnis der Liebe Gottes.

Immer wieder muß ich denken: In der heiligsten Eucharistie wagt Jesus in seiner Erlöserliebe alles. Er schenkt sich selber ganz und gar, er gibt sich den Menschen preis bis in die äußerste Möglichkeit. Er kennt keine Schonung seiner selbst. Er ist in der Eucharistie immer noch der Erlöser, der seinen Leib und sein Blut gänzlich hinopfert. Die Sehnsucht seiner Erlöserliebe drängt ihn hinunter bis zum eiskalten Menschenherzen, um es doch noch zum Leben zu erwärmen.

Was aber dabei Jesus selber in seinem Herzen für Qualen erleidet, dafür gibt es kein Maß. Denn maßlos ist die Liebe Gottes. Der Vater hat alles gewagt, als er seinen Sohn hingab, um die Menschen zum Leben Gottes heimzuretten. Wir stehen oft vor dem Bild des Gekreuzigten und können nicht begreifen, daß sich Gottes Sohn so hinopferte. Das geht uns so, weil wir die Unendlichkeit der Liebe Gottes nicht begreifen können.

Genau so wenig können wir die Unendlichkeit der Liebe Gottes in der heiligsten Eucharistie begreifen. Aber glauben müssen wir es, weil Jesus es uns selber gesagt hat, daß er in der Gestalt dieses Brotes zugegen ist:

„Ich bin das lebendige Brot, das vom Himmel herabgekommen ist. Das Brot aber ist mein Fleisch. Wer mein Fleisch ißt und mein Blut trinkt, der bleibt in mir und ich bleibe in ihm. Der hat das ewige Leben."

Das können wir alles nicht verstehen. Jesus verlangt auch nicht, daß wir das verstehen. Aber er verlangt, er verlangt es streng, daß wir ihm gerade auch hier glauben. Darum betont er ausdrücklich bei dieser Verheißung des eucharistischen Brotes:

„Wer an mich glaubt, der hat das ewige Leben!" (Joh 6,17).

Selbst wenn jemand von diesem Brot des Lebens ißt, wird es ihn nicht beleben, wenn er nicht daran glaubt, daß es der Leib Jesu ist, daß es Jesus in seiner opfernden Liebe ist, um den Menschen zum höchsten Leben zu erheben. Dann wird es ihm zum Gericht, weil er Gott Jesus, die ewige Wahrheit, nicht wie einen Lügner von sich stoßen darf.

Das außerordentliche Wagnis der Liebe Gottes zeigt sich auch in den Heiligen. Heute am 4. Oktober ist das Fest des hl. Franziskus. Sein Heiligtum in Assisi ist ein lauter Ruf der Erhebung eines

Menschen aus überschwenglichem, irdischem Reichtum in die Not eines ärmsten Gotteskindes. Wie der geringste Bettler war er geworden, aber im Wagnis der Liebe Jesu geprägt und damit erhoben zum ewigen Reichtum der Liebe Gottes. Wer hätte ihn darin verstehen können. In dem Wagnis der völligen Hingabe in die Liebe und Armut Jesu wurde er in den Augen der Welt so klein, aber groß, unermeßlich groß vor den Augen der hl. Engel und auch vor den Augen der noch gläubigen Christen.

Es war wie ein unfaßbares Wunder, das Jesus in Franziskus gewirkt hat. Jesus konnte es wirken, weil Franziskus die Liebe Jesu gewagt hatte. Damit ist er einer der größten und erfreulichsten Heiligen geworden, über den die Welt nur staunen kann. Ich habe in Assisi Leute gesehen, vor allem junge Männer, die vor seinem Bilde weinend niedergesunken sind. Oh ja, vor Franziskus wird man erschüttert, wenn noch ein Fünklein Glaube in uns blinzelt. Aber so ähnlich ergeht es uns vor dem Bilde der Heiligen, wenn in uns noch ein Fünklein Glaube leuchtet.

Wir bewundern die Heiligen und sie ergreifen uns manchmal. Warum bedenken wir nicht, daß wir alle heilig werden müssen, heilig sein müssen, bevor wir in das Himmelreich eingehen können. Denn nichts Unheiliges kann eingehen in den Himmel, sagt Jesus. Wer in dieser Welt, in dieser Zeit der Prüfung nicht heilig wird, der muß es nachholen im schmerzlichen Fegfeuer, falls er nicht in die Tiefe der Hölle stürzt.

Mir tut es weh, wenn ich an die Wirklichkeit der Hölle erinnern muß. Aber ich muß als Priester im Auftrag Jesu auf die Gefahr der Hölle aufmerksam machen. Denn es stürzen gerade diejenigen allzuleicht in den Abgrund der Hölle, die darüber lachen und spotten oder die Hölle direkt leugnen. Da müssen wir eines bedenken: Wie konnte Jesus, der allwissende Gott, solche Qualen für uns erleiden, um uns vor der Hölle zu retten. Meinst du, Jesus hat sich getäuscht oder er belügt uns. Wenn du Gott für einen Tölpel oder für einen Lügner hältst, bist du nicht mehr zu retten.

Das äußerste Wagnis der Liebe riskiert Jesus in der heiligsten Eucharistie, indem er sich vielen preisgibt, die scheinbar nicht mehr zu retten sind. Dafür erfüllt Jesus manche Christen mit der eucharistischen Fülle seiner Erlöserliebe so sehr, daß sie, wie seine Brüder und Schwestern, inmitten der verdorbenen Welt Seelen wieder aufrichten können.

Darüber wäre viel zu berichten aus dem Leben des außergewöhnlichen Heiligen, den wir schon erwähnt hatten. Der heilige Franziskus lebte in einer Zeit, in der die Kirche vor allem in den Priestern moralisch dem Verfall preisgegeben war. Darum bat Jesus den Franziskus, ihm sein Haus, das ganz verfallen ist, wieder aufzubauen. Er meinte seine Kirche, die menschlich gesehen, zerfallen war. Die Kirche Christi retten sollte Franziskus nicht durch drohende Bußpredigten, sondern durch demütige Liebe, wie Jesus es tut. So wurde Franziskus der ärmste verachtete Mann, an dem viele mit bedauernder Mißachtung vorüber gingen. Aber nicht lange. Bald hatten sich dem Franziskus viele angeschlossen, weil sie spürten, dieser ärmste Mann hat ein so reiches Herz, das nur lieben kann. Die demütigste Liebe, wie Jesus sie schenkt in der verborgenen Eucharistie, wird offenkundig im Leben dieses kleinen Franz.

Einmal wurde Franziskus die Klage vorgetragen:

Ein Pfarrer lebt offenkundig mit einer Frau zusammen und rühmt sich dessen, als sei das richtig. Er predigte, alle Priester sollen heiraten und sollen nicht so heucheln, als könnten sie ohne Frau leben. Der Pfarrer wurde eine Gefahr. Franziskus solle hingehen und den Pfarrer bekehren.

Franziskus ging hin, kniete vor dem Pfarrer nieder, küßte seine Hände und sagte:

Ich weiß und ich glaube, die heiligen göttlichen Sakramente verlieren durch dich weder Kraft noch Wirksamkeit. Auch durch diese Hände gießt Gott Gaben und Wohltaten auf sein Volk. So küsse ich diese Hände aus Ehrfurcht vor den Sakramenten, deren Verwalter sie sind und ich verneige mich vor der Heiligkeit dessen, der ihnen solche Macht verliehen hat.

Der Pfarrer war darauf so erschüttert, daß er sich bekehrte.

Ich will nun aus einem Leben erzählen, über das mir vor Jahren ein Kollege berichtet hat:

Zwei junge Menschen fanden zusammen, um eine Ehe zu gründen. Sie waren nicht besonders religiös. Aber sie wollten schon kirchlich heiraten, wie es sich geziemt. Der junge Mann war Erbe einer Maschinenfabrik, die nicht mehr rentabel war. Die Braut hatte ein bedeutendes Grundstück geerbt. Beide beschlossen, auf diesem Boden die Fabrik mit allen Neuerungen zu errichten. Ihr Vorhaben gelang. Schon nach wenigen Jahren war es ein rentables Unternehmen. Bald hatten sie gegen 200 Angestellte.

Die beiden Eheleute haben mit Fleiß daran gearbeitet. Die Frau hatte durch besonderes Studium große Kenntnisse mitgebracht. Beide waren in Ehe und Erbgemeinschaft Besitzer der Fabrik. Aber nach einigen Jahren änderte sich das Verhältnis. Der Reichtum, das Wohlleben verlockte den Mann zu einem leichtsinnigen Leben. In die Kirche ging er seit seiner Trauung nicht mehr. Die Frau ging am Sonntag noch in die Kirche, ging auch zu den Sakramenten. Aber sie war zu wenig erfüllt vom Leben Christi.

Eines Tages mußte sie sich überzeugen, ihr Mann hatte eine Liebschaft. Als sie ihn darüber zur Rede stellte, sagte er, so viel Freiheit muß er als gesunder Mann haben, daß er sich das erlauben könne. Sie mahnte ihn, wieder einmal in die Kirche zu gehen. Darüber lachte er und meinte, diesen Schmarrn brauche er nicht mehr. Er wisse selber, was er zu tun hat.

Die Frau war so erbittert, daß sie dachte, dem Mann ihren Anteil an der Fabrik zu entziehen. Dann sei er ruiniert. Dann müsse er zu Kreuz kriechen. Sie hatte noch eine alte Tante, mit der sie sich aussprach. Die Tante war eine stille und fromme Witwe. Die riet ihr: „Kind, liebe Rosi, das darfst du als Christin nicht tun. Damit würdest du deinen treulosen Mann ruinieren. Zumal du mit deinen elektronischen Kenntnissen und Fähigkeiten die Hauptleitung in Händen hast. Du würdest deinen Mann, den Robert ruinieren. Du könntest sogar alles an dich reißen und die Fabrik neu errichten, weil auch die besten Angestellten auf deiner Seite sind, wie du mir berichtet hast. Ja, das könntest du. Da bin ich überzeugt."

„Und das werde ich tun", sagte die Rosi entschieden!

Die Tante aber antwortete noch entschiedener:

„Nein, das wirst du nicht tun! Du würdest deinen Ehemann ruinieren und du würdest damit deine Ehe, das Band der Liebe, das durch die hl. Ehe in Christus gebunden wurde, zerreißen."

Auf diese energischen Worte der Tante schien es, daß auch ein Band zwischen beiden, zwischen der Rosi und der Tante zerreiße, das bisher so fest geknüpft war. Denn die Tante hatte der Rosi die Mutter ersetzt, die ihr allzufrüh verstorben war.

Es war nun ein tiefes und wehes Schweigen zwischen beiden. Endlich sagte die Tante langsam und feierlich:

„Wenn du das hl. Eheband zu deinem Mann zerreißen willst, dann zerreißt du auch das Band zu mir, die ich dir eine in Jesus sorgende und liebende Mutter bin."

Die Rosi antwortete schließlich:
„Die Ehe habe nicht ich zerrissen. Die hat Robert zerrissen, da er mit der anderen zusammenlebt. Er hat mir sogar gedroht, daß er sich scheiden läßt und die andere heiratet, wenn ich ihm Schwierigkeiten mache."
Die Tante schüttelte den Kopf und sagte besinnlich:
„Eine Ehe, die in Christus gebunden ist, kann nicht geschieden werden. Die ist ein ewiges Band in Gott. Robert ist in böser, sinnlicher Schwierigkeit. Da er nicht mehr christlich lebt, hat er auch kein christliches Verständnis mehr für das heilige und unauflösliche Eheband in Christus. Aber du, mein Kind, die du christlich bleiben willst, mußt das verstehen und behüten! Du bist und bleibst die Ehefrau des Robert!"
Schweigend sank die Rosi in sich zusammen, bis sie weinend und klagend ausrief:
„Robert kann sich alle Freiheiten erlauben. Und ich soll zu allem schweigen und dulden, dulden wie eine stumme Märtyrerin. Tante, das kann ich nicht. Das darfst du von mir nicht verlangen!"
„Das verlange auch ich nicht von dir. Das erwartet und verlangt Jesus Christus von dir."
„Bedenke auch, mein Kind, du würdest nicht nur die Ehe zerreißen, du würdest auch den Robert verlieren, der durch dich vielleicht wieder zu Christus findet, wenn du ihm Geduld und Güte schenkst in seiner Verirrung. Ach Kind, wenn Jesus uns nicht so viel Geduld und Güte und Erbarmen schenken würde, wir wären alle verloren."
„Tante, Mama, was soll ich denn tun in meiner Not?"
Die Tante streichelte der Rosi das Antlitz und drückte sie zärtlich an sich:
„Liebes Kind, geh zum Priester beichten, dem du vertraust, wie du erzählt hast. Sage ihm alles und dann reden wir weiter!"
Nach einigen Tagen kam die Rosi wieder zu ihrer Tante. Sie berichtete, daß ihr der Beichtvater das gleiche geraten hatte, wie sie:
„Aber heute hat Robert mir die Türe gewiesen. Er hat gesagt, es habe keinen Sinn, wenn zwei Hausfrauen in einem Hause sind. Die andere, seine Geliebte, ist seit gestern bei ihm. Robert hat mich gebeten, ich möchte das verstehen. Er liebt eben die Sanny mehr und er ist mit ihr glücklicher. Ich könne ja bei meiner Tante bleiben. Er würde großzügig für mich sorgen.
Tante, versteh, es tobte in mir, ihm ins Gesicht zu schreien, daß ich

nicht auf ihn angewiesen bin und ihn vernichten kann. Aber ich schwieg. Ich ordnete nur meine Sachen, welche die Arbeiter mir heute noch bringen werden. Meine elektronischen Geräte, die ich nicht aus der Hand geben will, teils weil sie niemand so beherrscht wie ich, teils weil ich damit das ganze Unternehmen im Griff behalte, die habe ich sorgfältig verpackt. Ich werde hier damit weiterarbeiten. Auch der oberste Meister der Fabrik riet mir dazu, damit alles in Sicherheit bleibe.
Dem Robert habe ich nichts mehr gesagt. Ich habe alles schweigend hingenommen. Ich habe ihn dann nicht mehr gesehen. Er ist ganz vernarrt in seine Sanny. Und in seinen Buben. Ich habe erfahren, daß er schon seit drei Jahren ein Kind von ihr hat.
Nun sage du mir, ob ich es richtig gemacht habe und was ich weiterhin tun soll! Aber verlang nicht zu viel von mir!"
Die Tante war zufrieden mit dem Bericht und sagte:
„Das habe ich gedacht, daß Robert dir eines Tages die Türe weisen wird. Mein Haus ist groß genug. Hier kannst du alles einrichten, wie du es willst. Ein bißchen hart klingt es, wenn du sagst, mit den Geräten hast du die Firma und damit den Robert in der Hand."
„Tante, Robert versteht von den elektronischen Geräten nichts. Es ist auch bisher niemand in der Firma dafür ausgebildet worden. Es war selbstverständlich, daß ich das alles beherrschte. Robert ist ein schlechter Wirtschafter. Ich habe gesorgt, daß gute Meister und Verwalter das Werk betreuen. Mir geht es darum, daß das Werk bestehen kann, damit die Arbeiter nicht auf die Straße müssen. Darum, liebe Tante, mußte ich so handeln."
Die Tante lächelte und sagte:
„Gut, mein Kind! Ich glaube, du hast richtig gehandelt. Aber eines mußt du mir versprechen:
Schenke dem Robert weiterhin deine eheliche Treue und Liebe! Nicht mit Worten, nicht durch Besuch. Sondern im Herzen. Du bist und bleibst vor Gott seine Frau und bist ihm alle Liebe schuldig, die er benötigt. Und er braucht wahrhaftig mehr denn je deine Liebe und Treue, damit er vielleicht doch einmal aus seiner Seelennot gerettet werden kann. Wie, das weiß ich nicht, das weiß Gott. Vorläufig können wir nur für ihn beten und in Liebe ihm verbunden bleiben."
Die Rosi schaute etwas verzagt drein und sagte:
„Beten, ja, beten mußt du vor allem für mich, daß ich das alles

erfüllen kann, was du mir zumutest. Tante, wie du willst und wie mir auch der Priester geraten hat, gehen wir jeden Tag in die hl. Messe. Nur Jesus kann mir solche Kraft der wahren Liebe schenken, daß es nicht nur Worte sind, wenn ich sage, ich will dem Robert als seine Frau treu bleiben."
So gingen die Tage, die Wochen, die Jahre dahin. Beide, die Tante und die Rosi waren jeden Tag in der hl. Messe und kommunizierten andächtig. Die Resi sagte das Jesus offen: „Was du, oh Jesus, von mir erwartest, das kann ich unmöglich aus mir selber erfüllen. Dazu gib du mir die Kraft der Liebe! Laß auch mein Herz nicht abirren im Gedanken an andere Männer!" Natürlich kamen harte Prüfungen über die Rosi. Da war ein tüchtiger Werkmeister, der jeden Tag die elektronischen Berechnungen von der Rosi abholte und den die Rosi auch in diese Kunst einführte. Der gefiel der Rosi immer mehr. Sie hatten einander Gefallen und konnten das nicht mehr verheimlichen.

Der Hans, so hieß er, mußte ihr sagen, als sie ihn fragte, ihr Mann, der Robert, zeigt vor der ganzen Belegschaft der Firma ein unmögliches Benehmen. Er hat für die Aufgaben im Betrieb kein Interesse mehr. Er braucht nur Geld, um mit seiner Geliebten Luxusreisen zu machen. Lange könne er nicht mehr so weiter machen. Der Betrieb hält das finanziell nicht aus. Der Betriebsrat hat mit der Bank ein Abkommen geschlossen, alle Gelder zu sperren, welche die Firma in Bankrott bringen würden. Dazu hat freilich die Rosi ihre Einwilligung geben müssen.

Eines Tages gab es eine Katastrophe. Da Robert seiner Sanny kein Geld mehr geben konnte, ist sie unter lautem Protest mit einem andern reichen Mann verschwunden. Robert ist daraufhin nervlich zusammengebrochen. Er mußte in eine Klinik eingeliefert werden. In der Firma hielt der Betriebsrat in Verbindung mit der Rosi den Betrieb aufrecht. Robert war in seinem Zustand nicht mehr rechtsfähig. Er wollte es auch nicht mehr. Er lehnte alles ab. Er sagte: Tut, was ihr wollt! Ich will meine Ruhe!

Eines Tages brachte man der Rosi den Buben der Sanny, den Karli, den sie von Robert hatte. Der war nun schon ein Bursch mit 16 und er war ein ruhiger und fleißiger Schüler. Aber er brauchte ein Daheim. So brachte man ihn zur Rosi. Die Rosi war darüber nicht nur verwundert, sie war entsetzt. Sie sagte zur Tante: „Wie komme ich dazu, diesen Sohn der Sünde zu mir zu nehmen.

Nein, das kann niemand, das kannst auch du, Tante, nicht verlangen!"
Die Tante antwortete ruhig:
„Nein, das verlange ich nicht. Das kann nur Jesus verlangen, zu dem alle Sünder kommen, der alle Sünder und alle Söhne der Sünde aufnimmt. Wenn du diesen Sohn der Sünde nicht aufnehmen willst, wirst du Jesus fremd, der den Karli in Liebe aufnehmen will."
Rosi brauchte Zeit, bis sie das verstehen und bewilligen konnte. Jedoch schon am nächsten Tag, als sie mit ihrer Tante von der hl. Messe nach Hause ging, sagte sie:
„Jesus verlangt viel von mir. Aber ich konnte nicht nein sagen. Den Karli will ich in seinem Namen aufnehmen. Aber Jesus muß mir dafür die Kraft geben, daß ich dem Hans, du weißt, der mir sehr gefällt, nicht zu sehr liebe, daß ich meinem Robert trotz allem treu bleibe. Ich werde sogar, ich habe es Jesus versprochen, meinen Mann heute in der Klinik besuchen."
Die Tante war fast sprachlos. Sie sagte nur:
„Mein liebes Kind, meine Rosi, nun übertriffst du mich in der Liebe zu Jesus. Ich muß dich bewundern."
Die Rosi blieb stehen und schaute die Tante ernst an:
„Du wunderst dich? Ich kann Jesus nicht halb lieben. Du hast mir immer gesagt, Jesus muß man ganz lieben! Das will ich! Aber das kann ich nicht ohne seine Hilfe. Die gibt mir Jesus, wenn er sich mir selber ganz und gar schenkt in der hl. Kommunion. Oder ist das nicht so?"
Die Tante sagte in ruhiger Bewunderung:
„Doch, doch, das ist so! Jetzt brauche ich dir nichts mehr sagen, dich nicht mehr mahnen. Jesus sagt dir nun selber alles. Das kann er dir alles sagen, weil du auf ihn hörst. Auf Jesus hören, das wäre das Heil aller Christen."
Am Nachmittag ging die Rosi in die Klinik zu ihrem Mann. Der war sehr erstaunt, als sie vor ihm stand. Er starrte sie an und fand keine Worte auf ihre Begrüßung. Endlich meinte er zaghaft:
„Du kommst zu mir? Nun wirst du mich zur Rechenschaft ziehen wegen meiner Gemeinheit. Ich bin bereit, ich höre zu! Mir ist alles gleich. Für mich ist alles aus. Ich muß, ich kann nur irgendwie Schluß machen mit meinem versauten Leben."
„Nein Robert, das höre ich nicht gern von dir, daß du feige alles

und dich selber wegwerfen willst. Ich würde lieber von dir hören, daß du einsiehst, es war verkehrt, was du getan hast und daß du umkehren willst. Das erwarte ich von dir. Und das erwartet noch mehr Jesus von dir. Jesus ist in Liebe immer noch für dich bereit. Er wartet auf dich. Er verzeiht dir alles, wenn du es einsiehst und bereust. Dann wird alles gut. Das wollte ich dir für heute sagen. Überleg dir das. Ich warte auf deine Antwort. Noch mehr wartet Jesus auf deine Antwort. Du kannst zu mir kommen, sobald du willst und die Ärzte dich entlassen. Die werden dich entlassen, wenn sie sehen, daß du nicht mehr unter Depressionen leidest, sondern normal bist. Die Depression, das bist du nur selber, solange du Jesus nicht vertraust."
Damit ging sie, indem sie dem Robert einen flüchtigen Kuß gab.
Schon nach einigen Tagen kam Robert. Er stand lange an der Türe, bis er aufbegehrte:
„Eigentlich bräuchte ich mir das alles nicht gefallen lassen, wie du mich behandelst. Ich bin immer noch der Fabrikant. Wenn du mir auch deinen Anteil entzogen und alles raffiniert mit den Räten vereinbart hast, ich könnte meinen Teil wegnehmen und neu anfangen."
Wie Robert so anfing, drehte die Rosi an der Türe sich um und ließ ihn stehen. Nicht daß sie ihm bös war und ihm hart erwidern wollte. Sie betete still für ihn. Da gab ihr Jesus die Einsicht, Robert will sein Mannesbewußtsein aufrecht halten. Da müsse sie Geduld haben und gütig bleiben.
Sie kam nach einer Weile mit seinem Sohn Karli an der Hand wieder zu ihm. Da war er so überrascht, daß er nicht mehr wußte, was er sagen oder tun sollte. Endlich stammelte er:
„Ist das wahr, ist das möglich, du hast meinen Sohn Karli bei dir aufgenommen? Soll der, darf der bei uns bleiben? - Wenn das so ist, dann darf auch ich, dann will auch ich bei dir bleiben, wenn du mich wieder als deinen Robert aufnimmst. - Und ich glaube, nun kann alles gut werden. Nur mußt du mir helfen, daß ich Jesus wieder kennenlerne und ich wieder glauben kann."
So geschah es. Es brauchte freilich alles seine Zeit und Geduld. Aber wo die Gnade wieder einziehen darf, kann die Liebe alle Wunden heilen. Nach einiger Zeit war Robert wieder der beste Mann und in der Firma der beliebte Chef.
Ich hoffe, daß ich das Ereignis richtig geschildert habe. Denn es ist

alles schon lange her. So viel ich mich erinnere, der uneheliche Sohn des Robert ist ein tüchtiger und braver Junge geworden. Er durfte später die Leitung der Firma übernehmen.

So sehr kann Jesus alles verzeihen und heilen, wenn wir ihm vor allem vertrauen in der Liebe der heiligsten Eucharistie. Das taten sie beide, Robert und Rosi. Sie gingen fast jeden Tag zur hl. Messe und zur hl. Kommunion. Rosi konnte ihren Mann überzeugen, daß Jesus in der heiligsten Eucharistie alle Wunden heilen kann und uns neu belebt, wenn wir ihm darin vertrauen. Aber es muß lebendige Liebe werden, mit der wir in Jesus leben, wie er in uns leben will. Vergessen wir nie sein Wort:

„Wer mein Fleisch ißt und mein Blut trinkt, der bleibt in mir und ich bleibe in ihm. Der hat das ewige Leben."

Der hat es jetzt schon, denn Jesus ist in uns, wie er sagt:

„Das Brot, das ich euch geben werde, ist mein Fleisch für das Leben der Welt."

Daß wir in der Welt als Kinder Gottes in der Fülle des ewigen Lebens bestehen können. „Denn ohne mich könnt ihr nichts", sagt Jesus ausdrücklich. Aber in der Eucharistie, wenn wir ihm da vertrauen, wagt Jesus das Äußerste in seiner Liebe.

Es ist noch nicht lange her, da klagte mir ein Ehemann, der eine Familie mit fünf Kindern hatte, er könne das Trinken nicht lassen. Er weiß, daß er damit der Familie sehr schade, wahrscheinlich seinen Beruf in der Chemie verliere und den Kindern ein schlechtes Beispiel gebe, aber er greife halt immer wieder zur Flasche. Er fragte mich, ob ihm da der Liebe Gott nicht helfen könne?

Ich sagte ihm automatisch, ohne daß ich es vorher überlegte:

„Du gehst doch jeden Sonntag in die Kirche. Geh beichten und geh wieder zur hl. Kommunion und sag dem Heiland nach der hl. Kommunion:

„Jesus, ich verfalle dem Alkohol und kann mir nicht mehr helfen. Jetzt mußt mir du helfen! Bitte, bitte! Ich vertraue dir. Du hast mich doch lieb und du kannst alles."

Nach mehreren Wochen traf ich den Mann wieder. Er breitete die Arme aus und rief mir zu:

„Herr Pfarrer es ist wie ein Wunder. Ich kann wieder nüchtern sein. Aber ich muß Jesus ganz vertrauen in der hl. Kommunion. Wenn ich ihm einen Tag lang nicht vertraue, dann meine ich, ich halte es nicht mehr aus. Ich meine, ich muß wieder in die Schenke, nur um

ein kleines Achterl zu trinken. Aber es bliebe nicht dabei, ich würde sitzen bleiben, bis ich sternhagelvoll wäre. Dann wär alles verloren. Vielleicht für immer. Aber ich bete still, ganz still: Jesus, ich vertraue dir, der du dich mir geschenkt hast in der hl. Kommunion! Du bist stärker als ich, ohne dich kann ich es nicht. Wenn ich das vertrauend gebetet habe, dann ist alles wieder gut."
Er hatte nicht lange Zeit, er war auf dem Weg in sein Chemielabor. Nur einen Händedruck, und er war weg. Seine Frau hat mir später, ich glaube nach einem Jahr, erzählt:
„Mein Mann ist wunderbar. Er ist immer froh und zieht uns alle, mich und unsere Kinder, durch seine gütige und doch ernste Art hin zum Beten und in die Kirche, auch zur Kommunion."
Ja, Jesus hatte diesem Mann und seiner ganzen Familie durch die hl. Kommunion eine sieghafte Freude geschenkt. Wie es später weitergegangen ist, weiß ich nicht. Denn oft verlangt Jesus auch von seinen treuen Kommunikanten, die ihm ganz vertrauen, besondere Opfer. Man könnte sagen, er verlangt auch von ihnen das äußerste Wagnis seiner Liebe, wie er selber es wagt.
Ich habe von einer Frau gehört, die glücklich verheiratet und gut situiert war, aber keine Kinder bekam. Plötzlich war ihr Mann bei einem Bau tödlich verunglückt. Sie trauerte ihm sehr nach. Die Verwandten ihres Mannes fielen über sie her. Sie sagten, da sie selber kein Vermögen hatte, sondern reich eingeheiratet hatte und da sie auch keine Kinder hatte, sei sie verpflichtet, an die Geschwister ihres Mannes zu denken und ihnen von ihrem Vermögen Anteil zu geben.
Die Geschwister ihres Mannes waren aber alle vermögend. Ihr Mann hatte ihr sogar einmal gesagt, im Falle eines unvorhergesehenen Todes solle sie nichts seinen Brüdern und Schwestern geben. Sie solle lieber Arme unterstützen. Das tat sie nun. Und dafür mußte sie von den Verwandten des Mannes solchen Haß erfahren. Sie ging jeden Tag in die Kirche und kommunizierte andächtig, wie sie es früher mit ihrem Mann getan hatte. Außer den Belästigungen der Verwandten kam eine böse Krankheit über sie, schmerzliche Nervenentzündungen. Die Verwandten kümmerten sich nicht um sie, die Armen, die sie unterstützte, halfen ihr, führten sie jeden Tag in die Kirche, damit sie kommunizieren konnte. Da fragte sie eines Tages nach der hl. Kommunion den Heiland, warum er sie so leiden lasse, ob ihr verstorbener Mann noch solche Hilfe brauche.

Da bekam sie von Jesus die Antwort. Nicht in Worten, sondern in ihrer Erkenntnis, wie wenn Jesus zu ihr reden würde: „Meine treue Braut, ich brauche deine Opfer nicht für deinen geliebten Mann, der ist bereits in meiner Herrlichkeit, weil er mir in der Eucharistie so vertraut hat. Ich brauche deine Opfer für die Geschwister deines Mannes, damit sie auch gerettet werden können. Ich frage dich nun, bist du bereit für sie mit mir zu leiden? Denn sie sehen ihr Heil nur im Vergänglichen. Sie leben wie die Kinder dieser Welt. Darum können sie das Himmlische nicht verstehen und streben nicht danach. Du weißt, was ich gesagt habe, man kann nicht zwei Herren dienen, Gott und dem Mammon zugleich. Wenn du mit mir das Wagnis der Liebe für sie miterleiden willst, wird es mir möglich, ihre Herzen unruhig zu machen, daß sie aufwachen für die Wahrheit des Lebens. Aber überlaß mir die Opfer, die ich dir auferlegen will. Ich weiß, was du ertragen kannst. Ich werde dir dazu auch die Kraft verleihen. Hab keine Angst! Auch nicht, wenn gerade die Verwandten, für die du opfern sollst, dich so hassen. Dein Opfer wird dadurch umso wirksamer. Du weißt ja, was ich gesagt habe: Liebet euere Feinde, tuet Gutes denen, die euch hassen, betet für die, die euch verfolgen! Damit werdet ihr Kinder meines Vaters im Himmel sein."

Nicht nur die körperlichen Leiden der Emma, wie sie hieß, wurden sehr arg, jedoch immer so, daß sie jeden Tag, teils im Rollstuhl in die Kirche und zur hl. Kommunion kommen konnte. Die Verwandten setzten ihr so zu, daß sie fast verzweifelt wäre, wenn sie nicht gewußt hätte, diese Opfer mußte sie zu ihrer Rettung bringen.

Eines Tages stand der jüngste Bruder ihres Mannes mit einem Rechtsanwalt an ihrem Krankenbett und behauptete, ja, beanspruchte: Die weiten umliegenden Grundstücke, habe ihr Mann ihm verheißen und vermacht. Dafür habe er Zeugen.

Die Emma wußte sofort, daß das alles Lüge sei und daß er sich nur auf falsche Zeugen berufen könne. Denn die Grundstücke, die er fordern wollte, hatte bereits ihr Mann mit ihrem Einverständnis, da sie alles gemeinsam hatten und sie als Alleinerbin bestimmt hatte, der Stadt in Pacht übergeben mit der Bestimmung, daß die Stadt später den Grund zu günstigen Preisen erhalte zum Bau eines Krankenhauses und Altersheimes. Die Emma sagte daher ganz ruhig:

„Es wird alles nach Recht und Gerechtigkeit geregelt werden."
Vergebens warteten die beiden auf eine weitere Auskunft. Die Emma schwieg. Ihr Schwager meinte dann verärgert bevor sie gingen:
„Dann wird also alles nach Recht und Gerechtigkeit baldigst erledigt werden!"
Als der Schwager die Grundstücke an sich nehmen wollte, hing ihm die Stadtverwaltung einen harten Prozeß an, der mit einer Strafe endete. Darauf fielen alle Verwandten über die Emma her mit der Behauptung, sie sei eine gemeine und verlogene Diebin und Betrügerin.
Da die Emma in ihrer Krankheit und in ihrem reinen Gewissen nichts erwiderte, sondern nur bat, man möge sie in Frieden lassen, schrie eine Schwägerin sie an, sie sei eine ganz raffinierte Betschwester. Früher hätte man solche als Hexen verbrannt. Dazu verbreitete die Verwandtschaft böse Verleumdungen über sie, daß sie öfter, wenn ihre Armen sie auf dem Rollstuhl zur Kirche fuhren, von manchen Leuten, vor allem von jungen aufgehetzten Fratzen angespuckt wurde und riefen: Du Hexe, du wirst verbrannt!
Einmal saß die Emma nach der hl. Kommunion und nach der hl. Messe länger in der Kirche in ihrem Rollstuhl. Sie hatte ihre arme Betreuerin gebeten, sie erst nach einer Stunde nach Hause zu bringen. Die Emma wollte diesmal länger mit Jesus noch in der Kirche reden. Jesus hatte ihr lange Zeit keine Antwort mehr gegeben in besonderer Erkenntnis. Sie fühlte sich ganz verlassen. Ihr Herz war fast in Verzweiflung erstickt. Da betete sie:
„Jesus, mein Jesus, ich will nicht klagen. Ich will alles ertragen, wie du es willst, auch wenn mein Herz es nicht mehr aushält und ich dahinsterben muß. Nur einen kleinen Trost gib mir noch, damit ich weiß, du bist mit meinem Opfer zufrieden. Herr, mein Jesus, du bist auch auf dem Ölberg getröstet worden."
Nach einer Weile leuchtete in ihrer Erkenntnis die Antwort Jesu auf:
„Meine treue Braut, ich bin mit dir zufrieden. Das sollst du wissen, damit du dir keine Sorgen machst. Deine körperlichen Leiden werden bald zu Ende gehen. Du sollst noch kurze Zeit gesund sein, bis ich dich zu mir heimhole. Die Verleumdungen werden nach deinem Tode verklingen. Die meisten deiner Verwandten werden sich bekehren, so daß sie durch das Feuer (wohl Fegfeuer) gerettet

werden können, weil du mit mir so treu das äußerste Wagnis der Liebe ertragen hast."

Weiter hat die Emma nichts in sich vernommen. Aber sie wußte so ergriffen wie noch nie:
Die Eucharistie, in der Jesus sich so vielen vertrauensvoll preisgibt, ist das äußerste Wagnis der Liebe Gottes. Nicht nur der Liebe Jesu. Denn im Sohne gibt sich auch der Vater preis und der Heilige Geist. Jede Kommunion ist immer das äußerste Wagnis des Dreifaltigen Gottes.

Der Vater hat den Sohn gebeten, sich für die Menschen als Menschensohn hinzuopfern. Nicht nur am Kreuz, sondern auch als Speise, damit alle in ihm das göttliche Leben haben für Zeit und Ewigkeit.

Der Heilige Geist hat den Sohn gedrängt, in seiner göttlichen Liebe alles zu wagen, um die Menschen zu retten für das ewige Leben.

Immer stehen sie alle drei da in unendlicher Liebe und opfern sich alle drei, wenn Jesus sich uns zur Speise gibt. Gott kann nicht anders als nur lieben, weil er die unendliche Liebe selber ist.

Wenn jemand diese Liebe nicht ernst nimmt, dann verwirft er sich selber, weil ohne die Liebe Gottes kein wahres Leben ist.

Jede Kommunion ist eine Prüfung in der Liebe und im Leben Gottes, die der Mensch in Glaube und Liebe annehmen oder in Unglaube und Kälte verwerfen kann. Damit wird der Mensch wahres Kind Gottes oder Knecht der Verworfenheit.

„Damit sie meine Herrlichkeit sehen!"

Sehen wir dazu vorher in stiller Besinnung, was uns Johannes darüber schreibt in seinem Evangelium 17,21:
Jesus betete kurz vor seinem Leiden, bevor er zum Ölberg hinaus ging, zu seinem himmlischen Vater:
„Vater, ich habe die Herrlichkeit, die du mir gegeben hast, auch ihnen gegeben, damit sie eins seien, wie wir eins sind, ich in ihnen und du in mir. So sollen sie vollkommen eins sein, damit die Welt erkenne, daß du mich gesandt hast und sie geliebt hast, wie du mich geliebt hast.
Vater, ich will, daß die, welche du mir gegeben hast, dort bei mir sind, wo ich bin, damit sie meine Herrlichkeit sehen, die du mir gegeben hast. Du hast mich ja geliebt vor Grundlegung der Welt.
Gerechter Vater, die Welt hat dich nicht erkannt. Jedoch ich habe dich erkannt. Und diese haben erkannt, daß du mich gesandt hast. Ich habe ihnen deinen Namen kundgemacht. Ich werde ihn weiter kundtun, damit die Liebe, mit der du mich geliebt hast, in ihnen sei und ich in ihnen bleibe."
Nach diesen Worten ging Jesus mit seinen Jüngern hinaus über den Winterbach Kedron. Dort war ein Garten, in den Jesus mit seinen Jüngern hineinging.
Es kannte auch Judas, der Verräter den Ort, weil Jesus mit seinen Jüngern oft dorthin gegangen war.
Judas hatte eine Abteilung Soldaten, von den Oberpriestern und Pharisäern auch Knechte erhalten, die dorthin kamen mit Laternen, Fackeln und Waffen. Jesus aber, der alles wußte, was über ihn kommen sollte, trat vor und sprach zu ihnen:
„Wen suchet ihr?"
Sie riefen:
„Jesus von Nazareth!"
Jesus sagte:
„Ich bin es!"
„Damit sie meine Herrlichkeit sehen!"
Aber nicht nur sehen sollen wir die Herrlichkeit Jesu. Jesus sagt ausdrücklich zu seinem himmlischen Vater:
„Vater, ich habe die Herrlichkeit, die du mir gegeben hast, auch ihnen gegeben, damit sie eins seien, wie auch wir eins sind, ich in ihnen und du in mir."

Wir sollen die Herrlichkeit Jesu nicht nur sehen, sondern auch erleben, wie sie Jesus schon vor Grundlegung der Welt erlebt hat.
Wir dürfen nicht vergessen: Gott hatte von Anbeginn den Menschen nach seinem Bild und Gleichnis erschaffen, wie es in der Uroffenbarung heißt. Wir sollten ihm gleich sein. Die Menschen sollten nach der Prüfung im Paradies als wahre Kinder in die Herrlichkeit Gottes eingehen.
Aber wir wissen, wie alles gekommen ist. Gott hatte dennoch in seiner Liebe zu uns solches Mitleid. Gott Vater bewegte seinen eingeborenen Sohn, für uns Menschensohn zu werden, um als Mensch in der Macht seiner göttlichen Liebe uns zu erlösen. Daraus können wir ahnen, was es Großes um uns Menschenkinder ist, da Gott Vater in solcher Liebe sogar seinen innig geliebten Sohn nicht schonte, sondern ihn für uns hinopferte.
Vergessen wir nie das Wort, das uns der Apostel Johannes schreiben durfte, wie es Jesus ausdrücklich sagt:
„So sehr hat Gott die Welt geliebt, daß er seinen eingeborenen Sohn für sie dahingab, damit jeder, der an ihn glaubt, nicht verloren geht, sondern das ewige Leben hat" (Joh 3,16).
Wenn wir auch kein Herz mehr hätten, das zu empfinden, so müßte uns doch der Verstand aufrütteln, das zu ahnen, was es Einmaliges um den Menschen ist, da Gott solches Liebesopfer für uns wagt.
Von da aus gesehen, können wir auch Menschen begreifen, die sich in stille Einsamkeit zurückziehen, um Gott in seiner Liebessorge zu begreifen und ihm völlig vertrauen in gänzlicher Hingabe. Denn dazu braucht es wirklich die ganze Lebenshaltung eines Menschen. Es geht um unser wahres Leben in der seligsten Herrlichkeit Gottes. Gott will uns als seine Kinder einsetzen.
Damit wir seine Herrlichkeit sehen, oder wie es Jesus genauer sagt: „Seine Herrlichkeit erleben!"
Dafür müssen wir aber auch fähig werden.
Denn die Herrlichkeit Jesu ist so umfassend und allgewaltig, daß wir schwache Menschen dazu niemals fähig sind. Und wenn wir sogar, wie Jesus sagt, fast vollkommen eins werden mit Gott, wie sollte das möglich sein, ohne daß wir selbst in unserem Wesen umgewandelt werden.
Darum, begreifen wir das endlich, darum wagt Jesus sich mit uns ganz zu vereinigen in der heiligsten Eucharistie.
Jesus sagt wirklich:

„Wer mein Fleisch ißt und mein Blut trinkt, der bleibt in mir und ich bleibe in ihm. Der hat das ewige Leben."
Hier ist eines wichtig, ich muß es immer wieder sagen, hier ist wichtig, daß wir Jesus vollauf glauben, was er uns sagt. Mit unserem Verstand können wir das nie erfassen. Niemals! Wer versucht, dies tiefste Lebensgeheimnis der Liebe Gottes zu verstehen, der zerfasert es und fällt in dieser Zerfaserung in die Finsternis des Unglaubens.
Wir müssen die Verheißungen Jesu über die heiligste Eucharistie wortwörtlich nehmen, das heißt, einfach glauben! Und ja nie daran zweifeln! Da würde das gleiche Unheil geschehen, wie es die Stammeltern im Paradies erleiden mußten, da sie vom Baum der Erkenntnis der Liebe Gottes essen wollten. Hier heißt es: Nur glauben, nicht selbst sein wollen wie Gott!
Nur glauben, was uns Jesus gesagt hat. Erinnern wir uns wieder:
„Ich bin das Brot des Lebens. Wer zu mir kommt, der wird nicht mehr hungern. Und wer an mich glaubt, der wird nicht mehr dürsten."
„Das Brot, das vom Himmel herabgekommen ist, ist solcher Art, daß jeder, der davon ißt, nicht stirbt."
„Ich bin das lebendige Brot, das vom Himmel herabgekommen ist. Wer von diesem Brot ißt, der wird ewig leben."
„Wie mich der lebendige Vater gesandt hat und ich durch den Vater lebe, so wird auch der, der mich ißt, durch mich leben."
„Wahrlich, wahrlich, ich sage euch: Wenn ihr das Fleisch des Menschensohnes nicht essen und sein Blut nicht trinken werdet, dann werdet ihr kein Leben in euch haben."
„Damit wir seine Herrlichkeit sehen!"
Das wäre unmöglich, die Herrlichkeit des Sohnes Gottes zu sehen oder gar zu erleben, wenn uns nicht Jesus selber dazu fähig machen würde, indem er uns sich ihm ähnlich macht und uns sich ihm angleicht, daß wir ihm tatsächlich gleich werden, soweit uns das als Geschöpfe möglich ist.
Das nun tut Jesus tatsächlich durch die heilige Kommunion. Oder wie sollten wir seine Verheißung anders verstehen, wenn er sagt: „Wer mein Fleisch ißt und mein Blut trinkt, der bleibt in mir und ich bleibe in ihm. Der hat das ewige Leben. Wie mich der lebendige Vater gesandt hat und ich durch den Vater lebe, so wird auch der, der mich ißt, durch mich leben."
Also sein Leben dürfen wir leben, sein Leben als Gottessohn und

Menschensohn. Unbegreiflich, unfaßbar, aber es ist so, weil es uns Jesus so verheißen hat. Das heißt, wir sollen durch Jesus, indem wir ihn essen, wieder vollkommene Kinder Gottes, des Vaters werden, wie Gott von Anfang an den Menschen in seiner Liebe geplant und erschaffen hatte.
So werden wir auch fähig, die Herrlichkeit Jesu, die er vor Grundlegung der Welt hatte, erleben zu können. Das ist etwas Ungeheuerliches, was uns da erwartet, wenn wir durch Jesus wieder als wahre Kinder Gottes vollendet sind.
Wie traurig, ja betrüblich ist es dagegen, wenn unser künftiges Leben im Himmelreich so hingestellt wird, als wäre es nur eine verklärtere Fortsetzung des zeitlichen Lebens auf Erden. Nein, das ewige Leben, das uns Jesus, der Sohn Gottes mit seinem Blute wieder erkauft hat, ist nicht zu vergleichen mit dem jämmerlichen und sterblichen Dasein auf Erden.
Wenn das nur eine Fortsetzung des zeitlichen Lebens wäre, dann hätte Gott nicht einen solchen Preis dafür bezahlen brauchen. Einen Preis, den er immer noch bezahlt in jeder Vergegenwärtigung seines heiligsten Opfers auf Golgatha, das jeder Priester jeden Tag erneuern darf, eigentlich soll, im Auftrag der hl. Kirche Gottes. Wenn wir darüber einmal ernstlich nachdenken, dann muß uns das Herz dafür aufgehen, was ewiges Leben ist.
Um das besser zu überlegen, was wir nun betrachtet haben über die wunderbare Vereinigung mit Jesus, erinnere ich mich an ein Ereignis, das ich im März 1945, am Ende des grausamen Krieges erleben durfte. Wie ihr wohl schon wißt, ich war auch Wehrmachtspfarrer in einem großen Lazarett.
Da kamen im März direkt von der Front, die am Bodensee entlang die deutschen Truppen aufrollte, weil unsere Soldaten fast keine Abwehrkräfte mehr hatten, die Verwundeten in das Lazarett bei Bregenz, wo ich als Wehrmachtspfarrer tätig war.
Da traf ich eines Tages in den Stuben, worin verwundete Offiziere lagen, auch einen jungen Stabsarzt. Heini nannte er sich. Er bat mich gleich zu sich und sagte mir, er sei katholisch, er möchte beichten und kommunizieren. Zur Beichte meinte er, könne er schon ein wenig aufstehen. Er hatte einen Lungenschuß, der nun bereits soweit kuriert war, daß er sich bewegen konnte. Er hoffe, in wenigen Wochen sei er wieder fähig, ins Frontlazarett zurückzukehren, um die tapferen, verwundeten Kameraden zu heilen. Denn

wir brauchen jetzt dringend jeden Mann, um den Krieg trotz allem zu gewinnen.
Ich merkte, die letzten Sätze sagte er gegen seine Überzeugung, damit seine Kameraden in der Stube nicht an seiner Siegeszuversicht zweifelten. Wie er dann in einer stillen Kammer gebeichtet und auch kommuniziert hatte, versank er andächtig im Gebet. Ich mußte ihn mahnen, wegen seiner Verwundung nicht lange außerhalb des Bettes zu bleiben. Er sagte mir:
„Ja, Kamerad Pfarrer, hast recht. Aber ich hoffe, daß ich bald länger aufbleiben und dann mit dir besser reden kann. Denn ich denke, daß du ein Priester bist, der die Wahrheit liebt."
Es war nach zwei oder drei Wochen, da mir mein Kamerad Heini, der junge Stabsarzt, sagte, er wolle jetzt schon jeden Tag wenigstens zwei Stunden an die frische Luft gehen. Er wäre dankbar, wenn ich ihn einmal dabei begleiten könnte. So machten wir einen Nachmittag dafür aus. Wir gingen einen abgelegenen Weg. Es dauerte nicht lange, da sagte mir Heini:
„Pfarrer, Hermann heißt du doch, ich habe erkannt, daß ich mit dir offen reden kann. Du weißt genauso wie ich, der Krieg ist längst verloren. Es war ein Teufelskrieg von Anfang an."
Wir waren beide überzeugt, daß der Krieg Hitlers ein Teufelskrieg ist, den Deutschland und viele Völker erleiden mußten, weil sie so gottlos und unmoralisch gelebt hatten. Dann aber sagte Heini:
„Weißt du, ich wollte auch Theologie studieren, aber mein Vater drängte mich, Arzt zu werden. Ich war teils zufrieden, da ich als Arzt vielen Kameraden im Krieg helfen durfte. Aber ich war vor meiner Verwundung in arge Bedrängnis gekommen. Meinem Oberarzt an der Front, dem ich vertraute, sagte ich einmal, der Krieg sei verloren. Darauf schaute er mich an und meinte:
„Wenn du so denkst, dann will ich dich hier nicht mehr sehen. Kannst mit den Sanitätern die Verwundeten nachts holen. Morgen werde ich dich melden."
In der Nacht, da ich Verwundete holte, bekam ich den Lungenschuß. Wie mich der Oberarzt untersuchte und mir zum Transport den nötigen Sicherheitsverband angelegt hatte, sagte er:
„So du feiger Sauhund, vorläufig will ich mir's mit dir überlegen. Ich will dich auf alle Fälle künftig nicht mehr sehen."
Der Transport hierhin ins Lazarett war grausam, da ich zu ersticken drohte. Als ich endlich soweit hergestellt war, daß ich hoffen konn-

te, wieder gesund zu werden, hatte ich immer noch die Angst, daß sie mich vors Kriegsgericht holen.
Da habe ich wieder ernster zu beten angefangen. Du hast ja gesehen, wie ich mich sehnte vor allem nach der hl. Kommunion. Und da habe ich die Frage an dich: Schenkt sich uns Jesus als Gott und Mensch wirklich so, daß wir in ihm leben und er in uns lebt. Werden wir da vollauf wieder unsterbliche Kinder Gottes, die nichts mehr zu fürchten haben. Denen auch der leibliche Tod nicht mehr schaden kann."
Ich antwortete:
„Genauso wie du gesagt hast, so ist es. Wir brauchen nichts mehr fürchten. Auch den leiblichen Tod nicht mehr."
Heini meinte:
„Aber die in Jesus leben, müssen genauso sterben. Ich habe da einen grausamen Fall in Rußland sehen müssen. Ein Soldat, der als schwarzer Frommer bekannt war und an Hitler nicht glauben konnte, bekam vom Feldwebel den Befehl, nachts hinter die russische Front zu schleichen und zu erkunden, wieviele Panzer dort stehen. Bevor er hinüberschlich, bekam er noch vom Feldkurat die hl. Kommunion. Er sagte, jetzt fürchte ich nichts mehr. Jetzt kann mir nichts mehr passieren.
Aber es ist ihm genug passiert. Gegen morgen haben ihn die Russen vom Graben herausgeworfen. Sanitäter konnten ihn holen. Er war von den Russen, die ihn geschnappt hatten, grausam zugerichtet worden. Die Zunge war ihm herausgerissen, die Augen ausgestochen und die Hände abgehackt. Er starb, wie sie ihn holten. Ein Sani sagte: Wenn das der Schutz ist, auf den er vertraut hat, dann will ich von diesem Glauben nichts mehr wissen."
Ich mußte dem Heini antworten:
„Der Schutz Gottes für unseren Leib besteht nicht darin, daß uns am sterblichen Körper nichts mehr passieren kann. Unser materieller Körper ist sterblich so oder so, seit der Sünde im Paradies. Unsterblich ist unser erlöster Leib, den wir ständig erneuern dürfen durch die innigste Vereinigung mit dem unsterblichen Leibe Jesu, wie Jesus uns verheißen hat:
„Wer mein Fleisch ißt und mein Blut trinkt, der bleibt in mir und ich bleibe in ihm. Der hat das ewige Leben!"
Das erfüllt sich aber nicht sichtbar in dieser Erdenzeit, sondern erst drüben mit dem Jüngsten Tage, wo das ständig gegenwärtige Leben

der Ewigkeit beginnt."
Heini meinte etwas bedrückt:
„Das ist eine wundervolle Hoffnung für eine Zukunft, die wir nicht schauen können und darum sehr angezweifelt wird. Für jetzt haben wir nichts in Händen, womit wir als unsterbliche Kinder Gottes bestehen können."
Ich mußte einwenden:
„Doch, mein Lieber! Wir haben nichts in Händen, wenn wir unser Leben nur zeitlich sehen, wie die Kinder dieser Welt, die nur auf das Vergängliche hoffen. Wenn wir aber im Glauben auf die Verheißungen Jesu leben und seiner Liebe vertrauen, dann haben wir eine solche Zuversicht, die mutig über alle Vergänglichkeit siegt. Schau, Heini, das vergängliche Leben dieser Erdenzeit ist nur ein Augenblick im Vergleich zur ewigen Herrlichkeit. Und die Herrlichkeit des Himmels ist nicht zu vergleichen mit aller Lust dieser Welt. Alle erdenklichen Freuden auf Erden sind nichts gegen den geringsten Grad der Glückseligkeit des Himmels."
Der Heini fragte mich:
„Woher weißt du das alles und wie willst du das beweisen, so daß es jeder glauben kann?"
Es war eigenartig mit dem Stabsarzt Heini, daß ich das alles mit ihm besprechen konnte. Es interessierte ihn. Er sagte mir später einmal, wenn er nach diesem Krieg noch Gelegenheit finde, möchte er Theologie studieren und Priester werden. Aber nun muß ich antworten auf seine Fragen:
„Ich weiß das alles aus der Offenbarung Gottes, eben aus der hl. Schrift und auch aus dem Leben der Heiligen, die vieles schauen durften, was das ewige Leben betrifft.
Wie ich das beweisen will, so daß es jeder glauben kann, darauf mußte ich antworten:
Was wir zu glauben haben, das können wir nicht beweisen. Wenn wir es beweisen könnten, dann bräuchten wir es nicht mehr glauben. Wir leben aber als Christen aus dem Glauben, weil Gott uns vieles geoffenbart hat, was wir mit dem Verstand nicht begreifen können. Darum müssen wir es glauben. Den Glauben fordert Jesus so streng von uns, daß er sagt: Wer nicht glaubt, der wird verdammt werden. Das ist auch verständlich, weil der Ungläubige sich erfrecht in seiner dummen Aufgeblasenheit, Gott für einen Lügner zu halten. Wir dürfen nie vergessen: Gott, auch Jesus Christus, ist die ewige

Wahrheit selbst. Diesen unendlich wahrhaftigen und heiligsten Gott für einen Lügner zu halten, ist ein Frevel, der unseren Verstand teuflisch vergiftet.
Der Teufel hat sich in seiner Selbstbehauptung über Gottes Wahrheit hinweggesetzt und hat sich so sehr in sein Lügengewebe verkettet und sich in seinem Stolz erhoben, als wäre er selber alles. Damit kann er Gott nie mehr schauen und bleibt in seinem stolzen Elend versklavt. Ein grausamer Haß gegen alle und alles, was an Gott glaubt und Gott liebt, das ist seine Lust. Darin zermartert er sich und alle, die ihm anhangen ewiglich. In seiner Verlogenheit meint er, die ganze Schöpfung an sich reißen zu können. In Wirklichkeit reißt er sich in ewige Qual, die brennt wie Feuer.
Gott hat dem Teufel zu unserer Prüfung eine zeitliche Scheinmacht verliehen. Wenn diese Zeit vorbei ist, wird er ewig sich selbst und alle Mitverdammten quälen in unaussprechlichem Haß. Denn alle und alles ist in seiner verlogenen Meinung schuld, daß er nicht höchster Herrscher ist. Sein stolzer Zorn wird nie aufhören, unumschränkte Herrschaft an sich zu reißen. Dennoch wird er einmal mit all den Seinen in ewiger Zerquälung eines feuerigen Stolzes der Hölle verkettet sein.
Das sagt uns die Offenbarung Gottes. Die ewige Wahrheit Gottes. Arme und törichte Menschen, die ihm, diesem Lügner und Mörder glauben und ihm durch ein Sündenleben folgen! So lustvoll und frei scheint ein Sündenleben zu sein. Und es ist doch jeder Tritt auf diesem Weg eine neue Fessel an die Kette der qualvollen Hölle.
Raffiniert ist die modernste Lüge, die durch die Gehirne hochgescheiter, stolzer Anhänger der Hölle Satan selber ausgebrütet hat, die da heißt und laut schreit:
Es gibt keine Hölle! Also kann auch niemand in die Hölle kommen. Gott ist die Liebe und muß alles verzeihen, wenn etwas wirklich Sünde wäre. Aber Sünde gibt es auch nicht mehr.
Da sehe ich immer noch das Kreuz, an das Christus gefesselt ist. Ist das auch ein Unsinn oder eine Unwahrheit.
Nein, Jesus ist wirklich am Kreuz gestorben, einen grausamsten Tod hat er erlitten, um uns alle von der Sünde zu erlösen. Um uns alle vor den Höllenqualen zu retten.
Darüber habe ich auch mit dem Heini einmal ausgiebig diskutiert. Denn er meinte ebenfalls, eine Hölle kann es nicht geben. Denn Gott kann nicht so grausam sein. Zumal ich ihm erklärt hatte, Gott

ist unendliche Liebe selbst, unfaßbar, unbegreiflich für alle Geschöpfe. Aber Gott ist in seiner Liebe, gerade in seiner Liebe unendlich rein und heilig und gerecht. Davor kann nichts Unheiliges oder gar Unreines bestehen. Darum mußten wir Menschenkinder von unserer Unheiligkeit und Unreinheit erst mit dem Blute des Sohnes Gottes gereinigt werden. So unendlich heilig ist Gott in seiner Liebe, daß nur das Blut des Sohnes Gottes uns wieder reinigen konnte."

Heini blieb stehen und meinte: „Das sagst du so selbstverständlich, als könnte das jeder erfassen. Ich muß sagen, mir wird es etwas zuviel, das einfach zu glauben ohne auch ein wenig darüber nachzudenken. Sicherlich glaube ich, Gottes Sohn ist Mensch geworden, um als Menschensohn für uns zu sterben. Aber er konnte nur als Mensch sterben, denn als Gott kann er nicht sterben. Auch nicht leiden. Wie kannst du da sagen, der Sohn Gottes ist für uns gestorben?"

„Heini, du hast recht, Gott kann nicht sterben. Aber Gottes Sohn, also Gott, ist Mensch geworden. Hat die Menschheit angenommen. Er ist Gott und Mensch zugleich. Er ist als Mensch ganz vollkommen mit Leib und Seele, mit freiem Willen, mit menschlichem Verstand und Empfinden. Als Person aber ist Jesus Gott. Er, Jesus, der eingeborene Sohn des Vaters, ist Gott und Mensch zugleich. Darum können wir sagen:

Gottes Sohn hat für uns gelitten, ist für uns gestorben, freilich nur als Mensch, aber auch in seiner Person als Gott. Wir sollen uns darüber nicht zu sehr verwundern, denn letztlich ist das auch ein tiefes Geheimnis des Glaubens, daß Jesus Gott und Mensch zugleich ist."

Heini nickte einige Male mit dem Kopf und sagt dann besinnlich: „Ja, ich glaube: Jesus ist Gott und Mensch zugleich! Ich muß mich im Glauben darüber freuen, daß Gott uns so sehr liebt, daß er, der Sohn Gottes für uns sich in solcher Liebe hingeopfert hat. Aber doch als Mensch."

Ich blieb stehen und hielt den guten Heini fest, indem ich sagte: „Und als Gott! Aber nicht nur der Sohn, auch der Vater und der Heilige Geist haben uns so sehr geliebt und lieben uns weiterhin mit dem Sohne so sehr. Dazu mußt du wieder mit mir glauben und tief nachdenken. Denn der Glaube verbietet uns das Nachdenken nicht.

Der Apostel und Evangelist Johannes schreibt ausdrücklich: „So sehr hat Gott die Welt geliebt, daß er seinen eingeborenen Sohn für sie dahin gab, damit jeder, der an ihn glaubt, nicht verloren geht, sondern das ewige Leben hat." Also war es der Vater vor allem, der uns seinen allerliebsten eingeborenen Sohn dahin gab, damit wir erlöst werden konnten." Es war das liebende Herz des Vaters, das zu allererst in Sehnsucht nach den Menschen ausschaute. Nach den Menschenkindern, die als Gotteskinder von seiner Liebe erschaffen worden waren, die aber betört von der schleichenden Schlange des Lügners und Mörders Satan in Todesnot und Gottesferne geraten waren. Sie sollen erlöst werden. Dazu drängte ihn sein liebendes Vaterherz!

Da die Menschen aus Schmutz und Unreinheit der Sünde wieder in die reinste Gotteskindschaft heimgeheiligt werden müssen, kann nur reinste und heiligste Sühne das verwirklichen. Heiligste Sühne könnte nur Gott selber schenken. Gott Vater schaute seinen höchstgeliebten Sohn! Wenn dieser Menschensohn werden möchte und sie, die ärmsten, verirrten Kinder wieder heimholen würde! Gott Sohn ließ den Vater nicht lange schauen. Er war bereit, der Liebessehnsucht des Vaters zu folgen.

So geschah das alles, was geschehen ist. Schon im alten Bund erweckte Gott Heiliger Geist Väter und Propheten mit dem Licht seiner Liebe. Bis dann vom Heiligen Geist erfüllt die reinste Magd Gottesmutter werden konnte. Mit ihr, dieser reinsten Magd des Heiligen Geistes, die als neue Eva erkoren, als neue Stammutter der Menschenkinder, ging Gottes Sohn als Menschensohn und neuer Adam den Opferweg der Erlösung für die Menschheit.

Gott Vater war es, Gott Sohn war es, Gott heiliger Geist war es, alle drei waren es, die in unsäglicher Liebesbereitschaft alles geplant und versucht haben, die Menschenkinder aus ihrer tödlichen Gottesferne wieder zur seligsten Gotteskindschaft zurückzuführen. Versucht haben sie es. Nicht mit Gewalt verwirklicht. Denn Gottesliebe ist lichtvolle Freiheit. Niemand kann gezwungen Gotteskind werden. Nur in Freiheit können die Erwählten die Liebe Gottes bejahen und ihr folgen.

Gott Vater, Gott Sohn, Gott Heiliger Geist sind drei Personen, aber ein Gott, ein Wesen unendlicher Liebe. So können wir nie denken: Der Sohn allein hat uns erlöst. Nein, alle drei haben uns erlöst. Das Erlösungsopfer auf Golgatha hat der Sohn in seiner Menschheit

vollzogen. Aber in der Erlöserliebe waren sie und sind sie alle drei in unsäglicher Sehnsucht vereinigt. Auch in jeder Hingabe der heiligsten Eucharistie. Das nie vergessen!
Wir lesen im Johannesevangelium, wie Gott Sohn zum Vater betet: „Vater, ich habe die Herrlichkeit, die du mir gegeben hast, auch ihnen (den Menschen) gegeben, damit sie eins seien, wie auch wir eins sind, ich in ihnen und du in mir. Damit sie vollkommen eins sind! Damit die Welt erkennt, daß du mich gesandt hast und sie geliebt hast, wie du mich geliebt hast" (Joh 17,22).
Der Krieg war endlich zu Ende anfangs Mai 1945. Der Heini, mein lieber Freund, war nun im Lazarett gefangen von den Franzosen. Aber er konnte mit mir frei ausgehen, da er Österreicher war. Er war oft bei mir im Pfarrhof. Soweit ich Zeit hatte, haben wir miteinander über all das gesprochen. Das obige Zitat aus dem Evangelium hat ihn überzeugt, daß es unaussprechlich Großes ist um die Kindschaft Gottes. Heini hat mir damals versichert, er will Priester werden. Leider ist wenige Wochen später das Lazarett plötzlich aufgelöst worden. Alle Verwundeten und Insassen wurden mit Lastwagen wegtransportiert. Ich habe den Heini nie mehr gesehen. Aber die freudige Erinnerung an ihn habe ich behalten.
Ich kann davon noch berichten, wie Heini sagte:
„Wenn wir das alles betrachten und natürlich glauben, was uns da überliefert worden ist, dann können wir uns nur freuen, himmlisch freuen! Denn hier geht es um Herrlichkeiten, die alles Begreifen weit übertrifft. Was sind doch dagegen alle weltlichen, politischen Sorgen für Nichtigkeiten! Alles vergängliches Zeug. Freilich grausamer Handel zwischen Tod und Leben. Aber sterben müssen wir alle. Was dann ist, wenn das Tor des Todes sich geschlossen, auf das kommt es an. Aber da sagen sie, diese blinden Idioten: Dann ist eben alles aus. Das ist die verlogenste Lüge, die das armselige Menschlein so ausspricht, weil es nicht weiterdenken will. Weil es vor allem die Wahrheit, die einzig sichere Wahrheit Gottes nicht hören will."
Ich mußte meinem Freund recht geben. Ich erklärte dazu weiter: „Die einzig sichere Wahrheit Gottes ist hell und mächtig genug, daß sie jeder hören kann, der sie hören will. Und sie ist einfach genug, daß sie jedes Kind verstehen kann. Ja, gerade das Kind! Darum sagt uns Jesus: „Wenn ihr nicht werdet wie die Kinder, könnt ihr nicht ins Himmelreich eingehen."

Das ist leicht verständlich, was uns da Jesus sagt:
Wir dürfen uns nicht erheben und selber gescheiter sein wollen als Gott. Denn unser Verstand ist nur ein kleines Fünklein im Vergleich zur unendlichen Weisheit Gottes. Wenn nun dieses kleine Fünklein Menschenverstand sich erdreist, gescheiter zu sein als Gott, dann steht er bald in eigener Finsternis. Denn was ist ein Staubkörnchen, das da ein wenig aufglitzert im Vergleich zur Sonne. Das Staubkörnchen ist bald irgendwo verloren. Die Sonne aber leuchtet hell überall. Armer Mensch mit deinem winzigen, glitzernden Staubkörnchen! Glaub doch an das helle Licht der Sonne Gottes! Freilich kannst du es nicht sehen im Sonnenball. Du würdest erblinden. Darum mußt du glauben, daß alles Licht ringsum von der Sonne kommt.
Höre also gläubig noch einmal das Wort aus dem Lichte Gottes! Jesus betet: Vater, ich habe die Herrlichkeit, die du mir gegeben hast, auch den Menschen gegeben, damit sie eins sind, wie wir eins sind! Ich in ihnen und du in mir!
Weißt du, was da Jesus betet und was das für uns heißt? Das heißt, daß wir zur innigsten Einheit mit Gott und seiner Herrlichkeit heimgeholt werden durch die Erlöserliebe Gottes. Der Sohn Gottes hat dafür als Menschensohn alles von uns weggebüßt, daß wir wieder Kinder seines himmlischen Vaters sein können mit allen Rechten, als wahre Kinder Gottes. Wir müssen endlich die Wahrheit festhalten:
Alle Seligkeiten dieser Welt sind nichts im Vergleich zu den Herrlichkeiten des Himmelreiches.
Eines dürfen wir nie übersehen: Wenn Gottes Sohn in seiner Selbsthinopferung den höchsten Preis zahlt, dann kann der Wert unserer Erlösung nicht hoch genug gesehen werden. Ich muß es noch einmal sagen: Wir sind als wahre Kinder Gottes mit dem Blute des Sohnes Gottes zurückgekauft worden! Darum wird das Himmelreich uns eine Herrlichkeit bieten, die mit weltlichen Begriffen nicht zu vergleichen ist. „Damit sie eins sind, wie wir eins sind! Ich in ihnen und du in mir!" Wir werden als wahre Kinder Gottes mit allen Vollmachten des Vaters im Himmel aus- und eingehen und in der Schöpfung herrschen. Dazu dürfen wir eines nicht übersehen, denn das ist wesentlich:
Wir werden in der heiligsten Eucharistie ständig genährt mit dem Leibe und Blute Christi, damit wir das Leben haben als Kinder Gottes.

„Wie mich der lebendige Vater gesandt hat und ich durch den Vater lebe, so wird auch der, der mich ißt, durch mich leben."
Wir werden ein Leben mit dem Sohne, wenn wir seinen Leib als Brot des Lebens essen.
Du hast recht, wenn du denkst, das ist unbegreiflich! Darum müssen wir es glauben.
Du hast eine brennende Frage, wie du sagst:
„Wie kann Gott soviel Leiden zulassen allüberall, auch an den Unschuldigsten, wenn er die Menschen doch so sehr liebt?"
Meine Antwort scheint hart zu klingen:
„Diese Frage stellen die Ungläubigen. Oder milder ausgedrückt: Diese Frage stellen solche, die zu irdisch denken, die vom Ewigen nichts wissen, die nichts wissen von unserer ewigen Erhöhung.
Der Mensch ist durch die Sünde weit von Gott abgesunken. Er wurde durch die Sünde so unrein, daß er in die Reinheit und Heiligkeit der Liebe Gottes nicht mehr eingehen konnte. Nur mit dem Blute des Sohnes Gottes konnte der Mensch für Gott wieder rein gewaschen werden. Wer sich gläubig im Erlöserblut des Sohnes reinigt und mit dem Leibe des Sohnes sich vereinigt, der wird wieder Kind Gottes. Der wird auch die Herrlichkeit Gottes erleben.
Wer an Jesus und an seine Erlösung nicht glaubt, der kann nicht gerettet werden, der wird ein Kind des Verderbers. Der Verderber aber kann nur hassen. Leider glauben und folgen seiner Verführung soviele Menschen. In raffinierter Lüge verspricht er den Menschen Heil und Leben. Das Gegenteil will und tut er. Denn er quält sich voller Stolz und Bosheit in ewiger Gottesferne und will in seinem Haß alle da hineinreißen, die er durch die Sünde verführen kann.
Da der Mensch in der Sünde gegen den Willen Gottes sich auflehnt, wird er eins mit dem Verderber, dem Satan. Da vollzieht sich immer wieder das grauenhafteste Unheil. Es wäre so leicht durch Jesus gerettet zu werden. Doch die Sünde schmeckt ihnen besser. Die Sünde aber brütet nur Leiden in Einheit mit dem Verderber. Die Sünde ist die Ursache von Leid und Tod.
Trotz allem erstrahlt weit über aller Finsternis und aller verlogenen Ablehnung der Wahrheit Gottes das Wort Jesu als ewige Verheißung:
„Vater, ich habe die Herrlichkeit, die du mir gegeben hast, auch ihnen gegeben, damit sie eins sind, wie wir eins sind, ich in ihnen und du in mir!"

Gottes Wort strahlt so hell, heller als die Sonne. Wer diese Strahlen nicht in seinem Herzen spürt, der muß sein armes Herz in die Finsternis des Hasses verloren haben. Denn ohne Liebe löscht das Licht Gottes aus.

Da muß ich noch etwas erzählen:
Ich kannte einen guten Mann. Fredi hieß er. Er war katholisch. Er ging auch in die Kirche. Einmal ergab es sich, daß wir miteinander in Glaubensgespräche kamen. Ich versuchte, den Fredi auf die Herrlichkeit des Himmels aufmerksam zu machen. Da sagte er:
„Na ja, einen Himmel kann es irgendwie geben, aber eine Hölle oder ein Fegfeuer gibt es nicht. Es ist überhaupt fraglich, ob nicht mit dem Tod alles aus ist."
Ich war über diese Rede so erschrocken, daß ich sagen mußte:
„Fredi, ich hab gemeint, du bist katholisch! Aber wie du redest, so kann nur ein Ungläubiger reden."
Er lächelte überlegen und sagte:
„Weißt du, ich schaue weiter und weiß mehr. Die da vom Himmel reden, die glauben meist selber nicht daran."
Wir konnten nicht weiter reden, weil wir gestört wurden. Aber der Unglaube des Fredi ließ mir keine Ruhe. Ich forschte ein wenig, wie er lebt. Ich erfuhr, daß er jemanden haßte. Haß löscht das Licht des Glaubens aus.

Weil wir sonst offen miteinander sprechen konnten, wagte ich, den Fredi zu fragen, ob er manchmal auch beichten gehe. Er meinte, für was soll er denn beichten, er habe keine Sünden. Da sagte ich:
„Aber du pflegst einen Haß gegen jemanden. Das ist Sünde, die dir das Licht des Glaubens auslöscht. Da wundert es mich nicht, wenn du nicht richtig glauben kannst."
Fredi war über meine Rede ein wenig schockiert. Aber schließlich sagte er:
„Weil du es gut mit mir meinst, ich will dir folgen und beichten gehen."
Er fügte gleich hinzu:
„Und das beichte ich auch, daß ich eine Feindschaft habe."
Ich betete für ihn, daß ihn der Heilige Geist erleuchten möge.
Es war eine längere Zeit vergangen, da sah ich den Fredi mit seinem früheren Feind gemütlich beisammen sitzen. Bald hatte ich Gelegenheit, mit dem Fredi wieder über den Glauben zu sprechen. Ich war erstaunt, wie für ihn alles selbstverständlich war. Nicht nur

über den Himmel, sondern auch die Hölle und das Fegfeuer. Ich fragte nicht mehr, ich konnte mich überzeugen, der Fredi war wieder ein gläubiger Christ. Er ging auch zu hl. Kommunion. Wir dürfen nie vergessen, das Sakrament der Beichte schenkt viel Licht im Heiligen Geist. Ohne dieses Licht des Heiligen Geistes erblindet der Christ.

Im Lichte des Heiligen Geistes schauen wir so froh die herrlichen Wirklichkeiten, die uns Jesus verkündet hat und die er uns mit seinem Blute erkauft hat.

Im Heiligen Geist wird auch die heiligste Kommunion mit Jesus eine helle Freude und eine starke Liebe, eine Erneuerung für Leib und Seele. Da können wir gar nicht anders, wie als Kinder Gottes voll lichter Hoffnung durch die Erdenzeit gehen, auch wenn ringsum Finsternis und Haß ist.

„Ich und der Vater sind eins."

„Es kam das Fest der Tempelweihe in Jerusalem. Es war Winter. Da ging Jesus im Tempel, in der Halle des Salomon auf und ab. Die Juden umringten ihn und sagten: Wie lange hältst du uns noch in Unsicherheit? Bist du der Messias, so sage es uns! Jesus antwortete: Ich sagte es euch, aber ihr glaubt es mir nicht. Die Werke, die ich im Namen meines Vaters wirke, die geben Zeugnis von mir. Ihr aber glaubt mir nicht, weil ihr nicht von meinen Schafen seid. Meine Schafe hören auf meine Stimme, ich kenne sie und sie folgen mir. Ich gebe ihnen das ewige Leben. Sie werden in Ewigkeit nicht verloren gehen. Niemand wird sie meiner Hand entreißen. Mein Vater, der sie mir gegeben hat, ist mächtiger als alle. Niemand vermag sie der Hand meines Vaters zu entreißen. Ich und der Vater sind eins. Da hoben die Juden wieder Steine auf, um ihn zu steinigen. Jesus sagte: Viele gute Werke habe ich euch von meinem Vater gezeigt. Um welches dieser Werke wollt ihr mich steinigen? Die Juden erwiderten: Wegen der guten Werke steinigen wir dich nicht, sondern wegen der Gotteslästerung, weil du dich selber zu Gott machst, der du doch nur ein Mensch bist.

Jesus entgegnete:

„Steht doch in euerem Gesetz geschrieben: Ich sprach, ihr seid Götter! Wenn also diejenigen Götter genannt werden, an welche das Wort Gottes ergangen ist, und wenn die Schrift nicht ungültig werden kann, warum sagt ihr dann zu dem, den der Vater geheiligt und in die Welt gesandt hat, du lästerst Gott, weil ich sagte, ich bin Gottes Sohn? Wenn ich die Werke meines Vaters nicht tue, dann braucht ihr mir nicht glauben. Da ich sie aber tue und ihr mir trotzdem nicht glauben wollt, so glaubet doch der Werke wegen, damit ihr einsehet, daß der Vater in mir ist und ich im Vater bin. Darauf suchten sie ihn zu ergreifen. Er aber entzog sich ihren Händen" (Joh 10,22).

Schon zu Anfang seines Evangeliums schreibt der Apostel Johannes: „Gott hat niemand geschaut. Jedoch der Eingeborene, der Gott ist, der im Schoße des Vaters ist, der brachte uns die Offenbarung."

Der Täufer Johannes am Jordan verkündet eindeutig in Joh 1,33: „Der mich gesandt hat, die Wassertaufe zu spenden, hat mir gesagt:

Der, auf welchem du den Geist (Gottes) herabkommen und auf ihn ruhen siehst, der ist es, der im Heiligen Geist taufen wird. Ich habe es gesehen und habe es bezeugt:
Dieser ist der Sohn Gottes!"
Noch deutlicher, ja ergreifend sind die Worte, mit denen Jesus selbst sich seinen Jüngern in Herzlichkeit als Sohn Gottes in Joh 14,1 bekennt:
„Euer Herz betrübe sich nicht! Ihr glaubt an Gott. Glaubt auch an mich! Im Hause meines Vaters sind viele Wohnungen. Wäre es nicht so, dann hätte ich es euch gesagt. Ich gehe hin, euch eine Heimat zu bereiten. Wenn ich hingegangen bin und euch ein Heim bereitet habe, dann komme ich wieder und werde euch zu mir nehmen, damit auch ihr dort seid, wo ich bin. Wohin ich gehe, das wißt ihr ja und auch den Weg dorthin kennt ihr.
Da sagte Thomas:
Herr, wir wissen nicht, wohin du gehst, wie können wir den Weg dorthin wissen?
Jesus antwortete ihm:
Ich bin der Weg, die Wahrheit und das Leben. Niemand kommt zum Vater, außer durch mich. Hättet ihr mich erkannt, dann würdet ihr auch den Vater kennen. Von nun an werdet ihr ihn kennen, denn ihr habt ihn gesehen.
Darauf sprach Philippus:
Herr, zeige uns den Vater! Das genügt uns.
Jesus erwiderte ihm:
Schon so lange bin ich bei euch, und du kennst mich noch nicht? Philippus, wer mich gesehen hat, der hat auch den Vater gesehen. Wie kannst du da sagen: Zeige uns den Vater! Glaubst du nicht, daß ich im Vater bin und daß der Vater in mir ist? Die Worte, die ich zu euch rede, die rede ich nicht aus mir selbst. Und die Werke, die ich wirke, die wirkt der Vater, der in mir bleibt. Glaubt mir, daß ich im Vater bin und daß der Vater in mir ist!"
Wir wollen weiterhören, welch tröstliche Worte uns Jesus sagt. Worte, welche die Welt nicht versteht, nicht verstehen kann und nicht verstehen will. Wir aber müssen uns mühen, sie zu verstehen. Sie sind uns Zuversicht, Sicherheit und Trost. Joh 14,12:
„Wahrlich, wahrlich, ich sage euch: Wer an mich glaubt, wird auch die Werke vollbringen, die ich wirke. Er wird noch größere Werke vollbringen als diese. Denn ich gehe zum Vater. Ich werde tun, um

was immer ihr den Vater in meinem Namen bittet. Damit wird der Vater im Sohn verherrlicht.
Ich werde auch tun, um was ihr mich in meinem Namen bittet. Aber wenn ihr mich liebt, dann haltet meine Gebote!
Ich werde den Vater bitten, er wird euch einen anderen Beistand geben, der immer bei euch bleiben soll:
Den Geist der Wahrheit, den die Welt nicht empfangen kann, weil sie ihn nicht sieht und darum nicht kennt. Ihr aber werdet ihn kennen, denn er wird dauernd in euch bleiben.
Ich werde euch nicht als Waisen zurücklassen. Ich werde zu euch kommen. Nicht mehr lange, und die Welt sieht mich nicht mehr. Ihr aber werdet mich sehen, denn ich lebe. Auch ihr werdet leben.
An jenem Tage werdet ihr erkennen, daß ich in meinem Vater bin und daß ihr in mir seid und ich in euch bin.
Wer meine Gebote hat und sie hält, der ist es, der mich liebt. Wer mich liebt, den liebt auch mein Vater. Ich werde umso mehr ihn lieben und mich ihm offenbaren.
Darauf fragte Judas Thaddäus:
„Herr, warum willst du dich nur uns offenbaren und nicht der Welt?" Jesus erwiderte:
„Wer mich liebt, der wird mein Wort halten. Den wird mein Vater lieben. Wir werden zu ihm kommen und bei ihm wohnen. Wer mich nicht liebt, der hält meine Worte nicht. Das Wort jedoch, das ihr hören dürft, das ist das Wort des Vaters, der mich gesandt hat."
Die Jünger hatten Jesus als Mensch kennengelernt, als den ersehnten Messias. Schließlich jedoch wußten sie: Jesus ist Gott! Gleicher Gott wie der Vater. Und wie der Heilige Geist. Aber verstehen konnten sie das nicht. Auch wir können das nicht verstehen. Darum müssen wir es glauben.
Das eine Wort, das da Jesus sagt, wollen wir noch einmal hören und besonders ernst nehmen. Eben glauben:
„Wer mich liebt, der wird mein Wort halten. Den wird mein Vater lieben. Wir werden zu ihm kommen und bei ihm wohnen."
Da können wir nicht anders als wieder daran denken, was Jesus uns sagt in seinen eucharistischen Verheißungen:
„Ich bin das lebendige Brot, das vom Himmel herabgekommen ist. Wer von diesem Brot ißt, der wird ewig leben."
Dazu gleich das weitere Wort Jesu:
„Das ist der Wille meines Vaters, (der mich gesandt hat), daß jeder,

der den Sohn sieht und an ihn glaubt, das ewige Leben hat und ich ihn auferwecke am Jüngsten Tage."

Hören wir das weitere Wort der Verheißungen Jesu: „Wer mein Fleisch ißt und mein Blut trinkt, der bleibt in mir und ich bleibe in ihm. Wie mich der lebendige Vater gesandt hat und ich durch den Vater lebe, so wird auch der, der mich ißt, durch mich leben." Ohne Glaube und Liebe ist diese Vereinigung nicht möglich. „Wer mich liebt", sagt Jesus, „den wird mein Vater lieben. Wir werden zu ihm kommen und bei ihm Wohnung nehmen."

Das ist so erschütternd und erfreulich, daß wir schon bei dem Wort, das wir hören, jubelnd die Hände zu Gott erheben möchten oder anbetend zu Boden sinken. Auf alle Fälle ist das ein Geschehen, das zwar weit über unseren Verstand geht, aber Wahrheit ist, weil es Gottes unumstößliches Wort ist.

So sehr liebt uns Gott, daß er seinen Sohn für uns hingegeben hat und ihn weiter hingibt in dieser einfachsten Speise, damit wir in ihm leben und durch den Sohn auch der Vater in uns lebt.

Hierzu muß eine Frage geklärt werden:

Wie kann Jesus Gott und Mensch zugleich sein?

Wiederum muß hier gesagt werden: Das ist ein Glaubensgeheimnis, weil unser Verstand das nie erfassen kann. Im neuen Katechismus heißt es:

„Jesus Christus ist wahrer Gott und wahrer Mensch in der Einheit seiner göttlichen Person. Darum ist er der einzige Mittler zwischen Gott und den Menschen."

Für die wunderbare Einheit von Gott und Mensch in Jesus Christus hat die Kirche den Begriff „Hypostatische Union". Hypostase heißt: Geschlossene Einheit. So sagt uns dieser Ausdruck: Die Gottheit und Menschheit Jesu Christi ist in seiner göttlichen Person innigst vereinigt.

Darum ist es falsch, wenn wir Jesus nur als Mensch sehen, wie es auch falsch ist, wenn wir Jesus nur als Gott sehen. Freilich können wir Jesus nur als Mensch schauen und erleben, weil es unmöglich ist, daß ein Geschöpf Gott in seinem Wesen schauen kann.

„Gott wohnt im unzugänglichen Licht", sagt der Apostel Paulus. Dennoch dürfen wir nie vergessen, wenn wir Jesus betrachten als Menschensohn, daß er auch Gott ist, der unbegreifliche und unfaßbare Gott, wie der Vater und der Heilige Geist. Darum können wir Jesus nie behandeln wie einen Menschen. Wir können auch Jesus

in der hl. Kommunion nie empfangen mit dem Gedanken, er sei nur als Menschensohn in der Hostie zugegen. Jesus ist untrennbar immer und überall Gott und Mensch zugleich. Darum mußte Jesus zu den Juden sagen:
„Ich und der Vater sind eins."
Zu den Jüngern sagte Jesus die ergreifenden Worte, die wir nie vergessen dürfen:
„Hättet ihr mich erkannt, dann würdet ihr auch den Vater kennen. Von nun an werdet ihr ihn kennen, denn ihr habt ihn gesehen."
„Wer mich gesehen hat, der hat auch den Vater gesehen." „Glaubt mir, daß ich im Vater bin und daß der Vater in mir ist." „Ihr werdet erkennen, daß ich im Vater bin und ihr in mir seid."
Wenn wir diese Worte Jesu nur ein wenig ernst nehmen, können wir nicht mehr anders, als Jesus auch ernst zu nehmen in der heiligsten Eucharistie. Darum ist jede Begegnung mit Jesus in diesem Geheimnis eine entscheidende Glaubensprüfung. Entweder glaube ich an die Worte, die uns Jesus über die Eucharistie verheißen hat oder nicht. Noch mehr wird gefordert:
Entweder glaube ich, daß Jesus Gott und Mensch zugleich ist oder nicht. Wenn Jesus sagt, „Ich bin das lebendige Brot, das vom Himmel herabgekommen ist", so ist er das selbst als Gott und Mensch. Wie wir uns vor Gott zu benehmen haben, das kann uns sogar ein Heide sagen.
Wenn wir dennoch vor diesem Geheimnis der heiligsten Eucharistie das Knie nicht mehr beugen, dann haben wir die Prüfung des Glaubens nicht bestanden. Was die Ungläubigen von Jesus zu erwarten haben, das hat er uns ausdrücklich gesagt.
Jesus ist wahrer Gott und wahrer Mensch in der Einheit seiner göttlichen Person. Darum ist er der einzige Mittler zwischen Gott und den Menschen.
Wenn uns Jesus in der hl. Kommunion aufnimmt, nimmt er uns auf in seine göttliche Person. Dabei geschieht jedesmal ein großes Wunder für uns Menschen. Wir werden durch ihn erhoben in sein gottmenschliches Leben. Das ist eine so erschütternde Wirklichkeit, die wir nie fassen können, die sich aber erfüllt, falls wir im Glauben und womöglich auch in Liebe Jesus empfangen. Es erfüllt sich das Wort Jesu:
„Ihr werdet erkennen, daß ich im Vater bin und ihr in mir seid."
Der hl. Märtyrer und Papst Klemens I., der noch ein Schüler des

Apostels Paulus war und auch Petrus kannte, sagt einmal über die Gemeinsamkeit mit Jesus:
„Sein Fleisch ist unser Fleisch. Sein Leben ist unser Leben." Das dürfen wir nie vergessen, wie innig wir mit Jesus eins werden. „Sein Fleisch ist unser Fleisch, sein Leben ist unser Leben."
Dabei denken wir wieder an das Wort Jesu:
„Wer mein Fleisch ißt und mein Blut trinkt, der bleibt in mir und ich bleibe in ihm."
Manchmal ist es mir, als habe ich mich in eine verlorene Wüste des Unglaubens verirrt, wenn ich von allen Seiten hören muß, wie wenig Jesus in der heiligsten Eucharistie noch erkannt und angebetet wird. Es muß doch eine Täuschung sein, wenn ich fürchte, die Mehrzahl der heutigen katholischen Christen besteht die Glaubensprüfung vor dem Geheimnis der Gegenwart Jesu in seinem heiligsten Sakrament nicht mehr.

Es soll aufhören die immerwährende Schimpferei vieler über die Art des Kommunionempfanges. Wenn wir schon meinen, es sei Unglaube, dann sollen wir uns nicht an der äußeren Haltung eines Christen orientieren. Denn wir können nicht in das Herz des Menschen schauen.

Jesus sagt uns dafür, wenn wir schon meinen, uns orientieren zu müssen, ein entscheidendes Wort:
„Hütet euch vor falschen Propheten, die in Schafskleidern zu euch kommen, inwendig aber reißende Wölfe sind. An ihren Früchten werdet ihr sie erkennen. Sammelt man denn Trauben von Dornen oder Feigen von Disteln? Es bringt jeder gute Baum gute Früchte. Der schlechte Baum bringt schlechte Früchte. Ein schlechter Baum kann nicht gute Früchte bringen. Jeder Baum, der keine gute Frucht bringt, wird ausgehauen und wird ins Feuer geworfen. An ihren Früchten also werdet ihr sie erkennen" (Mt 7,15).

An guten oder schlechten Früchten können wir uns orientieren, damit wir nicht von falschen Propheten irregeführt werden.

Dazu sagt uns Jesus noch ein entscheidendes Wort:
„Nicht jeder, der zu mir sagt: Herr, Herr! wird in das Himmelreich eingehen, sondern nur, wer den Willen meines Vaters im Himmel tut, (der wird in das Himmelreich eingehen) (Mt 7,21).

Nun dürfen wir umschauen, wo man gute oder schlechte Früchte bringt, wo man den Willen Gottes erfüllt oder nicht erfüllt. Die Gebote Gottes sind dafür die Wegweiser. Aber eines müssen wir

bei allem beachten: Den Willen Gottes und die Liebe Gottes! Nicht daß wir andere verurteilen, und dabei selbst verurteilt werden, wie uns Jesus warnt:
„Mit dem gleichen Maß, mit dem ihr meßt, wird euch gemessen werden."
Ich könnte nun viele Beispiele erzählen, die uns bezeugen, welche Früchte gut sind und welche Früchte schlecht sind. Ich will es dann tun. Denn Erfahrung darüber habe ich genug. Zunächst jedoch muß ich erinnern, wie sehr wir uns alle sehnen, unserem Retter und Erlöser aus aller Not des Leibes und der Seele begegnen zu dürfen. Wo ist er denn, wann kommt er denn? Wann rettet er uns denn? - Ich muß darauf antworten:
Er ist mitten unter uns in der kleinen Hostie! Wir müssen ihm nur vertrauen! Aber wirklich und ganz vertrauen! Nicht nur so reden und beten. Darüber kann ich euch ein Beispiel erzählen:
Ein Bauarbeiter, Vorarbeiter war er. Man nannte ihn Fred. Der hatte Pech bei einem Bau. Während er in einem Stockwerk die Arbeiten kontrollierte, fiel vom oberen Stock bei Schweißarbeiten ein glühendheißes Stück Eisen auf seinen Nacken. Verbranntes Fleisch zischte auf. Fred sank in grausigen Schmerzen zusammen und lag dann ohnmächtig wie tot am Boden.
Er wurde sofort ins Krankenhaus gebracht und operiert. Er wurde vor dem Tod gerettet. Nur der Nacken blieb steif, er konnte den Kopf nie mehr bewegen und blieb arbeitsunfähig.
Nach langen Wochen war er wieder daheim bei seiner Familie. Sein Sohn, schon 18, der junge Fredi, auch Arbeiter im gleichen Betrieb, saß nach Feierabend gern bei seinem Vater, den er sehr schätzte und liebte. Drei etwas ältere Schwestern hatte er noch, die bereits alle gut christlich auswärts verheiratet waren. Die Mutter war wie immer eine brave christliche Frau voller Liebe und Sorgen für alle. Soweit sie Zeit hatte, saß sie auch besonders am Abend bei ihrem Mann und ihrem jüngsten Buben.
Da sagte einmal der Fredi offen, was sie alle dachten: „Papa, wie konnte Gott, dem du doch so vertraust, bei dir das zulassen?"
Der Vater, noch ein bißchen überlegend, dann sogar etwas lächelnd, gab die Antwort:
„Weil mich Jesus so liebt, wagte er, mir das Kreuz aufzuladen. Es ist nicht schwer. Ich habe kaum noch Schmerzen. Ich kann nur den Kopf nicht mehr bewegen. Kann darum viele Arbeiten nicht mehr

verrichten und bin ziemlich schachmatt. Aber ich kann beten, ich kann mit Jesus reden, viel mehr als früher, denn jetzt hab ich Zeit. Ich kann jeden Tag in die Kirche gehen und die hl. Messe mitfeiern, mit Jesus mich jeden Tag auf's neue so innig vereinigen. Er ist gerne bei mir und ich bin noch lieber bei ihm. Ich brauche ihn! Was wäre ich denn ohne ihn. Was wäre ohne ihn mein Leben, überhaupt unser Leben. Was wäre ohne ihn unsere Zukunft. Alles wäre hoffnungslos und sinnlos. Wir wären nur ein vergängliches Elend ohne ihn. So aber weiß ich, wie er es uns versprochen hat: Er ist unsere Auferstehung aus aller Vergänglichkeit. Er nimmt uns auf in seine göttliche Herrlichkeit, in der wir Freude und Glückseligkeit ohne Ende erleben werden."
Fredi meinte dann zum Vater:
„Papa, du bist in allem so sicher und du sagst das, als würdest du es schon erleben."
Da wurde der Vater ernst und antwortete:
„Da darf ich wohl sicher sein, da muß ich sicher sein, weil Gott nicht lügen kann. Wenn ich daran nur ein wenig zweifeln wollte, würde ich mich schwer versündigen. Denn ich würde den heiligen Gott für einen Lügner halten. Davor müssen wir uns alle sehr hüten."
Die Mutter meinte dann:
„Sicherlich, ich glaube auch alles, was Gott gesagt hat. Aber ich denke halt immer wieder, da du so gläubig bist und du Gott so treu bist, hätte er dich und auch mich doch erhören sollen in der Bitte, daß er dich wieder ganz gesund werden läßt."
Der gute Vater sagte gleich darauf:
„Ja, das hätte Jesus tun können. Vielleicht hätte er es sogar getan, wenn ich ihn unbedingt mit ganzem Vertrauen darum gebeten hätte. Aber das habe ich nicht. Ich habe Jesus nur gesagt: Herr Jesus, wenn es dein Wille ist, dann laß mich wieder gesund werden. Oder laß mich soweit gesund sein, daß ich meiner Familie als guter Vater richtig raten kann. Ich bin bereit, mit dir ein Kreuz zu tragen, wenn du es willst und brauchst. Vielleicht brauchst du es für meine Kinder, daß sie auf Erden den Weg nicht verfehlen."
Die Mutter meinte dazu mit freudiger Zustimmung:
„Das dürfen wir wohl sagen, mein Lieber. Dafür können wir dem lieben Gott nie genug danken. Unsere Kinder gehen alle den Weg, wie Gott es will und wie es ihnen zum Heile ist.
Gestern hat mir meine Schwester, die einmal meinte, als sie den

reichen Geschäftsmann heiraten konnte, das größte Glück ihres Lebens gefunden zu haben, wieder geklagt, wie unglücklich sie mit ihren Kindern und auch mit ihrem Mann ist. Die tun alles, was Gott verboten hat. Ihr Mann erlaubt sich alle Freiheiten und die Kinder kennen kein Gebot Gottes mehr. Über das vierte und sechste Gebot spotten sie nur. Sie wissen selber, was sie zu tun haben, sagen sie. In die Kirche gehen sie jetzt überhaupt nicht mehr."
Der Vater nickte und meinte dann ernst:
„Es ist besser, sie gehen nicht mehr. Ich habe sie früher öfter gesehen, wie oberflächlich und geradezu verächtlich sie Jesus in der hl. Kommunion empfangen haben. Da haben die Kinder die innere Lebenskraft verloren. Sie konnten und wollten nicht mehr verstehen, was uns Jesus verkündet hat:
„Ich bin das lebendige Brot, das vom Himmel herabgekommen ist. Wer von diesem Brot ißt, der hat das ewige Leben."
Wer das ewige Leben nicht mehr zu schätzen und zu behüten weiß, der verliert auch das kurze zeitliche Leben durch die Sünde in die Sklavenketten Satans. Mag er sich dabei noch so rühmen, wie frei er ist, er ist doch nur Knecht des Verderbers."
So deutlich hat es uns Jesus gesagt:
„Das Brot, das ich euch geben werde, ist mein Fleisch für das Leben der Welt."
Damit wir also auch in dieser Weltzeit das wahre Leben in uns behüten können und nicht einem Todesleben verfallen. Denn als Kinder Gottes haben wir jetzt schon das ewige Leben in uns, das wir wohl behüten müssen. In diesem Leben, zu dem uns Jesus mit seinem Leibe nährt, werden wir nach dem zeitlichen Ableben mit Jesus auferstehen.
Wissen die Menschen das nicht mehr oder wollen sie es nicht mehr wissen? Sind sie schon so tief im Unglauben erstickt? Sehen sie darum Jesus in der hl. Kommunion so nebensächlich und behandeln ihn entsprechend. Nein Mama, wir und auch unsere Kinder sollen nie vergessen: Jesus ist unser Leben."
Eines Tages sagte der Fredi zum Vater:
„Vater, ich möchte am Haus eine Werkstatt anbauen und eine Schreinerwerkstätte aufmachen. Das Geld habe ich mir zusammengespart."
Der Vater antwortete:
„Das ist gut. Du hast ja als Tischlergeselle die Prüfung. Kannst

auch den Meister machen. Dann bist du selbständig. Aber du mußt nun auch trachten, zu heiraten. Wie steht es damit?"
Fredi sagte:
„Vater, ich hab ein Mädchen sehr gern und sie mich. Du weißt, die Berta. Wenn es dir recht ist, werden wir bald heiraten."
Der Vater:
„Die Berta, ich kenne sie. Nur eine Frage: Betet sie Jesus im heiligsten Sakrament an?"
„Ja, das tut sie mit ganzem Herzen, besonders vor und bei der hl. Kommunion, auch wenn sie von allen verspottet wird."
Der Vater:
„Dann ist es gut. Wer Ehrfurcht hat vor Gott, der hat auch Ehrfurcht vor den Geboten Gottes und vor dem Leben. Der wird die Liebe Gottes im Herzen bewahren und wird nie enttäuschen. Der wird ständig treu mit Jesus verbunden bleiben, der ihm Leben und Liebe schenkt und ihn innerlich reich und schön macht. Darum heirate sie, die Berta!"
Wie es sonst Menschen, auch Christenmenschen ergeht, die keine Ehrfurcht vor Jesus haben und ihn nicht anbeten im heiligsten Sakrament, darüber könnte ich allenthalben viel berichten. Nur ein Beispiel:
In einer kleineren Pfarrei hat ein moderner Pfarrer die ganze Gemeinde zur oberflächlichen Gleichgültigkeit gegenüber Jesus im Sakrament erniedrigt. Nach seinem unerwarteten Tod konnte nur ein Ruhestandspriester die Pfarrei betreuen. Der mühte sich, die Christen wieder zum ehrfürchtigen Empfang der hl. Kommunion zu führen. Nur wenige ließen sich bekehren. Die andern setzten dem alten Priester so zu, daß er die Pfarrei verlassen mußte. Die Gemeinde wurde dann von der Nachbarpfarrei mitversorgt. Die wenigen, die sich zur Ehrfurcht vor Jesus bekehrt hatten, blieben Jesus im Sakrament in treuer Liebe und Ehrfurcht verbunden. Nach wenigen Jahren konnte jeder, der noch die Wahrheit sehen wollte, erkennen:
Die wenigen Familien, die mit Jesus treu verbunden blieben, lebten ein gesundes Christentum. Sie hielten die Gebote Gottes. Es gab kaum sündige Freiheiten bei ihren heranwachsenden Kindern und die Ehen blieben Heimstätten christlicher Liebe. Dazu schenkte ihnen Jesus, dem sie im Sakrament ganz vertrauten, seine besondere Gnade.

Bei denen, die vor Jesus im Sakrament keine Ehrfurcht mehr hatten, waren viele Ehen zerrüttet oder gar zerrissen, auch junge Ehen. Die Jugendlichen erlaubten sich in Sex alles. Vom Glaubensleben war kaum mehr etwas zu spüren. Es gab viel Haß und Streit untereinander. Besonders wurden die getreuen Christen gehaßt. Man sagte, die stören den Frieden in der Gemeinde.

Als der alte Priester, der die Pfarrei zum alten Glauben zurückführen wollte, einmal wagte, unter Kollegen das zu rügen, wurde er als Schuldiger hingestellt, weil er den Frieden gestört habe. Niemals wollte man zugeben, daß die Ehrfurchtslosigkeit vor dem Allerheiligsten schuld sei. Sie kommunizieren eben in der Weise der frühen Kirche, sagten sie, vielleicht viel andächtiger, als die frommen Sektierer.

„An den Früchten werdet ihr sie erkennen", wollte der alte Priester noch einwenden, aber damit wurde von seinen Kollegen erst recht alles so verdreht, so daß er schweigen mußte.

Schweigen müssen wir heute oft. Umso mehr aber müssen wir beten, opfern und sühnen. Denn die Liebe darf für solche, die da irre gehen, nicht nachlassen.

Nun wollen wir unser eigentliches Thema wieder aufgreifen, worin uns Jesus sagt:

„Ich und der Vater sind eins!"

Ein weiteres Wort Jesu:

„Wer mich liebt, der wird mein Wort halten. Den wird mein Vater lieben. Wir werden zu ihm kommen und bei ihm Wohnung nehmen."

Damit sagt uns Jesus alles, was uns die Vereinigung mit Jesus in der hl. Kommunion bedeutet. Wir werden nicht nur mit der Menschheit Jesu vereinigt, sondern auch mit seiner Gottheit. Damit werden wir auch mit dem Vater und mit dem Heiligen Geist vereinigt. Denn der Vater, der Sohn und der Heilige Geist sind ein Gott, wenn auch in drei Personen.

Nun sagt Jesus ausdrücklich: Er und der Vater werden zu uns kommen und Wohnung bei uns nehmen. Habt ihr schon einmal bedacht, was da geschieht bei der hl. Kommunion? Natürlich ist die Voraussetzung, wie Jesus ausdrücklich betont:

„Wer mich liebt, der wird mein Wort halten. Wir werden zu ihm kommen und Wohnung bei ihm nehmen."

Was hier geschieht und was Jesus will, indem er selbst sich uns zur Speise gibt, das ist für unser Verständnis unfaßbar, das können wir

nur im Glauben festhalten. Aber das eine können und sollen wir erfassen:
Wir dürfen wahrhaft Kinder Gottes werden! Kinder Gottes, des Vaters, erfüllt vom Heiligen Geiste Gottes, durchlebt vom Sohne Gottes. Es ist unglaublich! Aber es ist so, weil Gott nicht lügt! Nicht lügen kann, er, der die ewige Wahrheit selber ist.
Wie weit weg ist da die moderne Haltung gegenüber der Eucharistie. Da ist doch jemand, der die Meinungen der Zeit so schrecklich verwirrt, daß sie nicht mehr erkennen, was uns Jesus darüber sagt. Das muß der sein, der uns niemals gönnen will, daß wir wahre Kinder Gottes sind oder werden sollen. Das kann nur der Lügner und Mörder von Anbeginn sein, wie ihn Jesus nennt.
Umso mehr müssen wir wachen und die Botschaft Jesu über das tiefe Geheimnis des Lebens festhalten. Denn was da eingerissen ist und was da Jesus zuläßt, das duldet er nur zur Prüfung unseres Glaubens.
Die Innigkeit, mit der Jesus sich uns schenkt in der heiligen Kommunion, ist viel tiefer als jegliche menschliche Vereinigung. Wenn Eheleute, wie der Apostel sagt, ein Fleisch werden durch die Vereinigung, so ist die Vereinigung mit Jesus noch viel inniger. Verzeiht, wenn ich das so erkläre, das muß einmal gesagt werden.
Um das besser zu verstehen, müssen wir zurückschauen in das Paradies. Nachdem Adam gesündigt hatte, hatte er sich im Garten versteckt, als ihn Gott rief. Er hat sich versteckt, weil er nackt war. Darauf fragte Gott:
„Hast du von dem Baume (der Erkenntnis des Lebens) gegessen, von dem zu essen ich dir verboten habe?"
Durch die Sünde war der Mensch sterblich geworden. In seiner Sterblichkeit war der menschliche Leib so armselig und häßlich, daß er sich verhüllen mußte. Bis heute noch.
Der unsterbliche Mensch, wie ihn Gott als sein Kind erschaffen hatte, war ganz und gar durchstrahlt von der Herrlichkeit der Kindschaft Gottes. Da gab es an ihm keine Nacktheit und nichts Schändliches. Die Seele des Gotteskindes umkleidete den Leib im entzückenden Glanze und herrlicher Schönheit.
Jesus hat sich bei der Auferstehung vom Tode den Jüngern sicherlich in einem vornehmen Kleide gezeigt. Sein Gewand war nicht mehr aus irdischem Stoff. Auch die Mutter Gottes zeigt sich in allen Erscheinungen in einem übernatürlichen Kleide. Selbst heili-

ge Engel, wenn sie sich Menschen zeigen, erscheinen in einer menschlichen Gestalt und Bekleidung. In Wahrheit ist ihre Gestalt reiner Geist in glänzender Schönheit. Jesus hat uns zuliebe die Menschheit angenommen. Er ist Gott und Mensch. Er hat sich sogar aus Liebe zu uns in die kleine Brotsgestalt gehüllt. Das scheint unglaublich. Aber es ist so, weil Jesus es sagt: „Das ist mein Leib!" Und weiter sagt er: „Wer mein Fleisch ißt und mein Blut trinkt, der bleibt in mir und ich bleibe in ihm. Der hat das ewige Leben." So sollen wir nach dem Wunsch seiner Liebe ihn essen, damit wir in ihm als Gotteskinder das ewige Leben haben. Damit wir auch durch seinen Leib, wenn wir den sterblichen, sündigen Leib im Tode ablegen, in einem unsterblichen Leib mit ihm auferstehen. Eine innigere Vereinigung wie diese gibt es nicht. Auch keine innigere Liebe. Wer da Jesus nicht im Glauben und wahrer ehrfürchtiger Liebe empfangen will, der weist alles Leben aus Gott von sich. Der löscht alle Hoffnung aus zum wahren Leben.

Weitere Bücher von Pfarrer Hermann Wagner:

	DM	ÖS
In das Reich der unendlichen Liebe Wegweiser zur Ewigkeit	12.–	85.–
Die Mutter des Lebens Ein Buch, in dem wir Maria erleben	12.–	85.–
Christus kommt wieder Ein Blick in die Zukunft	21.–	150.–
Geheimnisvolle Begegnungen eines Priesters	19.–	135.–
Mystische Erlebnisse in Eisenberg	19.–	135.–
Das große Wagnis I. Während der Hitlerzeit	17.–	120.–
Das große Wagnis II. Während der Hitlerzeit	17.–	120.–
Der Goldschatz Besondere Abenteuer	12.–	85.–
Quelle des Lebens Über den hl. Gunther	19.–	135.–
Gegen jede Krankheit ist ein Kraut gewachsen	19.–	135.–
Begegnung mit einer Hexe	12.–	85.–
Christus im heiligsten Sakrament	7.50	55.–
Die Liebe hat mich aufgelesen	6.50	45.–
Verschiedene Kleinschriften	je 3.–	21.–

Das Porto wird berechnet!

Zu beziehen bei:
Geistlicher Rat
Pfarrer Hermann Wagner
Ried 7 a
94269 Rinchnach/Bay. Wald
Telefon (0 99 28) 6 46